Andreas Neuhauser

Kambodscha

642ka an

„Ziehe das Boot vorsichtig aus dem Wasser,
damit keine Spur zurückbleibt –
fange Fische, ohne das Wasser zu trüben.“

Aus einem Khmer-Märchen

602ka an

Impressum

Andreas Neuhauser
Reise Know-How Kambodscha

erschienen im Reise Know-How Verlag Peter Rump GmbH,
Osnabrücker Str. 79, 33649 Bielefeld

11. neu bearbeitete und aktualisierte Auflage 2019

ISBN 978-3-8317-3279-1

Gestaltung und Bearbeitung
Umschlag: G. Pawlak, P. Rump (Layout),
André Pentzien (Realisierung)
Inhalt: G. Pawlak (Layout), André Pentzien (Realisierung)
Fotos: der Autor (an), alle weiteren s. Fotonachweis S. 588
(Autorennachweise am Bild)
Karten: Catherine Raisin, Thomas Buri, der Verlag
Lektorat (Aktualisierung): André Pentzien

Druck und Bindung
Himmer GmbH, Augsburg

Reise Know-How-Bücher finden Sie in allen gut sortierten Buchhandlungen. Falls nicht, kann Ihre Buchhandlung unsere Bücher hier bestellen:
D: Prolit, prolit.de und alle Barsortimente
CH: AVA Verlagsauslieferung AG, ava.ch
B, LUX, NL: Willems Adventurem willemsadventure.nl
oder direkt über den Verlag: **www.reise-know-how.de**

Bildlegende Umschlag und Vorspann
Titelfoto: Mönch vor dem Bakong-Tempel, Angkor Wat (Adobe Stock © Rawpixel.com)
Vordere Umschlagklappe: Eingangsportal des Tempels Preah Khan in der Provinz Preah Vihear (Fotolia © Artur_Bogacki)
Kleines Foto: Traditioneller Haarschnitt oder Style? Kind in einem schwimmenden Dorf (an)
Hintere Umschlagklappe (außen): Das Konterfei des Boddhisatvas Lokesvara ist ein Symbol bei vielen Tempeln aus der Angkor Periode (an)
Hintere Umschlagklappe (innen): Bauer beim Bestellen eines Reisfeldes (an)
S. 1: Mädchen mit Krama, dem traditionellen Khmer-Schal, der viele Verwendungsmöglichkeiten hat
S. 2/3: Mädchen am Mekong verkauft die „Früchte" der Lotusblume. Ein beliebter Snack bei den Khmer

Wir freuen uns über Kritik, Kommentare und Verbesserungsvorschläge, gern auch per E-Mail an info@reise-know-how.de.

Alle Informationen in diesem Buch sind vom Autor mit größter Sorgfalt gesammelt und vom Lektorat des Verlages gewissenhaft bearbeitet und überprüft worden.

Da inhaltliche und sachliche Fehler nicht ausgeschlossen werden können, erklärt der Verlag, dass alle Angaben im Sinne der Produkthaftung ohne Garantie erfolgen und dass Verlag wie Autor keinerlei Verantwortung und Haftung für inhaltliche und sachliche Fehler übernehmen.

Die Nennung von Firmen und ihren Produkten und ihre Reihenfolge sind als Beispiel ohne Wertung gegenüber anderen anzusehen. Qualitäts- und Quantitätsangaben sind rein subjektive Einschätzungen des Autors und dienen keinesfalls der Bewerbung von Firmen oder Produkten.

Andreas Neuhauser

KAMBODSCHA

Vorwort

„Warum gerade Kambodscha?", fragten mich bis Ende der 1990er Jahre viele verwundert, wenn ich von meinen Reisen in dieses exotische Land erzählte. „Herrscht dort nicht Krieg?" „Kann man da ohne Gefahr hinreisen?" „Ist das nicht das Land der Roten Khmer?" „Liegen dort nicht überall Minen herum?" „Wo liegt das eigentlich genau?" Selbst mancher weit gereiste Globetrotter brachte höchstens Angkor Wat und den Mekong mit diesem doch so alten Königreich in Verbindung. Doch heute, fast 30 Jahre nachdem sich dieses geschundene Land mit seinen atemberaubenden Kultur- und Naturschätzen wieder der Welt geöffnet hat, ist Kambodscha zu einem der bedeutendsten touristischen Ziele in Asien geworden.

Das breite Spektrum, das dem Reisenden geboten wird, bewegt sich zwischen kunsthistorischen Höhepunkten und verklärter Beschaulichkeit. Einen der schönsten, aber verborgensten Reize Kambodschas findet der Besucher auf dem Land. Dort trifft er auf Menschen, die in paradiesischen Gärten zwischen prächtigen Pagoden leben, wo safrangelb gekleidete Mönche mit Hingabe den friedlichen buddhistischen Glauben praktizieren, als hätte es nie einen Genozid in diesem Land gegeben.

Die Worte von Graf Dürkheim, „man sieht nur etwas, wenn man hinschaut, und man findet nur dort etwas, wo man sucht", klingen wie eine beschwörende Reiseempfehlung, um diese Besonderheit Kambodschas zu entdecken.

Doch das Land kann nicht nur mit verborgenen Schönheiten aufwarten. Angkor, mit seinem bekanntesten Bauwerk Angkor Wat, ist die größte Ansammlung von sakralen Bauwerken auf der ganzen Welt. Jeder Besucher dieser einst unter dichtem Urwald verschwundenen „Hauptstadt der Tempel" gelobt bei seinem Abschied, zurückzukehren. Doch nicht nur in Angkor, sondern im ganzen Land trifft der Besucher die steinernen Zeugen dieser geheimnisvollen Hochkultur, von denen einige in den letzten Jahren unter den Schutz der UNESCO gestellt wurden.

Auch die Natur macht Kambodscha zu einem wundervollen Reiseziel. Im Herzen des Königreichs liegt der mächtige Tonle Sap, der größte Binnensee Südostasiens. Wegen seines Fischreichtums siedeln die Menschen hier schon seit Jahrtausenden in schwimmenden Dörfern auf dem Wasser. Die Ursache für die große Fruchtbarkeit des Landes ist der Mekong. Er bietet sich für abenteuerliche Bootsfahrten, Erkundigungen idyllischer Inseln und einem Rendezvous mit den letzten Irrawaddy-Delfinen an. Trotz des verhältnismäßig kurzen Küstenstreifens am Golf von Siam gibt es noch Strände, die fast unberührt sind, und die vielen wenig erschlossenen Inseln versprechen lohnende Robinsonaden.

In den dichten Urwäldern im Nordosten leben die Khmer Loeu, ethnische Minoritäten, die sich in über 20 verschiedene Stämme aufteilen. Ihre faszinierende Kultur und ihre steinzeitliche Lebensweise sind noch kaum erforscht.

⟩ Mönchspeisung in der Wat Han Chey (bei Kompong Cham am Mekong)

Auch wenn der Genozid der Roten Khmer tiefe Narben auf den Seelen der Menschen hinterlassen hat, ihr berühmtes Lächeln, das „sourir khmer“, mit dem sie jeden Fremden verzaubern, haben sie nicht verloren. Der von allen Besuchern am meisten geschätzte Charakterzug ist die entspannte und zurückhaltende Freundlichkeit der Khmer, die sie gravierend von den geschäftstüchtigen Thais und Vietnamesen unterscheidet.

Eine aufregende Atmosphäre verbreitet der kreative Hauch von Anarchie, der in allen Lebensbereichen zu finden ist und in einem erfrischenden Kontrast zum geregelten und überorganisierten Leben in Mitteleuropa steht. Auch die pionierhafte Aufbruchstimmung der Menschen, die zwei Jahrzehnte von der Außenwelt nahezu abgeschottet lebten, wird den aufmerksamen Beobachter zu begeistern vermögen.

Mit diesem umfangreichen Reiseführer möchte ich Ihnen helfen, dieses so sonderbar faszinierende Land mit seinen liebenswürdigen Menschen zu entdecken und zu verstehen.

Guten Morgen, Kambodscha!

Andreas Neuhauser

136ka_19 an

Inhalt

Exkurse

Kartenverzeichnis

Übersichtskarten

Thematische Karte

Stadtpläne

Lagepläne und Grundrisse

Inselkarten

Hinweise zur Benutzung

Schreibweise

Eine verbindliche **Transkription** der Khmer-Wörter und der Ortsbezeichnungen in die lateinische Schrift gibt es nicht. Besonders verwirrend sind die uneinheitlichen Schreibweisen der Städte und Dörfer auf den Landkarten. Ob Vietnamesen, Franzosen oder Amerikaner, alle haben die Namen entsprechend ihrer Aussprache geschrieben. Die Transkription der Vereinten Nationen setzt sich zwar zunehmend durch und liegt auch unserem Buch zugrunde. Viele Schreibweisen variieren jedoch.

Beispiele

vietnamesisch	Vereinte Nationen
Kampong Soam	Kompong Som
Pouthisat	Pursat
Takev	Takeo
Batdambang	Battambang
Oudong	Ud ong
Siemreab	Siem Reap

Bis auf wenige Fälle entspricht die Schreibweise in etwa der **deutschen Aussprache.**

Ausnahmen

Kratie	„Gradschä“
Siem Reap	„Sim Rehap“
Koh Sdach	„Goh Sadei“

Mehr Informationen zur Sprache s. „Praktische Reisetipps/Sprache“ und im Anhang unter **Kleine Sprachhilfe Khmer.**

646ka an

Abkürzungen

AC: Air Condition, Klimaanlage
DZ: Doppelzimmer
EZ: Einzelzimmer
Fan: Ventilator
G.H.: Guest House
NGO: *Non Government Organisation,* Hilfsorganisation, die regierungsunabhängig arbeitet.
RN: *Route National.* Französische Bezeichnung für Nationalstraße.
UNTAC: Dieses Wort ist in Kambodscha zu einem festen Begriff für die Teilnehmer und den Einsatz der Vereinten Nationen in den Jahren 1992/93 geworden. Ursprünglich handelte es sich um die Abkürzung von *United Nations Transitional Authority in Cambodia.*

Preisangaben

Dollar und der einheimische Riel existieren nebeneinander. Im Buch wird die Währung angegeben, mit der die betreffende Ware oder Dienstleistung üblicherweise bezahlt wird. Mit Riel meist bei kleineren Beträgen oder auf dem Land, mit Doller für touristische Dienstleistungen, in Hotels, Restaurants und Transportmittel. Dort, wo in Landeswährung bezahlt wird, sind die Preise in Riel angegeben. Für Europäer verändert sich das Preisniveau in Kambodscha in erster Linie durch Kursschwankungen, denn der Dollar/Riel-Wechselkurs ist abgesehen von kleinen Schwankungen auf 1 $ = 4000 Riel fixiert. Weitere Wechselkurse im Kapitel „Praktische Reisetipps/Geld".

< Lokesvara-Gesicht im Bayon-Tempel

Worterklärungen

Im Anhang werden im Glossar **Kambodscha-spezifische Wörter** erklärt. Das Kapitel „Land und Natur", „Geografie" enthält eine Liste geografischer Begriffe, welche die Deutung von Ortsnamen erleichtert.

Nicht verpassen!
Die Highlights der Region erkennt man an der **gelben Hinterlegung.**

MEIN TIPP: ...
... steht für spezielle Empfehlungen des Autors: abseits der Hauptpfade, persönlicher Geschmack.

Der Schmetterling ...
... zeigt an, wo man besonders gut Natur erleben kann oder Angebote im Bereich des nachhaltigen Tourismus findet.

Party-Tipps
Die Discokugel kennzeichnet besonders empfehlenswerte Party-Lokalitäten.

Verweise auf die Stadtpläne
1 Die **farbigen Nummern** in den „Praktischen Tipps" der Ortsbeschreibungen verweisen auf den jeweiligen Karteneintrag.

Updates nach Redaktionsschluss
Auf der Produktseite dieses Reiseführers in unserem Internetshop finden Sie zusätzliche Informationen und wichtige Änderungen.

Vor der Reise

Dieses Kapitel enthält einen Überblick; im Kapitel „Praktische Reisetipps A–Z“ wird auf die Stichworte ausführlicher eingegangen.

Bekleidung

In Kambodscha herrscht tropisch warmes Klima, das von den wechselnden Monsunwinden bestimmt wird. Luftig leichte Baumwollbekleidung und ein Paar festere Schuhe für Besichtigungen und ähnliches reichen für einen normalen Urlaub aus. Für die Zeit zwischen April und November empfiehlt sich die Mitnahme eines Regenschirms und einer dünnen Regenjacke.

Einreisebestimmungen

Für die Einreise nach Kambodscha ist ein **Visum** notwendig. An allen Grenzübergängen und internationalen Flughäfen bekommen EU Bürger problemlos ein 30-tägiges Touristenvisum (Visa-on-arrival) bei der Einreise für 30 $ ausgestellt. Dieses kann für 45 $ einmal um 30 Tage verlängert werden. Wer länger bleiben möchte, kann sich genauso einfach ein Ordinary- bzw. Business Visum für 35 $ ausstellen lassen. Dies kann mehrmals bis zu einem Jahr verlängert werden. Das e-Visum hat keine Vorteile, sondern nur mehr bürokratischen Aufwand vor der Abreise. Notwendig zur Einreise ist ein mindestens noch **6 Monate gültiger Reisepass** und ein **Passbild.** An allen Grenzübergängen werden Einreisende fotografiert und Fingerabdrücke genommen (vgl. auch Kapitel „Praktische Reisetipps/Ein- und Ausreisebestimmungen“).

Geld

Die einheimische Währung ist der **Riel.** Im ganzen Land wird der **Dollar** als gleichwertiges Zahlungsmittel akzeptiert. Notfalls kann auch mit **Euro** bezahlt werden. In grenznahen Gebieten zu Thailand kann auch problemlos mit **Baht** bezahlt werden. Auf dem Markt jeder Kleinstadt lassen sich Dollar und meist auch Euro in Landeswährung tauschen. Euro können zu guten Wechselkursen auch bei den Provinzbanken in Riel oder Dollar getauscht werden.

Geldautomaten (engl. ATM) sind weit verbreitet. Selbst in der Provinz hat jede Bank einen ATM, der 24 Stunden zugänglich ist, aber meist nur Doller ausspuckt. Alle gängigen Kreditkarten wie Visa, Master, Maestro werden bedient. **Bitte beachten:** Debitkarten mit dem neuen **V PAY-Logo** funktionieren nicht außerhalb Europas! Reiseschecks sind auch in Kambodscha nicht mehr gängig. Das Zahlen mit Kreditkarte (z. B. mit Visa/Mastercard) ist in Luxus- und Mittelklassehotels üblich, in kleinen, billigen Guest Houses jedoch nicht immer möglich. Nur in gehobenen Restaurants kann mit Kreditkarte bezahlt werden.

Gesundheit

Die medizinische Versorgung im Land hat sich in den letzten Jahren deutlich verbessert, ist aber in den ländlichen Gebieten noch keineswegs ausreichend. Der Standard der Krankenhäuser und der privaten Kliniken in Phnom Penh kann als gut bezeichnet werden. In vielen Hauptstädten der Provinz werden die Krankenhäuser von internationalen Hilfsorganisationen unterstützt. Bei schweren Krankheiten und Verletzungen empfiehlt es sich jedoch, nach Bangkok, Singapur oder Saigon zu fliegen, wo es hervorragende Privatkliniken gibt. Außerhalb von Phnom Penh herrscht ein regional unterschiedlich hohes Malariarisiko (siehe dazu auch die Reise-Gesundheits-Informationen im Anhang und das Kapitel „Gesundheit").

Hin- und Rückreise

Es gibt drei internationale Flughäfen: **Phnom Penh, Siem Reap** (Angkor) und **Sihanouk Ville.** Keiner kann direkt von Europa aus angeflogen werden. Mehrere asiatische Fluggesellschaften (*Thai Airways, Qatar Airlines, Singapor Airlines, Malaysia Airlines* und *Vietnam Airlines*) bieten jedoch Verbindungen nach Kambodscha mit einmaligem Umsteigen von vielen europäischen Flughäfen an. Ein Hin- und Rückflugticket von/nach Europa kostet je nach Saison zwischen 800 und 1000 Euro. Günstig und bequem ist es, nach **Bangkok** zu fliegen und entweder vom Busbahnhof am Flughafen oder dem Ekamai Terminal einen Bus nach **Poipet** (Siem Reap/Angkor) oder **Trat** (Koh Kong/Sihanouk Ville) zu nehmen. Von **Chantaburi,** auf halbem Weg nach Trat, gibt es noch den internationalen Grenzübergang Ban Pakard/Phum Prum über Pailin nach Battambang. Nur selten genutzt werden die Grenzübergänge bei Anlong Veng und Smach, von Thailand nach Kambodscha.

Von den Hauptstädten der drei Nachbarländer, Bangkok, Saigon und Vientiane gibt es direkte Busverbindungen nach Phnom Penh und (jedoch mit Umsteigen) nach Siem Reap (Angkor).

Zwischen Kambodscha und **Vietnam** öffnen immer mehr internationale Grenzübergänge. Deutsche bekommen ein Visum für 15 Tage bei der Einreise ausgestellt. Österreicher und Schweizer müssen es vorher beantragen. Weitere Infos zu der sich ständig ändernden und verwirrenden Visum-Situation mit Vietnam sind unter www.vietnambotschaft.org einzusehen. Derzeit können die Grenzübergänge **Bavet/Moc Bai** zwischen Phnom Penh und Saigon sowie am Mekong der Übergang **Vinh Xuong** zwischen Phnom Penh und Chau Doc und **Phnom Denn/Tinh Bien** zwischen Takeo und Chau Doc benutzt werden. An der Küste zwischen Kampot und Ha Tien (Ausgangsort zur Insel Phu Quoc) können Touristen den Übergang **Prek Chak/Xaxia** und im Nordosten, in der Provinz Rattanakiri, den Übergang bei **Oyadaun** (Nähe Pleiku) benutzen. Die Übergänge in der Provinz Kratie **Trapeang Phlong/Xa Mat** und **Trapeang Src/Loc Ninh** ermöglichen eine alternative Reiseroute zwischen Phnom Penh und Saigon (siehe auch Kapitel „Praktische Reisetipps A–Z, Ein- und Ausreisebestimmungen").

Zwischen **Laos** und Kambodscha gibt es nur den Grenzübergang nördlich von Stung Treng, **Trapaing Kreal/Nongnokhiene** (siehe Kapitel 5 „Stung Treng").

Öffentliche Verkehrsmittel

Regelmäßige **Busverbindungen** mit klimatisierten Reisebussen gibt es zwischen allen Provinzhauptstädten. Die Preise sind sehr günstig.

Zusätzlich verkehren **Sammeltaxis, Minibusse** und **Pick-ups** auf den noch unasphaltierten Straßen der Städte und in der Provinz.

Wegen des immer besser ausgebauten Straßennetzes sind die meisten Bootsverbindungen eingestellt. **Regelmäßige Bootesverbindungen** gibt es nur zwischen Siem Reap/Battambang und Phnom Penh/Chau Doc. Zwischen Siem Reap und Phnom Penh verkehren nur Boote bei ausreichendem Wasserstand, und auch das nicht mehr regelmäßig.

Das **Schienennetz** wird momentan ausgebaut und soll mit den Nachbarländern Vietnam und Thailand verbunden werden. Die ersten Passagierzüge verkehren bereits auf der Strecke von Phnom Penh über Kampot nach Sihanouk Ville sowie von Phnom Penh über Battambang nach Poipet. Bald soll auch die Anbindung an Bangkok erfolgen.

Inlandsflüge gibt es nur zwischen Siem Reap und Phnom Penh sowie zwischen Siem Reap und Sihanouk Ville.

In jedem Ort finden sich **Mopedtaxis** (Motodup) und **Tuk Tuks,** die bis zu vier Personen mitnehmen können.

In Phnom Penh und Siem Reap gibt es Rikshaws und Taxis, die über eine **App** bestellt werden können. Am beliebtesten ist *Pass App.*

Im Vergleich zu anderen asiatischen Städten gibt es relativ wenig **klassische Taxis. Privattaxis** sind jedoch über jede Rezeption zu bekommen. **Stadtbusse** sind so gut wie nicht existent. Ausschließlich in Phnom Penh gibt es überdies noch die originellen **Cyclos** (siehe Exkurs).

Verkehr

In Kambodscha herrscht **Rechtsverkehr.** Der Besitz eines gültigen Führerscheins ist auch für Ausländer zum Auto- wie Mopedfahren (erst ab 125 ccm) obligatorisch. Die Kontrolle ist in der Praxis eher flexibel. **Helmpflicht** besteht seit 2016 sowohl für den Fahrer als auch für den Beifahrer des Mopeds. Die Hauptstraßen sind überwiegend gut und zweispurig ausgebaut, aber nicht abgesichert. Kleinkinder spielen oft an der Hauptstraße, auf der technisch vernachässigte Lkw nicht selten mit 100 km/h vorbeirasen. Die Zahl der Verkehrstoten steigt jährlich und liegt bei ca. 2000 pro Jahr.

Reisezeit

Die idealen Monate, um Urlaub in Kambodscha zu machen, sind Dezember, Januar und Februar. In dieser Zeit scheint täglich die Sonne, Regenfälle sind äußerst selten. Überwiegend trocken, aber schwül-heiß ist die Zeit von März bis Mai. Von Juni bis August regnet es häufiger. Der Oktober ist der regenreichste Monat. Abgelegene Orte, zu denen keine asphaltierten Straßen führen, sind in der Regenzeit oft nur schwierig zu erreichen.

Sicherheit

Kambodscha ist ein relativ sicheres Reiseland. Wegen des langen und grausa-

Steckbrief Kambodscha

Offizieller Name:	Königreich Kambodscha
Regierungsform:	Konstitutionelle Monarchie
König:	Norodom Sihamoni
Ministerpräsident:	Hun Sen
Nationalflagge:	blau, rot, blau; auf dem roten Feld sind die drei weißen Türme von Angkor Wat abgebildet.
Hauptstadt:	Phnom Penh (rd. 2 Mio. Einwohner)
Große Städte:	Battambang, Kompong Cham, Takeo, Sihanouk Ville, Kompong Speu, Siem Reap
Bevölkerung:	16,5 Mio., davon ca. 90 % Khmer, 4 % Vietnamesen, 1 % Chinesen, 4 % Cham und unter 1 % Ureinwohner
Staatsreligion:	Buddhismus
Sprache/Schrift:	Khmer
Fläche:	181.035 Quadratkilometer (gut halb so groß wie Deutschland)
Nachbarstaaten:	Thailand, Laos, Vietnam
Küstenlänge:	160 Kilometer
Höchster Berg:	Phnom Aural (1813 m)
Größter See:	Tonle Sap
Flüsse:	Mekong, Tonle Sap, Tonle Bassac, Tonle Srepok, Tonle San, Tonle Kong
Längster Fluss:	Mekong (450 km im Land)
Größte Insel:	Koh Kong
Bevölkerungswachstum:	1,5 %
Verstädterung:	23 %
Währung:	Riel
Klima:	tropisch, vom Monsun geprägt
Niederschlagsreichster Monat:	Oktober (257 mm)
Niederschlagsärmster Monat:	Januar (8 mm)
Wärmster Monat:	April
Kühlster Monat:	Dezember, Januar
Berühmteste Sehenswürdigkeit:	Angkor Wat

Warnung!

Aktueller Sicherheitshinweis des Auswärtigen Amtes zur Sicherheitslage in Kambodscha (Stand: Mai 2019)

- In der **Hauptstadt Phnom Penh** besteht weiterhin die Gefahr von Unruhen und Protestaktionen, die in der Vergangenheit zu Gewaltausbrüchen führten. Es wird dringend empfohlen, sich von Demonstrationen fernzuhalten.
- In den touristischen Zentren wie **Phnom Penh, Sihanouk Ville** und **Kampot** wird ein Anstieg von tätlichen Übergriffen auf Touristen, teilweise sogar mit Messern und Schusswaffen, verzeichnet. Es wird dringend geraten, bei Überfällen keinen Widerstand zu leisten.
- Bei Reisen nach **Preah Vihear** rät das Auswärtige Amt zur erhöhten Vorsicht. Der Territorialkonflikt zwischen Kambodscha und Thailand hinsichtlich des Grenzverlaufs um das den Tempel Preah Vihear umgebende Gebiet ist zwar beigelegt, und die Beziehungen zwischen beiden Ländern haben sich verbessert. Eine erneute Verschärfung der Sicherheitslage in Preah Vihear ist jedoch jederzeit möglich. Besuchern wird daher dringend geraten, sich vor einer Reise nach Preah Vihear kurzfristig über die konkrete Lage vor Ort zu informieren.

Wegen des möglichen **Landminenrisikos** sollten Reisende zudem auf keinen Fall die gekennzeichneten Wege der Tempelanlage verlassen.

Der **Grenzübergang Suay Chrom** in der Provinz Preah Vihar ist nur für thailändische und kambodschanische Staatsangehörige passierbar.

men Bürgerkrieges haftet ihm aber immer noch das Image eines gefährlichen Reiseziels an. Minen liegen nur in abgelegenen Gebieten und stellen für den Reisenden, der nicht abseits der Wege durchs Unterholz läuft, keine Gefahr dar.

Die lang anhaltende politische Stabilität beruht allerdings auf Angst und Unterdrückung. Je mehr der Machtmensch *Hun Sen* und seine regierende CCP politisch in Bedrängnis geraten, desto aufmerksamer sollte die innere Sicherheit beobachtet werden – insbesondere vor Wahlen.

Bei den Tempeln von Preah Vihear im Norden an der thailändischen Grenze flammen immer wieder militärische Scharmützel zwischen den beiden Ländern wegen Gebietsstreitigkeiten auf. Auf den Landstraßen herrscht Anarchie, und es kommt häufig zu schweren Unfällen, in die auch immer wieder Reisebusse verwickelt sind.

Überfälle und **Diebstähle** gibt es gelegentlich an touristischen Hotspots sowie in Phnom Penh, Sihanouk Ville und Siem Reap. Die Täter sind meist zu zweit auf dem Moped unterwegs, und die Verletzung des Opfers wird dabei billigend in Kauf genommen.

Es wird dringend geraten, sich von politischen Veranstaltungen und Demonstrationen fernzuhalten, und **vor der Abreise aktuelle Sicherheitshinweise zu prüfen,** z.B. unter www.auswaertiges-amt.de, www.eda.admin.ch oder www.bmaa.gv.at.

Sprache

Khmer ist die Landessprache Kambodschas. Unter der Stadtbevölkerung und der jüngeren Generation ist auch **Englisch** relativ weit verbreitet. Unter den über Vierzigjährigen und in entlegenen Gegenden trifft man häufig auf Kambodschaner, die Französisch sprechen. Gelegentlich begegnet man einigen Khmer, die eine Ausbildung in der ehemaligen DDR absolviert haben und deshalb erstaunlich gut Deutsch sprechen.

Telefonieren und Internet

- **Vorwahl Kambodscha: 00855**

Nationale und internationale Telefongespräche, ob vom Festnetz oder Handy aus, sind im gesamten Land – auch in der Provinz – **problemlos möglich.** Sehr günstig und von bester Sprachqualität sind Auslandsgespräche vom Handy mit kambodschanischer SIM-Karte.

So gut wie jedes Restaurant und jede Unterkunft bietet mittlerweile kostenlos WLAN für Handys und Laptop. Cambodia is WiFi-Country.

Unterkunft

Das Angebot an Hotels und Guest Houses ist im ganzen Land hervorragend. Es gibt kaum eine Kleinstadt, in der nicht ein Überangebot an Hotels und Guest Houses besteht.

Hotels in der internationalen 5*****-Sternekategorie findet man nur in Phnom Penh, Sihanouk Ville und Siem Reap. Kreative und wunderschöne **„Boutique Hotels“** sind vor allem in Phnom Penh und Siem Reap weiter auf dem Vormarsch (40–80 $). Einfache, aber saubere Hotels mit Bad/WC und Klimaanlage, sogenannte **„Khmer Standard Hotels“,** gibt es in allen Provinzhauptstädten für 10 bis 20 $ pro Nacht mit Aircondition.

„Guest Houses“ mit sauberen Doppelzimmern, Fan und Bad/WC sind zwischen 5 und 15 $ zu bekommen.

Nach wie vor beliebt sind **„Home Stays“,** Unterkünfte mit Familienanschluss in kleinen Dörfern auf dem Land.

Preisangaben für Unterkünfte in diesem Buch

Um einen schnellen Überblick über die einzelnen Preise von Hotels und Guest Houses zu gewährleisten, wurden diese im Buch mit Zahlen von 1 bis 5 nach folgenden Preisspannen gekennzeichnet:

①	5–25 $
②	25–50 $
③	50–100 $
④	100–200 $
⑤	über 200 $

Diese Angaben beziehen sich in der Regel auf ein DZ für 2 Personen mit Bad, wenn nicht anders angegeben. Die Wahl eines Zimmers mit/ohne AC oder mit/ohne Bad hat in der Kategorie ① erheblichen Einfluss auf den Preis.

1 Phnom Penh und Umgebung | 32

Phnom Penh | 35

Die 2-Millionen-Metropole gehört mittlerweile zu den modernen asiatischen Großstädten. Trotzdem hat sich Phnom Penh seinen provinziellen Charme bewahrt. Faszinierende Bauwerke wie der **Königspalast (S. 44),** quirlige Märkte wie der **Psah Thmay (S. 62)** und eine beachtliche internationale Gastronomie mit beeindruckenden Skybars wie das **Eclipse (S. 90)** beeindrucken die Besucher. Zwischen Beklemmung und Entsetzen bewegt sich die Gefühlsskala des Besuchers der Toul Sleng Konzentrationslager und der **Killing Fields (S. 51).** Pflichtprogramm, um die jüngste Geschichte und den Terror der Roten Khmer zu verstehen.

Umgebung von Phnom Penh | 108

Vor den Toren der brodelnden Hauptstadt scheint die Zeit stehen geblieben zu sein. Auf **Mekong Island (S. 108)** und am **Koki Beach (S. 109)** mischt man sich unter die Einheimischen. Historische Zeugen wie die ehem. Hauptstadt **Udong (S. 110),** die hübsche Tempelanlage **Tonle Bati (S. 113)** und die selten besuchten **Tempel von Chisor (S.115)** aus dem 11. Jh. warten mit historischen Schätzen, ländlicher Idylle und belebten Pagoden auf.

2 Angkor und Umgebung | 122

Angkor Wat (S. 180) ist das größte religiöse Bauwerk der Erde, die Seele des Khmer-Volkes und Weltkulturerbe. Diese Superlative ziehen alljährlich Hunderttausende von Touristen aus aller Welt an. Geografisch betrachtet, umfasst Angkor eine Fläche von bis zu 1000 km² und schließt zahlreiche besuchenswerte Orte wie das schwimmende Dorf **Chong Kneas** (S. 137), endlose Lotusblumenfelder sowie viele verstreut liegende kleine Heiligtümer mit ein. **Siem Reap** (S. 128) ist Ausgangspunkt für die Tempelbesichtigungen. Touristisches Zentrum ist der **Psah Chah** (Alter Markt) (S. 130).

3 Das Tonle-Sap-Becken | 224

Die Region ist landwirtschaftlich geprägt. Rund um den fischreichen See **Tonle Sap** (S. 227) und dem weitverzweigten gleichnamigen Fluss wird auf besonders fruchtbarem Boden vor allem Reis angebaut. Der Ort **Kompong Chhnang** (S. 230) ist die Hochburg der Töpfer. Die mit 300.000 Einwohnern zweitgrößte Stadt Kambodschas, **Battambang** (S. 237), besticht mit einer attraktiven und belebten Altstadt, gut erhaltenen Kolonialgebäuden, einem faszinierenden Kinderzirkus und kuriosen Ausflugszielen in die nähere Umgebung. In der Provinz **Kompong Thom** (S. 262) liegt der geschichtsträchtige Tempel von **Sambor Prey Kuk** (S. 266) sowie der 207 m hohe Klosterberg **Phnom Santuk** (S. 265), der einen schönen Ausblick auf die weiten Ebenen von Kompong Thom bietet.

Der Nordosten | 272

In den von zahllosen Wasserläufen durchzogenen Tropenwäldern der Provinz **Rattanakiri** (S. 275), leben noch Tiger, Leoparden, Elefanten und Krokodile im Schutz des unwegsamen Geländes. Auf die Kohtoum-Hochebene hat sich das scheue Volk der **Khmer Loeu** (S. 284) zurückgezogen. Traumhafte Sonnenuntergänge, der idyllische **Yaklom-Vulkansee** (S. 282) und **wilde Wasserfälle** (S. 282) machen den touristischen Reiz dieser Region aus.

5 An den Ufern des Mekong | 298

Der **Mekong** ist neben dem Tonle Sap Fluss die Lebensader des Landes. Die Region ist geprägt durch diesen mächtigen Wasserlauf, in dem sich auf Höhe der Stadt **Kratie** (S. 318) sogar eine Population der äußerst seltenen **Irrawaddy-Delfine** (S. 316) heimisch fühlt. Einen Besuch wert ist die idyllische Mekong-Insel **Koh Trong** (S. 323), auch ein Abstecher zu den **Kautschukplantagen von Chup** (S. 315) lohnt. Beeindruckend ist die Vereinigung des Mekong mit den Flüssen Tonle San und Tonle Srepok vor den Toren **Stung Trengs** (S. 325).

Die Küste | 332

Die Küste Kambodschas steht immer mehr im touristischen Fokus. Während sich in der Provinz Koh Kong die Küste noch in dichte Magrovenwälder hüllt und wilde Naturparks wie Chi Phat am Fuß der Elephant Mountains über romantische Flüsse zu erreichen sind, wurde die Hafenstadt **Sihanouk Ville** (S. 359) zum Spielball chinesischer Investoren. Dort hat sich die Travellerszene auf die idyllischen Inseln **Koh Rong** (S. 377), **Koh Rong Samlem** (S. 380) und **Koh Ta Kiev** (S. 384) zurückgezogen. Highlight der Küste ist die Provinzhauptstadt **Kampot** (S. 338). Feinste Meeresfrüchte lassen sich in **Kep** (S. 351) am **Crab Market** (S. 353) naschen.

Kambodscha – Reisen mit Kindern

Reisen mit Kindern in einem tropischen Entwicklungsland bedarf einer **genauen Planung.** Eltern sollten möglichst bereits Reiseerfahrungen in Drittweltländern gemacht haben und sich im Klaren darüber sein, dass man sich auf solch einer Reise mehr auf die Bedürfnisse der Kinder einstellen muss, als sich selbst zu verwirklichen. Will ich chillen und Party feiern oder Tempel, Museen und die Killing Fields besuchen, dann haben die Kids sicherlich keinen Spaß, und die Reise wird für alle Beteiligten äußerst anstrengend. Lass' ich mich auf die **Bedürfnisse der Kinder** ein und entdecke mit ihnen kuriose Dinge, die es zu Hause nicht gibt, bin neugierig auf Fremdes und Unbekanntes, lerne ich auch als Erwachsener Kambodscha mit anderen Augen kennen. Bootsfahren, Bamboo Train, Baden im Mekong, Tuk Tuk fahren, exotische Früchte kosten, neue Speisen entdecken, am Strand schaukeln und Burgen bauen und auch mal Insekten probieren ist Abenteuer pur für Groß und Klein. Auch die Einheimischen sind gegenüber „Barangs" mit Kindern sehr aufgeschlossen.

Kambodscha ist ein tolles Reiseland für Kinder. Folgende Dinge sollten aber im Vorfeld bedacht, notiert oder gut geplant werden:

- Kinder benötigen einen **eigenen Reisepass.**
- **Impfungen** und notwendige **Medikamente** mit dem Hausarzt abklären.
- **Krankenversicherung** mit medizinisch sinnvollem **Rücktransport** nach Deutschland abschließen.
- Welche medizinischen Möglichkeiten habe ich bei Erkrankungen und Unfällen in Kambodscha und in welchem Land bekomme ich am schnellsten und professionellsten Hilfe?
- Es gibt ein **Kinderkrankenhaus Kantha Bopha** in Phnom Penh und Siem Reap.
- Versorgung auf westlichem Niveau bietet das **Kinderkrankenhaus Samitivej in Bangkok** (www.samitivejhospitals.com/international-childrens-hospital, Tel. +66-20-222222).
- **Notfallnummer der Deutschen Botschaft** parat haben (+885-23-216193; Notfall außerhalb der Öffnungszeiten +855-10-990002).
- Welche **Überland-Verkehrsmittel** sind am sichersten?

– **Relativ sicher:** Reisebusse, private Taxis, Zug und Flugzeug.
– **Unsicher:** Sammeltaxis und Kleinbusse, die erst losfahren, wenn sie überfüllt sind.

Folgende Erfahrungen hat eine befreundete Familie gemacht, die mit ihren beiden Kindern (4 und 6 Jahre) im September 2018 für vier Wochen das Land bereist haben:

Alle waren **begeistert.** Die Kinder genossen vor allem die **Freiheiten** und die wenigen Reglementierungen der Khmer-Gesellschaft. Oft standen sie im Mittelpunkt. Tuk Tuk fahren war einfach super. Auch mit den **Khmer-Kindern** kamen sie oft schnell in Kontakt und spielten zusammen (übrigens viel unkomplizierter als in Thailand). **Bootsfahrten** auf dem Tonle Sap, die **Höhlen** bei Kampot und der **Kinderzirkus in Battambang** waren Höhepunkte. Wichtig waren für sie auch die **Swimming Pools in den Hotels** oder die **Fußmassage,** wenn sie doch mal Tempel mit den Eltern besichtigen mussten. Diese waren dann auch für die Kinder toll, wenn die Besichtigung **in ein Spiel verpackt** wurde – eine kreative Herausforderung an die Eltern.

Weniger begeisterten sie Museen oder die Killing Fields, und das Toul Sleng Museum in Phnom Penh wurde wegen der grausamen Exponate über das Horror-Regime der Roten Khmer erst gar nicht besucht.

Gemieden werden sollten: Verkehrsuntaugliche und überfüllte Sammeltaxis und Minibusse. Diese werden oft von Kamikazefahrern gelenkt.

Wohl nicht zu vermeiden sind: Einheimische, die den Kindern (vor allem wenn sie blond sind) ständig über den Kopf streicheln und sie anfassen wollen. Hier sollten Eltern freudlich, aber unmissverständlich darauf hinweisen, dass dies nicht erwünscht ist.

Noch ein paar Tipps

Unbedingt die **Fahrt mit dem Boot von Siem Reap nach Battambang** unternehmen. Pflichtbesuch für Kinder ist dort der **Zirkus Phare Ponleu Selpak.** Nicht nur die Vorstellung, sondern am Nachmittag auch die Klassenzimmer und Trainingsstätten anschauen.

Auch der **Bamboo Train** ist ein Kinderhighlight.

Ein **super kinderfreundlicher TukTuk Fahrer** ist *Mr. Baht* (012/639350 bzw. sambaht_9@yahoo.com).

Ein interessanter Ort für Kinder mit Höhlen, Inseln, Fischern, Bergen und Wasserfällen ist **Kampot** an der Küste.

Sehr kinderfreundlich ist das **Resort Les Manguiers** (www.mangokampot.com), etwas außerhalb von Kampot am Flussufer. Es gibt viele Spiele und Aktivitäten auf dem großen Gelände. Romantisches Familienfrühstück am Fluss.

Grundsätzlich lohnt es sich, **Zimmer in Boutique Hotels oder Mittelklasse-Hotels** mit Pool, wie sie in vielen Städten zu finden sind, zu buchen. Das Preis-Leistungs-Verhältnis solcher Unterkünfte ist in Kambodscha hervorragend.

Buddhistische Segnung im Tempel Angkor Wat

118ka_19 an

Reiserouten

123ka_19 an

Es gibt zwar viele Möglichkeiten nach Kambodscha einzureisen, doch da die meisten Touristen über den **Flughafen in Phnom Penh** das Land erreichen, beschränke ich mich bei den Tourenbeschreibungen auf den **Ausgangspunkt Phnom Penh.**

Kurztrip (1 Woche)

Wer nur eine Woche Zeit in Kambodscha zur Verfügung hat, sollte sich auf **Phnom Penh** und die **Tempel von Angkor** bei Siem Reap beschränken. Die Hauptstadt Phnom Penh bietet den prächtigen **Königspalast** mit der **Silberpagode,** erschütternde Zeugnisse der jüngsten Geschichte – die **Killing Fields** und das **Toul Sleng Museum** – sowie lebhafte Märkte, Rundfahrten auf dem Mekong und eine überraschend große Auswahl an leckerem, sehr kostengünstigen Street Food und edlen Restaurants. Um nach **Siem Reap** zu gelangen gibt es täglich Flüge sowie zahlreiche Busse (Fahrtzeit ca. 6 Stunden).

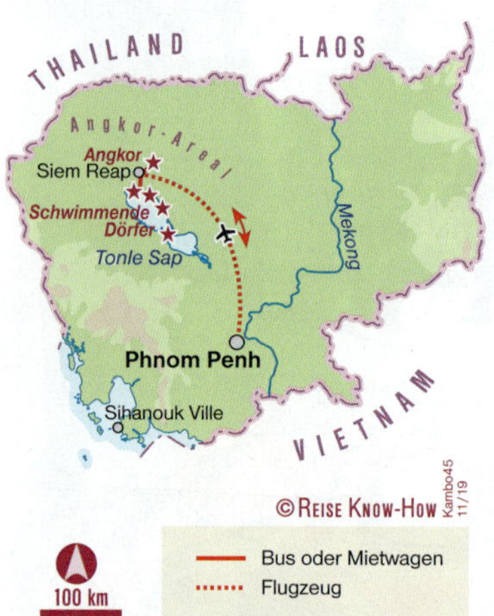

⌃ Der beliebte Tempel Ta Prohm wurde bewusst so belassen, wie die Archäologen ihn bei der Entdeckung vorgefunden hatten

› Boddhisatva Alokesvara: eines seiner vielen charakteristischen Gesichter im Bayon Tempel in Angkor

Das quirlige Touristenzentrum **Siem Reap** ist der Ausgangsort zu den **Tempeln von Angkor.** Am systematischsten werden die vielen Anlagen mit einem Tuk Tuk in zwei Tagen anhand des **„Kleinen und großen Rundgangs“** erschlossen. Der 3. Tag steht für entferntere Tempel oder die **schwimmenden Dörfer auf dem Tonle Sap** zur Verfügung. In Siem Reap ist der touristische Hotspot der **„Alte Markt“** mit vielen netten Restaurants, dem Nachtmarkt und natürlich der berühmten **„Pub Street“.**

133ka_19 an

Kambodscha-Highlights (2–3 Wochen)

Auch hier ist **Phnom Penh** Startpunkt. Mit Zug oder Bus geht es nach **Kampot,** das mit seiner Altstadt aus historischen Kolonialgebäuden fasziniert. Ein Ausflug auf den **Bokor Mountain** mit dem alten und neuen Kasino und einer überwältigenden Aussicht sowie eine Nacht in **Kep** mit dem berühmten „Crab Market“ gehören zum Pflichtprogramm. Weiter nach **Sihanouk Ville** und mindestens 3 Nächte auf einer der vorgelagerten **Robinson-Inseln** verbringen. Entweder mit dem Nachtbus oder besser mit dem Flugzeug nach **Siem Reap** (3 Tage Sightseeing wie bei Kurztrip). Weiter mit dem abenteuerlichen Boot über den Tonle Sap nach **Battambang.** Die schöne **Altstadt** genießen, den **Zirkus** „Phare Ponleu Selpak“ besuchen, die Fledermausschwärme in **„Bats Cave“** beobachten und eine Runde mit dem **Bamboo Train** fahren. 2 Nächte Aufenthalt sind sinnvoll. Mit Bus oder Zug geht es schließlich wieder zurück nach **Phnom Penh.**

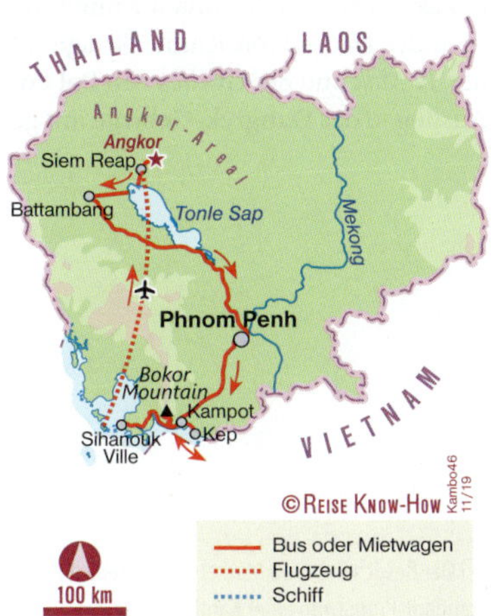

Off the Beaten Tracks – Round Trip (3–5 Wochen)

Phnom Penh besuchen wie bei Kurztrip plus **Udong, Tempel von Phnom Chisor** und **Takeo.** Von Takeo weiter nach **Kep.** Auf der Insel **Koh Tonsey** übernachten. In **Kampot** z.B. Paddeln auf dem Fluss, Höhlen-Exkursion und Klettern. Moped mieten und selber zum **Bokor Mountain** fahren und im skurrilen Kasino am Gipfel übernachten.

Weiter nach **Sihanouk Ville** (Bus oder Zug) und ein paar Tage auf den Inseln bleiben (**Ko Ta Kiev** und **Koh Thmei** sind weniger überlaufen) oder eine „Live aboard"-Tour zu den entfernten Inseln wie **Koh Tang** buchen. Weiter Richtung **Koh Kong City** mit Zwischenstopp auf einer der Inseln **Koh Sdach** oder **Koh Totang.** Oder alternativ das Ökotourismus-Projekt **„Chi Phat"** besuchen. Stadt und Umgebung von Koh Kong City erkunden.

Weiterreise nach **Pursat** durch das Kardamomgebirge und mindestens eine Nacht im Dorf **Osoam** übernachten. In Pursat das **Floating Village Kompong Luong** besuchen. Weiter nach **Battambang.** Zwei Tage gibt's hier einiges zu sehen, unter anderem auch eine Weinprobe und Paddeln auf dem Sangker Fluss. Eine Option wäre noch der Besuch von **Pailin,** wohin sich damals die Roten Khmer zurückzogen und sich mit dem Verkauf von Diamanten an die Thais finanzierten.

Von Battambang mit dem Boot nach **Siem Reap.** Das „Standardprogramm **Angkor"** sollte auf keinen Fall ausgelassen werden. Die Tempel **Koh Ker** und **Phnom Kulen** sind Ausflüge mit Übernachtungsmöglichkeit, die man auch selbstständig mit dem Moped erreichen kann. Weiter geht die Runde in die tiefe Provinz nach **Anlong Veng,** eine der letzten Bastionen der Roten Khmer. Besuch des Hauses von Khmer Rouge Kader *Ta Mok* und des **Grabes von Pol Pot.** Ausflug in das **Dangrek-Gebirge** mit ge-

[>] Der Besuch des Crab Market in Kep gehört zum Standard-Programm einer Kambodschareise

waltigem Ausblick auf die weiten Ebenen mit Reisfeldern und Zuckerpalmen. Mit Sammeltaxi zum Dorf **Sa Em** am Fuß des wunderschön gelegenen Tempels **Preah Vihear.** Weiter mit Sammeltaxis über Preah Vihear City nach **Stung Treng** am Mekong. Besuch der Wasserfälle an der laotischen Grenze, Paddeln durch die überfluteten Wälder, **Irrawaddy-Delfine** beobachten und Homestay in Fischerdorf auf einer Mekong Insel.

Mit dem Mountainbike drei Tage entlang des Mekong nach **Kratie** biken (kann man in Stung Treng mieten und in Kratie abgeben). Mit Mopedtaxi weiter entlang des Mekong nach **Kompong Cham.** Besuch der Kautschuk-Plantagen. Zurück nach **Phnom Penh.**

Alternative Route anstatt entlang des Mekong durch die nordöstlichen Provinzen **Rattanakiri** und **Mondulkiri.** Von Stung Treng nach **Banlung** in Rattanakiri (Yaklom-Vulkansee, Urwald-Trekking im Virachey Nationalpark). Weiter entlang des ehemaligen Hoh-Chi-Minh Trails nach **Senmonorom,** der Provinzhauptstadt von Mondulkiri. Besuch der Ureinwohner und Besuch des Elephant Valley Projekt sowie Baden unterm **Wasserfall von O-Tang-Lang.** Zurück nach **Phnom Penh** über Kompong Cham.

115ka_19 an

JAN | FEB | MÄR | APR | MAI | JUN

Koh Rong, Koh Rong Samlem, Koh Ta Kiev
Beste Zeit zum Besuch der „Robinson-Inseln“, die der Küste von Sihanouk Ville vorgelagert sind. Eine vergängliche Idylle, denn touristische Großprojekte sind bereits in Planung.

Internationaler Frauentag am 8. März
Vor allem in Phnom Penh werden zahlreiche Kundgebungen veranstaltet. Einige Geschäfte können an diesem Tag geschlossen sein.

Schnorcheln und Tauchen
Trotz hoher Temperaturen eignet sich der April für alle Aktivitäten im Wasser im Süden des Landes.

Viskha Puka
Wichtigstes Fest der Buddhisten am 18. Mai. Es werden Buddhas Geburt, seine Erleuchtung und sein Todestag gefeiert.

Beste Reisezeit
Von November bis März ist die beste Zeit, um Kambodscha zu besuchen. In diesen Monaten scheint fast täglich die Sonne, Regenfälle sind äußerst selten. Die durchschnittlichen Temperaturen liegen knapp über 30 °C.

Tet-Fest
Von Ende Januar bis Anfang Februar findet das Neujahrsfest der Mahayana-Buddhisten statt. Die Festivitäten dauern eine Woche. Chinesische Händler haben ihre Läden zu dieser Zeit geschlossen.

Choul Chhnam
13. bis 15. April: Khmer-Neujahrsfest. Gefeiert wird der Beginn der buddhistischen Religion. Das Fest dauert drei Tage und gehört zu den wichtigsten buddhistischen Feiertagen.

Apsara-Tänze
Die traditionellen Khmer-Tänze werden vor allem im Juni aufgeführt. Tanzabende finden u.a. in den großen Hotels in Siem Reap statt.

Nachtleben Phnom Penh

Angesagte Clubs mit international bekannten DJs und attraktiven Live-Bands findet man das ganze Jahr über in Phnom Penh. Einen spektakulären Blick auf die brodelnde Metropole gibt es in der Eclipse Skybar sowie in der Sorya Skybar (s. S. 90).

Nationalfeiertag

Am 9. November 1953 wurde Kambodscha von Frankreich in die Unabhängigkeit entlassen. Umzüge und Ansprachen vor allem in Phnom Penh.

Angkor-Tempelanlage

Tempelbesuch während der Regenzeit? Wer einen vorübergehenden, kräftigen Regenschauer nicht scheut, kann andere Vorteile in Anspruch nehmen: Niedrige Hotelpreise, eine geringe Anzahl an Touristen, und die Natur entwickelt sich in voller Pracht.

Bon Oumtok

Wichtiges Fest der Khmer, Ende November. Bei dem Fest, auch als „Wasserfestival" bezeichnet, wird das Naturschauspiel gefeiert, bei dem der Fluss Tonle Sap seine Fließrichtung ändert.

JUL | AUG | SEP | OKT | NOV | DEZ

Regenzeit

Zu dieser Zeit bläst der Südwest-Monsun und bringt dem Land große Mengen an Niederschlag. Die Menge des Niederschlags und der Beginn der Regenzeit variieren von Jahr zu Jahr. In dieser Zeit fallen 70 bis 80 % der gesamten Regenmenge eines Jahres.

Beste Reisezeit

November bis März.

Constitution Day

Am 24. September wird der Tag der Verfassung gefeiert, die durch die Unterschrift des Königs 1993 nach langen Jahren des Krieges und der Gewaltherrschaft der Roten Khmer in Kraft trat. Banken, Behörden und viele Geschäfte sind an diesem offiziellen Feiertag geschlossen.

Angkor-Halbmarathon

Das Ereignis für alle Sportler. Genauer Termin unter: Facebook: Angkor Wat International Half Marathon.

Fünf Highlights neben Angkor

Adobe Stock ©Alena Yakusheva

Besuch des Königspalastes in Phnom Penh | 44

Nicht nur ein schnöder Tribut an das Königreich, sondern ein grandioser Eindruck vom Prunk und der abenteuerlichen Geschichte des Landes. Das Herzstück sind der Thronsaal und die Silberpagode mit ihren 5329 Bodenfliesen aus kambodschanischem Silber und einem lebensgroßen Buddha aus massivem Gold. Wer Glück hat, bekommt König Norodom Sihamoni zu sehen.

Adobe Stock ©Mitch

Schwimmende Dörfer auf dem Tonle Sap | 137, 235

Durch den ständig schwankenden Wasserspiegel des Tonle Sap Sees hat sich an dessen Ufern eine einzigartige Lebensweise entwickelt, die sich perfekt an den ständig wechselnden Wasserstand angepasst hat. Die Bewohner der Dörfer leben auf Hausbooten, im Dorf Kompong Luong schwimmen sogar die Schule, die Pagode, eine Kirche und sogar die Tankstelle auf dem Wasser.

138ka_19 an

Bokor Mountain | 338/339

Der „Berg in den Wolken“ bietet neben einem skurrilen, neuen Casino auch ein altes Pendant aus der französischen Kolonialzeit, eine Bergpagode, die Statue von Lok Yeay Mao – der Schutzheiligen der Reisenden – und einen eindrucksvollen Wasserfall. Am gewaltigsten ist aber der Ausblick von dem 1080 m hohen Gipfel auf das Meer.

139ka_19- an

Floating Forests | 330/331

Zwischen Mekong-Wasserfällen an der laotischen Grenze und der Stadt Stung Treng fließt der Strom durch bizarre Wälder, die mitten im Wasser stehen und von den Stromschnellen umspült sind. Eine einzigartige Biodiversität, die jedoch schon bald dem Bau von Wasserkraftwerken zum Opfer fallen könnte.

Adobe Stock ©Eaknarin

Bats Cave | 250

Der Kalksandstein des Phnom Sampeau bei Battambang ist durchzogen von Karsthöhlen. Täglich zum Sonnenuntergang verlassen Hunderttausende Fledermäuse ihre Höhle, um in der Nacht jagen zu gehen. Das Spektakel dauert fast eine ganze Stunde. Früh morgens kehren sie dann zurück. Dracula lässt grüßen.

Die fünf schönsten Tempel

Angkor Wat | 180

Der berühmteste Tempel, das vielleicht größte sakrale Bauwerk der Welt, ist Pflichtprogramm auf jeder Kambodschareise. Erotische Apasaras, endlose Halbreliefs mit Geschichten aus der Blüte Angkors, eingebettet in den allgegenwärtigen Buddhismus der Khmer macht den Besuch zu einem unvergesslichen Ereignis. Auch wenn man sich das Grabmal von Suryavarman II. mit einer stetig wachsenen Zahl an Besuchern teilen muss.

137ka_19 an

Ta Prohm | 201

In den Angkor-Beliebtheits-Charts liegt dieser Flachtempel auf Rang zwei. Er wurde nicht restauriert und so belassen, wie ihn seine Entdecker vorfanden. Die Macht der Natur über Menschenwerke wird hier eindrucksvoll von Würgefeige und Kapokbaum demonstriert.

144ka_19 an

Preah Vihear | 215

Die schönstgelegene Tempelanlage in Kambodscha. Auf dem Hochplateau des Dangrek-Gebirges gebaut, umkämpft bis heute und mit gewaltigem Ausblick über Urwald und Reisfelder. Begeistert mit feinster Architektur und abenteuerlicher Anreise abseits des Massentourismus.

145ka_19 an

Koh Ker | 218

Am Dschungelrand gelegene, wenig besuchte Tempelstadt von Jayavarman IV. Hier entwickelten die begnadeten Bildhauer ihren eigenständigen „Koh-Ker-Stil". Höhepunkt ist die siebenstufige Pyramide.

Adobe Stock ©YuksuelSelvi

Sambor Prey Kuk | 266

Ehemalige Hauptstadt des Chenla-Reiches zwischen dem 6. und 8. Jahrhundert. Obwohl 2017 zum UNESCO-Weltkulturerbe erklärt, führt es immer noch ein touristisches Schattendasein. Idyllische Anreise durch die pittoresken Dörfer der Reisbauern.

Adobe Stock ©beibaoke

Fünf Inseln zum Chillen

140ka_19 an

Koh Rong | 377

Größte Insel vor Sihanouk Ville, die in den letzten Jahren zum Backpacker-Hotspot geworden ist. Partyhochburg für hippe Traveller ist das Dorf Koh Touch. Doch auch einsame Sandstrände, ausgiebige Tauchgänge und abenteuerliches Inseltrekking tragen zur Beliebtheit der Insel bei.

141ka_19 an

Koh Rong Samlem | 380

Für Genießer des entspannten und stilvolleren Insellebens ohne Dauerpartys sei die kleine Schwester empfohlen. Baden im seichten Wasser der Saracen Bucht, Plankton-Schwimmen, der Besuch des alten Leuchtturms und der farbenprächtige Sonnenuntergang am Lazy Beach – natürlich stilecht in der Hängematte bei einem Cocktail genossen.

150ka_19 an

Koh Ta Kiev | 384

Noch ein „Geheimtipp" für spartanische Inselromantiker vor den Toren Sihanouk Villes. Eine Handvoll Hütten und Baumhäuser in kleinen Resorts im Urwald am Strand bieten den Luxus von WiFi- und Moped-freier Zone. Cliff Diving am Elephant Rock und Island Hiking über kleine Trails.

146ka_19 an

Koh Sdach | 389

Ehemalige Schmugglerinsel, deren Bewohner sich jetzt dem Fischfang widmen. Das lebhafte Dorf mit seinen freundlichen und sympathischen Einheimischen ist die größte Siedlung auf einer kambodschanischen Insel. Vom Massentourismus wird dieses Kleinod wegen des fehlenden Strandes gemieden.

143ka_19 an

Koh Tonsey | 357

Koh Tonsey, auch als Rabbit Island bekannt, liegt vor dem kleinen Ort Kep. Obwohl das Gerücht eines geplanten Casinos wie ein Damoklesschwert seit Jahren über der Idylle lastet, ist es immer noch eine verträumte Insel, auf der nur einheimische Khmer einfache Bungalows an einem Palmen umsäumten Strand anbieten.

Fünf Highlights Action Sport

147ka_19 an

Enduro-Touren | 288

Kambodscha eignet sich ideal für Enduro-Touren. Viel Platz, wenig asphaltierte Straßen, keine strengen Verkehrsregeln und eine begeisterte Bevölkerung, solange ihre frei herumlaufenden Hühner dabei nicht überfahren werden.

149ka_19 an

Mountain Biking | 288, 330, 387

Die schönste Art und Weise, Kambodscha nachhaltig zu bereisen und intensiv kennenzulernen. Enthusiastische „hallo, hallo“ Rufe der Kinder klingen einem noch lange in den Ohren. Die schönsten Strecken liegen entlang des Mekong und in der Umgebung von Angkor.

148ka_19 an

Kayaking | 252, 287, 330, 387

Ein Land, in dem sich alles um das Wasser dreht, kann nur ideal für Kajak-Abenteuer sein. Hübsch sind die Flüsse in Kampot, Chi Phat und Battambang, aber nichts ist so beeindruckend wie die „floating forests“ im Mekong bei Stung Treng.

152ka_19 an

Trekking | 283, 287, 295, 377, 388, 391

Echtes Dschungeltrekking mit einheimischen Rangern, Besuch bei Ureinwohnern, Übernachten im Dschungel Camp in der Hängematte sowie Vogel- und Wildtier-Beobachtungen werden in Rattanakiri, dem Kardamomgebirge und in Chi Phat angeboten.

Adobe Stock ©Aleksandar Todorovic

Tauchen | 367

Die lohnendsten Tauchgründe liegen auf den Inseln vor der Küste von Sihanouk Ville. Eine ganze Reihe von Tauchschulen bietet hier ihre Dienste an. Von Tauchkursen für Anfänger und Padi Master-Ausbildungen bis zu mehrtägigen Tauchausflügen zu abgelegenen Inseln ist alles geboten.

113ka_19 an

1 Phnom Penh und Umgebung

Eine aufregende Atmosphäre verbreitet der kreative Hauch von Anarchie, der in allen Lebensbereichen zu finden ist und in einem erfrischenden Kontrast zum geregelten und überorganisierten Leben in Mitteleuropa steht.

Blick auf den Monivong Blvd. von der Sorya Skybar

NICHT VERPASSEN!

- Der **Königspalast.** Historischer und architektonischer Höhepunkt der Stadt. Ein Muss für jeden Besucher | 44
- Der gesamte Boden im Inneren der **Silberpagode** ist mit 5281 Silberplatten ausgelegt | 44
- Das **Tuol Sleng Museum** ist nichts für Zartbesaitete. In dem ehemaligen Konzentrationslager wird die grauenerregende Vergangenheit Kambodschas unter Pol Pot für die Nachwelt dokumentiert | 50
- Wie ein Irrgarten verzweigt sich der quirlige **Zentralmarkt Psah Thmay** und bietet ein überwältigendes Warenangebot | 62
- Die Entdeckung der Langsamkeit: Eine **Cyclo-Fahrt** durch die pulsierende Metropole | 94
- **Mekong Island** – paradiesische Insel mit tropischen Gärten und prachtvollen Pagoden | 108

Diese Tipps erkennt man an der gelben Hinterlegung.

Die Silberpagode

fotolia ©XtravaganT

PHNOM PENH UND UMGEBUNG

Eine Stadt im **Wandel.** In unmittelbarer Nachbarschaft zu den zahlreichen Relikten der französischen Kolonialzeit entstehen derzeit moderne Hochhäuser und Wohnblocks, um der stetig steigenden Zahl von Zuwanderern aus den ländlichen Gebieten gerecht zu werden. Der Reiz der Stadt liegt im Detail, im Kontakt zu ihren Bewohnern, im Eintauchen in den Strom einer quirligen Metropole, die noch nicht zum Ziel des Massentourismus geworden ist und entdeckt werden will.

Stupas, Tempel und **Heiligtümer** erwarten den Besucher in der näheren Umgebung; die **„Killing Fields"** liefern ein erschütterndes Zeugnis der Gewaltherrschaft Pol Pots.

Phnom Penh

ភ្នំពេញ

Überblick

„Phnom Penh erschien mir als die schönste Stadt Asiens. Die französische Kolonisation hatte breite Alleen mit weit ausladenden Mangobäumen hinterlassen. Auf dem beherrschenden Hügel, dem Wat Phnom, ließ eine buddhistische Pagode bunte Wimpel flattern. Am Strom (Mekong) glänzten die goldenen und grünen Dächer des Königspalastes. Ein eigenartiger Friede ging abends von dieser Stadt aus, wenn man unter den hohen Baumkronen bei nachlassender Hitze mit der Rikscha zu den Hafenkais fuhr." So schwärmte im Jahre 1965 der renommierte Journalist *Peter Scholl-Latour* von der Stadt am Mekong.

Bürgerkrieg, Terror der Roten Khmer und die internationale Isolation Phnom

Penhs in den 1980er Jahren haben viel von der einstigen Atmosphäre zerstört, doch arbeiten die Regierung und der Governeur der Stadt in den letzten Jahren intensiv an ihrer Verschönerung. Der Reiz der heutigen 2-Millionen-Metropole liegt darin, dass sie, obwohl auf dem Weg zu einer typisch asiatischen Großstadt, trotzdem ihren provinziellen Charme noch nicht verloren hat. Die Stadt ist noch davon entfernt, ein Moloch wie Thailands Hauptstadt Bangkok zu werden. Sie ist lebhafter als Vientiane oder Hanoi, aber erholsamer und übersichtlicher als Saigon. Auch der Charakter Phnom Penhs ist unvergleichbar. Asiatisch sind die Menschenmassen, die die Straßen und Märkte beleben, chinesisch die Geschäftsleute, international die Gastronomie und alles vermischt sich mit einem Schuss französischem Flair.

Der erste Eindruck jeder Großstadt, sozusagen ihre Visitenkarte, ist der Verkehr. In Phnom Penh fließt er langsam und anarchistisch, jeder fährt nach Lust und Laune, aber irgendwie scheint alles wie von einer höheren Macht gelenkt. Deswegen erscheinen die Ampeln auch wie Fremdkörper, die einfach nicht zu dem individuellen Fahrstil der Khmer passen wollen. Nach Einbruch der Dunkelheit beachtet sie sowieso niemand mehr. In diesem Verkehrsgewusel kommt die von Jahr zu Jahr zunehmende Zahl von Luxusautos, die wie Schiffe im Meer der Mopeds und Tuk Tuks herumcruisen, nur im Schritttempo voran und führen ihren Fortbewegungszweck ad absurdum.

In den verwinkelten Gassen im Zentrum der Stadt, zwischen den großen Boulevards, versteckt sich das authentische, asiatische Leben. Menschenmassen schieben sich an dampfenden Garküchen, zerrupften Hühnern, grünen Bananenstauden und zahllosen kleinen Geschäften vorbei. Auch auf den großen Märkten geht es nicht weniger kunterbunt zu, doch lassen die intensiven Gerüche leicht die Sinne Karussell fahren.

Fällt dann die Nacht über Phnom Penh herein, differieren die Interessen der Asiaten und Westler erheblich. Während die „anständige" kambodschanische Frau noch vor Dunkelheit mit ihren Freundinnen an einer Massenaerobic-Veranstaltung bei ohrenbetäubendem Sound im Olympic Stadium oder Park teilnimmt und anschließend das Haus hütet, treffen sich die Männer mit Freunden in den zahlreichen und immer gut besuchten Suppenrestaurants bei Fleischfondue und Bier. Stimmt dann der Pegel, zieht man gemeinsam zu Örtlichkeiten, die mit schillernder Neonreklame wie „Karaoke, Massage oder Beergarden" locken. Die einheimische Jugend trifft sich unterdessen mit ihrer Gang in den billigen Restaurant-Hallen auf Kos Pich, um dann mit ihren frisierten Motorrädern zu den kleinen Getränkeständen und Garküchen am Independence Monument zu knattern. Dort vertreiben sich coole Kids, frisch verliebte Pärchen sowie Schwule und Transvestiten die Nacht bei Bier, Ganga und angeregten Diskussionen die Zeit bis in die Morgenstunden. Die Expats und Traveller beginnen den Abend meist bei Bier und Cocktail zur Happy Hour an der Riverfront oder der Pub Street 51, ziehen dann weiter zum Dinner in eines der vielen internationalen Restaurants und begrüßen den neuen Tag in einem der angesagten Clubs wie dem *Heart of Darkness* oder *Pontoon.* Manch einer ist danach schon in den Armen einer unbekannten Schönheit wieder aufgewacht.

Trotz seiner verhältnismäßig kurzen Geschichte hat Phnom Penh schon viele Höhen und Tiefen erlebt. Einst eine der schönsten und modernsten Städte Südostasiens, wurde sie unter *Lon Nol* erst zu einem riesigen Flüchtlingslager. Dann, innerhalb weniger Tage, vertrieben die Schergen des brutalen Terrorregimes *Pol Pots* die 2 Millionen Einwohner aufs Land. Für fast drei Jahre blieb Phnom Penh eine menschenleere Geisterstadt. Erst die 22.000 mit reichlich Dollar ausgestatteten Blauhelme der Vereinten Nationen (UNTAC) hauchten ihr 1992 wieder neues Leben ein. Erstaunlich schnell ist Phnom Penh seither wieder zu einer asiatischen Metropole geworden.

Trotzdem trifft der Besucher überall auf Relikte der französischen Kolonialzeit, die von einer beeindruckenden Epoche zeugen und Phnom Penh ihren unverwechselbaren Stempel aufgedrückt haben. Prachtvolle, im Jugend- bzw. neokolonialistischen Stil erbaute Villen, mit blühenden Bäumen bepflanzte Boulevards und frische Baguettes an den Straßenecken machen den Einfluss der „Grande Nation" unübersehbar.

Aber Phnom Penh befindet sich im **Wandel.** Bis zur Jahrtausendwende gab es keine Häuser, die den Königspalast überragten. Jetzt entstehen an beinahe jeder Ecke mehrstöckige Wohnblocks und beeindruckende Wolkenkratzer. Auch ist der Zuzug der Landbevölkerung in die Hauptstadt ungebremst, und es entwickeln sich in Windeseile ganze Stadtviertel, wo vor Kurzem noch Reis angebaut wurde und Kühe weideten. Da sich Phnom Penh aber mit seinen Neubaugebieten und Projekten großer Investoren wie ein Geschwür ausbreitet, kommt es immer häufiger zu Zwangsräumungen. Trotz des demokratischen Anstrichs der Regierung, wird bei Demonstrationen der Betroffenen sogar scharf geschossen, und zur Abschreckung werden hohe Haftstrafen verhängt.

Der besondere Reiz für den Besucher liegt im Erleben der Stadt und nicht im Abhaken eines touristischen Pflichtprogrammes. Das Schlendern über die aus allen Fugen brechenden Märkte, der Besuch einer Pagode und das Gespräch mit einem Mönch, die Auseinandersetzung mit der tragischen Geschichte, das Beobachten des allnachmittäglichen Treibens an den Ufern des Tonle Sap oder nur die Begegnung mit den Menschen auf der Straße sind kleine, aber unvergessliche Höhepunkte in einer vom Massentourismus verschonten Stadt.

Geografie und Klima

Phnom Penh liegt am Westufer des Tonle-Sap-Flusses. Direkt vor seinen Toren vereinigt er sich für ein kurzes Stück mit dem Mekong, um sich nach ein paar hundert Metern wieder von ihm zu trennen. Dieser kurze Berührungspunkt ist die Ursache für das sich jährlich wiederholende Schauspiel der „wechselnden Strömungen" (siehe Kapitel „Land und Leute/Geografie"). Die Stadt liegt in einer weiten fruchtbaren Ebene, von der große Flächen während der Regenzeit überschwemmt sind. Umgeben ist sie von archaisch bewirtschafteten Reisfeldern, zwischen denen einzelne Zuckerpalmen stehen, die das Landschaftsbild prägen. Caracas und Costa Rica liegen etwa auf selber Höhe wie Phnom Penh; zwischen dem 11. und 12. nördlichen Breitengrad.

Das **Klima** wird auch hier von den Monsunwinden bestimmt. Von Mitte Mai bis Anfang Oktober ist das Wetter unbeständig, und heftige Unwetter, in seltenen Fällen sogar mit Hagel, sind in der Lage, die Stadt binnen Minuten so zu überfluten, dass der gesamte Straßenverkehr zusammenbricht. Dezember, Januar und Februar sind die angenehmsten Monate, trocken und mit Temperaturen nicht über 30 °C.

März und April sind ebenfalls niederschlagsarme Monate, doch es ist in der Stadt ausgesprochen schwül und heiß. Nachts sinken die Temperaturen selten unter 26 Grad, und an ein Schlafen in einem Raum ohne Klimaanlage oder Ventilator ist nicht zu denken. Zu dieser Zeit schlafen auch viele Phnom Penher, um Strom zu sparen, auf ihren Dächern, dem Balkon oder vor ihrer Haustür.

Orientierung

Angenehm für Neuankömmlinge ist die **leichte Orientierung** in Phnom Penh. Die meisten Straßen laufen exakt parallel zueinander und treffen im rechten Winkel auf die Querstraßen. Dieser **schachbrettartige Aufbau** entstand bei der systematischen Planung der Stadt unter

Rushhour in Phnom Penh

131ka_19an

den Franzosen. Neue Stadtteile wurden am Reißbrett geplant. Da sumpfiges Land die Hauptstadt umgibt, wurden erst die Straßen aufgeschüttet, bevor man mit dem Bau der Häuser beginnen konnte.

Umbenennung der Straßen

Bis Mitte der 1990er Jahre hatten die Straßen, bis auf die Hauptverkehrsadern, keine Namen, sondern nur Nummern. Der Grund hierfür lag bei den häufig wechselnden Machthabern in der 2. Hälfte des 20. Jahrhunderts. Jeder Herrscher demonstrierte seine Macht, indem er sofort alle Straßen je nach seiner politischen Orientierung, nach ehemaligen Königen, Generälen oder Helden und nach Revolutionsdaten umbenannte. Dadurch gab es bald ein babylonisches Namensgewirr. Um diesem Zustand ein Ende zu bereiten, wurden allen kleineren Straßen nach 1979 Nummern gegeben. Als Norodom Sihanouk zum zweiten Mal in der Geschichte im Oktober 1993 den Thron bestieg, wurden die Namen erneut geändert. Die Hauptverkehrsstraßen heißen heute wieder so, wie in seiner ersten Regierungsperiode (1953–70). Auch die kleinen Straßen haben heute neben ihrer Nummer wieder Namen, die jedoch so lang und schwierig auszusprechen sind, dass es unmöglich ist, sie sich zu merken.

Das Nummernsystem

Eine verlässliche Orientierung anhand der Nummerierung ist nicht immer möglich. Es lässt sich jedoch ein logisches Prinzip dahinter erkennen. Die geraden Nummern der Straßen, die quer zum Tonle Sap verlaufen, beginnen im Norden und erhöhen sich nach Süden, mit Ausnahme des Gebietes nördlich der Eisenbahnschienen, wo die höchsten Straßennummern existieren. Die ungeraden Nummern der Straßen, die parallel zum Tonle Sap verlaufen, beginnen am Fluss und zählen Richtung Westen.

Die Stadt ist grob in vier Stadtteile *(Khan)* unterteilt. Im Zentrum liegt *Khan 7. Januar,* am Flussufer *Don Penh,* im Süden *Chamcarmon* und im Westen *Toul Kork.*

Die wichtigsten Straßen

Die Hauptachse ist der **Monivong Blvd.,** der die Stadt von Norden nach Süden durchzieht. Hier entstehen zur Zeit gewaltige Hochhäuser. Zwischen dem Bahnhof und der Straße 184 bildet er das Zentrum der Stadt. In den Shops, Hotels, Restaurants und Spielsalons entlang des Boulevards verkehren vor allem Khmer und Asiaten.

Parallel dazu, Richtung Mekong und Tonle Sap, verläuft der **Norodom Blvd.** Er beginnt bei der Wat Phnom, umrundet das Independence Monument und zieht in den Süden der Stadt. Alleen, Villen, Banken und einzeln stehende Geschäftsgebäude charakterisieren ihn.

Der **Preah Sisowath Quai** zieht sich direkt am Tonle Sap Fluss entlang. Von der 106. Straße bis zum Königspalast ist er zur Flaniermeile von Phnom Penh geworden. Im Volksmund wird er **Riverfront** genannt. Die internationale Gastronomie, die Cafés, Bars und Straßenstände sowie die Parkanlage am Flussufer ziehen nachmittags Scharen von Touristen und Khmer an. Insbesondere am Wochenende bevölkern Tausende von Kambodschanern die **Uferpromenade** und den Platz vor dem Königspalast, um spazieren zu gehen oder zu picknicken. Abends zur Dämmerung treffen sich dort die Aerobic Gruppen. Die „Vortänzer" installieren ihre mobilen, batteriebetriebenen Boxen, vor denen sich Dutzende, meist weibliche Fans, in Reih und Glied aufstellen und jeden „Move" ihres Idols kopieren. Ausländer, die sich unter die Teilnehmer mischen, können sich der Begeisterung der Khmer sicher sein.

Zur gehobenen „Touristenmeile" mit der größten Ansammlung an Hotels, Restaurants, Bars und Shops ist die Umgebung der 278. und 282. Straße in der Nähe des Independence Monument hinter der Wat Lanka geworden. Das Viertel Boeng Keng Kang 1 wird im Volksmund nur als **BKK1** bezeichnet. Nicht weit davon entfernt, in der 308. Straße, liegt das neue Szeneviertel **28** **Bassac Lane** (**Karte S. 78**) mit modernen Bars und edlen Restaurants.

Die meisten für westlichen Touristen und Expats interessanten Orte und Stadtteile liegen entweder an oder innerhalb der Boulevards Vierecks – **Norodom** (Westen), **Pochentong** (Norden), **Sothearos** (Riverside, Osten) und dem **Sihanouk** (Süden).

Wer beabsichtigt, Einheimische **nach dem Weg zu fragen,** sollte sich darauf einstellen, dass nur die wenigsten die Namen der kleinen Straßen wissen oder sich auf einem Stadtplan zurechtfinden. Die Phnom Penher, die ihre Stadt in der Regel sehr gut kennen, orientieren sich stets an den oben genannten großen Straßen, den Straßennummern sowie an markanten Punkten wie bekannten Bauwerken, Märkten oder Hotels.

Geschichte

Gründung

Um die Entstehung des Namens Phnom Penh rankt sich eine **Legende:**

Es war im Jahr 1372, als eine reiche, verwitwete Frau namens *Penh* am Ufer des Mekong lebte. Eines Tages entdeckte sie einen großen Kakibaum, der auf dem Fluss schwamm. Mit der Hilfe ihrer Nachbarn brachte sie ihn ans Ufer. Als sie ihn säuberten, bemerkten sie, dass es kein Baum, sondern vier bronzene Buddhastatuen waren. Voller Freude über diesen seltenen Fund entschlossen sie sich, vor dem Haus der Frau *Penh* einen Hügel zu errichten. Auf dem Gipfel wurde aus Holz eine kleine Pagode erbaut, in die sie die vier Statuen stellten. Seit diesem Tag wurde der Hügel *Wat Phnom Daun Penh* genannt, was soviel wie „Bergpagoda der alten Penh" heißt. Der Wat Phnom gehört heute zu den wichtigsten Sehenswürdigkeiten der Stadt.

Das erste Mal wurde Phnom Penh 1434 vom König *Ponhea Yat* gegründet. Da die frühere Hauptstadt Toul Prasat, die sich in der Provinz Kompong Cham befand, durch eine Überschwemmung zerstört worden war, beschloss der König, sie nicht mehr aufzubauen, sondern eine neue, an dem Ort *Chatoumuk* (Palast vor dem vierarmigen Fluss), dem heutigen *Phnom Penh,* zu errichten. *Ponhea Yat* ließ auch die Wat Phnom restaurieren und gründete, um die im Buddhismus heilige Zahl Fünf zu erreichen, vier weitere Pagoden, die das Heiligtum der Frau Penh im Zentrum hatten. Zu ihnen gehörten die **Wat Ounalom** und die **Wat Sarawan.** Doch durch Kriege bedingt, wurde die Hauptstadt schon bald nach Lovek verlegt und von dort weiter nach Udong, 35 Kilometer nördlich von Phnom Penh. Ab 1867 wurde auf Betreiben der Franzosen der gesamte königliche Hof unter Norodom, dem König von Frankreichs Gnaden, wieder nach Phnom Penh verlegt, das seit dieser Zeit die Hauptstadt Kambodschas ist.

Phnom Penh zur französischen Kolonialzeit

Während ihrer Herrschaft bis zum Jahre 1953 entwickelten die Franzosen die Stadt schrittweise. Die Kolonialherren organisierten eine systematische Stadtplanung und errichteten zahlreiche Gebäude, die heute noch das Stadtbild prägen. Zu Beginn dieser Zeit wurde auch die Silberpagode und die Thronhalle vor dem Königspalast erbaut. Für König Norodom errichteten die Franzosen den Königspalast, erbauten im Kolonialstil das Royal Hotel, den Bahnhof sowie die Nationalbibliothek. In typischer Art-déco-Bauweise konstruierten sie das Gebäude des Zentralmarktes *(Central Market)*. In den 1930er Jahren galt Phnom Penh für asiatische Verhältnisse als eine moderne Stadt. Sie hatte drei europäische Hotels, drei französische Banken, eine Niederlassung von American Express, und Apotheken sowie Foto- und Buchläden gehörten zum vertrauten Stadtbild. Mitte 1950 betrug die Bevölkerungszahl Phnom Penhs bereits knapp 400.000 Einwohner. Es gab zwei Zentren zu dieser Zeit, die Wat Phnom und den Königspalast. Abgesehen von den oben genannten Gebäuden, bestand die Stadt weitgehend aus staubigen Siedlungen und einfachen Holz- und Bambushütten.

Phnom Penh unter Sihanouk und Lon Nol

In der kurzen Zeitspanne zwischen Unabhängigkeit und Ausbruch des Bürgerkrieges erreichte Phnom Penh den Zenit seiner Geschichte. Der in Frankreich ausgebildete Architekt, *Van Molyvann*, errichtete imposante Bauwerke wie das Olympische Stadion, das Unabhängigkeitsdenkmal, die Universität und das Bassac-Theater, das trotz vieler Proteste nach einem Brand im Jahr 2008 abgerissen wurde. Die geschäftstüchtigen Chinesen zogen die heute das Stadtzentrum prägenden mehrstöckigen Wohnblocks hoch. Von den Kriegswirren der Nachbarländer noch verschont, war Phnom Penh unter Norodom Sihanouk eine Stadt, in der Bildung, Kultur und Muse zum Alltag der Menschen gehörten. Die von der engagierten Deutschen Stefanie Irmer geleitete gemeinnützige Organisation **Khmer Architecture Tours** widmet sich den architektonischen Leistungen seit 1953 und organisiert sehr interessante Führungen mit kambodschanischen Architekturstudenten. Weitere Informationen und Buchungen unter www.ka-tours.org.

Der Putsch *Lon Nols* gegen den Prinzen, 1970, läutete den Untergang dieses fast paradiesischen Zustandes ein. Durch den sich anschließend ausweitenden **Bürgerkrieg** wurde die Entwicklung der Hauptstadt jäh unterbrochen. Schießereien und Bombenanschläge ließen den Traum Sihanouks von einer „Oase des Friedens" mit einem Schlag zerrinnen. Durch den gnadenlosen Terror, der auf dem Land herrschte, war die Zahl der Einwohner durch die Flüchtlingsströme Anfang 1975 auf zwei Millionen angewachsen, und die Stadt stürzte in ein Chaos. Die Dramen, die sich nach dem Einmarsch der Roten Khmer in Phnom Penh abspielten, lassen sich auf erschütternde Weise anhand des authentischen Films „The Killing Fields" nachvollziehen.

Phnom Penh unter Pol Pot

Am Morgen des 17. April 1975 betraten die ersten bewaffneten Einheiten der Roten Khmer die Stadt. Sie waren ganz in Schwarz gekleidet. Die überwiegend jugendlichen Soldaten wurden von der Bevölkerung als Befreier jubelnd empfangen.

Noch am selben Tag wurde, zur Verwunderung aller Einwohner, die **sofortige Evakuierung der ganzen Stadt** angeordnet. Mit dem Argument, dass die Amerikaner aus Rache für den Sturz Lon Nols Phnom Penh bombardieren würden, und die Stadt überbevölkert sei, wurden selbst Hochschwangere und Schwerkranke zum Verlassen ihrer Häuser aufgefordert. Wer nur den Anschein von Widerstand zeigte, wurde auf der Stelle erschossen. Binnen 48 Stunden war die in der Geschichte wohl einmalige Inszenierung beendet und Phnom Penh menschenleer. Über die Ausfallstraßen der Stadt wurden fast zwei Millionen Menschen wie Vieh in die Provinzen getrieben, und eine unfassbare Tragödie begann für die Bevölkerung.

Geschäfte, Pagoden, Häuser und Museen, **alles wurde geplündert.** Die Roten Khmer sprengten die Kathedrale und die Nationalbank, und aus den Bibliotheken machten sie Schweineställe – die Bücher verbrannten sie auf Scheiterhaufen am Stadtrand. Zwischen 16.000 und 20.000 Einwohner, hauptsächlich Angehörige der Roten Khmer, lebten noch in der Stadt, und die wenigen Ausländer, die Phnom Penh besuchen konnten, waren sich in ihrer Beschreibung einig: „Horrorstadt", „Geisterstadt", „Stadt aus einem Science-Fiction-Film".

Phnom Penh unter vietnamesischem Einfluss

Am 7. Januar 1979 betraten die ersten vietnamesischen Einheiten der „Nationalen Befreiungsfront zur Rettung Kambodschas" die Stadt. Dies war gleichzeitig das Aufbruchsignal für Tausende Phnom Penher, in ihre ehemalige Hauptstadt zurückzukehren. Doch die Stadt hatte weder Wasser noch Elektrizität, noch ein funktionierendes Abwassersystem.

Die Menschen wurden in sieben **Auffanglagern** vor der Stadt gesammelt. Eines der größten dieser Lager stand an der Route National 5. Ein osteuropäischer Botschafter beschrieb die Lage so: „Die Menschen hausten in Schilfhütten und starben wie die Fliegen. Ausgemergelte, kranke, hoffnungslose Gestalten. Hier lagerten sie zu Tausenden. Es gab ein kleines Krankenhaus, das war zu tausend Prozent überfüllt. So gut wie keiner, der hier ankam, war gesund. Cholera, Malaria, Ruhr, Enzephalitis. Vietnamesische Ärzte versuchten zu helfen, aber es gab so gut wie keine Medikamente. Es war das Schlimmste, was ich je in meinem Leben gesehen habe."

Die Mitarbeiter für die neue Regierung wurden aus diesen Lagern rekrutiert. Jeder, der etwas konnte, das für ein Ministerium von Nutzen war, bekam einen Job und konnte sich bei der **Rückkehr in die Stadt** mit seiner Familie eines der leeren Häuser aussuchen. Als nächstes wurden technische Fachkräfte, Maurer und Handwerker zur Wohnungssuche in die Stadt gelassen. Der Rest musste nehmen, was übrig blieb. Doch dies war mehr als ausreichend, da Hunderttausende nicht mehr zurückkamen. Wer eine Wohnung gefunden hatte, war gleichzeitig auch ihr Besitzer. Versuche der neuen Regierung, die Stadt wieder aufzubauen, scheiterten am chronischen Mangel an Experten, ausgebildeten Arbeitern und nicht zuletzt Entwicklungshilfe – eine Folge der totalen Isolation durch die westliche Welt. Die Hilfe der sozialistischen Bruderländer führte zu keiner gravierenden Verbesserung der Lage in Phnom Penh. Die von Vietnam abhängige Regierung tat sich durch Korruption und eine laxe Durchsetzung des Kommunismus hervor, was den Vorteil hatte, dass über Schmuggel mit Thailand und Singapur ein erstaunlich großes Angebot westlicher Waren in die Hauptstadt gelangen konnte. Vom 7. Januar 1979 bis zum Vertrag von Paris im Okt. 1991 war die Stadt wie der Rest von Kambodscha für Touristen praktisch unerreichbar.

Phnom Penh zu Zeiten der UNTAC

Wie eine Bombe schlugen die 22.000 Mitarbeiter der bis dahin größten und kostspieligsten Aktion der Vereinten Nationen Anfang 1992 in der Hauptstadt ein. Die Stadt gebärdete sich, als ob ihr eine Überdosis Adrenalin gespritzt würde. Phnom Penh besaß praktisch nichts, um die Bedürfnisse dieser mit Dollar zahlenden, friedlichen Invasionstruppe zu befriedigen. Unter der Bevölkerung begann eine hysterische **Jagd nach Dollars,** die umso dramatischer verlief, je unsicherer die Zukunft schien. Hotels wurden in Rekordzeit gebaut oder renoviert, wie Pilze schossen Restaurants und Diskotheken aus dem Boden, und da die kambodschanischen Taxigirls nicht mehr ausreichten, stürmten Tausende von vietnamesischen Prostituierten die Bastionen des horizontalen Gewerbes. Wer ein Haus oder eine neurenovierte Wohnung hatte, vermietete sie zu Wucherpreisen an UNO-Angehörige und zog zu Verwandten. Ende 1992 war ein einfaches Haus mit fünf Zimmern nicht mehr unter 3000 € im Monat zu haben.

Durch die enorme Kaufkraft der UNO-Soldaten wurde die Stadt in kürzester Zeit aus dem Mittelalter ins 20. Jahrhundert katapultiert.

Phnom Penh heute

Phnom Penh ist auf dem besten Weg, eine **stattliche asiatische Metropole** zu werden. Viele urbane Problemfelder hat die Stadtverwaltung in den letzten Jahren lösen können. Sowohl die marode Strom-, Wasser- und Abwasserversorgung als auch die Müllabfuhr – alles funktioniert heute nahezu reibungslos. Der gewaltige **Bauboom** wird die Skyline der Stadt in naher Zukunft radikal verändern, krasse Bausünden und Fehlplanungen bleiben dabei nicht aus. Allerdings bemüht sich die Stadtverwaltung trotzdem, die Optik und die Lebensqualität der Metropole nicht zu vernachlässigen. Die Boulevards machen einen gepflegten Eindruck, neue Parkanlagen werden angelegt und mit tropischen Bäumen und Blumen bepflanzt, und die Polizei scheint ernsthaft bemüht, den nach wie vor chaotischen Verkehr in den Griff zu bekommen. Charakteristisch für Phnom Penh ist auch, dass es in kaum einer anderen Stadt in Asien auf so engem Raum ein so großes Angebot an **ausgezeichneter internationaler Gastronomie** gibt.

Während sich in Siem Reap alles um Angkor und dessen x-te Reproduktion dreht, beginnt sich Phnom Penh wieder als **Kultur- und Kunstmetropole** darzustellen, auch wenn die treibenden Kräfte und Sponsoren hauptsächlich westliche Ausländer sind. Im deutschen **Meta Haus** und im **Französischen Kulturzentrum** laufen täglich landesbezogene Filme und Vorträge. Mehrmals in der Woche finden Vernissagen und Ausstellungen von ausländischen und einheimischen Künstlern und Fotografen statt.

Die brennenden Probleme sind der drohende **Verkehrsinfarkt** und der **Bauboom.** Während der Rushhour ist ein Durchkommen mit dem Auto fast nicht mehr möglich, und die Mopeds müssen über Gehsteige ausweichen, um überhaupt voranzukommen. Die öffentlichen Stadtbusse finden nur wenig Resonanz. Die Einheimischen fahren lieber mit Mopedtaxis, Tuk Tuks oder den Rikschas von PassApp, die sich schneller durch das Verkehrschaos wuseln können. Vor allem der rasante Landverbrauch, um Großprojekte zu bauen, führt zunehmend zu handgreiflichen Konflikten mit den Bewohnern der Grundstücke, die sich gegen die Evakuierung wehren, aber meist mit brutalsten Methoden von der Polizei vertrieben werden. Nicht selten kommt es vor, dass Bauprojekte noch nicht einmal auf einer finanziell gesicherten Grundlage stehen. Das beste Beispiel war für lange Zeit der „Golden Tower" an der Ecke Monivong und Sihanouk Blvd. Seit 2010 stand dieses 35 Stockwerke hohe Bauwerk als Betonskelett mitten in der Stadt, da die Anschlussfinanzierung nicht gesichert war. Mit der Hilfe eines neuen Investors konnte das Gebäude nun Anfang Juni 2019 doch noch eröffnet werden.

Unbedingt Sehenswertes

Königspalast und Silberpagode

Weit über die nationalen Grenzen hinaus symbolisiert der Königspalast mit seinen pagodenartigen Dächern und den verschnörkelten Giebeln die wieder auferstandene Monarchie, die das Land in eine friedliche Zukunft führen soll. Die gelb getünchten Gebäude am Ufer des Mekong sind mit Abstand die eindrucksvollsten Bauwerke der Stadt. Seit 1991 dient die Anlage seitdem wieder dem **König als Residenz.**

Der Komplex des Königspalastes wird aufgeteilt in zwei Bereiche: die Wohnung des Königs mit Verwaltung und Repräsentationsgebäuden und die für die Öffentlichkeit zugängliche Silberpagode.

Der Königspalast wurde von den Franzosen Ende des 19. Jahrhunderts für König *Norodom* errichtet, und zwar an der Stelle, wo die 1813 erbaute Zitadelle, *Banteay Kev*, stand. Aus kolonialtaktischen Überlegungen wollten sie erreichen, dass der König von seiner damaligen Residenz in Udong nach Phnom Penh umzieht. Die Franzosen übernahmen die gesamte Ausstattung des Palastes, wobei sie oft nach der Devise handelten, dass ein König von Frankreichs Gnaden auch mit gebrauchten Geschenken zufrieden sein muss.

Zu dieser zweitklassigen Ausstattung gehört eine **Villa,** die neben dem Verwaltungsgebäude steht. Sie wurde zur Eröffnung des Suezkanals gebaut und diente der Kaiserin Eugenie als Unterkunft. Nachdem sie dort überflüssig geworden war, wurde das Gebäude von den Franzosen zerlegt, nach Kambodscha verschifft und Norodom zum Geschenk gemacht.

Zu den auffallendsten Gebäuden, die von außerhalb des Palastes zu sehen sind, gehört der **Chan Chhaya Pavillon,** der direkt am Samdech Sothearos Blvd. steht. 1913 wurde die baufällige hölzerne Konstruktion durch das heutige, identisch wiederaufgebaute Gebäude ersetzt. Es diente der Aufführung des klassischen Tanzes zu besonderen Festlichkeiten und als Tribüne für den König, der sich von hier aus an nationalen Feiertagen mit einer Rede an das Volk wandte.

Auch die **Thronhalle,** *Tevea Vinichhay,* steht im Wohnbereich des Palastes. Sie ist das prächtigste und berühmteste Gebäude im Königspalast und wurde im klassischen Khmerstil erbaut. 1919 wurde sie von König Sisowath eingeweiht und diente der Krönung der Monarchen, königlichen Zeremonien und der feierlichen Unterzeichnung von internationalen Verträgen. Hier wurde auch König *Sihanouk* am 24.9.1993 erneut zum König von Kambodscha gekrönt. Die verschieden geschichteten Dächer sind mit glasierten Ziegeln belegt und schließen dort, wo das Gebäude zu einem Kreuz zusammenläuft, mit einem Turm ab. Auf ihm sind die vier Gesichter Brahmas zu sehen beziehungsweise die Nachbildung des *Bodhisattva* aus dem Bayon in Angkor (siehe dort). Durch eine Spende der Bundesrepublik Deutschland wurde dieses Dach, das durch die Jahre undicht geworden war, 1994 restauriert. Die Banketthalle, genannt *Putschenie,* findet bei Staatsbesuchen als königliche Rezeption Verwendung. In einem kleinen Haus *(Bakuh),* links der Thronhalle, leben auch heute noch acht Brahmanen (Priester), die für die Zeremonien am königlichen Hof zuständig sind.

Aus Angst vor Kunstdieben darf in der Krönungshalle nicht fotografiert werden. Wenn der König im Palast weilt, dürfen manche Gebäude nicht besucht werden.

1892 wurde der Bereich der **Silberpagode** als eine Art überdimensionale Familiengruft von König Norodom angelegt. Die Pagode selbst entstand in Anlehnung an die *Wat Phra Keo* in Bangkok und besitzt, seit sie damals von Prinz Norodom Sihanouk privat für seine religiösen Meditationen genutzt wurde, einen besonderen Mythos. Das Gelände, auf dem vier Stupas, die die

Asche von verstorbenen Königen und der jüngsten Tochter von Sihanouk beinhalten, sowie einige Denkmäler stehen, ist von einer hohen Mauer umgeben. Die Pagode ist ein eindrucksvolles Zeugnis dafür, dass auch nach der Angkor-Periode noch einmal wohlhabende und einflussreiche Herrscher in diesem Land regiert haben. Auch wenn die Macht dieser Könige nicht unabhängig war, stützt die Silberpagode doch das Selbstbewusstsein der Khmer, und König Norodom Sihanouks erneute Inthronisierung knüpft an diese alten Zeiten an.

Die Pagode, die von den Kambodschanern auch *Wat Preah Keo* (Wat des Smaragdbuddhas) genannt wird, bekam 1962 durch eine Renovierung ihr heutiges Aussehen. Unter Pol Pot verschwand erstaunlich wenig von den unermesslichen Kostbarkeiten. Sie hüteten diese Schatzkammer, um dem Ausland vorzuführen, wie sehr man um den Erhalt des historischen Kulturgutes der Khmer besorgt war.

Treppen aus italienischem Marmor führen zum Eingang. Der gesamte Boden im **Inneren der Pagode** ist mit 5281 Silberplatten ausgelegt, von der jede knapp über ein Kilogramm wiegt. In den Vitrinen an den Seiten sind wertvolle Geschenke verschiedener Staatsoberhäupter (z.B. Napoleon III.) ausgestellt. Diamantenbesetzte Säbel, Dolche und filigran gearbeitete Gebrauchsgegenstände der Königsfamilie wechseln sich ab mit Goldmasken, die zum Tanz des Ramayana-Epos benutzt wurden. Doch am beeindruckendsten bleibt der wahrscheinlich **kostbarste Altar der Welt.** In dessen Mitte thront ein lebensgroßer Buddha, der aus 90 Kilogramm purem Gold gegossen ist. Er ist zusätzlich mit 9584 Diamanten bestückt, von denen der wertvollste ein 25-Karatstein ist. Der Buddha wurde zwischen 1906 und 1907 in den Werkstätten des Palastes gefertigt. Neben weiteren kostbaren Buddhastatuen steht hinter dem Altar ein vergoldeter Pavillon, auf dem der Smaragdbuddha *(Preah Keo)* thront. Beeindrukkend ist auch die königliche Sänfte, in der 23 Kilogramm Gold verarbeitet wurden und die während früherer Festlichkeiten von 25 Trägern getragen werden musste.

Im Hof steht eine Reiterstatue von König Norodom und ein Pavillon mit einem Fußabdruck Buddhas. Den Blick beherrschen jedoch die Stupas, die die Asche ehemaliger Könige aus der Norodomfamilie enthalten. Wenn man aus der Silberpagode kommt, liegt links von dem Reiterdenkmal die Stupa von Norodom und rechts die von *Ang Duong* (1796–1859), dem Urgroßvater von König Sihanouk. Beide Grabmale weisen eine interessante Mixtur aus buddhistischen und hinduistischen Symbolen auf. Südlich der Pagode steht die Stupa des Königs *Suramarith* (1896–1960; Vater von Sihanouk), die mit rein buddhistischen Symbolen geschmückt ist. Ganz in der Nähe steht eine deutlich kleinere Stupa, die bestiegen werden kann und auf ihrem Gipfel in einem Gefäß, das die Form einer Lotusblume hat, die Asche der Tochter von Sihanouk enthält. Sie starb mit 5 Jahren an Leukämie. Auf der Rückseite der Silberpagode steht ein maßstabsgetreues Modell des Angkor-Wat-Tempels.

Auf den Innenwänden der **Mauer,** die die Silberpagode umgibt, ist in eindrucksvoller Weise die Geschichte des Ramayana gemalt. Obwohl dieses Epos

Königspalast

1 Eingang
2 Chan Chhaya Pavillon
3 Thronhalle
4 Privatbereich König Sihanouks
5 Verwaltungsgebäude
6 Pavillon, vor dem der König die Elefanten bestieg
7 Villa (Geschenk der Franzosen)
8 Bakuh, Haus der Bramahnen
9 Banketthalle (Putschenie)

Silberpagode

10 Ausgang
11 Stupa des Königs Norodom
12 Stupa des Königs Ang Duong
13 Reiterstandbild König Norodoms
14 Pavillon mit einem Fußabdruck von Buddha
15 Silberpagode
16 Mondap (Bücherei)
17 Phnom Mondap
18 Stupa der Tochter Sihanouks
19 Pavillon für königliche Zeremonien
20 Stupa des Königs Suramarith
21 Glockenturm
22 Bemalte Mauer

dem Hinduismus entspringt, machten die Künstler daraus ein kambodschanisches Märchen, indem sie die Tempel von Angkor, buddhistische Pagoden und traditionelle Khmer-Kleidung in ihre Arbeit integrierten. Geschaffen wurde dieses über 500 m lange Gemälde um 1900. Die filigranen Malereien von Göttern, Ungeheuern und Schlachten wurden von polnischen Experten akribisch restauriert.

■ **Königspalast und Silberpagode** liegen zwischen der 184. und 240. Straße. Der gemeinsame Eingang zu beiden Gebäuden ist am Samdech Sothearos Blvd. Täglich geöffnet von 8 bis 11 und 14 bis 17 Uhr, es sei denn, es finden Zeremonien am Königshof statt. Der Eintritt beträgt 10 $. Es gibt keinen Audio-, sondern auf Wunsch echte Guides, die Englisch sprechen (10 $ zusätzlich).

Nationalmuseum

Die prägenden Elemente der „modernen" Kunst und Kultur Kambodschas stammen aus der vor sechs Jahrhunderten abgeschlossenen Angkor-Periode. Nirgendwo kann man aus kunsthistorischer Sicht diese Zeit besser nachvollziehen als im bestens dafür ausgestatteten Nationalmuseum von Phnom Penh. Die meisten Ausstellungsstücke sind aus der Angkor-Periode, doch reicht die Palette von antiken Statuen und Gebrauchsgegenständen vom Funan-Reich bis zum Beginn des 20. Jahrhunderts.

Untergebracht sind die Sammlungen in einem wunderschönen, in traditioneller Khmerarchitektur erbauten, roten Gebäude. **Das Museum** wurde in den Jahren 1917/18 erbaut. Unter Pol Pot blieb es sich selbst überlassen, und viele Gold- und Silberarbeiten wurden gestohlen. Zum Glück wussten die ungebildeten Soldaten der Roten Khmer nichts von dem unermesslichen Wert der Statuen. Am Ende des Terrorregimes wuchsen Gras und kleine Bäume in dem Museum, das am 13. April 1979, dem buddhistischen Neujahrsfest, wiedereröffnet wurde.

In vier Galerien sind Gebrauchsgegenstände der vielen Herrscher und Skulpturen in geschichtlicher Reihenfolge geordnet. Zu den beeindruckendsten und wertvollsten **Ausstellungsstücken** gehören:

■ Ein **achtarmiger Vishnu** aus dem 6. Jahrhundert *(Funan)*. Diese drei Meter große Statue wurde um 1920 in Angkor Borei im Süden Kambodschas entdeckt.
■ Eine **Statue von Harihara aus dem 7. Jahrhundert.** Diese detaillierte Steinmetzarbeit zeigt einen Gott, der *Vishnu* und *Shiva* vereint. In der Prä-Angkor-Periode erfreute er sich großer Beliebtheit.
■ Eine **Statue von Jayavarman VII.,** einer der größten Könige und der unermüdlichste Baumeister der Angkor-Periode (1181–1218). Er machte den Buddhismus zur Staatsreligion und ist hier selbst als meditierender Buddha abgebildet.
■ Ein **schlafender Vishnu** aus dem 11. Jahrhundert. Leider sind nur noch der Oberkörper und zwei Arme dieser einst 7 Meter langen, in Bronze gegossenen Statue erhalten. Seine Augen waren einmal mit Diamanten besetzt. Er gilt als das größte Meisterwerk seiner Zeit und wurde 1936 im Westlichen Baray in Angkor gefunden.
■ Das **Hausboot von König Ang Duong,** dem Urgroßvater von Prinz *Sihanouk*. Um die Jahrhundertwende fuhr er damit auf dem Mekong und dem Tonle Sap.

Über die Höhen und Tiefen der Geschichte der Khmer geben die Skulptu-

670ka an

ren der Steinmetze einen hochinteressanten Einblick.

In der **Vor-Angkor-Periode** (600–800 n. Chr.) zeichnen sich die Statuen durch anatomische Genauigkeit, schmalen Körperbau, gelockte Haare und Kopfbedeckungen, die an die alten Ägypter erinnern, aus. Obwohl das Kunsthandwerk in dieser Periode bereits einen hohen Entwicklungsstand erreicht hatte, brauchten die Statuen noch Stützen, um stehen zu können.

⌃ Das Nationalmuseum

In der **Blütezeit Angkors** (900–1200) erkennt man schon an den deutlich dickeren Figuren, dass der Lebensstandard gestiegen war. Die noch besser ausgebildeten Künstler legten viel Wert auf Details an Kopf und Bekleidung. Es entstanden immer mehr dynamische Statuen wie gehende Könige oder Kämpfer. Seit dieser Zeit konnten sie auch ohne künstliche Hilfe stehen.

Ende des 11. Jahrhunderts begannen die Kriegswirren im Lande, zu einer Zeit als *Jayavarman VII.* gerade einen Tempel nach dem anderen bauen ließ. Viele Statuen wurden benötigt, die aber aufgrund der unsicheren Situation so schnell wie möglich hergestellt werden mussten. Die Folge war, dass sich die Künstler nur noch auf das Gesicht konzentrieren konnten, während die Anatomie vollkommen vernachlässigt wurde. Nach Jayavarman VII. stürzte die gesamte Region in den Krieg. Künstler wurden zu Soldaten, und auch die weiten Transportwege des hochwertigen Sandsteins waren nicht mehr zu bewältigen. Dies war das Ende der hochentwickelten Steinmetzkunst. Aus schlechtem Material entstanden nun Figuren mit unproportionalen Beinen, plumpen Körpern und vernachlässigten Details.

Im 14. und 15. Jahrhundert war das frühere Angkor von den Thais besetzt, und die Khmer hatten nur noch Lebensraum im Süden des heutigen Landes und dem Mekongdelta, wo es praktisch keinen Sandstein gab. Die Könige waren verarmt und die Künstler nicht organisiert. Arbeiten aus dieser Zeit bestehen hauptsächlich aus Holz, das jedoch durch Termitenbefall stark beschädigt ist.

■ Das Nationalmuseum befindet sich fast neben dem Königspalast, zwischen der 178. und der 184. Straße. Der Eingang und das Ticket-Office liegen an der 178. Straße. Täglich 8.00–17.00 Uhr geöffnet. Eintritt 10 $. Es gibt einen Audio-Guide für 5 $, jedoch nur auf Englisch und Französisch. Die Exponate sind zum Teil recht dürftig auf Englisch, Französisch und Khmer beschrieben. Außerhalb des Museums gibt es eine Bühne, auf der „Cambodia Living Arts" abends täglich um 19.00 Uhr Vorführungen in Khmertanz und Musik anbietet. Tickets entweder neben dem Museumsschalter, unter Tel. 017/998 570 oder an der Abendkasse.

Tuol-Sleng-Museum

Als Deutscher ist man in besonderer Weise berührt, da sich Vergleiche mit den Konzentrationslagern im Dritten Reich aufdrängen.

Die frühere Schule *Tuol Svay Prey* wurde nach der Machtergreifung *Pol Pots* in die **Folterkammer S 21** (Security Office 21) verwandelt. Fast niemand, der hierher kam, überlebte. Zu Beginn wurden in den Zellen hauptsächlich Angehörige der Regierung *Lon Nol* „verhört". Doch aufgrund von Säuberungsaktionen in den eigenen Reihen füllten später immer mehr Offiziere und Kader der Roten Khmer das Gefängnis. Exekutionen wurden in S 21 nicht durchgeführt, jedoch starben viele an den Folgen der Folter, weshalb hinter den Phnom Gebäuden ein Massengrab eingerichtet wurde. Hingerichtet wurden die Gefängnisinsassen auf den berüchtigten *Killing Fields* außerhalb Phnom Penhs, zu denen sie nachts mit Lastwagen transportiert wurden.

Folterwerkzeuge, Einzel- und Massenzellen, sowie schaurige Bilder vom Alltag in Tuol Sleng, die *Vann Nath*, einer der wenigen Überlebenden von S 21, malen ließ, lassen einen die hier verübten Grausamkeiten nur erahnen. Endlose Galerien von Porträts der Gefangenen, die peinlichst genau bei der Internierung registriert und fotografiert wurden, hängen an den Wänden. Frauen (teilweise mit Babys auf dem Arm), Männer und Jungen blicken apathisch in die Kamera und lassen den Betrachter erschaudern.

Der berüchtigte Leiter des Gefängnisses, *Kaing Guek Eav,* besser bekannt unter dem Namen *Duch,* wurde 2012 durch das Khmer Rouge Tribunal zu einer lebenslänglichen Freiheitsstrafe verurteilt.

Angesichts dieses schrecklichen Ortes darf nicht vergessen werden, dass das Museum von den Vietnamesen nach der

Vertreibung der Roten Khmer eingerichtet wurde. Diese brauchten damals dringend eine Rechtfertigung für die Besetzung Kambodschas. Das Konzentrationslager S 21 kam ihnen da äußerst gelegen. Tuol Sleng besteht aus insgesamt 4 Gebäuden, eingeteilt von A bis D.

Im **Gebäude A** befinden sich große Einzelzellen in denen die Gefangenen, meist Angehörige der Khmer-Rouge-Kader, auf Pritschen angekettet waren. Hier fanden die vietnamesischen Soldaten auch die letzten Opfer, denen noch die Kehlen durchgeschnitten wurden, bevor die Gefängniswärter flohen. Die 14 Leichen wurden vor den Zellen begraben.

In den Räumen im **Gebäude B** hängen die Portraits der zahllosen Opfer an den Wänden. Darunter auch Australier, Inder und Afrikaner, die als Spione verdächtigt wurden. Bilder von den Massakern auf den Killing Fields und eine Büste Pol Pots machen das Horrorkabinett komplett.

Das **Gebäude C** ist komplett mit Stacheldraht verhängt. Nach dem Selbstmord einer Frau, die sich aus dem zweiten Stock stürzte, führte man dies als „Sicherheitsmaßnahme" ein. Die Gefangenen wurden entweder in winzigen Einzelzellen oder in Gruppen in den ehemaligen Klassenzimmern verwahrt.

Im letzten **Gebäude D** hängen Bilder von *Pol Pot* und *Ieng Sery*, denen Besucher die Augen ausgestochen und mit Graffiti gegen *Pol Pot* beschmiert haben. Die Fotos daneben zeigen den Gefängnisdirektor *Duch*, und seine sadistischen Mitarbeiter. Die authentischen Bilder des Malers *Vann Nath* zeigen die unvorstellbare Grausamkeit in diesem Gefängnis. Wer das lebhafte Treiben in den Straßen von Phnom Penh kennt, den erschüttern die Fotos der menschenleeren Hauptstadt aus den Jahren 1975 bis 1979 besonders. Eine makabere Landkarte aus Totenköpfen zeigt das Land mit Tonle Sap und Mekong als blutverseuchten Gewässern. Neben den damals verwendeten Folterinstumenten sind hier vor allem die historischen Fotodokumente, die von den Roten Khmer während ihrer Herrschaft gemacht wurden, beachtenswert. Zu sehen sind Bilder aus Phnom Penh und von den ehemaligen Führungskadern der Guerilla.

- **Eingang und Ticket-Office** befinden sich an der Ecke 350. und 113. Straße. Eintritt täglich von 8.00 bis 17.00 Uhr; geschlossen wird um 18.00 Uhr. Eintritt für Erwachsene 5 $, mit deutschsprachigem Audio Guide 8 $.
- Täglich, außer an Wochenenden und Feiertagen, können Besucher zwischen 10.30 und 11.00 Uhr sowie zwischen 14.30 und 15.00 Uhr bei **Khmer Live-Musik** im Gebäude D (White Lotus Room) meditieren.
- Wer mit **Zeitzeugen** und **Opfern** des Roten Khmer Regimes sprechen möchte, hat dazu am Nachmittag zwischen 14.30 und 15.00 Uhr im Meeting Room Gelegenheit (außer an Wochenenden und Feiertagen).

Choeung Ek (Killing Fields)

Hier steht das größte und makaberste Mahnmal zur Erinnerung an die grauenhaften Morde der Roten Khmer. Während ihrer Herrschaft wurden die Gefangenen des S-21-Gefängnisses (Tuol Sleng), Männer, Frauen und Kinder, hierher zur Exekution gebracht. Um Munition zu sparen, mussten sich die Menschen neben die offenen Massengräber knien, wurden mit Knüppeln und Hacken erschlagen und in die Gruben geworfen. Die blutrünstigen Schlächter von Choeung Ek empfanden die größte Genugtuung bei der Ermordung der Kinder. Bilder, die im Tuol-Sleng-Museum hängen, zeigen Soldaten, die Babys in die Luft werfen und sie mit dem Bajonett auffangen. Propaganda, Mythos oder Wirklichkeit?

Von 1975 bis 1979 wurden hier zwischen 10.000 und 17.000 Menschen ermordet. Im Jahre 1980 wurden die meisten der 129 Massengräber ausgehoben und die Knochen und Schädel in einem Mausoleum, das im Stil einer Stupa erbaut ist, aufgebahrt. Etwa 9000 Schädel und Gebeine sind in dem 1988 erbauten Gebäude säuberlich nach Alter und Geschlecht sortiert und hinter Glas aufgebahrt. In den offenen Gruben der Massengräber, die hinter dem Denkmal liegen, sind immer noch Knochen und Kleidungsreste der Ermordeten zu sehen. Ein Drittel der Gräber wurde nicht mehr geöffnet. Eine äußerst bedrückende Atmosphäre liegt über diesem Stück der Geschichte Kambodschas, die der Deutschen auf erschütternde Weise ähnelt. Am 20. Mai findet alljährlich eine Gedenkzeremonie vor der Stupa mit über 100 Mönchen und verschiedenen Aufführungen statt.

■ Täglich zwischen 7.30 Uhr und 17.30 Uhr geöffnet. Im Eintrittspreis von 6 $ ist ein Audioguide in Deutsch und 15 weiteren Sprachen enthalten; außerdem wird eine höchst informative und sehr berührende Führung über diesen Ort des Grauens angeboten. Im angeschlossenen Kino werden mehrmals täglich 15-minütige Dokumentationen über die Schreckensherrschaft der Roten Khmer gezeigt.

Anreise

Die Killing Fields liegen am südlichen Stadtrand von Phnom Penh und sind am besten über eine organisierte Tour oder individuell mit Tuk Tuk oder Rikscha zu erreichen. Es ist sinnvoll, das Tuol-Sleng-Foltermuseum S 21 und die Killing Fields zu verbinden. Dauer ist etwa ein ausgefüllter halber Tag. Kosten jeweils 15 $ ohne Eintritte.

Wat Phnom

Dieser mit mächtigen Bäumen bewachsene Hügel inmitten der Stadt gab Phnom Penh seinen Namen. Er wurde laut einer Legende von Menschenhand aufgeschüttet. Auf seinem Gipfel stehen eine Pagode, ein dem Mahayana-Buddhismus geweihter Altar und eine gewaltige Stupa.

Erbaut wurden der Hügel und seine Pagode 1372, als eine Frau *Penh* am Ufer des Mekong vier Buddhastatuen fand und, um ihnen einen angemessenen Platz zu geben, den Wat Phnom mit Freunden aufschüttete. Ihr zu Ehren wurde er *Phnom Penh* (der Hügel der Penh) genannt. Die zuerst aus Holz errichtete Pagode wurde mehrmals renoviert und 1806 erstmals aus Beton erbaut. 1926 wurde sie das letzte Mal restauriert und bekam ihr heutiges Aussehen.

Integriert in das tägliche Leben der Phnom Penher, ist die Wat Phnom besonders an Wochenenden lebhaft besucht. Die Menschen kommen hierher, um Freunde zu treffen oder weil sie eine Insel der Ruhe in der hektischen Großstadt suchen. Außerdem, so der überlieferte Glaube, bringt es Glück, diesen Platz zu besuchen. Die Khmer bitten in der Pagode für gute Schulnoten, um die

Verbesserung ihrer wirtschaftlichen Situation oder generell für eine friedlichere und bessere Zukunft. Wenn ihnen ein Wunsch erfüllt wurde, bedanken sie sich mit Jasmingirlanden und Obst, die als Opfergaben am Altar der Pagode dargebracht werden. Häufig ist die ganze Verwandtschaft bei diesem Ritual anwesend.

Der Hügel ist von einer **Parkanlage** umgeben. Wahrsager, Wunderheiler, Glücksspieler und sonderbare Heilige sind den ganzen Tag über unter den großen schattigen Bäumen zu finden. Große Menschentrauben bilden sich um Märchenerzähler und Artisten. Wer sich für die Zukunft absichern möchte, kauft nach buddhistischer Tradition ein paar Spatzen aus einem der überfüllten Käfige, die hier von Händlern herumgetragen werden, und lässt sie fliegen. Ihren Erlösern sollen sie Glück und Reichtum bringen.

Der **Haupteingang** liegt an der östlichen Seite (19. Straße). Über eine große Treppe, die zwischen zwei siebenköpfigen Nagas sowie Wächtern und Löwen aus der hinduistischen Symbolwelt hindurchführt, gelangt der Besucher zur Pagode. Das **Innere der Pagode,** der Altar und die Gemälde aus dem Leben Buddhas, wurden dezent restauriert, und durch die verwendeten Erdfarben blieb der historische Charakter erhalten.

Außerhalb der Pagode, an der Westseite, steht die Statue der Frau *Penh.* Der Boden vor ihrem kleinen Altar ist rosa gekachelt. Abends, bevor der Wächter nach Hause geht, wird die verklärt lächelnde Frau *Penh* liebevoll in eine safrangelbe Robe gehüllt. Daneben erhebt sich eine gewaltige Stupa, die die Asche des Königs *Ponhea Yat* (1404–1467) enthält. Er gründete 1434 die Hauptstadt Phnom Penh und renovierte die Wat Phnom. Die Stupa ist mit vielen hinduistischen Symbolen verziert.

Nördlich, etwas unterhalb der Pagode, liegt das **Heiligtum Preah Chau.** Es wird von Vietnamesen und Chinesen besucht, die dem Mahayana-Buddhismus angehören. In einem kleinen Raum stehen die Figur des *Preah Chau* mit einem elektrischen Heiligenschein und ein mit Kacheln ausgelegter Tisch für Opfergaben wie Bananen, Mangos, Geld und Räucherstäbchen. Er dient gleichzeitig als Altar. Zwei Figuren in chinesischem Stil, links *Thang Cheng* und rechts *Thang Thay,* rahmen ihn ein. Auch ein Gemälde von Konfuzius und die Figur eines achtarmigen Vishnu schmücken das Heiligtum.

Im Norden, am Fuß des Hügels, wo sich einst der Zoo befand, entsteht ein dreistöckiges Bauwerk mit einer Stupa. Es wird **Sakayamoni Chedi** heißen und einen Knochen Buddhas, der bisher in einer kleinen Stupa vor dem Bahnhof lag, aufbewahren. Diese heilige Reliquie war 1957, anlässlich der 2500. Wiederholung des Todestages Buddhas, ein Geschenk Sri Lankas an Kambodscha. Zurzeit sind die Bauarbeiten eingestellt.

Auf der Südseite des Hügels steht die lebensgroße, vergoldete **Statue des König Sisowath** (1904–27). Zu seiner Rechten sind drei Frauen als Halbrelief dargestellt. Sie repräsentieren die Provinzen Battambang, Siem Reap und Sisophon, die einst von Thailand annektiert und 1907 wieder an Kambodscha zurückgegeben wurden.

■ Wat Phnom liegt am Beginn des Norodom Blvd. im nördlichen Teil der Stadt. Die Pagode und das

Vann Molyvann – Kambodschas größter Architekt

In den 1950er und -60er Jahren war der Khmer-Architekt *Vann Molyvann* (geboren 1926) die treibende Kraft hinter einer modernen, postkolonialistischen Architektur, die Phnom Penh bis heute prägt. Der Stararchitekt, der in Frankreich studierte, verstand es wie kein anderer, mit seiner mutigen und innovativen Betonbauweise sowohl das heiße Klima, die jährlichen Überschwemmungen und die sengende Sonne zu berücksichtigen. Eine Symbiose zwischen klassischer Khmer-Architektur, funktionellem Design und dem Anspruch des 20. Jahrhunderts. Vann hat in Kambodscha an mehr als 100 öffentlichen Bauwerken mitgewirkt. 2008 wurden zwei seiner bedeutensten Arbeiten, das National Theater und das „Council of Ministers" abgerissen. Als Symbole seiner Baukunst stehen noch das **Indpendence Monument,** die **Chaktomouk Konferenz Halle** und das **Olympic Stadium.**

Professionelle **Touren** zu den architektonischen Highlights der Stadt organisiert *Khmer Architecture Tours* jedes Wochenende im Cyclo (www.ka-tours.org).

Praeh-Chau-Heiligtum werden vor Einbruch der Dunkelheit wegen der Gefahr von Diebstählen geschlossen. Eintritt 2 $.

⊡ Schülerin bei der Ausbildung zur klassischen Tänzerin

Weiterhin Sehenswertes

Olympisches Stadion

Es lohnt sich nicht, seinen Kopf weiter zu zerbrechen – in Phnom Penh fand nie eine Olympiade statt. Der große Sportkomplex wurde 1962–64 für die **Spiele der GANEFO** (games of the new emerging forces), einer chinesischen Sportinitiative, von dem berühmten Architekten *Vann Molyvann* gebaut. Die Spiele fanden nur ein einmal statt und zwar 1966 in Kambodscha. Damals nahmen 18 Staaten, überwiegend aus Südostasien und den arabischen Ländern, daran teil. Kambodscha brachte es auf 13 Goldmedaillen.

Unter Pol Pot wurde alles, was nicht niet- und nagelfest war, abmontiert und anderweitig verwendet. Die Sporthallen dienten als Munitions- und Warenlager und auf dem Rasen des Fußballplatzes wurde Gemüse angebaut.

Auf einer riesigen Fläche inmitten der Stadt stehen ein Fußballstadion mit 60.000 Sitzplätzen und eine Halle für Ballsport und Boxkämpfe mit 8.000 Plätzen, deren großer Vorplatz oft für politische Veranstaltungen genutzt wird. Das Schwimmbecken mit Sprungturm wurde renoviert und zieht täglich die Jugend Phnom Penhs in Scharen an. Nebenan gibt es neu angelegte Tennisplätze, und einige Karatekids trainieren hier täglich in ihren weißen Anzügen.

Morgens zwischen 5.00 und 7.00 Uhr sowie nachmittags ab 16.00 Uhr sind die Fuß- und Volleyballfelder zwischen den Gebäuden von Nationalmannschaften und Hunderten sportbegeisterter Phnom Penher belegt. Zu diesen Zeiten treffen sich auch die **Aerobic-Fans,** meist Frauen zwischen 30 und 40 Jahren, um in streng einzuhaltender Formation bei ohrenbetäubendem Sound aus batteriegetriebenen Boxen einem der vielen Vortänzer, die aussehen, als seien sie einer schlechten Kopie von Dirty Dancing entsprungen, nachzueifern. Jeder ist eingeladen, hier mitzumachen. Wer begeisterter Jogger ist, kann sich vor Sonnenaufgang oder nach Sonnenuntergang in die bunte Schar der Läufer einreihen, die im Uhrzeigersinn den Sportkomplex umrunden.

Das Stadion ist ein idealer Platz, um Leute kennenzulernen oder von den Zuschauertribünen am Schwimmbad den schönen Ausblick über die Dächer der Stadt zu genießen. Ein Muss für Sportler, Fotografen und Nostalgiker. Doch leider trügt die Idylle, denn die in die Jahre gekommene Sportstätte ist aufgrund ihrer zentralen Lage in den Fokus von **Grundstückspekulanten** geraten. Gewaltige Hochhäuser zingeln diesen historischen Sportkomplex immer mehr ein. Hochmoderne Sportanlagen entstehen bereits 15 km nördlich vom Zentrum. Wen wundert's, dass wieder mal die Chinesen dahinterstecken und vollkommen uneigennützig 100 Mio. Dollar für die Süd-Ost-Asienspiele, die 2023 in Kambodscha stattfinden sollen, investieren.

■ Wo der Charles de Gaulle Blvd. auf den Preah Sihonouk Blvd. trifft, ist das Gebäude des Olympischen Stadions nicht zu übersehen.

Cambodian Living Arts

Kambodscha ist ein Land, in dem viel Wert auf die Pflege traditioneller Kultur gelegt wird. Auch 20 Jahre Bürgerkrieg konnten das Bedürfnis des Volkes nach kultureller Identität, die ihre Wurzeln in Angkor hat, nicht ausrotten. Der lebende Beweis dafür ist die Kunstakademie, von den Franzosen lieblich säuselnd „l'école des beaux arts“ genannt. Sie wurde 1965 gegründet und hieß anfänglich „Königliche Universität der schönen Künste“. Nach dem Putsch unter *Lon Nol* nannte man sie nur noch Universität der Schönen Künste. Dass die Roten Khmer für eine solche Institution nicht viel übrig hatten, wird niemanden verwundern. Sie wurde kurzerhand geschlossen und

613ka an

fast alle Lehrer ermordet. 1979 trafen sich die wenigen Lehrer, die den Albtraum Pol Pots überlebt hatten, und gründeten die Schule aufs Neue, die heute offiziell den Namen **Université Royal des Beaux Arts** trägt. Die ersten Schüler waren ihre eigenen Kinder und die Waisen ihrer ehemaligen Kollegen. 1986 hatten die ersten Schüler ihre Ausbildung abgeschlossen. Ein großer Teil von ihnen wurde zu einer weiteren Ausbildung in sozialistische Bruderländer geschickt.

Die Akademie ist aufgeteilt in zwei Fakultäten, die an verschiedenen Orten in der Stadt untergebracht sind.

In der technisch orientierten Schule, die eher einer Universität gleicht, wird **Architektur, Archäologie** und **Kunst** (Plastiken, Malerei) gelehrt. Die etwa 1000 Studenten sind zwischen 14 und 30 Jahren alt. Die Voraussetzung für die Studiengänge Architektur und Archäologie ist der Abschluss der 11. Klasse einer staatlichen Schule. Für den künstlerischen Bereich genügt die 8. Klasse.

Am faszinierendsten sind jedoch die Unterrichtsfächer der choreografischen Fakultät. Hier wird **Tanz** (klassisch und folkloristisch), **Zirkusakrobatik, Theater und Musik** gelehrt. Im Jahr 1993 wurden hier 411 Schüler von insgesamt 58 Lehrern ausgebildet.

Ein unvergessliches Erlebnis ist der Besuch des **klassischen Tanzunterrichtes.** Hübsche, zierliche Mädchen (nur wenige Jungen) von manchmal erst sieben Jahren üben hier, gekleidet in klassische Kostüme, den traditionellen Tanz der Apsaras. Mit stoischer Konzentration und unter monotonem Gesang, „Ting, Ting, Ting", trainieren diese Kinder viele Jahre lang die diffizilen Bewegungen, die den Khmertanz ausmachen, bevor sie das erste Mal öffentlich auftreten.

Die Karriere dieser Schüler beginnt mit einer Aufnahmeprüfung. Für die musikalische **Ausbildung** werden sie ab 9 Jahren aufgenommen, für Theater, Zirkus oder Tanz noch jünger. Dem künstlerischen Schwerpunkt ist der Vormittag gewidmet. Am Nachmittag findet regulärer Unterricht statt. Nach Abschluss der 11. Klasse haben sie die allgemeine Hochschulreife und können an jeder Universität in Phnom Penh studieren. Viele machen jedoch eine weitere fünfjährige Ausbildung und werden Lehrer an der Kunstakademie. Die Besten jedes Jahrgangs bekommen eine feste Anstellung am *Theatre Nationale de Spectacle.*

■ Das Gebäude liegt auf dem Grundstück des National Museums, **Ecke 178./13 Straße.** Großartige Aufführungen Montag bis Samstag von 19.00 bis 20.00 Uhr mit (30–40 $) und ohne (15–20 $) Dinner. Infos und Onlinebuchung unter www.experience.cambodianlivingarts.org, Tel. 017/998570 und 010/559272.

Apsara Art Association

Die Musiker und die reizenden Tänzerinnen der *Apsara Art Association,* einer im Gegensatz zur Schule *der Schönen Künste* privat mit Spendengeldern finanzierten Einrichtung, sind Waisen oder kommen aus sehr armen Familien in der Nachbarschaft. Die Jungen, die im Waisenhaus leben, lernen den Khmer-Tanz sowie das *Pin Pheat,* die klassische Khmer-Musik. Die Mädchen, teilweise erst 6 Jahre jung, werden zu **Apsaratän-**

zerinnen ausgebildet. Die Einnahmen durch öffentliche Auftritte und Spenden der Besucher werden für den Unterhalt und die Ausbildung der Kinder verwendet. Durch ihren mittlerweile großen Bekanntheitsgrad hatten sie bereits Auftritte in Frankreich, Estland und Litauen.

Frau *Vong Metry*, die Leiterin der Schule, hat vor Pol Pot als klassische Tänzerin im Königspalast gelebt. Ihrem Engagement ist es zu verdanken, dass aus dieser sozialen Einrichtung eine kleine Erfolgsstory geworden ist. Die einstmals kleine Hütte, in der 1998 alles begann, konnte ausgebaut und immer mehr Kindern aus sozial schwierigen Verhältnissen eine fundierte Tanz- und Musikausbildung geboten werden. Informationen auf Facebook: Apsara Arts Association.

■ Dort, wo der Pochentong Blvd. auf den Kampuchea Krom Blvd. trifft (hinter der Universität), beginnt die Straße 598. Nach ca. 1 Kilometer liegt das Holzgebäude (Hausnummer 71) auf der linken Seite (großes Schild). Tel. 012/857424, www.apsara-art.org.

Vetika Oumtouk

Gegenüber dem Königspalast steht am Ufer des Tonle Sap ein **Pavillon in klassischer Khmerarchitektur.** Er hat auf jeder Seite einen kleinen buddhistischen Altar, an dem Räucherstäbchen geopfert werden. Während des Wasserfestivals der „wechselnden Strömungen" *(Bon Oumtouk)* beobachten hohe Politiker und offizielle Gäste von hier aus die Bootsrennen auf dem Fluss. Doch auch außerhalb des Festes ist ein Besuch der *Vetika Oumtouk*, besonders nachmittags und abends, ein Erlebnis. Gruppen von Kindern verwandeln die betonierten Ufer des Flusses in eine turbulente Badeanstalt. Verkäufer bieten Gebäck, Obst und Getränke an. Bastmatten werden auf dem Boden ausgebreitet, auf denen Familien Platz nehmen und angebrütete Enteneier, Tintenfische und gekochte Maiskolben essen. Die Kleinen bekommen ein Eis und einen großen Luftballon. Der Sonnenuntergang lässt Tonle Sap und Mekong in roten und orangenen Farbtönen schillern. Im Schutz der Dunkelheit nutzen junge Liebespaare die Chance in der noch keuschen Stadt für ein romantisches „tête à tête".

Wer hier morgens zwischen 4.00 und 6.00 Uhr vorbeikommt, wird seinen Augen nicht trauen und im ersten Moment wohl den Restalkohol für diese gespenstische Erscheinung verantwortlich machen. Auf dem Rasen zwischen der Vetika Oumtouk und dem Königspalast versammeln sich täglich im Morgengrauen hunderte, vor allem ältere Einwohner von Phnom Penh, um hier gemeinsam Aerobic und Gymnastik zu machen.

The Buddhist Institute

In erster Linie eine Bibliothek, die neben vielen Büchern auf Khmer auch eine brauchbare Auswahl an englischer und französischer Literatur bietet. Manchmal versteckt sich sogar ein deutschsprachiges Exemplar in den Regalen. Vor allem Schüler und Studenten nutzen die Bibliothek, um für Referate zu recherchieren. Im Erdgeschoss befinden sich Bücher über Asien sowie über Kunst, Literatur und Geschichte der Khmer und die

Tempel von Angkor. Der erste Stock ist dem Buddhismus gewidmet. Ein Besuch lohnt sich für Reisende, die Muße haben, sich intensiver mit Kambodscha zu beschäftigen bzw. wissenschaftlich oder journalistisch tätig sind. Die anwesenden Schüler und Studenten sind immer an einem Gespräch mit einem „barang" interessiert. Bücher können nicht ausgeliehen werden.

■ Das hübsche Gebäude steht im Hun Sen Park, im Schatten des Naga Casinos. Geöffnet Mo–Fr 7.30–11.00 und 14.30–17.00 Uhr.

Independence Monument

Diesem mächtigen, roten Turm (erbaut 1958) diente das zentrale Heiligtum des Bakong-Tempels in Angkor (Roluos Gruppe) als Vorlage. Er ist mit vielen Nagas verziert und wurde zur Erinnerung an die damals von König Norodom Sihanouk am 9. November 1953 erlangte Unabhängigkeit von Frankreich erbaut. Unter der vietnamesischen Besatzung wurde das Denkmal zu Ehren der Kriegstoten und als Zeichen für den Sieg über die Roten Khmer in Victory Monument umbenannt. An nationalen Feiertagen werden hier Kränze niedergelegt.

■ Das Denkmal liegt an der Kreuzung von Norodom und Preah Sihanouk Blvd. und ist der größte Verkehrszirkel des Landes.

⌃ Independence Monument

Pagoden

In Phnom Penh gibt es über 20 Pagoden, von denen mittlerweile fast alle renoviert sind. Unter Pol Pot wurden alle Bonzen aus den Pagoden in Phnom Penh vertrieben oder ermordet. Gold und Silber wurde gestohlen, die religiösen Gebäude zweckentfremdet oder dem Verfall überlassen. Nur in der Wat Ounalom sollen drei oder vier Mönche als Alibi für das mörderische System geduldet worden sein. Die bedeutendsten Pagoden wurden bereits unter den Vietnamesen wieder instand gesetzt, der Rest nach dem wirtschaftlichen Boom der Stadt unter den Vereinten Nationen von 1992 bis 1993. Viele Humanitäre Einrichtungen und Menschenrechtsorganisationen haben sich heute auf ihren Grundstücken niedergelassen.

Neben den religiösen Aufgaben erfüllen viele Wats in Phnom Penh die Aufgabe von **Studentenwohnheimen.** Die jungen Männer kommen oft vom Land und aus armen Verhältnissen. Eine höhere Schulbildung können sie sich nur leisten, da sie kostenlos in der Wat leben und essen dürfen.

Der **Besuch einer Pagode** in Phnom Penh gleicht einem Ausflug auf eine abgelegene Insel, mitten in der hektischen Großstadt. Viele Mönche und Studenten sprechen etwas Englisch oder Französisch und sind gerne bereit, einem Ausländer ihre Wat zu zeigen (siehe „Verhalten in der Pagode"). Die meisten Pagoden sind außerhalb der Meditationszeiten der Mönche aus Angst vor Dieben geschlossen. Wem extra aufgeschlossen wird, sollte sich mit einer kleinen Spende in die „donation box" erkenntlich zeigen!

Wat Moha Montrei

Sie ist die belebteste und besuchenswerteste Pagode in Phnom Penh. Auf ihrem Gelände leben 250 Mönche und 300 Studenten. Umgeben wird sie von den Gebäuden einer öffentlichen Schule, in der abends noch Englisch für die Schüler und Bonzen unterrichtet wird, und einer Palischule. Vor *Pol Pot* sollen hier angeblich über 700 Bonzen gelebt haben.

Der Name wurde der Pagode von König Monivong gegeben. Zu Ehren seines Ministers, *Chakrue Ponn,* der die Initiative zum Bau der Pagode ergriffen hatte, wurde sie *moha montrei* (der große Minister) genannt. Über dem Altar erhebt sich ein 35 Meter hoher Turm, der 1970 erbaut wurde. Die Pagode ist renoviert und innen mit beeindruckenden Bildern aus dem Leben Buddhas bemalt.

■ Die beste Zeit für einen Besuch ist morgens vor 9.00 Uhr oder abends zwischen 17.00 und 19.00 Uhr. Liegt südlich des Olympischen Stadions, an der Einmündung der 123. Straße in den Preah Sihanouk Blvd.

Wat Lanka

Die Wat Lanka gehört zu den ersten fünf Pagoden, die 1422 von König *Ponhea Yat* in Phnom Penh gegründet wurden. Sie diente als **Bücherei,** in der die heiligen Pali-Verse und ein Manuskript des Tripataka aufbewahrt wurden. Der Name *Lanka* kommt von den Mönchen aus Sri Lanka, die hier einst wohnten und den Buddhismus lehrten.

Nachdem sie unter Pol Pot stark beschädigt worden war, gehörte sie zu den ersten, die nach dem Einmarsch der Vietnamesen wieder aufgebaut wurden. Heute ist sie mit über 200 Mönchen eine der größten Wats in Phnom Penh.

Sie besteht aus zwei Etagen. Im Erdgeschoss befindet sich der *Sala* mit einem Altar für die alltäglichen Zeremonien. In dem großen Saal im ersten Stock wird nur bei besonderen religiösen Anlässen meditiert. Beide Räume sind mit prächtigen Wandmalereien aus dem Leben Buddhas verziert.

■ Wat Lanka liegt nahe dem Independence Monument am Preah Sihanouk Blvd.

Wat Bodum

Sie steht inmitten einer parkähnlichen Umgebung zwischen großen Bäumen und einigen gepflegten Unterkünften für die Mönche. Wat Bodum macht einen besonders ästhetischen und beschaulichen Eindruck. Ihr Name bedeutet „Tempel der aufgehenden Lotusblume". Sein Ursprung liegt darin, dass die Wat früher auf einer Insel stand, die von einem Teich mit vielen Lotusblumen umgeben war. Sie wurde 1989 renoviert und

621ka an

hat auf ihrem Gelände eine kleine Grundschule und eine Palischule. Die etwa 70 Mönche gehören der Dhammayuttika-Richtung an, eine Reformgruppe innerhalb des Theravada-Buddhismus, die einer strengeren Ordensrichtung folgt.

In der Pagode überragt eine riesige Statue, die den Buddha *Somanakodom* darstellt, den Altar, vor dem viele kleine Buddhaabbildungen stehen. An der Decke über dem Altar kann man auf einem Bild alle fünf Buddhas sehen, die schon geboren wurden bzw. noch geboren werden. Bis hinauf unter das Dach ist der ganze Innenraum mit Bildern und Geschichten über das Leben Buddha Gautamas gechmückt.

Um die Pagode stehen viele weiß getünchte Stupas unterschiedlicher Größe. Die höchste von ihnen ist oben mit einem viergesichtigen Kopf, der Darstellung des Bothisattva (Angkor), geschmückt und enthält die Asche eines Bruders des Königs *Norodom*. Nördlich der Pagode ist eines der Boote untergebracht, das während des Festes Bon Oumtouk bei den Ruderwettbewerben auf dem Tonle Sap eingesetzt wird. Es ist 25 Meter lang, 35 Wettkämpfer haben darin Platz.

▪ Besucher finden die Wat Bodum südlich des Königspalastes, an der 13. Straße zwischen 244. und 264. Straße.

⌃ Wat Bodum

Wat Ounalom

Auch sie gehört zu den ersten fünf Pagoden, die 1422 unter König *Ponhea Yat* erbaut wurden. Vor Pol Pot lebten hier 500 Mönche. Während seiner Schreckensherrschaft sollen hier die einzigen paar Mönche in der ganzen Stadt gelebt haben. Wat Ounalom ist die bedeutendste Wat in Kambodscha, da hier das religiöse Oberhaupt des Landes, *Somphat Te Wong*, residiert. Ein Knochen seines berühmten Vorgängers, *Somphat Tschunath*, liegt in der großen Betonstupa und wird von alten Frauen bewacht.

Auf dem Gelände stehen zwei große Gebäude.

Der klotzig wirkende **Betonbau** mit quadratischem Grundriss besteht aus zwei Stockwerken und hat einen Aufbau, der dem zentralen Turm von Angkor Wat gleicht. Dieser lieblose Bau gehört nicht zu den Prunkstücken der Khmer-Architektur. Er hat einen großen Saal mit einem Altar und wird für Versammlungen genutzt.

Das wesentlich schönere, **gelbe Gebäude** mit den grünen Giebeln und den weißen „Flammen" auf dem Dach, ist die Pagode. Da sie aus Angst vor Dieben nur frühmorgens geöffnet ist, bekommen nur die Touristen, die rechtzeitig aufstehen, die im Inneren aufbewahrten Schätze zu sehen.

Trotz ihrer Bedeutung und den über 200 Mönchen und zahlreichen Studenten, die heute hier leben, macht die Wat Ounalom von allen Pagoden im Land den sterilsten Eindruck.

Am südöstlichen Eingang befand sich bis 1975 die *Bibliothek des buddhistischen Institutes*, die die Roten Khmer fast völlig zerstörten. Sie wurde zwar wiedereröffnet, doch ist die Literaturauswahl, was den Buddhismus betrifft, sehr bescheiden.

■ Wat Ounalom liegt an der Ecke Samdech Sothearos Blvd. und 154. Straße. Die Pagode ist nur frühmorgens geöffnet.

Wat Sarawan

Diese unscheinbare Pagode ist eine der wenigen, die noch nicht renoviert wurden. Diese Ursprünglichkeit verleiht dem hübschen kleinen Bauwerk aus dem Jahr 1936 eine ländliche Atmosphäre. Auch wenn die wundervollen Gemälde im Inneren durch die Feuchtigkeit abzublättern beginnen und fleckig geworden sind, haben sie von ihrer Ausstrahlung nichts verloren. An dem Altar sitzt in Meditationshaltung ein mächtiger, vergoldeter Buddha, an dessen Schoß viele kleine, sehr filigran gearbeitete Buddhastatuen in unterschiedlichen künstlerischen Stilformen stehen.

Heute leben an die 200 Mönche in den Unterkünften um die Pagode.

Vorsicht Schuhdiebe! Beim Betreten der Pagode sollte man seine ausgezogegen Schuhe nicht aus den Augen lassen.

■ Die Wat Sarawan liegt an der Ecke 178. und 19. Straße.

Wat Mankul Wan

Diese kleine Pagode liegt versteckt, und deshalb wenig besucht, im Stadtzentrum. Der Klostervorsteher ist ein studierter Arzt, der sehr viel Wert auf die Bildung seiner etwa 50 hier lebenden

Mönche legt. Ein guter Platz für inspirierende Gespräche in gutem Englisch.

Neben den sonst üblichen sakralen Details einer Wat, fallen hier die beiden liegenden, transzendierenden **Buddhas** auf. Der erste liegt rechts vom Haupteingang und ist etwa 10 m lang. Der zweite ist mindestens 15 m lang, golden bemalt und bildet die Front des großen *Salas,* wo die Mönche speisen, religiöse Feste gefeiert und Beerdigungszeremonien abgehalten werden. Hier beten vor allem auch die etwa 30 Nonnen in ihren weißen Kleidern.

■ Wat Mankul Wan ist auch unter dem Namen *Svay Donkum* bekannt und liegt in der Nähe des Zentrums am Monivong Blvd. an der Kreuzung von 109. und 118. Straße.

Märkte

Psah Thmay (Neuer oder Zentralmarkt)

Im Sprachgebrauch hat sich der Name **Central Market** unter Ausländern durchgesetzt. Die richtige Übersetzung bedeutet jedoch *Neuer Markt.*

Sein 1936 während der französischen Kolonialzeit im **Art-déco-Stil** erbautes, gelbes Hauptgebäude ist zu einem **Wahrzeichen Phnom Penhs** geworden, das aber angesichts der Hochhäuser, die in direkter Nachbarschaft hochgezogen werden, immer mehr in der Unscheinbarkeit versinkt. Seine vier Seitengebäude streckt es wie die Tentakel einer Krake in das Chaos der dazwischenstehenden Buden. Unter der Kuppel, im Zentrum

669ka an

des Marktes, haben sich Schmuck-, Uhren- und Goldhändler zwischen Geldwechslern und einigen Souvenirständen niedergelassen. Wie in einem Irrgarten verläuft man sich zwischen den vielen, überschwenglich mit Ware ausgestatteten Buden, die dicht gedrängt nebeneinander stehen. Das Angebot ist schier unerschöpflich. Von Videos, Fernsehern, Kleidung, Schuhen, Obst, Gemüse, Fleisch, Fisch, Spielzeug, Haushaltsartikeln, Büchern und diversen Schreibwaren bis hin zu frischen Bienenwaben, gerösteten Heuschrecken und Bananenbäumen gibt es hier alles. Große Auswahl an edlen und weniger edlen Stoffen, Kramas und Seidenartikeln. Wen der Hunger beim Einkaufen überkommt, findet auf der Westseite Stände, die einfache Gerichte anbieten. Von den Touristen erhoffen sich die zahlreichen Bettler und verkrüppelten Minenopfer ein Almosen.

Der Markt liegt 100 Meter östlich der Kreuzung Kampuchea Krom und Monivong Blvd. Nicht zu übersehen!

Psah Toul Tom Pong (Russenmarkt)

Während der Zeit des vietnamesischen Einflusses kauften dort für gewöhnlich die Russen ein, da sie hier geschmuggelte Westware fanden, die sie zu Hause nicht bekamen. Er ist mit Sicherheit der am meisten touristisch orientierte Markt Phnom Penhs und ein lohnendes Revier für Souvenirjäger. Doch gibt es hier noch andere, für den Touristen interessante Artikel, wie z.B. Bücher und Landkarten über Kambodscha, gefälschte oder echte Markenkleidung und Raubkopien der neuesten amerikanischen Filme auf DVD sowie Computer-Software und -zubehör oder Musik-CDs. Auch das für obligatorische T-Shirt mit einem unverwechselbaren Aufdruck des bereisten Landes findet sich hier zuhauf.

Neben den üblichen Artikeln eines kambodschanischen Marktes gibt es eine reichhaltige Auswahl für den Handwerker und Bastler. Von meterlangen Schrauben für den Schiffsbau über moderne elektrische Bohrmaschinen bis hin zum umfassenden Angebot an Fahrrad- und Motorradersatzteilen ist die Auswahl unerschöpflich.

[<] Der Zentralmarkt

[>] Das Angebot an landwirtschaftlichen Produkten ist beeindruckend

Im Umfeld des Marktes gibt es einige nette **Cafés,** die sich am westlichen Geschmack orientieren. Unter ihnen ist besonders das *Jars of Clay* an der 155. Straße mit seinen vielen leckeren Kuchen, Früchteshakes und Salaten empfehlenswert. Sonntags geschlossen.

■ Der Markt Toul Tom Pong liegt etwas außerhalb im Süden der Stadt an der Kreuzung 432. und 155. Straße.

Psah Chah (Alter Markt)

Der kleine, überschaubare Markt platzt aus allen Nähten. Mittlerweile sind auch die angrenzenden Gassen in das bunte Treiben mit einbezogen. Obwohl er die ganze Fülle der einheimischen Produkte zu bieten hat, wird er von Touristen selten besucht. Besonders sehenswert sind die **Goldschmieden,** die sich in der Mitte des Marktes befinden. Hier wird mit denkbar einfachen Mitteln hochwertiger Goldschmuck hergestellt, und wer sich bei den Künstlern verständlich machen kann, bekommt Ketten und Ohrringe nach eigenen Vorstellungen angefertigt. Neben einer großen Auswahl an Sarongs und Kramas gibt es auch ein beachtliches Angebot an Edelsteinen aus Pailin. Die Kioske auf der Südseite werden von verschiedenen internationalen Zigarettenmultis gesponsert. Auf geradezu obszöne Weise werben sie in riesigen Lettern um neue Kunden. Gleich daneben wird in Bambusrohren, die über Fahrräder gebunden sind, *toek thnaot,* der vergorene Saft der Zuckerpalme, verkauft.

■ Psah Chah liegt an der Kreuzung von 13. und 110. Straße.

Nachtmarkt

Wenn die Markthallen des Psah Chah um 17.00 Uhr schließen, beginnen die Händler sich in Richtung der 110. Straße, aber auch in die angrenzenden Gassen auszubreiten. Neben Fisch-, Fleisch, Obst- und Gemüseständen werden vor allem kleine Garküchen in Windeseile aufgebaut. Unter dem flackernden Licht von Petroleumfunzeln gibt es einfache und preiswerte einheimische Gerichte zu kaufen. Viele Hausfrauen und junge Mütter verdienen für ihre Familien ein Zubrot, indem sie hier köstliche Süßigkeiten aus Reis, Milch, Kokusnüssen und Früchten (siehe „Essen und Trinken“) anbieten. Diese, den Verhältnissen entsprechend hygienisch zubereiteten Leckereien, finden sich hauptsächlich in der 13. Straße. Geschlossen wird der Nachtmarkt gegen 22.00 Uhr.

Psah Kandal

Auch auf diesem Markt, der aus einer Halle, Ständen und einer großen offenen Fläche besteht, auf der die Händler ihre Waren auf dem Boden ausbreiten, ist die Palette des Angebots riesig. Am beeindruckendsten ist das Treiben in den frühen Morgenstunden, wenn Hunderte von Bauern ihr frisches Obst und Gemüse aufgeschichtet haben. Ansonsten ist der Markt eher von lokaler Bedeutung.

■ Psah Kandal liegt nördlich der Wat Ounalom an der Ecke 13. u. 140. Straße.

Psah Olympic

Der 1994 erbaute dreistöckige Betonklotz ist mit Abstand der unattraktivste Markt im ganzen Land. Er wurde von dem reichsten und umstrittensten Khmer-Businessman, *Teng Boonma*, errichtet. Als die Händler von den alten Ständen in das neue Gebäude umziehen mussten, konnten sich viele die von Boonma verlangten hohen Mieten nicht mehr leisten. Erst durch die Intervention von König *Sihanouk* wurde dieses Debakel beendet.

Touristisch ist der Psah Olympic eher uninteressant, doch die Khmer schätzen ihn, da dort die besten und billigsten Stoffe in der Stadt angeboten werden.

Weitere Märkte

Nicht von großer touristischer Bedeutung, aber vielleicht gerade deshalb einen Besuch wert:

- **Psah Orasey:** 182. Straße nahe *Capitol Hotel.*
- **Psah Samakey:** nahe der Kreuzung Kampuchea Krom und Preah Sihanouk Blvd.
- **Psah Depot:** an der Kreuzung Preah Sihanouk Blvd. und 132. Straße.
- **Psah Dumkor:** an der Kreuzung Mao Tse Toung und Monireth Blvd.
- **Psah Kabko:** etwas versteckt, südwestlich der Kreuzung Samdech Sothearos und Preah Sihanouk Blvd.

Informationen

- Das staatliche **Phnom Penh Tourist Information Center** (Tel. 011/691426) befindet sich an der Riverfront am Sisowath Quay gegenüber dem Royal Palace. Die Angestellten sind freundlich bemüht, haben aber kaum Informationsmaterial und nur wenig praktische Erfahrung. Trotzdem können sie meist irgendwie weiterhelfen. Täglich von 8.30–17.30 Uhr geöffnet. Das zierliche Gebäude steht einzeln und direkt am Ufer und beherbergt ein nettes Restaurant, wo bis 23.00 Uhr kleine Snacks verkauft werden. Klasse Aussicht auf den Mekong, da direkt am Ufer.
- Die **Informationen in den Hotels und G.Hs.** sind oft unterschiedlich. Organisierte Ausflüge und Busverbindungen, an denen ein Paar Dollar verdient werden können, gibt es überall. Individuelle, uneigennützige Tipps, die auf eigenen Recherchen beruhen, sind leider seltener.
- **Phnom Penh Visitors Guide** (engl.): Größtes Anzeigenmagazin, vor allem von Restaurants, Unterkünften, Busverbindungen und vieler zusätzlicher Informationen. Liegt bei allen Werbekunden kostenlos aus. www.canbypublications.com.
- Das Pendant dazu ist der **Pocket Guide,** der auch in den inserierenden Locations ausliegt oder über www.pocketguide.asia online einzusehen ist.
- **Cambodia Asia Life** (engl.): Ebenfalls ein durch Werbung finanziertes kostenloses Hochglanzmagazin, das neben Veranstaltungskalender und Auflistung von Restaurants und Unterkünften auch interessante Artikel über Kambodscha bietet. www.asialifemagazine.com.
- Die Wochenendausgabe der Tageszeitung *Phnom Penh Post* veröffentlicht **Veranstaltungskalender.**
- Websites mit aktuellen Veranstaltungstipps im Kapitel „Phnom Penh, Kunst, Kultur, Musik und Film".

Ankunft

Am Flughafen

Der **Pochentong International Airport** ist einer der edelsten und stilvollsten Flughäfen in Asien. Das Passagieraufkommen steigt ständig, doch ist dem Flughafen seine übersichtliche Provinzionalität erhalten geblieben.

Bei der Einreise hält sich dagegen die Freundlichkeit der Beamten sehr in Grenzen. Wer **noch kein Visum** besitzt, muss die „Visa Application Form", Reisepass und ein Passbild einem der vielen in einer Reihe sitzenden Grenzern überlassen. Am Ende der Kolonne wird der Pass gegen die Gebühr von 30 $ (Tourist Visa) an die Menge verteilt (ATM direkt neben der Visaerteilung).

Bei der nächsten Station wird die **„Arrival Card"** benötigt, um das Visum abzustempeln. Die Zöllner fertigen von jedem Besucher ein Foto an und scannen die Fingerabdrücke, was ein wenig an eine erkennungsdienstliche Maßnahme bei Tatverdächtigen erinnert.

Im Anschluss an die Gepäckausgabe erwartet den Besucher noch die recht großzügig gehandhabte **Zollkontrolle,** wo die Zollerklärung abgegeben wird. Alle notwendigen Formulare werden meist vorher im Flugzeug verteilt.

Hinter dem Ausgang stehen weitere **ATMs.** Hier befinden sich auch die Büros der Geldwechsler (sehr schlechter Wechselkurs) sowie die der kambodschanischen **Mobilfunkanbieter,** die ihre SIM-Karten verkaufen. Dahinter warten die **Taxis** für 12 $ bis zur Stadtmitte. Wer wenig Gepäck hat, findet günstigere Transportmöglichkeiten wie Mopeds (5 $) oder Tuk Tuks (6–8 $) an der Hauptstraße außerhalb des Flughafengeländes.

Airport Shuttle Train

Seit April 2018 gibt es einen Zug, der direkt vor dem Flughafengebäude hält und zum Hauptbahnhof fährt. In der 4-monatigen, kostenlosen Erprobungsphase fuhr er alle 1½ Stunden und brauchte 45 Mi-

667ka an

nuten. Nicht gerade effektiv, aber sehr beeindruckend, wenn die Waggons dicht zwischen den Hütten der Einheimischen, die teilweise nur einen knappen Meter von den Schienen entfernt stehen, hindurchfährt. Angeblich sollen schnellere Züge aus Mexiko kommen, die auch öfter fahren, denn ansonsten ist man auf der Straße trotz Verkehrsstau schneller und billiger in der Stadt. Der Preis war bis dato noch nicht bekannt.

Mit dem Boot

Alle Boote aus Chau Doc oder Siem Reap legen am **Passagierhafen** „Floating Port", am Beginn der Riverfront, an. Viele Tuk Tuks und Motodups warten dort auf Fahrgäste.

Mit dem Bus

Es gibt in Phnom Penh noch immer **keinen zentralen Busterminal.** Jede Busgesellschaft hat ihr eigenes, im Zentrum gelegenes Terminal wie z.B. *Capitol* neben ihren Guest Houses und dem Restaurant in der 182. Str., Nr. 14 oder *Phnom Penh Sorya* am Zentralmarkt *(Psah Thmay)*. Bei der Fahrt durch die Stadt kann man schon vor der Endhaltestelle aussteigen. Tuk Tuks und Mopedtaxis sind immer präsent.

Stadtverkehr

Cyclo

Es ist das klassische Verkehrsmittel der Stadt, wird aber immer mehr vom schnelleren Motodup oder Tuk Tuk verdrängt. Jedoch ist das Cyclo wesentlich gemütlicher, eignet sich auch zum Transport von viel Gepäck und ist bei Überschwemmungen die trockenste Möglichkeit, sich fortzubewegen. Der Kilometerpreis entspricht dem des Motorradtaxis. Fahrten im Innenstadtbereich dürfen nicht mehr als 4000 bis 8000 Riel kosten. Nachts und bei starkem Regen erhöhen sich die Preise. Dieses exotische, vom Aussterben bedrohte Verkehrsmittel, sollte, wenn möglich, dem Motorradtaxi vorgezogen werden (siehe auch Exkurs zu den Cyclos).

Fahrräder

Das einstige proletarische Massenverkehrsmittel wurde von den Mopeds verdrängt. Nur Ausländer, Kinder, Studenten oder Angehörige der Unterschicht benutzen es noch. Dieses billige, umweltfreundliche Gefährt eignet sich hervorragend zur Erkundung der näheren Umgebung. Fahrräder, die von manchen G.Hs. für 2 $ vermietet werden, gehören zur Sorte „chinesischer Drahtesel". Doch die Renaissance des Bikes hat auch hier in der Mittel- und Oberschicht der Städter begonnen. Rennräder, Mountainbikes und BMX sind immer häufiger in der Stadt zu sehen. Brauchbare Mountainbikes verleiht *Grasshopper Adventure* an der Riverside in der 144. Str. Nr. 23. Ein moderner Bike Shop ist **Flying Bikes 2** in der 51. Str. (Pasteur Str.), Nr. 131 (siehe auch „Sport und Action" in diesem Kapitel).

Motorradtaxi (Motodup)

Beliebtes und schnellstes öffentliches Verkehrsmittel in den verstopften Straßen der Hauptstadt. Es ist rund um die Uhr fast überall in der Stadt zu finden. Sie warten meist an Straßenkreuzungen und vor Restaurants und Unterkünften. Um nicht nachher lange diskutieren zu müssen, ist es empfehlenswert, den Preis vorher festzulegen. Er richtet sich nach den aktuellen Benzinpreisen und kann in Riel oder Dollar bezahlt werden. Eine Fahrt im Stadtzentrum sollte nicht mehr als 4000 Riel (1 $) kosten. Bei zwei Personen erhöht sich der Preis um 1000 Riel. Spät abends werden etwa 50–100 % Aufschlag berechnet.

Tuk Tuk (Romok)

Bei einem Khmer-Tuk Tuk (*romok* auf Khmer) handelt es sich um einen **überdachten Anhänger für max. 4 erwachsene Personen,** der von einem Moped gezogen wird. Der Vorteil gegenüber den Motodups ist eindeutig der Fahrkomfort und vor allem, dass der Fahrgast gegenüber Sonne und Regen geschützt ist. Nachteil: Im dichten Straßenverkehr von Phnom Penh sind sie nicht viel schneller als Autos und kosten doppelt so viel wie Cyclos oder Mopedtaxis (2–4 $ im Stadtzentrum) – dafür können aber auch mehr Leute mitgenommen werden.

App-Taxis

Hier ist Kambodscha uns Europäern tatsächlich schon voraus. Diese Art der Taxis, deren Flotten vor allem aus Rikschas, wie sie in Indien benutzt werden, bestehen, erfreuen sich immer größerer Beliebtheit. Es gibt verschiedene Anbieter, deren Apps auf das Handy geladen werden. Wird die App geöffnet, erscheinen alle Taxis in der Nähe auf dem Display. Man gibt Abhol- und Zielort ein, dann erscheint der Preis, und ein Fahrer meldet sich für eine Rückbestätigung. Danach gibt es noch einen kurzen Kontrollanruf, und die Rikscha kommt. Der große Vorteil ist der günstige Festpreis, über den nicht verhandelt werden muss. Über sein GPS bzw. Navi findet der Fahrer schnell das Ziel. Alle Fahrer sind registriert und können bei eventuellen Unregelmäßigkeiten rückverfolgt werden. **Nachteil:** Fällt das GPS mal aus, sind die Fahrer meist auf verlorenem Posten, denn die wenigsten kennen die Stadt und können sich ohne Navi orientieren. Wird ein App-Taxi nicht über die App geordert, sondern am Straßenrand herbeigewunken, sind die Preise höher. Am verbreitesten ist *PassApp* und *WeGo.*

[>] PassApp-Taxi auf der Suche nach Kundschaft

Leihmotorräder

Für mutige und sichere Fahrer eine abenteuerliche Möglichkeit, Phnom Penh und Umgebung selbstständig zu erkunden. Jedoch bedarf es eines souveränen Fahrstils und guter Nerven, um den chaotischen Straßenverkehr in der Hauptstadt unbeschadet zu überstehen. Eine weitere Voraussetzung dafür ist, dass man sich möglichst schnell an die **ungeschriebene Straßenverkehrsordnung** gewöhnt:

- Defensives Fahren,
- höchste Aufmerksamkeit beim Fahren ist erforderlich, da man jederzeit mit Situationen rechnen muss, die auf europäischen Straßen durch die Straßenverkehrsordnung problemlos geregelt werden, in Kambodschas Hauptstadt allerdings von vielen einheimischen Verkehrsteilnehmern durch stoische Missachtung jeder Regel nicht selten anarchische Züge annehmen können,
- immer im Flow bleiben,
- trotz Rechtsverkehr immer mit Gegenverkehr auf der falschen Seite rechnen,
- Vorfahrtsstraßen und Ampeln haben vor allem nachts keine wirkliche Bedeutung.

Dies sind die wichtigsten Eckpfeiler, und wer sie berücksichtigt, wird sich bald im Straßenverkehr zurechtfinden. Spaßbremsen sind lediglich die Polizisten, die ihr kritisches Auge vor allem auf Touristen werfen (siehe Kapitel „Praktische Reisetipps, Mopedfahren“).

128ka_19 an

Mopeds können entweder direkt in der Unterkunft oder bei einem der Mopedshops geliehen werden (ab 4 $). Leider sind diese Zweiräder in der Hauptstadt die Lieblingsbeute zahlreicher Diebe. Deswegen werden selten neue Modelle an Touristen vermietet. Doch auch die oft schon sehr abgenutzen Leihmopeds sollten nur an den bewachten Parkplätzen abgestellt werden. Vor manchen Geschäften und Hotels gehört dies zum kostenlosen Service (wenn ein bemühter Wächter 500 Riel trotzdem bekommt, freut er sich) andere verlangen 500–1000 Riel für den Parkplatz. Der Helm kann bedenkenlos mit abgegeben werden.

Bei Leihmopeds kann eine Versicherung mit abgeschlossen werden. Die meisten Verkehrsteilnehmer haben jedoch keine! Das Restrisiko bleibt groß, bei einem Unfall alles selber bezahlen zu müssen.

14 **Dara Motocycle (Karte S. 74)** in der 136. Straße, Nr. 43 (Tel. 012/335499, darabikeshop@yahoo.com) und 13 **Vannak Bikeshop (Karte S. 74)** in der 130. Str., Nr. 46 (Tel. 012/220 970). Diese empfehlenswertesten Motorradshops liegen nahe der Riverfront in den Seitengassen und verleihen vor allem Geländemaschinen ab 15 $, aber auch kleine Mopeds für die Stadt, organisieren Motorradtouren und haben eine Werkstatt.

9 **Lucky Lucky** und **New New Motocycles (Karte Umschlag hinten),** Monivong Blvd. 413 (neben *HongKong Hotel*). Diese zwei bekannten Motorradläden haben ihre Shops direkt nebeneinander. Kleine Mopeds ab 4 $, Enduros je nach Zustand ab ca. 12 $.

Taxis und Mietwagen

Es gibt zwar Taxis in Phnom Penh, aber im Vergleich mit den Motodups, Tuk Tuks und App-Taxis ist ihre Zahl verschwindend gering, und nur selten ist eines

Phnom Penh Riverfront
0
100 m
Preah Ang Duong Blvd 110
Mekong River Kino
Kralahom Kong 118
Preah Sisowath Quay
Angkor 5
Khemarak Phumin 130
Oknaha In 136 (Girly Bar Street)
RIVERFRONT PARK
Preah Ang Hassakan 144
Phsah Kandal Markt
Oknha Ouk Lonn 148
Dekcho Damdin 154
Tonle Sap
Wat Ounalom
Preah Ang Eng 13
Ly Yoak Lay 172
Preah Ang Mahak Vann 178
Happy Painting Gallery
Veal Preah Park
Samdach Sothearos Boulevard
Nationalmuseum
Mok Vaeng Park
Preah Theamak Lethet 184
Vetika Oumtouk
Königspalast
Silberpagode

Übernachtung
3 Indochine 2
10 Indochine
14 The Quay Boutique Hotel
16 Amanjaya Hotel

Essen und Trinken
1 Chinese House
2 Mekong River Restaurant
5 Sher-e-Punjab
6 Chang Mai Riverside
8 La Croisette Restaurant
9 The Blue Pumpkin (Eis und Café)
12 Metro Hassakan (Bar und Café)
13 Riverside Bistro
14 Chow Restaurant
15 Eric Kayser Café
18 Billige Nudelstände
19 Phnom Penh India
21 Special Pho (Old Lucky)
23 Pop Café da Giorgio
24 Foreign Correspondent Club (FCC)

Einkaufen/Sonstiges
4 Textilstände
7 Grasshopper Adventure, Vicious Cycle Cambodia
11 Hidden Treasures
17 Friend's „n" stuff
20 U Care Drogerie & Apotheke
22 Seeing Hands Massage

in der Nähe, wenn man es gerade benötigt. Die App-Taxis bieten jedoch auch Autotaxis an, die jedoch nicht so schnell verfügbar sind wie die Rikschas. Aber auch die Rezeption jedes Hotels oder Guest Houses kann meist rasch ein Privattaxi organisieren. Die wenigsten besitzen ein Taxameter, deshalb sollten die Preise vorher ausgehandelt werden. Fahrten innerhalb der Stadt kosten 5–7 $. Der Tagessatz für ein Taxi innerhalb der Stadt beträgt 25–40 $. Fahrten zum Flughafen kosten zwischen 10 und 15 $.

Die wohl seriösesten Unternehmen sind **Global Taxi** (Tel. 011/311888), mit Fahrpreisen, die meist etwas besser als die der Tuk Tuks sind. An ihrer blauen Farbe sind die Taxis von **Great Wall Taxi** (Tel. 010/310666) zu erkennen, deren Flotte lediglich etwas älter ist. Auf den Grundpreis von 4000 Riel fallen je Kilometer 2500–5000 Riel (ca. 50 Cent bis 1 Euro) an. Für eine Stunde Wartezeit werden 5 $ berechnet.

Autovermietungen für Selbstfahrer sind in Kambodscha nicht üblich.

Stadtbus

Das öffentliche Bussystem in Phnom Penh besteht aus insgesamt 8 Routen. Da jedoch die Mopeds und Rikschas in den notorisch verstopften Straßen schneller vorankommen, fahren nicht viele Passagiere mit den an sich sehr komfortablen und sauberen, mal wieder von China gesponserten **AC Bussen.** Beim Auffinden der nächsten Bushaltestelle gibt es die sehr hilfreiche App *Stopp Near Me.* Außerdem werden alle Busrouten und der nächste ankommende Bus angezeigt. Die App kann auf Google Play (Android) oder im App Store (Apple) heruntergeladen werden. Die Busfahrt kostet 1500 Riel pro Richtung. Gefahren wird in der Zeit von 5.30 bis 20.30 Uhr. Die Haltestellen dieser Linien sind einfache gekennzeichnete Pfosten und leicht zu erkennen.

Unterkunft

An einer großen Auswahl an Hotels besteht kein Mangel. Weit über 200 Hotels, Hostels und Guest Houses bieten von Dormitories (Dorm) für 3 $ über einfache Zimmer mit AC und Bad/WC für 15 $ und individuelle Boutique-Hotels mit Pool bis zur Luxussuite für 1500 $ alle Kategorien an.

Ein richtiges Traveller-Zentrum, wie in der Khao San Road in Bangkok oder der Pham Ngu Lao in Saigon, gibt es in Phnom Penh nicht. Im Moment entwickelt sich jedoch die 172. Straße (hinter der Riverside) mit ihren vielen Unterkünften, Restaurants und Reisebüros zu einem klassischen Backpacker-Hotspot. Alles billig, aber alles ziemlich „same same but not different". Ein etwas gehobeneres Travellerviertel hat sich schon seit Längerem in der 278. Straße (Parallelstraße zu Preah Sihanouk Blvd., nahe Independence Monument) etabliert. Das **authentische Phnom Penh** finden Backpacker mit kleinem Budget in den zwischen einheimischen Märkten und Streetfood-Ständen versprengten Hotels und G.Hs. um den **Orasey Markt** und den **Capitol Busbahnhof.**

Bei der großen Auswahl an Unterkünften kann dieser Führer keinen Anspruch auf Vollständigkeit erheben, sondern nur einen subjektiven Überblick vermitteln.

Die Telefonnummern sind ohne internationale Vorwahl (00855), aber mit Vorwahl für Phnom Penh (023) angegeben. Bei Mobilanschluss ist die jeweilige Vorwahl der Telefongesellschaft angegeben.

Die nachstehend aufgeführten Unterkünfte sind nach der Höhe der Preise gestaffelt.

3 Raffles Hotel Le Royal⑤, **Karte S. 74** (Rukhak Vithei Daun Penh Nr. 92, Tel. 023/981888, www.raffles.com/ phnom-penh). Dieses historische Hotel war in den 1970er Jahren, als der Indochina-Krieg tobte, der beliebteste Journalisten-„hang out" der Stadt. Am Pool trafen sich die kriegserprobten Reporter aus aller Welt und ließen sich bei Rotwein von Khmer-Mädchen verwöhnen. Auch während der UNTAC Zeit fand hier das gehobene Nachtleben statt. Nach aufwendigen Restaurationsarbeiten ist es hervorragend gelungen, die Kolonialstil-Atmosphäre zu erhalten. Wer Übernachtungspreise zwischen 200 und 2000 $ nicht ausgeben kann oder mag, aber trotzdem den historischen Flair dieses legendären Hotels hautnah spüren möchte, dem sei ein Besuch in der **Elephant Bar** empfohlen (siehe „Bars und Diskotheken").

14 Sofitel Phnom Penh Phokeethra⑤, **Karte Umschlag hinten** (Sothearos Blvd., Nr. 26; Tel. 023/999200, www.sofitel-phnompenh-phokeethra.com). Modernes, elegantes Hotel im französischen Kolonialstil gestaltet. Bietet alle Annehmlichkeiten der 5-Sterne-Kategorie. Gehört zur internationalen Sofitel-Gruppe. Die Lage ist nahe der Riverfront und dem Königspalast gegenüber der Insel Koh Pich.

19 Sokha Phnom Penh Hotel and Residence ④-⑤, **Karte Umschlag hinten** (Chroy Changvar, Tel. 023/6858888; www.sokhahotels.com). Das 5-Sterne-Hotel betreibt auch Pendants in Sihanouk Ville und Bokor Mountain. Die weitläufige Architektur zielt eher auf das asiatische Publikum ab. Die Lage am Zusammenfluss von Tonle Sap und Mekong, gegenüber dem Königspalast, ist einmalig. Verkehrstechnisch ist es jedoch aufwendig, ins Zentrum zu gelangen. Luftlinie sind es nur ein paar hundert Meter über den Tonle Sap zur Riverfront, aber meines Wissens werden noch keine Boote für Gäste eingesetzt.

4 Sunway④, **Karte S. 74** (Straße 92, Nr. 1, Tel. 023/430333, phnompenh.sunwayhotels.com). Sympathisches und architektonisch ansprechendes Luxushotel der 3–4-Sterne-Kategorie. Kein Schwimmbad, aber großer Spa-Bereich. Gemütliche Lobby, Lounge mit Bar. Erwähnenswert freundliche Mittarbeiter. In den Zimmerpreisen ist ein sehr gutes Frühstück enthalten (neben Le Royal und Wat Phnom).

MEIN TIPP: 36 The Plantation Resort & Spa ③-④, **Karte S. 74** (Straße 184, Nr. 28; Tel. 023/215151, www.theplantation.asia). Eine wahre Hotel-Offenbarung in Phnom Penh, die bereits viele Auszeichnungen bekommen hat. Wunderschöne, weitläufige Hotelanlage. Die Restaurants, Bars, Teiche, Ausstellungen und das große stylische Schwimmbad von Palmenhainen gesäumt sind verstreut in dem monumentalen Gebäudekomplex des ehemaligen Frauenministeriums untergebracht. Gelungene Mischung aus alter und modernen Architektur. Gutes Restaurant mit vernünftigen Preisen. Zimmerpreise inkl. Frühstück.

54 **The Villa Paradiso**③-④, **Karte S. 74** (Straße 222, Nr. 27; Tel. 023/213720; www.the-villa-paradiso.hotels-phnom-penh.net). Hübsche Villa mit 14 luxuriösen und originell eingerichteten Zimmern. Das üppige Frühstück wird am Pool im tropischen Garten serviert. Massagen und Wellnessanwendungen. Gute Lage zwischen Monivong Blvd. und Königspalast. Zimmerpreise inkl. Frühstück.

10 **La Maison d'Ambre**③-④, **Karte S. 74** (Ecke 110. und 19. Straße, Tel. 023/222780; www.lamaisondambre.com). Freundliches Ambiente in zeitgenössischem und modernem Design. Alle Appartements und Zimmer sind individuell nach verschiedenen Mottos eingerichtet. Gutes Essen im Rooftop Restaurant. Kein Schwimmbad. Zimmerpreise ohne Frühstück. Gutes Frühstück extra 7,50 $. Zentrale Lage an belebter Straße zwischen Wat Phnom und Beginn der Riverfront.

16 **Amanjaya**④, **Karte S. 70** (Sisowath Quay, Ecke 154. Straße, Tel. 023/214747, www.amanjaya-suites-phnom-penh.com). Nobelste Adresse an der Riverfront. Geräumige Zimmer mit geschmackvollem Interieur und Blick entweder auf den Königspalast oder den Mekong. Traumhaft ist die Rooftop Bar **Le Moon,** vor allem abends mit Blick auf die Riverfront und Tonle Sap. Zimmerpreise inkl. Frühstück.

14 **The Quay Boutique Hotel**③, **Karte S. 70** (Sisowath Quay 277, Tel. 023/224894, www.thequay-hotel.com). Eine weitere feine Adresse zentral an der Riverside. Minimalistisches, jedoch sehr edles Design in den großzügigen Zimmern und der Lobby. Hochwertige asiatische und westliche, vor allem spanische Küche im 14 **Chow Restaurant** im Erdgeschoss. Noch besser ist die kleine Dachterrasse mit Blick auf den Tonle Sap.

11 **River 108 Boutique Hotel**②-③, **Karte S. 74** (108. Straße, Nr. 2, Tel. 023/218785; www.river108.com). Perfekte Lage. Nur einen Steinwurf vom Tonle Sap Fluss und der Riverfront liegt dieses kleine, aber sehr schicke Hotel. Die Zimmer und die Aufenthaltslobby sind mit mehr Details und Deko ausgestattet, als man in dieser Preisklasse vermuten würde. Die Zimmer nach vorne haben einen Balkon mit grandiosem Blick auf den Tonle Sap Fluss. Die Zimmerpreise verstehen sich inkl. Frühstück.

6 **iRoHa Garden Hotel**③-④, **Karte Umschlag hinten** (73. Straße, Nr. 8; Tel. 023/966330, www.irohagarden.com). Stilvolles Resort mit verschiedenen Themen-Unterkünften. Schöner Pool in tropischem Garten, in dem auch das Dinner serviert wird. Liegt 10 Minuten Fahrzeit vom Zentrum entfernt im ruhigen und sicheren Botschaftsviertel. Idealer Rückzugsort im hektischen Phnom Penh für Reisende, denen Ruhe wichtiger als eine zentrale Lage ist.

8 **Arthur and Paul**③, **Karte Umschlag hinten** (71. Straße, Nr. 27, Tel. 023/212814, www.arthurandpaul.com). Beliebtes Gay-Hotel in Phnom Penh. Alles sehr edel und chic – men only. Spa, Restaurant und Bar. Die Zimmer sind nach berühmten schwulen Paaren benannt. Boutique Hotel in einem renovierten Gebäude aus den 1930er Jahren.

Hotels von 30 bis 80 $

50 **The Teahouse**②, **Karte S. 74** (242. Straße, Nr. 32, www.theteahouse.asia, Tel. 023/212789). Empfehlenswertes, zentral gelegenes Hotel zum Wohlfühlen zu attraktiven Preisen. Mit kleinem Pool, großem und gemütlichem Lobbybereich, Tee-Zeremonien und eigenem Shop mit lokalen Produkten sowie blitzsauberen Zimmern. Eine echte Oase in der hektischen Stadt. Das Frühstück ist im Preis enthalten.

Phnom Penh Zentrum

Übernachtung

- 3 Raffles Hotel Le Royal
- 4 Sunway Hotel
- 6 One Stop Hostel
- 10 La Maison d'Ambre
- 11 River 108 Boutique Hotel
- 23 Billabong Hostel
- 27 Sla Boutique Hostel
- 31 Dynsey Flashpacker Hostel
- 32 Hometown Suite Hotel
- 33 Angkor Mithona G.H.
- 36 Plantation Resort & Spa
- 37 Alibi Guest House
- 39 Hotel Number 9
- 50 The Teahouse Hotel
- 54 The Villa Paradiso
- 62 Dragon Guest House
- 63 Capitol Hotel

Essen und Trinken

- 1 La Baab Restaurant
- 2 Sorya Skybar
- 3 Le Royal Restaurant, Café Monivong
- 7 Van's
- 8 La Volpaia Pizza
- 9 Bopha Phnom Penh – Titanic
- 18 Dim Sum Emperors Restaurant
- 19 Peking Canteen
- 22 Food Court (Sorya Shopping Center)
- 29 Romdeng Restaurant
- 34 Friends Restaurant
- 38 The Kathmandu Kitchen
- 40 Kravanh Restaurant
- 41 Art Café
- 42 One more …
- 43 ARTillery Restaurant
- 45 The Shop
- 48 Pho Fortune Restaurant
- 49 Magnolia
- 51 Hops Brewery and Craft Beer Garden
- 60 Ashima Restaurant
- 61 Royal India Restaurant
- 63 Capitol Restaurant

Fortsetzung nächste Seite

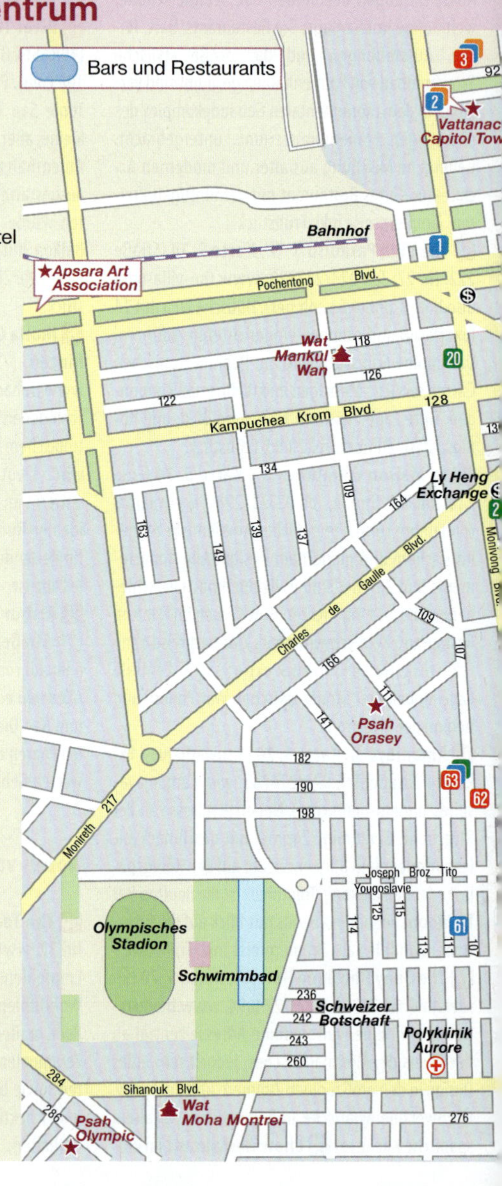

0 200 m
©Reise Know-How
Kambo05 11/19
Wat Phnom
Mekong Express Bus (Office)
Speedboot-Passagierhafen
Hauptpost
Sisowath Quay
Giant Ibis Bus Terminal
Fähre nach Chruoy Chang Var
Psah Chah/ Nachtmarkt
Tonle Sap
Samdech Sothearos Blvd.
Central Market/ Psah Thmay
Phnom Penh Sorya GST Busbahnhof
Norodom Blvd.
Psah Kandal
Wat Ounalom
Foreign Correspondent Club (FCC)
Phnom Penh Pub Street
Backpacker Street 172. Straße
Wat Sarawan
Reyum Gallery
National Museum
Vetika Oumtouk
Tourist Information Center
Cambodian Living Arts
Königspalast
Chaktomuk Theater
Wat Koh
Croix Rouge
Institut Français du Cambodge
Silberpagode
Kantha Bopha II Krankenhaus
Wat Bodum
Deutsche Botschaft
Phnom Penh Tower
Naga Clinic
Ausschnitt BBK1
78
70
Independence Monument
Suramarit
The Buddhist Institute
Wat Lanka
Preah Sihanouk Blvd.
Sihanouk Blvd.
Psah Kabko
European Dental Clinic,
Psah Toul Tom Pong
Chrun You Hak
Preah Angduong
Kramuonsar

Fortsetzung von Seite 74

Einkaufen/Sonstiges
5 Seeing Hands Massage
12 Amara Spa
13 Vannak Bikeshop
14 Dara Motocycle
16 First Travel Cambodia
20 Bayon Supermarkt
21 PTM-Travel
22 Sorya Shopping Center
35 Süßigkeitenstände
41 Meta House Kunst- und Kommunikationszentrum
44 Bliss Spa
46 Monument Books
51 Hops Brewery and Craft Beer Garden
52 Vietnam Airlines
53 Flying Bikes 2
55 Bophana Audiovisual Resource Center
56 Bangkok Airways
57 Diethelm Travel Reisebüro
63 Capitol Busgesellschaft, Capitol Tours

Nachtleben
2 Sorya Skybar
3 Elephant Bar
15 Pride of Cambodia
17 Sharky's
24 Pontoon Club and Lounge
25 Heart of Darkness
26 Cotton Club
28 ToolBox Bar
30 Blue Chilli
58 Rock Club
59 Eclipse Skybar

3 **Anise**②-③, **Karte S. 78** (278. Straße, Nr. 2C, Tel. 023/222522, www.anisehotel.com.kh). Dieses hübsche Mittelklassehotel ist so recht nach europäischem Geschmack. Die sauberen Zimmer sind geräumig und gemütlich eingerichtet. Im Preis ist Laundry und Internet inklusive. Ein nettes 3 **Restaurant** ist angeschlossen. Zimmerpreise inkl. Frühstück. Mitten im beliebten Touristenviertel Boeng Keng Kang (BBK1).

16 **Villa Langka**③, **Karte S. 78** (282. Straße, Nr. 14, Tel. 023/726771, www.villalangka.com). Sehr gut gebuchte, stilvolle Anlage mit insgesamt 27 Zimmern und Swimmingpool in einer ruhigen, aber zentral gelegenen Seitenstraße am Wat Langka im Boeng Keng Kang Viertel; aufmerksamer und freundlicher Service. Das Frühstück ist im Zimmerpreis inbegriffen. Falls ausgebucht, kann auf das ebenfalls empfehlenswerte 20 **Le Safran La Suite Hotel**③, **Karte S. 78** (www.lesafranla suite.com), ausgewichen werden.

7 **The Governor's House**③, **Karte Umschlag hinten** (Mao Tse Toung Blvd., Nr. 3; Tel. 023/987025; www.governorshouse.net). Großartig renovierte Kolonialvilla mit beeindruckender Innenarchitektur, antiken Möbeln und gepflegtem Garten. Pool und Jacuzzi sind die Huldigung an die Moderne. Äußerst stilvolles Boutique Hotel.

15 **Villa Samnang** ②-③, **Karte S. 78** (302. Str., Nr. 15, Tel. 023/221644). Hübsches Boutiquehotel in stilvoll renovierter Villa mit nur 14 Zimmern und einem kleinen Pool. Ruhige Lage in einer Seitengasse des beliebten Boeng Keng Kang Stadtteils. Zimmerpreise inkl. Frühstück. Mit Restaurant. Buchungen über Agoda oder Trivago.

20 **SMango House Resort**①-③, **Karte Umschlag hinten** (Mekong Ufer, Prek Bangkang, Tel. 086/762171, www.smangohouse-cambodia.com). Wer die Nähe der Großstadt schätzt, aber gerne in ländlicher Idylle am Mekong logiert, wird sich hier wohlfühlen. Bungalows, Restaurant und schöner Pool. Das Zentrum von Phnom Penh ist entweder über die Svay Chrum oder die Arey Kasat Fähre in 30 Minuten zu erreichen.

Hotels, Guest Houses und Hostels bis 25 $

In der Preiskategorie bis 25 $ findet man einfache Hotels genauso wie die klassischen Traveler Guest Houses und vor allem Hostels. Die meisten Unterkünfte bieten unterschiedlich ausgestattete Zimmer in verschiedenen Preislagen an. Als grobe Orientierung gilt das nett dekorierte Zimmer mit AC, eigenem Bad, WiFi, Kühlschank mit Minibar, TV und Fenster bzw. Balkon mit Aussicht zwischen 15 und 25 $, Zimmer mit AC, eigenem Bad und WiFi, aber ohne moderne und ansprechende Zimmerausstattung zwischen 10 und 15 $ und Zimmer nur mit Fan für 6–10 $. Alle hier aufgeführten Unterkünfte bieten sogenannten *Traveller Service* wie Reiseinformationen, Bus- und Flugtickets, organisierte Ausflüge, Visaservice und Ähnliches an. Traveller-Service gibt es auch in den Hostels, die meist ein gepflegtes Dormitory (Dorm) ab 4 $ anbieten, aber oft auch noch private Zimmer im Angebot haben.

23 **Billabong Hostel**①, **Karte S. 74** (158. Straße, Nr. 5, Buchung über booking.com und Hostelworld). Beliebtes Hostel mit großem, zentralem Pool, umgeben von Liegestühlen, Bar und Restaurant. Supernettes Personal, sowohl Dorm als auch Zimmer, mit Fahrradverleih, Organisation von Ausflügen und üppigem Frühstück, was jedoch extra kostet. Zentrale, aber ruhige Lage.

39 **Number 9**①-②, **Karte S. 74** (258. Str., Nr. 7, Tel. 023/984999, www.number9hotel.com). Modernes Travellerhotel für etwas gehobenere Ansprüche. Die 39 Zimmer sind auf drei Stockwerke verteilt. Auf jedem Stockwerk gibt es eine Art Lounge mit Sofas, Bar und Restaurant Service. Auf der Dachterrasse steht ein Jacuzzi mit Liegestühlen und Bar. Nicht alle Zimmer haben Fenster. Attraktive Lage nahe dem Königspalast und der Riverfront.

33 **Angkor Mithona G.H.**①-②, **Karte S. 74** (13. Str., Nr. 19, nahe *Friends Restaurant*, Tel. 023/990323, www.angkormithonaguesthouse.com). Ebenfalls eine preislich interessante Unterkunft in einer Seitengasse nahe der touristischen Riverfront und der wichtigsten Sehenswürdig-keiten. Unterschiedliche Zimmerkategorien. Beliebtes Eckrestaurant, auch mit Tischen am Bürgersteig.

10 **Goldie Guesthouse**①-②, **Karte S. 78** (57. Straße, Nr. 6, Tel. 099/986222, www.goldieguesthouse.com). 15 individuell eingerichtete Doppelzimmer. Zentrale Lage im BBK1-Viertel um die 278. Straße.

37 **Alibi Guest House**①-②, **Karte S. 74** (Seitenstraße nahe Sothearos hinter *Motor Café*, Tel. 023/6959087, www.alibiguesthouse.com). Eine Oase der Ruhe in der quirligen Stadt und trotzdem in wenigen Minuten zu Fuß am Königspalast und der Riverfront. Sehr sauber, mit tropischen Fruchtbäumen bepflanzter Innenhof in ehemaligem Kolonialhaus. Französischer Eigentümer. Die Zimmerpreise sind inkl. Frühstück.

63 **Capitol Hotel**①, **Karte S. 74.** Das größte Guest-House-Konglomerat in Phnom Penh gehört zum Imperium der Sopheap-Brüder. Das Capitol war 1989 die erste Unterkunft für Backpacker in Phnom Penh. Das Markenzeichen ihrer 6 Hotels und Guest Houses, die alle im Umkreis von 100 Metern liegen, sind günstige Serviceleistungen, Sauberkeit und Zuverlässigkeit. Die Unterkünfte liegen zentral am Orasay Markt, abseits der touristischen Epizentren, zwischen authentischen Khmer-Shops und lokalen Restaurants, und da auch die Busgesellschaft *Capitol Tours* hier ihren Busbahnhof hat, ist die Verkehrsanbindung ideal. Empfehlenswert für den praktisch orientierten Kambodscha-Besucher, der nicht viel Zeit für organisatorische Dinge verschwenden und lieber die Einheimischen als die Touristen kennenlernen will. Buchungen über Agoda, booking.com, auf der Website oder direkt an der jeweiligen Rezeption.

Alle sechs Unterkünfte haben ähnlichen Standard. Die sauberen Zimmer mit Bad/WC sind mit Fan oder AC ausgestattet. Die Guest Houses haben verschiedene Namen: *Capitol I.*, Tel. 012/548409, *Capitol III.*, *Monorom Inn*, *Hong Phann* und *Hello G.H.* Das *Nice G.H.* (ab 7 $) hat neben der sterilen Sauberkeit auch noch ein paar Dekos, und manche Zimmer

sind mit Balkon. 182. Straße, Nr. 14, Tel. 023/364 104, www.capitolkh.com.

62 **Dragon G.H.**①, **Karte S. 74** (Tel. 012/239 066). Kleines, freundliches G.H. mit einfachen Zimmern mit Fan, Internet und Traveller Service. Ruhiges Restaurant auf dem Balkon im ersten Stock. Liegt in der Straße des Capitol G.H., gegenüber dem Nice G.H.

10 **Hotel Indochine**①, **Karte S. 70** (Sisowath Quay, Nr. 251, Tel. 023/724239). Eine der günstigsten Unterkünfte direkt an der Riverside. Die älteren Besitzer sind leider nicht mehr sehr investitionsfreudig, weshalb die Zimmer dem Standard der anderen Hotels in dieser Location nicht mehr entsprechen, dafür sind sie aber mit AC für 10–20 $ ein guter Deal. Viele Zimmer allerdings ohne Fenster.

3 Moderner, aber nicht direkt an der Riverfront, sondern in einer nahen Seitenstraße gelegen, ist das **Indochine 2**①, **Karte S. 70** (130. Straße, Nr. 28; www.indochine2hotel.com).

11 **Top Banana G.H.**①, **Karte S. 78** (Ecke 278. und 51. Str., Tel. 012/885572, www.topbanana.biz). Top Backpacker Location mitten in Boeng Keng Kang (BKK1), einer der angesagtesten Gegenden der Stadt. Erschwingliche Zimmer im 2. Stock, wo sich auch in den Sofas und Korbsesseln genüsslich auf der offenen Terrasse bei Pizza, Pasta und Khmerfood entspannen lässt und abends oft Party angesagt ist. Wer nur ein bescheidenes Budget hat,

⊡ All-in-one-Shop:
Kokosnüsse, Zigaretten und Telefonzelle

kann ein Bett im AC-Dorm für 5 $ beziehen. Da das Top Banana, das übrigens keine Gay Unterkunft ist, auch wenn der Name das suggeriert, meistens ausgebucht ist, hat der Besitzer *Sovy* noch das 18 **Mini Banana**①, **Karte S. 78** (Tel. 023/726854), etwa 200 m weiter in einer kleinen Seitengasse auf der anderen Seite der 51. Straße, gebaut. Hier kostet das Dorm 4 $. Falls jemand doch noch mehr Geld für ein schönes Zimmer investieren möchte, kann in das noble und charmante 19 **One Up-Banana Hotel**①-②, **Karte S. 78** (Tel. 023/8620479, www.1uphotelcambodia.com) des gleichen Besitzers, nur 20 Meter gegenüber Mini Banana einchekken, wo es jeden erdenklichen Mittelklasse-Luxus gibt.

14 **Mad Monkey – Phnom Penh**①, **Karte S. 78,** BKK1, 302. Straße, Ecke 51. Straße; Buchungen über Hostelworld). Perfektes Hostel für junge Backpacker, die Anschluss an andere Traveller suchen und Partys am Pool lieben. An der Rezeption können Ausflüge gebucht werden, und die freundlichen Staffs helfen beim Buchen von Tickets und Visaverlängerungen. AC Dorms von 8 bis 22 Betten – gemischt und nach Geschlechtern getrennt. Auch private Zimmer. Restaurant und Bar.

27 **Sla Boutique Hostel**①, **Karte S. 74** (174. Straße, Nr. 15; Tel. 023/997515, www.slahostel.com). Strahlend sauberes und sehr modern eingerichtetes Hostel mit Männer-, Frauen- und gemischten Dorms sowie DZ mit Gemeinschaftsbad. Im Erdgeschoss gibt es eine Bar, die auch Frühstück und Traveller Food serviert. Guter Platz, um in Kontakt mit anderen Reisenden zu kommen. Dorms mit 6–10 Betten und private Zimmer. Liegt in angenehmer „walking distance" von der Riverfront, Nationalmuseum und Königspalast.

6 **One Stop Hostel**①, **Karte S. 74** (Sisowat Quay, Nr. 85, Tel. 023/992822; www.onestophostel.com). Jugendherbergsähnliche Einrichtung mit nach Geschlechtern getrennten und mixed Dorms, die auch Ableger in Siem Reap und Sihanouk Ville haben. Breite Stockbetten in einem 4–8er Zimmer. Außerdem ein nettes Dachrestaurant, günstiges Frühstück für 2–3 $ und Business Center mit PCs.

109ka an

Gute Lage am Fluss zwischen Wat Phnom und der Riverfront.

Unterkünfte in der Backpacker Street 172

Hier gibt es auf engem Raum die größte Dichte an billigen Unterkünften in der Stadt. Service, Qualität, Sauberkeit und Sicherheit werden hier sehr unterschiedlich interpretiert. Ein pulsierender Mikrokosmos von kaum 200 Metern aus Touristen, einheimischen Händlern, billigen Reisebüros, aber auch Prostituierten, Kleinkriminellen und Drogendealern. Spannend, aber nicht für jeden Reisenden ein Traumspot.

■ Zu den empfehlenswerten Unterkünften gehören das 32 **Hometown Suite Hotel**①-②, **Karte S. 74** (172. Straße, Nr. 35, Tel. 023/986296) und das 31 **Dynsey Flashpacker Hostel**①, **Karte S. 74,** 19. Straße, Nr.139 einer Seitenstraße der 172). Beide Unterkünfte können sowohl über Hostelworld als auch booking.com gebucht werden.

Essen und Trinken

Die Gastronomie in Phnom Penh bietet eine vielfältige, internationale Auswahl und orientierte sich in den letzten Jahren zunehmend an den Bedürfnissen der aufstrebenden kambodschanischen Stadtelite. Fast jeden Tag machen neue, schicke Cafés und Restaurants auf, wobei jedoch etliche schon das erste Jahr nicht überleben. Wer billig essen möchte, sollte sich an die einfachen, einheimischen Restaurants und die Guest Houses halten. Unbedingt die Speiseangebote der **Essensstände am Markt** ausprobieren und auf keinen Fall die **Köstlichkeiten der Straßenverkäufer** verschmähen! Für kulinarische Erkundungstouren bieten sich die Nacht- und Streetfood-Stände am Psah Chah und dem Psah Orasay, wo sich wenige Touristen hinverirren, ab dem frühen Abend an. Das Gourmet-Highlight der Stadt sind die kleinen, coolen Bars und die modernen, pulsierenden Restaurants mit internationalem Flair in der 28 **Bassac Lane (Karte S. 78).** Eine immense Auswahl internationaler und kambodschanischer Mittelklasserestaurants befindet sich auch im Stadtteil **Boeng Keng Kang** (BKK1) hinter der Wat Lanka.

Gut und teuer

3 **Le Royal, Karte S. 74** (im Raffles Hotel Le Royal). Hübsches, im Kolonialstil eingerichtete Restaurant der unangefochtenen Spitzenklasse mit ebensolchen Preisen. Bestes Khmer Fine Dining,

1

672ka an

Rushhour an der Riverfront

verfeinert mit frz. Haute Cuisine. Die Preise variieren vom Business Lunch für 30 $ bis zum Wochenend Dinner für 120 $ inkl. Champagner und Qualitätswein bis zum Abwinken. Ein gutes Preis-Leistungs-Verhältnis bietet das üppige Buffet im **Café Monivong,** das ebenfalls im Le Royal untergebracht ist.

7 Van's Restaurant, Karte S. 74 (Tel. 023/722067, www.vans-restaurant.com). Eines der besten Restaurants der Stadt verbirgt sich in der ehemaligen Indochina Bank. Dieses historische Gebäude, ein großartiges Beispiel neoklassischer Architektur in Phnom Penh, wurde zu Beginn des 19 Jahrhunderts von der Familie *Van* erbaut. Während der Khmer Rouge Zeit dienten die noch erhaltenen Tresorräume der Pol-Pot-Regierung als Lagerstätten für Gold, Diamanten und Waffen. Gäste in dem hochherrschaftlichen Speisesaal fühlen sich bei edler französischer Küche wie Staatsgäste in einem alten Indochina-Film. Business Lunch ab 15 $; Abendmenüs für 35 $; leckere vegetarische Optionen. Liegt nahe Wat Phnom gegenüber dem Postamt.

1 Chinese House, Karte Umschlag hinten (Sisowath Quay, Nr. 45, Tel. 092/553330). Schon wegen der großartigen Architektur und der Vintagechic-Deko in dem historischen Gebäude am Hafen lohnt sich der Besuch. Die vielseitige Küche bietet

Khmer-, asiatische, aber auch afrikanische und südamerikanische Highlights. Hauptgerichte 15–35 $. Täglich ab mittags bis spätabends geöffnet.

24 **Mali's, Karte S. 78** (Norodom Boulevard Nr. 136, Tel. 023/221022). Derzeit das feinste Khmer-Restaurant, in dem sich die einheimische Schickeria und kulinarisch verwöhnte Expats gleichermaßen wohlfühlen. Schon das Design der Speisekarte lässt einem das Wasser im Munde zusammenlaufen. Reiche Auswahl an kambodschanischen Gerichten, die perfekt zubereitet werden. Man sitzt sehr schön, halb überdacht, um einen kleinen künstlichen Teich. Vorzüglicher Service. Alles nicht ganz billig, vor allem der Wein, aber trotzdem ein hervorragendes Preis-Leistungs-Verhältnis.

13 **Topaz, Karte Umschlag hinten** (Norodom Boulevard Nr. 136, Tel. 015/821888, www.topaz-restaurant.com). Hervorragendes Fine Dining von französischen Spitzenköchen. Aus frischen, lokalen Produkten zaubert der Chef de la Cuisine authentische französische und Khmer-Menüs. Diniert wird in einer großen zeitgenössischen Villa. Im *Topaz* hat alles Stil, aber eben auch seinen Preis.

Gut und billig

- Wer seine Reisekasse schonen und dabei trotzdem satt werden möchte, ist in den **Restaurants der Guest Houses** gut bedient. Die meisten Gerichte, klassisches Traveller Food, Fried Rice, Fried Noodles, Sandwich, Pommes, Loc Lac etc. kosten dort zwischen 2 und 4 Dollar.
- Abgesehen vom Markt gibt es das beste Preis-Leistungs-Verhältnis an den zahllosen **Essensständen** und kleinen **Khmer-Restaurants,** die im Zentrum an jeder Straßenecke zu finden sind. Vegetarische Gerichte wie Fried Noodles oder Fried Rice gibt es ab 2500 Riel, mit Fleisch für 6000 Riel.

63 **Capitol, Karte S. 74** (182. Straße, Nr. 14; im gleichnamigen Guest House). Treffpunkt der Travellerszene seit 1990. Genialer Platz an einer belebten

111ja_19 an

Kreuzung, wo man bei Angkor Bier und *Loc Lac* (Rindfleisch, Pommes, Gemüse) oder einem noch original Khmer-Coffee das pulsierende asiatische Leben hautnah miterleben kann. Das Restaurant schließt mit Beginn der Dunkelheit. Doch nur wenige Meter entfernt, vor allem um den Markt Orasey, stellen dann viele kleine Restaurants ihre Tische und Stühle auf den Gehsteig und bieten den überwiegend einheimischen Gästen günstiges und leckeres Streetfood.

22 Im 4. und 5. Stock des *Sorya Shopping Center,* **(Karte S. 74),** gibt es einen sogenannten **Food Court.** Hier werden an Mini-Essensständen, die sich um einen Platz mit Tischen und Stühlen gruppieren, verschiedene asiatische Gerichte zwischen 1 und 1,50 $ angeboten. Besser, man wählt den 5. Stock, da man von dort aus einen schönen Blick auf die Stadt hat (s. auch *„Sorya Shopping Center"*).

■ Wer richtig preiswert leben möchte, sollte morgens in die **Suppenrestaurants,** in denen sich die Khmer treffen, gehen, mittags **auf dem Markt** essen und sich abends an den **Garküchen** vor den Märkten oder an den Straßen bedienen lassen. Mit etwa 4 $ kann man sich so leicht den ganzen Tag ernähren. Dünnen Tee und authentische Khmerkultur gibt's kostenlos dazu.

Auf jedem Markt gibt es günstige Essensstände. Ab ca. 4000 Riel bekommt man einen Teller Gemüse, Fleisch und Reis und kann nebenbei das interessante Treiben beobachten. Besonders empfehlenswert sind der **Zentralmarkt, Karte S. 74** *(Psah Thmey)* und der **Russenmarkt** *(Psah Toul Tom Pong).*

Wenn die Märkte gegen 17.00 Uhr schließen, werden Essensstände vor den Haupteingängen aufgebaut. Suppen, Nudel- und Reisgerichte sowie leckere Süßspeisen aus Reis und Kokosnuss werden zwischen 1500 und 4000 Riel angeboten. Empfehlenswert sind der **Orasey Markt (Karte S. 74)** beim Capitol Restaurant und der **Nachtmarkt des Psah Chah (Karte S. 74)** in der 13. Straße (bis 22.00 Uhr). An den 18 **Nudelständen (Karte S. 70)** an der Kreuzung 178. Straße/Samdech Sothearos Blvd. zwischen Riverfront und Nationalmuseum werden kambodschanische Spezialitäten gebrutzelt, doch für den westlichen Magen dürften eher die gebratenen Nudeln mit Sojakeimlingen und Ei *(loth cha)* ab 2500 Riel am bekömmlichsten sein.

Vegetarisch & vegan

12 **Farm to Table, Karte Umschlag hinten** (360. Straße, Nr. 16; Tel. 078/899722, 8–21 Uhr). Restaurant mit Garten, in dem ein Traktor steht, Hühner frei herumlaufen und einmal im Monat ein Bauernmarkt stattfindet. Große Auswahl an vegetarischen und veganen Optionen. Sogar vegane Käsekuchen gibt's. Liegt im Expat- und Botschaftsviertel.

6 **Café Soleil, Karte S. 78** (278. Straße, Nr. 22 im Touristenviertel BKK1). Feine und schmackhafte Khmer- und Thaigerichte. Frühstück ab 7 Uhr. Große Auswahl an fruchtigen Smoothies.

43 **ARTillery, Karte S. 74** (240. Straße ½, Alleyway, Tel. 078/ 985530). Hoch gelobtes Restaurant für gesundes, vegetarisches und veganes Essen im New Age- und Western-Stil. Ob Smooties oder Pizza, Hummus oder Veggie Burger – die Auswahl ist riesig, und die Qualität lässt sich schmecken. Ein zweites Restaurant hat in der 278. Straße, Nr. 13B, eröffnet.

Pizza und Pasta

■ Gute Pizzen bekommt man im 24 **FCC** (Riverfront), **Karte S. 70**, im 9 **Bopha Phnom Penh, Karte S. 74** (Passagierhafen, s.u.), 27 **Nike's Piz-**

◁ Blick in die quirlige Backpacker Street

za House, Karte S. 78 (63. Straße Ecke Sihanouk Blvd.), **8 Pasta e Vino, Karte S. 78** (288. Str., Nr. 11) und bei **9 Comme a la Maison, Karte S. 78** (siehe „Westliche Restaurants").

MEIN TIPP: 30 Piccola Italia – da Luigi, Karte S. 78 (308. Straße, Nr. 36, Bassac Lane). Nur selten sind sich die Expats in Phnom Penh so einig wie in diesem Fall. *Luigi* macht die beste Pizza in der Stadt. An Größe und Geschmack nicht zu überbieten. Natürlich gibt es auch original italienische Antipasti und Dolce in der gemütlichen Trattoria. Preise 4–9 $. Nur mittags und abends geöffnet.

23 Pop Café da Giorgio, Karte S. 70 (Sisowath Quay, Nr. 371). Zwischen Pizza Company und FCC liegt etwas versteckt an der Riverfront das winzige italienische Restaurant, das über Jahre hinweg, vor allem in der kritischen Expat Community in Phnom Penh, einen sehr guten Ruf genießt. Sehr feine Pizzas, frische Nudelgerichte, Carpaccio und und viele andere italienische Speisen. AC Restaurant, leider nur ein Tisch im Freien.

5 Trattoria Bello, Karte Umschlag hinten (460. Straße, Nr. 17C; Tel. 096/3410936; 17.30–22.30 Uhr). Authentische italienische Küche mit phänomenalen Pizzas zu sehr fairen Preisen. Nettes Ambiente und gutes Craft Beer. Liegt etwas versteckt und außerhalb des Zentrums, nördlich vom Russian Market. Auf der Suche nach einer Alternative zum Reis? Dann ist man hier genau richtig.

8 La Volpaia, Karte S. 74 (schräg gegenüber dem Hauptpostamt am Wat Phnom). Pizzeria der gehobeneren Kategorie mit akzeptabler Auswahl an klassischen italienischen Gerichten. Meine Lieblingspizza: Gamberetti, Rucola & Grana. Pizzas ab 9 $, Steaks ab 20 $.

Khmer

Viele Restaurants sind natürlich nicht nur auf die Küche eines Landes fixiert und bieten in der Speisekarte entweder Chinese/Khmer oder Western/Khmer bzw. Thai/Khmer Speisen an. Der Trend in vielen westlichen Restaurants geht zu Khmer-Fusion-Gerichten, eine Mischung aus westlicher und kambodschanischer Küche. In den folgenden Restaurants werden überwiegend einheimische Speisen serviert.

MEIN TIPP: 29 Romdeng Restaurant, Karte S. 74 (174. Straße, Nr. 74, Tel. 092/219565). Eines der schönsten und besten Khmer Restaurants der Stadt. Die Speisen werden nur geringfügig dem westlichen Magen angepasst. Lediglich der Stil, wie sie auf den Tisch kommen, unterscheidet sie erheblich von den Alltagssitten der Kambodschaner. Auf der Speisekarte werden, wenn möglich, die Gerichte sogar den Provinzen, aus denen sie kommen, zugeordnet. Bei der stilvollen Einrichtung der Villa wurde auf die Verwendung nur in Kambodscha hergestellter Gegenstände Wert gelegt. Dieses Restaurant ist ein Projekt der NGO *Mith Samlanh,* www.mithsamlanh.org. Täglich von 11.00 bis 22.00 Uhr geöffnet.

7 Khmer Surin, Karte S. 78 (57. Straße, Nr. 9). Serviert seit 1996 authentische Khmer- und Thaispeisen in einem geschmackvoll dekorierten Ambiente. Die Preise liegen zwischen 6 und 10 $. Traditionelles Holzhaus in hübschem Garten. Viele vegetarische Speisen mit lokalen Zutaten. Köstliche Desserts. Asiatisches Frühstück. Gut besucht. Täglich von 7.00 bis 22.00 Uhr geöffnet.

1 La Baab, Karte S. 74 (Monivong Blvd. Nr. 81; oberhalb der „Pharmacie de la Gare", gegenüber Vattanac Tower, Tel. 099/335666; 7.00–22.00 Uhr). Beeindruckende Inneneinrichtung eines Herrschaftshauses aus Battambang, das im 18. Jh. erbaut wurde. Die Gerichte sind eher Rezepte aus dem

> Einer von unzähligen mobilen Streetfoodständen

Süden von Kambodscha. Neben klassischen Speisen wie *Fish Amok* gibt es auch Hausmannskost, die bisher noch wenig Einzug in öffentliche Restaurants gefunden hat – wie zum Beispiel *mam.*

9 **Bopha Phnom Penh – Titanic, Karte S. 74** (Riverfront am Passagierhafen). Fantastische Lage direkt am Tonle Sap. Hier lässt sich im gemütlichen Korbstuhl der Sonnenuntergang bei einem Cocktail genießen und in Ruhe die Vorbereitungen fürs Abendessen treffen. Dieses große Restaurant tritt mit dem Anspruch an, beste traditionelle Khmer-Küche zu servieren. Auch eine Auswahl an traditionell westlichen und vegetarischen Speisen wird angeboten. Preisniveau 4–10 $.

40 **Kravanh, Karte S. 74** (Sothearos Blvd. Nr. 112; Tel. 012/539977). Stilvolles Khmer-Restaurant mit schicker, traditioneller Einrichtung. Hier wird original Khmerküche aus frischen Zutaten zelebriert. Aber auch kulinarisch weniger bekannte Gerichte aus der Provinz stehen auf der inspirierenden Speisekarte. Mittags und abends geöffnet. Günstige Lunch-Menus an Werktagen.

Thai-Restaurants

Seit den anti-thailändischen Ausschreitungen im Jahr 2003, bei denen auch thailändische Geschäfte schwer verwüstet wurden, bemühen sich die siamesischen Restaurants um ein eher unauffälliges Auftreten.

6 **Chang Mai Riverside, Karte S. 70** (Sisowath Quai, Nr. 227). Kleines, nettes Restaurant an der Riverfront mit langer Tradition und einem ausgesprochen guten Ruf. Die Speisekarte ist bebildert. Auch vegetarische Menüs sind im Angebot. Speisen für 3–7,50 $.

11 **De Map, Karte Umschlag hinten** (310. Straße, Nr. 37; Tel. 017/483338; täglich 9.30–22.00 Uhr). Zwei junge kambodschanische Schulfreunde haben sich ihren Traum vom eigenen Restaurant erfüllt. Ihr Ziel, nur klassische und über die Grenzen hinaus bekannte Thai-Gerichte in hoher Qualität und zu attraktiven Preisen (2–4 $) anzubieten, haben sie in der Tat erreicht. Sehr freundliche und zuvorkommende Atmosphäre.

130ka_19 an

5 **Tom Yum Kung, Karte S. 78** (278. Straße, Nr. 10, in BKK1). Schwerpunkt sind Thai- und Nudelgerichte ab 3 $. Doch auch viele Suppen, Curry und Khmer-Speisen stehen zur Auswahl. Beliebt wegen der günstigen Preise und guten Qualität.

Vietnamesische Restaurants

22 **Ngon, Karte S. 78** (Sihanouk Blvd. Nr. 60). Sehr stylisches Ambiente mit dafür erstaunlich günstigen Preisen.

48 **Pho Fortune, Karte S. 74** (Ecke Rue Pasteur mit 242. Straße; Tel. 092/767432; 7.00–20.00 Uhr). Serviert seit vielen Jahren eine der besten Pho-Suppen in Phnom Penh. Für 2,50 $ ein Schnäppchen bei dieser Qualität. Auch die Springrolls sind lecker. Einfache, aber gepflegte Einrichtung.

Mein Tipp: 49 **Magnolia, Karte S. 74** (51. Ecke 242. Straße). In einer eleganten, großzügigen Villa aus den 1960er Jahren. Auf der schönen Terrasse und im Garten werden hervorragende vietnamesische Gerichte zu moderaten Preisen serviert. Unbedingt die mächtigen Pancakes mit Shrimps, Fleisch oder als vegetarische Variante probieren. Gleichermaßen beliebt bei Einheimischen und Ausländern. Erschwingliches Highclass Restaurant. 4–7 $.

21 **Special Pho (Old Lucky), Karte S. 70** (In der 178. Straße, Nr. 11, am Nationalmuseum). Vietnamreisende werden den Namen sofort mit der Rindersuppenspezialität, die überall in Vietnam verkauft wird, in Verbindung bringen. In diesem kleinen Restaurant bei der Riverfront kommt sie in verschiedenen Variationen mit Nudeln und Gemüse für 2,50 $ auf den Teller, aber auch fried rice und noddles sind im Angebot.

Chinesische Restaurants

Oftmals vermischen sich Khmer- und chinesische Gerichte, sodass der Unterschied nicht mehr ganz eindeutig ist.

18 **Dim Sum Emperors, Karte S. 74** (53. Straße, Nr. 48, neben Zentralmarkt, Tel. 023/6507452). Gute bürgerliche kantonesische Küche mit freundlicher und schneller Bedienung. Neben traditionellen *Dim Sum* werden auch andere chinesische Gerichte serviert. Mittlerweile wurden vier weitere Filialen in der Stadt eröffnet, die jedoch weniger zentral liegen.

■ Ein **Dutzend kleiner chinesischer Restaurants** bieten in der 136. Straße gegenüber der *Sorya Busstation* am Zentral Markt Essen an. Fried Rice, Fried Noodles, Dumpling etc. für 2–4 $. Verwendet werden Namen wie z.B. 19 *Peking Canteen*, **Karte S. 74,** *Da Dong Bei* oder *Lan Zhou Noodles.*

Westliche Restaurants/Cafés

Die meisten westlichen Restaurants findet man an der Riverfront und in der 240. Straße zwischen Norodom Blvd. und 19. Straße.

24 **Foreign Correspondent Club (FCC), Karte S. 70** (Sisowath, Nr. 363, Tel. 069/253222, 7.00–24.00 Uhr; Happy Hour 17.00–19.00 Uhr). Zweifellos *die* Restaurantlegende (seit 1993) in Phnom Penh. Originell und hübsch eingerichtetes Restaurant in einer Kolonialvilla an der Riverfront. Die Speisekarte ist gefüllt mit asiatischen Highlights und vertrauten westlichen Gerichten. Es liegt im zweiten Stock und bietet besonders am Spätnachmittag bei Sonnenuntergang einen spektakulären Blick auf den Tonle Sap. Hier treffen sich Journalisten, westliche Persönlichkeiten des öffentlichen Lebens, Expats und Touristen zum Essen und Entspannen, für Ausstellungen und Pressekonferenzen.

⊡ Fruit Shop in Phnom Penh

12 **Metro Hassakan, Karte S. 70** (An der Riverfront gegenüber Riverside Bistro, Tel. 023/222275, 9.30–1.00 Uhr). Das moderne Design mit der durchgehenden Verglasung muss Vergleiche mit dem Gastronomieinterieur europäischer Großstädte nicht scheuen. Vor allem die Klimaanlage macht es tagsüber zum Treffpunkt vieler vor der Hitze flüchtender Westler. Diverse, z.T. abenteuerliche Speisen (4–12 $), Snacks, Cocktails, Kaffee und Tee.

9 **The Blue Pumpkin, Karte S. 70** (Quay Sisowath, Nr. 245, www.tbpumpkin.com). Sehr beliebte Eisdiele und Bäckerei. Im 1. Stock eine recht extravagante, ganz in weiß gehaltene Kaffeelounge mit Kuchen, Milk- und Fruitshakes, aber auch westliche Speisen und Snacks. Die großen Sofas eignen sich zum Abliegen und Internetsurfen – während der heißen Mittagsstunden sehr angenehm. Bis 23.00 Uhr geöffnet.

9 **Comme a la Maison, Karte S. 78** (57. Straße, Nr. 13, BKK1, 6.00–22.00 Uhr, Catering-Service: 012/951 869). Gepflegte frz. Küche sowie Pizza und Pasta in einer hübschen Villa und einer Terrasse unter Bambusdach in tropischem Garten. Hauptspeisen zwischen 7 und 17 $. Große Auswahl an Patiserie und Desserts. Eigene Bäckerei mit Shop.

34 **Friends Restaurant, Karte S. 74** (13. Straße, Nr. 215, Nähe Nationalmuseum, www.friends-international.org). Stilvolles und sauberes Restaurant, das von der NGO *Friends International* geleitet wird und in dem ehemalige Straßenkinder eine Ausbildung als Bedienung bzw. Koch bekommen. Spezialisiert auf Khmer-Fusion-Küche. Tapas (kleine Speisen), die man sich je nach Hunger und kulinarischer Experimentierfreude zusammenstellen kann (2–3 $) und Tellergerichte 4–6 $. Viele köstliche vegetarische Speisen. Stets gut besucht. Engagierter österreichischer Manager. Täglich 11.00–22.00 Uhr geöffnet. *Friends International* betreibt neben dem gepflegten *Romdeng* noch vier weitere renommierte Khmer Restaurants in der Stadt.

25 **Sonoma Oyster Bar, Karte S. 78** (29. Str. Nr. 118; Tel. 077/723911; 10.30–14.00 und 16.00–22.30 Uhr). Soll's mal ein bisschen was anderes sein, edel, aber trotzdem erschwinglich? Dann ist

117ka_19 an

die Austern-Bar das richtige. Kleines, persönliches AC-Restaurant in einer Seitengasse der angesagten Bassac Lane. Diverse Austerngerichte für knapp 10 $. Die Austern kommen aus Vietnam. Außerdem gibt's Steaks, Pasta und vietnamesische Sandwiches.

30 **Mama Wong, Karte S. 78** (308. Str., Nr. 41; Tel. 097/8508383, 11.00–23.00 Uhr). Ursprünglich bekannt geworden durch ihre unverwechselbaren Dumplings und Nudeln hat Mama Wong die Speisekarte für die hippen Gäste der Bassac Lane erweitert und bietet auch Ente und Lamm sowie verlockende Gaumenfreuden wie Schweinebauch-Krapfen mit Ahornsirup an.

29 **Meat & Drink, Karte S. 78** (308. Str., Bassac Lane, Di–So 17.00–23.00 Uhr). Extrem stylisches Restaurant, das mit seinem kühlen Metalldesign und der großen Glasfront Großstadtcharme verbreitet. Hervorragende Burger und Wraps sowie große Salatbar.

2 **The Exchange, Karte Umschlag hinten** (47. Straße, Nr. 28 – nördlich Wat Phnom). Abwechslung zum touristischen Einerlei an der Riverfront. Unikater Ziegelbau vom Ende des 18. Jahrhunderts, der durch Zufall vom Besitzer des Restaurants hinter Verputz gefunden und freigelegt wurde. Anfangs war hier das chinesische Konsulat und später, bis Kriegsbeginn, das Büro der Air France. Garten, Terrasse, Bar und Restaurant mit sehr guter asiatischer und westlicher Küche. Hauptspeisen 10–18 $. 11.00–1.00 Uhr geöffnet.

45 **The Shop, Karte S. 74** (240. Straße, Nr. 39, 6.30–19.00 Uhr). Besonders unter den in Phnom Penh lebenden Ausländern eine sehr geschätzte Einrichtung. Eine Mischung aus Bäckerei, Café und Restaurant. Beliebt sind das Kuchenbuffet, die Patisserie und die Auswahl an diversen frischen Brotsorten. Der Service ist hervorragend und die Preise moderat. Wird hauptsächlich mittags besucht.

13 **Flavours, Karte S. 78** (282. Ecke 51. Straße, BKK1). Das moderne Bistro an der Straßenkreuzung mit seiner überdachten Terrasse und gemütlichen Korbstühlen ist ganztägig ein gut besuchter Ort, um zu sehen und gesehen zu werden. Die reiche Auswahl an guter westlicher und asiatischer Küche rechtfertigen die Popularität dieses Restaurants.

23 **Java Café & Gallery, Karte S. 78** (Sihanouk Blvd., Nr. 56, www.javacreativecafe.com; täglich 7.00–22.00 Uhr, nahe Independence Monument). Ansprechendes und gemütliches Café im traditionellem Kaffeehausstil auf zwei Etagen, wo zwischen AC und Balkon gewählt werden kann. Italienischer Kaffee, Backwaren und leckere Kekskreationen sowie kleine Snacks wie Hamburger und Pasta. Ausstellung von Künstlern entweder im Café selbst oder einer kleinen Räumlichkeit im Hinterhof.

15 **Eric Kayser, Karte S. 70** (Riverside, Preah Sisowath Quay Nr. 277, Tel. 085/691333; 7.15.–22.00 Uhr). Eines der stilvollsten und schönsten Cafés der Stadt. Edelste frz. Backwaren, vom original Baguette über Croissant und feinste Patisserie, wie sie in Frankreich nicht besser zu finden sind. Das schöne Kaffeehaus ist an der Riverfront. In angenehm kühler Atmosphäre lässt sich das bunte Treiben am Mekong bei einem guten Cappuccino entspannt aus den Polstersesseln beobachten. Berühmt ist das Frühstück. Mittags und abends werden kleine Snacks wie Burger und Wraps serviert.

In Phnom Penh ist, wie in vielen anderen asiatischen Städten auch, der totale **Café-Hype** ausgebrochen. Es sind nicht die Cafés, die Ausländer im Blick haben, sondern hier treffen sich Scharen einheimischer Schüler, Studenten und die junge, gebildete Mittelklasse. Das Ambiente ist sehr modern und der Kaffee, von Cappuccino über Macchiato bis Espresso, von ausgezeichneter Qualität und dazu sehr günstig. Es handelt sich immer um Café-Ketten, die AC-Shops in der ganzen Stadt verteilt haben. Eine erfreuliche Success-Story ist die beliebte Kette **Brown Cafe,** die von jungen Kambodschanern betrieben wird. Am weitesten verbreitet ist **Cafe Amazon** aus Thailand. Auch **Costa Coffee** und **Starbucks** haben Filialen in Phnom Penh. Extrem ärgerlich bei all diesen Café-Shops ist aber, dass der Kaffee fast ausschließlich in ToGo-Wegwerfbechern serviert wird.

Deutsche und Schweizer Restaurants/Cafés

13 **Riverside Bistro, Karte S. 70** (Sisowath Blvd., Nr. 273/Ecke 148. Str.). Mischung aus Bistro, Straßencafé, Restaurant und Club in altem frz. Kolonialgebäude, das *Andi* aus Deutschland schon seit vielen Jahren hier an der Riverside erfolgreich betreibt. Frühstück mit selbstgebackenen Brötchen, nachmittags Kuchen aus der eigenen Bäckerei mit wirklich guten Cappuccini, abends pfiffige Sunset Cocktails sowie deutsche und internationale Gerichte (5–15 $), zu denen man sich auch ein Weizenbier bestellen kann. Billard, Musikvideos und Live-Sport. Im Nebenraum spielt in der Hauptsaison täglich eine Livebands. Treffpunkt vieler deutscher Expats.

8 **La Croisette, Karte S. 70** (Riverfront, Sisowath, Nr. 241). Gehört schon seit Jahren dem deutschen Journalisten *Tassilo,* der auch das Asien Magazin „The Globe" herausgibt. Das Essen ist jedoch überwiegend Khmer und westlich mit italienischem Schwerpunkt. Im modernen loungeartigem Restaurant mit freundlicher Bedienung lässt sich die Mittagshitze entspannt überbrücken. Abends gibt es Plätze im Freien auf dem Bürgersteig. Konzerte mit internationalen und Nachwuchskünstlern aus Kambodscha. 5–12 $. Verführerische Nachspeisen.

41 **Art Café, Karte S. 74** (Im 1. Stock des *Meta House,* Sothearos Blvd., Nr. 37, 6.00–22.30 Uhr). Hier gibt es kompromisslos deutsche Küche, so, wie es sich eben für ein deutsches Kulturzentrum gehört. Schnitzel, Bratwurst sowie sagenhafter Flammkuchen, den der Flötist *Anton* hier etabliert hat. Er musiziert übrigens im Nebenzimmer und hat immer Tipps für alle, die sich in Phnom Penh für Veranstaltungen mit klassischer Musik interessieren.

42 **One more …, Karte S. 74** (294. Str., Nr. 16, Tel. 017/327378). *Peter* residiert hier in seinem kleinen, aber sehr beliebten Gartenrestaurant, das sich zu einem kulinarischen Geheimtipp entwickelt hat, dem sogar die hier lebenden Franzosen nicht widerstehen. Meist deutsche, aber auch asiatische Seafood Hauptgerichte für 7–14 $. Wer die Gesichtskontrolle bei *Peter* besteht, darf auch eines seiner 4 Zimmer mieten.

51 **Hops Brewery and Craft Beer Garden, Karte S. 74** (228. Str. Nr. 17, Tel. 023/217039, 11.00–1.00 Uhr). Deutsche Brauerei-Bastion im Herzen von Phnom Penh mit deftiger deutscher Küche, die bei Asiaten mindestens so beliebt ist wie bei den germanischen Expats. Das Bier ist edel, aber nicht billig. Oft geschlossene Gesellschaft wegen Firmenveranstaltungen.

Japanisch

17 **Sushi Lab, Karte S. 78** (51. Str. Nr. 144, Tel. 092/215439, Di–So 18.00–23.30 Uhr). Sehr edles und nicht ganz billiges Restaurant mit nur acht Sitzgelegenheiten an der Sushi Bar. Keine Anbiederung an die westliche Vorstellung von Sushi. Der Fokus liegt definitiv auf der traditionellen japanischen Küche.

60 **Ashima, Karte S. 74** (Monivong Blvd., Nr. 336). Ein Muss für Liebhaber authentischer japanischer Küche. Berühmt sind die Pilz- und Seafood Gerichte. Nichts für den kleinen Geldbeutel, aber eine sehr empfehlenswerte Adresse für gesundes, leckeres Essen in einem professionellen und freundlichen Rahmen, die ihren Preis wert ist.

Indisch

21 **Shiva Shakti, Karte S. 78** (Sihanouk Blvd., Nr. 70; nahe Independence Monument, Tel. 012/813817, 10.00–22.00 Uhr). Eines der besten indischen Restaurants in der Stadt mit vielen Spezialitäten und dem Flair aus 1001 Nacht. Hervorragende Tandoori Chicken. Hübsche Terrasse und Aircon Restaurant. Speisen zwischen 5 und 15 $. *Visa/Master Card.*

5 **Sher-e-Punjab, Karte S. 70** (130. Str., Nr. 16, nähe Riverfront, 10.00–23.00 Uhr). Indisches Lieblingsrestaurant der Expat-Szene in der Stadt. In den höchsten Tönen wird von den Butter-Naans, den Tandoories oder dem Hammel-Kadahi geschwärmt. Viele vegetarische Gerichte. Auch Lieferservice: Online www.sherepuniabiindianfood.com oder Tel. 023/216360. Mittlerweile gibt es eine ganze Kette dieser indischen Restaurants, z.B. 4 **Angkor India, Karte S. 78** (278. Str. Nr. 8A), 19 **Phnom Penh India, Karte S. 70** (Preah Sisowat Quay, Nr. 335).

■ Gute Gerichte und Curry aus Indien, Nepal und Pakistan servieren auch das 61 **Royal India, Karte S. 74** (111. Straße, Nr. 21) sowie 38 **The Kathmandu Kitchen, Karte S. 74** (258. Str., Nr. 13).

Unterhaltung und Nachtleben

Phnom Penh kann zwar nicht mit Bangkok mithalten, doch wem am Abend oder nachts langweilig werden sollte, der hat selber Schuld (siehe „Nachtleben" im Kapitel „Praktische Tipps A–Z").

Bars und Diskotheken

MEIN TIPP: 59 **Eclipse Skybar, Karte S. 74** (Phnom Penh Tower, Monivong Blvd. 93). Mittlerweile nur noch die zweithöchste Bar in Kambodscha. Sie bietet einen fantastischen 360°-Rundblick vom 22. Stock auf die brodelnde Stadt. Monivong Blvd., Königspalast, Independence Monument, Mekong – alles ist zu sehen. Der *Sunset Cocktail* ist ein „must-do" in Phnom Penh und dazu auch noch bei einer Happy Hour (17.00–19.00 Uhr). Die stilvoll und modern eingerichtete Bar mit gemütlichen Sesseln steht unter freiem Himmel oben auf dem Wolkenkratzer – genial. Die Getränkepreise sind europäisch. Angeschlossen ist ein edles Restaurant mit französischer und asiatischer Küche. Menüs ab 20 $ aufwärts, Hauptspeisen ab 10 $. Diniert werden kann entweder oben unter freiem Himmel oder im AC-Restaurant eine Etage tiefer. Geöffnet von 16.00 bis 1.00 Uhr.

MEIN TIPP: 3 **Elephant Bar, Karte S. 74** (im 5-Sterne-Hotel *Le Royal*). Historisch, eleganter Luxus und Kolonialstil-Ambiente lässt sich dort zur Happy Hour (16.00–21.00 Uhr) zu akzeptablen Preisen genießen. Klassische Cocktails einschließlich des berühmten *Singapur Sling* für die Hälfte, dezente Livemusik, prächtige Innenausstattung und zuvorkommender Service lassen einen die Welt um sich vergessen. Angemessene Kleidung sollte selbstverständlich sein.

2 **Sorya Skybar, Karte S. 74** (nicht zu übersehen, gegenüber dem Bahnhof am Monivong Blvd.). Höchste und exklusivste Bar der Stadt mit sensationellem Ausblick vom 37. Stockwerk auf die Stadt. Die Bar krönt den Vattanac Capitol Tower, mit 188 m das zur Zeit höchste Gebäude in Kambodscha. Die extravagante Form ist eine Kombination aus Drachen und der traditionellen Naga-Figur. Auch wenn das kleine Bier 5 $ kostet, sollte man sich den Luxus einmal leisten. Die gemütliche Sitzecke kostet jedoch einen Mindestverzehr von 200 $. Im Inneren gibt es ein gehobenes japanisches und französisches 2 **Restaurant.**

25 **Heart of Darkness, Karte S. 74** (51. Straße, Nr. 26). Früher traf sich hier das coole Underground Movement der Stadt. Heute hat das *Heart* Kultstatus und ist ein „Muss" für jeden Traveller. Von der einstigen Gangster-Atmosphäre ist nicht mehr viel zu spüren, wenn sich bei westlichem Hard Rock Ausländer, reiche Khmer-Kids mit ihren Bodyguards und inzwischen auch eine stattliche Anzahl an Taxigirls und -boys auf die Füße treten. Sehenswerte Innenarchitektur. Bis spät in die Nacht geöffnet. Nebenan haben in den letzten Jahren weitere Bars eröffnet. Schließt sehr spät.

24 **Pontoon Club and Lounge Karte S. 74** (172. Str., Nr. 80). Schwer angesagter Club nahe dem Heart of Darkness mit vielen Events, Acts, Videokunst

in großer Halle. House und Electro. Berüchtigt sind die *Shameless Gay Parties* jeden Donnerstag. Bis 4 Uhr geöffnet.

26 **Cotton Club, Karte S. 74** (172. Str. Nr. 28). Gehört ebenfalls zu den hippen Clubs der Stadt und liegt nicht weit von den oben genannten Partylocations entfernt. Mit seiner neobarocken Inneneinrichtung und der Mainstreammusik (Top 40, Mash up, R'n'B) hebt er sich von den anderen Clubs etwas ab. Samstags läuft Electro. Bis 5.00 Uhr morgens geöffnet.

■ *Golden Sorya Mall* (51. Straße): Lange Zeit als „Saufhalle", „Kaninchengehege" oder als Platz für Prostituierte und Drogenhändler, die vor allem altersschwache Westler im Visier haben, verspottet, hat sie 2018 ein Facelifting bekommen und heißt nach ihrem Vorbild in Siem Reap neuerdings **„Phnom Penh Pub Street", (Karte S. 74).** Die 30 Bars, kleinen Restaurants, Garküchen und Shops haben 24 Stunden geöffnet und sind in einem überdachten Gelände untergebracht. Dieses Konzept, das bereits in anderen asiatischen Metropolen erfolgreich war, soll auch hier das Schmuddelimage der ehemaligen Sorya Mall beseitigen. Viele der angesagtesten Clubs und Discos liegen in unmittelbarer Nähe.

26 **Red Bar, Karte S. 78** (Bassac Lane, Ecke 308. und 29. Straße). Die junge Generation von Journalisten und kreativen Köpfen der Stadt trifft sich nicht mehr im herrschaftlichen FCC an der River Front, sondern zur Happy Hour (16.00–20.00 Uhr) bei Bier und Cocktails in der trendigen Red Bar im hippen Szene-Viertel.

17 **Sharky's, Karte S. 74** (130. Straße, Nr. 126). Einer der ältesten und berüchtigsten Nachtclubs der Stadt. Hier trifft sich bis spät nachts die Männerwelt, um sich bei Tiger Beer und Thai Food von hübschen Frauen verwöhnen zu lassen. Ab 18.00 Uhr geöffnet. Billardtische. Die „real taff English and Austalian guys", die hier zusammen trinken, sind nicht jedermanns Stil.

■ Außerdem gibt es noch zwei gewaltige Clubs, die fast ausschließlich von Khmer besucht werden. Im 4 **Spark, Karte Umschlag hinten** (Mao Tse Toung Blvd.) wird Khmer-Hip Hop mit Pop und Dancefloor gemixt aufgelegt, dazwischen treten Livebands auf. Gute DJs und gutes Sound System. Im 58 **Rock Club, Karte S. 74** (Monivong, Nr. 468) amüsiert sich das etwas gesetztere Khmer-Publikum.

Gay Bars

30 **Blue Chilli, Karte S. 74** (178. Straße, Nr. 36). Freundliche Gaybar. Gemütliche Einrichtung, schrilles Publikum und jeden Donnerstag, Freitag und Samstag findet ab 23.00 Uhr ein skurriler Transvestiten-Songcontest und eine Lady Boy Show statt. Dann ist hier die Hölle los.

28 **ToolBox Bar, Karte S. 74** (174. Str., Nr. 46, geöffnet 18.00–2.00 Uhr). Coole Gay Bar, die auf abgedroschene Drag Shows verzichtet und dafür allmale Dance Shows bietet. Wer typische Gay Bars langweilig findet, ist hier richtig. Freundliches Publikum mit einem Mix aus Einheimischen und Expats.

15 **Pride of Cambodia, Karte S. 74** (15. Straße, 16.00–2.00 Uhr). Von Besuchern wird die Freundlichkeit der Angestellten und vor allem der Chef, der jeden Abend selbst anwesend ist, sehr wohlwollend angenommen. Die täglichen Shows sind äußerst unterhaltsam. Gute Musik und akzeptable Preise für Drinks. Richtig voll an Freitagen und Samstagen.

Casinos

Der Casino-Boom, der 1995 über Phnom Penh hereinbrach und Kriminelle, Geldwäscher, Zocker, Politiker, Millionäre und Traveller an den Roulettetischen vereinigte, ist vorbei. Das Glücksspiel wurde mit einem **100-Kilometer-Bann** um die Hauptstadt belegt. Die meisten Casinos zocken ihre Kunden jetzt entweder in Sihanouk Ville oder an den Grenzübergängen zu Thailand und Vietnam ab. Die einzige Ausnahme ist das gigantische **Naga Casino** hinter dem *Cambodiana Hotel.* Dieser hässliche, riesengroße Betonklotz überragt das hübsche, kleine, buddhistische Institut nebenan so pietätlos, dass es den religiösen Einwohnern der Stadt die Zornesröte ins Gesicht treibt.

Kunst, Kultur, Musik und Film

Schon lange, obwohl noch nicht von der Masse entdeckt, gibt es in Phnom Penh eine schillernde, **internationale Künstlerszene,** die nicht nur den Angkorkult reproduziert, sondern auch Neues schafft. Neben dem französischen Kulturzentrum engagiert sich insbesondere das Meta Haus unter der Leitung von *Nico Mesterham* bei der Unterstützung der kambodschanischen und asiatischen Art- und Musikszene in der Hauptstadt Phnom Penh. Neben dem touristischen Standardprogramm, das von jedem G.H. und Tuk Tuk-Fahrer feilgeboten wird, bietet die Hauptstadt auch ein absolut inspirierendes modernes Kulturprogramm.

Veranstaltungshinweise

- **www.whatsoninphnompenh.com:** Kündigt alle Events an, die in der Hauptstadt aktuell anstehen: Konzerte, Ausstellungen, Theater, Brunch-Angebote der Hotels, Yoga und die Bands und DJs in den Clubs.
- **www.lengpleng.com:** Livekonzerte und DJ Gigs in Kambodscha mit Schwerpunkt Phnom Penh. YouTube Videos einheimischer Musiker. Sehr szene-orientiert.
- **www.expat-advisory.com:** Veranstaltungen und Reiseberichte über ganz Asien. Mit Stellenanzeigen! Unter „Events" kommt man zu den Veranstaltungen in Phnom Penh.

MEIN TIPP: 41 **Meta House, Karte S. 74** (Sotheares Blvd. Nr. 37). *Nico Mesterham,* Berliner Dokumentarfilmer für Arte und den WDR, hat vor einigen Jahren seine Liebe zu Kambodscha entdeckt und sich hier niedergelassen. Mit dem Meta House betreibt er ein Kunst- und Kommunikationszentrum, in dem er Künstler aus Kambodscha mit Kollegen aus Thailand, Vietnam oder woher auch immer, zusammenbringt. Moderner Kunst wie Grafic und Video Arts, Multimedia aber auch Fotografie, Malerei und Skulpturen mit sozialem Fokus, was bisher im Khmer Kulturraum und der Politik keinen Platz hat, ist hier willkommen. Täglich wechselndes Programm: Filme (um 19.00 Uhr), Vorträge und Ausstellungen. Das Goethe-Institut betreibt hier eine Filiale. Restaurant und Bar (siehe Art Café im Kapitel „Deutsche und Schweizer Restaurants"). Tel. 010/ 312333, www.meta-house. com).

55 **Bophana Audiovisual Resource Center, Karte S. 74** (200. Str., Nr. 64, www.bophana.org). Wer aus persönlichem oder beruflichem Interesse historische und aktuelle Dokumente, Filme, Tonaufnahmen und Fotos aus und über Kambodscha sichten möchte, kommt an diesem Institut nicht vorbei. Eine einzigartige, wissenschaftliche Fundgrube. Bereits die Homepage bietet eine Fülle an Informationen. Benannt wurde das Institut nach dem Film „Bophana" aus dem Jahr 1996 des bekannten kambodschanischen Regisseur *Rithy Panh* über die Liebe eines örtlichen Khmer Rouge Führers zu einer einfachen Kambodschanerin, die schlussendlich in Tuol Sleng inhaftiert und hingerichtet wurden. Viele in-

Polizeinotruf

Für Ausländer, die Opfer eines Verbrechens geworden sind, stehen Französisch und Englisch sprechende Polizeibeamte im Sicherheitsministerium und auf der Polizeihauptwache 24 Stunden zur Verfügung.

- **Polizeinotruf: 117**
- **Krankenwagen: 119**

Unter der Nummer 097-778-0002 sollten englischsprachige Polizisten abheben.

teressante und sozialkritische Kurzfilme über Kambodscha sind auf der Homepage zu sehen.

■ **Institut Français du Cambodge, Karte S. 74** (184. Straße, Nr. 214; Tel. 023/724560, www.institutfrancais-cambodge.com). Es versteht sich als Kulturzentrum und bietet ein breites Spektrum an gemischt Khmer-/französischen Veranstaltungen an. Verfügt über ein Kino mit 100 Sitzen und zeigt überwiegend frz. Videoart- und Mainstream-Filme sowie gelegentlich Filme in engl. Sprache. Info vor Ort und auf der Homepage.

■ **The Flicks, Karte Umschlag hinten** (59. Str., Nr. 39 B, Tel. 078/ 809429, www.theflicks.asia/welcome). Das komfortabelste Kino der Stadt zeigt täglich internationale preisgekrönte Filme, Blockbusters sowie Kinderfilme an Nachmittagen am Wochenende auf einer großen Leinwand in englischer Sprache. Das Kino bzw. das kleine Kino für 30 Personen kann auch für private Vorstellungen gemietet werden. Eintritt 3,50 $ pro Film. Aktuelles Programm auf der Homepage.

■ **Sovanna Phum Art Association, Karte Umschlag hinten** (99. Str., Nr. 166, Tel. 012/846020, www.sovannaphumtheatre.com). Durch dieses Projekt werden einheimische Musiker, Schauspieler, Tänzer und Artisten, die in Kambodscha keine finanzielle Unterstützung vom Staat bekommen, gefördert. Hier wird ihnen die Möglichkeit gegeben, vor Publikum aufzutreten und ein wenig Geld zu verdienen. Die Bühne, auf der die Vorführungen stattfinden, lässt sich am ehesten mit einem Hinterhoftheater vergleichen. In einem Workshop werden die Figuren für Schattentheater hergestellt. Besucher sind jederzeit willkommen und können auch die sehr dekorativen Figuren erwerben. Vorführungen nur Freitag und Samstag von 19.30–20.30 Uhr. Zur Aufführung kommen Maskentanz, Schattentheater sowie klassischer und volkstümlicher Khmertanz. Es werden Hintergrundinformationen zu den jeweiligen Stücken gegeben.

■ **Cambodia Living Arts – CLA, Karte Umschlag hinten** (Samdech Sothearos Blvd, Nr. 128G9, www.cambodialivingarts.org). Organisation zur Förderung der Khmer-Kunst, Musik und Tanz als Motor für die Entwicklung der sozialen und ökonimischen Integrität der Menschen. Nach Meinung des Gründers *Arn Chorn-Pond,* der als Musiker das Glück hatte, von den Khmer Rouge zum Spielen ihrer Revolutionslieder gebraucht zu werden und dadurch das Regiem überlebte, ist die Rückbesinnung auf die eigene Kultur die treibende Kraft zur Entwicklung des Landes. Organisiert kulturelle Stadtführungen.

2 **Mekong River, Karte S. 70** (Riverfront, Ecke Sisowath und 118. Straße, Tel. 023/991150). Bekannt ist dieses Restaurant an der Riverfront vor allem, weil der engagierte frz. Besitzer ein eigenes **Kino** im 1. Stock betreibt. Gezeigt werden u.a. zusammengeschnitte Szenen aus Dokumentarfilmen und eigenen Aufnahmen. Derzeit laufen zwei Filme. Der erste handelt vom Völkermord unter Pol Pot, der zweite über die Minenproblematik in Kambodscha. Stündliche Vorführungen auf Englisch, mehrere am Tag auch auf Französisch. Eintritt 3 $.

Galerien

Regelmäßige Ausstellungen finden statt im **Meta House** (Sothearos Blvd, Nr. 37), **Java Café** (Sihanouk Blvd., Nr. 56), **Reyum Institut of Arts & Culture** (178. Str., Nr. 47), **FCC** (Sisowath Quay, Nr. 363), **Equinox** (278. Str., Nr. 3A) und dem **Romeet,** 178. Str., Nr. 36). Die größte Dichte an Galerien befindet sich in der 178. Straße zwischen Riverfront und Norodom Blvd.

Shopping

Film, Foto und Video

Entlang des Monivong Blvd. sowie in der näheren Umgebung des Central Market befinden sich viele Läden mit erstaunlich guter Qualität zu günstigen Preisen.

Die Cyclos – Begegnung mit einer aussterbenden Art

Die Verkehrsmittel in Phnom Penh haben sich in den letzten Jahren revolutioniert. Vom kommunistisch verordneten Einheitsgefährt, dem **Fahrrad,** ist nicht mehr viel zu sehen. Doch die langsamen und trägen Cyclos, die wie eine bedrohte Saurierart der Gattung Pedalorex ihre Kreise zwischen den chromblitzenden Autos und den dahinrasenden Mopeds ziehen, scheinen sich dem ihnen drohenden Untergang so lang wie möglich widersetzen zu wollen.

Es gibt keinen Platz im Stadtzentrum, der nicht von diesem an einen Bagger erinnernden öffentlichen Verkehrsmittel befahren wird. Auch in der Nacht sind sie unterwegs. Dabei scharen sie sich wie Moskitos vor den hell erleuchteten Restaurants und Diskotheken. Dort warten sie geduldig darauf, die letzten Nachtschwärmer, einsam und allein oder in Begleitung, nach Hause zu bringen. Wenn die Stadt spät nachts zu Ruhe gekommen ist, parken die braunen, hageren Männer ihr Gefährt auf dem Bürgersteig am Monivong Boulevard, binden sich ihren Krama um den Kopf und versinken in den Sitzen ihrer Cyclos für ein paar Stunden im Tiefschlaf.

Eigentlich spricht nur die Hektik und Eile des modernen Phnom Penhs gegen diese unaufdringlichen Männer, die ihr behäbiges Gefährt sicher durch die überfüllten Straßen der Hauptstadt lenken. An **Gemütlich- und Bequemlichkeit** sind sie allen anderen Verkehrsmitteln überlegen. Was bietet zum Beispiel ein Moped, wenn es regnet? Auf dem Cyclo wird der Fahrgast zum Schutz vor dem vom Himmel prasselnden Monsunregen **in Plastik eingehüllt,** und durch den hohen Radstand stellt auch eine überflutete Straße kein Problem dar. Auf einem Zweirad sind bei solchem Wetter die Schuhe nach wenigen Metern nass von Spritzwasser. Doch über diesen Vorteil wissen auch die Cyclofahrer Bescheid, was sich in solchen Situationen durch sofortige Preiserhöhungen bemerkbar macht.

Beeindruckend ist die **Geräumigkeit** des Cyclos, die sich bei einem Familienausflug als großer Vorteil erweist. Großeltern, Mama und Papa mit vierköpfigen Kinderschar finden mit etwas gutem Willen leicht Platz. Auch nach dem Großeinkauf der Hausfrau gibt es nur eine Möglichkeit, alles nach Hause zu bringen: das Cyclo. Doch den größten Triumph über die Technik feiert der Cyclofahrer dann, wenn er seinen Erbfeind, das Moped, samt Fahrer und Sozius nach einem Motorschaden zur nächsten Werkstatt bringen darf.

Seit wann es das Cyclo in seiner heutigen Form gibt, ist nicht genau bekannt, doch es ist

671ka an

anzunehmen, dass es **nach 1920** in Phnom Penh eingeführt wurde. Sein Vorläufer waren Holzkarren auf Rädern, in denen die Fahrgäste Platz nahmen und vom Chauffeur gezogen wurden. Die meisten Cyclofahrer haben ihr Fahrzeug nur gemietet. Bei den Besitzern muss der Mieter seinen Personalausweis hinterlegen, zahlt sein Geld und hat dann auch ein Anrecht darauf, die einfache Unterkunft, die der Cycloverleiher seinen Arbeitern bereitstellt, zu benutzen. Viele Männer, die vom Land in die Stadt kommen und weder Arbeit noch Wohnung haben, verdingen sich zuerst als Cyclofahrer, um in Phnom Penh Fuß zu fassen.

Die langen Wartezeiten auf Fahrgäste vor öffentlichen Gebäuden, Hotels, Bars und Bordellen bringen es mit sich, **dass Cyclofahrer gute Informanten sind.** Deshalb bot sich für diese unauffällig auf ihrem hohen Sattel sitzenden Männer, die nicht gerade üppig verdienen, ein zweiter, oftmals einträglicherer Gelderwerb an: **die Arbeit als Spion.** Mit einer verständlichen Bitterkeit wirft man ihnen immer noch vor, dass viele von ihnen früher Informationen über die Bevölkerung an die Roten Khmer weitergegeben haben. Doch hat sich bis heute jede politische Gruppierung dieser unscheinbaren Gestalten bedient, um den Gegner auszuspionieren. Man ist versucht, ihnen noch viele Spionageaufträge zu wünschen, damit diese rare und sympathische Spezies überlebt, denn den Kampf mit den modernen Verkehrsmitteln werden sie über kurz oder lang verlieren. Die beste Chance haben sie noch, als **Touristenattraktion** zu überleben.

Um die Cyclosfahrer zu unterstützen, wurde das *Cyclo Center* in der 158. Str., Nr. 95 gegründet. Hier können Kultur- und Stadttouren im Stil der Kolonialherren gebucht werden. Tel. 012/ 762518, www.cyclo.org.kh.

☒ Entspannt durch den Großstadtdschungel

Souvenirs & Shopping

Traditionelle Märkte

Unter den lokalen Märkten sind der **Russian-** (Toul Tom Pong) und der **Zentral Markt** (Psah Tmei) die Shopping Paradiese schlechthin. Zwischen hunderten von Ständen, an denen echte und gefälschte Produkte jeder Art, lokale Handarbeiten, T-Shirts, Seide, Silberarbeiten, Edelsteine, buddhistische Statuen, landwirtschaftliche Produkte und CDs bzw. DVDs angepriesen werden, wird jeder Souvenirjäger fündig. Mehr Informationen siehe auch Kapitel „Märkte".

■ In der 178. und in der 240. Straße nahe dem Nationalmuseum und der Silberpagode haben sich eine Reihe von Souvenirläden und Galerien angesiedelt.

11 Hidden Treasures – Antique Shop, Karte S. 70 (148. Straße, Nr. 9, neben *Riverside Restaurant*). Reichhaltige antike Buddhasammlung und andere religiöse Artefakte verschiedener Epochen aus Kambodscha, Myanmar, Thailand, Laos und Vietnam. Doch auch andere Skurilitäten aus der ganzen Welt und aus Deutschland sind hier zu finden. Ausfuhrerlaubnisse vom Department of Fine Arts werden ausgestellt. www.elephantguide.com/hiddentrea sures.

■ Wer beim Shoppen auch noch eine wohltätige Organisation unterstützen möchte, sollte sich in folgendem Shop umschauen: **17 Friend's „n" stuff, Karte S. 70** (13. Straße, Nr. 215), unterstützt Straßenkinder.

Kaufhäuser und Supermärkte

22 Sorya Shopping Center, Karte S. 74. Das zurzeit mit 7 Stockwerken größte Kaufhaus in Kambodscha war bei der Eröffnung (2005) mit der ersten Rolltreppe im Land eine Sensation. Das Warenangebot ist für westliche Touristen nicht sonderlich interessant, doch ein kleiner Kaufhausbummel bei angenehmen Temperaturen lohnt sich allemal. Angeboten werden vor allem Bekleidung, Kosmetik, Schmuck, Kinderspielzeug, Schuhe sowie CDs und DVDs. Zahlreiche Restaurants sind hier zu finden. Das Kaufhaus liegt, kaum zu übersehen, im Zentrum der Stadt etwa 100 m südlich vom Zentralmarkt.

15 **Aeon Mall, Karte Umschlag hinten** (Sothearos Blvd. Nr. 132, täglich 9.00–22.00 Uhr). Kambodschas erstes richtiges Einkaufszentrum, das westlichen Vorstellungen entspricht. Dieses japanische Projekt ist vollklimatisiert, mit Rolltreppen, Kinos, Kegelbahnen und einem großen „Food Court". Die Läden bieten eine Fülle an Angeboten, vor allem Textilien, auch asiatische und westliche Markenlabels und viele Elektronik-Shops.

1 **Lucky Supermarket, Karte S. 78.** Am besten sortierte Supermarktkette hauptsächlich für Lebensmittel und Hygieneartikel in Phnom Penh. Lebensmittelladen, Einkaufszentrum der Expats. Es gibt 3 Filialen: Nähe Preah Sihanouk, Ecke Monivong Blvd.; im Erdgeschoss des Parkway Building am Mao Tse Toung Blvd. und im Erdgeschoss des Sorya Shopping Centers.

20 **Bayon Supermarket, Karte S. 74** (114. Straße, Nr. 33–34). Einer der bestsortiertesten und größten Supermärkte der Stadt. Neben einem großen Sortiment asiatischer Lebensmittel auch viele importierte westliche Produkte. Wer etwas Ausgefallenes sucht, hat hier die besten Chancen.

Diverses

■ Gute **Fotokopien** kann man in vielen Läden im Zentrum machen. 500 Riel pro Kopie.

■ **Passfotos** werden in fast jedem Fotoshop gemacht.

■ **Videos, CDs** und **DVDs** gibt's billigst auf dem Toul Tom Pong (Russenmarkt). Auch sehr gute Reportagen auf Video-CDs über die Geschichte Angkors und die Roten Khmer bekommt man dort sowie die klassische Khmer-Musik *Pin Pheat*. Der *Boom Boom Room* an der Lakeside und auf der 278. Straße, Nr. 1, ist für Musik-Freaks ebenfalls zu empfehlen (iPod, MP3).

■ **Handys.** Mobile Phones, SIM Cards, Prepaid Cards etc. gibt's in den zahlreichen Telefonshops in der ganzen Stadt.

■ **Gebrauchtwagen-Markt** findet jeden Tag in der Rukhuk Vithei Straße vor dem *Le Royal Hotel* statt.

4 Stände mit günstigen **Textilien** finden sich Khemarak Phumin 130/Ecke Preah Sisowath Quay.

■ Alte **Briefmarken** gibt es auf dem Toul Tom Pong Markt, dem Hauptpostamt und im Postamt 3 Ecke Monivong/Preah Sihanouk Blvd. (das Postamt hat keine Beschriftung).

■ **Deutsche Welle TV** ist in zahlreichen Hotels und Guest Houses, die „Cable TV" haben, zu empfangen.

■ **Toilettenartikel** sind in den Läden im Zentrum am Monivong Blvd. und in den Supermärkten, z.B. *Bayon* und *Lucky Supermarket,* zu haben. Die beste Auswahl an westlichen Produkten haben *U Care* (Adresse s. „Apotheken").

■ **Alte Münzen** und **Geldscheine** werden vor allem auf dem Markt Toul Tom Pong feilgeboten.

■ **Wäschereien** *(Laundry Service)* gibt es verteilt über das gesamte Stadtzentrum, jedoch bietet jedes Hotel diesen Service, gegen Bezahlung, seinen Kunden an.

■ **Uhrmacher** findet man u.a. auf dem Central Market direkt unter der Kuppel sowie auf anderen Märkten und in kleinen Shops über die Stadt verteilt.

■ **Postkarten** findet man auf dem Russen- und Central Markt, auf dem Postamt, im FCC und im *Monument Bookstore* am Norodom Blvd., Nr. 111. Auch die aufdringlichen Kinder an der Riverfront verkaufen Postkarten.

■ **Schreibwaren** bekommt man auf den Märkten, in den Kiosken vor den Schulen oder im *International Bookcenter* am Sihanouk Blvd. neben dem *Lucky Supermarkt* und *Aeon Mall.*

■ **Metzgerei.** *Dan Meat,* die größte professionelle Metzgerei in Kambodscha, gehört dem Deutschen *Lancy.* Die meisten guten Restaurants in Phnom

Penh und Sihanouk Ville werden von ihm beliefert. Stolz ist er auf seine Wurstwaren. In dem Laden in der 214. Straße, Nr. 51 findet man deutsche Fleischwaren made in Cambodia (Tel. 012/906072).

Adressen

Ausflüge

■ **Boote für Rundfahrten** auf dem **Tonle Sap** und **Mekong** lassen sich am Floating Port (Sisowat Quay auf Höhe Postamt) organisieren. Standard-Rundfahrten legen zwischen 17.00 und 20.30 Uhr jede halbe Stunde ab. Die Fahrt dauert etwa 1 Std. und kostet 8 $ pro Person. Abendessen auf einem Boot kostet 22 $ und dauert von 19.00 bis 20.45 Uhr. Wer ein Boot privat mieten möchte, zahlt 25–30 $ die Stunde. Am Pier liegen meist auch größere und luxuriösere Holzboote mit Kajüten, mit denen sich auch Mehrtagestouren organisieren lassen. Empfehlenswert ist die **Chenla.** Buchungen entweder vor Ort am Pier oder in den Reisebüros, z.B. in der 172. Straße.

■ **Mekong Village Tour.** Einen tiefen Einblick in das ländliche Leben Kambodschas bietet dieser Ausflug von *Capitol Tours.* Zuerst wird das Kokusnussdorf Roka Kong besucht, wo bereits kleine Jungs mit spielerischer Selbstverständlichkeit 10 Meter hohe Baumstämme hinauf klettern. Die Khmer stellen hier unter anderem den vergorenen Kokusnusswein *toek thnout* her. Dann wird auf die dicht besiedelte Mekonginsel *koh snei ha* (Liebesinsel) übergesetzt. Von dort aus geht's auf dem Mekong zurück nach Phnom Penh. Täglich ab 6 Personen für 10 $ inkl. Mittagessen. Anmeldung im Capitol G.H., Tel. 023/364104.

■ **Sammeltaxis** mit oder ohne Reiseleiter zu den Sehenswürdigkeiten in der Stadt, aber auch nach Udong, Tonle Bati, Phnom Chisor und den Killing Fields organisieren viele Guest Houses. Meistens sind allerdings die Tuk Tuk- und Motodup Fahrer, die jedes G.H. und Hotel belagern, schneller mit ihren Angeboten bei den Travellern als die Rezeptionisten. Auch bei ihnen kann eine Rundfahrt zu den Sehenswürdigkeiten der Stadt und Umgebung gebucht werden. Sie fungieren aber nicht immer auch als Guide, und der Preis sollte unbedingt vorher konkret besprochen werden. Bei der Aquirierung von Gästen sind alle Fahrer „very good, yes, yes I know", doch nicht alle halten den Enthusiasmus bis zum Ende der Tour durch.

■ Tages- und Halbtagestouren auf dem Mountain Bike rund um Phnom Penh bietet 7 **Grasshopper Adventure,** zusammen mit **Vicious Cycle Cambodia, Karte S. 70** an, beispielsweise Mekong Islands oder Udong Trail (Werkstatt und Büro in der 144. Straße, Nr. 23, Tel. 012/462165; nähe Riverfront).

Banken und Geldwechsel

■ Gute Wechselkurse für Bargeld (Euro in Riel, Euro in Dollar oder Dollar in Riel) gibt es an den Wechselstuben am **Zentralmarkt** *(Psah Thmay).* Bekannt für die besten Wechselkurse für Bargeld, vor allem von Euro und Schweizer Franken in Dollar, ist **Ly Heng Exchange** an der Ecke Charles de Gaulle und Monivong Blvd. Hier werden so ziemlich alle Währungen gewechselt.

Auch die Banken haben akzeptable Wechselkurse von Fremdwährungen wie dem Euro oder Schweizer Franken. Vergleichen lohnt.

■ **Geldautomaten (ATM):** Im Zentrum von Phnom Penh und vor allem an den touristischen Hotspots besteht kein Mangel. Auszahlung in Dollar. Guter Wechselkurs, aber Gebühr zwischen 3–5 $.

■ Bei den mit Kreditkarten bestückten Reisenden spielen die **Banken** eine immer geringere Rolle. Bargeldwechsel und Geldtransfer sind die wichtigsten Gründe für einen Besuch: Öffnungszeiten: Mo–Fr 8.00–16.00 Uhr; Samstag: 8.00–11.30 Uhr.

Die **wichtigsten Banken** in Phnom Penh liegen alle in der Nähe oder auf der 114. Straße zwischen Monivong und Norodom Boulevard:

■ **ANZ Royal Bank.** Hat 11 Filialen und viele Bankomaten in Phnom Penh. Gute Wechselkurse und freundlicher Service. Seriöser Background.

■ **Canadia Bank** (Ang Duong Straße, Nr. 315, www.canadiabank.com). Eine der größten Banken in Kambodscha und mit 25 Filialen in der Hauptstadt vertreten.

■ **Western Union** *(Cambodia-Asia Bank)*. Um Geld zu verschicken oder sich schicken zu lassen, siehe „Praktische Tipps A–Z/Geld". Es gibt mehrere Filialen, beispielsweise 17 *Naga World Hotel* im *Naga Casino* **(Karte Umschlag hinten)** rund um die Uhr geöffnet (Tel. 023/210900), Riverside am Sisowath Quay Nr. 349 (Tel. 023/220 381) oder am Monivong, Nr. 252 (Tel. 023/427016).

■ **Acleda Bank** (Zentrale: Monivong Blvd. Nr. 61). Bankomaten in Phnom Penh, Filialen in ganz Kambodscha, *Western Union Money Transfer.* Tel. 023/994444.

Bücher und Landkarten

46 **Monument Books, Karte S. 74** (Norodom Blvd., Nr. 111). Großer und gut sortierter Buchladen mit Filialen auch am Flughafen und in Siem Reap. Die Preise sind allerdings deftig. Beeindruckendes Sortiment über Kambodscha, Angkor und Indochina. Auch Video-CDs und Postkarten. Geöffnet täglich 8.00–20.00 Uhr; Mo nur bis 17.00 Uhr.

■ An der Riverfront verkaufen Kinder Bücher und Landkarten in den Guest Houses und Restaurants. Mit dem hierbei verdienten Geld finanzieren sich die meisten ihren Schulbesuch – wenn es stimmt, was sie erzählen ...

■ Alle großen Hotels haben wie die meisten Supermärkte in ihrer Lobby einen Shop, in dem es Zeitschriften, Bücher, Souvenirs und Landkarten zu kaufen gibt.

■ Große Auswahl an **Landkarten** mit meist alten Bezeichnungen (Vietnamesische Besatzung), aber sehr genau in kleinem Maßstab, gibt es bei den Schreibwarenhändlern am Russenmarkt.

Internet

■ In fast allen Hotels und Restaurants gehört kostenloses **WiFi** zum Standard.

Airlines

■ https://pnh.cambodia-airports.aero/en/airlines-destinations/list-airlines

Die Kernöffnungszeiten sind Mo–Fr 8.00–12.00 Uhr und 13.00–16.00 Uhr, Sa 8.00–12.00 Uhr (siehe „Öffentliche Verkehrsmittel").

■ **Cambodian Angkor Air** (Preah Norodom, Nr. 206A). Nationale kambodschanische Fluggesellschaft, die die inländischen Flugstrecken Phnom Penh – Siem Reap und Siem Reap – Sihanouk Ville bedient. Günstige Flüge auch von BKK nach Siem Reap. Tel. 023/6666786. Geöffnet Mo–Fr 8.00–12.00 Uhr und 13.30–17.30 Uhr; Samstag: 8.30–12.30 Uhr.

■ **Bassaka Air** (Preah Sihanouk Blvd. Nr. 335; Tel. 023/217613). Die nationale Fluggesellschaft bietet billige Inlandsflüge und Flüge nach Macau.

56 **Bangkok Airways, Karte S. 74** (214. Straße, Nr. 61), Tel. 023/971771, www.bangkokair.com. Täglich geöffnet von 8.00 bis 17.30 Uhr.

3 **Thai Airways, Karte Umschlag hinten** (Mao Tse Toung Blvd., Nr. 294), Tel. 023/214359.

■ **Qatar Airways** (Mao Tse Toung Blvd., Nr. 135), Tel. 023/424012.

■ **Jet Star Asia Airways** (Monivong Blvd., Nr. 333), Tel. 023/220909.

■ **Malaysia Airline** (214. Straße, Nr. 35–37), Tel. 023/218923.

☐ MTB-Rennen in Phnom Penh mit dem Reise Know-How-Autor (links)

52 **Vietnam Airlines, Karte S. 74** (214. Straße, Nr. 41), Tel. 023/363396.

■ **Silk Air** (Singapur). Himawari Hotel (Sisowath Quay, Nr. 313), Tel. 023/426808.

■ **China Southern Airlines** (Monireth Blvd., Nr. 168), Tel. 023/424588.

■ **Dragon Air** (Hong Kong). Monireth Blvd., Nr. 168, Tel. 023/424300.

■ **Eva Air** (Taipeh), 205. Straße, Nr. 11, Tel. 023/219911.

■ **Lao Airline** (Laos), Sihanouk Blvd., Nr. 111, Tel. 023/222956.

Gesundheit

Wenn die Phnom Penher ernsthaft krank oder verletzt sind, lassen sie sich nicht in der Stadt behandeln, sondern fahren nach Saigon oder fliegen nach Bangkok; wer mehr Geld hat, lässt sich in Singapur behandeln!

■ **Ärzteliste der Deutschen Botschaft:** https://phnom-penh.diplo.de (hier unter „Konsularische Dienstleistungen" den Menüpunkt „Ärzte" wählen).

■ **Apotheken:** Zu den besten kambodschanischen Apotheken zählt die *Pharmacie de la Gare* in der Nähe des Bahnhofs am Monivong Blvd., Nr. 81, Tel. 023/526 855.

■ Die **U Care** Drogerie- und Apothekenkette unter frz. Leitung hat eine Filiale am 2 Sihanouk Blvd./Ecke 55. Straße (s. Karte S. 78) und an der 20 Riverfront Sothearos Blvd./ Ecke 178. Straße (s. Karte S. 70).

■ **SOS International Medical Center** (51. Straße, Nr. 161, www.internationalsos.com/locations#Cambodia).

Notfallnummern: 119 (vom Festnetz) oder 023/216911 und 012/816911.

044ka an

Dieser weltweit arbeitende **Rettungsdienst** ist die wichtigste Anlaufstelle für Ausländer in Kambodscha bei Krankheit und Unfall. Er hat hohe Preise, die durch eine zusätzliche Auslandskrankenversicherung abgesichert werden können. Dafür arbeitet er aber zuverlässig und ist die beste Lebensversicherung in Kambodscha. Die 13 Ärzte kommen u.a. aus Deutschland, England, Frankreich, USA. Deutschsprachiger Kontakt: *Dr. Christoph Bendick.* Folgender Service wird geboten:

- 24 Stunden Bereitschaft
- kleine Operationen
- Apotheke
- Impfungen und Labor
- Zahnarzt
- Kleinkinder-Klinik
- Evakuierung bei Unfällen in Kambodscha
- Evakuierung in medizinisch notwendigen Fällen nach Singapur oder Bangkok

■ **Naga Clinic** (254 Str., Nr. 11, www.nagaclinic.com). **Notrufnummer: 011/811175** oder **023/211300.** Ebenfalls zuverlässig bei Notfällen. Bietet ähnliche Leistungen wie SOS International. Kleines Krankenhaus mit OP, engl. und frz. sprechende Ärzte, 24 Std. Bereitschaftsdienst. Kreditkarten.

■ **Calmette Krankenhaus** (Ecke Monivong Blvd./84. Straße, Tel. 023/426948). Größtes Krankenhaus in Kambodscha. Bei schweren Unfällen sollte unbedingt ausgeflogen werden, da westliche Hygiene bei der Nachbehandlung nicht gewährleistet ist. Das Herzzentrum des Calmette Krankenhauses *(Centre de Cardiologie de Phnom Penh)* wird von frz. Ärzten geleitet und genießt einen guten Ruf.

■ **Kinderkrankenhaus Kantha Bopha.** In Phnom Penh gibt es zwei dieser von dem bekannten Schweizer Arzt Dr. *Richner* gegründeten Krankenhäuser. Nur Kinder bis 16 Jahre werden dort behandelt (kostenlos). Kantha Bopha I. (11. Straße), Tel. 023/367009, und Kantha Bopha II. (240. Straße neben der Silberpagode), Tel. 023/428009.

■ **Dr. Michael Sebban** – Arzt für Allgemeinmedizin und Kooperationsarzt der Dt. Botschaft (57. Str, Nr. 16, Tel. 023/4534115 oder mobil: 012/634115).

■ **Krankenhäuser in Bangkok** siehe „Praktische Reisetipps, Gesundheit, Krankenhäuser".

Zahnärzte

■ **European Dental Clinic** (Norodom Blvd., Nr. 160 A). Korrespondenzsprache: Englisch und Französisch; Tel. 023/211363.

Optiker

■ **Optiker.** I Care Optical Center (Norodom Blvd., Nr. 166) und Royal Optic (Monivong Blvd., Nr. 220).

Immigration Office

■ **Visumverlängerung.** Pochentong Blvd. gegenüber Pochentong Airport (siehe auch Kapitel „Praktische Tipps, Ein- und Ausreise").

Botschaften und Konsulate

■ **Deutschland:** 214. Straße (Yougoslavie Street), Nr. 76, Tel. 023/216193, www.phnom-penh.diplo.de; Mo–Fr 8.30–11.30 Uhr.

■ **Schweiz:** 334. Straße; Nr. 50; Tel. 023/218305; pnh.consularagency@eda.admin.ch.

■ **Thailand:** Norodom Blvd., Nr. 196, Tel. 023/726306–8; Mo bis Fr 8.00–12.00 und 14.00–17.00 Uhr.

■ **Myanmar:** Norodom Blvd., Nr. 181, Tel. 023/213663.

■ **Vietnam:** Monivong Blvd., Nr. 436, Tel. 023/726283.

■ **Laos:** Mao Tse Toung Blvd., Nr. 17, Tel. 023/726495; Mo bis Fr 8.00–11.30 Uhr und 14.30 bis 17.00 Uhr; Sa 8.00–11.30 Uhr.

Post, Telefon

■ **Hauptpostamt.** Ecke 13. und 102. Straße. Der Schalter für Post ist täglich 7.30–17.00 Uhr geöffnet. Telefonieren bis 22.00 Uhr möglich. Postkarten und Briefmarken werden am Schalter verkauft. Bietet Paketservice, Briefe, Express Service, Express Geldtransfer und P.O. Box.

Paketdienste

- **UPS** (HongKong Center) Tel. 023/219213.
- **DHL** (110. Straße, Nr. 353), Tel. 023/427656.
- **FedEX** (242. Str., Nr. 71), Tel. 023/216712.

Reisebüros

Im Prinzip fungieren die meisten G.Hs. und Hotels auch gleichzeitig als Reisebüro. Hier können Bus-, Boots-, und oft auch Flugtickets gekauft werden. Sie organisieren Ausflüge, Stadtbesichtigungen und Visa. Tägliche Ausflüge und Stadtbesichtigungen mit Kleinbussen zu fixen Abfahrtszeiten bietet zum Beispiel *Capitol Tours* (s.u.) in der 182. Str., Nr. 14 an.

57 Diethelm Travel, Karte S. 74 (240. Straße, Nr. 3). Insbesondere deutsche und Schweizer Reiseunternehmen arbeiten mit dieser, in fast allen südostasiatischen Ländern vertretenen Reisebürokette zusammen. Buchung von Gruppen- und Individualreisen in Südostasien und Flüge weltweit. Tel. 023/219151, www.diethelmtravel.com/cambodia.

63 Capitol Tours, Karte S. 74 (182. Straße, Nr. 14; im *Capitol Guest House*). Hat sich speziell auf die Bedürfnisse von Travellern mit kleinem Reisebudget eingestellt. Billig und zuverlässig. Sightseeing zu den Sehenswürdigkeiten in und um Phnom Penh, Pauschal Arrangements für Angkor sowie Bus- und Boot-Tickets nach Vietnam, Thailand, Sihanouk Ville und Siem Reap. Visum-Service. Tel. 023/364104, capitol@online.com.kh.

Vermittlung von Reisen und Flügen

21 PTM Travel & Tours, Karte S. 74. Professionell geführtes Reisebüro mit besten Kontakten in Südostasien. Spezialisiert auf Flüge weltweit. Vermitteln auch Billigflieger wie *Air Asia* nach Bangkok und Kuala Lumpur. Großes Angebot an Serviceleistungen vom Visum bis zu Reisen. Zwei Büros, eines am Monivong Blvd., Nr. 381 und eines 169. Straße, Nr. 35. Tel. 023/219161, www.ptm-travel.com.

16 First Travel, Karte S. 74, 118. Straße; Tel. 023/213301; www.first-travel-cambodia.com. Eines der größten und renommiertesten Reisebüros im Land. Von Flugtickets über Pauschalreisen bis zur Durchführung und Organisation individueller Reisen im Land. Visa-Service.

Entfernungen von Phnom Penh in Straßenkilometern nach

Kompong Chhnang	92
Pursat	181
Battambang	292
Sisophon	361
Poipet	409
Siem Reap über RN 5	467
über RN 6	311
Kompong Thom	165
Kompong Cham	129
Kampot	151
Sihanouk Ville	229
Sre Ambel	161
Grenze Vietnam (Moc Bai)	174

Sport und Action

- **Khmer Boxkampf** *(Kbach Kun Khmer)*. Für alle, die über das Wochenende in Phnom Penh sind, eine äußerst unterhaltsame Veranstaltung. Nicht nur wegen der Boxkämpfe, sondern vor allem auch, um die Khmer bei einer ihrer Lieblingssportarten zu beobachten. Die Kämpfe werden von zwei Fernsehsendern veranstaltet: TV 5 (Borai Kaila, nähe Juliana Hotel) Fr und So 15.00–18.00 Uhr sowie bei CTN (nähe Chroy Chang Var Brücke) Sa und So 14.30–17.00 Uhr. Eintritt knapp einen Dollar; bei Kämpfen gegen bekannte Boxer aus dem Ausland teurer.

■ **Schwimmbäder.** Ein beliebtes öffentliches Hallenbad mit 25 Meter Bahn, Sauna und Fitnessraum ist der Parkway Health Club im Parkwaybuilding, Mao Tse Toung Blvd. Tageskarte 8 $. Schöne Swimming Pools besitzen die Hotels Le Royal, Intercontinental und Juliana. Die Preise liegen zwischen 8 und 20 $.

■ **Quadtouren** bietet *Nature Cambodia* an. Der Fuhrpark besteht aus einfach zu fahrenden und mit Automatikgetriebe ausgestatteten Fahrzeugen, mit denen Touren vor den Toren Phnom Penhs organisiert werden. 25 $ für zwei Stunden oder 55 $ für den halben Tag (www.nature-cambodia.com, Tel. 012/676381). Büro kurz vor Choeung Ek (Killing Fields) Museum.

■ **Motorradtouren** (s. „Leihmotorräder", S. 68).

■ **Joggen.** Nicht ganz einfach in der Großstadt. Einige Freizeitläufer sind an der Riverfront oder im Park zwischen Independence Monument und Hun Sen Park unterwegs. Die meisten Jogger umrunden kurz vor Sonnenuntergang das Olympische Stadion oder sind auf den Straßen auf der Chruoy Chang Var Halbinsel nahe dem Sokha Phnom Penh Hotel unterwegs. Kostenlose Überfahrt mit der Fähre am Hun Sen Park.

■ **Mountainbiketouren.** Eine kleine Mountainbike- und Rennradszene existiert in der Stadt. Ihr Dreh-und-Angelpunkt ist der Bikeshop 53 **Flying Bikes 2 (Karte S. 74)** in der Pasteur Street, Nr. 131. Hier gibt's Bikes und Informationen zu Events (Tel. 012/ 727717). Auch einige Stadtkids sind mit ihren Dirtbikes und BMX aktiv, bauen sich Kicker, Lakejump und treffen sich abends am Independece Monument, um ihre Tricks der Öffentlichkeit zu präsentieren. Nette Mountainbike-Touren mit vernünftigen Leihbikes von Merida, Giant und Trek zum Mekong Island oder nach Udong bietet *Grashopper Adventure* in der 144. Str., Nr. 23 an. Touren finden tägl. statt und kosten zwischen 33 und 50 $. Tel. 012/462165 (siehe auch „Praktische Reisetipps, Rad fahren").

■ **Golf.** Eine Oase des Luxus ist der Cambodia Golf and Country Club mit einem 18-Loch-Platz. Er liegt an der Nationalstraße 4 Richtung Sihanouk Ville kurz vor Kompong Speu auf der linken Seite. Tel. 023/363666.

■ **Karts Kambol F1.** Wer vom Sight-Seeing die Nase voll hat, kann sich auf einer anspruchsvollen 800 Meter Strecke mit 200 ccm Karts dem Formel-1-Rausch hingeben. 10 Minuten für 12 $. Auf der RN 4 Richtung Sihanouk Ville, nach ca. 18 Kilometern beim Ort Kambol rechts abbiegen; dann noch ca. 2 Kilometer. Tel. 012/804620. Geöffnet täglich ca. 14.00–19.00 Uhr.

■ **Olympisches Stadion.** Schwimmbad, Tennisplätze und Kampfsport-Clubs an der Ostseite; Badminton und Gymnastik in der Gymnastikhalle. Informationen am besten vor Ort (siehe auch unter „Sehenswürdigkeiten").

■ **Cambodian Country Club** (nähe Flughafen, Tel. 023/885591, www.cambodian-country-club.com). Große Clubanlage mit Hotel und Restaurants, wo verschiedenste Sportarten wie z.B. Bogenschießen, Badminton, Basketball, Inlineskaten, Fechten, Volleyball und Tischtennis unterrichtet und ausgeübt werden können. Außerdem gibt es einen 25x 12 m Salzwasserpool und ein Fittness Center.

■ **Spa und Massage.** In Phnom Penh gibt es unzählige, teilweise erstklassige Spas und Massagesalons, in denen man sich von geschultem Personal stundenlang pflegen und verwöhnen lassen kann. Massagen kosten in der Regel zwischen 8 und 20 $ pro Stunde, für Gesichtsbehandlungen muss man je nach Aufwand 10 bis 50 $ veranschlagen, und Ganzkörperbehandlungen kosten zwischen 20 und 60 $. Hier eine Auswahl:

12 *Amara Spa,* **Karte S. 74** (Sisowath Quay, Ecke 110. Straße, Tel. 023/998730, www.amaraspa.hotelcara.com). Hochklassiges Spa und Massage sowie Gesichtsbehandlungen in Einzelräumen.

44 *Bliss,* **Karte S. 74** (240. Straße, Nr. 29, www.blissspacambodia.com). Seit vielen Jahren etabliert in der Expat-Gemeinde in einer schönen alten französischen Villa.

5 *Seeing Hands Massage,* **Karte S. 74** (Am Wat Phnom Penh, 178. Straße neben dem FCC, 63. Stra-

ße, Ecke 322. Straße und weitere Filialen, z.B. 10, Karte Umschlag hinten und 22, Karte S. 70). Nach Meinung vieler Expats die beste Massage in der Stadt von blinden, gut geschulten Masseuren. Sehr günstig mit 6 $ pro Stunde.

Sprachschulen

- **Khmer School of Language** (454. Straße, Nr. 52G, Tel. 012/867177, www.kslkhmerlanguage.com). Gut organisierte Sprachschule, an der ausschließlich Khmer unterrichtet wird. Vom Crash Kurs bis Business Khmer, Wochenkurse oder Privatstunden (7 $ je Std. und Person), je nach Vereinbarung. Geöffnet seit 1993. Registration Fee 70 $.
- **Khmer School for Expats** (288. Straße, Nr. 35). Hier werden keine Kurse, sondern nur Privatstunden ab 8 $ angeboten. Freundlich, gut organisiert, keine Registration Fee.
- **Khmer Angkor School** (19. Straße, Nr. 30), Tel. 092/942632, sokhanen@yahoo.com.

Anreise und Weiterreise

Flug

- Der **Flughafen Pochentong** liegt rund 10 Kilometer vom Zentrum der Stadt entfernt. Vor dem Ausgang stehen viele Taxis (12 $ ins Stadtzentrum). An der Hauptstraße, außerhalb des umzäunten Flughafenparkplatzes, warten Tuk Tuks, die für 6–8 $ ins Zentrum fahren. Mit wenig Gepäck geht's schnell und günstig mit einem Mopedtaxi (Motodup), die mit den Tuk Tuks auf Kunden warten.
- **Die Flughafengebühr** sollte sowohl bei internationalen Flügen als auch bei Inlandsflügen im Ticketpreis enthalten sein.
- Bei **abgelaufenem Visum** sind bei der Ausreise pro Tag 5 $ Strafe zu zahlen.
- Internationale und nationale Verbindungen siehe Kapitel „Reisetipps A–Z, Hin- und Rückreise".

Bus

Von Phnom Penh aus bedienen AC-Busse alle Städte und Ortschaften, die über eine asphaltierte Straße zu erreichen sind. Das Ticket kann direkt in den Unterkünften, Reisebüros, direkt bei den Busgesellschaften oder online unter camboticket.com sowie bookmebus.com gebucht werden. Wer in den Unterkünften ein Busticket bucht, kann oft gegen einen kleinen Aufpreis einen **Shuttleservice zum Terminal** bekommen.

Die wichtigsten und größten **Busgesellschaften** (Fahrpläne und Büros in der Provinz auf den Web-Seiten):

- **Capitol Tours:** zuverlässig und am längsten in Kambodscha tätig. Günstig, aber basic Service. Sehr viele und häufige Verbindungen. 182. Straße, Nr. 14 (nahe Capitol G.H.), Tel. 023/217627; www.capitoltourscambodia.com. Abfahrt und Ankunft: Neben Capitol G.H. und Restaurant am Markt Psah Orasay.
- **Giant Ibis:** luxuriöse Busse, aber höhere Preise. 106. Straße; Nr. 3 (nahe Riverfront am Nachtmarkt). Tel. 023/999333; www.giantibis.com. Abfahrt und Ankunft: Nähe Nachtmarkt an der Riverfront.
- **Phnom Penh Sorya:** eine der größten Busgesellschaften, schon lange im Geschäft. Charles de Gaulle, Nr. 67 (unübersehbarer Busbahnhof neben dem Zentralmarkt), Tel. 012/631545, www.ppsoryatransport.com. Abfahrt und Ankunft: Am Büro zwischen Monivong Blvd. und Zentralmarkt. Online-Booking möglich.
- **GST:** gehört zu den renommiertesten Busgesellschaften, 142. Straße, Nr. 13 (neben Phnom Penh Sorya), Tel. 023/218114. Abfahrt und Ankunft: neben PP Sorya am Zentral Markt (Psah Thmay).

Busverbindungen ab Phnom Penh

Am besten in der Unterkunft oder einem Reisbüro buchen. Viele Busgesellschaften bieten auch online booking.

- **Siem Reap,** viele Busse (auch Nachtbusse 10 $) tägl. 6.15–14.30 Uhr, 7–15 $, 6 Std. (Nachtbus um 17.30 Uhr).

■ **Sihanouk Ville,** viele Busse tägl. 7.15–13.30 Uhr, 7–12 $, 4 Std.

■ **Battambang** (und **Pursat**), Tag- und Nachtbusse jede Stunde ein Bus, 6–10 $, 6 Std.

■ **Poipet,** häufige Verbindung mit Tag- und Nachtbussen, 9–11 $, 8 Std.

■ **Kampong Cham,** stündlich Busse bis 16.00 Uhr, 5 $, 3 Std.

■ **Kampot** über **Kep** (nach Kep 3 Std.) 3 Busse 7.00 , 9.00 und 13.00 Uhr, 5–10 $, 4 Std.

■ **Takeo:** *Phnom Penh Sorya,* 6.30–16.00 Uhr stdl. für 7000 Riel. 2½ Std. Fahrzeit.

■ **Kampong Chhnang:** *Phnom Penh Sorya* für 6500 Riel. Mehrere Busse tägl.

■ **Stung Treng** (über **Kratie**): z.B. *Phnom Penh Sorya,* tägl. 7.15 Uhr, 8 $ bis Kratie und 13 $ bis Stung Treng, 9 Std.

■ **Koh Kong:** tägl. mehrere Busse zwischen 7.30 und 11.30 Uhr, 10 $, 6 Std.

■ **Banlung** (Rattanakiri) z.B. *Phnom Penh Sorya* um 7.30 Uhr für 13 $, 11 Std.

■ **Nach Mondulkiri** (Senmonorom): beispielsweise *Rith Mony* und *Phnom Penh Sorya* um 8.30 Uhr, 14 $; kleine Expressbusse siehe „Anreise Senmonorom".

Internationale Busverbindungen

■ **Vietnam** (Saigon)

Zwischen Phnom Penh und Ho Chi Minh City verkehren täglich dutzende Busse, die an der Grenze nicht gewechselt werden müssen (ab 10 $, Fahrtzeit 5–6 Std.). Marktführer sind *Phnom Penh Sorya, Capitol* und *Sapaco Tourist. Giant Ibis* bietet Deluxe-Busse für 18 $. In Phnom Penh gibt es Tickets entweder direkt in den Büros der Gesellschaften, im Reisebüro oder im Guest House. In Ho Chi Minh City sind alle Haltestellen im Touristenviertel der Pham Ngu Lao Street. Dort verkauft jedes Reisebüro Tickets. Sehr kompetent sind *Delta Adventure Tours* (Capitol Bus), Tel. 08/39202112 in der De Tham Street, Nr. 267/Ecke Pham Ngu Lao Street und *Mekong Lighthouse,* Tel. 08/73080306, Phm Ngu Lao Street Nr. 303A.

Seit dem 1.7.2015 ist für EU-Bürger die Einreise für eine maximale Aufenthaltsdauer von 15 Tagen **visumfrei.** Voraussetzung ist, dass der Reisepass noch mindestens 6 Monate gültig ist. Wer darüber hinaus im Land bleiben möchte, muss das Visum vorher beantragen (beispielsweise über Reisebüros in Kambodscha).

■ **Thailand** via Grenze Poipet nach Bangkok. Durchgehende Busse nach Bangkok, die nicht an der Grenze gewechselt werden müssen, bieten vier kambodschanische Busgesellschaften an, u.a. *Capitol Tours* und *Phnom Penh Sorya* ab 18 $ (Fahrzeit ca. 10–12 Std.). In Bangkok können die Tickets in der Kao San Road gebucht werden. Das thailändische und kambodschanische Visum wird an der Grenze ausgestellt.

■ **Thailand** via Grenze Koh Kong/Hat Lek (siehe auch Kapitel „Koh Kong").

Mehrere Busse tägl. bis zur Grenze. Noch keine durchgehenden Busse, deswegen muss an der Grenze umgestiegen werden. Tickets können in Phnom Penh aber bis Trat, Bangkok oder Koh Chhang gekauft werden (siehe Kapitel „Koh Kong").

■ **Laos** (Pakse)

Während der Recherchen zu dieser Auflage gab es **keine direkten Busverbindungen** mehr von Phnom Penh nach Laos, sondern nur bis nach Stung Treng, nahe der Grenze. Von dort muss mit Kleinbussen weitergefahren werden. Etwas stressig, da hier mehrere Personen mitverdienen wollen.

Mit Boot und Bus über Chau Doc nach Saigon

Wer nach dem Motto *„Der Weg ist das Ziel"* reist, sollte diese Variante nach Vietnam und Saigon wählen. Verschiedene Gesellschaften bieten die Fahrt mit dem Boot von Phnom Penh bis Chau Doc je nach Bootskomfort für 25–35 $ an. Fahrzeit ca. 4–5 Std. sowie je nach Passieranzahl bis zu 1 Std. Grenzformalitäten. Von dort kann man selbstständig weiterreisen oder aber schon in Phnom

Penh eine Anschlusstour bis Saigon mitbuchen. Von Chau Doc aus gibt es keine Boote nach Saigon. Tickets gibt es in den G.H.-Reisebüros oder direkt am Hafen in Phnom Penh. *Hang Chau Boat Company* startet täglich um 12.30 Uhr, *Blue Cruiser* um 13.30 Uhr.

Die Tour ist auch in die andere Richtung möglich. Entweder in der Pham Ngu Lao Street in Saigon eine Tour durch das Mekongdelta über Chau Doc bis nach Phnom Penh buchen oder die Tour einfach selbstständig mit öffentlichen Verkehrsmitteln fahren. Auch in Chau Doc kann man noch eine organisierte Tour nach Phnom Penh buchen, z.B. im Thanh Tra Hotel. *Hang Chau Express* startet täglich in Chau Doc um 7.30 Uhr nach Phnom Penh.

Sammeltaxis und Express-Minibus

Da die Reisebusse sicherer, wesentlich bequemer und auch nicht teurer sind als die traditionellen Minibusse, in denen die Fahrgäste wie Sardinen eingepfercht werden, fahren Ausländer nur noch selten mit Sammeltaxis. Bei den Einheimischen sind sie nach wie vor beliebt. Für die Sammeltaxis in die Provinz gibt es verschiedene Abfahrtsplätze in der Stadt. Die Preise entsprechen in etwa denen der Reisebusse. In Phnom Penh gibt es keinen zentralen Busbahnhof. Jede Gesellschaft hat ihren eigenen Terminal.

Auf vielen Strecken haben sich jetzt **„Express"-Minibusse,** meist ein Ford Transit mit 15 Sitzplätzen, etabliert. Sie fahren vor allem nach Siem Reap, Sihanouk Ville und nach Senmonorom (Mondulkiri) sowie Banlung (Rattanakiri) und sind deutlich schneller als Reisebusse, dafür etwas teurer. Aber der oft risikoreiche Fahrstil der Khmer erhöht die Unfallgefahr erheblich. Tickets am besten in der Unterkunft oder im Reisebüro organisieren.

- **Sorya Bus- und Taxibahnhof** am Zentralmarkt *(Psah Thmay),* Taxis nach Kompong Chhnang, Kompong Cham, Kompong Thom, Kompong Speu und Pursat.
- **Psah Thmay** (nordwestlich des Marktes, Nähe Ecke Monivong/118. Straße). Hier starten die Taxis nach Battambang und Tbeng Meanchey.
- **Psah Dumkor** (Ecke Mao Tse Tuong/ Monireth): nach Takeo, Kampot und Kompong Trach.

Taxi

- An den Abfahrtsplätzen der Sammeltaxis, vor den 4- und 5-Sterne-Hotels oder über die meisten Rezeptionen lassen sich unbürokratisch Taxis mieten. Ein Taxi mit Fahrer sollte zwischen 30 und 50 $ am Tag kosten, vorher klären, ob Benzin eventuell extra bezahlt werden muss.
- **Taxiunternehmen** siehe unter „Stadtverkehr, Taxis und Mietwagen".

Boot nach Siem Reap

Der Passagierhafen (Floating Port) für die **Speedboote** liegt am Tonle Sap nördlich der Riverfront (nähe Hauptpostamt).

Nur noch unregelmäßig, in der Trockenzeit bei niedrigem Wasserstand gar nicht, fahren Speedboote nach Siem Reap. Die einst sehr beliebte und landschaftlich reizvolle Fahrt wird immer weniger gebucht, da die meisten Traveller die günstigen Busse für 5 $ dem 35 $ teurem Boot vorziehen. Informationen entweder im G.H. oder direkt am Hafen. Luxuriöse, mehrtägige Kreuzfahrten auf der Strecke bietet *Companie Fluviale du Mékong* (www.cfmekong.com).

Phnom Penh Umgebung

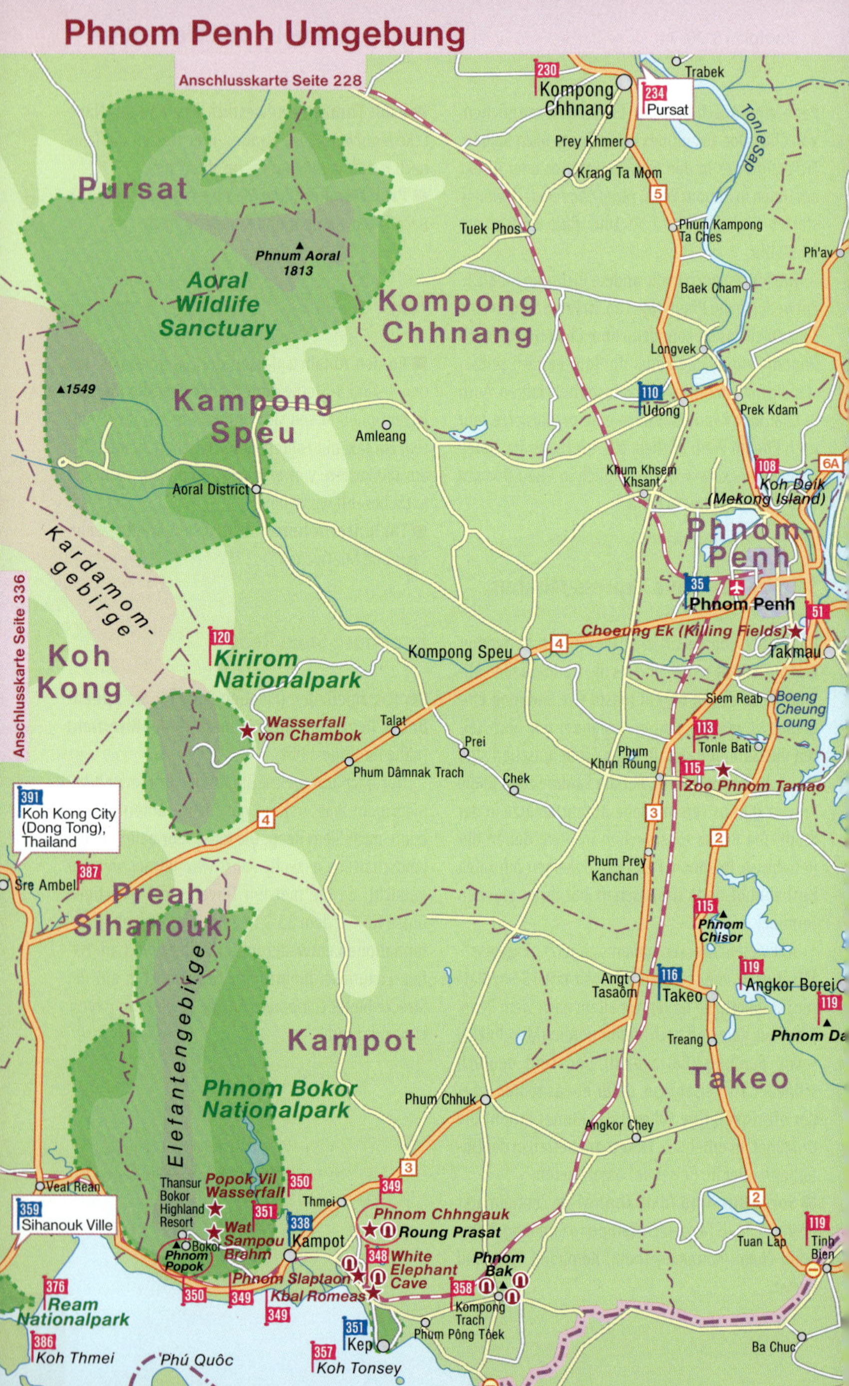

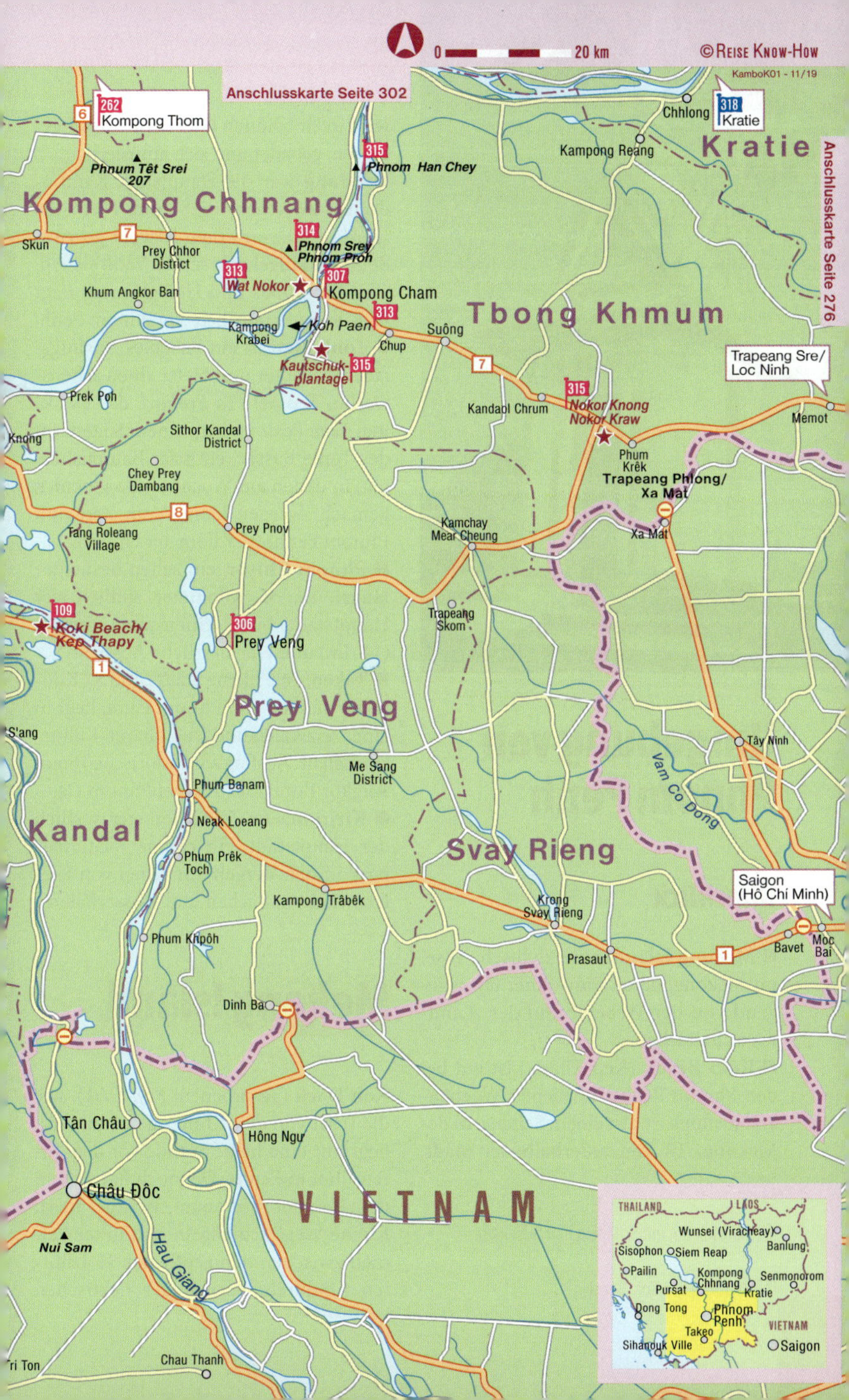

0 20 km
© Reise Know-How
KamboK01 - 11/19
Anschlusskarte Seite 302
Anschlusskarte Seite 276
262 Kompong Thom
318 Kratie
Phnum Têt Srei 207
Phnom Han Chey
Kompong Chhnang
Kratie
Chhlong
Kampong Reang
Skun
Prey Chhor District
Phnom Srey Phnom Proh
313 Wat Nokor
307 Kompong Cham
Khum Angkor Ban
Kampong Krabei
Koh Paen
Tbong Khmum
Suông
Chup
Kautschuk-plantage
Trapeang Sre/ Loc Ninh
Prek Poh
Kandaol Chrum
315 Nokor Knong Nokor Kraw
Memot
Knong
Sithor Kandal District
Chey Prey Dambang
Phum Krêk
Trapeang Phlong/ Xa Mat
Xa Mat
Tang Roleang Village
Prey Pnov
Kamchay Mear Cheung
109 Koki Beach/ Kep Thapy
306 Prey Veng
Trapeang Skom
Prey Veng
S'ang
Tây Ninh
Vam Co Dong
Me Sang District
Phum Banam
Kandal
Neak Loeang
Phum Prêk Toch
Svay Rieng
Kampong Trâbêk
Krong Svay Rieng
Saigon (Hô Chí Minh)
Phum Khpôh
Prasaut
Bavet
Moc Bai
Dinh Ba
Tân Châu
Hông Ngu
Châu Đôc
VIETNAM
Nui Sam
Hau Giang
Chau Thanh
Tri Ton
THAILAND
LAOS
Wunsei (Viracheay)
Banlung
Sisophon
Siem Reap
Pailin
Kompong Chhnang
Senmonorom
Pursat
Kratie
Dong Tong
Phnom Penh
Takeo
Sihanouk Ville
Saigon

615ka an

Umgebung von Phnom Penh

Überblick

- **Mekong Island,** eine idyllische Insel im Mekong, deren Einwohner überwiegend von der Weberei und der Landwirtschaft leben.
- **Koki Beach** (Kep Thapy) ist ein bei den Phnom Penhern beliebter Wochenendausflugsort. An einem Seitenarm des Mekong, 18 km außerhalb der Stadt, wird in Holzhütten über dem Wasser gegessen, gebadet und sich amüsiert.
- **Udong** war die Hauptstadt Kambodschas zwischen 1618 und 1866. Sie wurde 1601 von König *Sorypor* gegründet. Der Hügel mit seinen zahlreichen, riesigen Stupas und Heiligtümern liegt 45 Kilometer nördlich von Phnom Penh.
- **Tonle Bati** ist ein beliebtes Ausflugsziel der Städter und bietet einen sehenswerten Tempel *(Ta Prohm)*, das Denkmal *Yeay Peau* und, an einem Seitenarm des Tonle Bassac, ein paar Bambushütten, in denen am Wochenende Picknick gemacht werden kann. Vom Zentrum Phnom Penhs 31 Kilometer entfernt.
- **Phnom Chisor,** ein selten besuchter Hügel, ca. 55 Kilometer südlich der Hauptstadt, bietet einen alten Tempel (11. Jh.) und eine herrliche Aussicht.
- **Takeo,** eine kleine Stadt rund 87 Kilometer südlich von Phnom Penh, liegt in einer reizvollen und fruchtbaren Kulturlandschaft. Ausflug zur historischen Stadt Angkor Borei und Tempel Phnom Da.
- **Kirirom,** etwa 140 Kilometer westlich der Hauptstadt, ein ruhiger Nationalpark in den Bergen, umgeben von Kiefernwäldern, Bächen und Wasserfällen.

⌃ Mausoleum mit Schädeln und Gebeinen

› Zentrum von Koki Beach

Mekong Island

Koh Dach (gesprochen: *Koh Deik*), wie die Insel von den Khmer genannt wird, liegt nur eine halbe Stunde vor den Toren Phnom Penhs. Dennoch hat sich an dem Reiz der Insel kaum etwas geändert. Kleine Wege schlängeln sich unter Palmen zwischen den gepflegten Holzhütten hindurch. Fernab der hektischen

Großstadt herrscht hier noch Idylle. Mönche ziehen morgens barfuß von Haus zu Haus, Kühe liegen faul im Schatten und fröhliche Kinder scherzen mit den Fremden; eine kleines Paradies. Neben der Landwirtschaft leben die Menschen vor allem von der Weberei. Hergestellt werden Kramas und Sarongs aus Wolle und Seide. Das Gegenteil zu der industriellen „Viehhaltung" in den Textilfabriken der Stadt. Interessant sind die Webstühle unter vielen Hütten, an denen auch Männer arbeiten. Die Produkte können direkt vom Erzeuger gekauft werden. Sieben, zum Teil prächtige und gepflegte Pagoden, gibt es auf der Insel. Ein nettes kleines G.H. mit Restaurant ist **Bonnivoit Garden**① (Tel. 012/ 222583), das zwei Zimmer mit Doppelbett zu bieten hat. Liegt im Norden der Insel in Khaday Chah.

Guest Houses und Reisebüros, aber auch die Boote an der Riverfront bieten Ausflüge dorthin an. Echte Sportler können die Tour natürlich mit dem Fahrrad unternehmen. Über die Chruoy-Chang-Var-Brücke nach Preh Leap, dort am Mekongufer entlangfahren und nach der Fähre nach Koh Deik Ausschau halten. Angelegt wird am Südende der Insel. Nach etwa 5 km erreicht man das Nordende bei dem Dorf Khaday Chah. Von hier aus verbinden mehrere kleine Fähren die Insel mit dem Festland.

Koki Beach (Kep Thapy)

Wer das Wochenendleben der Phnom Penher studieren und dazu in einer kleinen Hütte über dem Wasser relaxen möchte, sollte es nicht versäumen, dieses marktähnliche Treiben am Samstag und Sonntag zu besuchen.

In der Umgebung vermieten Einheimische ihre Hütten, die auf Stelzen über dem Wasser stehen, an Gäste und versorgen sie mit Essen und Trinken.

617ka an

Um keine falschen Erwartungen zu wecken: Koki Beach ist kein idealer Badestrand. Baden ist zwar möglich, doch das gesundheitlich unbedenkliche Wasser ist oft trüb und entspricht nicht unseren Vorstellungen von einer romantischen Bademöglichkeit. Dafür können aber Bootstouren unternommen werden.

Das **Essen** ist etwas teurer als in Phnom Penh, doch werden hier auch echte kambodschanische Spezialitäten serviert. An Fischgerichten ist zu empfehlen *trey roah* (meist als Suppe) oder *trey ondein* und *trey kragn.* Auch ein begehrtes kambodschanisches Festtagsessen, das *muan doth,* ein Hühnergericht, bekommt man in Koki (siehe Kapitel „Essen und Trinken"). Mit den Preisen ist man dort jedoch nicht zimperlich, weshalb es vor Ort wichtig ist, diese vorher unmissverständlich abzuklären.

Essen und Trinken

■ Ein lohnendes Ziel, um dem Stress der Hauptstadt zu entkommen, ist das **Restaurant „Le Jardin des Reves".** Zwei künstliche Seen von Palmen gesäumt laden zu einem entspannten Wochenendausflug mit Bootsfahrt und Möglichkeit zum Angeln ein. Liegt in Richtung Koki (RN 1), aber schon nach ca. 5 km hinter Phnom Penh, dort, wo die Straße breiter wird, biegt man rechts bei einer Tankstelle ab. Nach 2 km liegt rechts der gepflegte Park von *Le Jardin des Reves.*

Anreise

■ Das Zentrum von Koki Beach liegt 18 Kilometer südöstlich von Phnom Penh. Der Weg führt über die Monivong Brücke und anschließend entlang der RN 1 Richtung Saigon.

Udong

Bereits kurz vor Udong bietet sich in dem Ort **Prek Kdam,** an dem sich eine Brücke über den Tonle Sap spannt, ein kleiner Zwischenstopp an. Der überwiegende Teil der in diesem Ort lebenden Bevölkerung gehört den moslemischen Cham an. Interessant und lehrreich ist

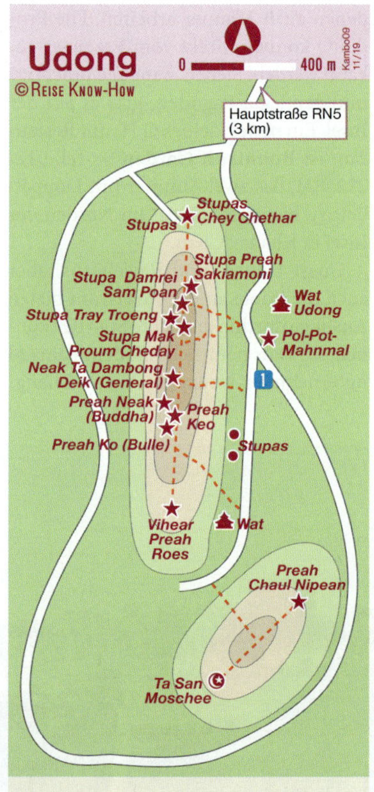

der Besuch des **Silberschmiede-Dorfes Prek Kolam** auf der anderen Seite des Tonle Sap.

In ein paar Minuten hat man von hier aus die kleine Stadt Udong erreicht. Ziel ist der deutlich sichtbare Hügel auf der linken Seite, der von der hier lebenden Bevölkerung **Phnom Udong** genannt wird. Am Fuße dieses Hügels lag zwischen 1618 und 1866 die Hauptstadt Kambodschas. Auch König Norodom wurde hier gekrönt. Auf den zwei Erhebungen, die durch einen Grat verbunden sind, stehen Stupas, Heiligtümer, Pagoden und eine Moschee. Vieles ist in den Jahren 1974/75 zerstört oder schwer beschädigt worden. Bevor die Roten Khmer Phnom Penh eroberten, kontrollierten sie diesen strategisch wichtigen Berg. Deshalb war er immer wieder Ziel von Luftangriffen des Lon-Nol-Militärs. Was durch die Bombenabwürfe noch nicht zerstört war, versuchten die Soldaten Pol Pots nach ihrer Machtübernahme zu vernichten.

Der beste **Aufstieg** liegt an der östlichen Seite. Hier gibt es Essensstände und eine Pagode. Nebenan rottet das Mahnmal an die Opfer der Roten Khmer, in dem einige Gebeine aufgebahrt sind, unbeachtet vor sich hin. Von hieraus führt eine breite Treppe mit Nagabalustrade vorbei an zwei Teichen mit Lotusblumen und Fischen, in 10 Minuten hinauf zur **Stupa Preah Sakiamoni.** Sie wurde 2001 errichtet und ist ca. 55 Meter hoch. Ein Knochen Buddhas, den einst König Sihanouk von Indien geschenkt bekam, fand hier einen würdevollen Platz.

Von hier oben hat man eine wunderbare Aussicht auf die typische kambodschanische Landschaft, mit ihren schachbrettartigen Reisfeldern und dazwischen Zuckerpalmen, die wie Pusteblumen aussehen.

Nur wenige Meter südlich der Preah Sakiamoni Cheday steht die **Stupa Damrei Sam Poan.** Sie ist das Grab des Königs *Soryopor* (1601–18) des Gründers von Udong. Diese Anlage wurde von seinem Nachfolger König *Chey Chethar II.* (1618–26) für ihn errichtet. Am nördlichsten Ausläufer des Hügels befinden sich die Stupas, in denen die Asche seiner Familie aufbewahrt wird.

Khmer-Silber

Die Silberverarbeitung hat eine lange Tradition im kambodschanischen Kunsthandwerk. Die Blütezeit war im 11. Jahrhundert, als vor allem der Königshof in Angkor und reiche Familien Silberwaren für Zeremonien, Beerdigungen und religiöse Rituale verwendeten. Die Technik der Herstellung dieser reich verzierten Filigranarbeiten wird seit Generationen vom Vater an die Söhne weitergegeben. Vorlage für die oftmals schwierigen Motive sind häufig die Halbreliefs der Angkor Tempel. Hergestellt werden Silberkästchen, Urnen, buddhistische Figuren, Chopsticks, Besteck und Schmuck.

Die größte Konzentration von Silberschmieden befindet sich in der näheren Umgebung der alten Königstadt Udong (z.B. Prek Kolam), wo etwa 120 Familien von der Verarbeitung leben. Sie verkaufen ihre Waren in erster Linie an Zwischenhändler aus Phnom Penh. Doch seitdem immer mehr Touristen die interessanten Werkstätten besuchen, können sie ihre hochwertigen Arbeiten auch direkt verkaufen und somit ihre Einkünfte verbessern.

614ka an

Stupa Mak Proum Cheday

Die mittlere Stupa, **Tray Troeng,** wurde 1891 von König *Norodom* für seinen Vater, *Ang Duong,* erbaut, der 1845–59 regierte. Sie ist zwar schwer beschädigt, doch man erkennt noch Teile der blauen Kacheln, mit der sie früher verziert war.

Die südlichste der vier großen Stupas, auf dem Rücken des Hügels, ist die **Mak Proum Cheday.** Hier wird die Asche von König Monivong aufbewahrt. Er regierte in Phnom Penh 1927–41.

Steigt man von den drei Stupas den Rücken Richtung Süden hinab, kommt man zu einem **Steinhaus,** in dem *Neak Ta Dambong Deik,* ein ehemaliger General mit auffällig arabischen Gesichtszügen, sitzt. Von ihm erzählt eine Legende, dass er im Krieg mit Thailand die meisten seiner Soldaten bereits verloren hatte. Von der Vision besessen, weiter mit seinen geliebten Soldaten gegen die überlegenen Thais kämpfen zu müssen, nahm er sich selber das Leben, um im Jenseits seine Armee weiterzuführen.

Der Weg geht zunächst weiter bergab. Nach einem kurzen Anstieg steht man auf einer ebenen Fläche mit **drei Steinhäusern.** Die mächtigen Mauern des ersten Heiligtums bieten dem meditierenden Buddha, *Preah Neak,* der von einer Naga bewacht wird, Schutz vor der Witterung. Im zweiten Haus sitzt in Form eines Buddha der König *Preah Keo.* Im dritten Haus die Statue des heiligen Bullen *Preah Ko.* Einer Sage nach sollen Preah Keo und Preah Ko von derselben Mutter geboren worden sein.

Weiter dem zunehmend flacher werdenden Grat folgend, stößt man auf die mächtige **Ruine Vihear Preah Roes** („Tempel des neun Meter großen Buddhas"). Dieses Heiligtum wurde 1911 von König Sisowath eingeweiht und 1977 von den Roten Khmer gesprengt. Hinter den meterdicken Wänden, in denen immer noch die Einschusslöcher des Bürgerkrieges zu sehen sind, versteckt sich im Inneren ein meditierender Buddha auf einer Naga-Schlange. Auf der östlichen Seite, unterhalb der Vihear Preah Ath Roes, liegt eine kleine Pagode.

Vom Sattel zwischen den zwei Hügeln führt auf den niedrigeren, südöstlichen Gipfel eine Treppe hinauf. Auf der rechten Seite stand einst die **Ta-San-Moschee,** deren Zerstörung ebenfalls ein Werk der Khmer Rouge war. Die zahlreichen Cham aus der näheren Umgebung haben hier wieder ein Heiligtum errichtet. Von hieraus ist die Skyline von Phnom Penh gut erkennbar.

Auf der linken Seite findet man die Überreste des buddhistischen Heiligtums **Preah Chaul Nipean,** das einst ebenfalls einen großen Buddha beherbergte und Opfer der Zerstörungswut der Roten Khmer wurde.

Anreise

■ Udong liegt 45 Kilometer nördlich von Phnom Penh an der verkehrsreichen RN 5 Richtung Battambang. Eintritt 1 $. Wegen des vielen Verkehrs ist die Anreise mit Motodup oder Tuk Tuk nicht wirklich empfehlenswert, es sei denn, der Fahrer kennt die kleinen, lohnenden Nebenstraßen über das Land. Viele Guest Houses organisieren Ausflüge dorthin. Grashoppers bietet MTB-Touren nach Udong an. Am Wochenende und Feiertagen herrscht hier marktähnliches Treiben; deutlich entspannter sind die Werktage.

Tonle Bati

Tonle Bati war ein beliebter Ausflugsort südlich von Phnom Penh, der heute von den Khmer nur noch wenig besucht wird. Mit einem Auto oder Moped kann man ihn in einer Stunde erreichen. Er liegt in einer weiten fruchtbaren Reisebene mit den charakteristischen schlanken Zuckerpalmen. An einem Seitenarm des Tonle Bassac ziehen der Tempel Ta Prohm, das Denkmal Yeay Peau und die Hütten und Restaurants am Bati Fluss hauptsächlich Touristen an. Eintritt: 3 $! Tuk Tuk von Phnom Penh zwischen 20 und 30 $.

Ta Prohm

Dieses Heiligtum wurde von König *Jayavarman VII.* (1181–1218) an der Stelle eines aus dem 6. Jahrhundert stammenden Altars erbaut. Die Ruine des aus Laterit errichteten Tempels befindet sich in gepflegtem Zustand. Auch wenn Ta Prohm in keiner Weise mit den Bauwerken in Angkor verglichen werden kann, so gibt er doch einen eindrucksvollen Einblick in die damalige Architektur und Symbolik.

In dem Tempel halten sich **alte Männer und Frauen** auf, denen die Bewachung und Betreuung je eines Heiligtums obliegt und die den Besuchern die Zukunft vorhersagen. Sie nehmen Opfergaben für Buddha entgegen, segnen den Spender und bekommen dafür ein paar Riel. Dies ist eine Art kambodschanische Altersversorgung in einem Land, das keine Sozialversicherung kennt.

Der Haupteingang führt durch das Osttor, in dem der geköpfte Buddha *Kong Dschum* sitzt. In der Mitte dieser parkähnlichen Anlage erhebt sich das aus fünf Räumen bestehende **zentrale Heiligtum** des Tempels, das aus Sandstein besteht. Gut erhaltene, aber etwas schlichtere Apsaras als in Angkor Wat. Halbreliefs am Eingang zeigen verschiedene Könige mit ihren Frauen, Buddha beim Übergang ins Nirwana und einen sechsarmigen Vishnu. Die fünf Altäre im In-

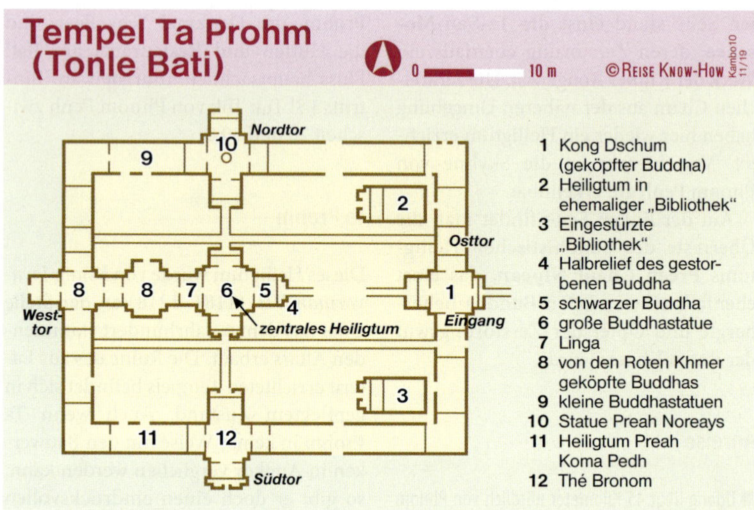

neren bestehen der Reihenfolge nach aus zwei kompletten Buddhastatuen, einer Linga (phallisches Symbol Shivas) und zwei angeblich von den Roten Khmer enthaupteten, Buddhas. In den Nischen, Nebeneingängen und der ehemaligen Bibliothek liegen weitere buddhistische Heiligtümer, die vor allem aus Überresten zerstörter Statuen bestehen.

Das Portal des **Nordtors** ist der Standort *Preah Noreays,* einer leider schwer beschädigten Statue eines hinduistischen Gottes. In seinem Oberkörper sind kleine, meditierende Buddhas eingemeißelt. Frauen bitten hier für sich um Fruchtbarkeit.

Yeay-Peau-Denkmal

Auf dem Gelände der Wat Tonle Bati liegt ein kleiner, aus Sandstein errichteter Turm. Er wurde zu Ehren der Mutter *Yeay Peau* des Königs *Ta Prohm* erbaut. Diebstahlgesichert sitzt sie in Form eines Buddhas mit weiblichen Gesichtszügen hinter einem Eisengitter.

Um die Beziehung zwischen dem König Prohm und seiner Mutter *Peau* rankt sich eine **Legende:**

Während der Zeit Angkors kam der König *Preah Ket Mealea* auf einer Reise an Tonle Bati vorbei. Dabei sah er eine wunderschöne Frau namens Peau mit langen, wohlriechenden Haaren. Er verliebte sich in sie, und Peau wurde bald schwanger. Da der König vor der Geburt seines Kindes wieder in Angkor sein musste, vereinbarte er mit der Mutter, wenn das Kind ein Junge würde, werde er ihn nach Angkor holen, ein Mädchen aber dürfe mit Peau aufwachsen. Das Kind war ein Junge, und die Mutter nannte ihn Prohm.

Als der Bub alt genug war, wurde er nach Angkor geschickt und lebte dort mit seinem Vater. Nach einigen Jahren bekam der junge Mann jedoch Sehnsucht nach seiner Mutter und fuhr mit der Erlaubnis des Vaters nach Tonle Bati. Peau war, seitdem ihr Sohn nach Angkor gegangen war, nicht um ein Jahr gealtert, weshalb Prohm sie nicht als seine Mutter erkannte, sich in sie verliebte und sie bat, seine Frau zu werden. Sie weigerte sich, doch ihr Sohn ließ nicht locker. Deshalb überlegte sie sich einen Plan.

Sie schlug vor, dass jeder von ihnen einen Tempel bauen müsse, und wer zuerst fertig sei, dessen Wunsch müsse der andere akzeptieren. Peau gewann die Wette, und ihr Sohn erkannte sie als seine Mutter an.

Wat Tonle Bati

Vor dem Yeay-Peau-Denkmal steht diese geschmackvoll renovierte Pagode, in deren Inneren farbenprächtige Bilder aus dem Leben Buddhas erzählen. Über dem Altar thront ein riesiger Buddha, zu dessen Füßen eine Menge kleiner Nachbildungen stehen. In der Wat unterrichtet ein alter Musiklehrer Waisenkinder an traditionellen Khmerinstrumenten. Wer Glück hat, kann bei einer dieser interessanten Übungsstunden in der hübschen Pagode dabei sein.

Zoo Phnom Tamao Wildlife Rescue Center

Mitten auf dem Land ist ein weitläufiges Gehege mit zahlreichen Tierarten aus Asien eingerichtet worden. Auch wenn es nicht mit Wildparks in Afrika oder dem Standard der Zoos in Europa verglichen werden kann, ist dieser Tierpark einen Besuch wert. Neben Elefanten, Tigern, Löwen, Affen, Krokodilen, vielen Raubtieren, Rehen, Hirschen und Bären, begeistern vor allem die Kolonien der farbenprächtigen Tropenvögel. Der Eintritt beträgt 5 $. Essens- und Getränkestände beim Ausgang und im Zoo.

■ **Anreise:** Ein paar Kilometer hinter Tonle Bati. Auf der rechten Seite steht ein großes Schild, auf dem Tiere abgebildet sind. Dort rechts abbiegen und noch ca. 5 Kilometer fahren. Ausflüge in Verbindung mit Tonle Bati und Phnom Chisor können in den Guest Houses und Reisebüros in Phnom Penh gebucht werden.

Phnom Chisor

In der weiten Ebene ist dieser kahle Berg, auf dessen Rückseite die Tempel stehen, schon von ein einiger Entfernung aus zu sehen. Über zwei Betontreppen kann der Phnom Chisor bestiegen werden. Am häufigsten benutzt wird der Aufgang bei der Schule des Dorfes **Trabeang Srong.** Der andere Aufgang beginnt im Nordwesten bei einem Steinbruch.

An der östlichen Seite des Gipfels stehen eine halb zerstörte **Pagode,** ein Sala und die Wohnungen einiger Mönche. Anfang der 1970er Jahre diente der Berg den Roten Khmer als strategischer Punkt bei der systematischen Einkesselung der Hauptstadt. Deshalb bombardierten Lon Nols Soldaten die Stellungen auf dem Hügel vom Hubschrauber aus. Was dann noch nicht vernichtet war, wurde schließlich von den Khmer Rouge zerstört.

Hinter der Pagode befinden sich die Ruinen des im 11. Jahrhundert von *Suryavarman I.* erbauten **Tempels Suryagiri.** Die Außengalerie, die teilweise noch erhalten ist, besteht aus Laterit mit Fensterstürzen auf der Innenseite aus Sandstein, die durch fünf verzierte, ebenfalls aus Sandstein bestehende Säulen, vergittert waren. Im Inneren standen mindestens fünf Ziegeltürme, in denen die Altäre untergebracht waren. Die Eingangsportale waren aus Sandstein und mit Steinmetzarbeiten verziert. In einem der noch erhaltenen Türme steht ein Lingam (Symbol Shivas), in einem anderen die Statue eines „bärtigen Typen", dessen Bedeutung unklar ist.

Das Zentralheiligtum steht in der Mitte und besteht aus zwei baufälligen Türmen. Einer wurde notdürftig mit Beton geflickt, der höchste ist eingestürzt und mit Wellblech abgedeckt. In ihm ist ein kleiner Altar errichtet, der mit Buddhafiguren und Totenfahnen geschmückt ist. Auch Wahrsager trifft man dort an.

Vom östlichen Haupteingang des Tempels blickt man über eine **große Treppe** mit angeblich 400 Stufen hinab zu der Ruine des Tempels Sen Thmul am Fuß das Phnom Chisor. Noch etwas weiter Richtung Osten erkennt man noch einen weiteren Tempel mit Namen *Sen Rveang.* Den Abschluss dieser zusammenhängenden Bauwerke bildet der rechteckige See Tonle Om. Von dort beginnt ein noch gut zu erkennender Weg, der durch die beiden Tempel und über die große Treppe hinauf zu den Ruinen von Suryagiri führt. Hinduistische Rituale, die im 11. Jahrhundert auf dem Phnom Chisor abgehalten wurden, begannen mit einer Prozession am Tonle Om, von wo aus die Brahmanen (hinduistische Priester) durch die zwei Tempel und die große Treppe auf den Berg pilgerten.

Wer noch einen wunderbaren Blick über die Reisfelder genießen möchte, der sollte den kurzen Aufstieg zu einem der beiden Gipfel mit **Aussichtskanzel** nicht scheuen. Oben auf dem Phnom Chisor gibt es Getränkestände. Eintritt 3 $.

Anreise

- Der Straße RN 2 Richtung Takeo folgen. Nach ca. 50 Kilometern erreicht man das Dorf **Neang Khmao** (schwarze Frau). Hier stehen zwei von der Straße aus nur schwer erkennbare Türme (Prasats) aus Ziegelstein, die wahrscheinlich aus derselben Zeit stammen wie die Bauwerke auf dem Phnom Chisor. In dem größeren Prasat wird die Statue des *Bodhisattvas Maitreya* verehrt. Am Eingang stehen die in Stein gehauenen Reste der Neang Khmao. Ca. 50 freundliche Mönche leben in der Pagode.
- Nach knapp 2 km links beim Wegweiser zum Tempel abbiegen. Der Besuch kann in den Unterkünften, Reisebüros und bei jedem Tuk Tuk-Fahrer in Phnom Penh gebucht werden. Tuk Tuk in der 172. Backpacker Street, 50 $.

Takeo

Takeo ist die **Hauptstadt** der gleichnamigen Provinz mit knapp 1 Mio. Menschen. Die geschäftige Kleinstadt ist von einer lieblichen Kulturlandschaft umgeben. Paradiesische Dörfer mit fruchtbaren Gärten unter Zuckerpalmen, umschlossen von kleinen Reisfeldern. Die freundlichen Menschen leben überwiegend von der Landwirtschaft – Reis, Obst, Gemüse, Vieh- und Entenzucht. Vor den Toren der Stadt haben sich kleine Textilfabriken angesiedelt.

Im **Stadtzentrum,** um den Markt herum, herrscht hektisches Treiben und Handeln. Touristisch interessant ist jedoch der alte Hafen **Kompong Tuk,** wo es wesentlich entspannter zugeht. Viele vom Bürgerkrieg zerstörte Lagerhallen und Gebäude wurden dort noch nicht restauriert, auch der Markt macht einen heruntergekommenen Eindruck. Hier ist ein Stück Geschichte Kambodschas konserviert, denn so ähnlich haben Mitte der 1990er Jahre noch fast alle Innenstädte des Landes ausgesehen. Am Quai beginnt der Kanal Nr. 15, der in den Fluss Takeo übergeht und durch ein weites, in der Regenzeit überflutetes Reisanbaugebiet führt. An der Grenze zu Vietnam, bei dem Ort Chau Doc, fließt er in den Tonle Bassac, wodurch Takeo mit dem Mekong-Delta und dem Meer ver-

Kanal Nummer 15 – Takeos Handelsverbindung mit Vietnam

Schon während der Funanzeit (300 n. Chr.) wurden rund um Angkor Borei Kanäle gebaut, um in der Region besser Handel treiben zu können. Der Kanal Nummer 15 entstand allerdings erst in den 1980er Jahren und sollte zum einen die Stadt Takeo mit Vietnam verbinden und zum anderen der Bewässerung der Reisfelder in der Trockenzeit dienen. Vor allem der Handel mit Waren, die aus Vietnam eingeführt werden (insbesondere landwirtschaftliche Erzeugnisse), floriert immer noch, wovon man sich am besten im Warenhafen Kompong Krom in Takeo überzeugen kann.

- Bauzeit: 1986–1989
- Kanallänge: 19,7 km
- Breite: 30 Meter
- Tiefe: 4 m
- 25.000 Menschen waren mit dem Bau beschäftigt

bunden ist. Im neuen Handelshafen **Kompong Krom,** wo die Waren aus Vietnam gelöscht werden, geht es deutlich hektischer zu. Er liegt 1 km südwestlich. Zu den Sehenswürdigkeiten der Stadt gehört auch der mit Seerosen und Lotus bedeckte **Boeng Takeo** (Takeo See), der nördlich des alten Hafens beginnt.

Takeo ist Ausgangsort für den durchaus lohnenden Besuch der quirligen Hafenstadt **Angkor Borei** und des Tempels **Phnom Da,** der unbedingt mit dem Boot von hier aus unternommen werden sollte.

Stadtverkehr

- Insbesondere am Markt, aber auch im Rest der Stadt gibt es Motorradtaxis und Tuk Tuks. An der Nordseite des Marktes kann man Autotaxis mieten.

Unterkunft

1 **Vathanak G.H.**① (Tel. 092/127945). Gepflegte Villa an der Uferpromenade des Takeo See.

2 **Nita G.H.**① (Tel. 097/7492491). Einfache Unterkunft ebenfalls direkt am Hafen.

3 **Daunkeo G.H.**① (Tel. 032/210303, www.daunkeo.com). Hübsche kleine Hotelanlage mit Restaurant direkt am alten Hafen. Gute Unterkunft mit schönem Blick vom Balkon über den am Horizont verschwindenden Kanal.

Essen und Trinken

- Kulinarisch ist Takeo eher eine Wüste. Verhungern muss aber niemand, denn auf einem Kilometer zwischen dem Markt und dem Independence Monument gibt es jede Menge namenloser **Garküchen und Essensstände.**

4 Beliebt ist das rustikale Khmer Restaurant **Stoeng Takeo** auf Stelzen über dem Wasser im alten Hafen. Wie in traditionellen einheimischen Restaurants kosten hier fast alle Gerichte dasselbe: 3 $.

Anreise und Weiterreise

- **Entfernungen in Straßenkilometern nach:**

Phnom Penh über RN 2:	78
Kampot über RN 3:	85
Phnom Chisor:	26

■ **Taxi:** An der Nordseite des Marktes warten Sammeltaxis auf Mitfahrer nach Phnom Penh, 3 $ pro Person.

Nach Kampot fahren vom Markt aus nur wenige Taxis. Die einfachste Möglichkeit ist es, sich mit dem Motorradtaxi oder Tuk Tuk nach Ta Soam an der RN 3 bringen zu lassen (15 km, ca. 2 $.) und dort auf ein Sammeltaxi oder Bus nach Kampot zu warten.

■ **Bus:** *Phnom Penh Sorya* und *Hour Lean* unterhalten täglich mehrere Verbindungen zwischen Takeo und Phnom Penh. Abfahrt in Phnom Penh am Psah Thmei (Zentralmarkt), in Takeo am Markt. 2 $, 2 Std. Fahrzeit.

Grenzübergang nach Vietnam Phnom Den/ Tinh Bien

Von Touristen wenig benutzer Grenzübergang. Die gut ausgebaute Straße von Takeo nach Phnom Den führt 43 km entlang der RN 2 durch eine Region, die von Reisfeldern und Karsthügeln dominiert wird. Die Fahrt muss man selber organisieren (wird von Reisebüros nicht angeboten).

Am Markt von Takeo lassen sich verschiedene Möglichkeiten finden, um zum Grenzort **Dun Loap** (43 km), 7 km vor der Grenze, zu gelangen. Auch Tuk Tuks und Motodups bieten ihre Dienste an. Verhandlungsbasis 10–15 $. Taxi 35 $.

Angkor Borei

Während der Funanzeit (ca. 300 n. Chr.) war dieser historische Ort ein wichtiges Handelszentrum. Er war von einer ca. 3 Meter hohen Stadtmauer umgeben, deren Verlauf z.T. heute noch sichtbar ist. Über ein genial ausgebautes Netz von Kanälen wurden Waren von Angkor Borei bis zum Meer und wahrscheinlich weiter bis nach Indien verschifft. Von Touristen wird der Ort mit seinem lebhaften Hafen noch selten besucht. In einem Gebäude am Fluss ist ein kleines aber interessantes Museum untergebracht, das von der europäischen Gemeinschaft finanziert wurde. Hier sind vor allem Statuen von Vishnu, Harihara (Vishnu und Shiva in einer Person) sowie Rama und Krishna aus der Phnom Da Periode (6.–7. Jahrhundert) ausgestellt. Außerdem gibt es einige Alltagsgegenstände aus Ton sowie Menschenknochen und Gebisse, die in umliegenden Gräbern gefunden wurden und über 2000 Jahre alt sein sollen, zu sehen.

■ **Anreise:** Auch wenn man mit Auto oder Moped nach Angkor Borei gelangen kann, sollte man es sich auf keinen Fall entgehen lassen, mit einem Boot vom alten Hafen Kompong Tuk über den Kanal 15, der zwischen Reisfeldern und Entenfarmen hindurchführt, anzureisen (23 km). Das öffentliche Sammelboot kostet 5 $ pro Person, ein Privatboot aus Fiberglas, in dem bis zu 6 Personen Platz haben, 35 $; die Fahrt geht über Angkor Borei bis Phnom Da und zurück. Bootsbesitzer erkennen potenzielle Kunden meist schneller als andersherum.

Eine Fahrt nach Angkor Borei sollte mit dem Besuch des **Tempels von Phnom Da** verbunden werden. Wer diese Tour an einem Tag unternehmen möchte, muss rechtzeitig in Phnom Penh aufbrechen.

Phnom Da

Über einen schmalen Seitenkanal, der von dem großen Fluss abzweigt, erreicht das Boot den Fuß des Phnom Da. Auf dem 100 Meter hohen Hügel steht ein quadratischer Turm aus dem 8. Jahrhundert. Er ist ca. 17 Meter hoch. Der untere Teil besteht aus Laterit, der Aufbau aus Ziegel. Die Kuppel ist eingestürzt, und im Inneren wird ein Shiva-Heiligtum von der einheimischen Bevölkerung verehrt. Der Turm ist umrahmt von prächtigen Frangipani-Bäumen.

■ **Anreise:** Siehe „Anreise Angkor Borei". Es besteht auch die Möglichkeit, von Angkor Borei aus mit dem Motodup für ein paar Dollar zum Phnom Da zu fahren.

Kirirom

Der Naturpark des Kirirom Plateau liegt auf etwa 800 Meter über dem Meer und umfasst ca. 35.000 Hektar. Da das Klima hier deutlich kühler ist als in Phnom Penh, war es schon immer ein **beliebtes Ferien- und Wochenenddomizil** für die von der Hitze geplagten reichen Städter. Berühmtestes Beispiel ist die verfallene Villa von Sihanouk. Während die Berghänge mit ursprünglichem Tropenwald bewachsen sind, dominieren ausgedehnte Kiefernwälder das Plateau.

Die hügelige Landschaft ist von einem Netz aus Straßen und Pfaden durchkreuzt, die zu den Sehenswürdigkeiten (überwiegend Wasserfälle – oder was die Khmer dafür halten) führen. Dort stehen einfache, offene Bambushütten, in denen die Einheimischen am Wochenende Picknick machen. Unter der Woche ist es hier sehr einsam, und außer einigen Einheimischen, die Pilze, Orchideen und Holz sammeln, ist kaum jemand unterwegs. Ob Europäer hier beim Trekking die Erfüllung finden, sei dahingestellt, doch zum Mountainbiken und Endurofahren eignen sich die Trails ideal. Doch ohne Guide ist es schwer, sich zurechtzufinden. Auch **Birdwatcher** kommen auf ihre Kosten. Wirklich spektakuläre Dinge gibt es nicht zu sehen. Die einzige Ausnahme ist der 40 m hohe Wasserfall bei Chambok, zu dem Fahrten mit Ochsenkarren und Trekking angeboten wird. Der Eintritt für Touristen in Kirirom kostet 5 $.

045ka an

Orientierung: Vom Ort **Treng Trajung** an der Schnellstraße nach Sihanouk Ville sind es 8 km zu der Kreuzung, an der der mondäne Kirirom Hillside Resort (s.u.) steht. Hier zweigt links eine kleine asphaltierte Straße ab und führt hinauf zum etwa 15 km entfernten Plateau. 100 m nach Beginn der Straße müssen die 5 $ Eintritt bezahlt werden. Ein unbefestigter Weg beginnt ebenfalls an dieser Kreuzung und führt in 8 km zum **Wasserfall von Chambok.**

Das großzügig angelegte **Kirirom Hillside Resort**③-④ (Tel. 016/590999) bietet Übernachtungsmöglichkeiten. Schöner Pool mit Sauna und Restaurant. Beste Basis, um Plateau und Wasserfall zu erkunden. Am Chambok Wasserfall liegt das **Romantic Café** mit Restaurant und G.H. www.romantic-cafe.org. Oben auf dem Plateau gibt es ein kleines einfaches Guest House.

Anreise: Am einfachsten mit einem der Busse von Phnom Penh nach Sihanouk Ville bis zu dem Ort Treng Trajung fahren (2½ Std.). Obwohl nur die Hälfte der Strecke zurückgelegt wird, kostet es trotzdem den vollen Fahrpreis von 5 $. Dort lassen sich problemlos Motodupfahrer finden, die Besucher zu den Zielen im Nationalpark bringen.

‹ Blüte der Passionsfrucht

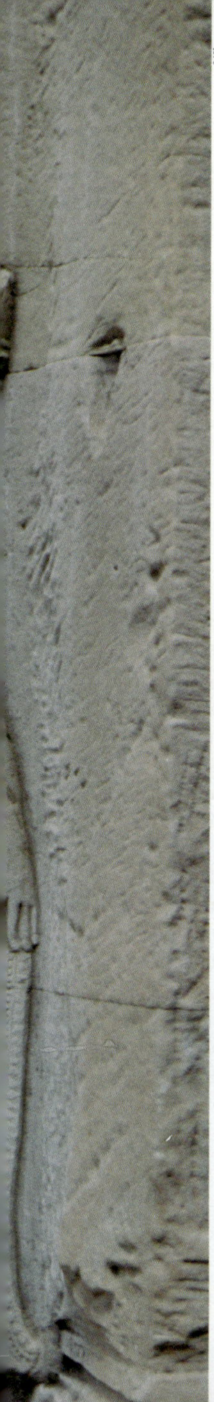

049ka an

2 Angkor und Umgebung

Der Besuch der Tempelanlage von Angkor ist wohl für die meisten Kambodschareisenden der Höhepunkt ihres Aufenthalts. Doch auch Siem Reap, Ausgangsort zum Besuch der Tempel, zieht mit seinen quirligen Märkten und intensivem Nachtleben die Touristen in seinen Bann.

< Zahllose Apsaras – königliche Tänzerinnen – zieren als Reliefs viele Tempel in Angkor

ANGKOR UND UMGEBUNG

Angkor ist zum Synonym eines zu Stein erstarrten Traumes geworden. Das Wort steht für eine mythische Hochkultur aus der Zeit der Jahrtausendwende, die nach ihrer Blütezeit im tropischen Urwald versank und zweimal, 1860 und 1992, wiederentdeckt wurde. Angkor Wat ist das größte religiöse Bauwerk der Erde, und seine Umgebung hat die dichteste Ansammlung von Tempeln auf der Welt. Es ist die Seele des Volkes der Khmer und wurde 1992 zum **Weltkulturerbe** erklärt.

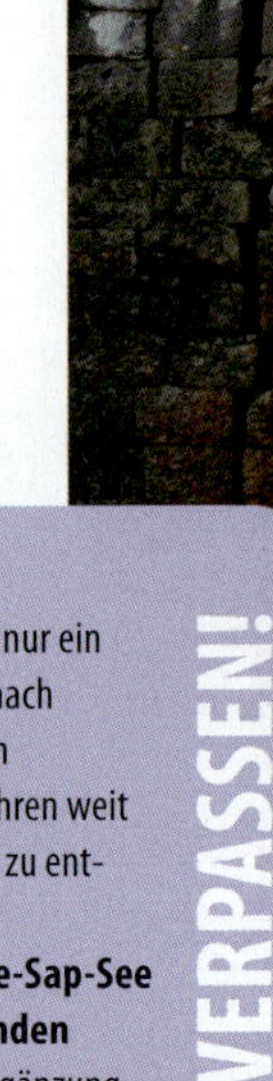

NICHT VERPASSEN!

- **Siem Reap** ist mehr als nur ein Ausgangsort zu Touren nach Angkor. Touristen mögen die Stadt, in der es mit ihren weit verzweigten Gassen viel zu entdecken gibt | 128
- Ein Abstecher zum **Tonle-Sap-See** mit seinen **Schwimmenden Dörfern** ist eine gute Ergänzung zum obligatorischen Angor-Besuch | 137
- **Angkor** mit seinen großflächigen Tempelanlagen ist Weltkulturerbe und magischer Anziehungspunkt für Touristen aus aller Welt | 169

Diese Tipps erkennt man an der gelben Hinterlegung.

[>] Tempelszene in Ta Prohm

Überblick

Seit ihrer Entdeckung durch den Franzosen *Henri Mouhot* haben die Ruinen tiefen Eindruck bei den Besuchern hinterlassen. Einzigartige Architektur der Tempel und die Lage inmitten eines verschwenderischen Urwaldes bringen selbst welterfahrene Kunstreisende wie auch hartnäckige Kulturbanausen zum Schwärmen.

Zwischen den historischen Ruinen existieren zwei Parallelwelten. Zum einen die der touristischen Heerscharen, zum anderen herrscht ein Leben, das sich seit Jahrhunderten nicht geändert zu haben scheint. Buddhistische Pilger besuchen die als riesige Mausoleen errichteten Tempel. In safrangelbe Roben gekleidete Mönche gehen ihren rituellen Aufgaben nach, und die Reisfelder werden wie eh und je mit Wasserbüffel und hölzernem Pflug bestellt. Grotesk ist dabei die Tatsache, dass der heutige Besucher diesen paradiesischen Zustand 20 Jahren grausamsten Bürgerkrieges verdankt. Ansonsten wäre auch Angkor schon, wie viele antike Bauwerke im Nachbarland Thailand, zu entwaldeten „Konsum"-Tempeln entwürdigt worden.

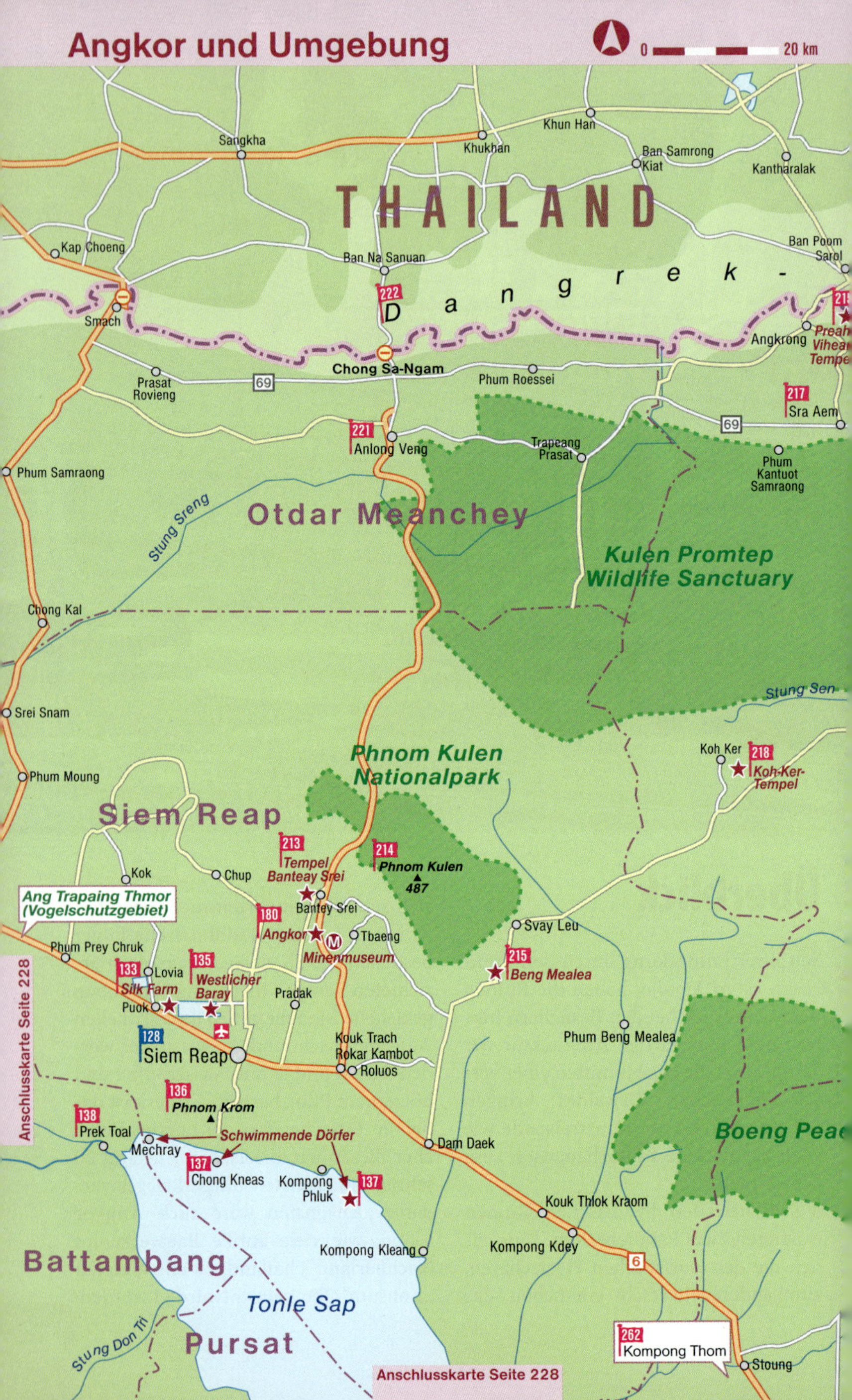

Angkor und Umgebung
0
20 km
THAILAND
Dangrek-
Sangkha
Khukhan
Khun Han
Ban Samrong Kiat
Kantharalak
Kap Choeng
Ban Na Sanuan
Ban Poom Sarol
Smach
222
Chong Sa-Ngam
Angkrong
Preah Vihear Tempel
Prasat Rovieng
69
Phum Roessei
217
Sra Aem
221
Anlong Veng
Trapeang Prasat
Phum Kantuot Samraong
Phum Samraong
Stung Sreng
Otdar Meanchey
Kulen Promtep Wildlife Sanctuary
Chong Kal
Srei Snam
Stung Sen
Phum Moung
Phnom Kulen Nationalpark
Koh Ker
218
Koh-Ker-Tempel
Siem Reap
213
Tempel Banteay Srei
214
Phnom Kulen
487
Kok
Chup
Ang Trapaing Thmor (Vogelschutzgebiet)
Banteay Srei
180
Angkor
Tbaeng
Minenmuseum
Svay Leu
215
Beng Mealea
Phum Prey Chruk
133
Lovia
Silk Farm
135
Westlicher Baray
Puok
Pradak
128
Siem Reap
Kouk Trach
Rokar Kambot
Roluos
Phum Beng Mealea
Anschlusskarte Seite 228
136
Phnom Krom
138
Prek Toal
Schwimmende Dörfer
Mechray
137
Chong Kneas
Kompong Phluk
137
Dam Daek
Boeng Peae
Kouk Thlok Kraom
Kompong Kdey
Kompong Kleang
6
Battambang
Tonle Sap
262
Kompong Thom
Stung Don Tri
Pursat
Stoung
Anschlusskarte Seite 228

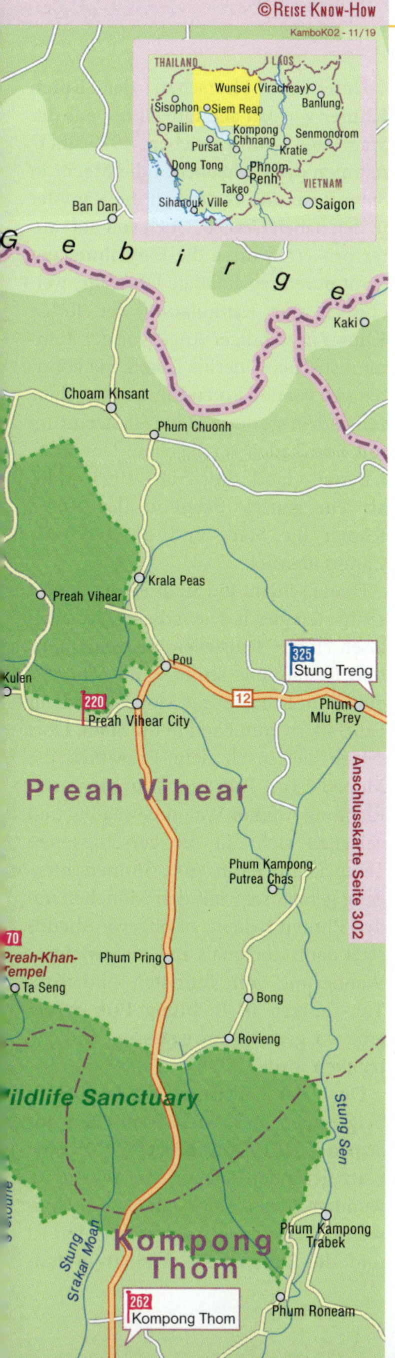

Doch die Kunde über diese kunsthistorischen Schätze im Tropenwald hat sich in den letzten Jahrzehnten sehr schnell in der ganzen Welt verbreitet. Besonders die asiatischen Nachbarn starten seit Jahren **massentouristische Großangriffe** auf Angkor. Zur Rushhour teilen sich dann hunderte Touristen einen Tempel, wodurch die paradiesische Idylle dann doch leicht getrübt wird. Zum Glück kanalisieren die Empfehlungen der Reiseveranstalter die Busladungen zu bestimmten Zeiten auf bestimmte Tempel. Doch eine antizyklische Fortbewegung hat sich vor allem bei westlichen Touristen zum Trend entwickelt, was zur Folge hat, dass es immer schwieriger wird, wirklich einsame Plätze in den Tempeln zu finden, um den Gottkönigen zu huldigen.

Geografisch betrachtet, umfasst der Begriff Angkor eine Fläche von bis zu 1000 (!) qkm. Dieses **Angkor-Gebiet** bezieht alle Tempel, die zur Angkorperiode (7. bis 13. Jahrhundert) gehören, mit ein. Es liegt in der Provinz Siem Reap, und die gleichnamige Hauptstadt bildet in etwa das Zentrum aller hier vereinten Sehenswürdigkeiten. Wer heute sagt, er fährt nach Angkor, denkt zuerst an die großen Tempel wie **Angkor Wat** und **Angkor Thom.** Doch im weiteren Sinne umfasst der Begriff viele besuchenswerte Plätze, vom schwimmenden Dorf Chong Kneas auf dem Tonle-Sap-See über die endlosen Lotusblumenfelder, archaische Dörfer und reizende Pagoden bis hin zu den vielen verstreuten kleinen Heiligtümern und dem Phnom Kulen.

Touristische Infrastruktur gibt es lediglich in **Siem Reap.** Von hier aus liegen die bekanntesten Tempel, wie Angkor Wat und Angkor Thom, sowie die dichteste Ansammlung weiterer beeindruckender Bauwerke, im **Norden** und sind über gut ausgebaute Straßen zu erreichen. An der RN 6, Richtung **Osten** (Kompong Thom, Phnom Penh), liegen die Tempel der Roluos-Gruppe, die 13 km von Siem Reap entfernt ist. 12 km Richtung **Süden** steht der Berg **Phnom Krom,** von dem aus es, je nach Wasserstand des Sees Tonle Sap, zwei bis zehn Kilometer zum schwimmenden Dorf **Chong Kneas** und zum Hafen sind.

Siem Reap

សៀមរាប

Überblick

Siem Reap ist der Ausgangsort zum Besuch der Tempel und der Sehenswürdigkeiten von Angkor. Mit über einer Mio. Besuchern im Jahr ist die kurze Zeit friedlicher Beschaulichkeit dieser Stadt wie weggeblasen. Schon der Name Siem Reap („Platz, wo die Thais geschlagen wurden") ist Indiz dafür, dass bereits die **Blütezeit Angkors** von kriegerischen Auseinandersetzungen geprägt war.

[>] Boddhisatva Alokesvara: eines seiner vielen charakteristischen Gesichter im Bayon Tempel in Angkor

Unter der Herrschaft der **Roten Khmer** wurden alle Einwohner aus der Stadt aufs Land getrieben. 1979 übernahmen die Vietnamesen die Macht in Siem Reap und vertrieben die Kämpfer in den nahen Urwald. Doch von dort aus terrorisierten diese die Einwohner der Stadt durch regelmäßige Überfälle, welche bis zur Kapitulation der Roten Khmer in ständiger Angst vor der kommunistischen Guerilla lebten. Sie konnten sich vor den Roten Khmer nur schützen, indem sie das gesamte Stadtzentrum mit Barrikaden verriegelten. Der letzte Überfall fand im Mai 1993 statt, als ein ganzes Bataillon der Roten Khmer die Stadt und die UNTAC-Camps überfiel.

Heute scheint die Stadt einem Ameisenhaufen gleich. Die Arbeiter der zahllosen Hotels, Baustellen, Souvenirshops und Restaurants strömen im Morgengrauen in Scharen mit Mopeds und auf Fahrrädern vom Land in die Stadt. Dort setzen sich nach dem Frühstück die Mopeds, Tuk Tuks und Touristenbusse Richtung **Angkor Wat** in Bewegung und verteilen sich auf die verschiedenen Tempel, um dann zum Sonnenuntergang gemeinsam mit den Mönchen auf den Phnom Bakeng zu pilgern. Abends setzt dann nochmals eine zielgerichtete Wanderung von Touristen und Tuk-Tuk-Fahrern in Richtung **Pub Street** ein, wo gemeinsam gegessen und getrunken wird.

Doch der Tourismus hat auch dazu beigetragen, dass viele Menschen aus armen Verhältnissen hier einen Arbeitsplatz gefunden haben, eine Dichte an wunderschönen Hotels und Guest Houses in allen Preisklassen entstanden ist und die kulinarische Vielfalt in fan-

125ka_19 an

tasievoll und kreativ gestalteten Restaurants Besucher aus der ganzen Welt fasziniert.

Bleibt nur noch das Problem mit der **Aussprache** der acht Buchstaben von Siem Reap. Das E bei Siem ist nicht zu hören und das A in Reap wird kaum hörbar betont, etwa so: *Sim Rehapp.*

Orientierung

Das touristische Zentrum der Stadt ist der **Psah Chah** („Alter Markt") mit den umliegenden verwinkelten Gassen. Zum Zentrum gehören auch die **Bar (Pub) Street** und die **„Passage"** („Amok Street") mit der Verlängerung **„Alley West"**, welche direkt angrenzen. Auf diesem überschaubaren Areal bekommen die Reisenden alles, was ihr Herz begehrt. Essen, Bars, Banken, Souvenirs, Reisebüros, Internet, Massage etc. Lediglich Hotels und G.Hs. sind hier weniger zu finden. Diese stehen aber in großer Zahl im Umkreis von 2 bis max. 10 Gehminuten zur Verfügung. Nur die meisten 4- und 5-Sterne-Hotels liegen weiter entfernt.

Richtung Süden führt die **Sivoutha Street** zum Tonle Sap See und Richtung Norden zu den Tempeln. Sie ist die wichtigste Geschäftsstraße der Stadt. Richtung Tempel (Norden) kreuzt sie die Nationalstraße **RN 6,** die nach Westen (links) zum Flughafen und weiter nach Poipet und Bangkok führt. Nach Osten (rechts) geht es zum **Markt Psah Loe,** zu den Tempeln der **Roluos Gruppe** und nach **Dam Deik,** wo die Straße nach Baeng Melea und Koh Ker abzweigt. Bleibt man auf der RN 6, kommt man nach Phnom Penh.

Sehenswertes

Märkte

In Siem Reap gibt es vier Märkte. **Psah Loe** ist der einzige, an dem noch landwirtschaftliche Produkte in größerem Rahmen verkauft werden, und hat somit für die lokale Bevölkerung eine wichtige Bedeutung. Aber auch aus touristischer Sicht lohnt sich ein Besuch, um sich ein Bild über die breite Palette landwirtschaftlicher Erzeugnisse und den Artenreichtum der im Tonle Sap gefangenen Fische zu machen. Der Markt liegt an der RN 6 Richtung Phnom Penh.

Der **Psah Chah** (Alter Markt), der nach dem Ende der Roten Khmer im Jahr 1975 mehr als Warenlager für die Stadt diente und für die Einheimischen eine „No Go Zone" war, ist heute das touristische Zentrum der Stadt. Lebensmittel werden nur noch morgens verkauft, dafür gibt es zahllose Souvenirshops und Essensstände.

Der **Central Market** kann eigentlich nicht wirklich als Markt bezeichnet werden, denn er besteht aus zwei- und dreistöckigen Neubauten im chinesischen Stil. Im Erdgeschoss haben sich verschiedene Shops mit unterschiedlichsten Angeboten eingerichtet, während die Besitzer im Stockwerk darüber wohnen. Er liegt an der Sivoutha Street gegenüber dem ehemaligen *Hotel de la Paix.*

Der quirlige **Night Market** ist nur ein Katzensprung von der Pub Street entfernt. Von 16.00 bis 24.00 Uhr gibt es hier ein riesiges Angebot an Souvenirs und ein paar nette Bars (siehe auch unter „Souvenirs"). Aufgrund der großen Beliebtheit des Night Markets scheint zwischenzeitlich an jeder Straßenecke ein weiterer sogenannter Night Market aufzumachen.

Kinderkrankenhaus Jayavarman VII

Jeden Samstag um 19.15 Uhr gab der bekannte Schweizer Arzt *Dr. Beat Richner,* Gründer der *Kantha Bopha Foundation,* die vier Kinderkrankenhäuser in Kambodscha unterhält, in denen Kinder bis 16 Jahre kostenlos behandelt werden, ein Konzert und erzählte über seine Arbeit. Wer an diesem Tage in Siem Reap war, bekam eine beeindruckende Einmannshow von *Beatocello,* so sein Künstlername, zu sehen. *Richner,* ein ausgezeichneter Entertainer und Musiker, philosophierte mit Celloeinlagen über seine Krankenhäuser, die allgemeine Gesundheitssituation in Kambodscha und über seinen Dauerstreit mit der WHO. Leider ist *Beat Richner,* der sich unkonventionell für die Kinder von Kambodscha engagierte, am 9. September 2018 verstorben.

Wer Blut spenden möchte, kann es in diesem Krankenhaus ohne gesundheitliche Risiken tun.

■ **Anfahrt:** Auf der Hauptstraße nach Angkor Wat, linke Seite.

Angkor National Museum

Mächtiges Gebäude, das von Thailändern 2009 gebaut wurde und auch verwaltet wird, weshalb es von den Khmer anfänglich recht kritisch beurteilt wurde. Die 12 $ Eintritt lohnen jedenfalls einen Besuch. Aufschlussreich zum Verständnis der Kunstentwicklung sind die acht chronologisch angeordneten Galerien der Angkor Epoche sowie eine Multi-Media-Präsentation über Geschichte und Kultur, geöffnet täglich 9.00–20.00 Uhr.

■ **Anfahrt:** Auf der Straße nach Angkor Wat unübersehbar hinter dem *Grand Hotel.*

Institute for Khmer Traditional Textiles (IKTT)

Im Jahr 2000 hat der japanische Seidenspezialist *Morimoto* dieses Institut mit dem Hintergrund gegründet, die einst florierende **Seidenproduktion,** die bis ins 8. Jahrhundert zurückgeht und durch den langen Bürgerkrieg fast in Vergessenheit geriet, zu retten und wieder zu beleben. Es werden traditionelle alte Motive gewebt und die Farben nur aus Pflanzen wie Lycheeholz, Bananen, Kokusnüssen sowie Bougainvillea und Mandelblättern gewonnen. „Wisdom of the forest“ nennt Herr *Morimoto* diese uralten Färbetechniken. Mit diesem Projekt wurden bereits über 300 Arbeitsplätze geschaffen, und Herrn *Morimoto* wurde dafür der Rolex Preis für Unternehmer verliehen.

In einem äußerlich bescheiden wirkenden Holzhaus stehen im Erdgeschoss die Webstühle; die Verkaufsräume befinden sich im 1. Stock. Hergestellt und gefärbt wird die Seide in einem Dorf außerhalb der Stadt. Täglich von 8.00–18.00 Uhr geöffnet. Das Institut liegt am Beginn der Straße zum Tonle Sap auf der rechten Seite vor der Krokodilfarm, Lakeroad Nr. 472.

Cambodian Cultural Village

Von den Khmer wird diese gewöhnungsbedürftige Darstellung ihres Landes und ihrer Kultur begeistert aufgenommen. Auf einer über 20 Hektar großen Fläche stehen Miniaturen von berühmten Bauwerken, z.B. dem Königspalast oder dem Nationalmuseum, elf verschiedene Dörfer der Ureinwohner und, etwas überraschend, Gebäude wie „house of a millioner“ und „house of Khmer living in America“. Dazu finden stündl. Aufführungen statt. Persönlich finde ich das Wachsfigurenkabinett am amüsantesten. Die Darstellungen beginnen mit den Königen von Angkor und gehen weiter zu berühmten Persönlichkeiten und Künstlern in den 1930er Jahren bis hin zu den UNTAC-Soldaten, die bezeichnenderweise Taxigirls im Arm halten.

Die 12 $ Eintritt lohnen sich v.a. für die Touristen, die nur eine kurze Stippvisite in Siem Reap machen. Sie können hier einen komprimierten (wenn auch verkitschten) Überblick über das Land bekommen und werden dadurch hoffentlich motiviert, Kambodscha eines Tages richtig kennen zu lernen. Geöffnet täglich 9.00–21.00 Uhr.

■ **Anfahrt:** An der RN 6 Richtung Flughafen, unübersehbar auf der linken Seite.

Conservation Angkor

1908 wurde die Conservation Angkor von der *L'École française d'Extrême-Orient*, einer französischen Institution, die sich um antike Bauwerke in Asien kümmert, gegründet. Zu ihren Aufgaben zählen wissenschaftliche Forschungen, Restaurierung und Erhalt der Tempel und besonders die Registrierung und Dokumentation von Statuen im Kampf gegen den internationalen Kunstraub.

Bis 1970 arbeitete hier einer der wichtigsten französischen Archäologen, *George Groslier.* Als er wegen des Bürgerkrieges das Land verließ, übergab er die Leitung an seinen Schüler *Pachkeo,* dem heutigen Direktor des Nationalmuseums in Phnom Penh. Nach 1972 wüteten die Kämpfe zwischen den Tempeln dermaßen, dass sich die Arbeiten des Institutes auf ein paar kleine Monumente in der nahen Umgebung von Siem Reap beschränkten. 1975 wurden sämtliche Aktivitäten eingestellt. 1980 rief die neue, vietnamfreundliche Regierung nach ausländischer Hilfe, um die Restaurierungen an den Tempeln fortführen zu können, worauf lediglich Indien seine Mitarbeit anbot.

Bis heute werden allerdings die Franzosen als die eigentlichen Experten von Angkor angesehen. Ein Teil der Schätze ist heute im neuen Angkor National Museum (s.o.) zu sehen.

■ Das Gebäude liegt auf der Höhe des Kinderkrankenhauses Jayavarman VII. am Siem-Reap-Fluss.

Umgebung von Siem Reap (ohne Tempel)

Minen-Museum

Der Kambodschaner *Akira* hat auf einem kleinen Gelände ein einfaches, aber eindrucksvolles Gruselkabinett dieser heimtückischen Waffen zusammengestellt. Auf einem nachgestellten Minenfeld können sich Besucher eine Vorstellung davon machen, welchen arglistigen Gefahren die Menschen in Kambodscha in 20 Jahren Bürgerkrieg ausgesetzt waren. Neben einer Vielzahl von Minen gibt es noch weitere Kriegsutensilien zu begutachten.

Mit 12 Jahren ging *Akira* zu den Roten Khmer und war für das Legen von Minen zuständig, worin er bald ein geachteter Spezialist wurde. Nach Kriegsende begannen er und seine Frau die Minen wieder zu räumen, die sie einst gelegt hatten. Da seine Methode mit Messer und Bambusstock nicht den internationalen Sicherheitsbestimmungen entsprach, wurde seine kleine Organisation erst nicht anerkannt, obwohl er einer der effektivsten Entminer im Land ist. Jetzt hat sich Herr *Akira* den Sicherheitsbestimmungen angepasst und arbeitet mit Schutzweste, Helm und Detektor. Somit wurde seine Organisation 2009 als erste kambodschanische NGO für Minenentfernung anerkannt. Seine Arbeit finanziert er unter anderem aus Spenden, die er über sein Museum einnimmt. Täglich geöffnet, cambodialand minemuseum.org.

Anreise: 6 km vor dem Tempel Banteay Srei. Kennt jeder Taxifahrer. Am besten mit einem Besuch von Banteay Srei und Kabal Spien verbinden.

Seidenfarm (Silk Farm)

Anfangs von der Europäischen Gemeinschaft unterstütztes Projekt, das sich inzwischen selbst trägt und den Einheimischen Arbeit und eine Ausbildung er-

Tiere am Tonle Sap

Über 30 verschiedene Arten von Reptilien leben am und im See. Schildkröten waren früher weit verbreitet, doch wurden sie in den letzten Jahrzehnten stark dezimiert und landeten in heimischen Kochtöpfen. Die neun Wasserschlangenarten sind alle ungiftig. Sie werden in beunruhigend großem Stil gefangen und überwiegend an die Krokodile verfüttert, die früher Fisch als Nahrungsmittel bekamen. Doch da sich heutzutage Fisch zu besseren Preisen an Touristen verfüttern lässt, holen die Schlangenfänger vom Tonle Sap an manchen Tagen bis zu 8500 Exemplare für diesen stetig wachsenden Industriezweig aus dem See. In freier Wildbahn gibt es kaum noch Krokodile, sie vegetieren alle in den zahlreichen Farmen ihrem grausamen Schicksal entgegen, dass ihre Haut nach Vietnam oder China verkauft und zu Handtaschen verarbeitet wird.

Etwa 15 Großvogelarten leben am See wie z.B. Pelikane, Störche, Fischadler und der vom Aussterben bedrohte Schwarzkopfibis. Von dem ebenfalls seltenen Großen Marabu brüten in Preak Toul noch ca. 40 Paare.

Von den angeblich 260 Fischarten des Sees sind gut einhundert kommerziell interessant. Die schmackhaftesten sind der Wels und der Snakefisch.

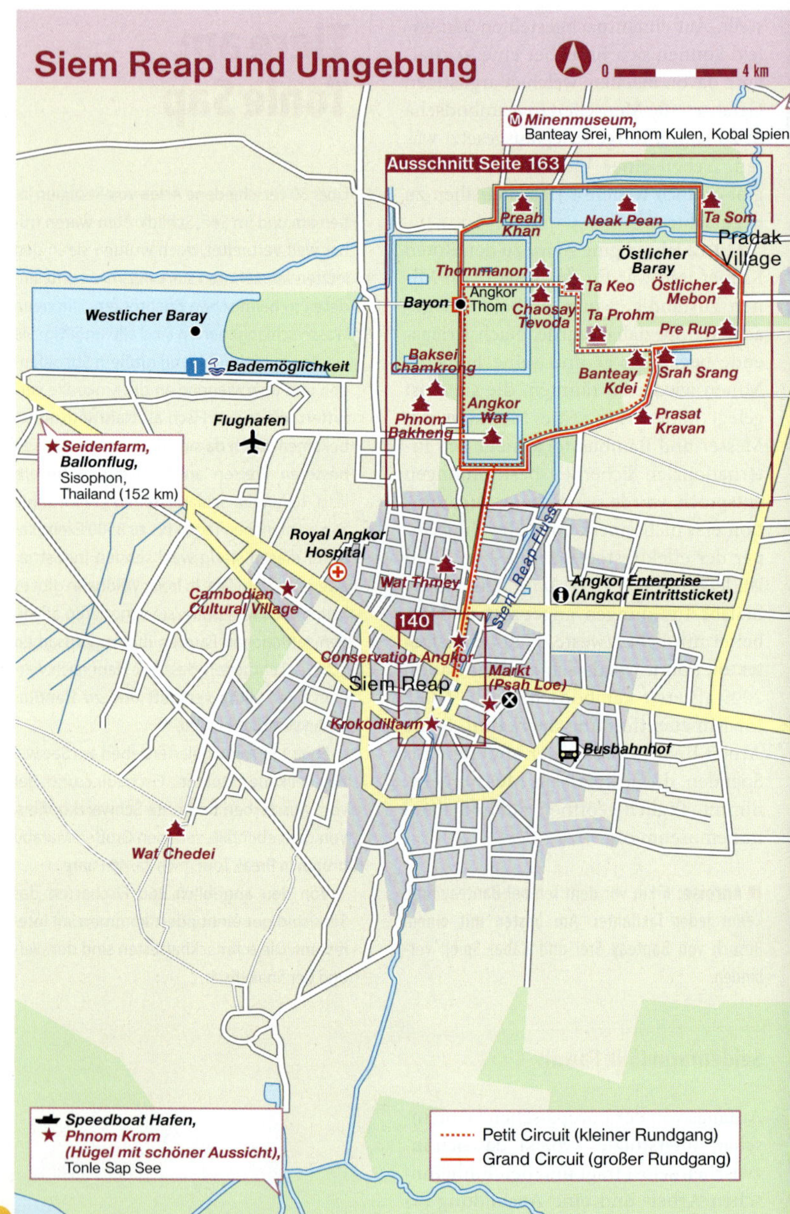
Siem Reap und Umgebung
0
4 km
Minenmuseum,
Banteay Srei, Phnom Kulen, Kobal Spien
Ausschnitt Seite 163
Preah Khan
Neak Pean
Ta Som
Pradak Village
Östlicher Baray
Thommanon
Ta Keo
Östlicher Mebon
Angkor Thom
Bayon
Chaosay Tevoda
Ta Prohm
Pre Rup
Westlicher Baray
Baksei Chamkrong
Banteay Kdei
Srah Srang
1
Bademöglichkeit
Phnom Bakheng
Angkor Wat
Prasat Kravan
Flughafen
Seidenfarm,
Ballonflug,
Sisophon,
Thailand (152 km)
Royal Angkor Hospital
Wat Thmey
Angkor Enterprise
(Angkor Eintrittsticket)
Cambodian Cultural Village
Siem Reap Fluss
140
Conservation Angkor
Markt
(Psah Loe)
Siem Reap
Krokodilfarm
Busbahnhof
Wat Chedei
Speedboat Hafen,
Phnom Krom
(Hügel mit schöner Aussicht),
Tonle Sap See
Petit Circuit (kleiner Rundgang)
Grand Circuit (großer Rundgang)

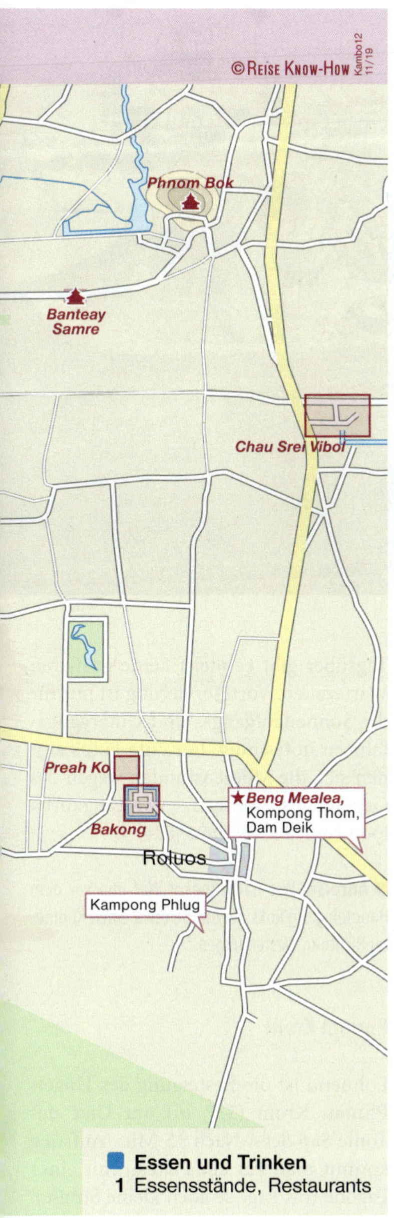

möglichen soll. Der Besucher kann hier an einem Ort den Prozess von der Aufzucht der Seidenraupe, über die Verarbeitung des Kokons, das Herstellen der Fäden und das kunstvolle Weben bis zum fertigen Produkt kennenlernen. Der Besuch kostet keinen Eintritt, doch wird erwartet, dass der Gast im Shop das eine oder andere hier gefertigte Produkt kauft. Besucher werden täglich von 8.00 bis 17.00 Uhr empfangen. Es gibt einen kostenlosen Shuttlebus um 9.30 und 13.00 Uhr von den Artisans d'Angkor.

■ **Anreise:** Auf der rechten Seite, bei Kilometer 16 an der RN 6 Richtung Sisophon.

Westlicher Baray

Im Jahre 1050 baute *Udayadityavarman II.* den größten künstlichen See in Angkor, den westlichen Baray. Er war 8 Kilometer lang, 2,2 Kilometer breit und hatte ein Fassungsvermögen von 40 Millionen Kubikmetern. Er diente als Wasserspeicher, um auch während der Trockenzeit Landwirtschaft betreiben zu können. In der Mitte lag die Insel des westlichen Mebon. Dort wurde die riesige Bronzestatue des Hindugottes Vishnu gefunden, die heute im Museum von Phnom Penh steht. Während der Trockenzeit kann die Insel des Mebon über Land mit dem Moped erreicht werden. Bei hohem Wasserstand fahren kleine Boote hinüber. Am Westlichen Baray geht es erstaunlich untouristisch zu, und man kann mit den Einheimischen in Hängematten chillen oder baden.

■ **Anfahrt:** über die RN 6 in Richtung Sisophon. Die erste bzw. zweite Straße rechts, nach der Ab-

611ka an

zweigung zum Flughafen, führt direkt zum See (ca. 9 km).

Ballonflug

Wer sich keinen Helikopterflug leisten möchte, um Angkor von oben zu sehen, kann auch mit einem Heliumballon für 15 $ in die Höhe steigen. Der Start ist etwa 2 km von Angkor Wat entfernt. Für etwa 15 Minuten kann der lohnende Blick auf die im Urwald erscheinenden Silhouetten der Tempel genossen werden. Besonders gut erkennt man Angkor Wat, Angkor Thom und die Bayon. Tagsüber gibt es meist keine größeren Wartezeiten. Vorreservierung ist nur für die Sonnenaufgangs- und Untergangsfahrten notwendig. Für gute Fotos eignen sich die Morgenstunden wegen des Gegenlichts weniger. www.angkorba loon.com; Tel. 097/8965834.

■ **Anreise:** Wie nach Angkor Wat und vor dem Haupteingang links der Straße etwa einen Kilometer Richtung Westen folgen.

Phnom Krom

Lohnend ist die Besteigung des Hügels Phnom Krom (137 m) am Ufer des Tonle Sap Sees. Nach 15 Min. Aufstieg kommt man auf ein Plateau mit einer Pagode (bis Pagode auch kleine Straße).

Schwimmendes Dorf auf dem Tonle Sap

Von hier führen Stufen zum Gipfel, der einen einmaligen Ausblick auf den See und die Umgebung bietet. Abends erlebt man hier den schönsten Sonnenuntergang von Angkor, und das ohne großen Touristenrummel. Der auf dem Gipfel erbaute Tempel stammt aus dem 10. Jahrhundert und wurde von König *Yasovarman I.* erbaut. Die drei wuchtigen, stark verwitterten Sandsteintürme sind von Nord nach Süd den hinduistischen Göttern *Vishnu, Shiva* und *Brahma* geweiht.

■ 12 km südlich von Siem Reap Richtung Schwimmendes Dorf Chong Kneas. Angkor-Ticket ist zwar notwendig, aber abends sind meist keine Kontrolleure da.

Ausflüge auf dem Tonle Sap

Eine fremde Welt mit schwimmenden Dörfern, versunkenen Wäldern und einer beeindruckenden Artenvielfalt an Vögeln erschließt der Tonle Sap See, der durch seinen ständig schwankenden Wasserstand ganz eigene und faszinierende Lebensformen entstehen ließ. In den Monaten März bis Juni ist der Wasserstand am niedrigsten, am höchsten ist er im Oktober (s. auch Kapitel „Das Tonle-Sap-Becken").

Leider hat sich in den letzten Jahren fast überall am See eine mafiagleiche Abzockkultur ausgebreitet, da hier in der Hauptsaison Tausende von Pauschaltouristen durchgeschleust werden. Es ist leider nicht mehr möglich, sich einen sympathischen Bootsmann auszusuchen, den Preis zu verhandeln und selbst zu bestimmen, wohin man fahren möchte. Bettelnde Kinder sind eine weitere Negativerscheinung des boomenden Ausflugsgeschäftes. Dies vorangestellt, gehören gleichwohl die **Schwimmenden Dörfer,** deren Bewohner auf Hausbooten und in Stelzenhütten leben und bei veränderndem Pegel umziehen, zu den interessantesten Lebensräumen, die ich je kennengelernt habe. Zu den Standardausflügen, als Alternative zu den zahlreichen Tempeln, gehört eine einstündige Rundfahrt durch das schwimmende Dorf **Chong Kneas.** Hier leben etwa 8000 Menschen, vor allem Vietnamesen, aber auch Khmer und die moslemische Minderheit der Cham in Hausbooten auf dem Wasser. Auch Restaurants, Lebensmittelläden, eine Kirche sowie eine kleine Moschee schwimmen auf dem Wasser. Mit dem Boot paddeln die Kinder in die Schule. Die Menschen leben überwiegend von der **Fisch- und Krokodilzucht,** deren Gehege bei der Rundfahrt besucht werden.

Besuchenswert sind die Fischfarmen mit den Krokodilen und das kleine **Infozentrum „Gecko Enviromental Education Center",** das von den Vereinten Nationen mitfinanziert wurde.

Die **Rundfahrt** kostet zwischen 20 und 25 $ p./P. Im Hafen wird man zum Ticketschalter gewunken und nach dem Kauf des Tickets auf ein Boot geleitet. Die Taxifahrer wissen, wo und wie die Rundfahrt zu buchen ist. Leider sind sie meist mehr an der Vermittlung interessiert, als sich für den Gast zu engagieren und einen vernünftigen Service zu bieten.

Kaum weniger touristisch sind inzwischen auch die Bootsausflüge in das auf Stelzen gebaute Dorf **Kompong Phluk** und der beeindruckende überflutete Wald bei der Roluos Gruppe. Lediglich das weiter entfernte **Kompong Kleang** ist noch nicht von Touristen überlaufen. Beide Orte können mit Tuk Tuks oder Taxis angesteuert werden. Je nach Wasserstand geht die Zufahrtsstraße in einen Kanal über, an dem Boote warten.

Ein erst kürzlich erschlossenes Gebiet am See ist das kleine **schwimmende Dorf Mechrey,** in dem es weitaus gemächlicher zugeht und das bisher noch nicht von den großen Touristenbussen angesteuert wird. Schon die Anfahrt führt im letzten Teil durch eine sehr idyllische, typisch kambodschanische Countryside, in der auch Rundfahrten mit dem Ochsenwagen angeboten werden. Vor der Anlegestelle der Boote befindet sich das Tickethäuschen, wo pro Person 15 $ Eintritt bezahlt werden müssen. Das Ticket berechtigt zu einer knapp zweistündigen Bootsfahrt, die zuerst durch den neu angelegten Kanal und dann auf einem kleinen Seitenarm des Tonle Sap zum Dorf Mechrey führt. Anfahrt am besten mit dem Tuk Tuk auf der RN 6 in Richtung Poipet, ca. 10 km hinter Siem Reap biegt links ein Weg ein, der mit Mechrey bis zum Tickethäuschen beschildert ist. Besuche können auch in vielen Unterkünften gebucht werden.

Vogelschutzgebiet

MEIN TIPP: Für Ornithologen ist das **Vogelschutzgebiet bei Prek Toal** wärmstens zu empfehlen. Es handelt sich um eine der bedeutendsten Brutstätten für große Wasservögel in ganz Südostasien während der Trockenzeit von Dezember bis Mai.

■ Ein Ausflug nimmt den ganzen Tag in Anspruch und ist verhältnismäßig teuer, egal ob auf eigene Faust oder mit einer auf Ornithologie spezialisierten Organisation wie *Sam Veasna* und *Osmose.* Beide Organisationen haben ihr Büro auf der Straße Nr. 26 und bieten auch spezialisierte Ausflüge zu anderen Vogelschutzgebieten an. Besonders lohnend ist das 8x11 km große Gebiet **Ang Trapaeng Thmor,** wo neben dem Saruskranich auch der vom Aussterben bedrohte Eldshirsch lebt, Tel. 063/765506, www.samveasna.org und www.osmosetonlesap.net.

Outdoor Adventure

Alternativen zum Sightseeing und Shoppen sind unter anderem:

2 Hidden Cambodian Adventure Tours, Karte S. 140. Professionelle **Dirtbike** Touren mit XR-250 cc. *Honda Enduros* organisiert der Kambodschaner *Paul.* Bei ihm können individuelle Touren nach Können und Interesse von 1–14 Tagen um Siem Reap, aber auch in ganz Kambodscha gebucht werden. Die Lieblingsziele des Energiebündels *Paul,* der auch die abgelegensten Trails in seinem Land kennt, sind Praeh Khan, Preah Vihear und Koh Ker. In den Packages sind Motorrad, Hotel, Benzin, Essen, Mechaniker und Guide inklusive. Auch Touren mit Allradfahrzeugen sind im Programm. www.hiddencambodia.com; Tel. 012/934412; Trang Village, House Nr. 1.

57 Quad Adventure Cambodia. Zwischen einer Stunde bis max. einem Tag kann in Begleitung eines Guides mit dem Quad in der Umgebung von Siem Reap umhergefahren werden. Schutzausrüstung vorhanden. 35–175 $ je nach Dauer. www.quadadventure-cambodia.com; Tel. 017/784727. Online-Buchung.

■ Gemütliche und gut geführte **Mountainbike-Touren** in Angkor und Umgebung bietet **48 Grasshopper Adventures, Karte S. 140** (Tel. 012/462165) für etwa 50 $ an (gute Trek-MTBs vorhanden). Das Büro befindet sich in der 26. Straße, Nr. 586, ca. 50 Meter vom Fluss entfernt. Dort kann man auch nur Mountainbikes für 8 $ am Tag gegen Vorlage des Reisepasses mieten.

Unterkunft

Der Touristenzustrom der letzten Jahre hat zu einem großen **Bauboom** geführt, von dem der Besucher profitiert – solange nicht gerade neben der von ihm gewählten Unterkunft eine weitere gebaut wird. Die Konkurrenz und Auswahl ist in allen Preisklassen enorm, und darum ist das Preis-Leistungs-Verhältnis in Siem Reap ausgesprochen gut. Fast alle im Folgenden empfohlenen Hotels und Guest Houses können direkt über das **Internet** oder eine der bekannten Buchungsplattformen (OTA (online travel-agencies) wie booking.com, hostelworld, agoda etc.) gebucht werden. Ein Preisvergleich zwischen der hoteleigenen Webseite und einer der gängigen Hotelbuchungsseiten lohnt sich. Die Preisangaben beziehen sich auf die **Hochsaison.** In der Zwischensaison von Mai bis Oktober sind vor allem die Preise der teureren Hotels um bis zu 50 % günstiger. Bei den G.Hs. sind die Margen nicht so hoch. Aufgrund der großen Anzahl an Hotels und G.Hs. findet man eigentlich immer auch spontan vor Ort ein Zimmer, allerdings sind Vorreservierungen für die Zeit zwischen Weihnachten und Neujahr sowie in der Woche des Chinesischen Neujahrsfestes (Ende Januar oder Anfang Februar) unbedingt ratsam.

Luxus-Hotels

8 **Raffles Grand Hotel d'Angkor**⑤, **Karte S. 140** (Tel. 063/963888, www.raffles.com). Dieses legendäre Hotel aus der französischen Kolonialzeit (erbaut 1892) mit 8 **Restaurants,** Cafés, Bars, Shops und riesigem Pool lässt keine Wünsche für den anspruchsvollen Reisenden offen. Auch Ex-US-Präsident *Bill Clinton* hat hier während seines Aufenthalts gewohnt. Mit Preisen ab 200 $ pro Tag nicht für jedermann erschwinglich. Kleiner Tipp für den Abend: Großzügig gemixte Cocktails neben den Klängen eines Flügels oder klassische Apsara Tänze mit Dinnerbuffet am Pool lassen den Gast einen Hauch der französischen Kolonialzeit spüren.

7 **Victoria Hotel**④-⑤, **Karte S. 140** (Tel. 063/760428, www.victoriahotels-asia.com). 5-Sterne-Haus. Beeindruckend schöne Anlage im nachgebauten Kolonialstil. Doch genau das ist Diskussionsthema unter den intellektuellen Khmer in Siem Reap, die es nicht sonderlich schmeichelhaft finden, wenn diese Epoche glorifiziert wird. Unschlagbare Happy Hour jeden Tag auch in der Hochsaison von 17.00 bis 19.00 Uhr; zu den Cocktails werden leckere Häppchen gereicht. Liegt schräg gegenüber des *Raffles Grand Hotels.*

44 **Belmond La Résidence d'Angkor**⑤, **Karte S. 140** (Tel. 063/963390, www.residencedangkor.com). Weiteres Deluxe-Hotel in der 5-Sterne-Kategorie. Im Gegensatz zu den vielen anderen Hotels besticht das Residence d'Angkor, das von der Orient-Express Gruppe betrieben wird, durch sein schlichtes, aber edles Innendekor, das überwiegend aus Holz besteht. Ein schönes Schwimmbad und der französische 44 **Spitzenkoch** verwöhnen den anspruchsvollen Individualtouristen aufs Angenehmste. Zimmerpreise inkl. Frühstück. Liegt in der River Road.

50 **Angkor Village**③-⑤, **Karte S. 140** (Tel. 063/963361, www.angkorvillage.com). Ein frz. Architekt und seine kambodschanische Ehefrau haben mit Angkor Village zweifellos eines der stilvollsten Hotels in Kambodscha gebaut. Die komfortabel ausgestatteten Holzbungalows wurden, inspiriert durch Fotos einer Mönchswohnanlage um die Wende vom 19. zum 20. Jahrhundert, in traditioneller Khmer-Architektur errichtet. Die ganze Anlage ist umgeben von einem tropischen Garten mit Pool. In Angkor Village treffen sich naturverbundene Reisende mit etwas größerem Geldbeutel, denen Atmosphäre wichtiger als Luxus ist. Auf der Wat Bo Straße Ecke Straße Nr. 26 (kein Schild).

Zusätzlich betreiben dieselben Besitzer (gleiche Internetadresse) am Stadtrand Richtung Tempel das 1 **Angkor Village Resort & Spa**④-⑤, **Karte S. 140.** Ein exklusives Wellness Bungalow-Hotel mit diversen Massagen, Bädern und Schönheitspflege. Großartig ist der längste Swimmingpool

Siem Reap
0 200 m
©Reise Know-How Kambo11 11/19
Einkaufs- und Restaurantzone
Jayavarman VII Kinderkrankenhaus,
Conservation Angkor,
Angkor
Stadion
Cambodian Cultural Village,
Krankenhaus,
Flughafen (7 km),
Sisophon (103 km), Bangkok
Wat Preah En Kosa
Wat Prahenkaosa
L'École française d'Extrême-Orient
Wat Po Lanka
Nationalmuseum
Katholische Kirche
Roluos-Tempel/ Dam Deik (13 km)
National Route 6
Star Markt
Full Moon Night Market
Tourist- and Guide Office
Sihanouks Villa
Intern. Dental Clinic
Psah Loe Markt
Kompong Thom (249 km)
Phnom Penh (311 km)
Charles De Gaulle
Siem Reap
Achasya Street
Sivoutha Street
Taphul Rd.
Oum Chhay St.
Street 02
Street 03
Oum Khun St.
Po Kambor Ave.
Street 22
Street 04
Wat Bo Rd.
Tep Vong St.
Samdech
Asia Market
Thai Hout Market
Samdech Tep Vong St.
Central Market
Cambodia Commercial Bank
Provinz-krankenhaus
Night Market
Wat Preach Prohm Reat
St. 7
St. 6
St. 9
St. 11
Hospital St.
Alter Markt
River Rd.
Apsara Theater
Sok San Rd.
King's Road Angkor
Street 26
7 Makara St.
Wat Dam Nak
142
Tonle Sap, Phnom Krom (12 km)
Krokodilfarm

Übernachtung

1 Angkor Village Resort & Spa, Palm Village Resort
7 Victoria Hotel
8 Raffles Grand Hotel d'Angkor
9 River Village Manor
11 Heritage Suites Hotel
12 Borann, L'Auberge des Temples
14 Kafu Resort
17 Men's Resort & Spa
18 Samnark Preahriem G.H.
19 Mom's G.H., Babel G.H., Seven Candles G.H.
20 Happy Guest House
21 Two Dragon G.H.
26 Auberge Mt. Royal
27 Three Monkeys Villa
28 Funky Flash Packer
29 Garden Village G.H.
32 Park Hyatt
34 Mekong Angkor Palace
44 Belmond La Résidence d'Angkor
46 Viroth's Villa
47 Viroth's Hotel
50 Angkor Village Hotel
51 Lub d Cambodia - Siem Reap Hostel
52 Siem Reap Hostel
53 Sonalong Boutique Village
54 eOcambo Village
58 Green Village Angkor
59 Chronicle Angkor Boutique Hotel
60 Golden Banana Residence
61 Rambutan Resort

Essen und Trinken

1 Kleines Khmer-Restaurant
4 Abacus Restaurant
8 Raffles Grand Hotel d'Angkor Restaurant
10 Peace Café
12 Restaurant Hotel Borann
13 Arun
14 Kafu Resort
20 Happy Guest House
21 Two Dragon G.H.
22 FCC Restaurant
25 Essensstände (Zentrum)
26 Auberge Mt. Royal
28 Funky Flash Packer
29 Rooftop Restaurant Garden Village
29a L'Annex French Cuisine
31 Bugs Café
33 Chanreas 10 Makara
35 Nest Restaurant
39 Mamma Shop
42 Mali's
43 Chanrey Tree Restaurant
44 Restaurants im Belmond La Résidence d'Angkor
45 Viroth Restaurant
48 Butterflies Garden Restaurant
49 Banllé - Vegetarisches Restaurant
51 Lub d Cambodia
52 Siem Reap Hostel
55 Cuisine Wat Damnak
56 Bavaria Siem Reap
58 Green Village Angkor
59 Chronicle Angkor

Nachtleben

24 Blue Sand Disco
35 Nest Bar

Einkaufen/Sonstiges

1 Khmer-Kochkurs
2 Hidden Cambodian Adventure Tours
3 Krousar Thmey Massage
5 Borei Angkor Arcade mit Bangkok Airways Büro, Helistar Cambodia, Vietnam Airlines
6 Diethelm Travel
15 2World Travel
16 Angkor Duty Free Store
23 Lucky Mall (Supermarkt)
25 Angkor Market (Supermarkt)
26 Angkor Quality Bicycle
30 Les Artisans d'Angkor
36 Easy Travel & Tours, Bangkok Airways Office
37 Green e-bike, PTM Travel & Tours
38 Zeitungsstände
40 Frangipani Massage
41 HNZ Helicopters Cambodia
48 Grasshopper Adventures
57 Quad Adventure Cambodia
62 IKTT (Institut for Khmer Traditional Textiles)

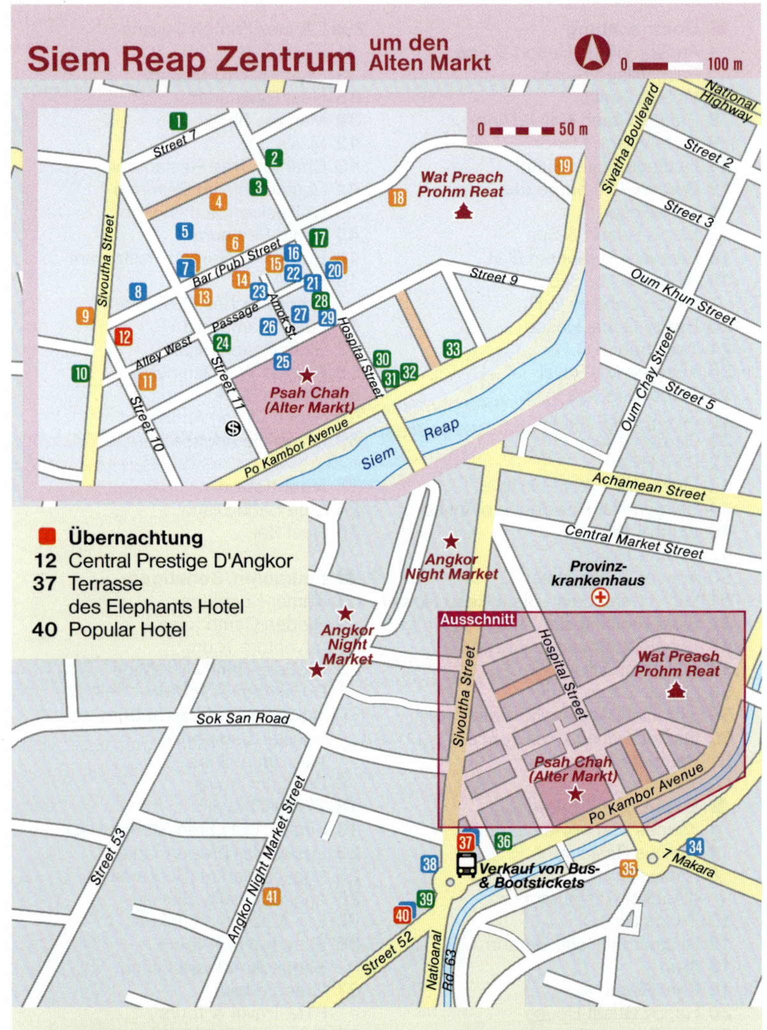

■ **Übernachtung**

12 Central Prestige D'Angkor
37 Terrasse des Elephants Hotel
40 Popular Hotel

■ **Einkaufen/Sonstiges**

1 Tourex Asia
2 D's Bookshop
3 Vietnam Airlines Büro
10 Huy Meng Supermarket
17 U Care Pharmacy, Siem Reap Bookcenter
24 World Express Tours
28 Happy Cambodia Gallery
30 Senteurs d'Angkor
31 Neak Krohorm Tours
32 Body Tune Massage
33 Angkor Trade Center
36 Monument Books
39 Angkor Village Cycling Tour

Essen und Trinken
5 Il forno Restaurant
7 The Red Piano Restaurant
8 Nacht-Essens-Stände
16 The Soup Dragon Rest.
20 Blue Pumpkin
21 Little India Restaurant, Khmer Kitchen Restaurant
22 Traditional Khmer Food
23 Cambodian BBQ
25 günstige Essensstände
26 Amok Restaurant
27 Champey Restaurant
29 Le Grand Café
34 Hard Rock Café Angkor
37 Terrasse des Elephants Restaurant
38 Bäckerei, Café "Tous les Jours"
40 Popular Restaurant

Nachtleben
4 Miss Wong Bar
6 Tempel Club
7 The Red Piano Bar
9 X-bar
11 Picasso Tapa Bar
13 In Touch Bar & Restaurant
14 The Angkor What?
15 Le Tigre de Papier
18 Soul Train Reggae Bar
19 Barcode
20 cool lounge
35 Hip Hop Disco
41 The Harbour

Kambodschas, der sich 250 m durch die Parkanlage zwischen den Bungalows hindurchschlängelt. In beiden Hotels können nicht nur Hausgäste an einem 1 **Khmer-Kochkurs** teilnehmen.

11 **Heritage Suites Hotel**④-⑤, **Karte S. 140** (Tel. 063/969100-1, www.heritagesuiteshotel.com). Eine sehr elegant konzipierte Anlage mit großzügigen Zimmern und Suiten, abseits von den Hauptverkehrsadern in unmittelbarer Nachbarschaft von Wat Polanka gelegen.

59 **Chronicle Angkor**③-④, **Karte S. 140** (Tel. 063/765799, 088/8884858, www.chronicle.angkor.com). Modernes und architektonisch gelungenes Boutique Hotel mit 14 individuell und sehr stilvoll eingerichteten Zimmern in ruhiger, aber zentraler Lage in der Nähe vom Wat Damnak. Mit angeschlossenem 59 **Restaurant** (asiatische und westliche Küche), Salzwasserpool und Spa.

37 **Terrasse des Elephants (Karte S. 142)** ③-④ (Tel. 063/965570, www.terrasse-des-elephants.com). Dieses dreistöckige, freistehende Gebäude in herrschaftlichem Kolonialstil, umwuchert von Palmen und Bougainvillea, sieht aus wie ein verwunschenes Märchenschloss. Dazu kommen die abenteuerlichen Zimmer, in denen auf dem Weg ins Bad ein Teich überquert und ein wasserspeiender Bayonkopf passiert werden muss. Auf dem Dach gibt es einen großen Pool. Eine faszinierende Unterkunft mit 37 **Restaurant.** Beste Lage zwischen Psah Chah und Sivoutha Street direkt im Zentrum.

61 **Rambutan Resort**③-④, **Karte S. 140** (Tel. 063/766655, www.rambutansiemreap.com) ist ein sehr chic designter, gleichgeschlechtlichen Paaren gegenüber aufgeschlossener Ort der Ruhe und des guten Geschmacks. 12 Zimmer (die hier „Suiten" genannt werden) mit Balkon und Außendusche sowie 4 Villas, ein Salzwasserpool und aufmerksames Personal lassen keine Wünsche offen.

17 **Men's Resort & Spa**③-④, **Karte S. 140** (Tel. 063/963503, www.mens-resort.com). Das in einem modernen und nüchternen Stil konzipierte Schwulenhotel bietet geschmackvoll eingerichtete Zimmer, welche alle um den geschützten Innenhof ver-

teilt liegen, wo sich das bunte Treiben am Salzwasserpool und im Spabereich mit Sauna, Steamroom, Jacuzzi und privaten Ruheräumen und der einsehbaren Gym abspielt. Liegt etwas versteckt in einer kleinen Seitenstraße parallel zur Wat Bo Straße in der Nähe des Wat Po Lanka.

47 **Viroth's Hotel**③-④, **Karte S. 140** (Tel. 063/766107, www.viroth-hotel.com) Ein kantiges, klares, licht- und luftdurchflutetes, nach allen Seiten hin offenes und doch nicht einsehbares Gebäude im „New Khmer Architekturstil" der kambodschanischen Moderne nach der Unabhängigheit 1953 bis 1970. Die 35 Zimmer sind alle unterschiedlich gestaltet, aber alle folgen dem gleichen minimalistischen 1950er-Jahre Stil mit glatten Steinen, klaren, schnörkellosen Formen und bunten Samt- und Leinenstoffen. Liegt nahe dem Zentrum von Siem Reap in einer Seitenstraße Nr. 24 der Wat Bo Straße. Reservierung empfohlen.

Derselbe französische Besitzer betreibt nicht weit davon entfernt das 45 *Viroth Restaurant* an der Wat Bo Straße (s.u.) und zusätzlich noch das 46 **Viroth's Villa**③-④, **Karte S. 140** (Tel. 063/761720, www.viroth-villa.com), ein im gleichen 50er-Jahre Stil errichtetes Gebäude mit 7 großzügigen Zimmern, alle mit eigener Terrasse bzw. Balkon mit Blick auf den Swimmingpool, der von einem tropischen Garten umrahmt ist.

In der **Kategorie** ②-③ ist wegen der Überkapazität an Zimmern ein sehr gutes Preis-Leistungs-Verhältnis zu finden.

26 **Auberge Mont Royal**②-③, **Karte S. 140** (Tel. 063/964044, www.auberge-mont-royal.com). Das beliebte Hotel liegt etwas versteckt aber zentral in ruhiger Lage in einer Parallelstraße der Sivoutha Straße. Große und saubere Zimmer. Kleines Schwimmbad und hübsches 26 **Restaurant.** WiFi in der Lobby, Thapul Str. 497.

12 **Borann, L'Auberge des Temples**②-③, **Karte S. 140** (Tel. 063/964740, www.borann.com). Hübsches Bungalow-Dorf in einem tropischen Garten mit Swimmingpool. Die großen Zimmer sind sauber und mit antiken Khmer-Möbeln sowie Figuren aus dem traditionellen Schattentheater dekoriert. 12 **Restaurant.** Keine Kreditkarten, nur Dollar und Euro. Frz. Management. Versteckt in kleiner Seitengasse hinter Sawasde Foodgarden gelegen.

60 **Golden Banana Residence**②-③, **Karte S. 140** (Tel. 012/885366; 012/287988, www.goldenbanana.com). Ein unter kambodschanischem Management geführtes, gleichgeschlechtlichen Paaren gegenüber aufgeschlossenes Hotel in ruhiger Lage in der kleinen Gasse am Wat Damnak.

14 **Kafu Resort**②-③, **Karte S. 140** (Tel. 063/964242, www.kafu-resort.com). Engagiertes Hotel im Bungalow Stil direkt am Siem-Reap-Fluss. Saubere, schlichte Zimmer mit AC, ohne TV. Schöner Garten mit Pool. Bungalow. Exzellentes 14 **Restaurant** auf offener Veranda. Gegenüber dem Raffles Grand Hotel, auf der anderen Flussseite.

9 **River Village Manor**②-③, **Karte S. 140** (Tel. 096/2246573, www.rivervillagemanor.com). Das im Khmervilla-Stil errichtete familiäre Hotel entlang des Siem Reap Flusses in der Nähe des Wat Preah En Kosa wird von einem älteren amerikanischen Ehepaar betrieben, das sich sehr persönlich um ihre Gäste kümmert. Kleines Schwimmbad und kostenloser Fahrradverleih. Alle Zimmer haben AC und Kabelfernsehen. Übernachtung inkl. Frühstück, allerdings gibt es kein Restaurant.

1 **Palm Village Resort**②-③, **Karte S. 140** (Tel. 012/631141, www.palmvillage.com.kh). Diese hübsche Bungalowanlage aus Holz nördlich der Stadt zwischen der Nationalstraße 6 und den Tempeln gehört zu den preiswertesten Resorts in Siem Reap. Wer relativ günstig, aber trotzdem stilvoll wohnen möchte, dem sei diese Adresse wärmstens empfohlen. Nettes Schwimmbad und Fahrradverleih. Übernachtung inkl. Frühstück. Kleines 1 **Khmer-Restaurant** ist angeschlossen. Liegt beim Dorf Trapaing Ses sehr ruhig und abgeschieden vom Touristentrubel.

53 **Sonalong Boutique Village**②-③, **Karte S. 140** (Tel. 063/963472, www.sonalongvillage.com). Freundliches, kleines Hotel mit einem hübschen

Garten und Pool. Angenehme Lage in der ruhigen Seitenstraße Nr. 27 der Wat Bo Road ca. 300 Meter vom Fluss.

27 **Three Monkeys Villa**②-③, **Karte S. 140** (Tel. 097/576957, www.3monkeysvilla.com). Familiäres Gay-Hotel mit kreativ nach Themen eingerichteten Zimmern, etwas abseits des Zentrums in ländlicher Umgebung mit sehr schönen Zimmern und einem netten Garten mit Swimmingpool. Bakeng Straße/3 Monkey Straße.

Von Unterkünften in der **Kategorie** ①-② kann man saubere Zimmer in gepflegter Atmosphäre mit Bad/WC und AC erwarten. Viele bieten zumindest einen kleinen Pool. Sie sollten denselben Service offerieren wie die Guest Houses und beim Organisieren der Tempelbesuche helfen. Oftmals lohnt es sich, ein paar Dollar mehr zu investieren, denn der Standard ist hier oft deutlich höher als in den billigen G.Hs.

58 **Green Village Angkor**①-②, **Karte S. 140** (Tel. 063/968 676). Beliebtes, kleines Hotel mit lebhaften Gartenbetrieb in ruhiger Seitengasse. Kleiner Pool, Bar und 58 **Restaurant,** in dem nach Wunsch abends gegrillt wird. Die 15 Zimmer sind standardmäßig ausgestattet; Übernachtung inkl. Frühstück. 5 Minuten zum Zentrum, Wat Damnak Rd. 147, östliche Seite des Siem- Reap-Flusses.

12 **Central Prestige D'Angkor (Karte S. 142)** ①-② (nahe Old Market und Pub Street, booking.com). Wer Ruhe und Entspannung sucht, sollte dieses zentral im Touristen- und Partyviertel gelegene Hotel meiden. Wer allerdings dem Vibe der Pub Street verfallen ist, wird sich in diesem freundlichen, unkonventionellen G.H. im Brennpunkt der Stadt wohlfühlen.

54 **eOcambo Village**②, **Karte S. 140** (www.eocambovillage.com; Tel. 063/965964; 22. Str., Wat Bo Village). Zentrale Lage, aber mit etwas Abstand vom Trubel. Hervorragendes Preis-Leistungs-Verhältnis. Großer, gepflegter Pool in einem tropischen Garten. Ausgezeichnetes Frühstücksbuffett und engagiertes, freundliches Personal.

34 **Mekong Angkor Palace**①-②, **Karte S. 140** (Tel. 063/963 636, www.mekongangkorpalaces.com). In einer kleinen Seitengasse der Sivoutha Street hinter dem Restaurant Nest erwarten den Gast angenehme Zimmer mit Balkon. Der Pool zwischen den beiden Gebäuden ist sehr gelungen.

Die Anzahl der billigen Unterkünfte in Siem Reap wächst ständig. In der Hauptsaison zwischen Dezember und Februar sind jedoch viele Unterkünfte ausgebucht und die Preise höher als sonst. Die meisten Traveller buchen diese Unterkünfte über die einschlägigen Buchungsportale (OTA).

Zum Service, den man in jedem G.H. erwarten kann, gehört: Verkauf von Boots-, Flug- und Bustickets, Organisation von ortskundigen Auto-, Tuk-Tuk- und Mopedtaxis zum Besuch der Tempel, Visa für Vietnam und Laos. Manche verleihen auch Fahrräder.

40 **Popular Hotel (Karte S. 142)** ①-② (Tel. 012/916165). Mr. *Chum,* der engagierte Besitzer dieser beliebten Unterkunft und Guide in Angkor, ist ein Mann der ersten Stunde, der hier ein erfolgreiches Guest House eröffnet hat. Seine Geschichten von über 25 Jahren Erfahrung mit Travellern könnten Bände füllen. Vor allem wegen seiner Seriosität und Zuverlässigkeit gehört das Popular Hotel zu den empfehlenswertesten Unterkünften in dieser Preisklasse. Große Auswahl an netten, sauberen Zimmern verschiedener Kategorien. Das gemütliche 40 **Restaurant** nahe dem Pool bietet eine große Auswahl an Traveller Food. Liegt in Siem Reap am Beginn der Straße zum Tonle Sap; Nähe Psah Chah, Boboos Street, Nr. 33.

51 **Lub d Cambodia – Siem Reap Hostel**①, **Karte S. 140** (www.lubd.com/siemreap; 7 Makara Str. in Wat Bo Village; Tel. 063/968900, hostelworld.com). Liegt einen Kilometer Sicherheitsabstand von der Partyzone entfernt. Funktionelle Dorms mit etwas Privatsphäre am Bett. Gemischte- und Lady-Dorms für 10 Personen sowie sehr schöne Luxus DZ. Leistungsstarkes WLAN. Schwimmbad, Traveller Desk, 51 **Restaurant.**

28 Funky Flash Packer①-②, **Karte S. 140** (Tel. 096/7521040, www.funkyflashpacker.com). Das passende Pendant zur Pub Street für jene, die „Party" ohne Ende suchen. „Vollgas"-Hostel mit Dorm und privaten Zimmern, Swimmingpool und zwei Bars. Erwähnenswert ist die großzügige Dachterrasse mit 28 **Restaurant** und Bar, die vor allem nach Anbruch der Dunkelheit eine schöne Aussicht auf das nächtliche Siem Reap bietet. Keine Buchungen für Minderjährige.

29 Garden Village①, **Karte S. 140** (Sok San Street, Nr. 434, Tel. 017/297777, www.gardenvillageguesthouse.com). Angesagte, große Travellerunterkunft in Siem Reap und besonders beliebt bei Reisenden mit kleinerem Budget. *Pohin,* der engagierte Khmer-Besitzer, steckt voller Ideen, die er auf dem großen Grundstück noch verwirklichen möchte. Dormitory ab 4 $ und große Auswahl an Zimmern verschiedenster Kategorien. Mit Swimmingpool, 29 **Rooftop Restaurant** mit chilligen Korbsesseln, gutem Traveller Food und billigem Angkor Draft Bier. 24 Stunden geöffnet. Liegt nahe dem Psah Chah.

52 The Siem Reap Hostel①-②, **Karte S. 140** (Tel. 063/964660, www.thesiemreaphostel.com). Hoch gelobtes Hostel in zentraler Lage mit sauberen, großen AC Zimmern, lockerer Atmosphäre, chilligem Pool mit Bar, 52 **Restaurant** und kostenlosem Frühstück bei Buchung von EZ. Zur Auswahl stehen Basic Dorms mit 8–10 Betten, Deluxe-Dorm mit 6 Betten und private Zimmer. Wat Bo Street, ca. 5 Gehminuten vom Zentrum.

■ In der Wat Bo Street und in den angrenzenden Seitengassen hat sich ein kleines sympathisches Traveller Zentrum gebildet. Hier reihen sich mehrere G.Hs. und diverse Shops aneinander. **19 Mom's G.H.**①, **Karte S. 140** (Tel. 012/630170, www.momguesthouse.com), gehörte zu den ersten in Siem Reap und ist immer noch beliebt, insbesondere, seit den Gästen auch ein hübscher Pool zur Verfügung steht. Vermietet werden sehr schöne und geräumige Zimmer. Ebenfalls schon lange im Geschäft und empfehlenswert sind das **19 Babel G.H.**①, **Karte S. 140** (Tel. 078/858469, booking.com), sauber, nette Atmosphäre und gepflegter Garten und das **19 Seven Candles G.H.**①, **Karte S. 140** (booking.com, hotels.com). Sehr freundlich und mit familiärem Touch.

18 Samnark Preahriem G.H.①, **Karte S. 140** (Tel. 063/760378, preahriem@camnet.com.kh). Familiäre, gepflegte Unterkunft am Ende der kleinen Sackgasse hinter Mom's G.H. Nur 7 Zimmer mit unterschiedlicher Ausstattung und ein hübscher Pool, den man sich mit den Gästen von Mom's G.H. teilt. Das Frühstück wird im Garten serviert. Vorbestellung schwierig, besser einfach reinschauen. Ideal für Leute, die gerne in Ruhe gelassen werden möchten.

20 Happy G.H.①, **Karte S. 140** (Tel. 063/963 815). Kleines G.H. in Holzvilla, das sehr engagiert geführt wird. Gepflegte und saubere DZ mit Fan und Bad/WC. 20 **Minirestaurant** im Garten. Liegt in einer kleinen Seitengasse hinter der Wat Bo Street, Nr. 134.

21 Two Dragon G.H.①, **Karte S. 140** (Tel. 063/965107, www.twodragons-asia.com). Engagiert geführte Travellerunterkunft mit nett eingerichteten Zimmern. Das halboffene 21 **Restaurant** am Eingang wartet mit günstiger asiatischer Küche auf. Das G.H. liegt mitten in dem kleinen Travellerzentrum hinter der Wat Bo Street.

Essen und Trinken

Neue Restaurants schießen allerorts wie Pilze aus dem Boden. Die meisten haben sich um den Alten Markt (Psah Chah) angesiedelt. Dort wiederum ist der touristische Höhepunkt eine kleine, rot gepflasterte Gasse mit mediterranem Flair nur für Fußgänger (parallel zur Pub Street), die mit roten Fliesen gepflastert wurde. Sie heißt im ersten Teil, in dem sich die vielen gemütlichen Restaurants mit liebevoll gedeckten Tischen befinden, „The Passage" und im letzten Teil, nachdem man die Straße Nr. 11 überquert hat, „Alley West". Die Restaurants sind überaus touristisch, aber Preis-Leistung und Ambiente sind absolut in Ordnung.

Kambodschanisch und asiatisch

49 **Banllé, Karte S. 140.** Idyllisches, vegetarisches Gartenrestaurant, das schmackhafte Gerichte zu günstigen Preisen anbietet. Das Restaurant betreibt seinen eigenen Gemüse- u. Kräutergarten. Liegt in der kleinen Seitenstraße zwischen dem Apsara Theater und dem Siem-Reap-Fluss.

21 Das **Khmer Kitchen (Karte S. 142)** war das erste Restaurant in der damals verwaisten Passage, das im Jahr 2000 mit 4 Tischen und sehr günstigen und guten Gerichten schnell den Weg in viele Reiseführer fand. Es dauerte nicht lange, bis hier abends kaum mehr ein Platz zu bekommen war, und die Nachbarn begannen, dieses Erfolgsrestaurant mal besser mal schlechter zu kopieren. Das Original Khmer Kitchen bietet Speisen zwischen 3 und 5 $ an.

22 Daneben hat sich das **Traditional Khmer Food (Karte S. 142)** etabliert.

26 Das **Amok (Karte S. 142)** wird von einem Franzosen geleitet und gilt als das Beste in der „Passage", der ehem. „Amok Street" (4,50–8,50 $). Besagtem Franzosen gehört auch das 27 **Champey (Karte S. 142),** in dem überwiegend Khmer Curry gekocht wird sowie das 23 **Cambodian BBQ (Karte S. 142),** wo auf einem Tischgrill neben den üblichen Gerichten auch Känguru-Krokodil- und Schlangenfleisch bestellt werden kann (6–12 $).

16 **The Soup Dragon (Karte S. 142).** Zweistöckiges Restaurant. Im Erdgeschoss wird nur die traditionelle Khmer-Beef-Soup serviert. Westliche und vietnamesische Speisen kann man auf dem Balkon im 1. Stock genießen (2–7 $). In der offenen Bar auf der Dachterrasse gibt's Bier, Wein und Cocktails.

■ Am **Nordeingang des Alten Marktes** (Psah Chah) haben sich eine Reihe einfacher Khmer-Garküchen niedergelassen. Die Gäste können die vorgekochten Speisen (Hühnchen, Schweinefleisch oder Rind) sowie div. vegetarische Gerichte aus großen Töpfen auswählen. Mit einer kleinen Portion Reis kostet es 1 $. Die etwas gepflegteren Garküchen verlangen 1,50–3 $. Sie schließen abends relativ zeitig gegen 20.30 Uhr.

MEIN TIPP: 31 **Bugs Café (Karte S. 140).** Die hygienisch und sehr appetitlich servierten Insekten stellen gelegentlich eine kulinarische Mutprobe dar. Trotzdem ein Muss für alle, die noch nicht davon überzeugt sind, dass gebratene Taranteln, frittierte Kakerlaken, karamelisierte Heuschrecken, Maden in Curry, Skorpione und Ameisen Delikatessen sind. Geöffnet von 17.00 bis 22.30 Uhr. In der Angkor Night Market Street.

Das Nationalgericht „Amok"

Drei Esslöffel rote Currypaste, 8–10 getrocknete und fein gehackte Chilischoten, 1 Stange fein geschnittenes Zitronengras, ein Esslöffel Galangal (Ingwer-ähnliches Gewürz), fünf kleingehackte, rote Schalotten und vier zerdrückte Knoblauchzehen mit möglichst wenig Wasser im Mörser zu einer Paste stampfen.

Des Weiteren ein Ei, ein Esslöffel Fischsauce, jeweils eine Prise Salz und Zucker mit zwei Tassen Kokosmilch in einer Schüssel verrühren.

In einen Kochtopf Fischfilet, Hühnchen- oder Schweinefleisch oder auch Shrimps geben. Die angerührte Kokosmilch dazu. Die Gewürzpaste mit Limetten- und frischen Basilikumblättern dazugeben und auf mittlerer Hitze 20–25 Min. dämpfen, bis das Fleisch gar ist. Besonders authentisch ist es, wenn das Amok-Gericht in Bananenblättern gegart und in einer ausgehöhlten Kokusnuss mit einem Teller Reis serviert wird.

33 Chanreas 10 Makara (Karte S. 140) liegt mitten an der Sivoutha Street zwischen dem ehemaligen Hotel de la Paix und Nest Restaurant. Es ist zwar klein, unscheinbar und einfach, aber trotzdem immer gut besucht von Einheimischen, die die authentische kambodschanische Küche für kleines Geld zu schätzen wissen.

13 Arun (Karte S. 140). Gutes und freundliches Khmer-Restaurant. Da es etwas abgelegen ist, wird es weniger von Touristen frequentiert als die Restaurants am Alten Markt. Hierher kommen auch die Einheimischen zum Essen. Neben den Amok-Gerichten, die in einer Kokosnuss serviert werden, gibt es Prahok-Speisen (mit vergorener Fischpaste), Khmer-Suppen und Phnom Ploeng, eine Art Tischgrill. Natürlich gibt es auch andere Gerichte wie z.B. Fried Shrimps with Pepper. Bebilderte Speisekarte. Hauptspeisen ab 3,50 $. Geöffnet 7.00–22.00 Uhr. Auf der linken Seite des Flusses auf Höhe des Raffles Grand Hotel.

10 The Peace Café (Karte S. 140), Tel. 063/965210, www.peacecafeangkor.org. Liebevoll betriebenes Gartencafé, das nebenbei eine Art Kommunikationszentrum für engagierte NGOs darstellt, die sich hier präsentieren können. Der gastronomische Schwerpunkt liegt auf vegetarischen Speisen sowie Fisch und Shrimps aus dem Tonle Sap, die lekker zubereitet werden. Ab 7.00 Uhr Frühstück. Mo geschlossen. Außerdem treffen sich hier Musiker für spontane Konzerte. Yoga- und Meditationskurse werden angeboten. Praktikanten, die sich hier engagieren wollen, sind immer willkommen. Liegt am Siem-Reap-Fluss in der Nähe des Wat Preah En Kosa.

Mein Tipp: **43 Chanrey Tree (Karte S. 140).** Gehobenes Khmer Cuisine-Restaurant mit mehreren modern gestalteten Sitznischen im Freien oder im AC-Raum. Neben ausgefallenen Vorspeisen wie frittierte Frangipaniblüten oder Klebereiswaffeln gibt es auch frisch zubereitete Klassiker wie Amok-Gerichte aus der Region. Hauptspeisen beginnen ab 8 $. Am Siem Reap Fluss in der Pokombo Street nahe Phrum Rath Pagoda. Mittags und abends geöffnet.

42 Mali's (Karte S. 140). Herrschaftlicher „Fresstempel", durch dessen gewaltiges Eingangsportal die vielen Gäste regelrecht verschlungen werden. Trotz der vielen Pauschaltouristen eines der besten Khmer-Restaurants, was Service, Essensqualität und Innenarchitektur betrifft. Große Auswahl an Fischgerichten und verführerische, üppige Desserts. Sehr lecker die Crème Brulée mit Pfeffer. Geöffnet von 6.30 bis 23.00 Uhr. Pokambor Street am Siem Reap River.

45 Viroth (Karte S. 140), Tel.012/826346, hat sich zu einer Institution auf der Wat Bo Street entwickelt, und das nicht ohne Grund: Stilvoll, aber dennoch leger, sitzt man abends im Freien, wird aufmerksam bedient und kann die kambodschanische kulinarische Vielfalt genießen. Reservierung empfehlenswert.

55 Cuisine Wat Damnak (Karte S. 140), Tel. 077/347762, ist das Restaurant, das derzeit den Takt angibt, was die kambodschanische Küche leisten kann. *Joannes Riviere* hat sich bereits einen Namen gemacht mit seinem Kochbuch *Cambodian Cooking* und zaubert jeden Abend außer montags ein kambodschanisch-kreatives 4- und ein 5-gängiges Menü auf den Tisch. Dazu sitzt man stilvoll in einem traditionellen Haus oder im Garten. 5-Gänge-Menü ab 30 $. Unbedingt vorher reservieren! Liegt ca. 300 m hinter dem Wat Damnak.

21 Little India (Karte S. 142). Freundliches Pärchen aus Sri Lanka tischt 20 Meter nordwestlich vom Psah Chah gute indische Küche (auch vegetarisch) auf. Geöffnet 10.00–22.00 Uhr.

International

22 FCC (Karte S. 140). Ableger des legendären Foreign Correspondent Club in Phnom Penh. Offenes Restaurant im 1. Stock. Die Inneneinrichtung ist eine interessante Mischung aus modernem Großstadt-Bistro und Kolonialstil-Elementen. Das Gebäude war früher eine Polizeistation zum Schutz der angrenzenden königlichen Villa. Westliche Speisen wie Pizza und Pasta. Menüs à la „Fusion Cuisine" und Fine Dining. In der Po Kambor Street nahe dem Postoffice.

4 Abacus (Karte S. 140). Gehobenes Restaurant mit klimatisiertem Speisesaal und hübschem Garten. Der kulinarische Schwerpunkt liegt auf französischer Küche, doch findet sich auch eine kleine Auswahl an Khmer-Gerichten auf der Speisekarte, die auf großen Tafeln zu den Tischen getragen wird. In einer Seitengasse an der RN 6, Richtung Flughafen, nach dem *Angkor Hotel* rechts. Tel. 012/644286. Ab 11.00 Uhr geöffnet.

35 Nest (Karte S. 140). Ein bisschen wie Phönix aus der Asche präsentiert sich dieses moderne, offene Restaurant unter weißen Segeln am Rande der staubigen Sivoutha Street. Es gehört zur neuen Generation von Gastronomie, die sich durch ein ausgefallenes Design und der Kombination von Restaurant/Lounge und Bar von den traditionellen Restaurants abhebt. Augenfällig sind die überdimensionalen Korbsessel. Das Management bezeichnet die servierten Speisen als „Soft-Fusion"-Gerichte. Geöffnet von 11.30 bis 24.00 Uhr. Zwischen *Lucky Mall* und dem ehemaligen *Hotel de la Paix*.

5 Il forno (Karte S. 142) ist ein waschechter Italiener, der neben hervorragender Pizza und Pasta auch andere typisch italienische Gerichte und viele italienische Weine in einem halboffenen Restaurant in einer Seitengasse der Pub Street anbietet. Immer gut besucht, darum früh abends oder nach 21.00 Uhr hingehen.

29A L'Annexe French Cuisine (Karte S. 140), ein beliebter Treffpunkt der französischen Expat-Gemeinde, die hier in lockerer Atmosphäre heimatliche Gerichte genießt. Liegt in der Sok San Road gegenüber vom KTV Karaoke Klub.

39 Mamma Shop (Karte S. 140) wird von *Luigi,* einem waschechten Italiener, betrieben, der hausgemachte Pasta und Pizzas in verschiedenen Variationen zu günstigen Preisen anbietet. Liegt etwas abseits des Touristenzentrums im Kandal Village in der Parallelstraße hinter der ANZ Bank, schräg gegenüber des Angkor Kinderkrankenhauses.

56 Bavaria Siem Reap (Karte S. 140). Bei so viel internationaler Küche darf ein bayerisches Restaurant natürlich auch nicht fehlen. Anders als bei Fusion und Fine Dining gehts hier eher deftig zur Sache. Bei einem kühlen Weißbier, Leberkäs, Curry-Wurst, Fleischpflanzerl mit Kartoffelsalat oder Jägerschnitzel mit Spätzle und dem verschwenderisch dekorierten weiß-blauen Rautenmuster verliert man schnell das Gefühl, in Südostasien unterwegs zu sein. Die Qualität und das Preis-Leistungs-Verhältnis können sich genauso wie die Bedienungen in Trachten sehen lassen. Etwas außerhalb des Zentrums in der Sala Kamroeuk Roard, gegenüber Sarai Resort (15 Gehminuten vom Alten Markt im Zentrum); geöffnet 15.00–22.30 Uhr (Montag Ruhetag).

48 Butterflies Garden (Karte S. 140). Über das gesamte Restaurant ist ein Netz gespannt, damit die Schmetterlinge nicht davonfliegen. Einerseits ein guter Marketinggag, um Leute ins Restaurant zu bringen, andererseits ein soziales Projekt, denn etwa 30 bedürftige Kinder aus der Provinz züchten zu Hause Schmetterlinge und bringen sie ins Restaurant, wo ebenfalls der Entwicklungsprozess von der Raupe über den Kokon bis zum vollendeten Schmetterling beobachtet werden kann. Die Kinder bekommen dafür ausreichend Geld, um in die Schule gehen zu können. Ruhiges, abseits des Massentourismus gelegenes Restaurant mit origineller Idee. Western- und Khmer-Speisen. Geöffnet 6.00–22.00 Uhr. Samstags Aufführung traditioneller Tänze. Liegt auf der Ostseite des Flusses, Street 25.

20 Blue Pumpkin (Karte S. 142). Mischung aus Café, Bistro und Bäckerei. Gutes Frühstück mit frischem Brot und Croissant aus der eigenen Bäckerei. Leckeres Eis, diverse Kaffees, Milkshakes und große Auswahl an Snacks. Alles wird sehr stilvoll und auf hübschem Geschirr serviert. Mittags und abends werden Sandwiches, Pasta und frischer Salat angeboten. Kurios ist die Atmosphäre in der **20 „cool lounge" (Karte S. 142)** im 1. Stock (AC). Auf der einen Seite des Raumes steht eine riesige weiße Couch, auf der die Gäste im Liegen essen, chillen und mit dem Netbook surfen. Liegt am Psah Cha und hat mehrere Niederlassungen in der Stadt.

29 **Le Grand Café (Karte S. 142).** Großes, gehobeneres Restaurant in offenem Kolonialbau, der früher einmal als Lagerhalle genutzt wurde. Die überwiegend asiatischen und französischen Gerichte werden nach dem Motto „das Auge isst mit" serviert. Große Auswahl an Eissorten. Liegt im Zentrum am Psah Cha.

34 **Hard Rock Café Angkor (Karte S. 142).** International bekannte Kaffeehauskette in einer großzügigen Kolonialstil-Villa, welche am Rondell auf der gegenüberliegenden Seite des Siem Reap Flusses an der Brücke am Alten Markt liegt.

7 **The Red Piano, Karte S. 142** (siehe „Nachtleben").

Nachtleben

Bars, Restaurants, Discotheken (alle Karte S. 142)

Zentrum des westlich orientierten Nachtlebens ist unangefochten die **Pub Street.** Nach Einbruch der Dunkelheit ziehen die vielen Restaurants und Kneipen mit Happy-Hour-Preisen Touristen an wie das Neonlicht Insekten (kleines Bier vom Fass 0,50 $). Um die Ausländer vor jeglicher Art aufdringlichen Geschäftsgebarens zu schützen, dürfen Motodup- und Tuk-Tuk-Fahrer, Bettler und Straßenverkäufer diese „heilige" touristische Hochburg nicht betreten.

> Im Tempel Club in der Pub Street

7 **The Red Piano.** Ehemaliges Hauptquartier der Tomb Rider Filmcrew im Jahre 2000. Die großen, gemütlichen Korbsessel im Erdgeschoss sind genau richtig zum Entspannen nach einer Tempeltour. Im ersten Stock kann das pulsierende Leben in der Pub Street aus angenehmer Distanz beobachtet werden. Khmer und internationale Küche zwischen 3 und 7 $. Engagiertes Personal.

14 **The Angkor What?** war die erste Bar, die in der Pub Street eröffnete und den Hype ausgelöst hat. Am späten Abend ist hier kaum mehr ein Platz zu bekommen. Guter Sound, pfiffige Staffs und eigenwilliges Graffiti-Design. Geöffnet bis frühmorgens um 4.00 Uhr.

15 **Le Tigre de Papier.** Auch eine der ersten Restaurants und Bars, die zu den Mitbegründern der Pub Street zählen. Gute Kurse in der Khmer Kochkunst.

6 **Tempel Club.** Berauschender Platz im Zentrum der Pub Street. Gehört ebenfalls zu den angesagtesten Hangouts mit günstigem Essen, billigem Bier und kostenlosen Apsara-Tanzaufführungen im 1. Stock. Sehr laut.

41 **The Harbour.** Beliebte All-Round-Location mit Restaurant, Konditorei, Spieleecke, Tattoo Studio und abends Live Bands in der großen Bar. Relativ zentral an der Night Market Street gelegen, Steung Thmei Rd, Nr. 347, täglich geöffnet von 10.00 bis 2.00 Uhr.

13 **In Touch.** Bar und Restaurant im Thai-Stil. Ab 21.00 Uhr allabendlich Live-Bands. Wenn die Stimmung steigt, wird das Personal leicht mal betrunkener als die Gäste. Liegt in der Pub Street im 1. Stock gegenüber *Red Piano.*

18 **Soul Train Reggae Bar.** Sehr coole und entspannte Location. Richtig gemütliche Atmosphäre mit gechillten Gästen, freundlicher Crew, DJs und Live Musik. Zentral, in der Verlängerung der Pub Street Richtung Siem Reap River. Geöffnet 17.00–3.00 Uhr.

19 **Barcode.** Stilvoll eingerichtete Gay Bar der gehobeneren Klasse mit täglichen Travestie- und Tanzshows und Massage im oberen Stock. Liegt direkt in

der kleinen Gasse hinter dem Wat Preah Promrath in der Nähe des Alten Marktes.

Mein Tipp: 4 **Miss Wong.** Ausgesprochen geschmackvolle Bar, die an Shanghai in den 1930ern erinnert; in der Parallelgasse nördlich der Pub Street. Hervorragende Cocktails. Die etwas andere Bar.

11 **Picasso Tapa Bar.** Sehr gemütliche kleine Bar, die neben Sangria, Wein und Bier auch spanische Snacks anbietet. Favorit der Expatszene. Am Ende der Alley West.

9 **X-bar.** Riesige Dachterrasse mit Ausblick auf das quirlige Nachtleben, große Leinwand und regelmäßig Livemusik. On top of the top gibt es noch eine 6′-Halfpipe und Skateboards zum Ausleihen. Hier wird oft bis zum Sonnenaufgang gefeiert. Sivoutha Street am Ende der Pub Street.

35 **Hip Hop** (ehem. *Martini*). Für Khmer-Verhältnisse kleine Disco, in der überwiegend Techno und Hip Hop aufgelegt wird. Wie überall in Asien fehlt es auch hier nicht an alleinstehenden Frauen. Bis in den frühen Morgen geöffnet. Liegt in der Achasva Str. bei der Brücke zum Psah Chah.

Kulturvorführungen

Apsara-Tanz und **Schattentheater** *(Sbek Touch)* gehören zum Kulturgut der Khmer. Die Ausbildung der Tänzerinnen dauert Jahre, und jede Bewegung hat eine tiefe symbolische Bedeutung. Auch die Geschichten des klassischen Schattentheaters haben ihre Wurzeln in der Religion und den Traditionen dieses Volkes.

Mittlerweile ist dieses Kulturgut zum Verkaufsschlager von Siem Reap geworden. Hotels, Restaurants und soziale Einrichtungen haben es aus Geschäftsinteresse zur Massenfolklore stilisiert. Auf der einen Seite erscheint es schön, die Touristen haben einen unterhaltsamen Abend und die Khmer verdienen ihr Geld. Doch für jemanden, der sich eingehender mit Kambodscha beschäftigt hat, ist es schmerzlich mit anzusehen, wie diese Kultur in billigen Folkloreauf-

127ka_19 an

führungen verramscht wird. Manche Aufführungen haben bereits ein so katastrophales Niveau erreicht, dass das Ministerium für Kultur und Religion in Erwägung zieht, sie zu stoppen (siehe Kapitel Tanz, Theater und Musik).

Im Folgenden werden nur diejenigen Veranstaltungen erwähnt, die einem gewissen Anspruch genügen. Zur Unterhaltung beim Abendessen sind natürlich auch die zahlreichen anderen Vorführungen geeignet.

■ **Apsara Theater.** Mit viel Liebe zum traditionellen Detail hat der französische Architekt *Olivier Piot* sein Theater im Stil einer Pagode gebaut. Eine junge Truppe von Tänzerinnen und Tänzern, die mit viel Engagement und Spaß bei der Sache ist, führt dort den Apsara- und Kokosnusstanz sowie Einlagen aus dem hinduistischen Ramayana Epos auf. Das äußerst stilvolle Ambiente, das gepflegte Khmer-Dinner und die traditionellen Tänze rechtfertigen die 29 $ Eintritt durchaus. Beginn 19.30 Uhr. In der ersten Stunde werden das Essen und die Getränke serviert, dann folgt die ca. 1-stündige Vorführung. Aufführungen täglich, in der Zwischensaison nur 3-mal pro Woche. Das Theater liegt gegenüber dem *Angkor Village Hotel.* Reservierungen unter reservations@angkorvillage.com oder Tel. 063/9635613.

■ **La Noria.** Mittwochs und sonntags jeweils um 19.30 Uhr führen die Kinder vom Krousar Thmey Waisenhaus Apsara-Tanz und Schattentheater auf. Die 6 $ Eintritt lohnen sich und kommen dieser sozialen Einrichtung zugute (Adresse La Noria siehe unter „Hotels").

■ **Weitere Aufführungen** gibt es im *Butterfly Garden, Meridien Hotel, Raffles Grand Hotel d'Angkor* und im *La Residence d'Angkor* (s. „Hotels"). Apsara-Tanz ohne großen Anspruch gibt es jeden Abend kostenlos im *Temple Balcony* in der Pub Street.

■ **Phare Cambodian Zirkus.** Ein Ableger der bekannten Zirkusschule aus Battambang, welche es als NGO Projekt jungen Leuten ermöglicht, die Zirkuskunst zu erlernen und täglich in einem richtigen Zirkuszelt hinter dem Angkor National Museum darzubieten. Täglich 20.00–21.00 Uhr. Karten können an der Abendkasse oder in den meisten Hotels und G.Hs. gekauft werden.

Informationen über Siem Reap und die Tempel

■ **Tourist Office.** Nur unregelmäßig geöffnet. Das liegt weniger an der Arbeitsmoral der Angestellten, sondern vielmehr an deren Bezahlung. Die Mitarbeiter sind gezwungen, anderen lukrativeren Arbeiten nachzugehen, um ihre Familie zu ernähren.

■ **Khmer Angkor Tour Guide Association.** Zusammenschluss der Tour Guides, die eine anerkannte Ausbildung und Prüfung abgelegt haben. Trotzdem sind die Unterschiede in Bezug auf Wissen (vor allem über auswendig gelernte Prüfungsinhalte hinaus), Sprache und Engagement erheblich. Leider ist es nicht möglich, die Führer vorher zu testen. Es lohnt sich aber, die Tempel mit einem Guide zu besuchen, da sonst viele Fragen ungeklärt bleiben, und man viele Highlights gar nicht zu Gesicht bekommt. (Tuk-Tuk-Fahrer dürfen sich nicht als Guide betätigen.) Die meisten haben eine fundierte Ausbildung und können zusätzliche Hintergrundinformationen geben. Englisch sprechende Guides kosten 35 $ pro Tag, französisch- und deutschsprachige 65–85 $. Üblich ist es, sich über die Rezeption seiner Unterkunft den Guide zu organisieren.

■ **Hotels und G.Hs.** In jeder Unterkunft kann man Informationen zum Besuch der Tempel erwarten, die sich jedoch meistens am Standard-Massentourismus-Programm orientieren. Jede Rezeption kann in kürzester Zeit ein Fahrzeug und Führer organisieren. Viele Unterkünfte haben einen festen Stamm von Tuk-Tuk- oder Motodup-Taxifahrern mit denen sie über Jahre zusammenarbeiten.

■ **Reinhart Zieger.** Autor des ersten Angkor-Führers in deutscher Sprache, der leider nicht im deutschen Buchhandel verkauft wird, sondern nur direkt über ihn bezogen werden kann. Der pensionierte Deutschlehrer lebt seit zehn Jahren in Siem Reap und erforscht pedantisch jedes Bauwerk der alten Khmer. Seine Web-Site (www.angkorguide.net) bietet viele Informationen und eindrucksvolle Bilder von den Khmer Tempeln.

■ **German Apsara Conservation Projekt.** Durchgeführt von der Fachhochschule Köln, Fachbereich Restaurierung und Konservierung und finanziell unterstützt vom Auswärtigen Amt, kümmern sich unter der Leitung von Prof. Dr. *Hans Leisen* einige Praktikanten um die Konservierung der ornamentierten Flächen (speziell der berühmten 1870 Apsaras) in Angkor Wat. Sie leisten zusammen mit einigen Kambodschanern hervorragende Arbeit und haben großes Fachwissen. Das Info Center steht bei Angkor Wat neben der Pagode.

■ **The Siem Reap Visitor Guide** und **Siem Reap Pocket Guide** („Drinking/Dining") sind kostenlose Hefte, die in den Hotels und G.Hs. ausliegen und sich über Werbung finanzieren. Sie werden alle drei Monate überarbeitet und beinhalten Infos zu Tempeln, Restaurants, Unterkünften und Sonstigem in Siem Reap. Sehr nützlich, weil immer aktuell. Doch nur wer zahlt wird erwähnt.

Geld

An ATM's (Bankomaten) besteht kein Mangel in der Stadt. Pro Auszahlung werden ca. 3–5 $ Gebühr berechnet. Auszahlung erfolgt in Dollar.

■ Die **ANZ Royal Bank** in der Achar Mean Street und die **Canadia Bank** in der Sivoutha Street sind für Touristen die wohl effizientesten Banken. Geldwechsel, Geldtransfer usw. Die Wechselkurse Euro/Dollar sind fair. Die Kernöffnungszeiten sind Mo–Fr 8.00–15.00 Uhr und Sa. 8.00–11.30 Uhr.

■ **Kleine Wechselstände** (Dollar, Riel, Baht, Euro) gibt es wie überall im Land auch hier am Psah Chah (Alter Markt). Die besten Wechselkurse bieten die Geldwechsler *Apsara* und *Huy Keang* in der Sivoutha Str. 9 gegenüber dem *Hotel Terrasse des Elephantes.* Täglich geöffnet von 7.00–17.00 Uhr.

Reisebüros

In der Stadt mangelt es nicht an Reisebüros. Das Angebot ist extrem vielfältig. Die größte Dichte findet sich um den **Alten Markt** (Psah Cha) und entlang des **Sivoutha Blvds.** Die meisten Büros bieten Flüge weltweit und in Kambodscha, Bustickets im Land und Touren, Exkursionen, Motorradabenteuer in und um Angkor an.

15 **2World Travel (Karte S. 140)** (Wat Bo Street, Nr. 275; Tel. 012/779047, www.2worldtravel.com). Angeboten werden individuelle Touren in Indochina, Flugtickets im In- und Ausland, Bus- und Boottickets; Visa-Verlängerung sowie Tourguides und Leihautos.

37 **PTM Travel & Tours (Karte S. 140)** befindet sich am Central Market (Central Market Straße) in der Nachbarschaft von *Green e-bike* (Tel. 063/964388).

24 **World Express Tours & Travel (Karte S. 142)** in der Straße Nr. 11 am Alten Markt (Tel. 063/963600).

36 **Easy Travel and Tours (Karte S. 140)** in der Sivoutha Street nahe dem Hyatt Hotel. Tel. 063/767768.

Gesundheit

■ Am besten sind die **Kinder** von Siem Reap und Umgebung versorgt. Im berühmten Krankenhaus **Jayavarman VII.**, das von dem Schweizer *Dr. Beat*

Richner gegründet wurden, werden Kinder bis 16 Jahre kostenlos behandelt. Ein Segen für die kleinen Khmer, die von ihren mittellosen Eltern oftmals über weite Strecken hierher gebracht werden.

- **Erwachsene** werden nicht aufgenommen. Sie wenden sich am besten an das **Royal Angkor International Hospital,** das mit dem berühmten **Bangkok Hospital** zusammenarbeitet und auch Evakuationen organisiert (ebenfalls Nationalstraße 6, Richtung Flughafen, Tel. 063/ 761888, 012/235 888; www.royalangkorhospital.com).
- Das **Provinz-Krankenhaus von Siem Reap** (zwischen Psah Chah und Sivoutha Street) kann nur eine Basisversorgung leisten.
- Ein **zuverlässiger Khmer Arzt** ist Dr. *Bun Ranie* (Tel. 012/880753). Seine Klinik Sokapheap liegt an der RN 6 in der Nähe des Psah Loe.
- Bei Zahnproblemen kann man sich guten Gewissens der **imi International Dental Clinic** anvertrauen. An der RN 6 Richtung Phnom Penh ca. 100 m vom Fluss auf der rechten Seite. Tel. 023/212909, www.imiclinic.com.

Apotheken

- Vor dem Eingang zum Provinz-Krankenhaus reiht sich etwa ein Dutzend einfacher Apotheken aneinander. Auch wenn sie nicht unserem Standard entsprechen, ist die Auswahl recht groß, und vieles ist ohne Rezept zu günstigen Preisen erhältlich.

17 **U Care Pharmacy (Karte S. 142)** am Alten Markt ist eine Apotheken- und Drogeriekette, die europäischen Standards recht nahe kommt. Sie hat überdies Filialen im Shoppingcenter Lucky Mall (Sivoutha Str.) und am Flughafen.

Massage

Traditionelle Khmer-, Thai-, Reflexzonen- und Fußmassage sind schwer im Trend in Siem Reap. Es ist eine gute Möglichkeit, nach den Tempelbesuchen richtig zu entspannen. Viele Hotels und G.Hs. bieten eine Massage schon ab 5 $ als Service an. Vorsicht: nicht in jedem Etablissement werden nur die Muskeln massiert!

Um den *Psah Cha* wimmelt es nur so von Massage-Anbietern. Die meisten sind recht billig, doch die Frauen haben keine fundierte Ausbildung. Trotzdem kann auch dort eine Fußmassage für 5 $ den nächsten Tag Tempelsightseeing erträglicher machen.

Die besten Massagen von gut ausgebildeten Masseurinnen in einem edlen Wellness-Ambiente gibt es z.B. bei:

40 **Frangipani (Karte S. 140)** (Tel. 012/982062). Eine vorzügliche Wellness-Oase. Schon in der Lobby, wo jeder Kunde ein Fußbad in einer Kupferschale bekommt, sind die zahlreichen Stufen der Tempel schnell vergessen. Der Besucher kann zwischen mehreren Massagen, wie der entspannenden Aroma- oder der belebenden Sports-Massage wählen. Die aufwendigste, aber auch teuerste, ist zweifellos die „Four Hands"-Massage. Jeder Kunde wird in einem stilvollen Zimmer mit Dusche behandelt. Pro Stunde liegen die Preise bei 22 bis 40 $. Geöffnet von 12.00 bis 22.00 Uhr. Liegt hinter dem Central Market in der Hup Guan Street 615.

32 **Body Tune (Karte S. 142)** (Tel. 063/764141). Hier erhält der Kunde eine professionelle Thai-Massage ebenfalls in einem edlen Setting. Die Preise beginnen bei 12 $ für 1 Std. Handmassage und enden bei 25 $ für eine Ganzkörpermassage mit wohlriechendem Aromaöl. Liegt in der Pokambor Ave., Nr. 293.

3 Sehr gut und günstig (ca. 5 $/Std.) ist **Krousar Thmey Massage (Karte S. 140)** (Tel. 063/380 402), die von Blinden durchgeführt wird. Nähere Informationen im *Hotel La Noria.*

Bei **schwereren Erkrankungen** und **Unfällen** sollte man sich unbedingt nach **Bangkok** ausfliegen lassen (siehe Kapitel „Praktische Reisetipps A–Z, Gesundheit").

Kommunikation

Post/Telefon

Das **Hauptpostamt** liegt am Fluss in der Po Kambor Street und ist täglich von 7.00 bis 17.30 Uhr geöffnet. Die leicht gelangweilten Damen verkaufen Postkarten mit Briefmarken sowie Briefmarken zum Sammeln.

WiFi

Nahezu jedes Restaurant, Hotel und G.H. bietet **kostenlosen Zugang ins Internet.** Lediglich die Geschwindigkeit des WiFi's ist unterschiedlich.

Einkaufen

Souvenirs

Siem Reap und die Tempel sind ein schier unerschöpfliches Shopping Revier für Souvenirjäger. Die lokalen Produkte der hier lebenden Khmer sind Holzschnitzereien, Steinmetzarbeiten, Seidenprodukte, Korbflechtereien und diverse Handarbeiten. Originell sind die hölzernen **Kuhglocken** und die **Bambusmaultrommeln;** edel machen sich die **Reispapier-Drucke** mit Apsara- und Tempelmotiven, wenn sie zu Hause schön eingerahmt werden. Weitere beliebte Mitbringsel sind traditionelle Musikinstrumente, Edelsteine und Schmuck, Kramas (ein karierter Schal, den die Khmer gegen Sonne und Staub um den Kopf wickeln), Silberschachteln zum Aufbewahren von Betelnüssen sowie aus Leder geschnitzte Figuren des Schattentheaters.

Achtung: Auf den Erwerb von **Originalen** aus den Tempeln stehen zu Recht hohe Strafen! Außerdem eröffnen immer mehr riesige Souvenir-Supermärkte, in die regelmäßig ganze Busladungen von Touristen geschaufelt werden. Vorsicht ist bei Silberwaren, Schmuck und Edelsteinen geboten, immer wieder kommen Fälle von Betrug ans Tageslicht.

■ **Angkor Nightmarket.** Großer Beliebtheit unter Souvenirjägern und Shoppern erfreut sich der Nachtmarkt, der von 16.00 bis 24.00 Uhr geöffnet hat und nahe des Psah Cha und der Pub Street liegt. Dutzende kleiner Shops bieten auf zwei überdachten Stellflächen eine beeindruckende Auswahl an allen möglichen Mitbringseln an, von denen Kenner behaupten, dass hier die besten Schnäppchen zu machen sind. Wem die Begeisterung zum Shoppen und Feilschen fehlt, kann trotzdem getrost seine bessere Hälfte begleiten, denn es gibt mehrere nette Bars und die *Movie Hall,* in der stündlich historische Filme über Kambodscha laufen (3 $), als Fluchtmöglichkeiten.

Das **Highlight** des Marktes war anfänglich *Dr. Fish. Footmassage.* In zwei Aquarien, in denen die blanken Füße baumeln, nagen kleine Fische angeblich der Gattung *Garra Rufa* die Schuppenflechten von der Haut. Eine kitzlige und originelle Fußreinigung mit großem Entertainmentfaktor (20 Minuten für 3 $). Sowohl das Konzept des Night Market als auch der Fish-Footmassage ist inzwischen unzählige Male kopiert worden und in der ganzen Stadt verteilt anzutreffen.

■ Da der **Alte Markt** von Souvenirshops flankiert ist, entsteht der Eindruck, dass es sich auch nur um einen weiteren Touristen-Markt handelt. Doch wer sich ins Innere begibt, merkt schnell, dass hier authentisches Khmerleben herrscht. Lebensmittel, Fleisch, Obst, Gemüse sowie viele Dinge des täglichen Bedarfs einer Khmer-Familie sind hier zu finden. Auch an den günstigen 25 **Essensständen im Zentrum** der Halle lassen sich hauptsächlich Khmer verköstigen. Auf jeden Fall einen Besuch wert.

30 **Les Artisans d'Angkor (Karte S. 140).** Ursprünglich ein Projekt der EU, das sich der Förderung des traditionellen Kunsthandwerks, wie Schnitzerei, Malerei und Steinmetzarbeiten widmet. Insbesondere junge Handwerker aus den länd-

lichen Regionen werden in Siem Reap mit dem Ziel ausgebildet, zurück in ihre Dörfer zu gehen, um dort Souvenirs für die Tourismus-Industrie herzustellen. Das Projekt bedeutet eine sinnvolle Entwicklungshilfe, da es neben der Verbreitung des alten überlieferten Handwerks auch der Landflucht durch die Verlagerung der Produktionsstätten in die Dörfer entgegenwirkt. Das Projekt wird von den Khmer weitergeführt und finanziert sich über den Verkauf der Produkte. Der Besucher hat die Möglichkeit, den Schülern bei der Arbeit in den verschiedenen Werkstätten zuzuschauen.

Dieses große Gelände liegt versteckt, ca. 200 m von der Sivoutha Str. entfernt, in einer Seitenstraße. Jeder Taxi- und Tuk-Tuk-Fahrer kennt es. Täglich geöffnet 7.30–18.30 Uhr. In der Hochsaison leider sehr überlaufen.

62 **Institut for Khmer Traditional Textiles** (IKTT), **Karte S. 140.** Traditionelle Seidenprodukte, die mit natürlichen Farben unter anderem aus Bougainvillea-, Bananen- und Mandelblättern gefärbt werden (siehe auch „Sehenswertes in Siem Reap").

30 **Senteurs d'Angkor (Karte S. 142).** Neben den klassischen Verkaufsschlagern von Angkor wie Statuen und Seide werden vor allem qualitätsmäßig hochwertige einheimische Produkte in stilvoller Verpackung angeboten. Kaffee und Tee, Reis-

schnaps, Tigerbalsam, Seife mit verschiedenen Beimischungen und Gewürze. Gegenüber dem Psah Cha.

28 **Happy Cambodian Gallery (Karte S. 142).** Bilder mit lustigen Motiven aus dem kambodschanischen Alltag. Nachdrucke 25–55 $, Originale 150–400 $. Teuer, aber originell. Nahe Khmer Kitchen Restaurant.

Tourist Police

- Die Telefonnummer der **Touristenpolizei** ist 012/402424.

633ka an

Einkaufszentren und Supermärkte

Scheint ein lukratives Geschäftskonzept in Siem Reap zu sein, denn die Zahl nimmt ständig zu. Das Sortiment ist eine bunte Mischung aus westlichen und asiatischen Lebensmitteln und Haushaltswaren. Die meisten befinden sich in der Sivoutha Street. Beliebter Treffpunkt der Expats ist der **Angkor Night Market (Karte S. 142),** der auf kleinem Raum ein unglaublich großes Sortiment anbietet. Neu hinzugekommen sind der **Asia Market (Karte S. 140)** (gegenüber der Canadia Bank), der mehr die Bedürfnisse asiatischer Touristen befriedigt und **Thai Huot Market (Karte S. 140)** (gegenüber der ANZ Bank), der eher ein Sortiment für westliche und besonders für französische Kunden bereithält. Das Flaggschiff ist die 23 **Lucky Mall (Karte S. 140).** In diesem mehrstöckigen Einkaufzentrum befindet sich die einzige Rolltreppe in Siem Reap, die für die Khmer die wohl größte Attraktion und für die ältere Generation eine echte Mutprobe darstellt. Neben diversen Shops gibt es hier den bestsortiertesten Supermarkt, ein Fast Food Restaurant, ein Eiscafé, zahlreiche Geldautomaten und eine Apotheke. Bis 22.00 Uhr geöffnet. In der Sivoutha Street nahe Kreuzung RN 6. Der 16 **Angkor Duty Free Store (Karte S. 140),** der von einer staatseigenen chinesischen Gesellschaft betrieben wird, bietet auf 4500 qm Verkaufsfläche über 200 Artikel von international bekannten Luxusmarken feil. Besonders beliebt bei asiatischen Reisegruppen, die busladungsweise herangekarrt werden. Liegt nahe der Kreuzung Wat Bo Straße und der National Straße No.6 Richtung Phnom Penh.

10 24 Stunden hat dagegen der **Huy Meng Supermarkt (Karte S. 142)** geöffnet, vor dem abends auch Vietnamesisches verkauft wird. Ebenfalls Sivoutha Street auf Höhe der Pub Street.

Familie unterwegs

Zeitungen & Bücher (alle Karte S. 142)

Einheimische Presse wie die *Phnom Penh Post* sowie die *Bangkok Post* findet man im **Angkor Night Market** auf der Sivoutha Street. Gute Bücher und Bildbände über Angkor werden bei 36 **Monument Books** am Psah Chah, **am Flughafen** und im **FCC** verkauft. 2 **D's Bookshop** gegenüber dem Provincial Hospital verkauft neben Büchern über Angkor, Kambodscha und Asien auch gebrauchte Romane in englischer Sprache, doch auch deutsche Literatur ist vorhanden. Viele große Hotels haben auch einen Shop, allerdings mit begrenztem Sortiment. Billige, fotokopierte Angkor Guidebooks in englischer Sprache verkaufen **Kinder** vor den Tempeln und die Shops am Psah Chah an der Flussseite. Das 17 **Siem Reap Bookcenter** (gegenüber Restaurant *Soup Dragon)* versteht sich als Schreibwarenladen mit Büchern, Magazinen und DVDs.

Stadtverkehr

Motodups (Moped Taxis) und Tuk Tuks sind auch in Siem Reap überall zu finden. Tuk Tuks kosten etwa das Doppelte wie ein Motodup, dafür können deutlich mehr Leute mitfahren, und die Gäste sind vor Sonne und Regen geschützt. Für Fahrten in der Stadt veranschlagen sie ca. 1–2 $, in der Nachtkann es aber auch manchmal das Doppelte kosten. Jeder von ihnen bietet auch Fahrten zu den Tempeln an. Die Tagesmiete für Tempeltouren beträgt bei einem Motodup 8 $, bei einem Tuk Tuk 15 $. Offizielle Taxis gibt es nur wenige (beispielsweise *Allo Taxi,* Tel. 092/529001, 24 Std. Service) doch kann jedes Hotel oder Guest House ein Privatauto organisieren (siehe auch Kapitel „Ankunft und Besuch der Tempel"). Taxi-Apps wie PassApp, WeGo oder Grab, wie sie in anderen großen Städten in Kambodscha üblich sind, beginnen sich auch in Siem Reap auszubreiten, haben es aber gegen die Tuk-Tuk-„Mafia" noch schwer.

Mopedverleih

In Siem Reap dürfen keine Motorräder und Mopeds an Touristen verliehen werden. Lediglich Ausländer, die nachweisen können, dass sie dort arbeiten, dürfen selbst Motorrad fahren. Während diese Vorschrift in der Stadt relativ locker gehandhabt wird (vorausgesetzt der Fahrer verstößt nicht gegen eine Verkehrsregel), wird peinlich genau darauf geachtet, dass keine Touristen selbstständig zu den Tempeln fahren. Wer erwischt wird, dessen fahrbarer Untersatz wird konfisziert, und Fahrer sowie Besitzer müssen eine deftige **Strafe** zahlen. Es wird vermutet, dass dahinter die vielen Motodup- und Tuk-Tuk-Fahrer stecken, die, wenn die Touristen selber mit dem Moped herumcruisen dürften, zum größten Teil arbeitslos würden.

Fahrräder

Durch diesen Umstand hat natürlich der Fahrradverleih einen gewaltigen Aufschwung genommen. Da die Straßen flach und gut ausgebaut sind und die meisten Tempel nicht zu weit auseinander liegen, sodass auch der Grand Circuit an einem Tag machbar ist, erkunden immer mehr Ausländer die Tempel auf sportliche Weise. Das Erlebnis auf dem Bike ist viel intensiver als auf einem knatternden Moped. Früh am Morgen und kurz vor Sonnenuntergang begegnet man unzähligen Kambodschanern, die mit ihren Fahrrädern auf den Straßen um Siem Reap und zwischen den Tempeln unterwegs sind.

- Gute Mountainbikes der Marke Giant and Trek werden für 6–8 $ am Tag bei 48 **Grasshopper Adventures** in der 26. Straße (Tel. 012/462165) oder bei 26 **Angkor Quality Bicycle (beide Karte S. 140)** in der Taphuol Road (Tel. 012/644241) vermietet.
- Von vielen G.Hs. werden abenteuerliche Modelle der Marke „chinesisches Damenfahrrad" für ca. 1–2 $ pro Tag angeboten.

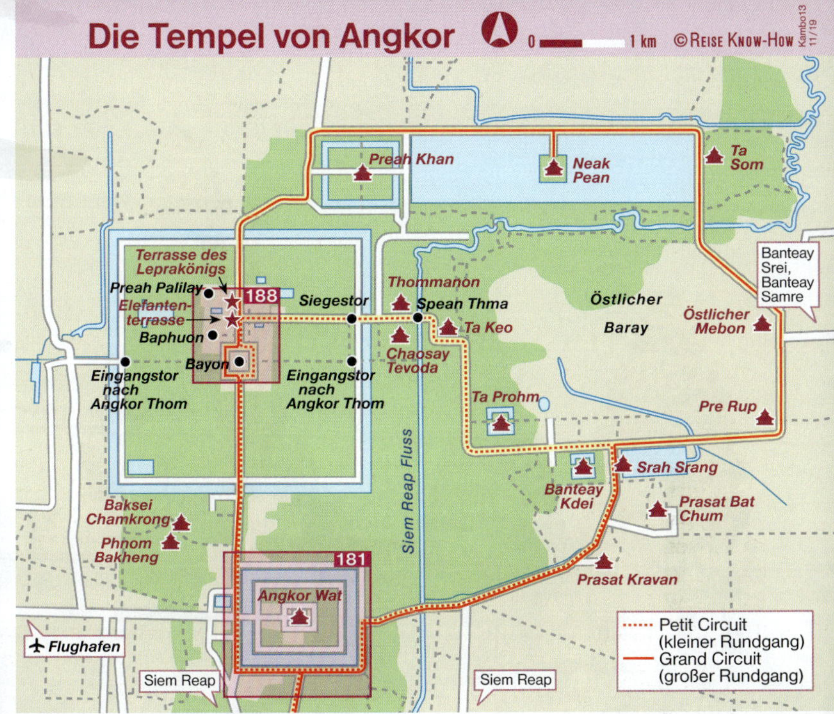

mit dem Heliumballon. Vor jedem Tempel stehen freundliche Kontrolleure. Wer ohne Ticket in einem Tempel erwischt wird, muss mindestens 100 $ Strafe zahlen. Für **Phnom Kulen** und **Beng Mealea** wird ein gesonderter Eintritt verlangt. Da immer wieder vor allem Ausländerinnen mit knappsten Shorts und lasziven Spaghettiträger-Shirts, deren Inhalte in Konkurrenz zu den barbusigen Apasara treten und die gläubigen Buddhisten bei ihren Zeremonien und Andachten verstören, das Gelände besuchen wollen, gibt es jetzt einen **Dresscode.** Schultern und Knie müssen bei Frauen und Männern bedeckt sein, sonst gibt es kein Ticket.

1 Tag kostet 37 $, 3 Tage 62 $ und 7 Tage 72 $. Das 3-Tagesticket ist gültig für 10 Tage und das 7-Tagesticket für einen Monat. In diesem Zeitraum können die Besuchstage frei ausgewählt werden. Die Tickets können mit **Kreditkarte** bezahlt werden. 2 $ von jedem Ticket wird an das Kantha Bopha Kinderkrankenhaus gespendet.

Die **Ticketbüros** sind von 5.00 bis 17.30 Uhr geöffnet. Alle Tempel außer Phnom Bakheng und Pre Rup, die bis 19.00 Uhr besucht werden können, schließen um 17.30 Uhr.

Tipp: Wer am Spätnachmittag, ungefähr ab 16.30 Uhr sein Ticket für die nächsten Tage kauft, kann den Rest des Tages bereits kostenlos die Tempel besuchen. Offiziell ist dies erst ab 17.00 Uhr möglich, aber manchmal lassen einen die Kontrolleure schon früher durch.

Besuch der Tempel

Pauschaltouristen werden im Bus meistens in großen Gruppen zu den Tempeln gefahren, wohlhabendere Individual-Touristen mieten sich ein Taxi, und die Traveller Szene erkundet Angkor normalerweise als Sozio auf einem Moped Taxi (Motodup) oder wesentlich gemütlicher in einem Tuk Tuk – sportlich orientierte Menschen fahren mit dem Fahrrad. Es dürfen nur Fahrer mit einer gültigen Lizenz und Uniform Touristen zu den Tempeln fahren. Die Preise zwi-

39 **Angkor Village Cycling Tour (Karte S. 142),** www.angkorvillagecyclingtour.com, Tel. 099/597 777. Kleiner, kompetenter Bikeshop, der für engagiertere Mountain Biker auch qualitativ hochwertigere Bikes zu verleihen hat. Bietet Standardtouren, aber auch flexible MTB-Touren in Kambodscha an.

37 Eine Alternative zum Strampeln bietet **Green e-bike (Karte S. 140)** am Central Market (Tel. 095/700130) mit der Vermietung von elektrisch angetriebenen Fahrrädern. Ladestationen gibt es im Zentrum von Siem Reap und an den Tempeln.

Angkor Halbmarathon

Ein großartiges Ereignis für alle Sportler. Findet jedes Jahr im Dezember statt. Start und Ziel sind vor den Toren von Angkor Wat. Den Termin am besten über Internet (Facebook: Angkor Wat International Half Marathon) oder bei den Reisebüros oder G.Hs. erfragen. **Tipp:** Für alle, die sportlich motiviert sind, ist es ein großartiges Erlebnis, auf den Alleen zwischen den Tempeln zu joggen. Beste Zeit ist frühmorgens oder am späten Nachmittag. Die Reaktionen der Khmer schwanken zwischen bewundernder Verständnislosigkeit und höchstem Respekt.

Helikopter

Ein unvergessliches Erlebnis ist es, sich die Tempel von Angkor aus der Vogelperspektive anzusehen. Kurze Flüge über Angkor Wat bieten zwei Fluggesellschaften zwischen 90 und 400 $ pro Person an. Die unterschiedlich großen Hubschrauber bieten Platz für 4–5 Personen. Ab 2–3 Kunden wird geflogen. Doch bei beiden Gesellschaften ist es möglich, den Helikopter auch für Flüge in ganz Kambodscha oder für Tempelhopping nach Preah Vihear, Koh Ker, Preah Kahn und Banteay Chhmar zu chartern.

41 **HNZ Helicopters Cambodia (Karte S. 140)** (Tel. 023/213 706, www.helicopterscambodia.com). Neuseeländische Piloten, die schon seit vielen Jahren in Kambodscha fliegen. Der Heli für eine Tempelhopping Tour wie oben beschrieben kostet ca. 5000 $ für fünf Personen. Das Büro liegt in der Hup Quan Street 658, hinter dem Central Market.

5 **Helistar (Karte S. 140)** (Tel. 012/449555, www.helistarcambodia.com) ist die Konkurrenz aus Australien, die hier relativ neu im Geschäft ist. Kurze 8-minütige Rundflüge gibt's ab 99 $. 48 Minuten Sightseeing zu den „must see"-Tempeln in Angkor kosten 580 $ pro Person.

■ Eine Alternative ist die Fahrt mit dem **Heliumballon** (siehe „Umgebung von Siam Reap ohne Tempel").

Ankunft

Ankunft am Flughafen

Liegt 7 km von Siem Reap entfernt. Pauschaltouristen werden von Taxis oder Kleinbussen ihrer jeweiligen Reiseagentur abgeholt. Wer von einem Guest House aus Phnom Penh gebucht hat, wird normalerweise mit Namensschild am Flughafen empfangen und kostenlos in ein Guest House gebracht. Wer ganz individuell anreist, hat eine große Auswahl an Taxis (bzw. Tuk Tuks und Mopeds), die natürlich ihre Unterkünfte haben, mit denen sie zusammenarbeiten und wo sie für jeden Gast Provision bekommen. Deswegen ist die Fahrt, wenn man sich auf das G.H. ihrer Wahl einlässt, meistens frei. Ansonsten kostet ein Moped 2 $, Tuk Tuk 5–6 $ und ein Taxi 5–7 $.

Ankunft mit dem Bus

Wegen der günstigen Preise reisen mittlerweile die meisten Traveller mit einer der zahlreichen Busgesellschaften von Phnom Penh aus an. Es gibt zwar einen neuen zentralen Busbahnhof, der etwa 5 km außerhalb des Zentrums an der RN 6 Richtung Phnom Penh liegt, gleichwohl hat fast jede Gesellschaft ihren eigenen Busterminal, der meist hermetisch abgeriegelt ist. Beim Verlassen des Busses beginnt in der Regel eine Art Spießrutenlauf. Eine Traube von Motodup- und Tuk-Tuk-Fahrern schreit in Erwartung einiger Dollars auf die Neuankömmlinge ein. Wichtig ist, sich vor dem Aussteigen zu entscheiden, in welche Unterkunft man möchte. Daraufhin sollte man sich einen Taxifahrer aussuchen, der sich freundlich zurückhält und mit diesem dann so schnell wie möglich das Schlachtfeld verlassen. Wer sich erst in diesem Trubel für ein Guest House entscheidet, hat schon verloren (bezüglich Ankunft aus Bangkok/Poipet siehe auch Exkurs „Auswüchse des Tourismus").

Ankunft am Hafen

Bis vor ein paar Jahren war der Flussweg die bedeutendste Verbindung zwischen der Hauptstadt und Siem Reap und für jeden Touristen ein kleines Abenteuer. Inzwischen wurde die **Bootsverbindung eingestellt** aufgrund der Konkurrenz durch die **billigen Überlandbusse.** Es gibt nur noch ein kleines Boot aus Battambang, das im Hafen ankommt. Viele G.Hs. holen ihre Gäste umsonst vom Hafen ab, und es finden sich auch zahlreiche Tuk Tuks, die in die ca. 12 km entfernte Stadt fahren.

Anreise und Weiterreise

■ **Entfernungen in Straßenkilometern:**

Bangkok	418
Sisophon	103
Battambang	176
Poipet	152
Kompong Thom	149
Phnom Penh	311

■ Am einfachsten ist es, die **Tickets** für Bus und Boote in den Unterkünften, Reisebüros oder online unter www.camboticket.com oder www.bookmebus.com zu buchen.

Flüge

Siem Reaps touristische Bedeutung nimmt besonders in Asien stetig zu. Daher steigt auch die Anzahl der Airlines, welche die Stadt direkt anfliegen. **Aktuelle Flugpläne** unter: www.canbypublications.com. Auf der Strecke zwischen Siem Reap und Phnom Penh verkehren drei Airlines. Am sichersten, aber auch am teuersten, ist **Cambodia Angkor Air,** die mit einer ATR Turboprop und gut ausgebildeten vietnamesischen Piloten fliegen. One Way ca. 100 $. Bei der **Bassaka Air** (Airbus A320) gibt es die Oneway-Tickets bereits ab 20 $. **Cambodia Bayon Airlines** fliegt mit der in Europa verbotenen chinesischen MA 60. Oneway-Flüge ab 35 $.

Folgende internationale Fluggesellschaften fliegen Siem Reap an: Cambodia Angkor Air, Bangkok Airways, Silk Air, Vietnam Airlines, Lao Aviation, Malaysia Airlines, Korean Air und Air Asiana. Jetstar (Singapur) und Air Asia (Kuala Lumpur) sind Billigfluggesellschaften. Preise one way:

■ **Phnom Penh:** täglich mehrere Flüge (ab ca. 20 $).

■ **Sihanoukville:** 3x wöchentlich (ca. 100 $)

■ **Bangkok** (Bangkok Airways): 4–5x täglich (ca. 160 $).

■ **Guangzhou** (China Southern Airways): täglich (ca. 360 $).

■ **Saigon** (Vietnam Airlines): 4x täglich (ca. 130 $).

■ **Hanoi** (Vietnam Airlines): 2–3x täglich (ca. 180 $).

■ **Seoul-Incheon** (Asiana Airlines und Korean Airlines): 2 x täglich (ca. 450 $).

■ **Vientiane** (über Pakxe) (Lao Aviation): täglich (ca. 95 $).

■ **Luang Prabang** (Lao Aviation): 5x wöchentlich (ca. 145 $).

■ **Singapur** (Singapur Airlines und Jetstar): 4x wöchentlich (ab ca. 75 $).

■ **Kuala Lumpur** (AsiaAir und Malaysia Airlines) täglich.

Achtung: Im Ankunftsterminal gibt es nur einen kleinen Bankschalter, der einen sehr schlechten Umtauschkurs anbietet.

Boot

Die Bootsverbindung nach Phnom Penh musste stark eingeschränkt werden, da die meisten Touristen eher den günstigen Bus bevorzugen. Unregelmäßige Verbindungen nur bei ausreichend hohem Wasserstand – meist in der Zeit von Juli bis Februar – soll es aber noch weiterhin geben. Im Guest House erkundigen! Preis ca. 35 $. Landschaftlich sehr schön.

Täglich um 7.30 Uhr fährt ein kleines Speedboot **von und nach Battambang** für 25 $; Fahrzeit ca. 7–9 Std., je nach Wasserstand. Anstrengend, aber landschaftlich sehr reizvoll (siehe auch Kapitel „Battambang, An- und Weiterreise").

Bus

■ **Inlandbusse:** Von Siem Reap aus operieren fast ein Dutzend Busgesellschaften, die Verbindungen in ganz Kambodscha anbieten. Die Etabliertesten sind *Capitol, Giant ibis Transport, GST, Phnom Penh Sorya* und *Mekong Express.* Jede hat ihr eigenes Terminal außerhalb des Zentrums. Am stressfreiesten ist es immer, das Ticket direkt in der Unterkunft zu buchen. Dies kostet zwar ein paar Cent mehr als direkt bei der Busgesellschaft, aber dafür sorgt auch das Guest House in der Regel für den Transport zum Terminal.

Mehrere Busgesellschaften verkehren täglich zwischen Siem Reap und **Phnom Penh** via Kompong Thom (ab 5 $). Abfahrten zwischen 7.00 und 14.00 Uhr; Fahrzeit einschließlich Pausen rd. 6 Std. Am bequemsten sind Busse der *Giant libis Transport*-(15 $) und *Mekong Express*-Gesellschaft (15 $) und die Minibusse der Gesellschaft *Neak Krohorm,* die 4x täglich für 9 $ fahren. Diese Busgesellschaften haben auch die beste Sicherheitsbilanz im Hinblick auf schwere Unfälle.

Nach **Battambang** 5 $, über **Sisophon** 3 $.

Nach **Kompong Thom** und die **Tempel von Sambor Prey Kuk** 5 $. Alle Busse nach Phnom Penh halten dort.

Nach **Sihanouk Ville** gibt es einen Nachtbus, der ohne Umsteigen durchfährt. Einen guten Ruf, was die Sicherheit betrifft, hat *Giant Ibis* für 25 $. Abfahrt ist um 20.30 Uhr.

Durchgehende Tickets, allerdings mit Umsteigen, gibt es auch **von und nach Stung Treng** an der laotischen Grenze, von wo aus es auch weiter über Banlung (Rattanakiri) nach **Vietnam** geht. Hier sollte man eine Übernachtung in Kompong Cham einplanen.

■ **Von Bangkok nach Siem Reap:** Tickets in den Reisebüros rund um die Khao San Road kosten zwischen 500 und 800 Baht. Es ist nicht notwendig, das **Visum** für Kambodscha gleich mitzukaufen. Dieses kostet 30 $ und wird am Grenzübergang ausgestellt (Reisepass und Passbild bereithalten). Die Zöllner in Poipet bestehen auf die Zahlung in der thailändischen Währung und runden zurzeit gerne großzügig auf etwa 1200 Baht auf. Wer möglichst keinen Stress haben will, sollte in diesem Fall lieber ohne Widerspruch bezahlen. Ansonsten sind viele Diskussionen wegen ein paar Dollar zu erwarten, und schlussendlich sitzen die Zöllner immer am längeren Hebel, was sie einen auch deutlich spüren lassen (siehe auch Exkurs Poipet: „Die Tricks der Grenzmafia").

■ **Von Siem Reap nach Bangkok:** Tägliche Verbindungen ab 20 $; buchbar in allen Guest Houses; *Nattakan* und *Giant Ibis* sind die einzigen Busunternehmen, die ohne Umsteigen an der Grenze direkt nach Bangkok fahren. Der Fahrpreis beträgt 35 $, dafür gibt es aber auch keinen Stress an der Grenze. Beide Busse können online gebucht werden.

■ **Von Siem Reap nach Saigon:** täglich mit Umsteigen in Phnom Penh (beispielsweise *Capitol* für 18 $).

Alternative Anreisemöglichkeiten

- Von **Phnom Penh** Bus bzw. von **Poipet Sisophon** mit Bus oder Taxi nach **Battambang** und von dort mit dem Boot nach Siem Reap.
- Mit dem Bus **aus Phnom Penh** nach **Kompong Thom,** am Nachmittag die Tempel von Sambor Prei Kuk besichtigen und am nächsten Tag weiter nach **Siem Reap.** Anders herum weniger lohnend, da der Eindruck von Angkor diese Tempel deutlich überragt.
- Aus **Bangkok:** ab der *Hua Lamphong Train Station* in Bangkok fahren täglich **Züge** für ca. 200 Baht nach **Aranyaphratet.** Ca. 5 Stunden, sehr lohnende Fahrt. Es geht aber auch mit dem Bus von der *Northeastern Bus Station Chatuchuk* nach Aranyaphratet für 300 Baht (ca. 4 Std.). Oder vom Flughafen in Bangkok mit kostenlosem Shuttlebus zum Talat Rong Kluea Busbahnhof (Passenger Terminal) und von dort mit dem Bus (mehrere Busse täglich) für ca. 200 Baht nach Aranyaphratet. Das Tuk Tuk bis zur Grenze kostet 100 Baht. Der Grenzübergang ist bis 20.00 Uhr geöffnet. Von Poipet weiter mit Taxis. Angenehm schnell und günstig reist es sich auch mit den Minibussen, die morgens in Bangkok am Victory Monument unter dem Expressway abfahren und auf thailändischer Seite ca. 200 m vor dem Grenzübergang in Poipet halten.
- Abenteurern, die sich von **Thailand** nach Siem Reap durchschlagen wollen, seien die für den internationalen Grenzverkehr geöffneten Übergänge **Smach** und **Anlong Veng** nördlich von Angkor empfohlen. Auch über **Pailin,** von wo aus man über Battambang nach Siem Reap kommt, ist die Einreise möglich. Das Visum wird an der Grenze ausgestellt (siehe auch Kapitel „Praktische Reisetipps A–Z, Hin- und Rückreise“).
- **Taxi.** Die teuerste Möglichkeit, nach Bangkok zu kommen, aber immer noch erschwinglich. Taxi zur Grenze Poipet für ca. 30 $ und ab der Grenze für 60 $ weiter nach Bangkok.

Praktische Hinweise zum Besuch der Tempel

Sicherheit

Der Besuch der Tempel im üblichen Rahmen und auf den bekannten Touristenpfaden ist ungefährlich. Die Tempel sind minenfrei!

Eintrittspreise und Reglementierungen

Schon seit 1999 ist die Firma *Sokimex* mit Verkauf der Tickets und der Vermarktung der Tempel beauftragt. Man munkelt, dass dafür jährlich rd. 1 Mio. Dollar an die Regierung in Phnom Penh abgeführt werden, der Rest fließt in die Taschen der Konzernleitung, welche die gleichnamige Tankstellenkette, das *Sokha Hotel* in Phnom Penh, Sihanouk Ville und Bokor Mountain besitzt.

Die **Tickets** können nur bei *Angkor Enterprise* auf dem Weg zu den Tempeln in der 60. Straße gekauft werden. Alle Tuk Tuk- und Taxifahrer kennen den Ort. Das Gelände von Angkor darf zwar auch ohne Ticket betreten werden, doch sind die Polizisten an den Checkposten extrem penibel und lassen Ausländer nur hinein, wenn sie einen trifftigen Grund vorgeben, beispielsweise eine Fahrt nach Anlong Veng oder eine Fahrt

134ka_19 an

schen 20 und 40 $ gelten für einen Tag, einschließlich Benzin, und beziehen sich jeweils auf den kleinen oder großen Rundweg.

Weiter entfernte Ziele sind Verhandlungssache und deutlich teurer. Alle Arten von Vehikeln können von den Guest Houses oder Hotels organisiert werden, was sie aber meist teurer macht, da Provision bezahlt werden muss.

Während die großen Bauwerke, **Angkor Wat** und **Angkor Thom** (mit **Bayon**), eigens besucht werden sollten, was auch für die abseits gelegene Roluos-Gruppe gilt, empfiehlt es sich für die übrigen Bauwerke, dem Petit und dem Grand Circuit zu folgen. Diese Routen wurden von Archäologen kreiert und sind die systematische Weise, Angkor zu entdecken.

Nach dem Besuch von Angkor Wat und dem Bayon sollte man sich zuerst auf den **Petit Circuit** begeben. Er beginnt bei Angkor Wat und ist 17 Kilometer lang. Über ihn erreicht der Besucher viele gewaltige, oftmals versteckt liegende Bauwerke. Wer alle Tempel, die am Petit Circuit gelegen sind, besuchen möchte, benötigt einen Tag.

Einen ganz anderen, aber nicht weniger reizvollen Eindruck vermittelt der **Grand Circuit,** 26 Kilometer lang. Er führt über eine neu asphaltierte Straße in die ländliche Idylle des Landes. Die archaische Lebensweise der Menschen, auf die der Besucher hier trifft, scheint sich seit der Angkor-Periode kaum geändert zu haben. Dort wo die von Siem Reap kommende Straße auf den Wassergraben von Angkor Wat trifft, biegt der Grand Circuit nach rechts, Richtung Osten, ab. Er endet mit der Besichtigung von Preah Khan, nördlich von Angkor Thom. Auch hier sollte man sich einen Tag Zeit lassen.

Der berühmteste Tempel in Kambodscha: Angkor Wat

Für die Tempel der **Roluos-Gruppe** genügt ein halber Tag.

Der besondere Reiz von Angkor liegt nicht im Abhaken der Sehenswürdigkeiten, sondern im Erleben und Aufnehmen der Atmosphäre, wie sie kaum eine andere Sehenswürdigkeit auf der Welt zu bieten hat. Viele Besucher kehren mehrmals zu verschiedenen Tageszeiten an denselben Tempel zurück. Andere verbringen viele Stunden in den Ruinen mit Malen, Fotografieren, Musikhören oder Meditationen.

Eine nicht zu versäumende **Attraktion** ist der Sonnenaufgang im Bayon und in Angkor Wat, sowie der Sonnenuntergang auf dem Phnom Bakheng.

Wer auf bestmögliches **Licht beim Fotografieren** Wert legt, sollte den Bayon am Vormittag besuchen und sich Angkor Wat für den Nachmittag aufheben. Da diese Reihenfolge auch bei organisierten Gruppen eingehalten wird, ist es zu diesen Zeiten in den Tempeln meist sehr voll (siehe auch Exkurs „Angkor fast allein").

Als ideale **Jahreszeit** für einen Besuch bieten sich die Monate Dezember, Januar und Februar an. Auch im März, April und Mai ist Regen die Ausnahme, doch kann es dann recht schwül und heiß sein. Zu vermeiden sind die niederschlagreichen Monate September und Oktober. Allerdings ist zu dieser Zeit der Rummel deutlich geringer.

Die Frage, **„Welcher Tempel ist der schönste?"**, ist müßig zu beantworten. Der durch Größe und hervorragenden Zustand beeindruckendste Tempel ist Angkor Wat. Am meisten inspiriert die schaurige Schönheit des Bayon mit seinen 172 zu Fels erstarrten Fratzen. Der Romantiker wird sich besonders in Ta Prohm wohlfühlen, wo die Wurzeln gigantischer Urwaldriesen wie die Tentakel von Seeungeheuern die 800 Jahre alten Ruinen umarmen. Für Eremiten bietet der Irrgarten von Galerien in Preah Khan eine große Auswahl an Rückzugsmöglichkeiten. Wen die Symbiose von alten Heiligtümern und Buddhismus der Gegenwart fasziniert, darf sich einen Besuch der Bakong und der Lolei (Roluos-Gruppe) nicht entgehen lassen.

■ **Tipp:** Fast jeder Reisende ärgert sich darüber, dass er für seinen Besuch der Angkor-Tempelanlagen nicht **mehr Zeit** eingeplant hat. In vier Tagen hat man zwar alles gesehen, doch um die Atmosphäre, das historische Flair und die Ausstrahlung dieser nur hier existierenden Aura zu spüren und zu erleben, ist mehr Zeit für Angkor notwendig.

Souvenirs

Für alle Souvenirjäger gilt: Aus den Tempeln darf nichts mitgenommen oder gar mit Gewalt entfernt werden. **Originale** aus der Angkorperiode, wie sie von manchen Händlern immer wieder angeboten werden, gehören ins Museum! Wer antike Funde kauft, macht sich mitschuldig am Kunstraub.

In den Souvenirshops in Siem Reap und zwischen den Tempeln sowie bei den fliegenden Händlern in Angkor kann fast alles, was in den Tempeln zu sehen ist, als **Nachbildung** gekauft werden. Statuen gibt es in allen Größen, aus Holz, Metall und Marmor: *Vishnu, Shiva, Hanuman,* Dämonen und Götter sowie graziöse Apsaras und Buddhas in verschiedenen Meditationsstellungen. Eines der beliebtesten Objekte ist der

Kopf mit den vier Gesichtern des *Boddhisattvas Lokesvara,* das Markenzeichen der Bauwerke des Königs *Jayarvarman VII.*

Kunstvoll hergestellte **Papierdrucke** erzählen die Geschichte der Khmer und Epen aus der hinduistischen Götterwelt oder zeigen Apsaras und die Tempel von Angkor Wat.

Die Einheimischen, die in Bambushütten zwischen den Ruinen leben, verkaufen vor den Tempeln **Gebrauchsgegenstände** aus dem täglichen Leben. Hierzu gehört die Khmer-Violine *(droh),* Pfeil und Bogen *(snah),* eine Mundorgel aus Bambus *(guith),* aus Holz geschnitzte Flöten *(khloi),* kunstvoll verzierte Handbeile *(puhtow)* und hölzerne Kuhglocken.

Verpflegung

Verhungern oder verdursten ist bei den Tempelbesuchen unmöglich. Nirgendwo ist man vor den aufdringlichen Verkäuferinnen sicher. Wie von den allgegenwärtigen Apsaras in Angkor Wat wird man von den Mädchen auf Schritt und Tritt beobachtet und gebetsmühlenartig ertönt der Spruch: „you buy, only one dollaaaarrr!“ Vor allen Tempeln gibt es Stände, die gekühlte Getränke, Früchte und einfache Speisen anbieten. Vor den größeren Tempeln wird auch Frühstück angeboten. Am Eingang von Angkor Wat gibt es bereits sehr gute Restaurants.

Literatur

Durch ihr jahrhundertealtes Engagement in Indochina und die *L'École Française d'Extrême-Orient* haben die Franzosen die umfassendsten **wissenschaftlichen Veröffentlichungen** über die Tempel. Die umfangreichste **Literatur** gibt es allerdings in englischer Sprache. Die Anzahl deutschsprachiger Publikationen über Angkor und seine Geschichte ist im Vergleich dazu noch immer eher gering. Eine große Auswahl an Literatur über Angkor findet man in den Buchläden in Phnom Penh und bei den *Monument Bookshops* in Siem Reap am FCC und am Flughafen.

Deutsch

- **Der Traum von Angkor** (Kambodscha – Laos – Vietnam). Viele Information und eine kritischen Betrachtung der Vergangenheit, Gegenwart und Zukunft der Region. Autoren: *Heinz Kotte* und *Rüdiger Siebert.*
- **Reise Know-How CityTrip Angkor und Siem Reap** (2019). Dieser kompakte Reiseführer aus der Reihe CityTrip ist der perfekte Begleiter beim Besuch der im Dschungel versteckten Tempelruinen des Angkor-Reichs. Neben den wichtigsten Tempeln werden auch weniger bekannte Ruinen ausführlich vorgestellt und bewertet. Mit Faltplan zum Herausnehmen und exakten Detailkarten. Autor: *Tom Vater.*
- **Sitten in Kambodscha. Über das Leben in Angkor im 13. Jahrhundert.** Der chinesische Reisende und Geschäftsmann *Chou Ta-Kuan* beschreibt seine individuellen Eindrücke aus der Blütezeit Angkors.
- **Schliemanns Erben. Von Herrschern der Hethier zu den Königen der Khmer.** Neben anderen Abenteuern der Archäologie auch 70 Seiten über Angkor. Populärwissenschaftlich – Fernsehbegleitbuch.
- **Ruins of Angkor.** Historisch interessante Fotos von Angkor und Phnom Penh um 1909. Texte auch in deutscher Sprache. *River Books,* Bangkok.

Angkor fast allein

Busladungen asiatischer Touristen zum Sonnenuntergang auf dem Phnom Bakheng, Tourguides, die sich wie Marktschreier vor den Halbreliefs in Angkor Wat übertönen müssen und Verkehrsstaus vor der Bayon. Horrorszenarium für jeden Besucher! Doch leider ist das zu Stoßzeiten Wirklichkeit geworden, und immer mehr Reisende sind schockiert über die Menschenmassen, die sich durch die Tempel wälzen.

Doch keine Sorge, Angkor ist riesig und und bietet nach dem Sightseeing-Pflichtprogramm, das man sich mit Menschenmassen aus der ganzen Welt teilen muss, idyllische und ursprüngliche Tempel abseits des Tourisrenradars. Hier ein paar Tipps:

Wer die Massen scheut, sollte auf gar keinen Fall zum Sonnenuntergang auf den Bakheng gehen, am Vormittag das South Gate von Angkor Thom mit der Bayon besuchen oder am Nachmittag durch Angkor Wat schlendern.

In den frühen Morgenstunden von 6.00 bis 9.00 Uhr sind die Tempel praktisch menschenleer. Auch mittags irren nur wenige Pauschaltouristen herum.

Stadtmauer von Angkor Thom

Die überlaufenen Sehenswürdigkeiten der letzten Hauptstadt des Angkorreiches sind umgeben von einer Stadtmauer, deren Kantenlänge 4 km entspricht. Auf der Mauer verläuft ein kleiner Pfad, der durch die Baumwipfel der Urwaldbäume führt und die Trittsicherheit der meisten Pauschaltouristen überfordert. Aufstieg auf die Mauer am South Gate und bis zum West Gate wandern (ca. 1 Std., Getränke mitnehmen). Mit Pfadfinderinstinkt und Abenteuerlust lässt sich die Tour bis zu 16 km verlängern.

Phnom Bok (siehe Seite 212)

Ein grandioser Aussichtsberg, dessen Tempel versteckt und rätselhaft auf dem verlassenen Gipfel steht. Viele Touristen meiden die lange Anfahrt und den steilen, schweißtreibenden Aufstieg. Wer sich das trotzdem antut, wird mit Einsamkeit belohnt.

Chau Srei Vibol (siehe Seite 212)

Ein gewaltiger Tempelkomplex, der von Urwald überwuchert und nicht restauriert wurde. So haben die Entdecker von Angkor alle Tempel vorgefunden. Um die versteckten Geheimnisse dieses antiken Ruinenfeldes zu entdecken, lohnt es sich, einen Mönch aus der lokalen Pagode als Guide zu engagieren.

Weniger frequentierte Tempel: Roluos-Gruppe, Phnom Krom, Wat Trat, Beng Mealea.

Englisch

- **Angkor. The Hidden Glories.** Einer der gelungensten Bildbände über die Tempel mit sehr informativen Texten. Das Buch von *M. Freeman* und *R. Warner* ist über die *Houghton Mifflin Company* in London zu beziehen. In Bangkok und Singapur wird es in großen Buchläden und am Flughafen verkauft.
- **Angkor, Heart of an Asien Empire.** Reportage über Angkor mit alten Malereien, Fotos und Dokumenten. Veröffentlicht von *New Horizons*, England.
- **Focusing on the Angkor Tempels:** Ideal für alle, die tief in die Architektur und die Kultur mit viel Hintergrundinformationen eintauchen wollen. Neueste Auflage 2017, *The Guide Book.* Autor *Michel Petrotchenko.*

Karten

- **world mapping project: Kambodscha,** mit Stadtplan Phnom Penh, Plänen von Angkor und Siem Reap, 4-sprachige Legende, Höhenlinien mit Höhenangaben, Maßstab 1:500.000, GPS-tauglich. Reise Know-How Verlag.
- **Nelles Map: Cambodia/Angkor.** Landkarte Kambodscha. Auf der Rückseite Lagepläne und Kurzbeschreibungen der wichtigsten Tempel. Sehr nützlich sind die Erklärungen der Galerien auf den Umrissplänen der Tempel. Erschienen im *Nelles Verlag München.*

Angkor verstehen

„Für jemanden, der es nicht mit eigenen Augen gesehen hat, ist es schwierig, sich ein so wildes und baufälliges Durcheinander von Leben und Verwesung, von zügellosem Grün, im Krieg mit einem unbeweglichen grauen Tod vorzustellen. Trotzdem erlangt der Stein durch diesen Kampf eine Art Leben, da er zwischen zwei Feuern gefangen ist. Zweige bäumen sich auf- und abwärts, um die Ruinen zu zerstören, wodurch die Architektur, genötigt, an dieser Schlacht teil zu nehmen, eine unvergleichliche Dynamik, im Gegensatz zu ihrer statischen Aufgabe, annimmt." (*Osbert Sitwell*, 1939)

Die „Entdeckung" der Tempel

Nur in den Köpfen der Europäer existiert die romantische Vorstellung, Angkor sei, nachdem es Hunderte von Jahren im Urwald versunken war, wiederentdeckt worden.

Nachdem der königliche Hof Angkor im Jahr 1431 endgültig verließ, da die Stadt militärisch nicht mehr zu halten war, herrschte hier noch pulsierendes Leben. Ende des 16. Jahrhunderts unternahm sogar der König *Satha* den Versuch, seine Hauptstadt wieder nach Angkor zu verlegen. Seit die Stadt aufgegeben wurde, haben Mönche hier gelebt und zahlreiche Pagoden in der Nähe der Tempel errichtet. Buddhisten dienten sie, selbst wenn sie einst hinduistischen Göttern geweiht waren, schon seit mehreren Jahrhunderten als Wallfahrtsorte.

Die ersten Europäer, die die ehemalige Hauptstadt der Khmer zu Gesicht bekamen, waren Missionare und Geschäftsreisende aus Portugal, Spanien und Frankreich. Der französische Naturkundler *Henri Mouhot,* der auf seinem Weg nach Laos war und im Jahre 1860 durch Zufall auf Angkor stieß, lenkte durch seine Veröffentlichungen das Interesse der westlichen Welt, insbesondere der Franzosen, auf diese mysteriösen Tempelanlagen. Auch ein Deutscher, *Adolf Bastian,* machte sich im Jahr 1863 einen Namen, indem er entdeckte, dass einige Inschriften in Sanskrit verfasst waren, woraus geschlossen werden konnte, dass auch indischer Einfluss beim Bau der Tempel eine Rolle gespielt hatte. Die ersten Expeditionen, bei

Die Zerstörer Angkors – Diebe, Dschungel und Devisen

Kaum war Angkor von seinen Bewohnern verlassen, schon wurden seine Schätze recycelt. Die **Plünderer** interessierten sich vor allem für die Metalle. Die Stein- und Holzbauten waren reichhaltig mit Metallverkleidung überzogen, Bronzestatuen schmückten die Heiligtümer, und auch Kupfer war verschwenderisch zur Verschönerung der Tempel verwendet worden. Die ersten Diebe montierten die Teile, die sie brauchen konnten, ab, schmolzen sie ein und machten sich Waffen oder landwirtschaftliche Geräte daraus. Doch auch Mönche, unwissend über die Bedeutung der alten Bauwerke, brachen Ziegel und Steine aus den Mauern und verwendeten sie als Baumaterial für die Wats.

Nachdem die Schätze geraubt waren, begann die noch gnadenlosere Natur mit ihrem Zerstörungswerk. Einem Feldherrn gleich, der verlorenes Territorium zurückerobern möchte, fielen **tropische Vegetation und Monsunklima** über die Tempel her und richteten weit mehr Schaden an als alle Plünderer aus fünf Jahrhunderten. Die Wurzeln der gigantischen Urwaldriesen, die heute Ta Prohm seine einzigartige Atmosphäre verleihen, zersprengten mit schleichender Gewalt die Mauern der ohne Mörtel und Zement errichteten Laterit- und Sandsteingebäude. Die Wassermassen, die während des Monsuns vom Himmel stürzten, wuschen die Fugen aus und unterhöhlten das Mauerwerk, wodurch viele Gebäude wie Kartenhäuser in sich zusammenfielen. Die hoch gewachsenen Bäume, die bald zwischen den Tempeln in den Himmel schossen, hatten auf dem steinernen Untergrund weit weniger Halt als im tiefgründigen Urwaldboden. Sie wurden häufig von den Monsunstürmen umgeworfen, wobei ihre Wurzeln die Gebäudeteile, die sie umschlossen, mit niederrissen und die Wucht des Stammes die Mauern zum Einsturz brachte. Doch auch die Bausubstanz selbst überstand die Jahrhunderte nicht schadlos. Der Sandstein, das Material, aus dem viele Steinmetzarbeiten und Heiligtümer entstanden, wurde porös und hielt dem Druck der auf ihm errichteten Türme und Gebäude nicht mehr stand. Deshalb mussten viele Heiligtümer, wie etwa die Baphuon, mit Stahlbeton verstärkt werden, um sie vor dem gänzlichen Einsturz zu bewahren. Ursache für die Verwitterung der Steine sind die in dem feuchtwarmen Klima hervorragend gedeihenden Mikroorganismen, Farne und Flechten, die den Sandstein wie eine „Hautkrankheit" überziehen.

Obwohl die **Roten Khmer** nicht gerade für ihren sensiblen Umgang mit Religion und Kultur bekannt waren, wurde unter ihrer Herrschaft in Angkor weit weniger zerstört, als allgemein angenommen wird. Auch sie schienen Angkor als ihr kulturelles Erbe zu betrachten und in Shiva, dem die meisten Tempel gewidmet sind und der im Hinduismus als Gott der Zerstörung gilt, einen heimlichen Verbündeten zu sehen. Ihr Vandalismus beschränkte sich auf buddhistische Symbole wie Buddhastatuen, Altäre und Pagoden. Apsaras und andere Figuren benutzten sie als Zielscheiben, und die Pläne zur Restaurierung der Tempelanlagen wurden zu Zigarettenpapier verarbeitet. Ganz im Gegensatz zu ihren sonstigen Gewohnheiten legten sie jedoch Angkor nicht in Schutt und Asche.

Doch in den letzten Jahren hatte der in Kambodscha Einzug gehaltene Kapitalismus auch die eiserne, steinzeitkommunistische Moral der Roten Khmer aufgeweicht. Die Nachfrage auf dem internationalen Antiquitätenmarkt nach Khmer-Kunst war enorm, die Grenzen zu Thailand kaum bewacht, die Finanzquellen früherer Geldgeber versiegt, und Devisen für den Kauf neuer Waffen wurden dringend benötigt. Was lag da näher, als in einen der zahlreichen unbewachten Tempel zu gehen, einen Buddha zu enthaupten und dessen Kopf für einige Tausend Dollar in Bangkok zu verkaufen.

Doch der größte Schaden an den Tempeln wurde nicht von den Roten Khmer, sondern von gut organisierten Banden angerichtet, die im Auftrag einer **internationalen Antiquitätenmafia** arbeiten. Die Interessenten, meist reiche Japaner, Amerikaner und Europäer, wählen anhand von Fotografien und Videoaufnahmen ihre „Ware", die sich noch an den Originalplätzen befindet, aus. Dann treten die Kunsträuber in Aktion und besorgen die begehrten Objekte. Sie haben ein leichtes Spiel, denn obwohl mehr und mehr Polizisten, Militär und Wächter zum Schutz dieses kulturellen Erbes der Menschheit eingesetzt werden, ist es nicht möglich, dem illegalen Treiben dieser hauptsächlich in der Nacht arbeitenden Banden auf einem 200 qkm großen Gebiet Einhalt zu gebieten. Außerdem sind bei dieser Art von Antiquitätenhandel so hohe Geldsummen im Spiel, dass jeder Wächter mit seinen 10 € Monatslohn mit Leichtigkeit bestochen werden kann. Die 78 größeren Kunstgegenstände, die von 1990 bis Anfang 1993 gestohlen wurden, erreichten ihre Abnehmer fast ausschließlich über Thailand und Bangkok. Im Gegensatz zu den 1990er Jahren, in denen auch das thailändische Militär beim Schmuggeln kräftig mitverdiente, zeigt sich heutzutage die Regierung von Thailand kooperativ bei der Rückführung der antiken Kunstschätze.

Das größte Interesse der organisierten Kunsträuber erwecken nicht die Tempel, sondern das Gebäude der Conservation Angkor. In einer schlecht bewachten Halle in Siem Reap lagern Hunderte der wertvollsten Statuen und Kunstwerke der Angkorperiode. Viele Originale wurden aus den Tempeln bereits hierher in Sicherheit gebracht und vor Ort durch wertlose Zementabgüsse ersetzt, um den Plünderern zuvorzukommen. Doch auch im Conservation Angkor verschwanden regelmäßig Kunstwerke, die häufig durch die Hilfe korrupter Mitarbeiter und Wachmänner entwendet wurden. Aus Sicherheitgründen wurden deshalb die ältesten und wertvollsten Statuen nach Phnom Penh gebracht.

Auch wenn Angkor durch Zerstörung und Kunstraub großer Schaden zugefügt wurde, an der überwältigenden Faszination, die die „Seele der Khmer" auf ihren Besucher ausstrahlt, hat sich seit Angkors Wiederentdeckung durch den Franzosen *Mouhot* im Januar 1860 nichts geändert: „.... es ist größer als alles, was uns von den Griechen oder Römern erhalten geblieben ist."

607ka an

Enthauptete Buddhastatue

denen die Ruinen systematisch erforscht wurden, führten *Douart de Lagrée* (1866) und *Louis Delaporte* (1873) durch. Doch erst nachdem sich 1907 die Siamesen in ihre westlichen Provinzen (das heutige Thailand) zurückgezogen hatten, konnten französische Wissenschaftler unter dem Schutz ihrer Kolonialregierung weitgehend ungehindert in Angkor arbeiten. Die bereits 1898 gegründete *L'École Française d'Extrême-Orient* begann nun mit der intensiven Erforschung und Restaurierung der Tempelanlage. Die Pionierarbeit der Franzosen in Angkor gilt heute als eine der wenigen unbefleckten Episoden ihrer Kolonialzeit und hat durch die Entdeckung der Großartigkeit der Angkorperiode entscheidend zum heutigen Selbstbewusstsein der Khmer beigetragen.

Wie kam es zur Hochkultur?

Eine Voraussetzung für jede Art von Hochkultur ist die Überproduktion von Nahrungsmitteln. Die Basis in Angkor wurde gelegt durch den Monsun, den See Tonle Sap und eine **hochentwickelte Bewässerungstechnik.** Das Beherrschen der Wasserströme wurde zum wirtschaftlichen Motor eines besonders hoch entwickelten Gesellschaftssystems der Jahrtausendwende. Die das Wasser beherrschende Stadt Angkor war geboren.

In der Vorangkorperiode waren die Reisbauern auf die viermonatige Regenzeit angewiesen, in der sie eine Ernte einbringen konnten. Die Herrscher von Angkor hatten begriffen, dass sie ihre Macht nur ausdehnen konnten, wenn es ihnen gelänge, die Reiserträge zu steigern. Dazu musste der von der Natur vorgegebene Zyklus von Regen- und Trockenzeit aufgehoben werden. Also begannen sie, riesige Reservoire *(baray)* anzulegen, die sich während der Monsunzeit füllten und die Felder während der Trockenzeit über ausgeklügelte Bewässerungssysteme mit Wasser versorgten. Dadurch wurde es möglich, anstatt bisher nur einer Ernte nun sogar bis zu drei pro Jahr einzubringen. Die Voraussetzung für den Reichtum und die Macht von Angkor war damit geschaffen.

Diese **Lebensmittelüberproduktion** ließ die Bevölkerung rasch anwachsen und setzte Arbeitskräfte frei, die nicht mehr ausschließlich in der Landwirtschaft benötigt wurden. Dieses Menschenpotenzial konnte nun für andere Aufgaben eingesetzt werden. Zum Beispiel standen den Königen jetzt ausreichend Soldaten zur Verfügung, um das Imperium vor Chams und Siamesen zu schützen und die Grenzen des Reiches weiter auszudehnen. Große Menschenmassen konnten zum Bau der Tempel eingesetzt werden, und Künstler wie Handwerker hatten Muße, sich ganz den Heiligtümern zu widmen, da sie von der Gesellschaft versorgt werden konnten.

Auch der religiöse und geistige Aufschwung dieser Epoche, der durch eine große Zahl von Priestern und Mönchen mitgestaltet wurde, war letztendlich nur durch eine hochentwickelte Wasserbautechnik möglich geworden.

Der religiöse Einfluss

Lange bevor die Khmer mit anderen Religionen in Berührung kamen, hatten sie ihre eigene **Naturreligion.** Die Götterwelt drehte sich in erster Linie um Ahnenkulte, Nahrung, Wasser sowie Geister und Ungeheuer.

Mit indischen Seefahrern und Händlern gelangte der **Hinduismus** nach Kambodscha. Die Menschen nahmen die neuen religiösen Einflüsse schnell an und vermischten sie mit ihren eigenen Glaubensformen und ihrer Götterwelt. Mit der Religion begann auch die indische Kultur das Leben der Khmer zu beeinflussen, wodurch einer der wichtigsten Grundsteine für die Blüte der Angkorperiode gelegt wurde. Neue Reisanbaumethoden, die Gelehrtenschrift Sanskrit, Mathematik und Astronomie fanden schnelle Verbreitung und wurden weiterentwickelt. Die großen indischen Epen, *Ramajana* und *Mahabharata,* wurden mit der eigenen Mythologie verknüpft und schmücken heute in filigranen Flachreliefs die Wände in Angkor Wat sowie im Bayon.

Während die einfache Bevölkerung ihre eigenen religiösen Mischformen entwickelte, unterwarfen sich die Herrscher von Angkor und ihr Hof den strengen Ritualen des Brahma-, Vishnu- oder des am weitesten verbreiteten Shivakultes.

Unabhängig von den vorherrschenden Kulturen oder Religionen setzte sich die *indische Kosmologie,* die Vorstellung vom Aufbau der Welt, durch. Im Mittelpunkt steht dabei der heilige Berg Meru, auf dem die Götter leben, während die bewohnte Erde von einem Urmeer begrenzt wird. Die Architektur der Tempel war die exakte Nachbildung des Universums aus der Sichtweise des Hinduismus. Auch *Jayavarman VII.,* der letzte große Herrscher von Angkor, der zum Buddhismus übertrat, behielt bei seinen Bauwerken die hinduistische Auslegung des Weltbildes bei.

Die Bedeutung der Tempel

Die Tempel waren also keine Kultstätte für Gläubige und auch keine Wohnungen, weder für das Volk, noch für die Priester oder den König selbst. Sie stellten einen Mikrokosmos dar, wie er der indischen Vorstellung der Welt entsprach. Dabei wurde der Berg Meru als Wohnsitz der Götter und Mittelpunkt der Welt besonders verehrt. In der Architektur wurde er symbolisiert durch die aus Stein errichteten Türme. Sie wurden im Laufe der Zeit immer größer, und um ihre Bedeutung noch zu verstärken, baute man sie auf den Gipfel eines künstlichen Hügels oder pyramidenförmiger Terrassen. Als Zeichen der Macht des herrschenden Königs standen diese Tempel immer im Zentrum des Reiches. Sie durften nur von hohen Priestern oder dem König selbst betreten werden. Im höchsten Turm eines Tempels stand die Statue des Gottes, dem er geweiht war. Nach dem Tod des Königs, der das Heiligtum erbaut hatte, bekam der Tempel die Aufgabe eines gewaltigen Mausoleums. Hier vereinigte sich der Körper der verstorbenen Monarchen mit der Gottheit des Tempels, wodurch der König selber zu einem Gott wurde und in dessen Statue weiterlebte. Deswegen wurden die Könige zu Lebzeiten bereits als Halbgötter verehrt.

Die Rolle des Königs

Der König wurde als irdischer Vertreter einer Gottheit betrachtet. Diese Macht eines Herrschers in der Angkorperiode und den folgenden Jahrhunderten wird als **Gottkönigs- oder Devaraja-Kult** bezeichnet. Obwohl die Göttlichkeit der Regierenden in allen von Indien beeinflussten Staaten wiederzufinden ist, gab es kein anderes Land, in dem diese Symbolik so ausgeprägt war wie in Angkor.

Trotz seiner Macht stand der König jedoch in enger Verbindung mit seinem Volk. Er war oberster Gerichtsherr und gab seinen Beamten sowie seinen Untertanen regelmäßige Audienzen. Bei seinem Anblick mussten sie sich unterwürfig auf den Boden setzen. Die Aufgabe des Königs war unterteilt in weltliche Verpflichtungen und in seine Vermittlerrolle zwischen den Göttern, den Naturgewalten und den Menschen.

Zu seinen **Regierungsangelegenheiten** gehörte die Entscheidung über Kriegsführung, Bau eines neuen Tempels oder das Anlegen neuer Bewässerungssysteme. Durch seinen Kontakt zu den Göttern stellte er unter anderem die regelmäßige Rückkehr des Monsuns, die Basis für den Reichtum von Angkor, sicher. Letztendlich war seine Hauptaufgabe jedoch, durch die Verbindung von technischen Möglichkeiten mit göttlich magischer Macht das Wohlergehen und die Zukunft seines Volkes sicherzustellen.

Das Leben der Menschen

Manche Wissenschaftler gehen davon aus, dass die damaligen Monarchen ihr Volk wie Sklaven hielten, es finanziell und physisch ausbeuteten und dass individuelle Freiheiten unbekannt waren. Ansonsten, so ihre Hypothese, wäre es nie möglich gewesen, ein so großes Reich zu kontrollieren und solch gewaltige Bauwerke zu schaffen. Dem widerspricht jedoch die Beschreibung des chinesischen Diplomaten *Chou Ta-kuan* aus dem 13. Jahrhundert: „Es ist nicht notwendig, Kleidung zu tragen. Da Reis leicht zu haben, Frauen leicht zu überreden, Häuser leicht zu bauen, Möbel leicht zu machen und Handel leicht zu treiben ist, gibt es viele Seefahrer, die sich hier fest niedergelassen haben."

Aufgrund der damaligen Reisanbaufläche lässt sich heute errechnen, wie viele Menschen zu dieser Zeit ernährt werden konnten. In der Blütezeit von Angkor haben im weiteren Umkreis um die Tempel etwa 1 Million Khmer gelebt. In dieser Epoche war Angkor die größte Stadt der Erde. Um diese Menschenmassen zu ernähren, insbesondere das komplizierte Bewässerungssystem zu unterhalten, muss man jedenfalls davon ausgehen, dass es sich um ein straff organisiertes und **zentral gelenktes Gesellschaftssystem** gehandelt hat. Wissenschaftler vermuten, dass die Versorgung so großer Menschenmassen mit Nahrungsmitteln nur möglich war, weil die Arbeit streng organisiert und im Kollektiv verrichtet wurde.

Auch wenn sich das strenge indische Kastenwesen nicht etabliert hat, so war die Gesellschaft doch in **Stände und Berufsgruppen** unterteilt. Die größte und wichtigste Schicht waren die Reisbauern, da sie die Basis für den Reichtum von Angkor bildeten. Dazu kamen die Wasserbautechniker, die für den Erhalt der Bewässerungssysteme ebenfalls eine bedeutende Rolle im Reich spielten. Weitere Berufsgruppen waren Fischer, Handwerker, Händler und Künstler. Eine dominierende Rolle in dieser Gesellschaft spielten die Beamten und Soldaten. An der Spitze der sozialen Leiter standen die

Priester, die für die Zeremonien zuständig waren. Sie dürften auch in direkter Umgebung der Tempel gelebt haben.

Einige Forscher nehmen an, dass es sich damals um eine gleichberechtigte Gesellschaft gehandelt hat, in der es kein Erbrecht auf privilegierte Posten gab. Auch ein Bauer hatte die Chance, ein hoher Beamter zu werden. Sicherlich variierten solche Freiheiten erheblich unter den einzelnen Königen.

Die Tempel waren als **Wohnstätten** den Göttern vorbehalten. Selbst der König residierte in einem Palast aus Holz. Das einfache Volk siedelte am Rande der sakralen Bauwerke. In ihren Hütten, die wegen der jährlichen Überschwemmungen durch den Monsun auf Pfählen standen und mit einem Dach aus Schilf oder Ziegel abgedeckt waren, lebten im Durchschnitt 12 Personen.

Wer heute die Dörfer in der Umgebung von Angkor besucht, wird einen fast authentischen Eindruck vom damaligen Leben bekommen. Nur wenig hat sich hier in den letzten tausend Jahren verändert.

Die Architektur

Gemäß dem hinduistischen Glauben war der König von Angkor ein Gott auf Erden, und seine Stadt und seine Bauwerke stellten das Universum im Kleinformat dar. Die Architektur wurde durch **indischen Einfluss** geprägt. Doch schon bald verwandelten die Baumeister dieser Epoche ihre Ideen und ihre Kreativität in einen eigenen, für Angkor typischen Baustil. Er gilt zwar weiterhin als durch Indien inspiriert, aber letztendlich hat er mit seinem Ursprung nicht mehr allzuviel gemeinsam. Erhalten blieb die exakte Grundsymmetrie eines jeden Heiligtums, aber auch die Wasserbecken, die das Urmeer symbolisieren, Steinwälle, die Bergketten darstellen, die die Erde umgeben sowie der Turm im Zentrum, der den Berg *Meru,* das Zentrum der Welt, verkörpert und von den Göttern bewohnt wird. Weitere, wenn auch weniger bedeutende Einflüsse auf die Architektur, kamen aus Java und China.

Die wichtigste architektonische Gemeinsamkeit aller Bauwerke sind die **Türme** *(prasat)* im Zentrum eines Tempels, die häufig in Fünferstellung angeordnet sind. Sie haben meist einen quadratischen Grundriss mit zurückversetzten Mauern und einem Haupteingang, der sich an der Ostseite befindet. Über vier terrassenförmige Aufbauten, von der jede eine verkleinerte Nachbildung der darunterliegenden ist, läuft er spitz nach oben zu. Je weiter sich die Architektur entwickelte, desto prunkvoller und filigraner wurden die Prasats verziert. An den Ecken der Terrassen errichteten die Künstler später Miniaturprasats, die eine exakte Nachahmung des Turmes waren. Während auf den vier abgestuften Terrassen die Götter, nach ihrer Wichtigkeit geordnet, lebten, hatte der Gott, dem der Tempel geweiht war, seinen Platz im Inneren des Prasats. War es *Brahma* oder *Vishnu,* so existierte er dort in Form einer Skulptur mit sechs bis zehn Armen, war es *Shiva,* der beliebteste Gott dieser Zeit, befand sich eine Linga im Zentrum des Heiligtums.

Auf der Suche nach immer bombastischeren Heiligtümern, visualisierten die Baumeister zunehmend die symbolische Bedeutung des Berges Meru. Die Prasats wurden jetzt auf mehreren, sich

Zeittafel

König	Regierungszeit	Bauwerke
Jayavarman II.	802–850	Tempel am Berg Kulen
Jayavarman III.	835–877	
Indravarman I.	877–889	Preah Ko, Bakong
Yasovarman	889–900	Lolei, Östlicher Baray, Phnom Bakheng, Phnom Krom, Kravan, Phnom Bok
Harshavarman I.	900–922	
Isanavarman II.	922–925	
Jayavarman IV.	925–944	
Rajendravarman II.	944–968	Östlicher Mebon, Pre Rup, Banteay Srei, Baksei Chamkrong
Jayavarman V.	968–1001	Phimeanakas, Ta Keo
Suryavarman I.	1002–1050	Preah Vihear, Ta Keo, Phimeanakas
Udayadityavarman II.	1050–1066	Baphuon, Westlicher Baray, Westlicher Mebon
Harshavarman III.	1066–1080	
Jayavarman VI.	1080–1107	Wat Phu
Dharanindravarman I.	1107–1113	
Suryavarman II.	1113–1150	Angkor Wat, Beng Mealea, Banteay Sare, Chau Say Tevoda, Thommanon
Dharanindravarman II.	1150–1160	
Yasovarman II.	1160–1165	
Tribhuvanadityavarman	1165–1177	
Jayavarman VII.	1181–1219	Angkor Thom, Bayon, Preah Khan in Kampong Thom Provinz, Ta Prohm Banteay Kdei, Preah Khan, Srah Srang, Elefanten Terrasse, Terrasse des Leprakönigs, Neak Pean, Ta Som, Prasat Suor Prat

verjüngenden Plattformen errichtet, die oft reichlich verziert waren und über die eine steile Treppe nach oben führte. Teilweise wurden sogar künstliche Berge aufgeschüttet, um die Verbindung der Könige zu den Göttern so perfekt als möglich zu gestalten (Beispiel: siehe Phnom Bakheng).

Alle Tempel sind nach dem strengen Muster der rechtwinkligen **Achsensymmetrie** gebaut, wodurch sich zwangsweise eine Wiederholung von Strukturen ergibt. Im Grundriss ist jedes Bauwerk in vier Quadrate aufgeteilt, was mit der in der Hindureligion symbolisch wichtigen Zahl vier (absolute Vollkommenheit) in Verbindung steht. Daraus ergibt sich, dass die gesamte Anlage eines Tempels auf zwei rechtwinklig zueinander verlaufenden Achsen liegt, die als Wege benutzt wurden und sich exakt im zentralen Heiligtum kreuzen.

Im Gegensatz zu den für Menschen aus Holz errichteten Häusern mussten die Wohnungen der Götter für die Ewigkeit halten, weshalb Stein als **Baumaterial** verwendet wurde. Während in der Vorangkorperiode überwiegend mit Ziegeln gebaut wurde, setzte sich etwa ab der Jahrtausendwende immer mehr Laterit und Sandstein durch. Der schwere Baustoff konnte nur mit Booten während der Regenzeit die vielen Kilometer zu den Baustellen transportiert werden.

Laterit ist ein verfestigter, rötlicher Ton. Dort wo er zum Bau der Tempel verwendet wurde, ist er heute stark verwittert. Er wurde am häufigsten zum Bau von Fundamenten und Terrassen benutzt. Der graue Sandstein wurde wegen seiner besseren Qualität bei den künstlerisch ausgeschmückten Sakralbauten verwendet.

Der Untergang Angkors

Der letzte große König war *Jayavarman VII.* (1181–1218), der als größter und aktivster Baumeister in die Geschichte Angkors einging. Obwohl er als einer der sozial engagiertesten Könige dieser Epoche verehrt wird, war das Volk am Ende seiner Regierungszeit ausgelaugt. Zu groß war der Verschleiß an menschlichen Ressourcen, um all die Tempel und Bauwerke zu errichten und gleichzeitig das gewaltige Reich zu kontrollieren und zudem vor äußeren Feinden zu schützen.

Im Osten hatten sich die Cham von der vorübergehenden Herrschaft der Khmer gelöst und begonnen, wie seit Jahrhunderten, Angkor wieder anzugreifen. Im Westen hatten die Mongolen, selbst aus ihrer Heimat vertrieben, die Thais immer mehr gegen Osten gedrängt. Nachdem die Siamesen wieder erstarkt waren, begannen sie ihrerseits, das geschwächte Reich der Khmer zu bedrängen, ohne auf große Gegenwehr zu stoßen.

Der Legende nach soll durch die massenhafte Errichtung von Tempeln die Instandhaltung der Bewässerungsanlagen vernachlässigt worden sein. Dies führte zum Bruch eines der Barays, wodurch es zu einer katastrophalen Überschwemmung kam und ein großer Teil der Bewässerungskanäle, Grundlage für den Reichtum der Stadt, zerstört wurde. Auf Grund dieses Ereignisses sollen viele Menschen Angkor verlassen und sich an Mekong und Tonle Sap, den Orten der früheren Hauptstädte, angesiedelt haben. Wissenschaftlich gesichert ist die Tatsache, dass sich über Jahre das Land um Angkor geotechnisch einige Meter gehoben hat. Dadurch senkte sich der Grundwasserspiegel, die Flüsse und Bäche gruben sich tiefer in den Boden und versorgten die künstlichen Bewässerungsanlagen nicht mehr mit genügend Wasser. Die Anbauflächen wurden weniger und konnten schlussendlich nicht mehr alle hier lebenden Menschen ernähren.

Nach *Jayavarman VII.* regierten noch einige eher schwache Könige in der Tempelstadt, doch Mitte des 15. Jahrhunderts wurde sie als Regierungssitz aufgegeben.

Die Geschichte Angkors und seiner Könige

Anfänge um 800 n. Chr.

Die Geschichte Angkors beginnt mit *Jayavarman II.* (802–850). Im 8. Jahrhundert war Kambodscha in viele kleine Herrschaftsgebiete zersplittert und stand unter der Kontrolle Javas. Jayavarman II. gelang es, die verstreuten Khmer-Fürstentümer zu einem Reich zu vereinigen. Danach erklärte er die Unabhängigkeit von Java. Nach einigen Feldzügen zur Vergrößerung seines Territoriums gründete er seine Residenz am Berg Kulen, 30 Kilometer nordöstlich von Angkor. Er machte sich zum Alleinherrscher über sein Volk und verlegte später seine Hauptstadt Hariharalaya an den Ort der heutigen Roluos-Tempel.

9.–11. Jahrhundert

Nach seinem Tod übernahm sein Sohn *Jayavarman III.* (850–877) den Thron. Der dritte König, der in Hariharalaya residierte und ebenfalls aus demselben Geschlecht war, hieß *Indravarman* (877–889). Er ließ die großen Tempel Preah Ko und Bakong, die zur Roluos-Gruppe gehören, errichten. Mit ihm begann die systematische Kultivierung der Reisfelder. Er ließ den ersten Stausee von Angkor anlegen.

Sein Sohn *Yasovarman* (889–900) beendete zu Ehren seiner Eltern den Bau der Lolei, um sich dann der Errichtung seiner neuen Hauptstadt zu widmen, zu deren religiösem Mittelpunkt er den Hügel von Bakheng auswählte. Um die Nahrungsmittelversorgung seines Volkes zu sichern, ließ er einen gewaltigen Stausee, den Östlichen Baray (6 x 2 km), bauen. Seine zwei Söhne *Harshavarman I.* (900–922) und *Isanavarman II.* (922–925) setzten nach seinem Tod die Herrschaft fort.

Jayavarman IV. (925–944) verlegte nach seiner Krönung für etwa 20 Jahre die Hauptstadt in den Norden von Kambodscha, nach Koh Ker. *Rajendravarman* (944–967) zog mit seinem Hof wieder nach Angkor, erneuerte die Stadt und baute zwei Tempel, den östlichen Mebon und Pre Rup. Unter seiner Regierung wurde Angkor für kurze Zeit von den Cham besetzt.

Sein Sohn *Jayavarman V.* (968–1000) gründete eine neue Hauptstadt mit dem Tempel Ta Keo im Zentrum. Für seinen Priester und Lehrer, *Yajnavaraha,* ließ er einen eigenen Tempel, den Banteay Srei, 20 Kilometer nordöstlich der Hauptstadt, erbauen. Aus einem fast zwei Jahre dauernden Kampf um die Macht in Angkor ging im Jahre 1002 *Suryavarman I.* als Sieger hervor. Er war ein kriegslüsterner König und weitete sein Reich bis tief ins heutige Thailand hinein aus. Er hielt sich 48 Jahre an der Macht. Eine für damalige Zeit erstaunliche Leistung.

Sein Nachfolger war *Udayadityavarman II.* (1050–1066), der den größten, heute noch benutzbaren Stausee, den Westlichen Baray (2 mal 8 Kilometer), anlegte. Er führte viele Schlachten mit den Cham, die immer wieder versuchten, die Hauptstadt einzunehmen. Mit seinem jüngeren Bruder *Harshavarman III.* (1066–1080), dessen Regierungsperiode durch einen intensiven Krieg mit den Cham überschattet wurde, endete die lange Familiendynastie.

Die Macht fiel nun in die Hände einer Familie, die aus dem Khorat-Plateau im heutigen Nordosten Thailands stammte. Ihr erster König hieß *Jayavarman VI.* (1080–1107). Er hatte die fast unlösbar erscheinende Aufgabe, einen Bürgerkrieg unter seinem Volk zu schlichten, bevor sein Bruder *Dharanindravarman I.* (1107–1113) die Macht übernahm.

Blütezeit im 12. Jahrhundert

Mit *Suryavarman II.* (1113–1150) erreichte das Angkorreich seinen Höhepunkt. Er war ein gefürchteter Feldherr und führte sein Volk in viele Schlachten, insbesondere mit den Cham. Unter seiner Herrschaft erreichte Angkor seine größte territoriale Ausdehnung. Außerdem errichtete er das größte Bauwerk Kambodschas, Angkor Wat. Nach seinem Tod stürzte das Reich in ein Chaos. Streitereien um die Thronfolge und Bürgerkrieg schwächten den Staat so, dass er 1177 eine leichte Beute der Cham wurde. Sie eroberten Angkor Wat und zerstörten die Hauptstadt.

Hätte nicht *Jayavarman VII.*, ein Cousin von *Suryavarman II.*, 1181 den Thron bestiegen, wäre dies das Ende von Angkor gewesen. Er schaffte es, das Volk der Khmer wieder hinter sich zu vereinigen, Angkor zurück zu erobern und erneut das Champa-Reich zu besetzen. Zu seiner Hauptstadt machte er Angkor Thom, mit dem Bayon im Zentrum. Zudem veranlasste er eine Fülle von weiteren bedeutenden Bauwerken. Straßen zur Kriegsführung, soziale Einrichtungen wie Schulen und Krankenhäuser sowie Rasthäuser für die Händler und Pilger entstanden ebenfalls durch seine Initiative.

Beeinflusst vom Vater und seiner Frau, brach er mit der jahrhundertealten Tradition des Hinduismus und wandte sich dem Mahayana-Buddhismus zu. In beachtenswerter Weise gelang es ihm, humanistische Aspekte und demokratische Ansätze dieser Religion in seinen Staat zu integrieren.

Untergang

Nach seinem Tod im Jahre 1219 ging das Angkorreich überraschend schnell seinem Untergang entgegen. Ab 1353 wurde es wiederholt von den Thais besetzt, und nach vergeblichen Versuchen verschiedener schwacher Monarchen, den alten Glanz wieder herzustellen, gab man die Stadt im Jahre 1431 auf. Nur dem König *Satha* gelang es noch ein letztes Mal, von 1570 bis 1587, seine Hauptstadt in Angkor zu etablieren und Angkor Thom und Angkor Wat wieder aufzubauen.

Die Tempel

Angkor Wat

Angkor Wat ist das größte sakrale Bauwerk der Erde. Kein anderes Monument in Angkor wurde bisher so aufwendig restauriert wie dieser gewaltige Tempel. Wer das Heiligtum betritt, die ungeheuere Größe der Anlage durchschreitet, die bis ins Detail durchdachte Geometrie der Architektur begreift und die unvorstellbare Schönheit der Skulpturen und Flachreliefs sieht, wird sich wie in einem Traum vorkommen.

Die Bauwerke dieser architektonischen Meisterleistung liegen 6 Kilometer nördlich von Siem Reap. König *Suryavarman II.* erbaute sie in der ersten Hälfte des 12. Jahrhunderts und weihte den Tempel dem hinduistischen Gott Vishnu. Heute sind sich die Wissenschaftler einig, dass dieses gewaltige Bauwerk errichtet wurde, um *Suryavarman* nach seinem Tod als **Grabmal** zu dienen. Der Bau, bei dem Hunderte von Elefanten im Einsatz waren, dauerte annähernd 37 Jahre. Für Hindutempel unüblich, ist Angkor Wat nicht nach Osten, sondern nach Westen ausgerichtet. Nach anfänglicher Verwirrung glaubt man heute, dass die Architekten beabsichtigten, durch die letzten, den Tempel berührenden Strahlen der untergehenden Sonne die Bedeutung als Grabmal hervorzuheben.

Die Tempelanlage war damals eine **Stadt in der Stadt,** in der lediglich Priester, Beamte und der König mit seinen Bediensteten wohnen durften. Sie war von Wassergräben umgeben und hatte etwa 20.000 Einwohner. Die Menschen lebten in Hütten aus Holz, die auf den offenen Flächen zwischen den steinernen Bauwerken standen. Obwohl als hinduistisches Heiligtum erbaut, nahmen sich nach dem Untergang des Angkorreiches buddhistische Mönche seiner an, pflegten die gewaltigen Bauwerke von Angkor Wat so gut es ihnen möglich war und errichteten zwei Pagoden. Die vielen Buddhastatuen, die jetzt anstelle von Vishnu überall im Tempel zu finden sind, ziehen viele Pilger an, die sich hier an diesem mythischen Ort eine Lösung ihrer Probleme versprechen.

Umgeben ist Angkor Wat von einem 150 Meter breiten Wassergraben, mit den Seitenlängen 1000 mal 800 Meter. Wer die Stadt besucht, sollte sich bewusst sein, dass er die perfekte **Nachbildung des Universums,** wie es in der hinduistischen Mythologie beschrieben wird, betritt. Die Wassergräben symbolisieren das Urmeer, Gräben und Galerien die Gebirgsketten und die Türme den Sitz der Götter.

Aus der Luft betrachtet, erscheint Angkor Wat wie ein massives Steingebäude aus einem Guss. Doch bei näherer Betrachtung stellt sich heraus, dass es sich um eine geometrisch exakt durchdachte Anordnung von Türmen, Galerien, Zimmern, Portalen und Höfen handelt, die auf verschiedenen Ebene stehen und durch Treppen verbunden sind. Auf der dritten, der sich nach oben verjüngenden Ebenen, stehen die berühmten fünf **Türme von Angkor Wat.** Ganz gleich welche politischen Ziele die verschiedenen Machthaber in Phnom Penh auch verfolgten, die Türme fehlten als Zeichen der einstigen Größe des Reiches auf keiner Nationalflagge. Je vier

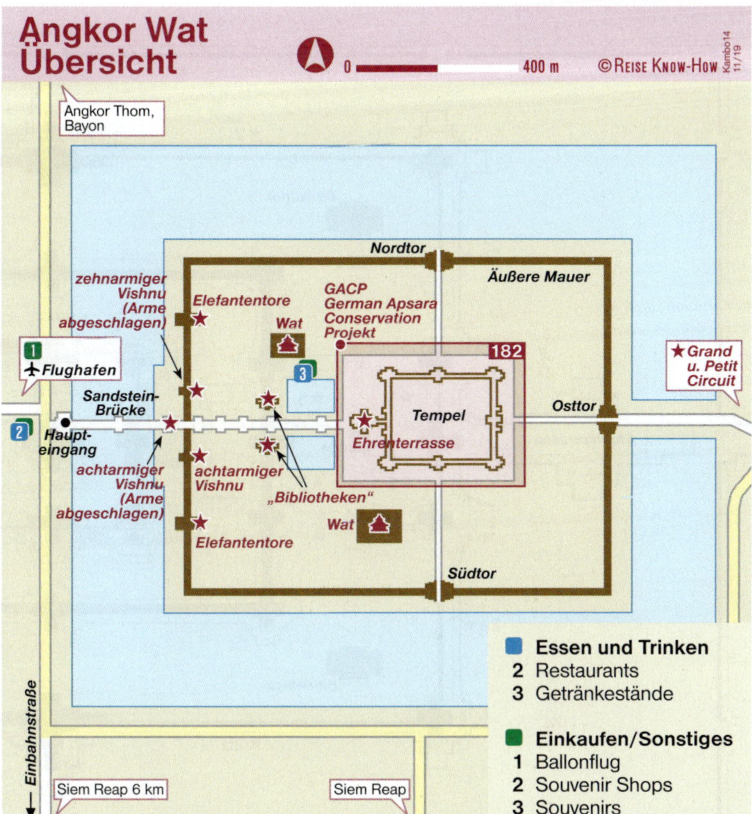

stehen an den Ecken, und der höchste, das Grabmal *Suryavarman II.* in der Mitte. Sie haben die Form einer Lotusknospe.

Wer Angkor Wat besucht, überquert zuerst das Urmeer auf einer 150 m langen Sandsteinbrücke. Nach der Durchschreitung des **Eingangsportals** entfaltet sich die Größe von Angkor Wat. Durch die Tore rechts und links des Haupteingangs hatten einst die Elefanten Zugang zum Tempelbezirk. Rechts am Eingang steht ein achtarmiger Vishnu.

Ein Damm von 350 m Länge, flankiert von einer Balustrade in Form des Schlangenkörpers der Naga, führt den Besucher zum Zentrum des Heiligtums. Auf diesem Weg passiert er die rechts und links gelegenen sogenannten **Bibliotheken.** Die genaue Bedeutung dieser für hinduistische Tempel typischen Gebäude ist unbekannt, jedoch vermutet man,

Angkor Wat Tempel

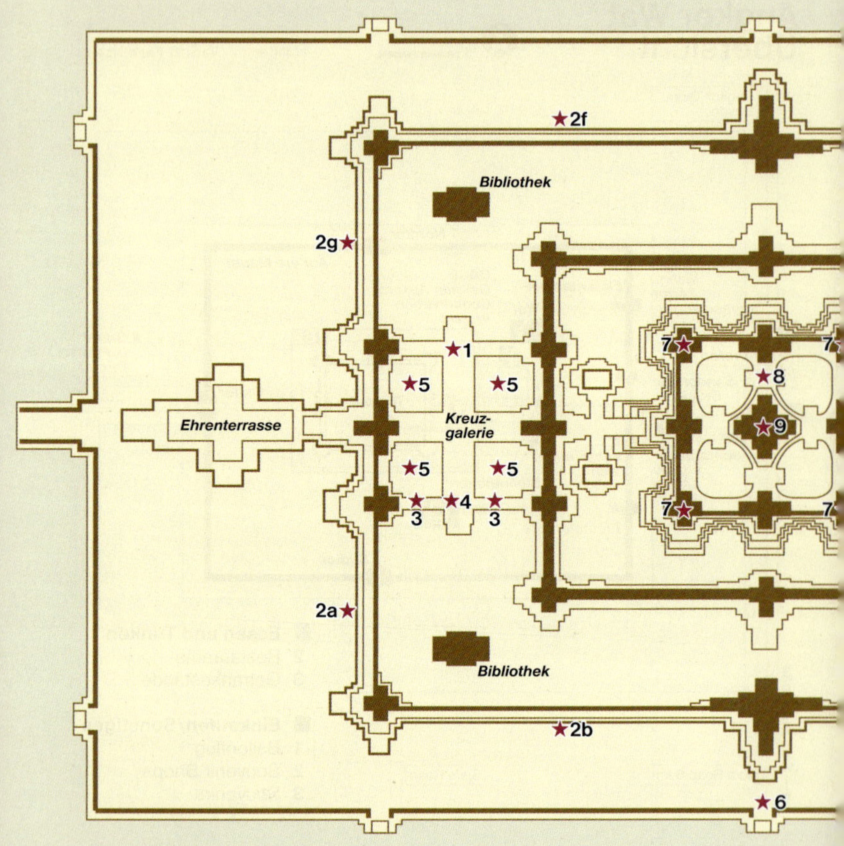

★ **1** Echohalle
★ **2** Flachreliefs
★ **3** Galerie der 1000 Buddhas
★ **4** große Buddhastatue
★ **5** heilige Bäder
★ **6** Elefantenzugang für den König

dass sie der Aufbewahrung von Opfergaben und gesegneten Objekten dienten.

Kurz vor dem Eingangsportal besteigt man eine kreuzförmige Plattform, die sogenannte **Ehrenterrasse.** Hier wird heute wieder, wie schon vor 1970, der klassische Khmer-Tanz aufgeführt. Durchschreitet man nun den Eingang

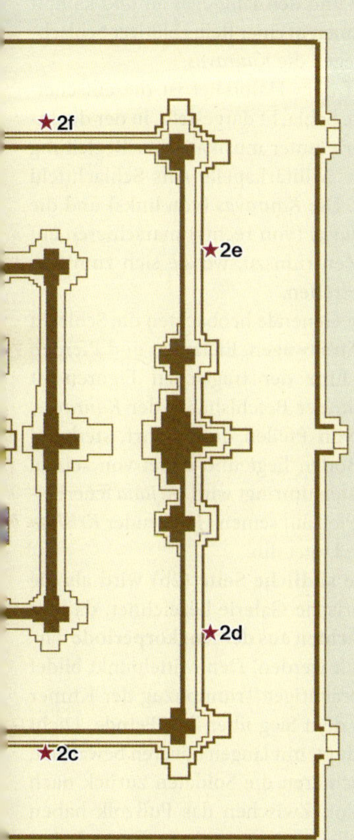

des ersten Gebäudes, erstreckt sich rechts und links die berühmte Galerie der Flachreliefs, die später noch beschrieben wird.

Auf geradem Weg zum Zentrum des Heiligtums, wo die berühmten fünf Türme stehen, durchschreitet der Besucher als nächstes die **Kreuzgalerie.** Sie dient als Verbindungsgebäude zwischen der ersten und zweiten Ebene. Auf der rechten Seite liegt die „Galerie der 1000 Buddhas". Der Name ist irreführend, da hier lediglich ein paar Dutzend Buddhastatuen stehen, von denen die meisten enthauptet sind. Im Zentrum steht ein etwa drei Meter großer Buddha, der von den hierher kommenden Pilgern hoch verehrt wird. Er wurde aus einem einzigen Sandsteinblock herausgemeißelt. Die Galerie auf der linken Seite wird wegen ihrer ungewöhnlichen Akustik „Echohalle" genannt. Die Resonanz der Halle lässt sich am besten hören, wenn man ans Ende des Ganges geht, sich ins linke Fenster stellt und mit seinen akustischen Experimenten beginnt.

Eine Treppe führt hinauf zur zweiten Ebene, auf der der **zentrale Bau mit den fünf Türmen** steht. Sie ist umgeben von einer Galerie, die mit über 1600 Apsaratänzerinnen verziert ist, von der keine der anderen gleicht. Zwölf sehr steile Treppen, mit jeweils 40 Stufen, führen zu den Türmen hinauf. Die Fläche zwischen den vier Außentürmen ist aufgeteilt in vier quadratische, mit Steinplatten belegte Innenhöfe, die zwischen kaum dekorierten Galerien liegen. Der mittlere Turm, unter dessen Kuppel heute eine Buddhastatue steht, überragt die oberste Ebene um 42 Meter. Unter *Suryavarman II.* stand hier eine Statue von Vishnu, mit der sich der König nach seinem Tod vereinigte und die ihm den posthumen Namen „Paramavishnuloka" (der in Vishnus Paradies Weilende) einbrachte. Zu diesem höchsten Heiligtum hatten nur der König und der höchste Priester Zugang.

Die Flachreliefs

Sie bedecken eine Wandfläche von 800 Metern Länge und sind somit die längsten zusammenhängenden Flachreliefs der Welt. Der Besucher sollte sich bei der Betrachtung viel Zeit lassen, da dieser antike „Comicstrip" einen tiefen Einblick in die damalige Geschichte vermittelt und jeder Meter interessante Begebenheiten aus dem Alltag des alten Angkorreiches erzählt. Die Themen sind hauptsächlich den vielen Schlachten der Armee und den zwei indischen Epen, *Mahabharata* und *Ramayana,* entnommen. Nur bis zu dieser steinernen Wandzeitung hatte einst das gemeine Volk Zutritt.

Die Galerie mit den Flachreliefs beginnt nach dem ersten Portal, das nach Überschreiten der „Ehrenterrasse" durchquert wird. Sie wird gewöhnlich, nach rechts beginnend, entgegen dem Uhrzeigersinn besichtigt, um die logische Reihenfolge der Erzählung einzuhalten. In dieser Richtung durchschritt auch der Beerdigungszug von *Suryavarman II.* die Galerie.

Der rechte Teil der westlichen Galerie (siehe Grundriss: 2a) erzählt die Geschichte der **Schlacht von Kurukshetra** aus der hinduistischen Sage *Mahabharata.* Sie handelt von einem historischen Krieg in Indien zwischen den fünf Prinzen *Pandava* und ihren Cousins, den *Kauravas.* In diesem Epos rächt sich *Krishna* an seinem Onkel *Kamsa.* Er tötet ihn und macht sich selber zum König. Bald darauf schließt er sich *Balarama* und den *Pandavas* an und kämpft mit ihnen in einer Reihe blutiger Schlachten gegen die *Kauravas.*

Auf dem Halbrelief ist die entscheidende Schlacht dargestellt, in der die Infanterie unter musikalischer Begleitung einer Militärkapelle aufs Schlachtfeld zieht. Die *Kauravas* (von links) und die *Pandavas* (von rechts) marschieren auf das Zentrum zu, wo sie sich zum Gefecht treffen.

Die Generäle beobachten die Schlacht von Streitwagen, Elefanten und Pferden aus. Eine der tragischen Figuren ist *Bisma,* der Befehlshaber der *Kauravas,* der, von Pfeilen durchbohrt, sterbend am Boden liegt und dabei von seinen Soldaten umringt wird. *Arjuna* feuert einen Pfeil auf seinen Halbbruder *Krishna* ab und tötet ihn.

Die südliche Seite (2b) wird als die historische Galerie bezeichnet, da hier **Schlachten aus der Angkorperiode** dargestellt werden. Den Mittelpunkt bildet ein prächtiger Triumphzug der Khmer nach dem Sieg über ihre Feinde. Dicht gedrängt, mit langen Speeren bewaffnet, marschieren die Soldaten zurück nach Angkor. Zwischen das Fußvolk haben sich kleine Gruppen bewaffneter Reiter gemischt. Im Hintergrund laufen Elefanten mit, auf denen die großen Feldherrn der Schlacht sitzten. *Suryavarman II.,* dessen Haupt von einer kegelförmigen Haarpracht geziert wird, ist in der Mitte der Galerie zu finden. Er unterscheidet sich von den anderen Feldherren dadurch, dass seine Diener insgesamt 15 Schirme über ihn halten. Am Ende des

› Eingangsportal

Feldes vereinigt sich die militärische Prozession mit einer Truppe Siamesen. Sie tragen eine Art Faltenrock mit Blumenmuster, Gürtel mit herabhängenden Schmuckstücken, geflochtene Haare mit federbesetzten Hüten und einen Schnurrbart. Bei ihnen handelt es sich wahrscheinlich um Händler oder Soldaten aus der heutigen Thaiprovinz Lopburi, die für die Armee von *Suryavarman* kämpften. In der rechten Hälfte der südlichen Galerie (2c) sind **die Qualen der 32 Höllen und die Freuden der 37 Himmel** dargestellt. Die fehlenden Teile des Flachreliefs wurden gestohlen bzw. bei einem Artillerieangriff 1971 herausgerissen. Fein gekleidete Frauen und Männer marschieren auf den 18-armigen *Yama,* den Richter nach dem Tod, zu. Dieser sitzt auf einem Stier. Rechts von *Yama* ist das Bild durch eine horizontale Linie, welche aus Garudas besteht, in zwei Hälften aufgeteilt. Im oberen Teil leben die Auserwählten und werden von den Dienern bewirtet, während darunter die Verdammten grausame Qualen durchleiden müssen.

Die Szenen auf der **östlichen Galerie** (2d) sind die beeindruckendsten von Angkor Wat. Im Mittelpunkt steht das **„Quirlen des Milchmeeres“,** das seinen Ursprung in einer indischen Sage hat. Dämonen und Götter wühlen das Milchmeer auf, um an „Amrta“, das begehrte Lebenselixier, zu kommen, das beide Gruppen heftig begehren, da es Unsterblichkeit verleiht.

Die Szene spielt auf drei Ebenen. Auf der untersten sind echte und der Fantasie entsprungene Wassertiere zu sehen. Darüber stehen in einer Reihe 92 Asuras (Dämonen), die mit einem Kamm versehene Helme tragen, und 88 Devas (Götter), die an den mandelförmigen Augen und der kegelartigen Haartracht zu erkennen sind. Jede Gruppe zieht an einem Ende einer monumentalen Schlange. Um das kostbare Elixier

037ka an

Amrta aus der Schlange zu wringen, halten die Dämonen den Kopf und die Götter den Schwanz, verdrehen ihren Körper und ziehen ihn vor und zurück. Dabei hilft der Affengott *Hanuman* auf der Seite der Devas mit. In der Mitte steht der Kriegsgott *Indra* auf dem Gott *Vishnu,* der hier als Schildkröte in Erscheinung tritt.

Ein wildes **Schlachtfeld mit vielen Elefanten** (2e) zeigt das Flachrelief auf der nördlichen Hälfte der östlichen Galerie. Der vierarmige *Vishnu* reitet auf seinem Garuda und kämpft gegen eine riesige Zahl von Dämonen.

Die im Verhältnis zu den anderen Flachreliefs weit weniger filigranen Arbeiten auf der **Nordseite** (2f) erzählen weitere Geschichten aus der hinduistischen Mythologie.

Die nördliche Hälfte der westlichen Galerie (2g) zeigt die **Schlacht von Lanka** (Sri Lanka). Diese Szene aus dem *Ramayana* handelt von einem harten Kampf zwischen *Rama* und dem Dämonenkönig *Ravana,* der 10 Köpfe und 20 Arme besitzt. *Ravana,* der *Sita,* die wunderhübsche Frau von *Rama,* entführt hat, wird am Ende besiegt. Die wichtigsten Figuren sind dabei die Affenkrieger, die auf *Ramas* Seite gegen die Dämonen kämpfen. Etwa im Zentrum steht *Rama* auf den Schultern von *Hanuman.* Zu seiner Rechten kämpfen die befreundeten *Sugrivas,* zu seiner Linken *Laksmana* mit Kegelkopfschmuck sowie Pfeil und Bogen. *Ravana* fährt auf einem Streitwagen, der von prächtigen Löwen gezogen wird. *Nala* der Affe, der die Brücke für *Rama* nach Lanka baute, lehnt sich an die Köpfe von zwei Löwen. Dabei wirft er den Körper eines Kriegers, den er gerade getötet hat, hinter sich.

Angkor Thom (mit Bayon)

Angkor Thom, „die große Hauptstadt", wurde um 1200 von *Jayavarman VII.,* dem fleißigsten Bauherrn und letzten großen König Angkors errichtet. Es war eine befestigte Stadt, umgeben von einer Mauer und Wassergräben, in der Priester, Beamte und das Militär lebten. *Jayavarman* diente sie als Administrationszentrum seines Reiches. Während der Blüte Angkor Thoms lebten hier mehr Menschen als in jeder Stadt in Europa im 20. Jahrhundert. Auf der Fläche dieser antiken Großstadt stehen noch viele weitere architektonische Meisterleistungen aus der Angkorperiode, die z.T. schon unter früheren Königen errichtet wurden. Im Zentrum von Angkor Thom liegt der Bayon (s.u.).

Auch Angkor Thom versinnbildlicht den Mikrokosmos nach der Vorstellung des hinduistischen Glaubens. Auf der etwa neun Quadratkilometer großen Fläche stehen mehrere gewaltige Buddhastatuen zwischen monumentalen Urwaldbäumen; in abseits der Hauptstraßen gelegenen Pagoden leben Mönche noch wie vor Hunderten von Jahren.

An fast allen Tempeln in Angkor finden zurzeit umfassende Renovierungsarbeiten statt.

Die Stadttore

Das **südliche Stadttor,** durch das die meisten Besucher Angkor Thom betreten, liegt 8 Kilometer von Siem Reap entfernt. Ein 50 Meter breiter Wassergraben, in dem früher Krokodile gelebt haben sollen, umgibt die 12 Kilometer lange, im Quadrat angelegte Stadtmauer.

Insgesamt gibt es fünf Stadttore. Vier sollen die Himmelsrichtungen symbolisieren und befinden sich jeweils in der Mitte zwischen den Eckpunkten der Mauer. Die Straßen, die durch sie hindurchführen, schneiden sich genau im Zentrum von Angkor Thom, wo der Bayon steht. Das fünfte Tor, das **Siegestor,** liegt an der Ostseite, auf Höhe der **Elefantenterrasse.** Jedes Tor ist mit einem 23 Meter hohen Turm, der an sich schon ein architektonisches Kunstwerk ist, überdacht. Von jedem Turm blicken vier gewaltige Gesichter herunter; das Symbol aller unter *Jayavarman VII.* errichtete Bauwerke. Die untere Hälfte des Turmes stellt einen Elefanten dar, der Lotusblumen mit seinem Rüssel pflückt. *Indra,* ein hinduistischer Kriegsgott, sitzt auf dem Dickhäuter und hält einen Blitz in der Hand. Auf jeder Seite sitzt eine himmlische Nymphe.

Die **Brücken,** die über den breiten Graben zu den Toren führen, werden von **Steinfiguren** flankiert. Es handelt sich dabei jeweils um **54 Götter** (auf der linken Seite) und **54 Dämonen** (auf der rechten Seite), die je eine riesige **Schlange** (Naga) tragen. Die Dämonen sind an ihrem grimmigen Gesichtsausdruck und den Helmen zu erkennen, während die Götter mit ihren mandelförmigen Augen und ihrer kegelartigen Kopfbedeckung Heiterkeit ausstrahlen. Wie auf dem Flachrelief in Angkor Wat ist auch diese Szene dem indischen Epos über das „Quirlen des Milchmeeres" entnommen.

Der Bayon

Von der Ferne wirkt der Tempel wie ein massiver Felsklotz im Dschungel. Doch bei näherer Betrachtung entpuppt sich der Bayon als architektonisches Meisterwerk, dessen Originalität viele Besucher in noch größere Begeisterung versetzt als Angkor Wat. Verschachtelte Galerien, filigrane Flachreliefs und ein Chaos an verwinkelten, dunklen Räumen mit Buddhareliquien ziehen Touristen wie Pilger magisch an. Doch am beeindruckendsten sind die ca. **200 gewaltigen Gesichter** mit ihrem zu Stein erstarrten Lächeln, die den Besucher erschaudern lassen.

Die Errichtung des Bayon begann etwa 100 Jahre nach der Fertigstellung Angkor Wats. Da er mindestens zweimal durch bedeutende Erweiterungsarbeiten verändert wurde, ist es heute schwierig, genau festzustellen, welche Teile zu welcher Zeit gehörten. Vermutlich handelte es sich beim ersten Tempel um einen Flach-Tempel, ähnlich dem Ta Prohm. Der Mittelteil des Bayon entstand in der zweiten Phase, und der mächtige Aufbau, der ihm seinen heutigen Charakter verleiht, kam beim letzten Umbau hinzu.

Ende des 12. Jahrhunderts wurde der Bayon von *Jayavarman VII.* zum buddhistischen Heiligtum umgebaut.

Der Grundplan des Bayon ist einfach. Er besteht aus drei Ebenen, wobei die erste und zweite Stufe von quadratischen Galerien umgeben ist, die mit eindrucksvollen Flachreliefs verziert wurden. Den Höhepunkt der Baukunst stellt das Heiligtum im Zentrum der dritten Ebene dar. In unterschiedlicher Höhe, stehen **54 Türme,** mit den berühmten Gesichtern, die in die vier Himmelsrichtungen blicken. Der Turm in der Mitte, der früher vermutlich vergoldet war, besteht als einziger aus acht Antlitzen. Unter der Kuppel dieses Turmes sitzt heute mitten in einem Irrgarten aus dunklen Gängen

Angkor Thom (Zentrum)

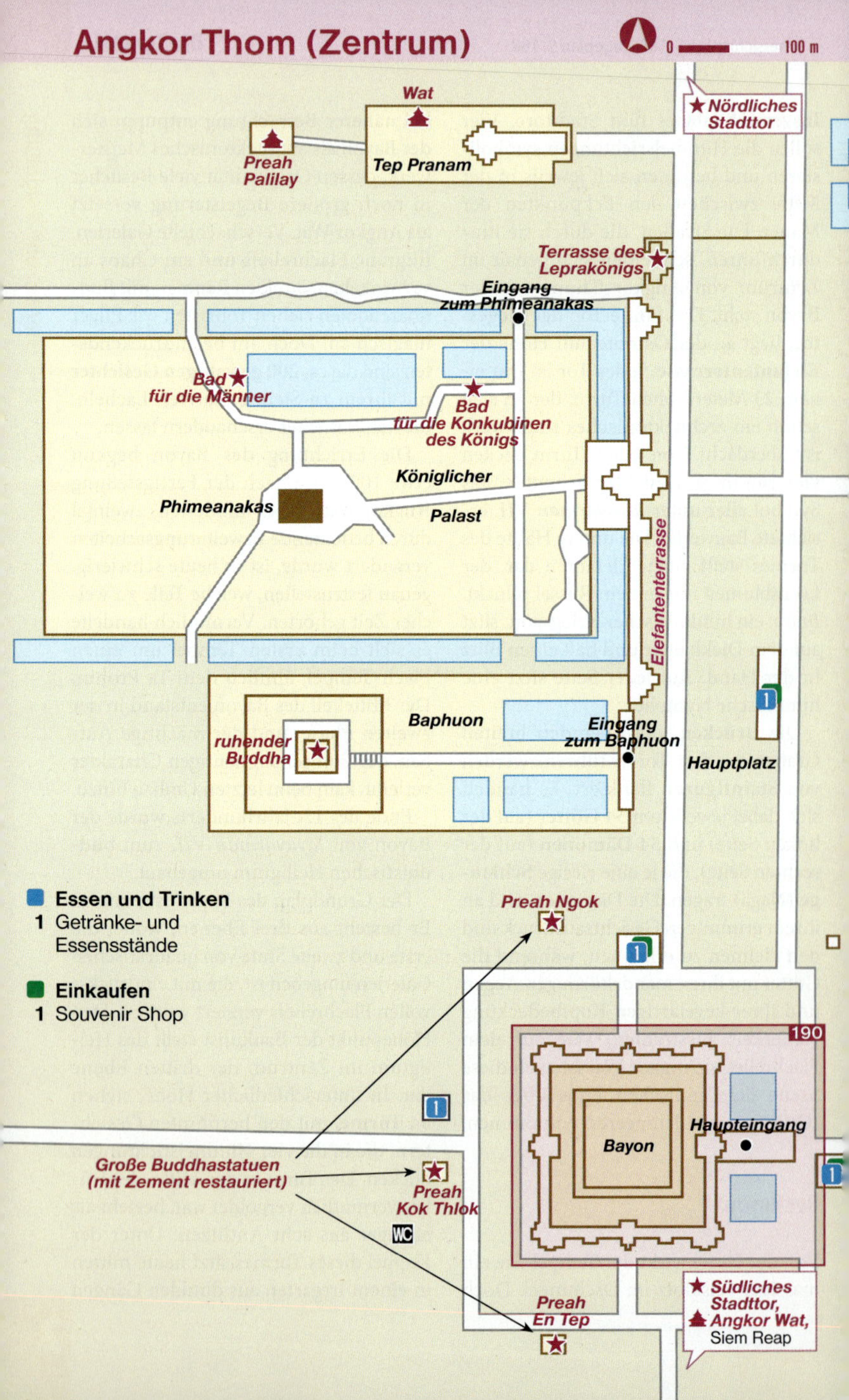

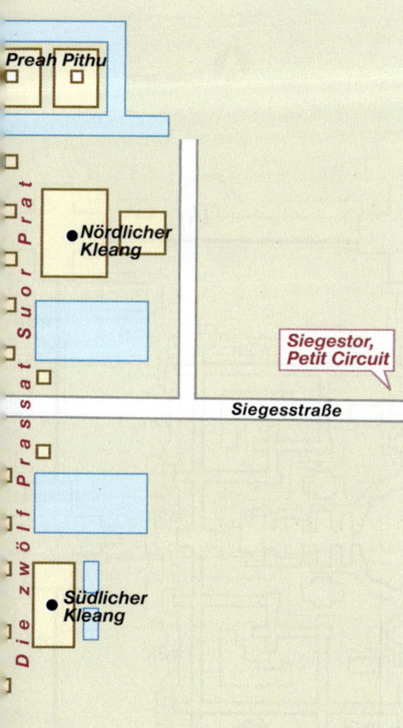

und verschachtelten Räumen ein aus Zement gegossener **Buddha,** vor dem die Gläubigen zahllose Räucherstäbchen als Opfergaben hinterlassen.

Die ersten Forscher gingen davon aus, dass es sich bei dem Bayon um einen Königspalast handelte. Doch durch seine Lage im Zentrum von Angkor Thom ist heute gesichert, dass er den **Berg Meru** darstellen sollte. Im Prinzip machte *Jayavarman VII.* mit dem Bau von Angkor Thom und dem Bayon nichts anderes als seine Vorgänger und errichtete seine irdische Vorstellung von der hinduistischen Kosmologie der Welt. Der einzige Unterschied war, dass er dem Mahayana-Buddhismus angehörte. Doch er verwarf nicht die Symbole seiner Vorgänger, sondern integrierte sie mit kleinen Änderungen in den neuen Glauben. Die Lingas, die in einigen Räumen zu finden sind, stammen aus dem 14. Jh. Damals erlebte der Hinduismus eine kurze Renaissance, wobei der Bayon in ein Hinduheiligtum verwandelt wurde.

Über die **200 Fratzen,** von denen jeweils vier Gesichter von 54 Türmen in je eine der vier Himmelsrichtungen blicken, schrieb einer der ersten französischen Entdecker: „Sie erscheinen überall, und ich musste feststellen, dass ich in jedem Winkel von diesen viergesichtigen Visagen angestarrt wurde.“ Lange Zeit rätselten Wissenschaftler darüber, wen diese Gesichter darstellen sollten. Zuerst glaubte man, es handle sich um **Brahma,** den Gott, der lt. der hinduistischen Mythologie die Erde erschuf. Er wird zum Zeichen seiner Allgegenwärtigkeit mit vier Gesichtern abgebildet. Andere waren der Ansicht, es müsse sich um ein Selbstporträt *Jayavarmans VII.* handeln.

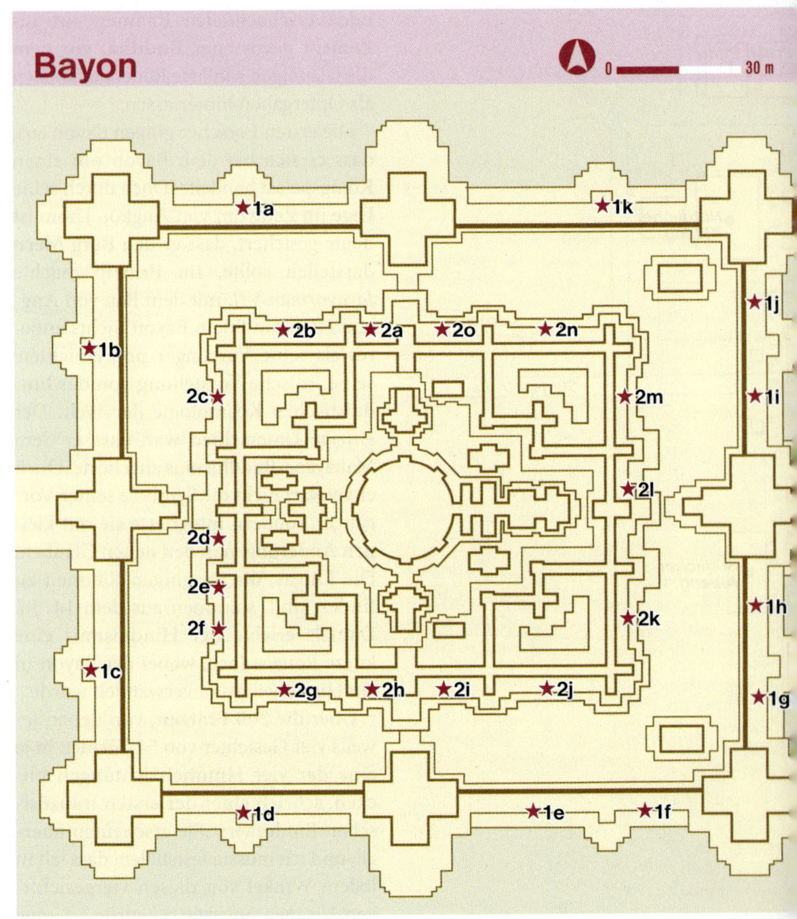

Doch 1924 kam der französische Architekt, Archäologe und Kunsthistoriker *Henri Parmentier* des Rätsels Lösung auf die Spur, als er einen Ziergiebel fand, auf dem eine buddhistische Figur abgebildet war, die mit den monumentalen Gesichtern in Verbindung gebracht werden konnte. Es handelte sich um *Lokesvara,* einen **Bodhisattva** aus dem Mahayana-Buddhismus. Ein Bodhisattva ist ein Wesen, das die höchste Stufe auf dem Weg zur Erleuchtung erreicht hat, an der Schwelle zum Nirwana steht und selbst zum Buddha werden kann. Aus Mitleid mit den Menschen verzichtet es aber auf diesen letzten Schritt, um ihnen auf der

★1a-k Flachreliefs der äußeren Galerie
★2a-o Flachreliefs der inneren Galerie

Beschreibung der Flachreliefs siehe nächste Seite

Erde bei der Suche nach der ewigen Glückseligkeit behilflich sein zu können. Heute sind die Archäologen davon überzeugt, dass sowohl die Gesichter des Bayon wie die an den Eingangstoren zu Angkor Thom und anderen von *Jayavarman VII.* erbauten Eingangstoren diesen *Lokesvara* darstellen sollten.

Der Bayon hat drei **Eingänge:** einen im Süden, auf den die Straße zuläuft, die von Angkor Wat kommt; den früheren Haupteingang im Osten, und den Eingang im Norden, den heutigen Haupteingang. Hier befinden sich Souvenirläden, Getränkestände und ein Parkplatz. Deshalb beginnen die Erklärungen zu den Flachreliefs auch am Nordeingang und werden entgegen dem Uhrzeigersinn beschrieben.

Die Außenwände der beiden Galerien sind mit eindrucksvollen **Flachreliefs** verziert, deren Darstellungen viel vom Leben der damaligen Menschen erzählen. Wer tiefere Einblicke in das faszinierende Zeitalter von *Jayavarman VII.* und *Yasovarman I.* gewinnen möchte, sollte sich diese mit einem fachkundigen Führer ansehen. Die wissenschaftliche Deutung der „Wandzeitung" ist sehr schwierig. Deshalb schweift so mancher selbsternannte Fachmann gerne ins Reich der Legenden ab und verkauft seine eigenen Interpretationen als bewiesene Fakten. Egal, ein Guide wird dem Besucher auf jeden Fall die Augen für Details öffnen, die jener sonst nicht entdecken würde. Im Vergleich zu Angkor Wat sind die Reliefs tiefer, weniger feierlich im Ausdruck, dafür aber wesentlich lebhafter in ihrer Darstellung.

Die Arbeiten an der **äußeren Galerie** zeigen überwiegend Szenen aus dem täglichen Leben der alten Khmer. Märkte, Fischer vom See Tonle Sap, Festivitäten mit wilden Hahnenkämpfen und Schaustellern sowie die Geburt eines Kindes wechseln sichab mit historischen Schlachten und Triumphzügen, die vom ständigen Kampf mit den Cham erzählen. Die äußere Galerie war auch für das Volk zugänglich.

■ **1a. (Nummerierung s. Grundriss Bayon).** Diese nicht vollendete Wand zeigt Szenen aus dem täglichen Leben, dem Krieg und einen Zirkus. Letzterer ist rechts außen zu sehen und zeigt Artisten, denen der königliche Hof von einer Terrasse aus zusieht. Auch eine Gruppe meditierender Asketen und Frauen, die an einem Fluss Geschenke empfangen, sind abgebildet.

■ **1b.** Auch hier nicht beendete Steinmetzarbeiten. Die Bilder erzählen vom Kampf der Khmer-Armee mit den Thais Anfang des 13. Jh., als die Siamesen Angkor für sieben Monate besetzt hielten.

■ **1c.** Die unvollendeten Szenen zeigen das tägliche Leben im 13. Jh. und Versammlungen, wie sie der damals sozial und demokratisch engagierte *Jayavarman VII.* abhalten ließ.

■ **1d.** In einer Zeremonie rüstet sich die Khmer-Armee, um in den Kampf zu ziehen.

■ **1e.** Im Zentrum dieser hervorragenden Arbeiten steht eine Seeschlacht um 1177 auf dem See Tonle Sap zwischen den Khmer und den Cham. Die Cham sind an ihrer Kopfbedeckung zu erkennen, die an eine umgestülpte Lotusblume erinnert. Die Künstler haben viel Mühe auf die Darstellung der Boote verwandt, in denen Ruderer sitzen, die mit Speeren, Schildern und Pfeil und Bogen bewaffnete Soldaten in die Schlacht bringen. Während der Kämpfe schleudern sich die Gegner gegenseitig über Bord und werden im Wasser von Krokodilen gefressen. Auch Szenen aus dem Alltag sind hier zu sehen, u.a. eine Frau, die ein Kind gebärt, zwei Männer, die Schach spielen, und die Zubereitung von Speisen.

■ **1f.** Wieder stehen die unter 1e erwähnten Kämpfe der Khmer gegen die Cham auf dem Tonle Sap im Mittelpunkt. Der untere Teil des Halbreliefs zeigt das Leben am „Großen See". Menschen, die Waren tragen, um sie auf dem Markt zu verkaufen, Frauen beim Entlausen, Jäger, Männer beim Schachspiel, Musiker mit einer Art Harfe und anderes.

■ **1g.** An der Ostseite sind die eindrucksvollsten Reliefs des Bayon zu bewundern. Im linken Viertel wird die Khmer-Armee im letzten Kampfjahr, mit

047ka an

den Cham 1180, gezeigt. Links oben wird ein Büffel geopfert.

1h. Dieser Teil besteht aus drei Stufen, die dem erfolgreichen Rückzug der Khmer-Soldaten nach vier Jahren Krieg gegen die Cham gewidmet sind. Auf der untersten Ebene marschiert die Armee in einer Prozession auf Elefanten und in Ochsenkarren zurück nach Angkor. Musiker begleiten die Krieger. Rechts unten sind Chinesen zu sehen, die damals als Händler in Angkor lebten und den Khmer beim Kampf gegen ihren Feind im Osten halfen. Auf der mittleren Ebene werden die Toten in Särgen nach Hause gebracht. Oben sind die Feldherren zusammen mit *Jayavarman VII.*, der an einem schützenden Regenschirm zu erkennen ist, abgebildet. Sie reiten auf Elefanten und Pferden Richtung Angkor.

1i. Auf drei Ebenen ist abermals eine grausame Schlacht der zwei Erzfeinde dargestellt. Viele Verwundete und Tote mit abgetrennten Gliedmaßen und Köpfen liegen am Boden.

1j. Auch hier wird um Angkor gekämpft. Die Armee der Khmer steht auf der linken Seite, die Cham, deren Kämpfer an der Kopfbedeckung zu erkennen sind, haben sich auf der rechten Seite formiert.

1k. Dieses Flachrelief zeigt das Jahr 1177, als die Cham Angkor besetzt hatten. Die Khmer sind dabei, einen Berg zu besteigen, um von dort ihre Feinde aus Angkor zu vertreiben. Dabei gibt es viele Verletzte und Tote. Diese Wand, einst in sich zusammengebrochen, wurde von den Franzosen wieder aufgebaut.

Die Inhalte der Darstellungen in der **inneren Galerie** beziehen sich auf Geschichten und Epen der hinduistischen Mythologie sowie die Beschreibung der Größe des Königs *Yasovarman I.* Diese Reliefs sind wesentlich stärker verwittert und teilweise schwierig zu erkennen und zu interpretieren. Sie sollen bereits von *Yasovarman I.* Ende des 9. Jh. erschaffen worden sein. Damit wären sie also weitaus älter als der Bayon selbst. Die Reliefs sind im Vergleich zur äußeren Galerie weniger zusammenhängend, da sie häufig durch Räume, Gänge und Türme unterbrochen werden.

2a. Shiva in verschiedenen Abbildungen und Inkarnationen.

2b. *Yasovarman* I. mit seiner Frau bei einer Bootsreise auf dem Tonle Sap.

2c. Szenen aus dem Hinduepos über das „Aufwühlen des Milchmeeres".

2d. Hier sind die Arbeiten bei der ersten Bauetappe des Bayon zu sehen. Menschen beim Tragen von Baumaterial, beim Vermessen und beim Meißeln. Darüber thront der Hindugott Vishnu, der als der Erhalter der Erde gilt. Rechts von ihm steht *Yasovarman I.* mit dem Architekten des Tempels.

2e. Szenen aus dem Hinduepos Ramayana zeigen den Held *Rama* mit seiner Frau *Sita.*

2f. Vishnu sitzt auf seinem Reittier Garuda und kämpft mit Dämonen.

2g. Auf der linken Seite der Wand empfängt *Yasovarman I.* Geschenke von seinem Volk. In der Mitte wird Gott Vishnu verehrt. Auf der rechten Seite fressen Geier einen toten Menschen.

2h. Der Lehrer *Yasovarmans I.*, ein Eremit, der außerhalb des Tempelbezirkes im Urwald lebt, kommt den König besuchen.

2i. Diese Wandarbeiten erzählen Geschichten aus dem Leben *Yasovarmans I.*, zeigen seine Frau im Palast, eine Linga auf einer Lotusblume und einen Brahmanen, der eine Linga anbetet.

2j. Eine Prozession von *Yasovarman I.*, in der Mitte ein Garuda und auf der rechten Seite der König, der gegen den Anführer der Cham kämpft.

2k. *Yasovarman I.* zieht von Phnom Bakheng mit seinem Volk zu seiner neuen Residenz, im späteren Angkor Thom, um.

< Händlerinnen vor dem Tempel Angkor Thom

135ka_19 an

■ **2l.** Rechts vom ehemaligen Haupteingang kämpft der König mit einer Schlange. Er schlägt ihr den Kopf ab und bekommt dabei vermutlich Lepra. Dies lässt sich daraus schließen, dass eine Art Heilerin ihm im darauffolgenden Bild versucht, die Finger zu strecken. Eine übliche Behandlungsmethode dieser weit verbreiteten Krankheit. Weitere Darstellungen zeigen den König, wie er von zwei hübschen Frauen und dem Hofstaat unterhalten wird.

■ **2m.** *Yasovarman I.* bei einer Prozession auf einem Elefanten.

■ **2n.** Links ist der König in seinem Palast zu sehen, umgeben von hübschen Tänzerinnen; rechts bringen er und sein Hofstaat seinem Meister und Lehrer, der im Urwald lebt, ein Opfer.

■ **2o.** Links ist stark verwittert der Dämon *Ravana* mit seinen 24 Armen zu erkennen. Er versucht Shiva beim Meditieren auf dem Berg Kailasch zu stören. Rechts sieht man Shiva zusammen mit seiner Gemahlin *Parvati* auf seinem Reittier Nandi. Dabei hält er einen Dreizack in der Hand.

Ein Mönch erklärt seinen Novizen die Halbreliefs am Bayon Tempel

Baphuon

Nach den aufwendigen Restaurierungsarbeiten der *L'École Française d'Extrême-Orient* erstrahlt der Baphuon, der um 1060 von *Udayadityavarman II.* erbaut wurde, seit 2011 wieder in altem Glanz. Die schwierige Zuordnung der zusammengestürzten Felsquader wurde mit Hilfe eines raffinierten Computerprogrammes gelöst. Größe und Lage der Steinbrocken wurden mit Hilfe von Schallwellen und Magnetfeldern erfasst, in ein eigens dafür entwickeltes Programm eingescannt und am Bildschirm zusammengesetzt. Dieser fünfstufige

Tempelberg, der ebenfalls eine Nachbildung des Berges Meru war, besteht aus Sandstein und Laterit. Er misst an seiner Basis 100 mal 120 m, und die Spitze des Turmes überragte die Basis einst um 43 m. Zum Bau des Hügels mussten unzählige Kubikmeter Erde bewegt werden. Da man über wenig Erfahrung verfügte, gaben die Architekten dem Erdreich zu wenig Zeit, sich zu setzen, bevor sie mit der Errichtung des Tempels begannen. Die katastrophale Folge war, dass der gesamte Berg mitsamt seinem Aufbau in sich zusammenstürzte.

Der **Eingang** zum Baphuon liegt 200 m nördlich des Bayon. Nach einem kreuzförmigen Eingangstor führt der Weg über eine Brücke vorbei an zwei Srah (rechteckige Wasserbecken) zum Fuß des Tempelberges. Dieser steinerne Steg, der mit Sandsteinplatten belegt ist, wird von Hunderten von kleinen Säulen getragen.

Durchaus lohnend ist eine Besteigung des Gipfels sowie der Besuch der Rückseite (Westseite) des Tempels, wo die gesamte 50 Meter lange untere Wand einen **liegenden Buddha** darstellt. Man muss jedoch schon recht genau hinsehen, um ihn zu erkennen. Er wurde nachträglich, im 15. Jahrhundert, angebaut. Der Kopf auf der linken Seite der Mauer ist relativ leicht zu erkennen. Beim verfallenen Eingangstor in der Mitte liegt die Hüfte, wobei das Tor selbst den Nabel darstellt. Um den Rest des Körpers zu sehen, bedarf es einiger Fantasie des Betrachters.

Phimeanakas (Himmlischer Palast)

Diesen Tempelberg, mit dessen Bau unter *Rajendravarman* begonnen wurde, ließ *Jayavarman V.* Anfang des 11. Jahrhunderts zu Ehren des Gottes Vishnu fertigstellen. Auch dieses Bauwerk sollte den Berg Meru darstellen. Die Basis misst 35 mal 28 Meter. Die drei terrassenförmigen Aufbauten aus Laterit sind 12 Meter hoch. Das Heiligtum, das auf der obersten Terrasse steht, besteht aus Sandstein und schließt mit einem Prasat ab, der von dem Chinesen *Chou Ta-Kuan* im 13. Jahrhundert beschrieben wurde: „Aus dem Palast erhebt sich ein goldener Turm, zu dem der König jede Nacht emporsteigt, um zu schlafen. Die Menschen glauben, dass in dem Turm ein Geist in Form einer neunköpfigen Schlange lebt, der der heimliche Herrscher des gesamten Königreiches ist. Jede Nacht erscheint er den Menschen in Gestalt einer Frau. Im Fall, dass er nur eine Nacht nicht auftauchen sollte, bedeutet dies den baldigen Tod des Königs."

Die Ecken der Terrassen zierten einst steinerne Elefanten, die heute teils verschwunden, teils enthauptet sind. Die Treppe hinauf zum Palast ist flankiert von steinernen Löwen. Der Name Phimeanakas setzt sich zusammen aus den zwei Sanskritwörtern *vimana* und *akasa,* die übersetzt „himmlischer Palast" bedeuten.

Jayavarman V. ließ den Phimeanakas später von einer rechteckigen Mauer (250x600 m) und Wassergräben einfassen und gründete hier, mit dem Tempelberg im Zentrum, seine neue Hauptstadt, die vorher in Koh Ker lag. Von den zwei Pools an der nördlichen Stadtmauer wurde der größere von den Männern benutzt, während der kleinere den Konkubinen des Königs zum Amüsement diente.

Elefantenterrasse

An der Ostseite der Mauern, die den Phimeanakas einschließen, liegt die 350 Meter lange Elefantenterrasse. Sie bekam ihren Namen durch die fast lebensgroße Elefantenparade, die als Halbrelief auf dem Fundament dargestellt ist. Sie gilt als Hommage an dieses Tier, das zur damaligen Zeit von unverzichtbarem Wert beim Tempelbau, bei der Jagd und der Kriegsführung war. Sie wurde von Jayavarman VII. erbaut und diente ihm als Tribüne. Von der Mitte sahen der Herrscher, vom Seitenanbau, der durch ein Geländer in Form der Schlange Naga begrenzt wird, das einfache Volk den Spektakeln auf dem Platz zu. Triumphzüge und Paraden zu Ehren des Königs und Spiele für die Massen, wie Elefantenkämpfe, Wasserbüffelreiten und Pferderennen, wurden dort veranstaltet. Die Terrasse aus Sandstein war einst überdacht durch eine Holzkonstruktion, deren Innenseite mit Spiegeln dekoriert war. Neben den Elefanten schmücken auch in Halbreliefs dargestellte Löwen und Garudas das Fundament.

Terrasse des Leprakönigs

Dieses etwa 6 Meter hohe Bauwerk hat seinen Namen von der Statue im Lotussitz, die auf ihr gefunden wurde. Sie stellt den Gott *Yama* (Gott des Todes) dar, denn hier, nördlich des Palastes, wurden die Leichen verbrannt. Doch die Einheimischen glaubten, es handle sich dabei um König *Yasovarman,* den Gründer Angkors, der vermutlich an Lepra starb. Schon seit längerer Zeit befindet sich das wertvolle Original der Statue im National-Museum in Phnom Penh und wurde durch einen Zementabguss ersetzt. Wie notwendig diese Sicherheitsmaßnahme war, lässt sich daran sehen, dass sogar dieser Nachbildung bereits der Kopf gestohlen wurde.

Außergewöhnlich schöne Halbreliefs (Anfang des 13. Jahrhunderts) schmücken die Außenwände der Terrasse. Eine besonders gelungene Arbeit zeigt einen König, vermutlich *Jayavarman VII.*, mit seinem Schwert über der rechten Schulter. Neben ihm sitzen Frauen seines Hofes, die Perlenketten um den Hals tragen und sich Betelnüsse reichen.

Die vielleicht feinsten Steinmetzarbeiten von Angkor bleiben den Augen des flüchtigen Besuchers verborgen. In einem schmalen Gang unterhalb der Terrasse, dessen Eingang an der Südseite des Bauwerkes liegt und der als tiefer Graben die Terrasse zerteilt, verstecken sich an der Innenwand bestens erhaltene Halbreliefs von Apsaras, Dämonen und mehrköpfigen Nagas. Für die Existenz dieses mysteriösen Ganges gibt es zwei Theorien. Die erste geht davon aus, dass die Terrasse von *Jayavarman V.*, einem Anhänger des Hinduismus, erbaut wurde. Der buddhistische König *Jayavarman VII.* soll sie demnach erweitert und mit einer zweiten Mauer umgeben haben, um die hinduistischen Symbole zu verbergen und der Terrasse seine Handschrift zu verleihen. Die zweite besagt, dass die Architekten versuchten, die hinduistische Mythologie in ihren Bauwerken zu verwirklichen. Dieser Gang mit seinen Dämonen und Schlangen soll

[>] Die Türme Sour Prat bilden den Hintergrund des Paradeplatzes Angkor Thom

126ka_19 an

demnach plastisch getreu die Unterwelt symbolisieren, die von der äußeren Wand, die das wirkliche Leben darstellt, verborgen wird.

Die zwölf Prasat Suor Prat

Diese Laterittürme bilden den Hintergrund des Paradeplatzes von Angkor Thom. Je fünf von ihnen stehen nebeneinander, in Nord-Süd-Ausrichtung, zu beiden Seiten der Victory Avenue. Zwei stehen neben der Straße geringfügig nach Osten versetzt.

Die Einheimischen sind der Meinung, dass sie früher als Gefängnisse benutzt wurden. Dabei sollen Kläger und Angeklagter gemeinsam zwischen 2 und 15 Tage in denselben Turm gesperrt worden sein. Die Richter warteten auf eine göttliche Entscheidung, die an der Haut der Gefangenen sichtbar wurde. Wer von beiden zuerst ein Exzem oder einen Ausschlag bekam, war der Lüge überführt.

Archäologen glauben, dass sie von *Jayavarman VII.* als eine Art **Ehrengasse** für die Victory Avenue erbaut wurden. Im Inneren sollen Lingas oder Statuen gestanden haben.

Die Kleangs

Sie stehen östlich neben den zwölf Prasat Suor Prat und wurden von *Jayavarman V.*

erbaut. Über die genaue Bedeutung der zwei Bauwerke ist man sich noch nicht im Klaren. Da die wörtliche Übersetzung von *Kleang* „Geschäft" oder „Laden" bedeutet, könnten es möglicherweise Lagerhallen für Haushaltsgeräte wie Töpfe und Gefäße des königlichen Hofes gewesen sein.

Tep Pranam

Knapp 150 Meter nördlich der Terrasse des Leprakönigs biegt von der asphaltierten Straße nach links ein sandiger Pfad in den Wald ab. Er trifft nach weiteren 150 Metern auf die buddhistische Kultstätte Tep Pranam, die von *Jayavarman VII.* errichtet wurde. Auf einem kreuzförmigen Fundament stand früher einmal eine Pagode. Heute sitzt hier ein über vier Meter hoher Buddha, überdacht von einem pagodenähnlichen Gebäude. In unmittelbarer Nachbarschaft leben hier Mönche, Nonnen und eine Anzahl Tempeljungen in ein paar einfachen Holzhütten.

Preah Palilay

Dieser Tempel, der von *Jayavarman VII.* erbaut wurde, liegt 150 Meter westlich von Tep Pranam, versteckt und wildromantisch unter großen Urwaldbäumen, noch ohne Restaurierungsrummel. Davor befindet sich eine Buddhastatue aus der Zeit *Jayavarmans VII.*, deren Kopf jedoch auseinandergebrochen war und mit Zement wieder ausgefüllt wurde. Früher beherbergte auch der Tempel eine riesige Buddhastatue, die aber schon lange zerstört ist.

Kleiner Rundgang/ Petit Circuit (ohne Angkor Wat und Angkor Thom)

Von Siem Reap aus führt der Petit Circuit (Kleiner Rundgang) zuerst nach Angkor Wat, am Haupteingang vorbei und dann nach Norden in Richtung Angkor Thom.

Phnom Bakheng

Neunhundert Meter hinter Angkor Wat liegt der Phnom Bakheng, auf den ein steiler Pfad hinaufführt, der den Besucher zu einem großartigen Tempel bringt, der von der Straße aus nicht zu sehen ist.

Der Tempel steht auf einem 67 m hohen natürlichen Hügel. Allein schon wegen der Aussicht lohnt sich der Aufstieg. Der Ausblick über das gesamte Gebiet von Angkor ist überwältigend. Im Südosten erheben sich die fünf Türme von Angkor Wat aus dem Tropenwald, und im Süden glitzert der Tonle Sap in der Ferne, davor ist der Berg Phnom Krom zu sehen. Phnom Bok liegt im Osten, Phnom Kulen im Nordosten und im Westen der Baray.

Yasovarman I. verlegte seine Hauptstadt Ende des 9. Jahrhunderts von Roluos auf den Berg von Bakheng, womit er den **ersten Tempel im heutigen Angkor** gründete. Phnom Bakheng, der wie die meisten folgenden Bauwerke den Berg Meru versinnbildlicht, ist fast im gleichen Stil wie Bakong in Roluos gebaut. Er war umgeben von einer gewaltigen, quadratischen Stadtmauer, deren

Seitenlänge 4 Kilometer betrug. An den Ecken der obersten Plattform des fünfterrassigen, aus Sandstein errichteten Tempels, standen vier Türme, die fast vollkommen zerstört sind. Der Prasat in der Mitte ist noch relativ gut erhalten. Die fünf Türme enthielten zur Zeit *Yasovarman I.* eine Linga, das Symbol Shivas, dem der Tempel geweiht war. Von allen vier Himmelsrichtungen führen Treppen zum Zentrum des Bauwerkes. Sie sind jeweils von sitzenden Löwen flankiert. An den Ecken und rechts und links der Aufgänge stehen auf jeder Stufe Miniaturprasats, die kleine Heiligtümer waren.

Die Gesamtsumme aller Türme ergibt die Zahl 109. Möglich ist, dass sie, ohne den Turm im Zentrum mitzuzählen, einen **Kalender** mit den vier Mondphasen und den 27 Mondaufgängen symbolisieren sollten. Um den eigentlichen Tempelaufbau standen früher 44 Nebentempel, die aus Ziegeln erbaut waren.

Auf dem 1993 vom Urwald befreiten weitläufigen Vorplatz, ist unter einem Holzpavillon ein überdimensionaler **Fußabdruck Buddhas** zu sehen.

Der Phnom Bakheng ist der beste Platz in Angkor, um den **Sonnenuntergang** zu genießen. Diese „touristische Kulthandlung" zieht abends große Scharen von Besuchern an. Um den Besucherandrang zu reglementieren, dürfen seit Neuestem nicht mehr als 300 Besucher gleichzeitig die Tempelanlage betreten.

20 Dollar kostet das Erlebnis, den Tempelberg, wie einst Könige und Feldherren, auf dem Rücken eines Elefanten zu besteigen. Sehenswert sind die traditionellen Stallungen der Dickhäuter, die nur 150 Meter entfernt auf der anderen Straßenseite im Dschungel liegen, allerdings offiziell nicht der Öffentlichkeit zugänglich sind.

Baksei Chamkrong

Die Besteigung dieses vierstufigen, Anfang des 10. Jahrhunderts von *Harsavarman I.* erbauten Tempels, verlangt Trittsicherheit und Schwindelfreiheit. Nach den großen Bauleistungen seiner Vorgänger erscheint die Baksei Chamkrong als bescheidene Hinterlassenschaft eines Königs von Angkor. Doch das, was sie interessant macht, sind die architektonischen Neuerungen (Baumaterial aus Laterit, ein einziger Tempel auf der obersten Plattform), die für die Baumeister der späteren, gewaltigen Bauwerke richtungsweisend wurden.

Thommanon

Dieser Tempel aus Laterit und Sandstein wurde Anfang des 12. Jahrhunderts, früher als Angkor Wat, erbaut. Er besteht aus einem zentralen Heiligtum mit einem Prasat, der eine ähnlich kegelartige Form wie die später erbauten Türme von Angkor Wat hat. Das einzige, was sonst noch erhalten geblieben ist, sind die zwei Eingangspavillons (links bzw. nördlich der Straße).

Chaosay Tevoda

Sie wurde zur selben Zeit errichtet wie Thommanon, jedoch dem Gott *Shiva* geweiht. Die Chaosay Tevoda besteht aus einem zentralen Heiligtum, das mit Scheinfenstern und mit weiblichen Göttern verziert ist (rechts bzw. südlich der Straße).

Spean Thma

Diese steinerne Brücke, die unter *Jayavarman VII.* erbaut wurde, überspannte den Siem Reap Fluss. Nur wenige Meter flussaufwärts dreht sich ein imposantes Mühlrad.

Ta Keo

Ta Keo ist ein typischer Tempelberg der Angkorperiode. Er besteht aus fünf sich nur wenig verjüngenden Stufen, wodurch sich die Besteigung äußerst steil und anstrengend gestaltet. Es handelt sich um den ersten, bis auf das Fundament vollkommen aus Sandstein errichteten Tempel. Er hat eine Höhe von über 50 Metern. Auf dem obersten Plateau stehen fünf Türme, die in alle vier Himmelsrichtungen offene Türen haben und in der Quinkunxstellung angeordnet sind.

Mit dem Bau des klotzig erscheinenden Tempels wurde Ende des 10. Jh. unter Jayavarman V. begonnen. Suryavarman I. setzte den Bau des Heiligtums, das dem Gott Shiva geweiht war, fort. Der Bulle Nandi, das Reittier dieses Hindugottes, sitzt heute noch am Haupteingang, der früher auf der Ostseite war. In den Prasats befinden sich Lingas.

Besonders auffällig ist die gute Qualität des Sandsteines, der über 70 Kilometer auf Booten hierher transportiert wurde. An der geringen Verwitterung lässt sich erkennen, dass er zum besten Material gehört, aus dem in Angkor Tempel errichtet wurden. Auffällig ist,

☑ Ta Keo ist ein typischer Tempelberg der Angkor-Periode Ende des 10. Jahrhunderts

124ka_19 an

Ta Prohm (Angkor)

0 20 m ©Reise Know-How Kambo18 11/19

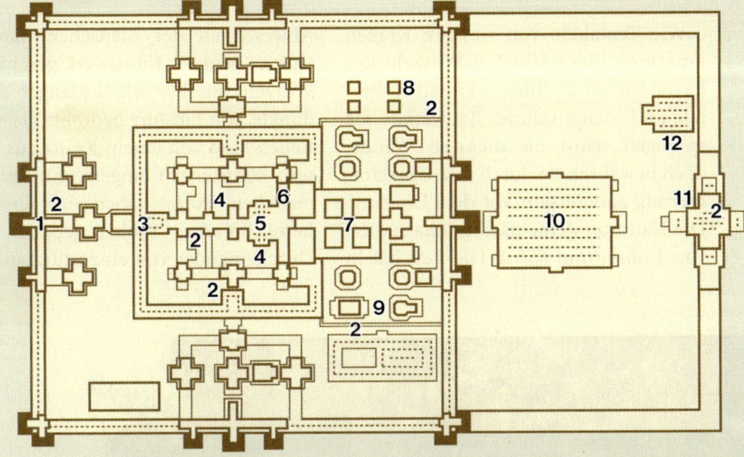

1 Eingangsportal
2 Riesige Würgefeige
3 Eingang zum Innern des Tempels
4 Tempelhof
5 Zentraler Turm
6 Tor in der Galerie mit riesiger Würgefeige
7 Zusammengestürzte Galerien mit versteckten Asparas
8 Echoturm
9 Bibliothek
10 Höfe, von Galerien umgeben (Asparas), nicht betretbar – Einsturzgefahr
11 Ostportal; ehemaliger Haupteingang
12 Säulenhalle

dass die fünf Prasats keinerlei ornamentierte Flächen aufweisen. Das liegt wahrscheinlich daran, dass die Bauarbeiten an Ta Keo aus nicht bekannten Gründen abgebrochen wurden und somit der Tempel nie seine geplante Bestimmung erfüllte.

Krankenhauskapelle (Chapel of the Hospital)

Dieses Bauwerk mit der Grundform eines Kreuzes wurde durch einen Eingangsturm aus Sandstein und Laterit betreten. Hier fand man detaillierte Inschriften über die 102 Krankenhäuser, die *Jayavarman VII.* erbauen ließ. Die Kapelle wurde Ende des 12. Jahrhunderts errichtet. Sie liegt gegenüber dem Ta-Keo-Tempel.

Ta Prohm

Wenn die Anzahl der Getränkestände und Souvenirverkäufer ein Indiz für die touristische Beliebtheit eines Tempels ist, dann wäre Ta Prohm der Favorit. Da es so viele Bauwerke in Angkor gab, entschlossen sich die Archäologen der *L'École Française d'Extrême Orient* einen Tempel so zu belassen, wie sie die gesamte Tempelstadt bei ihrer Entdeckung vorgefunden hatten. Ta Prohm legt beeindruckend Zeugnis ab über die Vergänglichkeit der Menschenwerke und die Macht der Natur.

Wie Tentakeln von riesigen Kraken umarmen die mächtigen Wurzeln der Urwaldriesen die Türme, Fassaden, Portale und Mauern dieses Bauwerkes. Sie sprengen selbst die dicksten Wände, doch bewahren sie durch ihre Umklammerung andererseits vor dem Einsturz. Die Natur als gemeinsame Inkarnation von *Vishnu* und *Shiva*. Die Zeit hat in Abwesenheit des Menschen hier ihr eigenes geniales Kunstwerk geschaffen. Wurzeln huschen wie Schlangen durch dunkle, von Einsturz bedrohte Galerien, Reliefs sind von einem Kranz aus Blättern künstlerisch eingerahmt, und vor manchem Portal haben sich über die Jahre hölzerne Säulen gebildet. Das Durcheinander von eingestürzten Tür-

men und Galerien macht den gesamten Tempel zu einem unheimlichen Labyrinth.

Osbert Sitwell, einer der ersten Besucher, beschrieb seinen Eindruck so: „Wurzeln, von riesiger, unvorstellbarer Größe, so dick wie Bäume in nördlichen Breitengraden, schieben sich zwischen die Pfeiler des Klosters und brechen es mit der Leichtigkeit eines Riesen, der eine Walnuss in seiner Hand zerdrückt, auseinander. An den Dächern wird gezogen, gedreht und gespreizt, und die tropischen Bäume schwingen sich zum selben Verhältnis auf wie eine Eiche, die auf dem Kopf eines Menschen wachsen würde."

122ka_19 an

Besonders zwei Bäume sind für diese zerstörerische Macht verantwortlich. Der **Kapokbaum** und die **Würgefeige** *(Ficus gibbosa)*. Beide beginnen ihr Leben als kleine Setzlinge in den Nischen der Mauern und Dächer. Auf Nahrungssuche lassen die feinen, dünnen Wurzeln keine noch so enge Fuge aus und wachsen schließlich über die Gebäude hinab ins Erdreich.

Ta Prohm bedeutet „Alter Brahma". Dieser Flachtempel wurde Ende des 12. Jahrhunderts (1186) von *Jayavarman VII.* erbaut und ist seiner Mutter geweiht. Er war keine Nachbildung des Berges Meru, sondern hatte seinerzeit die Funktion eines **buddhistischen Klosters.** Eine Sanskritinschrift im Tempel gibt genauere Information über die Zahl der Menschen in Ta Prohm. Im Innenbereich lebten 18 hohe Priester, 2700 Mönche, 600 Tänzer und 12.000 Bedienstete.

Am Ta Prohm Tempel ist es am sinnvollsten, sich entweder am Ost- oder Westtor absetzen und an der anderen Seite wieder abholen zu lassen. Sehr schöne **Fotomotive** befinden sich an der östlichen Seite.

◁ Ta Prohm ist für viele Besucher einer der schönsten Tempel von Angkor, da er bewusst nicht renoviert und so belassen wurde, wie ihn die Entdecker vorgefunden haben

Großer Rundgang/ Grand Circuit

Der große Rundgang bildet den äußeren Kreis um die Tempelstadt. Die Heiligtümer, die an seinem Weg liegen, sind meist kleiner und werden seltener besucht als diejenigen am Petit Circuit. Die asphaltierte Straße führt durch kleine Dörfer bis weit aufs Land hinaus. Die hier lebenden Menschen haben schnell erkannt, dass ihnen der Tourismus eine Chance bietet, ihren bescheidenen Lebensunterhalt aufzubessern. Deshalb findet man vor vielen Tempeln Verkäufer, die Getränke und Souvenirs anbieten.

Prasat Kravan

Dieses hinduistische Heiligtum besteht aus fünf Ziegeltürmen, die auf einer flachen Terrasse stehen. Prasat Kravan war vermutlich der erste Tempel, mit dessen Bau in Angkor, nach Verlassen der Hauptstadt in Roluos, begonnen wurde. Die Türme wurden jedoch erst im Jahre 921 unter *Harshavarman I.* fertiggestellt. Der Turm im Zentrum birgt eine Linga (Symbol Shivas), von der nur noch das Becken, das sogenannte weibliche Geschlechtsteil, erhalten ist. Auf einem Halbrelief auf der linken Seite ist der Gott Vishnu mit vier Armen zu sehen. In seinen Händen hält er einen Diskus, eine Muschel, ein Schwert und die Weltkugel. An der hinteren Wand ist Vishnu mit acht Armen abgebildet, und auf der rechten Wand sitzt er auf seinem Reittier Garuda. Der nördlichste Turm ist Laxmi, der Gemahlin Vishnus, geweiht, wo sie im Kreise ihren Bediensteten zu sehen ist.

Banteay Kdei

Dieser buddhistische Flachtempel aus Sandstein setzt sich aus chaotisch verschachtelten Galerien, Gängen, Toren und Räumen zusammen. Die 9 Türme im Zentrum sind bereits stark beschädigt und müssen vor dem drohenden Kollaps gestützt werden. Die meisten Dächer der Anlage sind eingestürzt und es stehen nur noch die Fassaden mit den Fensterrahmen.

Banteay Kdei wurde unter *Jayavarman VII.* erbaut und Ende des 13. Jahrhunderts fertiggestellt. Die konfuse Bauweise, die unbearbeiteten Oberflächen und die grob zusammengesetzten Blöcke lassen vermuten, dass er in einer äußerst unruhigen und hektischen Zeit entstand. Dieses als große Pagode errichtete Bauwerk besitzt viele kleine Räume, die durch Galerien miteinander verbunden sind.

Banteay Kdei soll ein **Beichtstuhl** für den König gewesen sein, in dem viele Mönchen lebten, die für das Seelenheil *Jayavarmans VII.* zuständig waren. Bei Vollmond versammelten sich hier über 1000 Mönche zum Gebet.

Unter Pol-Pot wurde der Tempel zusammen mit einigen Holzbaracken auf dem Vorhof als **Krankenhaus** genutzt.

Srah Srang

Von einer Terrasse (erbaut Ende des 12. Jahrhunderts) aus Laterit und Sandstein führt eine Treppe, die von Löwen und

Nagas flankiert ist, hinab zu einem gewaltigen künstlichen Teich. Dieses „Königliche Schwimmbad“ mit 700 Meter Länge und 300 Meter Breite diente *Jayavarman VII.* zu rituellen Waschungen. Auf einer heute noch erhaltenen Insel stand früher ein hölzernes Heiligtum.

Der immer noch mit Wasser gefüllte See wird von den Einheimischen auf verschiedene Weise genutzt. Er dient als **Waschplatz und Badeanstalt** sowie als Reisfeld und als Seerosenplantage. Diese lila blühende Lilienart wird von den Khmer samt ihrem meterlangen Stengel gepflückt. Nicht der schönen Blüte wegen, sondern wegen ihres Stieles. Aus ihm wird eine säuerlich schmeckende Suppe gekocht. Die zarten Blüten landen auf dem Müll.

In dem Dorf auf der Nordseite wurde eine **Gedenkstätte aus Totenschädeln** errichtet, um der Opfer des Pol-Pot-Regimes zu gedenken. Sie steht in Zusammenhang mit dem Krankenhaus der Roten Khmer im Banteay-Kdei-Tempel, in dem den Patienten, die dort eingeliefert wurden, der sichere Tod drohte.

Pre Rup

„Wende den toten Körper“ ist die wörtliche Übersetzung dieses aus Laterit und Sandstein erbauten Hindutempels, der Shiva geweiht wurde. Auf dem dreistöckigen Bauwerk stehen fünf Türme, deren Dach aus Ziegeln konstruiert ist. Unter *Rajendravarman II.* wurde im Jahr 961 mit dem Bau dieses Tempelberges begonnen. Seine genaue Bedeutung ist unbekannt, doch sind die Khmer davon überzeugt, dass er der königlichen Familie als Krematorium diente.

Links vom Eingang stehen drei, rechts davon zwei große, unvollendete Ziegeltürme, die einmal Lingas beinhalteten. In dem ersten Ziegelturm links vom Eingang wurden, nach Aussage der Einheimischen, die Leichen verbrannt und die Asche in den kleinen Ziegeltürmen aufbewahrt, die auf der ersten Terrasse des Tempelberges stehen.

Dieses beeindruckende und monumental wirkende Bauwerk diente bei der Erbauung von Ta Keo und Angkor Wat als Vorbild. Von der obersten Plattform aus hat man einen wunderbaren Blick in Richtung Phnom Bok und Phnom Kulen. Im Südwesten sind sogar die Türme von Angkor Wat zu erkennen.

Östlicher Mebon

Einige Jahre vor Pre Rup errichtete *Rajendravarman II.* den kleineren, aus drei Ebenen bestehenden Tempel Mebon, der ihm für große Zeremonien diente. Er erbaute ihn 952. Auf der ersten Ebene aus Laterit stehen 9 kleine Ziegeltürme, in denen einst Lingas und Statuen von Helden aufbewahrt wurden. Die obere Terrasse besteht komplett aus Sandstein. Dort befinden sich fünf Ziegeltürme in Quincunxstellung. Im mittleren Turm unter einem Schirm befindet sich eine Buddhastatue, die von den Einheimischen verehrt wird. Die Treppe, die hinaufführt, ist von Löwenstatuen flankiert, deren Gesichter z.T. bis zur Unkenntlichkeit verwittert sind. Wegen der damals hell getünchten Türme wurden Pre Rup und Mebon auch die weißen Tempel genannt. Da der Mebon als Insel in dem gewaltigen Wasserreservoir lag, konnte er nur per Boot erreicht werden.

Anlegestege wurden an jeder Seite errichtet und sind heute noch erhalten. Anstelle des Sees umgeben den Tempel heute grüne Reisfelder.

Ta Som

Bereits sein Eingangstor, von dem die vier Gesichter des Lokesvara auf den Besucher herunterblicken, verrät, dass es sich wiederum um einen Tempel des unermüdlichen Bauherrn *Jayavarman VII.* handelt. Das Gesicht war früher eines der am häufigsten fotografierten Objekte in Angkor, da es von einer gewaltigen Würgefeige überwachsen war, die das Gesicht pittoresk einrahmte. Der aus Laterit und Sandstein errichtete buddhistische Tempel wurde als einer der letzten restauriert. *Jayavarman VII.* ließ ihn Ende des 12. Jahrhunderts für seinen Lehrer und Mentor *Som* bauen. Ta Som bedeutet soviel wie „der alte Som". Es lohnt sich, bis zum Ende durchzugehen, da man noch mit einem fotogenen Eingangsportal, ebenfalls überwachsen von einer Würgefeige, belohnt wird.

☒ Kindermönch in einer der vielen Pagoden zwischen den Tempeln von Angkor

Neak Pean

Die hinduistische Vorstellung vom Urmeer, das die Welt umgibt, stand Pate für dieses Heiligtum, das ebenfalls vom buddhistischen König *Jayavarman VII.*

048ka an

errichtet wurde. Inmitten eines großen, künstlich angelegten *baray*, der heute ausgelaufen ist und das Weltenmeer symbolisierte, stand eine Insel. In ihrem Zentrum war ein Teich angelegt, der heute noch in der Regenzeit mit Wasser gefüllt ist. Er ist eine Nachbildung des Anavatapta-Sees im Himalaya, der laut der hinduistischen Legende am Gipfel des Universums liegt. Aus ihm sollen die vier größten Flüsse der Erde entspringen, die in Neak Pean von vier kleineren

Teichen symbolisiert werden. In der Mitte dieses Wassertempels befindet sich auf einer aus fünf Stufen bestehenden Insel ein Heiligtum, das eine Lotusknospe darstellt, in der sich ein meditierender Buddha befinden soll. Den Rand dieser Insel bilden die Körper zweier siebenköpfiger Nagas, von denen der heutige Name dieses Tempels, „Sich windende Schlange", abgeleitet wurde.

Die größte Aufmerksamkeit zieht jedoch ein **aus Sandstein erbautes Pferd,** das im Wasser steht, auf sich. Es handelt sich dabei um eine Inkarnation von Lokesvara, der verlorenen Seelen Schutz an seinen Flanken gewährt. In der Vorstellungswelt der Einheimischen handelt es sich hierbei um kambodschanische Händler, deren Schiff bei einem Unwetter sank. Sie konnten sich auf eine Insel retten, die von einem weiblichen Dämonen bewohnt war, der sie fressen wollte, worauf sie sich aus Angst wieder ins Meer stürzten. Daraufhin verwandelte sich Lokesvara in das weiße Pferd Balaha und kam ihnen zu Hilfe.

Preah Khan

Eingebettet in dichten Dschungel, bietet dieser Komplex eine unerschöpfliche Fülle an kleinen Entdeckungen. Preah Khan bedeckt eine Fläche von ca. 50 Hektar und wurde von *Jayavarman VII.* Ende des 12. Jahrhunderts als Tempel und Klosterschule erbaut. Das zentrale Heiligtum dieses aus Sandstein errichteten Flachtempels wurde 1191 fertiggestellt und während der folgenden drei Jahrhunderte mehrmals umgebaut. Das zentrale Heiligtum ist eingerahmt von vier konzentrischen, rechteckigen Mauern. Die äußerste Wand, die von einem Wassergraben umgeben war, umschließt heute das Dickicht. Innerhalb dieser Mauer lebten früher die Mönche, Studenten und Bediensteten von Preah Khan in Holzhütten. Die zweite Mauer schließt das religiöse Zentrum ein, in dem sich eine Ansammlung von kleinen Heiligtümern und Tempeln befindet, die im Norden Vishnu, im Westen Shiva und im Zentrum, wie im südlichen Teil, Buddha geweiht waren. Dort, wo sich die Achsen kreuzen, steht heute eine Stupa aus dem 16. Jh., die anstelle eines Lokesvara errichtet wurde, der das Gesicht von *Jayavarmans* Vater hatte.

Der nach dem Tod *Jayavarmans VII.* folgenden erneuten kurzzeitigen **Hinduisierung von Angkor** fiel fast die gesamte buddhistische Symbolik dieses Tempels zum Opfer. Es gibt einige Halbreliefs, die einst Buddhas darstellten, aber von geschickten Steinmetzen in hinduistische Asketen umgewandelt wurden, indem man ihnen Bärte hinzufügte und die typische Form ihres Lotussitzes veränderte.

Der **ehemalige Haupteingang** war im Osten. Den linken Flügel überwuchern die Wurzeln zweier nicht weniger als 50 Meter hohen Würgefeigen (Terameles Nudiflora). Hier steht noch ein beeindruckendes Tor (Gopura) mit einem Haupteingang und mehreren kleineren Eingängen, die für Würdenträger niedrigeren Ranges gedacht waren. Die äußere Wand des Eingangsportals ist mit Flachreliefs, graziösen Apsaras und Devatas verziert. Auf die Gopura folgt ein großer, offener Platz, Halle der Tänzer genannt.

Preah Khan wird vom „World Monument Fund" restauriert.

Weitere Informationen siehe S. 270.

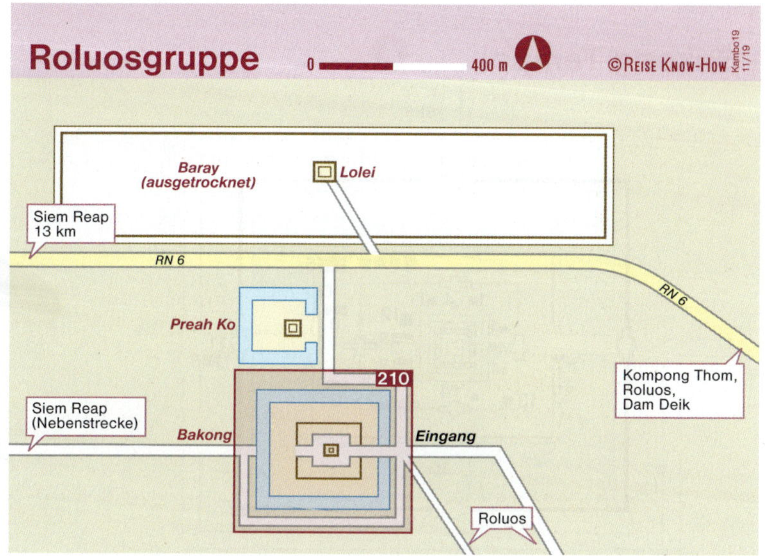

Die Roluos-Gruppe (sprich: Roluoh) außerhalb des Grand Circuit

Roluos ist der zusammenfassende Name für drei Tempel – **Bakong, Preah Ko** und **Lolei** –, die abseits der Bauwerke von Angkor liegen. Es waren Heiligtümer, die in der von *Jayavarman II.* im 9. Jahrhundert gegründeten Hauptstadt Hariharalaya lagen. Der Name der Stadt stammt von dem göttlichen Wesen *Hari Hara,* das die Hindugötter Shiva und Vishnu in sich vereint. In Hariharalaya stand die Wiege der heute in aller Welt bekannten klassischen Khmer-Architektur. Dreihundert Jahre vor der Erbauung Angkor Wats entstanden hier unter König *Indravarman I.* die ersten, nicht aus hölzernen Materialien errichteten Heiligtümer. Sie waren die Prototypen einer faszinierenden Architektur, die heute auf der ganzen Welt große Bewunderung findet.

Das in Roluos häufig verwendete Motiv ist der Kopf des Monsters *Kala,* das mit seinen bulligen Augen, einer löwenartigen Nase und einem breiten Grinsen über zahlreichen Portalen verewigt wurde.

Die Abgeschiedenheit von den anderen Sehenswürdigkeiten, die für Kambodscha typische, mit Zuckerpalmen bepflanzte Kulturlandschaft sowie die Integration der Tempel in das religiöse Leben der von Mönchen und Novizen übervölkerten Pagoden machen einen Besuch besonders reizvoll.

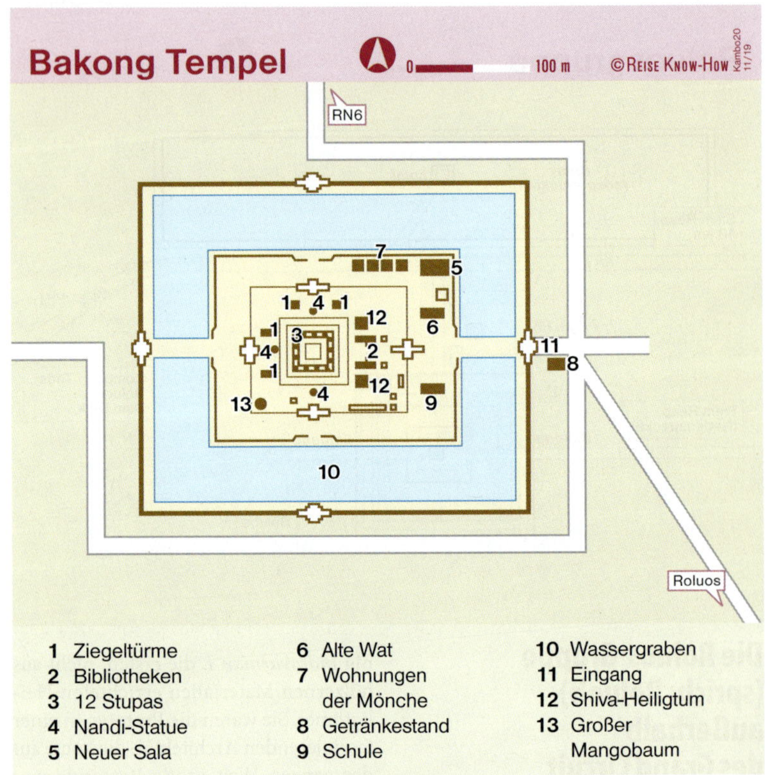

1 Ziegeltürme
2 Bibliotheken
3 12 Stupas
4 Nandi-Statue
5 Neuer Sala
6 Alte Wat
7 Wohnungen der Mönche
8 Getränkestand
9 Schule
10 Wassergraben
11 Eingang
12 Shiva-Heiligtum
13 Großer Mangobaum

Bakong

Das größte der drei Bauwerke wurde im Jahre 881 unter *Indravarman I.* fertiggestellt. Es war dem Gott Shiva geweiht und stellte das Haupttheiligtum der Stadt Hariharalaya dar. Wie viele nach ihm in Angkor erbaute Tempel war es die Versinnbildlichung des Berges Meru, des Sitzes der hinduistischen Götter. Der Bakong ist aus Sandstein errichtet und besteht aus fünf fast quadratischen Terrassen, die sich nach obenhin verjüngen. Das zentrale Heiligtum bildet ein 15 Meter hoher Turm, der in der Mitte der Pyramide steht. Seine Bauweise diente als Vorbild des Independence Monument in Phnom Penh. An den Ecken der fünf Terrassen standen früher Elefanten (Symbole für die Ewigkeit des Universums), von denen allerdings nur noch wenige vollständig erhalten sind. Das gleiche gilt für die Löwen, die die vier Aufgänge an jeder Stufe flankierten. Auf der obersten

Terrasse stehen 12 kleine Stupas. Umgeben war der Tempelberg von acht Ziegeltürmen, von denen nur noch fünf vollständig erhalten sind. Am Westaufgang zum Heiligtum steht ein verwitterter Nandi. Der Tempel war sowohl von einem äußeren als auch einem inneren Wassergraben umgeben. Auf der dazwischen liegenden Fläche, die das Herz dieser Stadt darstellte, lebten einst schätzungsweise 7000 Menschen.

Als der Bakong von westlichen Forschern entdeckt wurde, war er ein zusammengestürzter, von Urwald überwucherter Steinhaufen. Unter der Leitung des französischen Archäologen *Maurize Glaize* begannen 1936 die Restaurierungsarbeiten. Mehr als sieben Jahre dauerte der fast vollständige Wiederaufbau dieser Anlage.

Zwischen dem inneren Wassergraben und dem Heiligtum, dort, wo vermutlich vor elfhundert Jahren die Wohnungen der Priester errichtet waren, befinden sich heute die **Unterkünfte von buddhistischen Mönchen,** ein Salla sowie eine kleine Pagode.

Preah Ko

Preah Ko (heiliger Bulle) war der erste Tempel, der im Jahre 879 in Roluos entstand. *Indravarman I.* erbaute ihn zu Ehren seiner Eltern und Großeltern sowie des ersten Königs der klassischen Angkorperiode, *Jayavarman II.,* und seiner Frau. Die Idee, seinen Ahnen einen Tempel zu widmen, hat ihre Wurzeln im Naturglauben und war damals für den König eine Möglichkeit, den Fortbestand der Macht seiner Familie zu sichern. Geweiht war er dem Hindugott Shiva.

Sechs Ziegeltürme stehen auf einem kleinen Plateau in zwei Dreierreihen hintereinander. Drei Treppen, die je von zwei Löwen flankiert sind, führen auf die flache Terrasse hinauf. Vor jedem dieser Aufgänge liegt eine Statue des Bullen Nandi (Reittier von Shiva), von dem sich der Name Preah Ko ableitet. An den Seiten der vier Eingänge zum höchsten Turm sind Wächter *(Dvarapala),* die aus einem Sandsteinblock gemeißelt sind, in die Mauer eingefügt. Die Nischen neben den Eingängen der hinteren Turmreihe sind ausschließlich weiblichen Gottheiten vorbehalten. Alle Türme waren früher mit Stuck überzogen und hatten die Funktion eines Grabmals. In ihrem Inneren wurden Statuen von den Hindugöttern aufbewahrt, mit denen sich der dort ruhende König nach seinem Tod vereinigt hatte.

Preah Ko liegt am Weg zum Bakong auf der rechten Seite. Der Tempel wurde mit Unterstützung aus Deutschland restauriert.

Lolei

Yasovarman I. baute diesen letzten, aus vier Ziegeltürmen bestehenden Tempel in Roluos, der Shiva geweiht war. Er lag auf einer Insel inmitten des ersten, in dieser Gegend errichteten Baray (4 Kilometer mal 800 Meter). Das Wasser diente einst der Stadt Hariharalaya und der Bewässerung ihrer Reisfelder. Nach dem Verfall der Dämme lief der See aus. Heute wird Reis auf seinem ehemaligen Grund angebaut. Das Heiligtum war seinen Vorfahren, den Eltern und Großeltern von *Yasovarman I.* gewidmet. Die baufälligen Türme, von denen einer bereits eingestürzt ist, sind auf dem Dach mit dichtem Gras bewachsen und sehen aus, als trügen sie eine Perücke. Türstöcke und Steinmetzarbeiten wurden in Sandstein gemeißelt und in die Ziegelmauern eingefügt.

Das Heiligtum ist der **Mittelpunkt einer Wat.** Das Durcheinander von Tempeljungen, alten Menschen, Nonnen, Kindern und gläubigen Bauern beweist die heutige Bedeutung des Buddhismus für die ländliche Bevölkerung. Die große Pagode an der südlichen Seite der Terrasse ist wie die Türme aus Ziegel erbaut und birgt einen gewaltigen Buddha.

- **Anreise zur Roulos-Gruppe:** der RN 6 Richtung Kompong Thom bis Kilometer 13 folgen. Hier beginnt rechts ein sandiger Weg, auf dem nach 500 m die Türme von Preah Ko sichtbar werden. Nach weiteren 400 m steht man vor dem inneren Wassergraben, der den Bakong umgibt.
- Zur **Lolei** führt der Weg von Siem Reap aus an der Abzweigung nach Preah Ko und Bakong vorbei. Nach etwa 250 Metern biegt links ein Weg im spitzen Winkel ab, der nach 500 Metern vor der Wat Lolei endet.

Banteay Samre

Erbaut wurde der hinduistische Tempel Mitte des 12. Jahrhunderts unter *Suryavarman II.*, der ihn dem Gott Vishnu weihte. Er besteht aus einem gut erhaltenen zentralen Heiligtum, dessen Turm denen von Angkor Wat und des Thommanon gleicht. Es wird von zwei konzentrischen Galerien umgeben, wobei die Innere den Turm so eng umschließt, dass er von dort mit einem Schritt betreten werden kann.

Phnom Bok

Yasovarman I. baute Anfang des 10. Jahrhunderts auf jedem der drei Hügel, die die Angkorebene überragten, einen Tempel. Am bekanntesten ist der Phnom-Bakheng-Tempel. Ebenfalls leicht zu erreichen ist der Phnom Krom. Der Phnom Bok wird wegen seiner Abgelegenheit nur selten besucht. Auf seinem Gipfel stehen drei schon stark beschädigte Sandsteintürme, die ursprünglich das zentrale Heiligtum darstellten. 50 Meter entfernt stand einst ein 6 m hoher Lingam. Dieser wurde bei einem Bombenabwurf während der hier oben tobenden Kämpfen mit den Roten Khmer zerstört, und nur noch Teilstücke sind zu sehen. Eine steile Treppe führt in 20 Min. hinauf. Von oben kann man eine großartige Aussicht genießen. Liegt hinter dem Tempel *Banteay Samre* und gehört offiziell nicht zum Gebiet der Apsara Authority. Deswegen ist momentan eigentlich kein Ticket notwendig. Ohne Ticket kann es möglicherweise trotzdem zu Problemen mit den Kontrolleuren kommen.

Chau Srei Vibol (Wat Trak)

In der Pagode dieses Tempels aus dem 12. Jahrhundert leben etwa 30 Mönche. Hier wurden viele Szenen für den Film „Zwei Brüder“ gedreht, eine nette Geschichte um zwei Tigerjungen, der 2004 in den deutschen Kinos lief. Da der Tempel nur sehr schwer zu erreichen ist, wird er kaum von Touristen besucht. Dieser verfallene Tempelkomplex ist ein echtes „off the beaten track”-Monument und bietet eher Entdeckerromantik als prachtvolle Bauwerke und beeindruckende Steinmetzkunst. Nichts an diesem Tempel wurde restauriert. Aufgrund der fehlenden Inschriften ist auch kaum etwas über seinen Zweck bekannt, außer, dass er direkt an der historischen Hauptstraße des Angkorreiches nach Nordosten lag. Da Chau Srei Vibol außerhalb des Archäologischen Parks liegt, kostet er keinen Eintritt.

■ Ca. 30 km von Siem Reap entfernt. **Anreise** über die RN6 Richtung Roluos Gruppe. Nach Rokar Kampot links abbiegen.

Banteay Srei (Die Zitadelle der Frauen)

Dieses Miniatur-Heiligtum, erbaut aus rotem Sandstein und Shiva geweiht, liegt 21 km nordöstlich der Angkor-Gruppe. Seit es gefahrlos zugänglich ist, zählt es wegen seiner gut erhaltenen Fassade zu den Höhepunkten eines Angkorbesuches. Da der Tempel jedoch sehr klein ist, wird es in der Hauptsaison sehr voll.

Banteay Srei ist einer der wenigen Tempel, die nicht von einem König erbaut wurden. Ein brahmanischer Priester, *Yajnavaraha,* ließ ihn Ende des 10. Jh. errichten. Während der Zeit von *Jayavarman V.* spielte er eine bedeutende Rolle am Hofe des Königs. Die Steinmetzarbeiten sind von so atemberaubender Schönheit, dass Banteay Srei als Synonym für die Khmer-Kunst dieser Periode in internationalen Fachkreisen gebraucht wird. Unübertroffen filigrane Devatas und Wächter stehen in Nischen der äußeren Türme. Makaras (Seemonster) speien mehrköpfige Nagas aus, während auf vielen Portalen Shiva sowie Szenen aus Ramayana und dem Leben von Krishna abgebildet sind. Bantaey Srei wurde erst 1914 durch Zufall vom französischen Leutnant *Marec* entdeckt. 1923 wurde er von *André Malraux,* dem Schriftsteller und Kulturminister unter *de Gaulle,* von der Vegetation befreit.

■ Von Siem Reap aus dauert die Anfahrt ca. 1 Std. Es empfiehlt sich, den Besuch von Banteay Srei und Banteay Samre zu verbinden. Dauer: ½ Tag. Banteay Srei kann in der Hochsaison sehr überlaufen sein. Es empfiehlt sich ein Besuch entweder vor 8.00 Uhr oder in der Mittagszeit, da zwischen 12.00 und 14.00 Uhr kaum Gruppen anzutreffen sind. Es gibt viele Restaurants am Banteay Srei.

Kobal Spien

Angesichts der großen Tempelanlagen von Angkor ist Kobal Spien wenig spektakulär, doch für Naturliebhaber und Entdecker ein lohnender Besuch. Kobal Spien ist ein kleiner Bach mitten im dichten Urwald, dessen Wasser über zahllose in Fels gehauene Lingas und andere Steinmetzarbeiten fließt. Daher wird er auch **„river of thousand linga“** genannt. Er wurde erst 1968 von dem Franzosen *Jean Boulbet* entdeckt. Während der Angkor Epoche verzierten die alten Khmer häufig Wasserläufe, die nach Angkor flossen mit hinduistischen Symbolen, um das Wasser zu segnen und so für eine gute Reisernte zu sorgen. Die Arbeiten von Kobal Spien sollen etwa im Jahr 1054 entstanden sein und zeigen Szenen aus den hinduistischen Epen z.B. Liegender Vishnu, der von einer Naga beschützt wird, oder Brahma wie er aus einem Lotus geboren wird.

Der Fußweg beginnt an einem Parkplatz nahe der Straße nach Anlong Veng. Nach einer halben Stunde Gehzeit durch dichten Wald erreicht man den „Bach der Tausend Lingas". Wasserfall! Der Eintritt ist im Ticket für Angkor enthalten. Überlegenswert ist es, einen der am Parkplatz wartenden Guides zu nehmen (1 $ pro Person), denn einige der ornamentierten Flächen sind schwer zu finden.

■ Ca. 40 km von Siem Reap entfernt. Am Banteay Srei Tempel vorbei und noch ca. 9 km Richtung Anlong Veng auf der linken Seite. Ein Motodup Fahrer verlangt ca. 10–12 $ für die Fahrt. Sinnvoll ist es, Banteay Srei, Kobal Spien und Phnom Kulen als einen Tagesausflug zu organisieren. **Achtung:** Neuerdings ist für den Besuch der Tempelanlage ein „Tempelpass" erforderlich!

Phnom Kulen

Der Phnom Kulen ist für die Khmer ein Kultberg mit Tempeln, Heiligtümern, Wasserfällen und beeindruckenden Lingaornamenten in einem kühlen, glasklaren Bach. Der Phnom Kulen war fast 25 Jahre in den Händen der Roten Khmer. Die Kombination von buddhistischen Kultstätten und kühlem Badevergnügen lockt am Wochenende und an Feiertagen viele wohlhabende Khmerfamilien hinauf, die vor allem von dem Wasserfall begeistert sind.

Etwa im Jahre 802 gründete *Jayavarman II.* die Stadt Mahendrapura auf dem Phnom Kulen und ließ sich dort von einem Brahmanen zum Gottkönig ernennen. Dies war der Beginn des Devaraja-Kultes und der Übergang von der Pre Angkor in die Angkor Periode. Doch aus wirtschaftlichen Gründen wurde die Stadt schon wenige Jahren später nach Roluos verlegt.

Obwohl der 30 Meter hohe Wasserfall, das Bachbett mit den Hunderten Lingas, der obskure pilzförmige Wackelstein und der ca. 5 m lange **transzendierender Buddha,** der auf einer Felsspitze ruht, um die eine Pagode gebaut wurde, durchaus sehenswert sind, lohnen sich der Aufwand und die erheblichen Kosten, um dorthin zu fahren, nicht unbedingt. Nur dies bekommt allerdings der Tourist zu sehen, der mit einem Taxi oder Motodup hier anreist. Das Sehenswerte und Faszinierende am Phnom Kulen ist der historische Ort **Mahendrapura** (ca. 8 km vom Wasserfall entfernt). Er liegt tief im Urwald und ist nur über kleine Pfade zu erreichen. Monumente aus längst vergangener Zeit, mystische Höhlen, in denen sich gläubige Buddhisten zu Ritualen treffen und ursprüngliche Pagoden mit herrlichem Blick über Angkor bis zum Tonle Sap sind auf einer weiten Fläche am Bergrücken verteilt. Diese zu entdecken ist die wirkliche Faszination des Phnom Kulen.

Um diesen eher exklusiven Ort, der noch weitab vom bedrohlichen Massentourismus in Angkor existiert zu erleben, sollte man unbedingt eine oder zwei Nächte auf dem Berg einplanen. Übernachtet werden darf nur mit **Sondergenehmigung,** die von einem Reisebüro in Siem Reap organisiert werden muss. Es existieren auch keine Unterkünfte, deswegen muss in einer Pagode oder bei den Einheimischen übernachtet werden. Nur wenige Veranstalter in Siem Reap bieten diese Tour überhaupt an. Meiner Meinung nach hat die beste Kompetenz für diesen Ausflug *Laurant* von **Terre Cambodge,** www.terrecambodge.com, Tel. 077/448255.

Vorsicht: Abseits der ausgetretenen Pfade besteht auf dem Phnom Kulen noch **Minengefahr.**

■ **Anreise:** Phnom Kulen liegt 45 km von Siem Reap entfernt. Zuerst in Richtung Banteay Srei fahren. Etwa 2 Kilometer vorher rechts abbiegen. Über eine unbefestigte Piste, die durch eine recht einsame Gegend führt, erreicht man nach rund 10 km die Mautstation eines angeblich hohen Miltärs, der den Phnom Kulen privat vermarkten darf. Touristen müssen 20 $ bezahlen. Das Angkor Ticket gilt dort nicht. Ein Motodup kostet ab 35 $, ein Taxi ab 80 $.

Beng Mealea

Beng Mealea wurde im 12. Jahrhundert von *Surjavarman II.* als Zentrum einer Stadt an der Verbindungsstraße zu den Tempeln nach Preah Khan erbaut. Die Sandsteinblöcke stammen vom nahen Phnom Kulen und wurden wahrscheinlich auf extra angelegten künstlichen Kanälen zur Baustelle befördert. Die Anlage gehört flächenmäßig zu den **größten Anlagen der Angkorperiode.** Der Tempel war von einem 45 m breiten und 1000x900 m langen **Wassergraben** umgeben.

Der **Haupteingang** liegt im Osten, und das zentrale Heiligtum, das zusammengestürzt ist, wird von drei Galerien umschlossen, in deren dunklem Inneren sich sehenswerte Steinmetzarbeiten verbergen.

Beang Melea wird noch nicht von Touristenmassen überrannt, und nicht jeder Winkel ist vom Urwald befreit, wodurch er seine Mystik erhalten hat. Deshalb war er wohl auch 2004 Drehort des im Indochina der 1920er Jahre spielenden Films „Two Brothers", der von zwei liebenswerten jungen Tigern handelt. Die Holzstege, über die heute der Besucher das Innere des Tempels erreicht, stammen noch von den Dreharbeiten.

Beang Mealea liegt 62 km von Siem Reap, an der Straße nach Koh Ker, entfernt. Zum Übernachten bietet sich das gepflegte **Pow G.H.** für 5 $ pro Person an (Tel. 063/6902287). Es gibt zahlreiche Essensstände und einfache Restaurants. Etwa einen Kilometer vor dem eigentlichen Tempeleingang steht, von Siem Reap kommend, ein überdimensionales Areal mit Ticketschaltern, wo 5 $ Eintritt kassiert werden.

■ **Anreise:** Gut ausgebaute Teerstraße von Siem Reap über Dam Deik. Beng Mealea ist mit Taxi, Tuk Tuk oder Motodup erreichbar. Lässt sich für „extreme Sightseeing" mit Koh Ker (60 weitere Kilometer entfernt) an einem Tag verbinden. Auch die Kombination mit Banteay Srei ist möglich.

Preah-Vihear-Tempel

Die grandiose Lage auf einem Gipfel (650 m) im Dangrek-Gebirge macht die Tempelanlage von Preah Vihear zu einer der **spektakulärsten Sehenswürdigkeiten** im Land. Der Ausblick über den Urwald in die weiten Ebenen nach Kambodscha und nach Thailand ist phänomenal. 2008 wurde er von der UNESCO zum Weltkulturerbe erklärt. Wegen seiner Abgeschiedenheit wird er noch verhältnismäßig wenig von Touristen besucht.

Im Jahr 900 begann *Yasovarman I.* mit dem Bau der Anlage. Erst *Suryavarman*

II., der Erbauer von Angkor Wat, stellte das Bergheiligtum, das dem Hindu-Gott Shiva geweiht wurde, im Jahr 1150 fertig. Nach dem Untergang des Khmerreiches besetzten es die Thais für mehrere Jahrhunderte. Erst 1962 sprach es der Internationale Gerichtshof wieder Kambodscha zu. Während des Bürgerkrieges und bis 2003 war die Tempelanlage nur von Thailand aus über eine gut ausgebaute Straße erreichbar und wurde von thailändischen und internationalen Touristen in großen Scharen besucht. Anfang der 2010er Jahre flammte der alte Streit zwischen Kambodscha und Thailand über den Besitz der Tempel erneut auf. Der **Konflikt** wurde mit heftigen Gefechten ausgetragen, und viele Khmer mussten aus der Gegend fliehen. Der Besuch war über Jahre nicht mehr möglich.

Namens-Chaos „Preah Vihear"

Wer Preah Vihear besuchen möchte, kann leicht in einen babylonischen Bezeichnungswirrwar geraten. Zu allererst ist Preah Vihear eine Provinz im Norden Kambodschas, die an Thailand grenzt. Die Hauptstadt Tbeng Meanchey wird, sobald man sich innerhalb der Provinz befindet, auch als Preah Vihear bezeichnet, so wie bei fast allen kambodschanischen Provinzen die Hauptstadt den selben Namen wie die Provinz trägt. Des Weiteren gibt es zwei Tempelanlagen mit dem Namen Preah Vihear. Die eine befindet sich in Angkor und wurde von *Suryavarman I.* erbaut, die zweite liegt in der Provinz Preah Vihear auf einem Berg direkt an der Grenze zu Thailand und gehört zu den sehenswertesten Tempeln außerhalb Angkors.

Die Lage hat sich mittlerweile beruhigt, und die Tempel werden wieder von Kambodscha kontrolliert und verwaltet. Die Anlage kann nicht mehr von Thailand aus besucht werden.

Während des Khmerreiches konnte der Tempel, der wahrscheinlich als Meditationszentrum genutzt wurde, nur über eine lange und beschwerliche Steintreppe erreicht werden. Heute werden die meisten Besucher mit **Mopeds oder Jeeps bis zum Eingang** des Tempels gebracht. Noch bevor das Eintritt-Gopura erreicht wird, stechen am Parkplatz sofort die vielen **Bunker** und **Schützengräben,** Zeugen des Konfliktes mit Thailand, das hier nur wenige Meter entfernt ist, ins Auge.

Das **zentrale Heiligtum am Gipfel** wird erreicht über einen 800 Meter langen und 10 Meter breiten Wall, der mit großen Steinplatten gepflastert ist. Die einstige Balustrade besteht nur noch aus den Fundamenten. Sie war früher mit Nagas verziert. Auf dem Weg zum zentralen Heiligtum müssen drei **Gapuras,** kleine Tempel mit Galerien, durchschritten werden. Leider sind einige davon sehr stark beschädigt, und von Restaurationsarbeiten ist nichts zu sehen.

Der **Haupttempel** am Gipfelplateau ist von einer rechteckigen, nach innen offenen Galerie umgeben und wird rechts und links von zwei alleinstehenden Gebäuden flankiert. Dahinter fällt der Gipfelaufbau jäh in die Tiefe, und der Blick in den darunterliegenden dichten Urwald lässt einen erschaudern.

Obwohl Preah Vihear dem Hindu-Gott Shiva geweiht ist, sind auf den Reliefs hauptsächlich **Mythen mit Vishnu** dargestellt. Die meisten stammen aus dem Mahabharata und handeln von

Krishna, einer Inkarnation von Vishnu. Die verhältnismäßig wenigen ornamentierten Flächen befinden sich vor allem über den Eingangsportalen.

■ **Anreise:** Die meisten Besucher werden wegen der Abgeschiedenheit im Ort **Sra Aem** übernachten. Von hier sind es 22 km bis zum Ticketcounter. Eintritt 10 $. Bis hierher dürfen Motodups (10 $) von Sra Aem ihre Gäste bringen. Wegen der z.T. extrem steilen betonierten Straße dürfen ab hier nur Mopedtaxis (5 $) mit spezieller Lizenz und Jeeps (25 $) die Besucher bis zum Tempel bringen. Diese erwarten ihre Kundschaft dort, wo die Eintrittickets verkauft werden.

Als Alternative kann der Tempel auch über den sogenannten **„staircase"**, eine Holztreppe mit rd. 2400 Stufen, die parallel zur antiken Steintreppe errichtet wurde, erreicht werden. Sie liegt am Fuß des Berges und führt einsam durch dichten Wald (ca. 1 Stunde). Auch im Abstieg möglich. Der Tempel wird **ab 17.30 Uhr** für Besucher **geschlossen.**

Sra Aem

Ein typisches kambodschanisches Dorf, dessen touristische Bedeutung allein darin liegt, Ausgangsort zum Besuch der Tempel von Preah Vihear zu sein. Deswegen gibt es bereits brauchbare Unterkünfte und Restaurants. Transport zum 22 km entfernten Ticketschalter lässt sich entweder in der Unterkunft oder am Kreisverkehr organisieren. Mopedtaxi für Hin- und Rücktransport 10 $, Tuk Tuk 20 $ z. B. bei Mr. Kim Seng Tel. 097/8587855.

Unterkunft

■ **Preah Vihear Boutique Hotel** (Tel. 088/862 2778; www.preahvihearhotel.com). Aktuelles Flaggschiff der örtlichen Hotellerie. In Erwartung eines gewaltigen Touristenansturms in den kommenden Jahren wurde hier in eine ansehnliche Hotelanlage mit Schwimmbad und luxuriösen Zimmern investiert. Preise zwischen 25 und 80 $ inkl. Frühstück. In einer Seitenstraße 2 km vom Dorf entfernt.

■ **Chhouk Tep G.H.** (Tel. 097/5544447). Engagiert betriebene und gepflegte Unterkunft in der Nähe des Kreisverkehrs Richtung Tempel. Zimmer mit und ohne AC zwischen 10 und 17 $.

Mit steigenden Touristenzahlen werden hier sicherlich in naher Zukunft weitere neue Unterkünfte entstehen.

Restaurants

■ **Limy** war zur Zeit der Recherche das beliebteste und umtriebigste Restaurant im Dorf. Obwohl weit vom Meer entfernt, hat es sich auf Seafood spezialisiert, was vor allem bei den hochrangigen Militärs, die zu den Stammgästen gehören, offenbar gut ankommt. Die bebilderte Speisekarte offeriert auch andere Gerichte. Liegt am Ende einer Reihe von Restaurants an der Straße Richtung Tempel, von denen noch das **Mean Cheay 999** zu empfehlen ist.

■ Edel, auf einer überdachten Terrasse im 1. Stock, lässt sich auch im Restaurant des **Preah Vihear Boutique Hotels** speisen. Mit rund 7–9 $ für die Hauptgerichte ist das Preis-Leistungs-Verhältnis in Ordnung.

An- und Weiterreise

Sra Aem bietet sich ideal als Zwischenstopp einer Rundtour mit dem eigenen Motorrad an; auch Radfahrer werden immer öfter dort gesichtet. **Busse** verkehren nur auf der Strecke nach Phnom Penh über Preah Vihear City und Kompong Thom. **Sammeltaxis** zu anderen Städten finden sich am Kreisverkehr.

Entfernungen in Straßenkilometern	
Phnom Penh	**390 km**
Siem Reap	**220 km**
Anlong Veng	**80 km**

Koh Ker

Bis 2004 war der Besuch von Koh Ker nur engagierten Abenteurern vorbehalten, die sich weder vom unwegsamen Dschungel noch von Minen abschrecken ließen. Doch auch heute kommen nach wie vor nur wenige Besucher. Und das, obwohl eine asphaltierte Straße die 125 km von Siem Reap bis vor die Tore der von *Jayavarman IV.* in den Jahren 928–941 gebauten **Tempelstadt** führt. Auf dem 35 Quadratkilometer großen Areal sind an die 184 Bauwerke registriert. Die meisten dieser Bauwerke sind zugänglich und von Vegetation und Minen befreit. **Aus Sicherheitsgründen trotzdem die ausgetretenen Wege nicht verlassen!**

Koh Ker wird das erste Mal im Jahr 919 in einer Inschrift als Stadt erwähnt. Schon zu dieser Zeit gab es hier wahrscheinlich viele kleinere **hinduistische Heiligtümer.** Es wird gemutmaßt, dass *Jayavarman IV.* hier bereits als lokaler Herrscher residierte, bevor er 928 zum **Gottkönig von Kambuja** ernannt wurde, was erklären würde, warum die Hauptstadt des Khmerreiches nach Koh Ker verlegt wurde.

Er demonstrierte seine Macht mit mehreren ehrgeizigen Bauprojekten, deren Kosten er durch hohe Steuern finanzierte. Während seiner Regentschaft lebten etwa 10.000 Menschen in der Stadt.

Nach seinem Tod 941 riss *Harshavarman II.* die Macht an sich und starb 944 vermutlich eines gewaltsamen Todes. Sein Nachfolger verlegte die Hauptstadt wieder nach Angkor.

Ende des 19. Jahrhunderts wurde die Anlage von den Franzosen für die westliche Welt wiederentdeckt. Während der Khmer Rouge Zeit wurden Forschungsergebnisse vernichtet und viele Statuen und Steinmetzarbeiten unwiederbringlich zerstört oder gestohlen. Die Architektur (schlanke, hohe Türme) sowie die Art der ornamentierten Flächen unterscheiden sich deutlich von Angkor, weshalb in der Kunstszene auch von dem **eigenständigen Koh-Ker-Stil** gesprochen wird.

Die Bauwerke werden in **drei Gruppen** unterteilt. Die meisten Namen der Bauwerke scheinen nicht original zu sein, sondern eher aus dem Wortschatz der Einheimischen zu stammen.

Tempel an der Zufahrtsstraße zum Rundweg:

1. Als erstes liegt linker Hand der **Prasat Bram** (fünf Türme). Wegen der Würgefeigen, die auf zwei der fünf gut erhaltenen Türmen wachsen und diese mit ihrem Wurzelwerk zusammenhalten, einer der sehenswertesten Tempelanlagen. Ein paar hundert Meter weiter steht der **Prasat Nean Khmau,** ein noch gut erhaltener Turm aus Laterit, in dessen Innerem eine zerbrochene Lingam von den Einheimischen verehrt wird. Der Name *Khmau* (schwarz) kommt von dem schwarzen Laterit an der unteren Hälfte des Turms.

2. Wegen der Dramaturgie empfiehlt es sich, nach rechts in den Rundweg einzubiegen und zuerst die Bauwerke auf der östlichen Seite des Heiligen Sees Beng Rahal (1200x500 m) zu besuchen. Zuerst kommt man am **Prasat Damrey** (Elefantenturm) vorbei. Ein großes Gelände mit eingestürzten Ziegeltümen. Lediglich das zentrale Heiligtum, ein 15 m hoher Ziegelturm, steht noch dank der Drahtseile, die ihn zusammenhalten. Ein recht gut erhaltener Wächterlöwe und zwei Elefantenstatuen, von denen eine bereits ein Facelifting bekommen hat, erwarten den Besucher auf der Fundamentplattform.

Es folgen einige stark beschädigte Tempelanlagen: **Prasat Banteay, Patchean** und **Prasat Krachap.** Beeindruckend und relativ gut erhalten sind drei aufeinanderfolgende Sandsteintürme, in denen jeweils ein großer und gut erhaltener Lingam steht. Meines Wissens die größten und besterhaltensten in Kambodscha.

3. Der größte und wichtigste Tempel ist der **Prasat Thom** (großer Turm), dessen ursprünglicher Name *Prasat Prang* lautet. Der Weg führt durch ein wildes Chaos aus stark in Mitleidenschaft gezogenen Laterit- und Sandsteingalerien sowie eingestürzten Ziegeltürmen und herumliegenden Shivasymbolen, aus denen nur der berühmte **Prasat Krohom,** der wohl früher ein wichtiges Heiligtum beinhaltete, noch halbwegs unbeschädigt herausragt. Aus diesem antiken Bauschutt erheben sich die schlanken Stämme der Würgefeigen, und die Atmosphäre erinnert sehr an Ta Prohm in Angkor. Am Ende türmt sich der Prasat Thom über 7 Terrassen 40 Meter hoch auf. Er steht auf einer Wiese, die von einer Lateritmauer umgeben ist und kann über eine Holzleiter bestiegen werden. Viele Besucher genießen hier oben den Sonnenuntergang.

Information

An der Einfallstraße zu den Tempeln steht ein großer **Ticketschalter.** Eintritt 10 $ pro Tag. Bis zum Beginn des 4 km langen Rundweg um den heiligen See Beng Rahal, an dem der Prasat Thom, die Linga Türme und der Elefanten-Turm liegen, sind es von dort 6½ km.

Wer nur einen Sightseeing-Tag einlegen möchte, kann Koh Ker und Beng Melea an einem Tag besichtigen. Ein früher Aufbruch mit einem Taxi gegen 6.00 Uhr morgens in Siem Reap ist notwendig. Wer mit öffentlichen Verkehrsmitteln anreist, muss sich ein Mopedtaxi in Srayong (ca. 10 $) für den Besuch der Tempel mieten.

Übernachtung

Trotz der überaus sehenswerten Tempel bietet sich dem Besucher, der hier übernachten möchte, immer noch eine ziemlich desolate Unterkunftssituation, die nicht ganz nachzuvollziehen ist. Die wohl beste Unterkunft ist das **Mom Morokod Koh Ker G.H.** (Tel. 011/935114) hundert Meter vor dem Ticketschalter. Überteuerte, einfache, aber große und saubere Zimmer für 12 $ mit Fan. Die Familie ist wenig an den Touristen interessiert, denn sie machen ihr Geschäft mit einer Trinkwasseranlage hinter dem Haus. Im einfachen Restaurant in der Garagenhalle wird auf Anfrage Abendessen und Frühstück serviert. Das **Dorf Sralong** ist 2 km entfernt und bietet viele kleine Essensstände. Dort stehen zwei noch einfachere Unterkünfte, das **Sralong Koh Ker** und das **Ponloeu Preah Chance G.H.** Zimmer mit Gemeinschaftsbad ab 8 $.

Im kleinen Dorf neben dem Haupttempel Prasat Thom liegt die **Hidden Lodge** von *Hidden Cambodia Adventure Tours* aus Siem Reap, eine urige Unterkunft in einem Holzhaus der Eingeborenen. Einfach aber stilvoll. Übernachtungen sollten vorher unbedingt telefonisch unter 012/934412 abgeklärt werden.

Essen

Viele kleine Restaurants und Essensstände finden sich im nahegelegenen **Dorf Sralong.** In den Tempeln kann man sich am besten am Prasat Thom verköstigen lassen.

An- und Weiterreise

Wer Koh Ker an einem Tag von Siem Reap aus besuchen möchte, sollte am besten ein **Taxi** nehmen (120 km einfach; ca. 80–100 $.) Ein **Moped** mieten und bei Sralong übernachten wäre mein Tipp. Täglich pendeln mehrere **Minibusse** zwischen Koh Ker und Siem Reap (5 $). Zwei Minibusse fahren frühmorgens nach Phnom Penh (20 $). Nach Preah Vihear City oder Sra Aem gibt es keine öffentlichen Verkehrsverbindungen. Aber meist lässt sich irgendein Transportmittel finden. In Sralong stehen **Mopedtaxis** zur Verfügung, die Besucher für 10 $ durch die Tempelanlage fahren.

Preah Vihear City

Früher hieß die Hauptstadt der Provinz Preah Vihear „Tbeng Meanchey". Eine staubige Stadt, einst im Würgegriff der Khmer Rouge und Schauplatz vieler Kämpfe zwischen der kommunistischen Guerilla und der Regierungsarmee. Durch den Ausbau des Straßennetzes und die Entminung der Felder hat sie sich rasend schnell vom abgeschiedenen Marktflecken zu einer beachtlichen Metropole gemausert. Doch die Lebensweise und Mentalität der Menschen ist weiter provinziell geblieben. Ausländer stranden hier entweder, weil sie eine Anschlussverbindung verpasst haben, bewusst dem kanalisierten Tourismus entfliehen wollen oder sich als Missionare betätigen.

Sozialen Sprengstoff bietet die nahe gelegene chinesische Zuckerfabrik, für die tausende Hektar Urwald gerodet und vor allem die **Ureinwohner vom Stamm der Kuoy** zwangsumgesiedelt wurden. Diese interessante Minderheit lebt vor allem an der Grenze des nahen Wildschutzgebietes **Prey Preah Roka** an der Straße nach Stung Treng.

Orientierung

■ Die Stadt wird von einer etwa **2 km langen Hauptstraße** durchzogen, an der alle wichtigen Einrichtungen liegen. Sie verläuft vom Markt im Norden zum Kreisverkehr im Süden, wo die Straße nach Kompong Thom beginnt.

Unterkunft

■ Es gibt ein paar sehr gepflegte Unterkünfte. Am besten ist wohl das **Malyma G.H.**① (Tel. 012/955331) mit einem schönen Pool. Hinter dem Kreisverkehr im Süden gelegen. Einen guten Eindruck macht auch das **Soka Home**① (Tel. 077/600400) am Kreisverkehr und das nicht weit entfernte, architektonisch hübsche **Ly Hout**①-② (Tel. 097/777 7463). Am Taxistand gibt es noch einige billige Guest Houses wie das **Tbong Pich G.H.**① (Tel. 097/5776789) und das **Phnom Meas**① (Tel. 012/632017).

Essen & Trinken

■ Wie in allen Städten kann man tagsüber und am frühen Abend an den **Essensständen am Markt** auf kulinarische Expedition gehen. Ein bisschen aus der Reihe fällt das ganz nette **Green House Res-**

taurant, das zum Frühstück auch Omelette serviert. An der Hauptstraße gegenüber dem Fußballstadion.

Einige **beliebte, große Restaurants,** deren Speisekarten allerdings nur auf Khmer verfasst sind, liegen an der Hauptstraße gegenüber dem hässlichen, gewaltigen Hotelkomplex Green Palace. Barbeque am Tisch und gebratene Enten erfreuen hier den Gaumen. Keines der Hotels verfügt über ein eigenes Restaurant.

Sonstiges

- **Geld: Canadia Bank** und **Acleda Bank** haben Filialen und 7/24 ATM.

Anreise und Weiterreise

- **Entfernungen in Straßenkilometern:**

Phnom Penh	295 km
Siem Reap	180 km
Kompong Thom	140 km
Preah Vihear Tempel	110 km
Koh Ker	70 km
Stung Treng	ca. 135 km
Sra Aem	80 km

- **Verkehrsverbindungen: Busse** fahren nur über Kompong Thom nach Phnom Penh. *GST* und *TSS-Transport* bedienen die Strecke täglich. Beide Büros findet man im Zentrum an der Hauptstraße. Nach Phnom Penh 6 $ und 7 Std. Fahrzeit; nach Kompong Thom 5 $ und 2½ Std. Fahrzeit. **Sammeltaxis** und **Minibusse** warten am Taxistand in einer Seitenstraße gegenüber der Canadia Bank/ Sokimex Tankstelle. Ob nach Siem Reap, Sra Aem oder Stung Treng – pro Passagier liegt der Preis bei etwa 5 $.

Anlong Veng

អន្លង់វែង

Wenig spektakulär, aber ein spannender Ausflug in die jüngste Geschichte Kambodschas, ist die Fahrt von Siem Reap zu dem kleinen Ort Anlong Veng. Hier, nahe der thailändischen Grenze, leisteten die **Roten Khmer** am längsten Widerstand gegen die Regierungstruppen. In den malariaverseuchten Wäldern der Dangrek-Berge **starb am 15.4.1998 Pol Pot,** der Kopf der brutalen Maoisten. Bis Ende desselben Jahres leistete noch der einbeinige **Ta Mok,** bekannt als einer der blutrünstigsten Führungskader, mit seinen Soldaten erbitterten Widerstand. Ende 1998 fiel Anlong Veng. *Ta Mok,* der „Schlächter“, starb am 21.7.2006 bevor ihm der Prozess gemacht werden konnte in einem Gefängnis in Phnom Penh.

Along Veng selbst ist ein staubiger Marktfleck, den die „kapitalistischen“ Khmer schnell unter sich aufgeteilt haben. Innerhalb einer recht kurzen Zeitspanne hat sich dieser isolierte Ort von der kommunistischen Zucht und Ordnung gelöst und zum irdischen Sündenpfuhl gewandelt. Das Business, von der Computerschule bis zum Bordell, wird von den zugewanderten Khmer betrieben, während die ehemalige Khmer-Rouge-Bevölkerung meist nur in den ärmlichen Hütten auf dem Land zu finden ist. Angesichts ihres Schicksals wird man nicht überrascht sein, dass sie heute mehr denn je *Ta Mok* als „guten Führer mit sozialem Engagement“ verehren.

Sein ehemaliges Feriendomizil ist die einzige Sehenswürdigkeit im Ort. Es steht auf einer Halbinsel in einem künstlichen See aus der Zeit der Roten Khmer, aus dem abgestorbene, silbergraue Bäume bizarr in den Himmel ragen. Das stattliche Haus ist geplündert, nur noch verklärt kitschige **Bilder von Angkor, Koh Ker** und **Preah Vihear** zieren die Wände der kahlen Räume. Am Eingang steht ein Altar zu Ehren *Ta Moks,* der dort in Form eines Steines, umwickelt mit orangfarbenem Stoff, aus dem die Mönchsroben gemacht werden, von vielen Khmer mit Räucherstäbchen und Geld verehrt wird. Im Garten des Hauses steht ein Funkwagen aus der Zeit der Roten Khmer sowie zwei Gefängnis-Käfige. Stolze 2 $ Eintritt.

Lohnend ist ein Ausflug mit einem Mopedtaxi (10–15 $) das Hochplateau hinauf, in das ca. 15 km entfernte **Dangrek-Gebirge.** Auf der steilen Straße nach Chong zum Sa-Ngam-Pass (Grenze zu Thailand) passiert man einen Felsen, ein Heldendenkmal der Roten Khmer, aus dem die **Statuen von Khmer-Rouge-Soldaten** ausgemeißelt wurden, denen aber die Regierungssoldaten die Köpfe abgeschlagen haben. Die Ironie des Schicksals hat **Pol Pot,** dem Verfechter des Steinzeit-Kommunismus, seine letzte Ruhestätte im Schatten eines gewaltigen Spielkasinos beschert. Nur ein blaues Schild an der breiten Teerstraße nach Thailand mit den Worten **„Pol Pot was cemeted here"** weist auf das Grab des Massenmörders hin. Wer den Platz unterhalb der Straßenböschung besuchen möchte, muss eine Schranke mit Wächterhäuschen passieren, wo barsch 2 $ Eintritt kassiert werden. Das Grab, ein schlichter Erdhügel mit verrostetem Wellblechdach, ist eingezäunt, und davor steht eine Blechdose mit Räucherstäbchen, ein paar Teller und ein Opferstock – daneben zwei Geisterhäuser.

Fährt man auf dem Rücken des Damrek-Höhenzuges Richtung Osten, stößt man immer wieder auf Fundamente von zerstörten Häusern, die an schönen Plätzen mit großartiger Aussicht stehen. Hier soll *Pol Pot* mit seinen Führungskadern gelebt haben, wobei ihnen die Nähe zur thailändischen Grenze ein sicheres Rückzugsgebiet bei Angriffen der kambodschanischen Regierungstruppen bot.

Unterkunft

■ **G.H. Poy Taroun**①. Der extravagante Übernachtungsplatz liegt auf einer Klippe, die sich hoch über der weiten Ebene von Anlong Veng aufschwingt und abrupt in den Urwald abstürzt. Die einfachen Bunglows kosten 8 $, und die hier lebende Khmerfamilie verköstigt die Gäste mit einheimischer Kost. Tagsüber kommen Einheimische, um in Hängematten die grandiose Aussicht zu genießen. Das G.H. wird von Herrn *Kuch Un Khemera* betrieben, der versucht, den Tourismus mit seinem Projekt „Anlong Veng Peace Tour" und der Khmer Rouge Vergangenheit zu promoten. Er steht auch selbst als Guide zur Verfügung: Kontakt-Tel. 011/809889.

■ **Monorom Villa**① (Tel. 011/884736). Beste und sehr beliebte Adresse in Anlong Veng. Große, saubere Zimmer zwischen 8 und 15 $. Kleines Restaurant. Am großen Kreisverkehr im Stadtzentrum Richtung Thailand. Nach 100 m auf der linken Straßenseite.

■ **Sokharith G.H.**① (Tel. 088/6773232). Zimmer mit Fan oder AC. Liegt an der Straße nach Thailand direkt am Staudamm kurz vor Abzweigung zum Ta Mok Haus.

■ **Vimean Sour Motel**① (Tel. 097/6900156). Akzeptable Unterkunft nahe dem Kreisverkehr in derselben Preislage wie die anderen Unterkünfte.

Wer mobil ist, findet weitere oftmals neue G.Hs. außerhalb an der Straße zur Grenze.

Essen

■ Das **Pkoy Preak Restaurant** ist das etablierteste in der Stadt, aber kein guter Preis-Leistungs-Deal. Beliebt unter den Khmer ist das **Bin Chet** an der Straße Richtung Thailand. Mein Tipp ist das kleine unscheinbare **Linna Restaurant** gegenüber der Acleda Bank an der Straße Richtung Sra Aem. Ein bescheidenes, junges Khmer Ehepaar mit guten Englischkenntnissen, bemüht sich, jeden Gast zufriedenzustellen. Auch ein gutes Frühstück wird serviert.

Besuchenswert sind unbedingt auch die **Essensstände,** die abends auf dem Damm des Stausees aufgestellt werden. Ein beliebter Treffpunkt für Jung und Alt.

Internet

■ Bisher bietet nur die **Monorom Villa** WiFi an.

■ **Geld:** Das einzige Geldinstitut ist die **Acleda Bank** an der Straße Richtung Sra Aem. Der 24 Stunden-ATM akzeptiert alle gängigen Kreditkarten.

Anreise und Weiterreise

■ **Entfernungen in Straßenkilometern:**

Siem Reap	130
Grenze Thailand, Chang Sa-Ngam Pass	16
Preah Vihear City	200

■ **Bus und Taxi:** Siem Reap: Sammeltaxis in Siem Reap am Psah Loe und in Anlong Veng am Kreisverkehr für 5 $. Sammeltaxis nach Sra Aem ebenfalls am Kreisverkehr für 5 $. Die Busgesellschaft *Rith Mony* bietet Verbindungen mit Siem Reap, Phnom Penh und weiteren Städten an. *Liang Express* fährt nach Siem Reap (5 $) und Phnom Penh (10 $). Büros am Kreisverkehr Richtung Thailand. **Grenze Chong Sa-Ngam Pass:** Nur Mopedtaxis für 5 $. **Tempel Banteay Chhmar:** Über Samrong, die Provinzhauptstadt von Oddar Meanchey. Es gibt keine öffentlichen Verkehrsmittel, aber Motodup und Taxis sind organisierbar. Die Straße nach Samrong (ca. 90 km, einige G.Hs.) ist gut ausgebaut, von Samrong geht eine unasphaltierte Piste nach Banteay Chhmar (56 km).

■ **Grenzübergang nach Thailand:** Visa für beide Länder an der Grenze erhältlich (siehe Kapitel „Praktische Reisetipps A–Z, Hin- und Rückreise").

Adobe Stock ©flu4022

⊡ Geisterhäuschen am Grab von Pol Pot

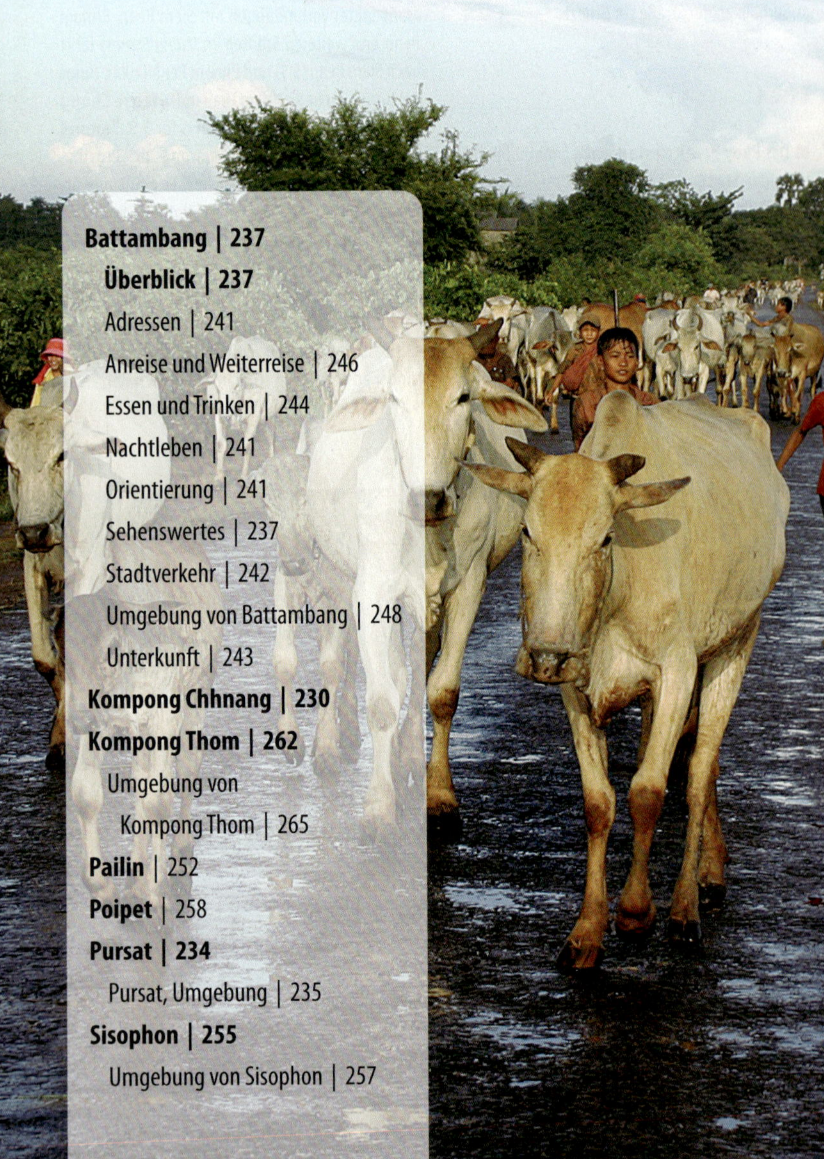

3 Das Tonle-Sap-Becken

Charmantes Flair im kolonialen Altstadtviertel von Battambang. Schwimmende Dörfer und faszinierende Tierwelten am größten Binnensee Südostasiens.

< Kinder bei Kompong Thom treiben abends das Vieh zurück in die Ställe

DAS TONLE-SAP-BECKEN

Der See Tonle Sap und der gleichnamige Fluss bilden das **Herz Kambodschas.** Das Tonle-Sap-Becken war einst ein Meeresarm, der durch die Anhebung der Küstenregion vom Südchinesischen Meer abgeschnitten wurde.

NICHT VERPASSEN!

- Ein Dorf auf dem Wasser: **Kompong Luong** mit seinem einzigartigen Mikrokosmos | 235
- Die **Zirkusschule Phare Ponleu Selpak** liegt 3 km außerhalb des Zentrums von Battambang und begeistert seine Besucher mit hinreißenden Vorstellungen ihrer Schüler | 239
- Eine rumpelige Fahrt mit dem **Bamboo Train** ist eine große Attraktionen Battambangs | 251
- **Banteay Chhmar:** Prächtige, wenig besuchte, Tempelanlage in der idyllischen Provinz. Übernachtung in Zelten mitten im Tempel | 257

Diese Tipps erkennt man an der gelben Hinterlegung.

[>] Verkäuferin auf dem Tonle-Sap-See

038ka an

Überblick

In den weiten Ebenen, durchzogen von vielen Flüssen und Kanälen, wird überwiegend Reis angebaut. Die Böden gehören zu den fruchtbarsten im Lande und machen unter guten klimatischen Bedingungen zwei Reisernten im Jahr möglich. Während der Regenzeit werden riesige Flächen überflutet, da der Mekong dann sein Wasser von Phnom Penh aus über den Fluss Tonle Sap in den See lenkt. Dabei fließt so viel Wasser in den „Großen See", dass sich die Fläche fast bis zum Siebenfachen ausdehnt. Nach Abfluss des Wassers bleibt fruchtbares Schwemmland zurück (siehe auch Kapitel „Geografie").

Der **See Tonle Sap** gehört zu den fischreichsten Gewässern der Erde. Der sich ständig verändernde Wasserspiegel

Tonle-Sap-Becken
0
50 km
THAILAND
Dangrek-G
LAOS
Wunsei (Viracheay)
Banlung
Sisophon
Siem Reap
Pailin
Kompong Chhnang
Senmonorom
Pursat
Kratie
Dong Tong
Phnom Penh
VIETNAM
Takeo
Sihanouk Ville
Saigon
Sangkha
Khukhan
Khun Han
Kap Choeng
Ban Na Sanuan
Lahan Sai
Ban Kruat
Smach
Prasat Rovieng
Chong Sa-Ngam
Phum Roessei
Anlong Veng
Trapeang Prasat
Otdar Meanchey
Kouk Mon
Phum Samraong
Phum Banteay Chhmar
Banteay-Chhmar-Tempel
Banteay Top
Stung Svay Chek
Stung Sreng
Kulen Wildlife
Ta Phraya
Ban Na Ngam
Phum Thma Pok
Chong Kal
Ban Ra Lom Tim
Srei Snam
Banteay Meanchey
Phnom Kulen Nationalpark
Phum Moung
Ang Trapaing Thmor (Vogelschutzgebiet)
Siem Reap
Phum Tnaot
Tempel Banteay Srei
Aranyaprathet
Poipet
Sisophon
Chup
Kok
Phnom Kulen 487
Phum Kob
Kralanh
Banteay Srei
Tbaeng
Svay Leu
Silk Farm
Phum Prey Chruk
Westlicher Baray
Angkor
Lovia
Puok
Beng Mealea
Banteay Neang
Pradak
Kouk Trach
Sampov Lun
Roniem Daun Sam Wildlife Sanctuary
Siem Reap
Rokar Kambot
Roluos
Phum Kouk Kduoch
Khnach Romeas
Phnom Krom
Kompong Phluk
Dam Daek
Mechray
Kouk Thlok Kraon
Wat Phnom Ek
Prek Toal
Chong Kneas
Pechenda
Bavel
Stung Mongkol
Battambang
Schwimmende Dörfer
Daung
Phum Thmei
Kompong Kdey
Phum Ta Krei
Kompong Kleang
Ksach Poy
Tonle Sap
Bung Tonle Chhma
Laan Kirirum (Killing Fields)
Pailin
Ban Puk Kad
Bhsar Prum
Sneung
Prasat Banan
Ompel
Kantoe
Wat Rattanak Saupoan
Pailin
Phnom Yat
Treng
Phnum Thippadei
Stung Don Tri
Moung Roessei
Svay Don Key
Kompong Luong
Battambang
Samlot
Bakan
Pursat
Bo Rai
Phum Tuk Sok
Thmei
Krakor
THAILAND
1551
Phnum Tumbot
Phoumi Angkrong
Phnom Bay Klah & Phnom Hae Pka
Khao Saming
Leach
Phnum Samkok Wildlife Sanctuary
Bamnak
Trat
Phum Pramaoy
Pursat
1717
Phnum Aoral 1813
Veal Veng
Kardamom-gebirge
Aorak Wildlife Sanctuary
Mu Ko Chang Nationalpark
1549
Kampong Speu
Koh Mak
Koh Kong
Amleang
Koh Kut
Hatlek
Koh Kong City (Dong Tong)
Tatai Wasserfall
Aoral District
Pak Klong
Sihanouk Ville
Peam Krasaop Wildlife Sanctuary
Tatai
Anschlusskarte Seite 336

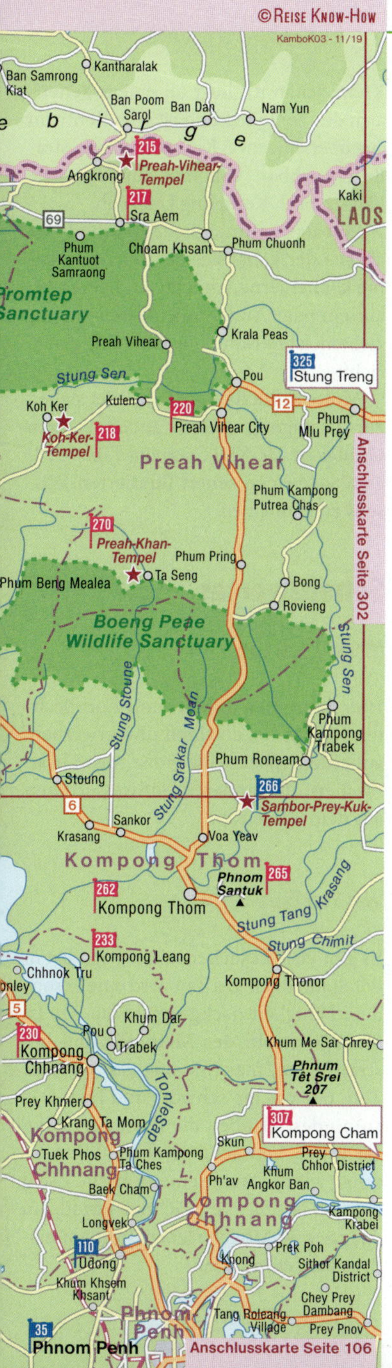

hat die Menschen jedoch gezwungen, sich in besonderer Weise mit der Natur zu arrangieren. Viele Fischer führen mit ihren Familien ein Leben in schwimmenden Dörfern auf Hausbooten, wo selbst die Pagode, die Schule, die Tankstelle und der Supermarkt auf dem Wasser schwimmt. Andere Dörfer am See haben das Problem des ständig schwankenden Wasserstandes dadurch gelöst, dass sie ihre Häuser auf hohe Holzpfähle stellen, die während des höchsten Wasserstandes gänzlich verschwinden, sodass der Hauseingang mit der Oberfläche des Sees abschließt. Wenn das Wasser noch höher steigt, verlassen die Menschen ihre Häuser und ziehen mit ihren Booten zum Ufer. Zwischen den Häusern haben die Bewohner Fischfarmen angelegt.

Eine Fahrt auf dem Tonle Sap verbunden mit dem Besuch eines der schwimmenden Dörfer gehört unbedingt zu einer Kambodschareise. Auch eine Bootstour auf einer der Routen zwischen Siem Reap und Phnom Penh bzw. Battambang vermittelt einen faszinierenden Einblick in den Mikrokosmos am Ufer und auf dem Wasser, den die Menschen hier über Jahrhunderte zum Überleben entwickelt haben. Die Schiffbarkeit wird nicht vom Monsun, sondern vorrangig vom Rückstaueffekt durch den Mekong beeinflusst. Der See ist für größere Boote nur von Juli bis Dezember befahrbar.

Kompong Chhnang

កំពង់ឆ្នាំង

Überblick

Hauptstadt der gleichnamigen Provinz, in der ca. 500.000 Menschen leben. Die Gegend ist für ihre **Korbflechtereien** und vor allem für die **Töpferarbeiten** bekannt. Die Produkte sind im ganzen Land geschätzt und wurden früher mit Ochsenkarren in die Provinzen transportiert. Heute werden die nützlichen Tonöfen und Keramiken von einfachen motorisierten Fahrzeugen auf Anhängern durch Kambodscha gezogen und direkt vom Erzeuger an den Endverbraucher verkauft. Charakteristisch für die Landschaft sind die schlanken **Zuckerpalmen** zwischen den satt-grünen Reisfeldern, aus denen entweder das berauschende *Toek Thnaut* oder brauner Zucker hergestellt werden.

Die Stadt Kompong Chhnang teilt sich in zwei Zentren auf: Der administrative Teil befindet sich an der Hauptstraße mit dem unübersehbaren **Independence Monument,** Parks, den Schulen, dem Markt Psah Loe, Bushaltestellen, Unterkünften und Restaurants. Das zweite Zentrum, der **Hafen** (auch *Psah Krom* genannt), liegt an einem Seitenarm des Tonle Sap und ist vom Zentrum aus über eine zwei Kilometer lange Straße erreichbar. Von hier aus legen die Fähren nach Kompong Leang ab.

Wer das ursprüngliche Kambodscha abseits der kanalisierten Touristenströme kennenlernen möchte und bereit ist, auf ein paar Annehmlichkeiten zu verzichten, ist in Kompong Chhnang genau richtig.

Motorradtaxis und **Tuk Tuks** stehen zur Verfügung. Neben anderen guten **Guides** ist *Mr. Kim Chamong* (Tel. 0978/244784) wegen seines fundierten Wissens zu empfehlen.

[>] Der Wasserbüffel – wichtiges Nutztier bei der Feldarbeit

Sehenswertes

Markt Psah Loe

Hier kann man Töpfer- und Korbflechterarbeiten begutachten und erwerben, außerdem gibt es eine große Auswahl an Fischen und anderen Süßwassertieren aus dem Tonle Sap.

Wat Yea Tap

Es gibt viele besuchenswerte Pagoden in der Stadt, doch Yea Tap wird eine besondere Fähigkeit nachgesagt. *Frau Tap* ist die **Wächterin des Meineids** und bestraft jeden, manchmal sogar mit dem Tod, der vor ihr schwört und lügt. Das zumindest glauben die Besucher, wenn sie unter Verdacht geratene Mitmenschen vor der Statue einen Unschuldseid ablegen lassen. Die prächtige Pagode, in der etwa 30 Mönche leben, liegt auf halbem Weg zum Hafen.

Hafen (Port oder Psah Krom)

Besonders morgens und abends ist der Hafen ein lohnender Platz für jeden, der gerne Menschen einer fremden Kultur in ihrem Alltag beobachtet. Auch hier gibt es einen **Markt.**

Floating Village

Am Hafen können Boote zum Besuch des nahen Floating Village, das überwiegend von Vietnamesen bewohnt wird, für 10 $ die Stunde gemietet werden. Ein spannender Ausflug in einen faszinierenden Mikrokosmos.

Töpferdorf Andong Russay

Bereits seit Generationen werden hier die im ganzen Land bekannten **Tonwaren** gebrannt. Die Einwohner sind überwiegend Farmer, aber in der Trockenzeit stellen sie als zusätzliche Verdienstmöglichkeit vor allem einfache Waren wie Öfen, Behältnisse und kitschige Sparbüchsen in Tierformen wie Frösche, Elefanten und Schweine her. Mit internationaler Hilfe haben sie die Technik beim Brennen immer mehr verfeinert und stellen jetzt auch modernes **glasiertes Geschirr** her. Das Dorf liegt etwa drei Kilometer außerhalb von Kompong Chhnang.

039ka an

Unterkunft

- **Samrongsen Hotel**① (Tel. 026/989011). Großzügige und ruhige Anlage an der Straße zwischen Markt und Hafen. Alle Zimmer sind mit Klimaanlage, TV und Kühlschrank ausgestattet.
- **Sovann Phum Hotel**① (Tel. 026/989333). An der RN 5 ca. 200 m vor dem Independence Monument auf der rechten Straßenseite gelegen. Große, saubere und gut ausgestattete Zimmer. Das **Pama Hotel**① in unmittelbarer Nachbarschaft bietet ähnlichen Standard.
- **Chantha Borin Hotel** (früher Sokha G.H.)① (Tel. 026/988622). 200 m entfernt vom Independence Monument liegt das Guest House in einer kleinen Seitenstraße. Schönes, ruhiges Haus mit Garten und einer engagierten Khmer-Madame, die noch Französisch spricht. Das einfache Frühstück ist nicht im Preis enthalten.
- **Garden Guest House**① (www.garden-guesthouse.com, Tel. 012/550633). Unter Travellern die beliebteste Unterkunft in der Stadt. Einfache und günstige Hütten mit und ohne AC, die in einem üppigen und gepflegten Tropengarten integriert sind. Freundliches und hilfreiches Personal. Bestes westliches Frühstück in der Stadt. Liegt etwa 10 Minuten zu Fuß oder 2 Minuten mit dem Tuk Tuk vom Zentrum entfernt.

Restaurants

Die Stadt ist nicht gerade eine Gourmet- Hochburg.

- Das beste westliche Frühstück wird im **Garden G.H.** serviert.
- Mittags ist die Versorgungslage um den **Markt** herum recht gut – einfach, aber interessant und abwechslungsreich.
- Neben der Haltestelle von *Capitol Tours* gibt es eine große **Bäckerei** *(Heng Chamreun)* mit einer gewaltigen Auswahl an Leckereien, daneben einen Stand, wo traditionelles Baguette mit Wurst, Fleisch und Gemüse verkauft wird.
- Angenehme Atmosphäre im Zentrum im **Vann Sokleap** mit seiner Hütte unter Mangobäumen.
- Am beliebtesten unter den Einheimischen ist das **Angkor Thmei** etwa 2 km außerhalb der Stadt Richtung Phnom Penh.
- Direkt im Zentrum liegen die beiden volkstümlichen Restaurants **Ta Barang** und **Sok San,** die aber auch schon mal um 18.00 Uhr schließen, wenn nicht genügend Gäste kommen.

Alle anderen genannten Restaurants befinden sich im Umkreis von 500 m um das **Independence Monument** in der Mitte der Stadt.

Geld

- Die **Acleda** und die **Canadian Bank** haben eine Filiale in der Stadt und ATM's für alle gängigen Kreditkarten.

Anreise und Weiterreise

- **Entfernungen in Straßenkilometern:**

Phnom Penh	92
Pursat	89
Battambang	194
Siem Reap	375

Taxi

100 Meter nördlich vom Markt an der *Sokimex*-Tankstelle liegt der Sammelplatz für Taxis. Nach Phnom Penh 3–4 $, ca. 1½ Std.; nach Pursat 2,50 $; ca. 1 Std.

Bus

Alle Busse, die von Battambang nach Phnom Penh fahren, halten zwischen 10.00 und 18.00 Uhr an ihren Haltestellen (Büros) an der Hauptstraße und sammeln Passagiere nach Phnom Penh für 5 $ ein. Die Busse sind allerdings oft voll, sodass auf Sammeltaxis zurückgegriffen werden muss. Fahrt nach Battambang: 6 $.

Ausflüge

Ein lohneswertes Erlebnis ist eine Bootsfahrt auf die andere Seite des Tonle-Sap-Flusses nach **Kompong Leang.** Das Passagierboot verkehrt 6-mal täglich vom Hafen aus. Die halbstündige Fahrt kostet nur rund 1500 Riel. Am Bootsanleger in Kompong Leang warten hilfsbereite Mopedtaxifahrer, die sich über die wenigen Ausländer, die hierher kommen, freuen und gerne ihre Fahrdienste für 10 $ anbieten. Allerdings spricht niemand von ihnen Englisch. Guides mit guten Englisch- und Ortskenntnissen, die auch Erklärungen geben können, gibt es nur in Kompong Chhnang (25 $).

Der ca. 45 km lange **Rundweg** führt durch eine sehr ländliche Gegend mit ursprünglichen Dörfern und Ziegeltürmen aus der Vorangkorzeit. Von der Straße aus sind sie nicht zu sehen, doch die Fahrer kennen sie.

Die Ziegeltürme wurden um das 8. Jahrhundert erbaut. Auf der Runde entgegen dem Uhrzeigersinn steht zuerst **Prasat Thnom Paday,** zwei unscheinbare Türme, nicht weit davon entfernt der mächtige und einstmal filigran verzierte **Prasat Srey** neben einer kleinen Pagode. Der noch gut erhaltene Turm **Sor Gklo** liegt abseits in einem kleinen Wäldchen in den Reisfeldern. **Prasat Bun Nariay** liegt auf einem Hügel, der über eine Treppe bestiegen werden kann. Netter Ausblick, das Heiligtum ist allerdings einsturzgefährdet.

Zwischen der Tempelbesichtigung bleibt noch genug Zeit, um an den Miniverkaufsständen an der Straße anzuhalten und kleine Köstlichkeiten zu probieren, die dort angeboten werden, bevor das letzte Boot um 17.30 Uhr zurück nach Kampong Chhnang fährt.

Chinese Airport (Prolian Chian)

Ein weiterer Ausflug der etwas skurrilen Art führt etwa 8 km außerhalb von Kompong Chhnang zu einem **Flughafen,** der während der Zeit der Roten Khmer von den Chinesen erbaut, aber nie in Betrieb genommen wurde. Der Sinn dieses Großprojektes erschließt sich einem aber kaum, da Kambodscha währen dieser Zeit international total abgeschottet war und lediglich ein Flugzeug am Tag zwischen Phnom Penh und Bejing verkehrte. Zwischen Karsthügeln und Reisfeldern wurde eine perfekte Start- und Landebahn gebaut, auf der man mit dem Moped „Flugzeug" spielen kann. Die Anlage wird zwar von Uniformierten bewacht, die Besucher aber für ein kleines Trinkgeld gern auf die Piste lassen.

Ausflugsvorschläge

- **½ Tag:** Chinesischer Flughafen und Töpferdorf.
- **Ganzer Tag:** Wat Yea Tap, Kompong Leang, Floating Village.

Pursat

ពោធិ៍សាត់

Pursat Provinz

Pursat (450.000 Einwohner) erstreckt sich von den Ufern des Tonle Sap bis zur thailändischen Grenze. Trotz der bizarren Lebensräume am größten Binnensee Südostasiens und der einzigartigen Fauna und Flora in den Kardamom-Bergen sowie dem Nationalpark Phnom Santok nutzen bisher nur wenige Reisende dieses Potenzial, obwohl das touristisch interessante schwimmende Dorf **Kompong Luong** leicht erreichbar und die Überquerung des **Kardamom-Gebirges** mit dem Motorrad ein echtes Abenteuer ist. Ebenfalls zu empfehlen ist eine Übernachtung im sympathischen Dorf **Osoam** (s.u.) auf einer Hochebene. Die Böden in der Provinz sind fruchtbar und dementsprechend vielfältig die landwirtschaftlichen Produkte. Die einst berühmte **Pursat-Orange** wird jedoch immer mehr von Mangoplantagen verdrängt.

Pursat Stadt

Die etwa 100.000 Einwohner zählende Stadt liegt an dem idyllischen **Pursat Fluss** *(Stoeng Pursat)* und an der verkehrsreichen RN 5, zwischen Battambang und Phnom Penh. Bis auf ihren provinziellen Charme, den man aber nur abseits der Hauptstraße findet, ist der Ort selbst nur von geringem touristischem Interesse.

Sehenswertes

Das einzig wirklich Sehenswerte in der Stadt ist der **Inselpark Koh Sampov Meas** im Pursat Fluss im Zentrum der Stadt. Einer Legende nach soll dort einst ein großes Schiff auf Grund gelaufen sein. Trotz des unermüdlichen Einsatzes hunderter Einheimischer, konnte es nicht mehr in Fahrt gebracht werden. Über die Jahrhunderte wuchs es immer mehr ein und entwickelte sich mehr und mehr zu einer Insel. Vor einigen Jahren wurden diese Insel kahl geschlagen und mit einer Betonplattform in Form eines großen Schiffes überzogen und darauf wiederum ein moderner Freitzeitpark errichtet. Regelmäßig zwischen 17.00 und 20.00 Uhr wird der bei de Bevölkerung sehr beliebte Park von zahllosen Khmer aller Altersgruppen besucht, die sich hier zum Entspannen und Sporttreiben treffen.

Unterkunft

■ **Pursat Century Hotel**① (Tel. 015/350278). Größtes Hotel der Stadt, an der RN 5 gelegen. Mit seiner gewaltigen Lobby voll mit hässlichen und unpraktischen Holzmöbeln, spricht es vor allem asiatische Gäste an. Khmer Standard Hotelzimmer. Mit Restaurant.

■ **Hotel Than Sour Thmey**① (Tel. 052/6900062). Klassisches Khmer Standard Hotel. Nicht gerade gemütlich, aber praktisch und sauber. Mit Fan oder AC. WiFi. Restaurant. Nahe der Hauptstraße auf der Nordseite des Flusses.

■ **Hotel Phnom Pich**① (Tel. 052/951515). Großes Hotel mit sauberen Zimmern, freundlichem Management und eigenem Restaurant. Wahlweise mit Fan oder AC, WiFi. 1. Straße zwischen Brücke und Markt.

■ **Norkor Chum G.H.**① (Tel. 052/5348666). Beste Unterkunft in Pursat. Neues Hotel, saubere Zimmer, ruhige Lage in einer Seitengasse und nicht so viel kitschige, unnütze Holzmöbel. Mit Fan oder AC. An der Brücke.

Restaurants

Da viele Reisebusse in Pursat Mittag machen, gibt es entlang der Hauptstraße viele große Schnellimbiss-Restaurants.

■ Die Restaurants in den beiden **Hotels Than Sour Thmey** und **Phnom Pich** haben zwar nicht unbedingt viel Stil, aber das Essen ist gut und günstig. Westliches Frühstück wird angeboten!

■ **Community Villa Restaurant.** Wird von einer NGO für Waisenkinder betrieben. Freundlich und günstig. Khmerküche. An der RN 5 Richtung Phnom Penh.

■ **Tim's Burger.** Kleines Restaurant an der Flussuferstraße ca. 1 km hinter dem Markt. Einzige Abwechslung zur Khmer/Chinesischen Kost. Gibt's dort aber auch.

■ **Borei Thmei.** Beliebtes einheimischen Restaurant, das vor allem abends gut besucht ist. Angenehme Atmosphäre in einem netten Garten und freundlicher Bedienung. Speisen um 3–4 $. Liegt an der RN 5 Richtung Phmom Penh.

■ **Lam Siv Eng.** Alteingesessenes Restaurant mit gutem Preis/Leistungsverhältnis. Speisen um 2–3 $. An der RN 5 zwischen Brücke und Bahnhof.

Geld

■ Die beiden großen Banken **Acleda** und **Canadia** stehen direkt nebeneinander an der RN 5 Richtung Battambang. Gute Wechselkurse und ATMs, die alle gängigen Kreditkarten akzeptieren. Kernöffnungszeiten Mo–Fr 8.30–15.30 Uhr und Samstag 8.00–12.00 Uhr. Einen guten Dollar/Rielkurs gibt es an den Ständen am Markt.

Anreise und Weiterreise

Bus

■ **Entfernungen in Straßenkilometern:**

Battambang	105
Phnom Penh	187
Siem Reap	280

■ **Pursat** liegt an der Hauptverkehrsachse von Phnom Penh über Battambang, Sisophon nach Poipet, die täglich von vielen **Bussen** bedient wird. Alle Busgesellschaften haben Haltestellen und Büros, die sich entlang der Hauptstraße RN 5 aufreihen.

Pursat – Phnom Penh: 5 $, 3½ Std.
Pursat – Battambang: 3 $, 2 Std.
Pursat – Sisophon: 5 $, 3 Std.
Pursat – Poipet: 5 $, 4 Std.
Pursat – Osoam (Kardamom-Gebirge): 10 $, 4 Std., nur Sammeltaxi.

Zug

Laut Fahrplan der **Royal Cambodian Railways** fahren jeden zweiten Tag Züge nach Phnom Penh und über Battambang nach Poipet. Darauf sollte man sich momentan aber noch nicht verlassen, denn diese Verbindung existiert erst seit 2018 und wird sicherlich noch an das Passagieraufkommen angepasst. Tickets am besten am Bahnhof kaufen und die aktuellen Abfahrtszeiten erfragen.

– Abfahrt in Richtung **Poipet:** 13.10 Uhr
– Abfahrt in Richtung **Phnom Penh:** 14.40 Uhr.

Umgebung

Floating Village – Kompong Luong

Unbedingt empfehlenswert ist der Besuch dieses vom Massentourismus noch verschonten **schwimmenden Dorfes** mit seinem einzigartigen Mikrokosmos. Über Jahrhunderte hat sich das Leben der Menschen an den ständig wechselnden Wasserstand angepasst. Sie leben auf Hausbooten, die Schule, die Pagode, eine Kirche und sogar die Tankstelle schwimmen auf dem Wasser. Marktfrauen rudern auf kleinen Kähnen von Boot zu Boot und verkaufen ihre Waren, Schulkinder paddeln zum Unterricht und Dreikäsehochs am Steuer der Motorboote ernten oft ermahnende Blicke der Erwachsenen, wenn sie wieder mit zu viel Speed durch die engen Wassergassen schießen. Nicht nur Khmer, sondern auch Moslems und Vietnamesen, die sogar ihre eigene Schule haben, leben in Kompong Loung friedlich zusammen.

Eine Stunde Rundfahrt kostet je nach Personenzahl zwischen 7 und 10 $. **Übernachtungen** sind auf dem Boot Pu Yang (mit Restaurant) für $ 6 möglich. Sie werden als Homestay angepriesen, aber es entspricht eher einem G.H. Alles sehr einfach, kaum Englisch, aber schön. Wer lieber komfortabler übernachtet, dem sei das Hotel Nr. 59 im 5 km entfernten Krakor empfohlen.

■ **Anreise:** Entweder von Pursat aus als Tagesausflug (37 km/einfache Strecke), mit Tuk Tuk (20 $) oder Taxi (35 $). Günstiger ist es, gleich in Kralor, das an der RN 5 zwischen Battambang und Phnom Penh liegt, auszusteigen und mit Motodup oder Tuk Tuk die 5 km (1–2 $) zum Floating Village zu fahren.

Cardamom Mountain Crossing

Die knapp 300 km lange Strecke zwischen Pursat und Koh Kong ist eine der **interessantesten alternativen Rundreiseoptionen durch Kambodscha,** die wegen der abenteuerlichen Straßenverhätnisse und rarer öffentlicher Verkehrsmittel bisher kaum auf dem Plan der Traveller stand. Ausgenommen sind vielleicht Motorradfahrer, die solche Off-Road-Bedingungen feiern, die jedoch in der Regenzeit auch schnell zum Alptraum werden können. Ein oder zwei Übernachtungen sollten in dem sympathischen **Dorf Osoam,** auf der Hochebene, eingeplant werden.

Von Pursat ist die Straße nach **Pramoy** (125 km) breit ausgebaut. Dort zweigt ein verwegener Feldweg ab, der sich wie ein Rollercoaster durch den Urwald schlängelt und nach 53 km Osoam erreicht (tägl. etwa 2–3 Sammeltaxis, 10 $, 4 Std.). Der Weg nach **Koh Kong** (115 km), an der Küste entlang, ist weniger extrem, aber es fährt höchstens einmal am Tag ein Sammeltaxi. Nur sehr wenige Passagiere (20–40 $, 4 Std.). Die gesamte Strecke ist landschaftlich sehr lohnend.

Osoam ist ein Dorf auf knapp 500 m Seehöhe auf einem Hochplateau in den Kardamom-Bergen. Bis vor wenigen Jahren lebten dort nur Einwohner der *Dschong*-Minorität und trieben Handel mit den Khmer. Seit die Chinesen die Region im Rahmen der Errichtung der Wasserkraftwerke mit der oben erwähnten Straße leichter erreichbar machten, siedeln hier immer mehr **Khmer** an, um Landwirtschaft zu betreiben. Die Folge ist jedoch, dass für die Gewinnung von Ackerboden bedeutend mehr Urwald gerodet wird als für Wasserkraftwerke.

Nicht weit vom Dorf, auf dem alten Siedlungsgebiet der *Dschong,* wurden Exemplare des **Siamesischen Krokodils,** das schon als ausgestorben galt, gefunden. Aus spirituellen Gründen wurden sie von den Ureinwohnern nicht gejagt.

In Osoam gibt es ein **Restaurant** und zwei einfache **G.H.s.** Die treibende touristische Kraft ist jedoch das **Osoam Base Eco Tourism Center** des engagierten *Mr. Lim.* Er spricht sehr gut Englisch, bietet einfache, aber saubere Zimmer und organisiert Ausflüge in die Umgebung. Abends essen alle Besucher zusammen mit der Famile. *Mr. Lim's* Projekt steckt noch in den Kinderschuhen, aber er hat viele Ideen und freut sich sowohl über Volontäre, die ihn bei seiner Arbeit unterstützen, als auch über Gäste, die er herzlich bewirtet und über die er sein Schulprojekt finanziert.

■ **Osoam Base Eco Tourism Center,** limnationalpark@gmail.com; Tel. 016/309075; Facebook: Lim Nuon (Osoam).

Battambang

(Sprich: Badtambong)

បាត់ដំបង

Überblick

Battambang hat etwa 300.000 Einwohner und ist die Hauptstadt der gleichnamigen Provinz. Offiziell ist sie die zweitgrößte Stadt des Landes, aber sehr wahrscheinlich hat Siem Reap mittlerweile mehr Einwohner. Sie liegt am Fluss Sangker, der die Stadt in zwei Hälften teilt; einen westlichen Teil mit Altstadt, Markt, Busbahnhof, der Zirkusschule und den meisten Restaurants sowie einen östlichen Teil, in dem sich Wohngebiete, der Park „Garden of Sar Kheng“ und der stillgelegte Flughafen befinden. Am Ufer des Sankerflusses ziehen sich breite Promenaden mit netten Restaurants und gewaltigen Hotelburgen entlang.

Die Böden in der Provinz, der **„Reisschüssel“ des Landes,** gehören zu den besten und fruchtbarsten in Kambodscha. Deshalb erfreuen sich die landwirtschaftlichen Produkte dieser Region, vor allem Reis und Orangen, in Phnom Penh großer Nachfrage.

Lange Zeit führte Battambang touristisch gesehen ein Schattendasein. Doch jetzt zieht es immer mehr Reisende in diese beschauliche Stadt, die ihren provinziellen Charme, was vor allem für die Altstadt zutrifft, bewahrt hat und mit vielen beeindruckenden Ausflugszielen und Aktivitäten aufwarten kann.

Ein sehr lohnendes Buch für jeden interessierten Reisenden mit Englischkenntnissen ist **Battambang during the time of the Lord Governor.** Es beschreibt das Leben in der Stadt im 19. Jahrhundert. Die Ausführungen über Sitten, Berufe, Wirtschaft und Zeremonien lassen sich auch auf den Rest des Landes übertragen und helfen viele Dinge, die man in der Provinz noch heute zu sehen bekommt, besser zu verstehen. Erhältlich ist es in den Bookshops der großen Städte.

Sehenswertes

Da Tambong

Im Süden der Stadt, an der RN 5 Richtung Phnom Penh, steht am Kreisverkehr eine goldene, alles überragende Fi-

fotolia ©Digitalpress

gur, die einen Stab in beiden Händen hält. Ihr Name ist *Da Tambong* (Großvater mit dem Stab). Nach ihm wurde die Provinz Battambang benannt.

⌃ Da Tambong begrüßt den Gast

Zentralmarkt (Psah Nath)

Der Markt bildet das Zentrum Battambangs. Besonders beachtenswert ist die breite Palette von Obst und Gemüse dieser fruchtbaren Region. Die Orangen sollen die süßesten im ganzen Land sein. Besonders lohnend ist der Besuch bereits früh am Morgen.

Wat Piphit

Die 1993 prächtig renovierte, palmenumsäumte Pagode liegt im Herzen der Stadt, 100 Meter nördlich vom Markt. Sie soll 1888 gegründet worden sein, besitzt eine Palischule und bietet über 100 Mönchen Unterkunft. Am Nordeingang stehen vier Figuren, die fast drei Meter hoch sind und Wächter darstellen. Nach den Erzählungen der Einheimischen handelt es sich dabei um die Kinder der zwei Riesen, die am Südeingang stehen. Diese zwei Statuen sehen mit ihren spitzen Stoßzähnen und gigantischen Keulen besonders gefährlich aus.

Museum

Interessantes Museum, in dem Exponate aus Tempeln und Fundstücke aus der Angkorperiode ausgestellt sind, die in Battambang und den angrenzenden Provinzen gefunden wurden. Montag bis Freitag 8.00–11.00 und 14.00–17.00 Uhr geöffnet, Eintritt 1 $. Liegt in der 1. Straße neben dem Polizei-Hauptquatier, Tel. 092/914688.

Zirkus Phare Ponleu Selpak

Ca. 3 km außerhalb des Zentrums auf dem Weg nach Sisophon liegt in einer Seitenstraße eine Kunstschule, die jungen Leuten Training in Zirkuskunst, Musik und Malerei anbietet. Sie wurde bereits 1994 von ehemaligen Flüchtlingen, die aus den Camps in Thailand zurück nach Kambodscha kamen, hier in Battambang gegründet. Die Schule ist eine lokale NGO mit vielen internationalen Kontakten, wird aber vor allem von französischen Institutionen und Künstlern unterstützt. An die 800 Kinder und Jugendliche sind in die Programme involviert. Aushängeschild sind die hinreißenden Zirkusvorführungen, die mit großen artistischen Leistungen sowie viel Witz und Selbstironie dargeboten werden – unterhaltsamer als jeder Apsara Tanz. Aufführungen mehrmals wöchentlich (Beginn 19.00 Uhr, Eintritt 14 $). Geführte Touren werden tagsüber während des Trainings für 5 $ angeboten. Tickets können an vielen Verkaufsständen in der Stadt, an der Abendkasse ab 18.00 Uhr und unter reservations@phareps.org erworben werden. Auch in Siem Reap gibt es unter dem verkürzten Namen „Phare" Vorführungen. www.phareps.org; Tel. 077/554413.

Garden of Sar Kheng

Dieser Park auf der Ostseite des Sangker wäre keine Erwähnung wert, würden dort nicht morgens und abends öffentliche **Aerobic Veranstaltungen** zum Mitmachen stattfinden. Ausgerüstet mit einem mobilen Soundsystem, animieren kambodschanische John Travoltas ihr überwiegend weibliches Publikum zu choreografischen Höchstleistungen.

Altstadt

Der wohl wichtigste Grund für den hohen Sympathiewert der Stadt bei vielen Reisenden ist die charmante Altstadt mit ihren gut erhaltenen **Kolonialbauten** aus dem 19. und 20. Jahrhundert. In den kleinen Gassen und an der Uferstraße

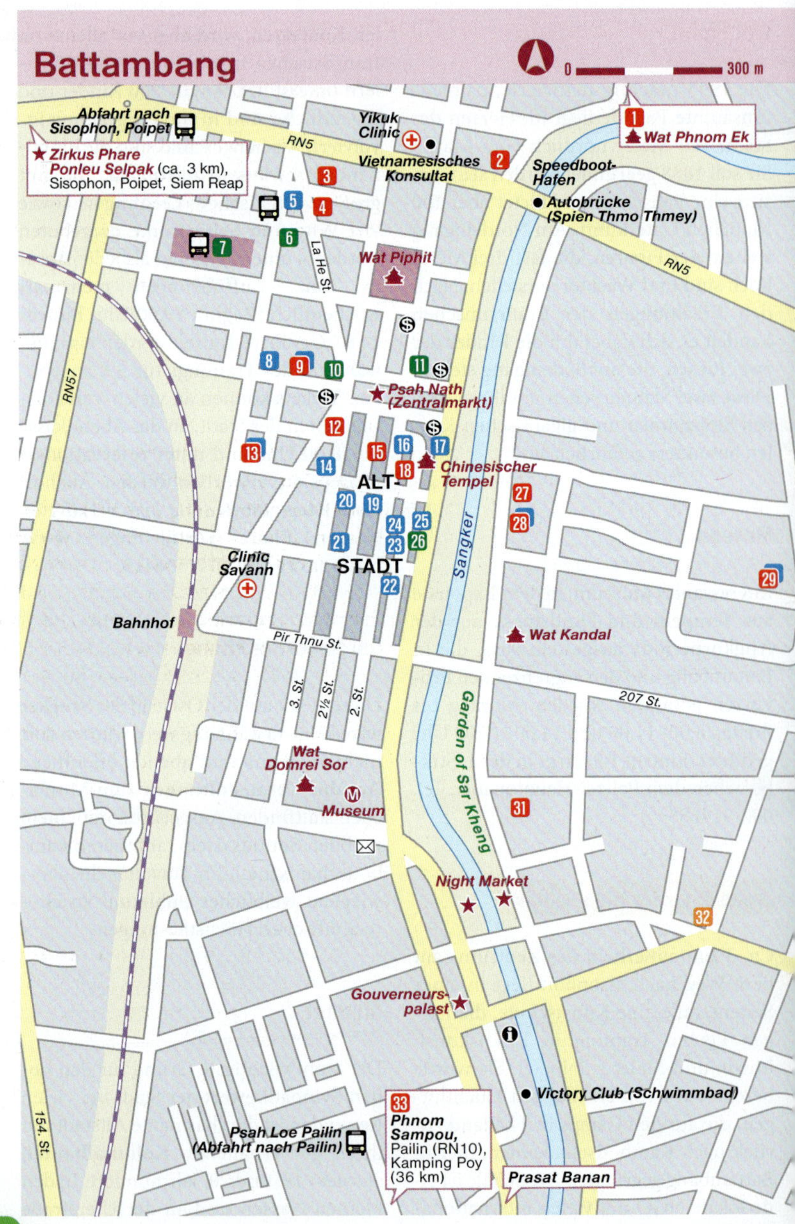
Battambang
0 300 m
Abfahrt nach Sisophon, Poipet
Zirkus Phare Ponleu Selpak (ca. 3 km), Sisophon, Poipet, Siem Reap
RN5
Yikuk Clinic
Vietnamesisches Konsultat
Speedboot-Hafen
Autobrücke (Spien Thmo Thmey)
Wat Phnom Ek
La He St.
Wat Piphit
RN57
Psah Nath (Zentralmarkt)
Chinesischer Tempel
ALT-STADT
Sangker
Clinic Savann
Bahnhof
Pir Thnu St.
Wat Kandal
207 St.
3. St.
2½ St.
2. St.
Garden of Sar Kheng
Wat Domrei Sor
Museum
Night Market
Gouverneurs-palast
Victory Club (Schwimmbad)
Psah Loe Pailin (Abfahrt nach Pailin)
Phnom Sampou, Pailin (RN10), Kamping Poy (36 km)
Prasat Banan
154. St.

entstehen immer mehr hübsche Restaurants, gemütliche Hostels, Kunstgalerien und Souvenirshops. Inspiriert von der Begeisterung der Touristen schwebt dem Gouverneur sogar vor, eine **verkehrsfreie Zone** und eine **Pubstreet** nach dem Vorbild von Siem Reap einzurichten, auch wenn die Besucherzahlen in keiner Weise zu vergleichen sind. Die Altstadt liegt südlich vom Nath-Markt und westlich vom Sangker-Fluss.

Nachtleben

Das Zentrum des Nachtlebens ist der moderne 32 **Sky Nightclub** im Süden der Stadt (ca. 2 km von der Altstadt). Bei internationalem und Khmer-Hip-Hop, Techno und Ska trifft sich hier die wohlhabende Jugend, aber auch die **Gay- und Transvestiten-Szene** der Stadt. Ansonsten ist das Nachtleben eher bescheiden.

Orientierung

In Battambang sind die von Nord nach Süd verlaufenden Straßen vom Fluss aus gezählt nummeriert, kurioserweise gibt es eine Straße 2½. In diesem Buch wird die Nummerierung zur Orientierung in Text und Karte verwendet, sie hat jedoch in Battambang selbst nur als Postanschrift Bedeutung. Die Orientierung erfolgt anhand von markanten Gebäuden.

Adressen

■ **Information.** Das Tourist Office liegt gegenüber dem Gouverneurspalast. Doch haben die Tuk Tuk Fahrer, die vor einem der G.Hs. auf Touristen warten, bessere und aktuellere Infos parat. In dem durch Werbung finanzierten und halbjährlich aktualisierten Heft *Battambang Buzz,* das in vielen Restaurants und Unterkünften kostenlos ausliegt, lassen sich jede Menge Anregungen und Infos bekommen. Auch der *Angkor Visitor Guide* hat einige Seiten aktuelle Infos über Battambang (siehe auch www.canbypublications.com).

■ **Geld.** Die Wechselstuben an der Nordseite des Psah Nath (Zentralmarkt), besonders die Nr. 73, haben die besten Wechselkurse (Euro/Dollar, Dollar/Riel). Die *ANZ Royal* und die *Canadia Bank* (Westseite am Psah Nath) haben 24 Std.-ATM für alle gängigen Kreditkarten. Geöffnet Mo–Fr 8.00–15.30 Uhr.

■ **Post.** In der 1. Straße zwischen Fußgängerbrücke und Autobrücke. Einigermaßen zuverlässig doch schneller geht's von Phnom Penh oder Siem Reap.

■ **Souvenirs.** *Gecko Souvenirs* (neben *The Kitchen*), 1. Straße.

■ **Bäckerei.** Einige gute Bäckereinen im Zentrum in der 3. Straße. Sehr gut ist die Bäckerei *Luchtont* in der 2. Straße.

■ **Schwimmbad.** Die Pools in den Hotels sind verhältnismäßig klein, lassen aber auch Tagesgäste für meist 5–10 $ herumplantschen. Über größere Pools verfügen *Delux Villa* und *Classy Hotel.* Auch die Hostels *Lucky* und *Blue Diamond* haben Pools, die aber eher zum Chillen als zum Schwimmen geeignet sind.

■ **Khmer Kochkurse.** Gemeinsames Einkaufen am Markt, gemeinsam Kochen und zusammen Essen – ein nettes Konzept, das mehrere Restaurants anbieten. Besonders familiär ist es bei *Mr. Bath,* dem Tuk Tuk Fahrer, bei dem zu Hause gekocht wird und die ganze Familie integriert ist. Seine „cooking class" beginnt um 16.00 Uhr mit Einkaufen am Markt und kostet 10 $. Er inseriert am *Royal Hotel* oder ist unter Tel. 012/639350 bzw. sam bath_9@yahoo.com zu erreichen.

10 **Lebensmittel.** *Chea Neang Drink Shop* (an der westliche Seite vom Markt) Müsli, Milch, Käse, Wein, Toilettenartikel u.v.m. Hält schon seit Langem die Stellung des bestsortiertesten Minimarkts der Stadt. Zu empfehlen ist auch der *Family Mart* gegenüber *Hotel Asia* und der *Lucky Supermarkt.*

■ **Mopedverleih.** *Gecko Moto,* auf der 1. Straße neben „The Kitchen", vermietet Mopeds für 7 $ pro Tag. Die meisten G.Hs. verleihen ebenfalls Mopeds zu ähnlichen Preisen.

■ **Fahrräder** werden für 1–2 $ in den G.Hs. wie im *Royal* vermietet, wo auch Touren angeboten werden. Halbwegs vernünftige Mountain Bikes (5 $/Tag) gibt es bei *Soksa Bike* (www.soksabike.com, Tel. 012/542019) in der 1½. Straße Nähe Psah Nath. Geboten werden tägliche Rundtouren für 25 $. Infos zu den Ausflügen auch im netten *Jaan Bai Restaurant* nebenan.

■ **Krankenhäuser.** Im Krankheitsfall oder bei schweren Verletzungen bieten die Kliniken **Yi Kuk,** gegenüber Hotel Asia und etwas zuverlässiger **Clinic Sovann,** in der Nähe vom Bahnhof, akzeptable Versorgung.

Stadtverkehr

■ **Mopedtaxis** (Motodup) und Tuk Tuks beherrschen auch hier den Stadtverkehr und bieten Ausflüge an. Stadtfahrten mit dem Motodup kosten 2000 Riel, mit dem Tuk Tuk 1 $.

Für **Tagesausflüge zu den Sehenswürdigkeiten** verlangt ein gut Englisch sprechender Fahrer für ein Tuk Tuk, egal ob ein oder zwei Personen, zwischen 12 und 25 $. Entscheidend ist die Entfernung. Motorradtaxis sind etwas billiger und schneller. Tuk Tuks finden sich vor allem vor den beiden Traveller Hotels, dem *Royal* und *Chhaya.* Zu den erfahrensten Guides gehören *Mr. Bat* und *Mr. Tin,* die auch gerne gute Kollegen weiterempfehlen. Sie sind meistens vor dem Royal anzutreffen.

■ **Taxi.** Nicht üblich innerhalb des Stadtzentrums von Battambang. Bei Bedarf an die Rezeption des Hotels wenden.

Unterkunft

Battambang ist bekannt für sein Überangebot an Zimmern in der mittleren Preislage. Dadurch sind die Preise im Landesvergleich auch sehr niedrig. Schön ausgestattete Zimmer mit AC für 12 $ sind Standard. Plätze in einem Dorm gibt es schon ab 3 $. Alle Unterkünfte haben auch hier WiFi. In den Mittelklasse und Luxushotels kann mit Kreditkarte bezahlt werden.

Hotels und Guesthouses

28 **La Villa**③-④ (Tel. 053/730151, www.lavilla-battambang.net). Mit das Feinste, was Battambang zu bieten hat. Alte Kolonialvilla aus dem Jahr 1930 mit Garten und Swimmingpool am Fluss, die aufwendig und stilvoll bis ins letzte Detail renoviert und eingerichtet wurde. Zimmerpreise inkl. Frühstück. Auch sehr gutes 28 **Restaurant.**

29 **Bambu Hotel**③-④ (Tel. 053/953900, www.bambuhotel.com). Edle Villa und Bungalows im Kolonialstil gebaut mit Inneneinrichtung im Stil der 1960er Jahre. In der Mitte ein gepflegter Pool mit Bar und 29 **Restaurant.** Preise saisonabhängig und inkl. Frühstück.

■ Ebenfalls im Resortstil mit Bungalows und kleinem Schwimmbad sind das 30 **Phka Villa Hotel** ②-③ (neben *Bambu*) und die am Stadtrand liegenden Resorts 1 **Sanctuary Villa**③-④, www.sanctuarybattambang.com sowie das unter frz. Management betriebene 33 **Au Cabaret Vert** ②-③ (Tel. 053/6562000, www.aucabaretvert.fr).

2 **Stung Sangke Hotel**②-④ (Tel. 053/953495, www.stungsangkehotel.com). Großer Hotelkomplex, der sich mit 3 Sternen schmücken darf. Zentrale Lage mit einfachem Pool und Frühstücksbuffett, das im Preis mit eingeschlossen ist. An der RN 5 in der Nähe des Flusses gelegen.

Streetart in Battambang

053ka an

27 **Sovanna Phum Hotel**①, sovannaphumhotel.com; Tel. 053/900977. Einer der kleineren Hotelkomplexe an der ostseitigen Uferpromenade. Es ist modern und nicht mit den hässlichen Tropenholzmöbeln ausgestattet. Geniales Preis-/Leistungsverhältnis. Ab 16 $ gibt es hochwertige Zimmer.

9 **Royal Hotel**①-② (www.royalhotelbattambang.com). Seit Jahrzehnten eine Traveller-Institution in Battambang mit altem Hotelflair. Große Auswahl an geräumigen, aber zum Teil schon etwas abgewohnten Zimmern für jeden Geldbeutel. Dachterrasse mit schönem Ausblick und kleinem 9 **Restaurant** mit westl. Frühstück und günstigen Preisen. Die Rezeption ist auf die Bedürfnisse der Traveller eingestellt und organisiert Ausflüge, Taxis, Leihmopeds, Tickets für Bus und Boot, Laundry Service etc. Sehr zentral gelegen, 100 m westlich vom Psah Nath (Zentralmarkt) entfernt.

12 **Chhaya Hotel**① (Tel. 012/733204). Auch dieses große G.H. im Zentrum ist eine etablierte Traveller-Hochburg, wo sich das Management auf die Wünsche und Bedürfnisse von Rucksackreisenden eingestellt hat. Große, saubere Zimmer, Dachterrasse, etc. Liegt nahe dem Psah Nath in der 3. Straße.

4 **Capital Battambang Hotel**① Tel. 053/953 041. Günstiges und sehr sauberes Khmer Standard Hotel mit unterschiedlich großen AC Zimmern und freundlichem Personal. Zentral, aber im weniger touristischen Stadtteil, nördlich des Marktes Psah Nath gelegen. Gehört zu der Busgesellschaft *Capital Tours.*

13 **Tomato G.H.**① (Tel. 089/557696). Freundliche, familiäre Unterkunft mit nur wenigen Zimmern und sehr günstigen Preisen. Zimmer mit Bad/WC, mit/ohne AC. Schöne Dachterrasse und 13 **Restaurant** mit Traveller Food und preiswertem Bier. Zentrale Lage nahe der 3. Str. hinter *Hotel Lux.*

31 **Here be Dragons**① (www.herebedragonsbattambang.com). Schon lange eines der beliebtesten Hostels der Stadt. Kein Luxus, aber dafür entspannte Atmosphäre und eine kommunikative Chillout-Lounge mit Bar und gutem Traveller Food. Beliebt sind die Yogaangebote. Ideal für Singlereisende. Dorms und private Zimmer.

15 **Pomme**①. Kleines, familiäres Hostel mit individuellem Design und wenigen Zimmern mit Fan (leider etwas hellhörig). Sehr gemütlicher Lobbybereich. Ideale Lage in den kleinen Gassen der Altstadt. U.a. buchbar über Hostelworld.

18 In der idyllischen Altstadt bietet noch das **Ganesha**① eine ideal gelegene Bleibe mit verschiedenen Zimmerkategorien an, mit Fahrrad- und Mopedverleih. Tel. 092/135570; buchbar über Hostelworld und Booking.com.

■ **Family Homestay**①. *Mr. Baht,* ein Guide der ersten Stunde in Battambang, bietet drei Zimmer mit AC und zwei Dorms bei sich zu Hause an. Wer möchte, kann mit der Familie zu Abend essen oder an der Cooking Class teilnehmen. Das Haus liegt in einer Seitengasse an der RN 5 Richtung Siem Reap und ist schwer zu finden. Besser *Mr. Bath* anrufen: Tel. 012/639350 oder sambath_9@yahoo.com.

Essen und Trinken

28 **La Villa** (im gleichnamigen Hotel). Eines der besten westlichen Restaurants im Garten oder wahlweise im AC-Gebäude einer hübsch renovierten Kolonialvilla. Feinste westliche und asiatische Küche mit großer Auswahl an Weinen.

23 **White Rose** *(Kolap Sar Coffee Shop).* Sehr beliebt bei Travellern wegen der großen Auswahl an günstigen Khmer-Speisen, Sandwiches und Fruitshakes. In der Nachbarschaft sind ähnliche Restaurants eröffnet worden, die das Erfolgsrezept kopieren. Liegt in der 2. Straße, und jeder kennt es.

19 **Khmer Delight.** Hübsch eingerichtetes Restaurant in einem alten Kolonialhaus, das sowohl gute westliche Küche als auch kambodschanische Spezialitäten anbietet. Ausgesprochen liebenswürdiger Service. Auf der 2. Straße, ca. 100 m südlich vom Markt.

8 **Sunrise Coffeehouse.** Schönes, erschwingliches Café/Restaurant. Großartiges Frühstück mit

053ka an

starkem Kaffee, großer Auswahl an Tee, Früchtemüsli, selbst gebackenem Brot und Zimtschnecken. Die Hühner-Enchiladas sind ein Highlight. Ab 6.00 Uhr geöffnet. Selbe Straße wie *Royal Hotel*.

16 **Jaan Bai.** Hervorragendes Essen – daher immer gut besucht. Eines der beliebtesten Restaurants der Stadt. Der Besitzer hat sich auch um Ausbildung von kambodschanischen Jugendlichen mit schwierigem sozialem Background verdient macht. Kleine Speisekarte, aber dafür nur frische asiatische Gerichte, die sich nach den Jahreszeiten richten. Nette und freundliche Atmosphäre. Hauptspeisen 5–8 $. Liegt in der 1½. Straße nahe dem Psah Nath und ist an den genialen Graffities erkennbar.

17 **The Kitchen.** Modern eingerichtetes Restaurant. Die gemütlichen Sofas im 1. Stock laden zum Internetsurfen ein, und vom Balkon lässt sich bei einem Cocktails die Straße und der Fluss beobachten. Spezialisiert auf Fisch und Steaks sowie mexikanisch und asiatische Küche. Hauptgerichte 5–10 $. Liegt in der 1. Straße.

21 **Madison Corner Bar.** Eckrestaurant in günstiger Lage an einer der touristisch belebtesten Straßen der Altstadt. Netter Pub für ein Bier zur Happy Hour oder einen Absacker, um den Tag ausklingen zu lassen. Einfache Snacks und Speisen.

24 **Noodle man** (Lan Chov Restaurant). Sehr einfacher, aber beliebter chinesischer Noodle Shop. Große Portionen 1,50 $, kleine 1,25 $. 8.00–22.00 Uhr geöffnet. Neben *White Rose* in der 2. Straße.

14 **Flavours of India.** Ebenfalls in der Altstadt in der 2½ Straße versteckt sich das sympathische indisch/nepalesische Restaurant mit authentischen indischen Gerichten und sehr freundlichem Personal.

Restaurant in Battambang

5 **Te Kuch La.a.** Einfaches, aber bei Vegetariern sehr beliebtes chinesisches Restaurant. Es werden nur vegetarische Speisen gekocht. Hauptgerichte zwischen 1 und 2 $. Eiscream! Gegenüber Asia Hotel in der La.a Street 102.

20 **Vegetarian Food Restaurant.** Einfaches, aber authentisches Khmer Restaurant mit einfacher, günstiger, aber sehr schmackhafter vegetarischer Khmerküche. Perfekter Platz, um auch die veganen Speisen des Landes zu probieren. Liegt in der Altstadt in der La He Street.

25 **Eden Café** (Street 1, Nr. 85). Freundliches Restaurant an der Uferstraße. Die Küche bietet eine Mischung aus Western- und Khmer Essen. Westliches Frühstück, Burger und Pizza, große Salate sowie einige asiatische Gerichte. Geöffnet von 7.30 Uhr bis 21.00 Uhr. Dienstag Ruhetag.

22 **Smokin' Pot** (Ousephea Village, Nr. 229, Tel. 012/821400). Entspannt, informativ und unterhaltsam. Legendäres Restaurant, das als erstes in Kambodscha „cooking classes" angeboten hat. Für wenig Geld können Gäste die 12 besten Rezepte des Restaurants nachkochen. Damit sie auf der langen Reise nicht vergessen werden, bekommt jeder Teilnehmer ein Kochbuch. Anmeldung mindestens einen Tag vorher.

■ **Night Market.** Auch die Khmer lieben die Essensstände auf ihrem gepflegten und beachtlich großen Nightmarket an den Ufern des Sangker Flusses. An dutzenden beleuchteten Ständen werden Nudel- und Reisgerichte im Wok zubereitet, Fruit Shakes gemixt und selbstgemachte Süßigkeiten verzehrt. Geöffnet von 17.00 bis 24.00 Uhr. Liegt in der 1. Straße etwa 1½ km südlich vom Psah Nath – zwischen Museum und Gouverneur Palast.

Anreise und Weiterreise

■ **Entfernungen in Straßenkilometern:**

Phnom Penh	292
Siem Reap	175
Sisophon	69
Poipet	117
Pursat	105
Pailin	79
Kampong Chhnang	200

Boot

Täglich um 7.00 Uhr fährt ein kleines **Speedboot** für 21 $ pro Person nach Siem Reap bzw. von Siem Reap nach Battambang. Überaus lohnende Fahrt auf dem schmalen Sangker Fluss und dem Tonle Sap See, bei der das Leben der Menschen, die sich hier seit Jahrhunderten mit den Bedingungen am und auf dem Wasser arrangieren, aus nächster Nähe beobachtet werden kann. Besonders beeindruckend ist das große schwimmende Dorf *Phreak Tual an* der Mündung zum Tonle Sap.

Die Fahrt dauert zwischen 7 und 9 Std. Essen und Getränke selber mitnehmen. Kurzer Mittagsstopp in einfachem Restaurant. Wenn das Boot voll ist, kann die lange Fahrt etwas anstrengend werden. Abfahrt an der Autobrücke *Spien Thmo Thmey.* Tickets entweder einen Tag vorher dort oder besser im G.H. kaufen. Billige Tickets im *Royal Hotel.*

Bus

Auch in Battambang ist der Versuch missglückt, einen akzeptablen **Busbahnhof** außerhalb des Stadtzentrums zu etablieren. Es müssen zwar alle Busse an dem 4 km vom Zentrum an der RN 5 Richtung Siem Reap gelegenen Platz halten und starten, aber als Busbahnhof können die Bürobaracken, verstreut auf einer dreckigen und matschigen Wiese, nun wirklich nicht bezeichnet werden. Die richtigen Büros befinden sich nach wie vor im Stadtzentrum um den 7 Markt Psah Boeng Chhoeuk, wo auch die Tickets gekauft werden können und vor allem die kostenlosen Shuttlebusse zum Bus-Terminal starten und angekommende Gäste abliefern. Tickets können auch in den meisten G.Hs. gekauft werden. Die zuverlässigsten Busgesellschaften sind *Capitol, Phnom Penh Sorya, KSO, Paramount* und *Angkor Express.*

Auf der Strecke Phnom Penh – Kampong Chhnang – Pursat – Battambang – Sisophon – Poipet verkehren tagsüber Dutzende von Bussen in alle Richtungen (6 $). Nachtbusse nach Phnom Penh starten gegen 23.00 Uhr und sind ein paar Dollar teurer. Busverbindungen gibt es auch nach Siem Reap, nach Sihanouk Ville, Kompong Cham und nach Bangkok mit Umsteigen in Poipet (13 $). Angebot, Preise und Fahrzeiten sind jedoch ständigem Wandel unterworfen.

Battambang – Phnom Penh: 5 $, 5–6 Std.
Battambang – Pursat: 3,50 $, 2 Std.
Battambang – Siem Reap: 6 $, 3 Std.
Battambang – Sihanouk Ville: 10 $, 10 Std.

Nach **Sihanouk Ville** (20–25 $) und nach **Phnom Penh** (10–12 $) fahren auch Express-Kleinbusse der Marken Ford und Toyota. Sie verkürzen die Fahrzeit etwa um etwa 1/3 der Fahrzeit.

Nach **Pailin** und weiter zur 16 km entfernten **thailändischen Grenze** fahren nur Sammeltaxis für 8–10 $ pro Person. Fahrzeit ca. 4 Std. bis Pailin. Privattaxis von Battambang bis zum Grenzübergang, der vor allem zum Besuch der Thai Insel **Koh Chang** benutzt wird, kosten ca. 30 $. Straße in schlechtem Zustand.

Zug

Seit 2018 verkehren wieder Züge auf der Strecke **Phnom Penh – Battambang – Poipet.** Diese entspannteste Art des Reisens in Kambodscha hat aber aktuell noch den Haken, dass die Züge nur einmal pro Woche auf der Strecke verkehren. In Planung ist jedoch, jeden zweiten Tag zu fahren. Dann wäre die Abfahrt nach Poipet (thailändische Grenze) 17.10 Uhr und nach Phnom Penh 10.35 Uhr. Tickets am besten am Vortag oder noch früher am Bahnhof kaufen, verbunden mit der Nachfrage, ob der Zug auch wirklich geht (siehe auch Kapitel „Praktische Reisetipps A–Z").

Die Regen-Wetter von Battambang

Seltsame Dinge ereigneten sich mitten am Tag auf den Dächern um den Busbahnhof am **Psah Boeng Chhoeuk.** Aufgeregt schreiende Männer bevölkerten in großer Zahl Balkone und Hochstände der angrenzenden Häuser. Sie waren gut gekleidet, mit Funkgeräten und Notizblock bewaffnet und starrten unablässig in den Himmel, als ob dort jeden Moment ein UFO auftauchen würde. Ein bizarres Schauspiel für Nichteingeweihte.

Kambodschaner wetten gerne, besser gesagt: sie sind süchtig danach. Gibt es keinen Boxkampf, keine Fußball-WM und keinen Hahnenkampf, dann erfinden sie eben etwas, um das man wetten kann. In Battambang ging es darum: Regnet es heute am Psah Boeng Chhoeuk oder nicht? Und dabei wurde nicht um Peanuts gewettet. Manch einer verlor wegen eines unverhofften Regenschauers schon Haus und Hof. Deswegen waren die Teilnehmer auch bestens organisiert; mit den Funkgeräten standen sie mit ihren Mitspielern in Kontakt, die auf dem Land positioniert waren und Wolkenbildung, Windrichtung und Regenwahrscheinlichkeit an den Hotspot meldeten.

2007 wurde dieses Glücksspiel verboten. Doch in ihrer Wettsucht sind die Khmer erfinderisch und wetten jetzt außerhalb der Stadt auf abgelegenen Reisfeldern weiter.

Aber damit nicht genug: Auf dem Land gibt es noch einiges, auf das gewettet werden kann: Hahnen-, Fisch-, Hirschkäfer und sogar auf Kakerlaken-Kämpfe. Ein guter Guide kennt die Locations.

Umgebung

Westliche Besucher sind besonders begeistert von der pittoresken *country side* und den Begegnungen mit der einheimischen Bevölkerung.

⌃ Skurriles Gefährt: der Bamboo Train

Wat Phnom Ek

Dieser mächtige Tempelbau aus dem 11. Jahrhundert steht zehn Kilometer nördlich von Battambang. Vor 1970 galt Wat Ek als eines der schönsten Bauwerke der Angkorperiode und zog viele Touristen an.

Doch die Khmer Rouge entfremdeten dieses historische Bauwerk für ihre

040ka an

Zwecke und errichteten in den dicken Mauern ein berüchtigtes Gefängnis zur Inhaftierung und Folter von Zwangsarbeitern und Kollaborateuren. Augenzeugen sprechen von mehreren hundert Menschen, die hier bestialisch ermordet wurden.

Heute liegt der aus Laterit und Sandstein erbaute Tempel unter einer Decke aus mannshohem Gestrüpp, aus dem hohe Pipelbäume ragen. Die meisten Mauern sind eingestürzt, angeblich das zerstörerische Werk der Roten Khmer. Nur noch an den Eingangsportalen zu dem zentralen Heiligtum sind die letzten der einst wunderschönen Steinmetzarbeiten zu bewundern.

■ **Anreise:** Am Sangker Fluss Richtung Norden, ca. 10 km.

Phnom Sampou

Um die Entstehung dieses **Tempelberges** rankt sich eine Sage, die Bezug auf den langen Kampf Kambodschas mit seinem Nachbarland Thailand nimmt.

Von der RN 10 ist der Berg Sampou (154 m) bereits von Weitem sichtbar. Über den senkrechten Felswänden, die von üppiger Vegetation überwuchert sind, stehen auf dem Gipfel zwei Pagoden. Bereits am Fuß des Berges warten Kinder, die den Fremden für ein kleines Entgelt über die angeblich 700 Stufen und durch verschlungene Irrwege zu den Pagoden führen wollen. Die 130 Höhenmeter gestalten sich äußerst mühsam, doch in 15 Minuten erreichen die meisten den Gipfel. Belohnt wird diese Mühe mit einer wirklich grandiosen Aussicht auf die weiten Reisfelder um Battambang und auf die schroffen Karsthügel Richtung Pailin.

Beide **Pagoden** sind äußerst klein und weisen einen quadratischen Grundriss auf. *Wat Brahn* ist die größere und wurde auf der höchsten Stelle des Berges erbaut. Sie wurde renoviert, und schöne Bilder über das Leben Buddhas zieren die Innenwände. Die etwas tieferliegende *Wat Konping* ist im Stil der Türme von Angkor Wat erbaut. Als die Roten Khmer den Hügel besetzten, warfen sie die hier lebenden Mönche kurzerhand über die Felswände hinab. Phnom Sampou und der um 40 Meter höhere Nachbargipfel Kdong waren während der Kriege wichtige **strategische Punkte** für das Militär. Granatwerfer „Made in Germany" stehen noch am Gipfel.

Laan Thom bzw. Bats Cave

Versteckt auf der Westseite des Berges Sampou liegt dieser mystische Platz, der von **zwei Höhlensystemen** umgeben ist. *Laan Gah Slah* ist eine Höhle, mit einem großen Innenraum, dessen Decke nach obenhin geöffnet ist. Die Grotte der *Laan Kijol* beherbergt ein buddhistisches Heiligtum mit einem liegenden Buddha in einer Felsnische. An der linken Seite der Grotte befindet sich der Eingang zur Höhle. An dessen Beginn liegt ein in den Felsen geschlagenes Zimmer, ausgeschmückt mit diversen sakralen Gegenständen. Wer hier bis zum Sonnenuntergang wartet, wird Zeuge eines faszinierend-gruseligen Spektakels. Zwischen 17.00 und 18.00 Uhr verlassen täglich Hunderttausende, wenn nicht gar Millionen Fledermäuse die Höhlen und steigen wie Rauch über den Phnom Sampou auf. Es dauert fast eine Stunde, bis alle Tiere ihren Unterschlupf verlassen haben und sich zur nächtlichen Futtersuche über das Land verteilen. Gegen 4.00 Uhr morgens kommen sie zurück.

■ Phnom Sampou liegt an der RN 10 Richtung Pailin, ca. 12 km.

Laan Kirirum (Killing Fields)

Folter- und Exekutivstätte während der Khmer Rouge-Herrschaft. Die „Sehenswürdigkeit" an diesem schaurigen Platz ist eine Grotte, von der eine Höhle abzweigt. Hier sind in Drahtkäfigen die Gebeine der Ermordeten aufgebahrt. Die Jugendlichen, die sich auch hier als Führer anbieten, haben einige grausame Geschichten über die Exekutionsmethoden auf Lager. Wahrheit oder Legende?

Auf dem Platz vor der Höhle stehen heute ein kleines Gebäude mit einem Altar und verschiedene buddhistische Bauwerke.

■ **Anfahrt:** Links von den Treppen zum Phnom Sampou führt ein kleiner, nur schwer mit einem Moped befahrbarer Weg zum Sattel zwischen Phnom Sampou und Phnom Kdong.

Kamping Poy

An diesem Ort versuchte Pol Pot die bewährte Bewässerungstechnik der Angkor Periode zu toppen. An die 10.000 zwangsevakuierte Städter mussten hier mit ihren bloßen Händen unter unmenschlichen Bedingungen einen 8 Kilometer langen Damm errichten. Mit dem Wasser sollten während der Trockenzeit die fruchtbaren Felder um Battambang bewässert werden. Dieses utopische Projekt wurde nie beendet. Heute ist der kleine See bei Kamping Poy ein beliebter Ausflugsort für Khmer und Touristen. Besonders lohnend ist der Besuch in der Regenzeit, wenn Tausende von blühenden Lotusblumen den See bedecken.

■ **Anreise:** Liegt 36 km westlich von Battambang. Auf der RN 10 bis ca. 1 Kilometer hinter den Phnom Sampou, dann bei der Straßengabelung rechts abbiegen.

Prasat Banan

Ein sehenswerter **Bergtempel,** der erst seit wenigen Jahren für Besucher zugänglich ist. Angeblich sind es 300 Stufen, die zu dem im 11. Jh. erbauten Heiligtum hinaufführen. Allein schon wegen der Aussicht lohnt die Mühe.

Auf dem Gipfel ist ein künstliches Plateau, auf dem auf einer Fläche von etwa 40 x 60 m fünf Türme in Quincunx-Stellung errichtet wurden. Der mittlere Turm ist aus Sandstein, in seinem Inneren werden mehrere Buddhastatuen verehrt. Die Apsaras an den Eingangsportalen sind leider alle enthauptet. Die äußeren vier Prasats bestehen aus Laterit.

In der Literatur ist so gut wie nichts über diesen Tempel zu finden. Auffällig ist die Mischung von hinduistischen und buddhistischen Symbolen. Vermutlich wurde er in der Regierungszeit von *Suryavarman II.* als Hinduheiligtum erbaut und später zum buddhistischen Tempel umfunktioniert.

Die belebte Pagode am Fuß des Phnom Banan soll über 150 Jahre sein.

Wer etwas sportlich ist, sollte noch die **Höhle** *(la-an)* **But Meas** besuchen, deren Eingang auf der Rückseite des Hügels liegt. Der Eingang ist nur auf allen Vieren möglich. Taschenlampe!

■ **Anreise:** Von Battambang flussaufwärts auf der linken Flussseite ca. 25 km.

Prasat Bassaet

Eine hübsche kleine **Tempelanlage** aus dem 11. Jh., die einmal aus 5 Türmen bestand, und die bereits der französische (Wieder-)Entdecker von Angkor, *Henri Mouhot* im Jahr 1862 besuchte und sie als die besterhaltendste in der Gegend um Battambang beschrieb. Davon kann heute keine Rede mehr sein, da die Roten Khmer hier weite Teile als Steinbruch benutzten.

■ **Anreise:** Auf der östlichen Seite des Sangker Flusses bis zum Dorf Noria, dann rechts abbiegen und der Tempel liegt nach ca. 8 km nicht zu übersehen an der Straße.

Bamboo Train

Eine der größten Attraktionen in Battambang war bis 2017 die rumpelige Fahrt mit dem Bamboo Train auf den verbogenen Schienen der **Bahnstrecke Battambang – Phnom Penh.** Auf zwei Achsen wurde ein stabiles Brett mit Bambusauflage gelegt, die hintere Achse mit einem Motor angetrieben, und fertig war die sogenannte **Norri.** Als die Straßen noch nicht ausgebaut waren, benutzten die Einheimischen diese Konstruktion als Transportmittel. Doch zu dieser Zeit fuhren noch regelmäßig Züge, weshalb das Gefährt so konstruiert sein musste, dass man es binnen weniger Sekunden von den Schienen bringen konnte.

Seit das Schienennetz instand gesetzt ist und Züge wieder regelmäßig auf der Strecke zwischen Phnom Penh und Poipet verkehren, dürfen keine Norris mehr auf der offiziellen Strecke benutzt werden. Aber da der Bamboo Train eine der größten Attraktionen von Battambang war, wurden kurzerhand die alten Schienen und Schwellen hergenommen, um **eine eigene 4 km lange Strecke** für den so beliebten Bamboo Train durch die

Landschaft zu legen. Auch wenn es nicht mehr das Gleiche ist, wie damals auf der Originalstrecke mit der Norri über die verbogenen Gleise durch die Reisfelder zu rumpeln – ein nettes Abenteuer im Rahmen einer Rundtour ist es immer noch geblieben.

Der **„New Bamboo Train"** liegt nahe dem Tempel von Banan, und die Fahrt kostet 5 $ pro Person.

Mit dem Kayak auf dem Sangker Fluss

Als Kontrast zu Tempelbergbesteigungen eignet sich die 11 km lange Fahrt vom Dorf **Khsach Poy nach Battambang.** Nur wenige Meter von den staubigen und hektischen Straßen der Stadt entfernt, gleiten die Boote durch eine scheinbar idyllische, abgeschiedene Welt, bei der sich alles nur ums Fischen, Waschen und Baden dreht. Fahrzeit 2–3 Stunden. 12 $ inkl. Transfer. Getränke mitnehmen, Badekleidung, wasserdichter Sack für Kamera wird gestellt. Sonnenbrandgefahr! *Green Orange Kayaks* können in den meisten G.Hs. und Restaurants gebucht werden oder unter Tel. 017/736166.

Ausflugsvorschläge mit Tuk Tuk

- **1. Tag** (9.00–18.00 Uhr, 16–20 $): Fahrt mit dem Bamboo Train – Wat Banan – Phnom Sampou mit der „Bat Cave" und dem Spektakel, wenn Millionen von Fledermäusen ihre Höhle verlassen.
- **2. Tag** (9.00–15.00 Uhr, 25 $): Besuch der Dörfer und Countryside – Ek Phnom – Kamping Poi. Ohne Kamping Poi, das sehr weit draußen liegt, kostet der Ausflug nur 12 $.

Pailin

ប៉ៃលិន

Die Straße nach Pailin

Die **Route National 10 (RN 10),** die von Battambang nach Pailin führt, ist während des Bürgerkriegs zum symbolischen Leidensweg eines ganzen Volkes geworden. Bis 1992 waren es zwei kommunistische Armeen, die sich entlang dieser Straße immer wieder unerbittliche Gefechte lieferten. Zwischen 1993 und 1996 waren es die letzten verzweifelten Versuche der Roten Khmer, ihre finanziellen Pfründe gegen eine demotivierte und korrupte „königliche" Armee zu verteidigen. Die Leidtragenden waren immer die Landbewohner, die sich jedes Jahr, wenn die traditionellen Trockenzeitoffensiven begannen, wieder auf der Flucht vor Raketenangriffen und plündernden Soldaten befanden, nur um nach Abflauen der Kämpfe, zu Beginn der Regenzeit, ihre zu bestellenden Felder, die Grundlage ihrer Existenz, aufs Neue vermint vorzufinden.

Geschichte der Stadt

Die ersten Siedler in Pailin waren die *Kolah,* ein burmesischer Volksstamm, der vor etwa 400 Jahren hierher kam, um Edelsteine zu suchen. Bis Anfang der 1970er Jahre lebten noch etwa 1000 Familien dieser ethnischen Minderheit in Pailin. Sie wurden jedoch von den Roten

Khmer vertrieben und ermordet. 1867 überließen die französischen Kolonialherren aus diplomatischen Gründen die Region, einschließlich Battambang und Siem Reap, den Thailändern. Erst 1935 bekam *König Monivong* die Gebiete zurück. Anschließend kamen die Franzosen zur Sommerfrische nach Pailin und ließen Kaffee anbauen. Anfang der 1970er Jahre wurde die Stadt zur **Kommandozentrale der Roten Khmer** und für 25 Jahre die isolierteste Stadt in Asien.

Seit Thailand 1989 die Grenze zu Kambodscha offiziell öffnete, begannen die Kommunisten ihre seltsame Metamorphose zum Kapitalismus. Auf einer Schatzkammer sitzend, die bis zum Rand mit Edelsteinen und Tropenhölzern gefüllt war, vergaben sie in den von ihnen kontrollierten Gebieten um Pailin Schürf- und Schlagrechte an die Thailänder. Allein an den Claims für Edelsteine verdienten sie nach vorsichtigen Schätzungen 1991 fast vier Millionen Euro pro Monat.

Mit diesen Geldern war der Massenmörder *Pol Pot* von seinen einstigen Geldgebern Amerika und China unabhängig und konnte seinen Krieg gegen die Regierung in Phnom Penh fortsetzen. Neben den Roten Khmer und den thailändischen Geschäftsleuten verdiente auch das thailändische Militär durch die Besteuerung der Händler kräftig mit.

Der Reichtum verwandelte den Stadthalter von Pailin, *Ieng Sary,* ehemaliger Außenminister unter *Pol Pot,* vom brutalen Schlächter und Hardcore-Kommunisten zum gewieften Geschäftsmann. Den sich jedes Jahr wiederholenden Kämpfen um die Stadt überdrüssig, erkannte er die Zeichen der Zeit und akzeptierte 1996 das Amnestie-Angebot der Regierung in Phnom Penh unter der Voraussetzung, Pailin und Phnom Malai als autonome Provinz verwalten zu können und die Gewinne aus den Schürfrechten der Edelsteine und dem Verkauf von Tropenhölzern behalten zu dürfen. Doch bevor ihn das internationale Kriegsverbrechertribunal zur Verantwortung ziehen konnte, starb er mit 88 Jahren 2013 in Phnom Penh.

Heute leben etwa 33.000 Menschen in Pailin.

Sehenswertes

Edelsteine (in Khmer: tabong)

Die wenigen Touristen, die sich früher nach Pailin verirrten, waren in erster Linie am Erwerb von Rubinen und Safiren interessiert. Doch seit 1999 werden hier nur noch wenige wertvolle Edelsteine gefunden. Die Ressourcen sind **weitgehend ausgebeutet,** die Zukunft Pailins liegt nun in der **Landwirtschaft.**

Durch die jahrelange intensive Suche nach den Steinen glich die Umgebung Pailins noch Anfang 1997 einer **chaotischen Großbaustelle.** Trucks aus Thailand donnerten rund um die Uhr durch den Ort, um die Erde von den Schürfstellen zu den Waschanlagen zu bringen. War ein Claim dann so weit ausgebeutet, dass sich der industrielle Abbau nicht mehr lohnte, wurde er den Khmer überlassen, die mit den Händen weitergruben.

Angezogen von Gerüchten über sagenhafte Funde und den schnellen Reichtum, kamen sie aus ganz Kambodscha nach Pailin. Doch kaum jemand wurde reich. Wenn diese Glücksritter nicht vorher schon von der Malaria dahingerafft wurden, waren sie meist nach ein paar Monaten so verarmt, dass sie nicht einmal mehr genug Geld hatten, um in ihr Dorf zurückzukehren. Dramatische Schicksale spielten sich hier ab.

Edelsteine gibt es immer noch zu kaufen. Doch sollte man sich auf kleine Souvenirmengen beschränken und nicht so naiv sein zu glauben, im Heimatland könne man die Steine für ein Vielfaches verkaufen.

Phnom Yat

Zum einen ist Phnom Yat ein **Tempelberg,** dessen anstrengende Besteigung mit einem schönen Blick auf Pailin und die Umgebung belohnt wird, zum anderen rankt sich um ihn die Legende, dass wertvolle **Diamanten und Saphire** in seinem Innersten schlummern.

Die **Statue von Frau Yat** wird auf der rechten Seite am Aufgang zum Hügel in einer Art Tempel verehrt. Herr Yat muss daneben mit einer einfachen Hütte vorlieb nehmen.

Die erste Stupa am Gipfel des Hügels ist wiederum der Frau Yat gewidmet. Sie besteht aus Ziegel und war früher vergoldet. In einem Gehege nebenan werden an lebensgroßen Figuren die buddhistischen Strafen für Lügen, sexuelle Vergehen und Mord demonstriert. Die größte Stupa direkt am Gipfel ist schätzungsweise 300 Jahre alt und das Grabmahl von Herrn Yat. Unberührt von der Historie ragt nebenan ein Mobilfunk-Mast in die Höhe.

Phnom Yat liegt am Ortseingang neben der Wat Rattanak.

Wat Rattanak Saupoan (Im Volksmund Wat Khong Kang)

Sie wurde 1963 von den Kolah im birmesischen Stil gebaut. Unter der Herrschaft der Roten Khmer wurden die Bonzen vertrieben oder ermordet. Heute haben sich wieder zahlreiche Mönche hier angesiedelt. Auch eine Grundschule ist in dem Gebäude untergebracht. Die stattliche alte Pagode verfügt über drei Stockwerke, in denen traditionelle Gemälde aus dem Leben Buddhas zu bestaunen sind. Auf dem Dach befinden sich vier Stupas, in denen früher einmal Buddhastatuen standen. Dazwischen sieht man eine fünfte, in der eine fast lebensgroße Holzstatue von *Brahma* mit seinen vier Gesichtern sowie seine Gemahlin *Sarasvati,* Göttin der Gelehrsamkeit und der Wahrheit, von der Bevölkerung verehrt werden. Von den wertvollen Diamanten, mit denen beide verziert waren, haben die Diebe nur wenige übrig gelassen.

Beachtenswert ist die ca. 70 Meter lange **Außenmauer der Pagode,** auf der eine gut erhaltene Nachbildung vom Quirlen des Milchmeeres zu sehen ist (s. auch Angkor Wat).

Unterkunft

■ **Pailin Ruby Hotel**① (Tel. 016/477933). Großes Hotel an der Hauptstraße. Komfortable Zimmer. Der freundliche Besitzer *Mr. Kop Saly* spricht gut Englisch und gibt zuverlässige Informationen.

■ **Kim Young Heng G.H.**① (Tel. 016/727343) war eine der ersten Unterkünfte in Pailin. Günstige Zimmer, zentral in der Stadt gelegen. Kein eigenes Restaurant, aber viele Essensstände in der Nachbarschaft.

Essen und Trinken

■ Da nur wenige Touristen Pailin auf ihrer Agenda haben, gibt es Restaurants nur für kambodschanische Gäste. Authentischer geht´s nicht, jedoch ist die Kommunikation auf Englisch meist nicht möglich. Ein sehr gutes Restaurant ist **Po Penh** (vorbei am Independence Monument Richtung thailändische Grenze) mit bebilderter Speisekarte. Die beiden **Unterkünfte Bamboo G.H.** und **Memoria Palace Resort** haben gute Restaurants. Gutes Street Food für weniger als einen Euro gibt es gegenüber dem zentralen Markt in der Stadt.

Geld

■ **Wechselstuben** befinden sich am Markt. Reiseschecks können bei der *Canadia Bank* eingetauscht werden. Sie liegt schräg gegenüber der Edelstein-Börse und ist Mo–Fr 8.00–15.30 Uhr und Sa 8.00–12.00 Uhr geöffnet.

■ **Acleda Bank** bietet 24 Stunden ATM (nur Visa) und liegt an der Hauptstraße.

Gesundheit

Die **Malariagefahr** in Pailin und in der ländlichen Umgebung ist sehr groß. Die lebensgefährliche *Malaria Tropica* hat hier eine sehr hohe Resistenz gegen die üblichen Prophylaxen entwickelt. Malariapatienten werden jedoch erfolgreich mit Chinin (intravenös) behandelt.

Das örtliche Krankenhaus ist weniger zu empfehlen. Besser ist die **Clinique Khe Sokhom** gegenüber der *Pailin City Hall.*

Stadtverkehr

Motodups gibt's überall. Eine Fahrt innerhalb der Stadt sollte 1000 bis 2000 Riel nicht übersteigen.

Anreise und Weiterreise

■ **Entfernungen in Straßenkilometern:**

Battambang	79
Grenzübergang zu Thailand	21

Bus, Taxi, Pick-up

■ Die Busgesellschaft **Paramount Angkor Express** verkehrt zwischen Battambang und Pailin (2 Std. Fahrzeit) für 4,50 $ und Phnom Penh für 11 $ (10 Std. Fahrzeit).

■ **Taxis** nach Battambang 45 $, nach Phnom Penh 85 $.

■ Zum wenig benutzten Grenzübergang mit Thailand fahren **Mopedtaxis** (Motodup) und **Autotaxis.**

Sisophon

ស៊ីសុផុន

Sisophon ist eine durchaus sympathische Kleinstadt und ein **wichtiger Verkehrsknotenpunkt,** um nach Phnom Penh, Siem Reap und Poipet/Thailand zu gelangen. Aus touristischer Sicht hat sie außer den **Tempeln von Banteay Chhmar,** die 56 km entfernt liegen, nicht viel zu bieten. Deswegen kennen die meisten Touristen Sisophon, wenn überhaupt, nur von der Durchreise. Doch diejenigen, die diese Chance nutzen und die absolut untouristisch und authentische Provinz besuchen, sind begeistert. Die unvergesslichsten Ausflüge organisiert *Francoise* vom Bambous Homestay (s.u.).

Unterkunft

■ **Pyramid Hotel**① (Tel. 054/6688881, www.pyramid-hotel.com). Neues, sehr schickes Hotel. Die Zimmerpreise sind ein wirklich fairer Deal. Kostenloses WiFi auf allen Zimmern und ein Spa mit Sauna. Liegt zentrumsnah in der 2. Straße Richtung Psah Thmey.

■ **Botoum Hotel**① (Tel. 012/687858). Nicht ganz so edel wie das *Pyramid,* aber dafür mehr an den Bedürfnissen von Travellern orientiert. Zimmer mit Fan oder AC. WiFi und Internet sind kostenlos, kleines Restaurant und Verleih von Mopeds. Liegt zentrumsnah am Beginn der Straße nach Poipet.

Essen und Trinken

Gute und gemütliche Restaurants gibt es keine. Dafür aber zahlreiche namenlose Garküchen, bei denen es sich durchaus lohnt, lokale Kost zu probieren.

■ Das **Red Chilli am Park** gilt in der Stadt als das beste Restaurant. Es sieht von außen besser aus, als es tatsächlich ist. Kahler, großer Speisesaal und relativ teuer.

■ Auch das alteingesessene **Pkay Proek** mit seiner etwas steril wirkenden Speisehalle besticht zwar nicht gerade durch Gemütlichkeit, bietet Speisen aber dafür zu vernünftigen Preisen (2–6 $) an und, außerdem ist die Bedienung freundlich (neben *Botoum Hotel*).

■ Im **Soun Kamsan Reatrey** wird Kalb am Spieß gegrillt, dazu gibt es Livemusik (im Zentrum am Park).

■ Freundliche Atmosphäre herrscht auch im **Restaurant des Botoum Hotel.** Besonders empfehlenswert für Frühstück und den besten Cappuchino der Stadt.

■ Klassische Khmer Sandwiches *(num pang paté)* gibt es im **Sokha Neak Phoan Breadshop** (in einer namenlosen Seitengasse in der Nähe vom *Pyramid Hotel*).

■ In der Stadt gibt es mehrere gute **Bäckereien,** beispielsweise *Soum Rithy Hang Nom* (Nähe *Pyramid Hotel*).

Geld

■ Im Zentrum gibt es zwei große Banken. Die **Acleda Bank** hat die besten Wechselkurse, insbesondere bei Euro oder Dollar, ATM. Der 24 Std. zugängliche ATM der **Canadia Bank** akzeptiert alle gängigen Kreditkarten. Die Kernöffnungszeiten beider Banken sind von Mo bis Fr 8.00–16.00 Uhr. Neben der *Acleda Bank* gibt es ein Geldwechselbüro, das auch am Wochenende seine Pforten geöffnet hat.

Anreise und Weiterreise

■ **Psah Sreysophon** nennt sich der Platz, in dessen Umkreis Busbahnhof, die Büros der ca. 10 Busgesellschaften und die Taxistände liegen. Die **Busse** halten meist auf dem Busbahnhof und nochmals vor dem Büro der jeweiligen Busgesellschaft. Verbindungen gibt es in alle Richtungen mehrmals am Tag. Einige Gesellschaften bieten auch Nachtbusse nach Phnom Penh an. Diese starten in Poipet, treffen zwischen 21.00 und 22.00 Uhr in Sisophon ein und sind gegen 5.00 Uhr morgens in der Hauptstadt.

Zug

Jeden zweiten Tag fährt ein Zug über Battambang und Poipet **nach Phnom Penh.** Abfahrt 8.10 Uhr, 13 Std. Mehrmals täglich gibt es eine Verbindung **nach Poipet.** Tickets am besten direkt am Bahnhof kaufen, da die Zugverbindungen noch recht neu und einige Anpassungen zu erwarten sind.

Taxi

■ Ein **Taxi nach Siem Reap** kostet zwischen 35 und 45 $.

■ **Mopedtaxi:** für Fahrten im Zentrum 1000–2000 Riel.

■ Auf dem etwas außerhalb des Zentrums liegenden Markt *Psah Kagoh* starten **Sammeltaxis nach Banteay Chhmar.** Ein Platz kostet 5 $.

Umgebung

Phnom Chuncheat

Wer jemals in dieser staubigen Stadt hängenbleibt, sollte auf jeden Fall ihren fast 100 Meter hohen und dicht bewachsenen Hausberg erklimmen. Am Fuß des Hügels liegt ein großer chinesischer Friedhof und eine Pagode. Eine steile Treppe führt zwischen vielen buddhistischen Symbolen hinauf zum fahnengeschmückten Gipfel. Dieser ist nur durch einen kurzen, versteckt liegenden Tunnel, der 30 Meter hinter dem stehenden Buddha beginnt, zu erreichen. Schöne Aussicht.

■ Von Sisophon etwa 4 Kilometer auf der Hauptstraße nach Poipet auf der rechten Seite, der Berg ist nicht zu übersehen. Die Fahrt dorthin mit dem Motodup kostet rund 10 Baht.

Banteay Chhmar

Dorf in idylischer Umgebung mit freundlichen Menschen, die es noch nicht überdrüssig sind, den wenigen Touristen echte Begeisterung entgegen zu bringen. Markt, Essensstände, Pagode und Schule reihen sich in der Nähe des Haupteingangs des gleichnamigen Tempels auf. Die **CBT** (Banteay Chhmar Community-Based Touristen Organisation, www.visitbanteaychhmar.org) vermarktet bzw. organisiert die Tempelanlage für Besucher. Sie bietet Informationen, Reisebeschreibungen, Touren und Guides an. Besondere Verdienste hat sie sich mit dem Aufbau von **Homestays** erworben, wo Touristen die vielbeschworene ländliche Idylle des Landes am besten erfahren können. Die Besucher sind in traditionellen hölzernen Bungalows auf Stelzen untergebracht, die neben den Häusern der vermietenden Familien stehen. Die Zimmer sind einfach, aber sauber und haben ein Moskitonetz. Die Nacht kostet 8 $ pro Zimmer. Bei Bedarf ist auch vorgesehen, dass die Homestay-Familien für die Gäste kochen. Zusammen mit dem Reiseveranstalter *Khiri Travel* (Tel. 063/963535) bietet CBT die Übernachtung in einem **luxuriösem Zeltcamp** mitten auf dem Tempelgelände an. All inclusive mit Ochsenkarren-Tour und traditioneller Khmer-Musik zum Abendessen.

Essensstände und ein einfaches Restaurant gibt es auch am Markt.

Es gibt eine Handvoll selbsternannter **Guides** mit Moped, die über unterschiedlich gute Englischkenntnisse verfügen. Es macht Sinn sich ihnen anzuvertrauen, da der Rest der Bevölkerung kaum Englisch spricht. Zwischen 10–15 $ pro Tag einschl. Fahrkilometer.

■ **An- und Weiterreise:** Nur über schlaglochreiche Schotterstraßen zugänglich. Am einfachsten erreichbar von Sisophon über die RN 69. Sammeltaxi am Markt *Psah Kagoh* in *Banteay Chhmar;* 20.000 Riel, 56 km, 1½ Std. Fahrzeit. Wer Banteay Chhmar als Tagesausflug von Sisophon aus besuchen möchte, zahlt für ein Moped mit Fahrer 15 $ und für ein Taxi 35 $.

Abenteurer können sich nach Samraong, und von dort entweder zur Thaigrenze bei O'Smach oder nach Anlong Veng durchschlagen. Keine regelmäßigen Verbindungen, aber ein Motodup oder Taxi lässt sich immer auftreiben.

Banteay Chhmar Tempel

Schon unter *Jayavarman II.*, der von 802 bis 850 regierte, stand an diesem Ort eine große Stadt. Der aus Sandstein gebaute **Tempel** wurde Ende des 12. Jhs, während der Regierungszeit von *Jayavarman VII.*, errichtet. Er war einst umgeben von einer neun Kilometer langen Mauer.

In dieser gewaltigen Tempelanlage wurde erst wenig restauriert. Aus dem Chaos von dichtem Buschwerk, riesigen Urwaldbäumen und eingestürzten Mauern ragen windschiefe Portale, bemooste Galerien und vom Einsturz bedrohte Türme heraus. Die Außengalerie ist mit **Flachreliefs** verziert. Am besten ist die Seeschlacht, in der *Jayavarman VII.* gegen die Cham kämpft, erhalten. Einige Türme im Zentrum des Tempels tragen, wie der berühmte Bayon in Angkor, die vier Gesichter. Beeindruckend ist auch das Flachrelief eines 24-armigen Vishnu auf der Rückseite des Tempels. Es wird immer noch gerätselt, ob dieses Heiligtum für seinen Sohn *Indravarman*, den General, der die Cham besiegte, oder als Grabmal für *Jayavarman's* Großmutter gebaut wurde.

Aufgrund der Abgeschiedenheit und der Grenznähe zu Thailand hatten **Kunstdiebe** in den 1990er Jahren leichtes Spiel, wodurch viele wertvolle Steinmetzarbeiten für immer verschwunden sind.

Die Tempelanlage ist minenfrei. Sinnvoll ist es, einen Führer vor Ort zu engagieren. Alleine findet man die sehenswerten Ecken nur durch Zufall. Die 5 $ Eintritt gehen an die Soldaten, die den Tempel bewachen.

Weitere Bauwerke in der Nähe

- **Prasat Ta Prohm:** Etwa 8 m hoher baufälliger **Turm,** flankiert von einem Papayabaum im Bayon-Stil mit vier Gesichtern, inmitten eines Teiches. Nicht weit von Banteay Chhmar.
- **Banteay Top:** Beachtlich große, sehr abgelegene **Tempelanlage** mit wuchtigen, wenig verzierten Sandsteintürmen, die kurz vor dem Kollaps sind. Wurde von *Jayavarman VII.* wahrscheinlich zu Ehren der Armee gebaut. Reizvolle Lage zwischen Reisfeldern, einem mit Lotusblumen bewachsenen See und vielen Kuhherden. Von Banteay Chhmar etwa 12 km. Eintritt frei.

Poipet

ប៉ោយប៉ែត.

Noch Mitte der 1990er Jahre lebten die wenigen Einwohner von Poipet in ständiger Angst vor den Roten Khmer, die die Stadt bei Gefechten mit der Regierungsarmee bombardierten. Heute ist Poipet eine quirlige, überbevölkerte und schmutzige Grenzstadt, die bei Regen im Schlamm versinkt und bei Trockenheit unter einer Staubwolke erstickt. Der Reiz

Die Tricks der Grenzmafia

Grenzübergänge in Entwicklungsländern haben oft etwas Beängstigendes an sich. Grimmig dreinblickende Grenzposten in Uniform, undurchschaubares Durcheinander von Menschen und Waren und die unsympathischen Schlepper, die aus der Unwissenheit der Touristen Profit schlagen wollen. Poipet ist gewissermaßen der Prototyp einer solchen Grenze.

Früher wurde hier Kopfgeld für jeden Touristen bezahlt, der in einen Bus nach Siem Reap – der eigentliche Grund warum es hier eine Mafia gibt – verfrachtet wurde. Dies funktioniert nicht mehr. Die Methoden sind subtiler geworden.

Die Theorie: Eigentlich wäre alles ganz einfach. Ticket in Bangkok nach Siem Reap kaufen, an der Grenze aussteigen, das kambodschanische Visum für 30 $ ausstellen lassen, danach wieder in den Bus steigen und weiter zur Tempelstadt fahren.

Die Praxis: Mit dieser schönen Theorie verdient hier niemand einen Cent an den Touristen. Deswegen haben die Khmer auf der thailändischen Seite Reisebüros eröffnet, wo die Touristen vor dem Grenzübergang abgeliefert werden. Auch bei den Individualreisenden, die auf die Tuk Tuks angewiesen sind, um von Aranyaphratet zur Grenze zu kommen, schnappt die Falle zu, denn die Fahrer bekommen Provision für jeden Touristen, den sie in einem dieser Reisbüros und nicht an der Grenze abliefern. In diesen „Reisebürofallen" werden einem die abenteuerlichsten Geschichten aufgetischt, warum man überteuerte Serviceleistungen, die hier angeboten werden, unbedingt in Anspruch nehmen muss. Wer sich darauf nicht einlässt, wird wie ein Mensch zweiter Klasse behandelt und wird sich selbst überlassen. Zu diesen sinnlosen Serviceleistungen gehören Organisation vom Visum, Buchung vom Hotel oder G.H. in Siem Reap, Buchung von Ausflügen nach Angkor und die Notwendigkeit, hier bereits Geld zu wechseln. Alles unnötig und überteuert. Ist die Grenze dann überquert, nachdem oft noch ein vollkommen sinnloser Gesundheitscheck für einige Baht durchgeführt wurde, kommt die Masche mit dem gebuchten, aber natürlich viel zu langsamen Bus. Schlepper erzählen die Story, dass der gebuchte Bus nach Siem Reap angeblich über 5 Stunden braucht, sie aber ein Taxi für 300 Baht pro Person vermitteln können das nur 1½ Stunden braucht ... Tatsache ist: Die Straße ist gut ausgebaut, und der Bus brauch ca. 2½ Std. und das Taxi nur unbedeutend weniger.

Die Konsequenz: Keine Buchungen in den Reisebüros machen, darauf bestehen, dass man zur Grenze gebracht wird und das Visum selbst organisiert. Durchfragen und den gesunden Menschenverstand einsetzen – dann ist alles kein Problem. Nur um die erhöhte Gebühr der Zöllner kommt man nicht herum. In Poipet nur in offiziellen Banken wechseln oder ATM benutzen. Wer einen Bus nach Siem Reap gebucht hat, muss den Bus wechseln, nach Phnom Penh fährt derselbe Bus weiter.

für den Besucher, wenn es diesen hier überhaupt gibt, liegt in der Beobachtung der krassen sozialen Gegensätze von Poipet. Im Niemandsland zwischen Thailand und Kambodscha stehen etwa **acht Casino-Komplexe,** wo vor allem die reichen Thais, in deren Land das Glücksspiel verboten ist, abgezockt werden. Hier im Las Vegas Südostasiens werden jeden Tag Tausende von Dollar verspielt, während nur ein paar Meter weiter viele Khmer ums tägliche Überleben kämpfen.

Da Poipet seit der Öffnung für Ausländer im Jahr 1998 der am meisten benutzte Grenzübergang zwischen Thailand und Kambodscha ist, ist diese Stadt für viele Besucher der erste Eindruck ihres Reiseziels. Zu dem Dreck und sozialem Elend kommt noch die Aufdringlichkeit der Schlepper und Bettler. Das ist vor allem für unerfahrene Reisende recht starker Tobak. Doch ihnen sei gesagt, dass **Poipet nicht Kambodscha ist.**

Grenzübergang

Die Grenze ist nur von 7.00–20.00 Uhr geöffnet. Das Visum für Thailand und Kambodscha wird an der Grenze ausgestellt (siehe „Praktische Tipps A–Z, Hin- und Rückreise“). Wer bereits ein Visum hat, muss lediglich eine „Arrival Card“ und manchmal eine „Custom Declaration“ ausfüllen. Das alles ist kostenlos. Nur das Visum kostet 20 $ plus 200 Baht Bearbeitungsgebühr, auch wenn die Immigration Beamten versuchen werden, etwas mehr zu berechnen. Das Visum wird hinter der thailändischen Grenze in einem separaten Gebäude erteilt. **Achtung:** Viele Schlepper und Tuk-Tuk-Fahrer versuchen, die Touristen zur Visaerteilung in ein Gebäude „Kambodschanisches Konsulat“ vor der Grenze zu bringen. Dort ist das Visum jedoch erheblich teurer! Weiter Infos zum Thema siehe Kapitel „Siem Reap, Anreise von Bangkok nach Siem Reap“ und den nebenstehenden Exkurs „Die Tricks der Grenzmafia“.

Unterkunft

■ **Orkiday Angkor Hotel**① (Tel. 012/767676). Seriöses und empfehlenswertes Hotel seit 1999. Zimmerpreise abhängig vom Stockwerk (längerer Aufstieg – günstigerer Preis). Einrichtung schon etwas abgewohnt. Direkt am Kreisverkehr an der Grenze. Nebenan steht das neuere **Virach Hotel**①. Tel. 017/563567.

■ **Hang Meas Thmey G.H.**① (Tel. 012/699383). Akzeptables Hotel etwas abseits des Casinotrubels (ca. 1½ km von der Grenze) neben dem Busbahnhof und dem Markt *Psah Akia*. Zimmer mit Fan oder AC.

■ **Ly Heng Chhay**①-② (Tel. 012/366799). Seriöses Hotel mit gepflegten Zimmern an der Hauptstraße RN 5 ca. 1½ km von der Grenze entfernt. Kleines Restaurant und Internet.

■ **Liy Hov Guest House**① (gesprochen: *Li Hauw*). (Tel. 092/500096). Ältestes G.H. in Poipet. Sehr einfache Zimmer, aber freundliche Angestellte. Kaum Englisch. DZ mit Bad/WC, Fan oder AC. Liegt ca. 250 Meter von der Grenze entfernt in einer namenlosen Seitenstraße. Jeder Mopedtaxifahrer kennt es. Einfaches Restaurant nebenan mit einem aussagekräftigen Schild: „Have rice“.

Essen und Trinken

In der ganzen Stadt, vor allem am **Markt** und **entlang der RN 5** (Hauptstraße), gibt es zahlreiche

Essensstände und kleine Restaurants, die auf Kundschaft warten.

■ Die größte Auswahl an Bars und Restaurants gibt es im Niemandsland zwischen den Häuserschluchten und auf den Straßenzügen vor den Casinos, wo Speisen für 80 bis 200 Baht serviert werden.

■ Neben dem Eingang vom **Poipet Casino Resort** wird bei Live-Musik Barbeque, Seafood und andere Speisen serviert, und nahe dem **Tropicana** kann man sich selbst am Tisch das Fleisch und Gemüse grillen.

■ Wer bei „Black Jack" und „Roulette" sein Geld verprasst, kann sich dafür am **Buffet der Casinos** schadlos halten.

Wichtig: Wer den Casinos im Niemandsland einen Besuch abstatten möchte, darf seinen Ausweis nicht vergessen.

Geld

Es gibt gleich hinter der Grenze einige **Wechselstuben,** die aber mit Vorsicht zu genießen sind, da dort häufig die organisierten Touristenbusse aus der Khao San Rd. halten und in der Regel schlechtere Wechselkurse als woanders angeboten werden. Bis Siem Reap bzw. Battambang, wo die Wechselkurse ok sind, muss kein Geld in Riel getauscht werden. Alles kann in Dollar oder Baht bezahlt werden.

■ Zuverlässig sind die **ANZ** und die **Canadian Bank,** die an der RN 5 nur einige hundert Meter von der Grenze entfernt liegen. Beide haben 24 Stunden zugängliche ATM's, an denen Dollar mit den allen gängigen Kreditkarten abgehoben werden können. Geldwechsel am besten bei der ANZ. Beide Banken haben Mo–Fr 8.30–16.00 Uhr geöffnet.

Stadtverkehr

Viele Mopedtaxis zwischen 15 und 20 Baht für Fahrten in der Stadt.

An- und Weiterreise

■ **Entfernungen in Straßenkilometern:**

Sisophon	48 km
Battambang	117 km
Siem Reap	154 km
Phnom Penh	409 km
Bangkok	265 km

■ Etwa 1½ km von der Grenze befindet sich der **Busbahnhof** *(ben laan)* von Poipet beim **Akia Markt** *(Psah Akia).* Von dort aus bieten an die 10 Busgesellschaften Verbindungen ins ganze Land an. Zahllose Busse fahren über Sisophon, Battambang, Poipet und Kampong Chnang nach Phnom Penh. Deutlich weniger Busse fahren nach Siem Reap (teilweise mit Umsteigen in Sisophon). Es gibt auch eine Direktverbindung nach Kampong Cham. Die meisten Busse starten ihre Fahrt am Vormittag. Tickets können direkt am Busbahnhof gekauft werden. Einige Gesellschaften bieten auch Nachtbusse nach Phnom Penh an. Abfahrt ist in der Regel gegen 20.00 Uhr. Ankunft Phnom Penh gegen 5.00 Uhr.

Nach Phnom Penh: (ca.5–6 $, 8 Std.)
Nach Siem Reap: (ca. 5–6 $, 2½, Std., Fahrzeit ohne Umsteigen)

■ **Taxis nach Siem Reap** um die 30 $, ein Platz im Sammeltaxi ca. 10 $.

Siehe auch: „Ein- und Ausreise Thailand".

Zug

Zwar nicht das schnellste, aber sicher das entspannteste Verkehrsmittel auf der Fahrt nach Sisophon und weiter über Battambang nach Phnom Penh ist definitiv der seit 2018 wieder verkehrende **Zug der Royal Cambodian Railways.** Da es für die Tickets (Ticketpreise waren bei den Recherchen noch nicht verfügbar) keine Provisionen gibt, haben die Schlepper auch keinerlei Interesse, den Touristen zu helfen. Deswegen ist man, wenn es um die Buchung geht, auf sich selber gestellt. Am besten ist es, sich zum Bahnhof bringen zu lassen und dort das Ticket zu kaufen oder zu versuchen, online zu buchen (www.royalrailway.easybook.com). Wer es jedoch eilig hat, sollte alternativ die **Busse** benutzen, denn Zugfahren ist zwar sehr lohnend, aber eben auch gemütlich, sprich: langsam. Noch gibt es keine Züge nach Siem Reap. Der neue **Bahnhof** liegt an der Hauptstraße etwa 500 m von der Grenze entfernt.

- **Abfahrt nach Phnom Penh** (jeden zweiten Tag): 6.30 Uhr (15 Std.)
- **Abfahrt nach Sisophon** mehrmals täglich (40 Minuten).

Kompong Thom

កំពង់ធំ

Überblick

Die Provinz Kompong Thom liegt geografisch gesehen in der Mitte des Landes und zählt rund 1 Mio. Einwohner, die überwiegend vom Reisanbau, der Landwirtschaft, dem Fischfang sowie der Forstwirtschaft leben. Wegen seiner zentralen Lage diente sie den Roten Khmer, die Waffen und anderes Kriegsgerät aus Thailand durch die unzugängliche Nord-Provinz Preah Vihear nach Kompong Thom schmuggelten, noch bis Mitte der 1990er Jahre als existenziell wichtige Basis für ihren Guerillakrieg gegen die neugewählte Regierung in Phnom Penh.

Nicht nur wegen der **Tempel von Sambor Prey Kuk** und dem **Klosterberg Phnom Santuk** gehört Kompong Thom zweifellos zu den touristisch sehr lohnenden Zielen in Kambodscha. Auch der mit über 400 km zweitlängste Fluss des Landes, der **Stung Sen,** der durch die Provinz meandert, bietet ein nicht zu unterschätzendes Abenteuerpotential. Da aber die meisten Touristen entweder mit dem Bus gleich von Phnom Penh nach Siem Reap bzw. in entgegengesetzter Richtung durchfahren, oder im Rahmen einer in immer mehr Guest Houses angebotenen Rundfahrt kanalisiert werden, sind die Zahlen der Individualtraveller, die hier für ein paar Tage absteigen, eher rückläufig. Der Aufwand lohnt sich, die Pauschalrouten zu verlassen und hier, in einer von Touristen nur wenig besuchten, authentischen Region, das echte, urwüchsige Kambodscha zu erleben.

Wer gegenüber **Kuriositäten** und **exotische Nahrungsmittel** nicht abgeneigt ist, sollte bei der **Anreise** aus Phnom Penh unbedingt in der kleinen Ortschaft **Skun** anhalten. Dort werden behaarte schwarze Taranteln (Khmer: *bing*), in Öl frittiert, als Snack den Reisenden angeboten!

Kompong Thom Stadt

Diese **Provinzhauptstadt** mit ihren annähernd 65.000 Einwohnern liegt am Fluss Stung Sen, der den Ort in zwei Hälften teilt. Im Südteil befinden sich der Markt, der Taxibahnhof, verschiedene Guest Houses, Restaurants sowie das Tourist Office. Auf der anderen Seite des Flusses liegt die **Wat Kompong Thom** und das städtische Museum. Beide Stadtteile sind mit einer neuen und einer alten Brücke verbunden.

Sehenswertes

Markt

Das Zentrum der Stadt bildet das große flache Marktgebäude, an dessen Ostende sich ein Nachtmarkt befindet, der Getränke, Essen und Süßigkeiten für Nachtschwärmer und Durchreisende anbietet.

Wat Kompong Thom

Sie steht direkt an der RN 6 Richtung Siem Reap und ist der **Sitz des höchsten buddhistischen Würdenträgers** der Provinz. In der hübschen Klosteranlage mit ihren farbenfrohen, symbolträchtigen Figuren, die im Garten von der Lehre Buddhas, dem Lebenszyklus und den Aufgaben gläubiger Buddhisten zu berichten wissen, leben und studieren etwa 140 Mönche.

Kompong Thom Museum

In dieser recht übersichtlichen Sammlung werden Fundstücke, vor allem aber **Steinmetzarbeiten, Lingas** des Hindugottes Shiva sowie **Halbreliefs** ausgestellt. Die jeweiligen Fundorte sind angeschrieben, aber es findet sich leider nur selten eine sachkundige Person, die weitere Auskünfte geben kann. Der kostenlose Besuch lohnt nur für diejenigen, die ein Interesse an der Pre-Angkorianischen Kunst haben. Das Museum liegt ca. 2 km hinter der Brücke Richtung Siem Reap.

Unterkunft

MEIN TIPP: **Sambor Village**②-③ (Tel. 062/961 391, www.samborvillage.asia). Schönes Boutique Hotel mit Pool. Perfekte Basis, um für ein paar Tage die faszinierenden Highlights der Provinz zu erkunden. Es liegt am südlichen Ufer des Stung Sen Flusses, ca. 600 m vom Zentrum flussaufwärts und bietet täglich Sunset Touren für 10 $ pro Person mit dem eigenen Boot an. Brauchbare Mountain-Bikes zum Ausleihen. Gutes Restaurant mit Khmer-/Western-Gerichten sowie gute Pizzas (4–8 $). Übernachtung inkl. Frühstück. Credit Card.

■ **Stung Sen Royal Garden Hotel**①. Tel. 062/961228. Das große, ehrwürdige Hotel im Zentrum befindet sich in ruhiger Lage und ist mit alten Bäumen umstanden. Gepflegte, saubere Zimmer ohne Schnickschnack. Das Hotel liegt an der Brücke über den Sen Fluss.

■ **Arunras Hotel und G.H.**① (Tel. 062/961294). Gewaltiger Gebäudekomplex mitten im Zentrum an der Hauptstraße. Viele Jahre erfolgreich im Geschäft. Darin ist ein Hotel und ein Guest House untergebracht, die sich bis auf den Fahrstuhl und die größeren Zimmer im Hotel nicht wesentlich voneinander unterscheiden. Mit oder ohne AC und warmer Dusche.

■ **Santepheap G.H.**① Tel. 077/476869. Große, geräumige Zimmer mit und ohne AC im neu angebauten Khmer Standard Hotel. Zimmer im Vorderhaus sind relativ klein. Von Phnom Penh kommend bei der Tela Tankstelle im Zentrum rechts abbiegen. Von dort ca. 300 m.

■ **Sakun Lalita G.H.**① Tel. 062/210211. Gepflegtes Guest House, saubere Zimmer, in ruhiger Seitenstraße etwa 600 m vom Markt entfernt. Straße Nr. 3. Von Phnom Penh kommend vor der Canadia Bank links.

Essen und Trinken

■ Viele Essensstände gibt es um den Markt herum. Die Garküchen Richtung Hauptstraße haben bis spät in die Nacht geöffnet.

■ **Arunreas.** Für Durchreisende und wohlhabende Khmer. Das gleichnamige, unübersehbare Hotel im Zentrum hat gleich zwei gut besuchte Restaurants. Aufmerksamer Service. Vor allem Khmer- und asiatische Gerichte ab 3 $. Gute Burger und Sandwiches.

■ **Prum Bayon.** Bei den Einheimischen sehr beliebtes Restaurant, da die Preise etwas günstiger sind als im *Arunreas.* Hauptgerichte beginnen bei 2 $. Ab morgens geöffnet. Es gibt kein Namensschild, aber jeder kennt es. Das Restaurant liegt in der Seitenstraße beim *Arunreas Hotel* ca. 100 Meter entfernt.

■ **Sambor Village.** Am stilvollsten isst man im Sambor Village (s. „Unterkunft") auf der Terrasse am palmengesäumten Pool. Westlich, asiatisch, Pizza. Cocktails. Hauptspeisen ab 5 $.

■ **Dara Café.** Mischung aus Café, Restaurant, Souvenirshop und Tourist-Info. Motivierte Crew in modern eingerichtetem Ambiente. AC. Hervorragender Kaffee, Frappés und Snacks. Sehr gutes Eis. Geöffnet von 7.00 bis 20.30 Uhr. Am südlichen Ufer des Flusses, an der Brücke 100 m flußabwärts.

■ **Phnum Asia Café.** Aktive Einrichtung einer NGO mit Gastronomie, kulturellen Veranstaltungen, ethnischem Museum, Organisation von Homestays bei den Tempeln und vielen Infos. An der Hauptstr. ca. 1 km vom Zentrum Richtung Siem Reap.

■ **Heng Chamroun Bakery.** Gute Auswahl an Backwaren und Brot. Zwischen Markt und Brücke.

Information

■ Das **Tourist Office** ist im Dara Café untergebracht (siehe „Essen und Trinken"). Bei einem ordentlichen Cappuccino bemühen sich freundliche Mitarbeiter um die Touristen. Tatsächlich gibt es erstaunlich viele Informationen.

■ Einer der erfahrensten und zuverlässigsten **Guides** ist *Mr. Sokhom* (Tel. 012/691 527). Er bietet ausführliche Infos, Ausflüge mit Moped, Tuk Tuk oder Taxi und die Organisation von Homestays. Sein kleines Office liegt in der 3. Straße, die schräg gegenüber der Canadia Bank beginnt. Beschildert.

Geld

■ **Canadia** und **Acleda Bank** haben Filialen nahe des Zentrums mit 7/24 ATM.

■ Bargeld kann auch in den **Wechselstuben** am Markt getauscht werden.

Mopedverleih

■ Bei *Mr. Sokhom* (8 $/Tag, siehe „Information").

An- und Weiterreise

■ **Entfernungen in Straßenkilometern:**

Siem Reap	146
Phnom Penh	165
Preah Vihear City	140
Skun	81

Boot

■ *Der Weg ist das Ziel* bei der Weiterreise mit dem Boot den Stung Sen zum Tonle Sap See hinab und weiter nach Kompong Chhnang. Fahrtdauer: 1 Tag. Unvergessliche Erlebnisse in einer noch ursprünglichen Landschaft mit Menschen, die hier seit Jahrhunderten mit dem Wasser verbunden leben. Abfahrt gegen 9.00 Uhr (7 Std., 10 $). Umsteigen in ein anderes Boot in *Pat Sanday,* das weiter nach *Snok Tra* fährt. Ab dort mit Mopedtaxi weiter nach *Kompong Chhnang.* Detailierte Informationen bei *Mr. Sokhom* (s.o.).

Bus

- **Phnom Penh** und **Siem Reap** (Fahrzeiten jeweils ca. 3 Std.)
- **Kompong Thom** liegt an der vielbefahrenen Strecke RN 6 etwa auf halber Strecke zwischen Battambang und Phnom Penh. Die großen Busgesellschaften bieten im Stundentakt Busse in beide Richtungen, die für einen kurzen Stopp in Kompong Thom halten. Die Büros der Gesellschaften liegen an der Hauptstraße im Zentrum. Fahrpreis zu beiden Städten 5 $, *Mekong Express* nimmt 8 $, bietet aber mehr Komfort.
- **Preah Vihear City.** GST und TSS verkehren mit Reisebussen zwischen Preah Vihear und Phnom Penh. Zwischenstopp ist Kompong Thom. 5 $. Ansonsten Sammeltaxis zum selben Preis. Privat Taxi 35 $.
- **Kompong Cham:** Busse und Sammeltaxis, meist mit Umsteigen in *Skun*.
- Auf dem Weg von Siem Reap nach Saigon, Kratie, Stung Treng, Rattanakiri und Sihanouk Ville halten die Busse auch in Kompong Thom.

Umgebung

Wat Sampaeu Trey Look – Trey Leak

Im Gegensatz zu den „alten" Tempeln präsentiert sich hier mal eine **ganz neue Sehenswürdigkeit.** In der absoluten Einöde zwischen einer Handvoll ärmlicher Hütten steht ein **riesiges Denkmal in Form einer prunkvollen Pagode,** die auf einem Fundament in Form eines Schiffes erbaut wurde. Zwei kleinere Heiligtümer, die ebenfalls auf einem Schiffsfundament thronen sowie andere Figuren und Halbreliefs, die Khmerkönige darstellen sollen, vervollständigen das monumentale Ensemble, das im krassen Gegensatz zu den verschwindend kleinen benachbarten Schilffhütten der Einheimischen steht. Hintergrund des Bauwerks ist die Geschichte, die von dem Untergang eines reichen chinesischen Handelschiffes wohl um die Jahrtausendwende, in der Gegend handelt. Reiche Politiker und Geschäftsleute haben diese aus Dankbarkeit für eine Wahrsagerin und zur Verbesserung ihres Karmas an diesem mystischen Ort erbaut. Ein Besuch lohnt sich allein schon wegen der wunderschönen Lage am Stung Sen Fluss und der lieblichen Kulturlandschaft. Am lohnensten ist die Besichtigung mit dem Boot, ansonsten mit Tuk Tuk (10 $) oder mit dem Fahrrad von Kompong Thom aus (ca. 12 km).

Phnom Santuk

Ein lohnender **Ausflug** ist die Besteigung des 207 Meter hohen Berges, der durch seine isolierte Lage einen schönen Ausblick über die weiten Ebenen von Kompong Thom bietet. Doch vorher muss der Besucher **809 Stufen** hinter sich bringen. Die Geländer stellen Schlangen dar, die sich vom Gipfel bis zum Fuß des Berges schlängeln. Sie werden von einer Hundertschaft von Figuren gehalten; auf der linken Seite die Frauen, auf der rechten Seite die Männer. Der Weg führt unter weit ausladenden Bäumen hindurch, in denen sich scheue Affen tummeln.

In der renovierten **Pagode** am Gipfel lebt ein Dutzend Mönche. Der ganze Berg ist übersät mit großen und kleinen **Heiligtümern,** die teilweise bis ins 17. Jh. zurückdatieren. Liegende und meditierende Buddhas, Stupas, ein Fußabdruck Buddhas und ein 20 Meter hoher Schirm, dessen 9 Stufen den Weg ins Nirvana symbolisieren; der größte dieser Art in Kambodscha.

Getränkestände am Beginn der Treppe. Eintritt für Touristen 2 $.

Ein lohnender Zwischenstopp beim Besuch von Phnom Santuk ist die **„Buddha Factory“**, 12 km nach Kompong Thom. In einigen Shops werden dort aus örtlichen Steinen Buddhastatuen in allen nur erdenklichen Größen gemeißelt und in ganz Kambodscha verkauft.

■ **Anreise:** Von Kompong Thom rund 18 km auf der RN 6 in Richtung Skun. Durch einen Torbogen führt eine ca. 1½ km lange Straße zum Fuß des nicht zu übersehenden Berges. Motodup 6 $, Tuk Tuk 10 $.

Sambor Prey Kuk

„Versunkene Stadt im Urwald“ – eine Beschreibung, die bis Anfang der 1990er Jahre noch für Angkor zutraf, kann heute noch für Sambor Prey Kuk verwendet werden. Zwischen dem 6. und 8. Jh. existierte hier die bedeutendste Hauptstadt des Chenla-Reiches mit dem Namen *Isanapura.* Damals waren die Tempel die größten Bauwerke aus Stein im gesamten südostasiatischen Raum. Sie sind aber bei Weitem nicht so mächtig wie die Anlagen in Angkor.

Bis Anfang 1996 war dieser Ort wegen Aktivitäten der Roten Khmer nicht zugänglich. Hunderte armer Einwohner aus den umliegenden Dörfern wurden von den Vereinten Nationen im Rahmen des „Work for Food“-Programms angeheuert, für 4 Kilo Reis pro Person und Tag die mehr als 100 überwiegend kleineren Bauwerke vom Unterholz zu befreien und somit für Besucher zugänglich zu machen.

Schon die ca. einstündige **Anreise** durch tiefste kambodschanische Provinz ist lohnend. Idyllische Dörfer mit freundlichen Einwohnern und palmengesäumte Feldwege zwischen belebten Pagoden.

2017 wurde Sambor Prey Kuk von der UNESCO der Status „World Heritage Site“ (Weltkulturerbe) verliehen. Aktuell betragen die Eintrittsgebühren 3 $.

Zwischen den Tempeln dürfen keine Speisen, sondern **lediglich Getränke** verkauft werden. **Restaurants** befinden sich am Eingang vor der Kasse. Einen Kilometer vom Eingang, bei der Kreuzung und den Getränkeständen, warten Englisch sprechende **Guides** auf Besucher (6 $).

Prasat Sambor

Obwohl dies früher die gewaltigste Anlage war, ist heute außer ein paar stark beschädigten Ziegeltürmen im schütteren Laubwald nicht mehr viel davon zu sehen. Er wurde im frühen 7. Jh. von *Isanavarman I.* erbaut und ist dem Hindugott Shiva geweiht.

Prasat Yeay Puon

Die schönste Tempelanlage von Sambor Prey Kuk, die von *Isanavarman I.* erhalten ist. Die Heiligtümer sind umgeben von zwei Außenmauern. Die äußere besteht aus Laterit und ist größtenteils in

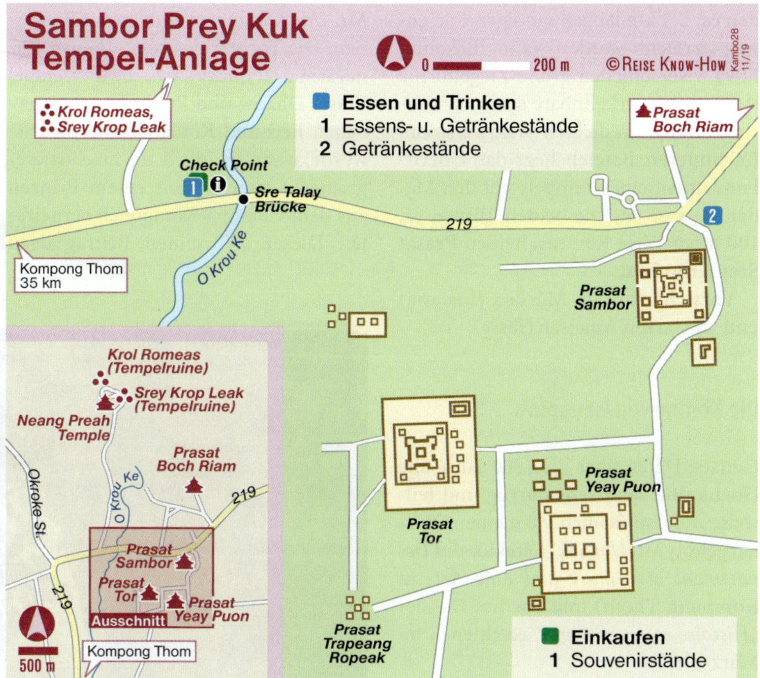

sich zusammengefallen. Die innere ist aus Ziegeln gebaut und vor allem an der Westseite noch gut erhalten. Es gibt einen Ost- und einen Westeingang. Im Innengelände, erhebt sich das zentrale Heiligtum, ein etwa 30 m hoher Ziegelturm, der auf einer kleinen Sandsteinterrasse steht. Er war dem Hindu-Gott *Shiva* geweiht. Ihn umgeben sechs kleinere ca. 3–4 m hohe Ziegeltürme, die teilweise noch sehr schöne Verzierungen aufweisen.

Besonders beeindruckend ist die mächtige Würgefeige, die die Ziegelreste des zusammengestürzten Osttors, auf dem sie einst gewachsen war, noch mit den Wurzeln umklammert hält.

Prasat Tor (Löwenturm)

Mit etwa 35 Metern ist er der höchste Ziegelturm aller hier freigelegten Heiligtümer. Er hat seinen Namen von den zwei Löwen, die seinen Haupteingang flankieren. Am Osteingang sind in den Eingangsportalen noch gut erhaltene Sandsteinarbeiten zu sehen. Am **Prasat Dhaow** wurden bisher die umfangreichsten Restaurierungsarbeiten durchgeführt.

Prasat Krol Romeas

Sehr wenig ist über diese Tempelgruppe, die etwas abseits liegt und nur über einen ca. 2½ km langen sandigen Karrenweg erreicht werden kann, bekannt. Etwa 8 verschieden große Ziegeltürme stehen, ohne erkennbare symmetrische Anordnung, im dichten Wald verstreut. Im hinteren Bereich liegt das Laterit-Fundament eines Tempels mit den Maßen 10 x 25 m. Die beiden Türme, ca. 100 m vor Krol Romeas, heißen **Prasat Srey Krop Leak.**

Vorsicht vor den Mücken (Malaria) und schwarzen Ameisen (Bisse).

Die Könige von Isanapura

Genaue Daten über die 1300 Jahre alte Hochkultur sind sehr dürftig und teilweise widersprüchlich. Zu meinen Quellen gehört Mr. *Um Sok* (Direktor des *Department of Culture and Fine Arts* in Kompong Thom) und das frz. Dossier *„Histoire et Archeologie"*, erschienen im März 1988.

Als Gründer von Isanapura gilt der König *Phavavaraman,* der sich mit seinem Hof hier Ende des 6. Jh. niederließ. Nach dessen Tod bestieg sein Bruder *Mahendravaraman* den Thron. Er starb etwa im Jahre 610. Ihm folgte sein Sohn *Isanavarman I.* (610–628), einer der größten Könige dieser Epoche. Er dehnte sein Herrschaftsgebiet bis fast auf die heutigen Grenzen Kambodschas aus und errichtete den Prasat Sambo. Laut Mr. *Um Sok* folgten ihm zwei Königinnen. Die Tochter des verstorbenen Isanavarman I. *Cheay Devi,* die die Tempel Prasat Dhaow und Prasat Nie Puan erbauen ließ und Königin *Sarawani.* Sie wurde, wahrscheinlich aus machtstrategischen Gründen, mit einem Prinzen aus dem Champa-Königreich verheiratet. Dieser soll seinen Beitrag dazu

Adobe Stock #211108426

> Tempel Krol Romeas, nordöstlich der Haupttempelgruppe in Sambor Prey Kuk

geleistet haben, dass Isanapura in die Hände der Cham fiel. Mitte des 8. Jh. wurde die Stadt endgültig verlassen.

■ **Anreise nach Sambor Prey Kuk:** Entweder über die breite Teerstraße oder – wesentlich schöner – über die kleinen Wege durch die Dörfer. Jeweils ca. eine Stunde. Motodup 10 $, Tuk Tuk 15 $, Taxi 25 $.

Homestay

Sehr beliebt sind die Übernachtungen bei Einheimischen in den Dörfern rund um die Tempelanlage. Viele Gruppen und Traveller nutzen diese Möglichkeit, um das **Leben der Landbevölkerung** intensiver kennenzulernen und den Einheimischen dadurch zusätzliche Ein-

künfte zu ermöglichen. Ab 4 $ für eine Matratze, eine Decke und ein Moskitonetz auf der Terrasse der Gastgeber bis hin zum Zimmer mit Vollpension für derzeit 12 $ sind verschiedene Variationen möglich. **Buchungen** entweder über *Mr. Sokhom* oder das Tourist Office in Kompong Thom (siehe „Information") oder die Buchungsplattform *agoda.*

Preah Khan

Preah Khan, auch als *Bakan* bezeichnet, galt lange Zeit als einer der abgelegensten Tempelanlagen des Landes. Jetzt kann sie in 3 Stunden von Kompong Thom über zwei neue Straßen erreicht werden. Vorsicht, diesen Tempel nicht mit dem gleichnamigen Tempel bei Siem Reap/Angkor Wat verwechseln. Eintritt 5 $. In der Literatur ist kaum etwas über den angeblich drittgrößten Tempelkomplex der Angkor-Periode zu finden.

Preah Khan soll Anfang des 12. Jahrhunderts unter *Jayavarman VII.* errichtet worden sein. Eine Straße verband ihn einst über Beng Mealea mit Angkor. Bevor man den Haupttempel erreicht, steht auf der rechten Seite der noch gut erhaltene **Prasat Muk Buan.** Der mittlere Turm trägt die selben 4 Gesichter wie der berühmte Bayontempel in Angkor. 500 Meter weiter steht das Eingangsportal **Prasat Kuk** und gleich dahinter befinden sich zwei kleine Gebäude, die Bibliotheken, die von den Einheimischen als Gefängnisse bezeichnet werden. Wahrscheinlich wurden sie von den Roten Khmer als solche benutzt. Das zentrale Heiligtum ist fast vollständig eingestürzt und schwer zugänglich. Mit der Bezeichnung Preah Khan können die Einheimischen nichts anfangen, bei ihnen heißt der Tempel **Prasat Bakheng.**

Das pitoreske und ursprüngliche Dorf **Ta Seng** mit seinen etwa 2000 Einwohnern liegt 3 km vom Tempel entfernt. Einfachste Restaurants und Homestays zum Übernachten.

■ **Anreise:** Es gibt keine öffentlichen Verkehrsmittel. Die Anreise muss selbst organisiert werden, entweder mit eigenem Motorrad, einem Taxi oder einem Motodup. An der RN 64 **von Tbeng Meanchey nach Kompong Thom** (Busverbindung), bei dem Dorf *Sway Pat,* zweigt eine gute Teerstraße nach *Preah Khan* ab. Dort finden sich immer Mopedfahrer, um zu dem 56 km entfernten Tempel zu gelangen. Die zweite neue Straße biegt von der RN 64 nahe *Sambor Prey Kuk* ab und führt über den Ort *Kro Year* nach *Praeh Khan.* Einfach lässt sich der Besuch auch vom Kompong Thom aus organisieren, wo viele Motodup und Tuk Tuk Fahrer darauf eingestellt sind, z.B. *Mr. Sokhom.* Der Besuch von Preah Khan lässt sich auch mit dem Besuch von *Preah Vihear* oder *Koh Ker* kombinieren.

▷ Lingam in Preah Khan

fotolia ©I. weeber

055ka an

4 Der Nordosten

Ein erfrischendes Bad nach einem Urwaldtrekking in dem Vulkansee Yaklom bei Banlung rundet einen abenteuerlichen Tag perfekt ab. Motorrad- und Mountain Bike Touren in Senmonorom ist etwas für echte Abenteurer.

< Während der Monsunzeit sind Karren wie dieser das einzig verlässliche Fortbewegungsmittel in der Provinz

DER NORDOSTEN

Rattanakiri ist die nordöstlichste Provinz Kambodschas und grenzt im Norden an Laos und im Osten an Vietnam. Das Kontoum- und das Chhlongplateau bilden die natürlichen Grenzen zu seinen Nachbarn. Die Flüsse Tonle Kong, Tonle San und Tonle Srepok sind die wichtigsten Wasserstraßen, die aber nur während der Monsunzeit durchgehend befahrbar sind. Sie fließen gemeinsam bei Stung Treng in den Mekong.

NICHT VERPASSEN!

- Die nur dünn besiedelte Provinz **Rattanakiri** überzeugt mit noch großflächigen Urwäldern und einer üppigen Flora und Fauna | 275
- Der unheimlich wirkende **Yaklom-See** mit seinem schwarzen Wasser ist in der Mythologie der Einheimischen stark verwurzelt | 282
- Ein Besuch der Dörfer von **Ureinwohnern** gewährt interessante Einblicke in die Lebensweise kambodschanischer Minoritäten, sollte aber nur mit einem erfahrenen Guide geplant werden | 283
- Einzigartige Naturerlebnisse erfahren Teilnehmer an **Urwaldtrekkingtouren** im **Virachey Nationalpark** | 287
- Einblicke in das sensible Ökosystem der abgelegenen Provinz Mondulkiri bieten **Projekte des WWF** | 295

Diese Tipps erkennt man an der gelben Hinterlegung.

[>] Manche Khmer Loeu besinnen sich ihrer Traditionen und bauen neue Häuser wieder im alten Stil

041ka an

Rattanakiri

រតនគិរី

Überblick

Großflächige **Urwälder,** durchzogen von Hügeln, Sümpfen und Wasserläufen, machen Rattanakiri in seiner Unwegsamkeit zu einem der am wenigsten erforschten Landstriche Kambodschas. Leoparden, Rotwild, Elefanten und Krokodile leben hier noch im Schutz der dichten Tropenwälder. Außerdem besteht die Hoffnung, dass das praktisch als ausgestorben geltende Java-Nashorn, das Kouprey, und Tiger in Rattanakiri noch Rückzugsgebiete haben.

So präsentierte sich Rattanakiri dem Reisenden **Anfang der Jahrtausendwende.** Mittlerweile ist die Provinz in der asiatischen Realität angekommen. Viele **Wälder wurden abgeholzt,** und die Ureinwohner (Khmer Loeu) haben kaum mehr Lebensraum, um sich von ihrer traditionellen Transhumanz-Landwirtschaft ernähren zu können.

Die **Khmer Loeu,** die sich in 21 ethnische Gruppen mit unterschiedlicher Kultur und Sprache gliedern, siedeln vom Stadtrand Banlungs bis in die entlegendsten Winkel der Provinz. Die

Nordosten
0
100 km
© Reise Know-How
KamboK04 - 11/19
LAOS
VIETNAM
Virachey Nationalpark
Lumphat Wildlife Sanctuary
Phnom Prech Wildlife Sanctuary
Phnom Nam Lyr Wildlife Sanctuary
Snuol Wildlife Sanctuary
Stung Treng
Rattanakiri
Mondulkiri
Kratie
Tbong Khmum
287
331
286
275
277
282
283
288
294
297
289
325 Stung Treng
318
35 Phnom Penh
Saigon (Hồ Chí Minh)
Anschlusskarte Seite 302
Anschlusskarte Seite 107
Sanamxai
Xe Kong
Ban Senlouang
Pò Y
Plei Kần
Đak Ha
Kon Tum
Xe Xang
Pleiku
Siem Pang
Ban Xot
Phum Chantuh
Tônle Tông
Wunsei (Viracheay)
Ban Pong
Ta Veng
Trapaing Kreal
Andoung Meas
Oyadaun
Đức Co
Phum Bà Kham
Chu Nghe
Talat
Banlung
Bar Kaev
Yaklom See
Khsach Thmei
Tônle San
Krabei Chrum
Pheang Krohm
Lumphat
Samot Leu
Tônle Srépok
Samot Kraom
Srépok
Prek Preah
Mekong
Koh Rougniv
O Krieng
Koh Neak
Ea Súp
Sokh Sant
Prek Krieng
Buon Đôn
Buôn Ma Thuột
Prey Meas
Memong
Bou Sraa Wasserfall
Nam Lea 1078
Kratie
Prek Te
Senmonorom
Dak Dam Village
Đak Mil
Phum Pouthi
Khlek Khlak
Khsim
Đak Song
Tuy Đức
Keo Sema
Prek Chhlong
Bu Glao
Chumni
Snuol
Trapeang Sre/ Loc Ninh
Lôc Ninh
Memot
Binh Long
Bo Túc
THAILAND
LAOS
Wunsei (Viracheay)
Banlung
Sisophon
Siem Reap
Pailin
Kompong Chhnang
Senmonorom
Pursat
Kratie
Dong Tong
Phnom Penh
VIETNAM
Takeo
Sihanouk Ville
Saigon

bekanntesten Stämme sind die Charai, Kaco, Tampuan, Kreung und Brau (s. Exkurs „Highlander“).

Unter den ca. 200.000 Einwohnern von Rattanakiri leben neben den Ureinwohnern auch viele Laoten und vietnamesische Minderheiten.

Geschichte

Bis Ende des 19. Jahrhunderts gehörte Rattanakiri zu Laos. Von den Franzosen wurde die Provinz während ihrer Kolonialherrschaft Kambodscha zugeteilt. Noch heute wird Laotisch in isolierten Gebieten häufiger gesprochen als Khmer.

Während des Vietnamkrieges musste der Vietcong Waffen und Material von Nord- nach Südvietnam bringen. Er benutzte dabei das weit verzweigte Labyrinth des berüchtigten **Ho-Chi-Minh-Pfades,** der von Laos über Banlung, die heutige Provinzhauptstadt Rattanakiris, nach Südvietnam führte. Da die Amerikaner den Nachschub des Vietcong unterbrechen wollten, aber den genauen Verlauf des geheimen Pfades nicht kannten, bombardierten sie mit ihren B-52-Bombern großflächig die ganze Umgebung. Um Banlung und Lumpath sind heute noch die Krater der Bombeneinschläge zu erkennen.

Noch im Freudentaumel über den Abzug der Amerikaner aus Vietnam, kam 1975 das nächste Unheil über die wehrlosen „Highlander“. Die **Roten Khmer** hatten die Macht im Land übernommen und machten Lumphat zur Provinzhauptstadt. Sie begannen, unter den Ureinwohnern Soldaten zu rekrutieren und sich die Menschen für ihre Ideologie gefügig zu machen. Der Pol-Pot-Terror zwang die Bevölkerung gegen ihre Traditionen zu kollektiver Arbeit und bestimmte die Pflanzen, die sie anbauen mussten. Systematisch versuchten die Roten Khmer die jahrtausendealte Kultur der Khmer Loeu zu zerstören, indem sie Heiligtümer vernichteten und Rituale und Zeremonien verboten.

Erst nach 1979, als die **Vietnamesen** das Land von den Khmer Rouge befreit hatten, konnten die Khmer Loeu wieder zu ihren traditionellen Lebensformen zurückkehren. Von den Vietnamesen wurde die Provinzhauptstadt von Lumphat nach Banlung verlegt.

Banlung

(laotisch: „Haus des Onkels“)

Die **Hauptstadt von Rattanakiri** ist touristisch kaum noch reizvoll, vor allem seit der Markt, auf dem einst viele Ureinwohnern ihr kleines Warensortiment anboten, heute von den geschäftstüchtigen Khmer dominiert wird. Banlung ist umgeben von einem Gürtel aus Kautschuk-Plantagen. Deren reiche Khmer-Besitzer vernichten mehr und mehr Urwald und Siedlungsgebiete der Ureinwohner, was dazu führt, dass in der nahen Umgebung von Banlung kaum mehr intakte Dörfer der Khmer Loeu zu finden sind. Die Stadt ist proportional zu ihrer Größe von viel zu breiten Straßen durchzogen. Im Zentrum, an der größten Kreuzung, steht ein Rondell mit einem siebenköpfigen **Naga-Monument,** das zwar in die Jahre gekommen ist, aber einen wichtigen Orientierungspunkt darstellt. Trotzdem gibt es noch lohnende Ausflüge in die Umgebung zu unternehmen.

Stadtverkehr

Es gibt keinen Mangel an **Motodups** und **Guides,** die ein wenig Englisch sprechen. Ein Moped ohne Fahrer kostet pro Tag 5–7 $, ein Auto mit Fahrer etwa 50 $ pro Tag. In der Regenzeit ist es wegen des rutschigen und klebrigen Schlamms nicht möglich, Dörfer außerhalb Banlungs zu erreichen.

Adressen

■ **Geld.** Es gibt zwei Banken: *Canadia Bank* (Nähe Markt) mit einem ATM für alle Kreditkaten und die *Acleda Bank* (Nähe Naga Monument) mit einem ATM nur für Visa Cards. Euro werden hier zu einem guten Wechselkurs in Dollar getauscht. Auch der Kurs Dollar/Riel ist akzeptabel. Übliche Öffnungszeiten.

Auch an den **Wechselständen** am Markt können Dollar zu einem vernünftigen Kurs in Landeswährung getauscht werden. Euro werden dort nur ungern akzeptiert.

■ **Guides.** Um interessante Spots zu besuchen, sollte man sich möglichst einem örtlichen Guide anvertrauen. Sie verlangen etwa 20 $ pro Tag für Standard-Ausflüge mit dem Moped in Banlung und Umgebung. Weitere Fahrten sind Verhandlungssache.

■ **Krankenhaus** (am Kanseng-See). Es ist verhältnismäßig gut ausgerüstet und wird nur von Khmer-Ärzten geleitet. Finanziell wird es von *AFH Action for Health* unterstützt.

■ **Mopeds und Fahrräder.** Es gibt einige Verleihstellen in der Stadt. Zwar verleihen auch die meisten Guest Houses Räder, allerdings handelt es sich dabei eher um ältere und zum großen Teil ziemlich marode Modelle. Fahrräder 1 $, Mopeds 5 $. Enduros kosten 20 $.

■ **Post** (an der RN 19 Richtung Yaklom-See). Nur Inlandsgespräche möglich.

■ **Internet.** Die meisten Unterkünfte bieten kostenlos WiFi an, doch funktioniert es hier in Banlung nicht immer reibungslos.

■ **Visum für Vietnam:** *Tree Top Ecolodge* organisiert Vietnam-Visa und Visumverlängerungen (Bearbeitungsdauer ca. 4 Werktage).

■ **Souvenir Shop** (am Markt). Verkauft werden Arbeiten der Khmer Loeu, z.B. Körbe, Kallebassen, Armbrüste und Kleidungsstücke, aber auch Batterien.

■ **Tourist Office** (s. Stadtplan). Es wird Englisch und Französisch gesprochen. Mo–Sa 8.00–11.00 und Mo–Fr 14.00–17.00 Uhr geöffnet.

Unterkunft

2 **Terre Rouge Lodge**②-③ (Phnom Penh Office Tel. 023/215651, www.ratanakiri-lodge.com). Schöne Kolonialvilla und gepflegtes 2 **Restaurant** mit Bar in herrlichem Garten mit großem Pool. Unterkunft für gehobene Ansprüche, mit eigenem Ausflugsprogramm, das nach den Interessen der Gäste zusammengestellt wird. Zimmerpreise inkl. Frühstück. Liegt am Kanseng-See.

3 **Ratanakiri Boutique Hotel**②, www.ratanakiri-boutiquehotel.com, Tel. 097/9167221. Beliebtes Hotel der Oberklasse. Zimmerausstattung eine Mischung aus Khmer- und europäischem Stil. Engagierter Besitzer und freundliche Mitarbeiter, allerdings mit wenig Englischkenntnis. Schöne Lage am Kanseng See.

9 **Tree Top Ecolodge**① (Tel. 012/490333, www.treetop-ecolodge.com). Die aktuelle Traveller-Hochburg in Banlung. Der gewiefte Khmer *Mr. Tee* hat mit seinen einfachen, aber durchaus stilvollen Zimmern und Bungalows ein kleines Paradies geschaffen. Besonders schön sind die geräumigen und sauberen Holzbungalows mit Bad/WC, großem Balkon, Hängematte und herrlichem Blick in ein kleines Tal. Das angeschlossene 9 **Restaurant** liegt

auf einer Aussichtsterrasse und bietet Travellerfood zwischen 2 und 4 $. Liegt an einem kleinen Feldweg, knapp 10 Minuten vom Markt entfernt.

7 **Yaklom Hill Lodge**① (Tel. 012/799211). Die empfehlenswerteste Unterkunft für Naturliebhaber liegt idyllisch mitten im Urwald. Großer Luxus ist nicht zu erwarten, aber dafür authentische Nähe zum Dschungel. Die Lodge liegt etwa 6 km außerhalb der Stadt, hinter dem Yaklom-Vulkansee, zu dem es von dort nur 5 Min. sind. Bungalowpreis inkl. Frühstück. 7 **Restaurant.**

8 **Ratanak Resort**②-③ (Tel. 088/8244114, ratanakresort.com). Die luxuriösen Bungalows mit 8 **Restaurant** und öffentlichem Swimmingpool liegen auf einem Hügel zwischen der Yaklom Hill Lodge und dem Yaklom Vulkansee. Das Personal spricht wenig Englisch. 5 km außerhalb von Banlung.

11 **Sunset Village**① (Tel. 088/8575755). Freundliches Familienunternehmen, das einfache aber gepflegte Bungalows vermietet. Das angeschlossene 11 **Restaurant „Sister"** hat Khmer- und internationales Essen auf der Speisekarte. In einer Seitenstraße nahe des stillgelegten Flughafens.

1 **Molika Lodge**①-② (Tel. 012/725315) Neue Bungalowanlage mit viel touristischem Potential. Etwas nördlich vom Kansai See auf einem Hügel mit hübscher Aussicht gelegen.

Khmer Standard Hotels

An diesen Hotels gibt es ein Überangebot. Sie kosten alle rund 5 $ pro Zimmer mit Fan und 10 $ für AC. Viele sind nur wenig gepflegt, und das Personal spricht kein Wort Englisch. Im Folgenden sind nur die meiner Meinung nach empfehlenswerten aufgezählt:

10 Die zurzeit größte Hotelanlage ist das **Sovanna Kiri**① (Tel. 075/974001) an der Hauptstraße Richtung Stung Treng. Mit 10 **Restaurant.**

4 Am schönsten liegt das **Lake Side Chheng Lok Hotel**①. Tel. 012/957422, am Kanseng-See. DZ mit Fan oder AC. 4 **Restaurant.**

Essen und Trinken

6 **Gecko House.** Eines der beliebtesten Restaurants der Stadt. Halboffen und überwiegend aus Bambus gebaut, trifft sich hier ein gemischtes Publikum aus Khmer und Ausländern zum Essen (Khmer, Thai, Western 2–4 $) und auch, um ein bisschen Party zu machen. Spezialität ist Bier vom Fass in gekühlten Gläsern. Ab 10.00 Uhr geöffnet. Liegt gegenüber dem *Tribal Hotel*.

3 **Pteas Bay Restaurant.** Top Lage am Kanseng See. Khmer- und westliche Küche zu moderaten Preisen. Gemütliches Set-up in hübsch dekoriertem und halb offenem Holzhaus mit Terrasse. Liegt neben Ratanakiri Boutique Hotel.

13 **Café Alee.** Neben den Khmer-Klassikern gibt es vertraute, aber kreative westliche Küche. Auch Vegetarier und Veganer werden fündig. Am Abend kommt gelegentlich Partylaune auf. Nahe dem DutchCo Trekking Office.

2 **Terre Rouge.** Wer gepflegten westlichen Standard genießen will, ist hier richtig. Asiatische und europäische Küche zwischen 5 und 15 $. Bar mit westlichen Spirituosen. Im gleichnamigen Hotel.

An- und Weiterreise

■ **Entfernungen in Straßenkilometern:**

Phnom Penh	588 km
Stung Treng	149 km
Kratie	244 km
Grenze Vietnam, Oyadaun	70 km

Flug

■ Es gibt keine Flüge nach Banlung.

Busse und Minibusse

Von Banlung aus gibt es Bustickets nach Vietnam (Pleiku), Laos (4000 Islands und Paxe) und zu vielen Städten in Kambodscha. Der Busbahnhof liegt 2,5 km östlich (Richtung Stung Treng) vom Naga Monument (Kreisverkehr). Tickets entweder im G.H., Reisebüros oder direkt bei den Büros der Busgesellschaften kaufen. Für 1 $ mehr ist der Transfer zum Busbahnhof enthalten. Alle Reisen sollten früh morgens angetreten werden. Ab dem späten Vormittag gibt es nur noch wenige Verbindungen.

Direktverbindung Phnom Penh (ca. 10 Std.) über Kratie und Kompong Cham. Busgesellschaften *Phnom Penh Sorya* und *Rith Mony* (ca. 10 $. Express-Minibusse nach Phnom Penh (inkl. Adrinalin Flash) brauchen 8 Std. und kosten 15 $.

■ **Stung Treng** liegt nicht auf der Strecke nach Phnom Penh, weshalb ab Banlung Minibusse für

6 $ verkehren. Fahrzeit 2 Std., Abfahrt gegen 7.30 Uhr. Passagiere werden vor der Unterkunft abgeholt. Von Stung Treng aus kann die laotische Grenze (60 km) in einer Stunde erreicht werden.

Grenze Vietnam: Mehrere Minibusse zum Grenzübergang *Oyadaun* am Vormittag für 3 $ (ca. 1 Std.). Die nächste vietnamesische Stadt nahe diesem Grenzübergang ist Pleiku (55 km, Flughafen). Auf beiden Seiten der Grenze warten Taxis und Mopeds. Visa für Kambodscha werden für 20 $ (Passbild notwendig) an der Grenze ausgestellt. Das Visum für Vietnam muss vorher, z.B. in Phnom Penh oder in der Tree Top Ecolodge (Banlung) ausgestellt werden.

Kambodscha ist ein Eldorado für Enduro-Fahrer – aber nur mit Erfahrung

Grenze Laos: Viele Traveller machen auf dem Weg von beziehungsweise nach Laos einen Abstecher nach Banlung. Die Transportunternehmer haben sich darauf eingestellt und verkaufen Tickets von Banlung bis zu den 4000 Islands in Laos. An der Grenze bzw. in Stung Treng muss umgestiegen werden. Dabei kommt es immer wieder wegen nicht anerkannter Tickets oder langer Wartezeiten zu Problemen. Informationen zu den möglicherweise notwendigen Visa findet man im Kapitel „Praktische Tipps A–Z, Ein- und Ausreisebestimmungen".

Von Senmonorom nach Banlung

Die wetterfeste Straße auf dieser knapp 200 km langen Strecke, die über Lumphat und zum Teil entlang des Ho Chi Minh Trails führt, wurde kürzlich fertiggestellt. Noch gibt es keine öffentlichen Verbindungen, und man muss sich die Fahrt individuell zusammenstellen. Auf halber Strecke liegt die Streusiedlung **Koh Neak** mit einfachen Unterkünften z.B. *Sovankiri G.H.* Für diese Strecke verlangt ein Motodup ca. 80 $. Mehr Infos siehe Kapitel „Mondulkiri".

Ausflüge in die nähere Umgebung

Sonnenuntergang

Wenn man der RN 19 Richtung Stung Treng folgt, trifft man nach 1 km rechts auf eine Pagode. Von dort führt eine anfangs breite Straße steil den Berg hinauf. Ihr folgend kommt man nach einem weiteren Kilometer zu einer mächtigen, liegenden **Buddhastatue,** von der es nicht mehr weit zum Gipfel eines Aussichtshügels ist. Schöner Sonnenuntergang.

Yaklom-See

Dieser von dichtem Urwald eingerahmte **Vulkansee** ist ein wahres Kleinod. Er ist in der Mythologie der Einheimischen tief verwurzelt. Viele Sagen und Geschichten ranken sich um seine Entstehung, hervorgerufen durch eine Eruption vor ca. 700.000 Jahren. Auffallend ist das unheimlich wirkende schwarze Wasser, in dem noch **Krokodile** leben sollen – gesehen worden ist jedoch schon lange keines mehr.

Am Nordufer, das über eine Straße erreichbar ist, wurde ein **Naturpark** für Khmer und Touristen errichtet, der von den Ureinwohnern verwaltet wird. Neben zwei Stelzenhäusern der Khmer Loeu lädt ein Badesteg zum Sprung in das herrlich klare Wasser ein. Von dort führt ein Weg rechts um den See herum, wo es zwei weitere Badestege gibt. Nach einem kleinen Fußmarsch von ca. 10 Minuten erreicht man das **Parkmuseum.** Hier beginnt ein wildromantischer Pfad durch dichten Dschungel und überdachte Bambustunnel, der um den See herum führt. Der Eintritt zum See kostet 4000 Riel, das Museum 300 Riel. Das Geld kommt der Tapuan Gemeinde zugute, die in der Nähe des Sees lebt und den Park verwaltet.

■ **Anfahrt** (ca. 5 km): Auf der RN 19 Richtung Vietnam, nach ca. 4 Kilometern an einem Begrüßungs-Rondell, das zwei Ureinwohner darstellt, rechts abbiegen (beim Dorf Cherai). Entweder zu Fuß ca. 1 Std. oder mit dem Motodup für 2–3 $ hin und zurück.

Wasserfälle

In der weiteren Umgebung der Stadt gibt es einige Wasserfälle, welche die Khmer mehr begeistern als die Touristen. Besuchenswert sind z.B. **Ka Choung** und **Cha Ong,** die ca. 7 km entfernt liegen.

Elefantenreiten

Airavata ist ein nachhaltiges Projekt des französischen Visionärs *Pierre Yves,* der seit vielen Jahren in Kambodscha lebt und die Terre Rouge Lodge besitzt. Er sieht sein Projekt als **ethische Alternative zum Elefanten-Massentourismus,** wie er oft in Thailand praktiziert wird. Ziel ist das Überleben der einheimischen Elefanten-Population und eine sensible Interaktion zwischen Mensch und Tier. Ein Ausflug dauert rd. 3½ Std. und beinhaltet das Kennenlernen des Dickhäuters und seines Mahout sowie ein gemeinsames Bad im Fluss nach dem Ausritt. www.airavata-cambodia.com.

Ausflüge

Bei den folgenden Touren empfiehlt es sich, einen **Guide** mitzunehmen, da man ohne ihn viele Dinge nicht sehen und verstehen würde.

12 Die meisten G.Hs. und kleine einheimische Reisebüros, wie **Smile Tours,** vermitteln Guides. Die hier angebotenen Touren finden alle außerhalb, in der sogenannten „Bufferzone" des Nationalparks statt, z.B. drei Tage Urwaldtrekking mit zwei Übernachtungen in der Hängematte und Rückfahrt mit dem Bamboo-Raft nach Ta Veng. 50–80 $ pro Person.

13 **DutchCo Trekking Cambodia.** Die Agentur wird von einem holländischen Paar, das seit 2007 in Banlung lebt, betrieben. Angeboten werden sehr professionelle Trekkingtouren in Rattanakiri. Außer der Nationalpark-Verwaltung sind sie die einzigen, die noch Touren im Virachey Nationalpark durchführen dürfen. Sehr empfehlenswert sind die 3–5-tägigen Touren zu ihrem Eco Tourismusprojekt in der Kolak/Lalai Gemeinde. Dabei wird auch der Tanop Wald, einer der letzten intakten Urwälder von Rattanakiri, besucht. Ein Tag kostet 45 $ pro Person. Tel. 097/6792714, www.trekkingcambodia.com, das Büro mit Restaurant Café Alee liegt an der Straße vom Markt zum *Tribal Hotel.*

Die Ureinwohner

Banlung ist Ausgangsort zum Besuch der zahlreichen hier lebenden Minoritäten. Die beste Zeit, die Menschen in ihren Dörfern zu besuchen, ist zwischen November und März. Während der Regenzeit, April bis Oktober, halten sich die Khmer Loeu, die überwiegend als Halbnomaden leben, oft Tagesmärsche entfernt von den Siedlungen auf und bewirtschaften im Urwald ihre Felder. Um die steinzeitlich anmutenden, bis zu 40 Kilometer von Banlung entfernten Dörfer zu besuchen und die Kultur und Rituale ihrer Bewohner zu verstehen, sollte man sich einem Guide anvertrauen (siehe „Banlung, Adressen"). Ich empfehle jedoch dringend, vorher mit dem Guide ein klärendes Gespräch zu führen, um festzustellen, ob er nur an ein paar schnellen Dollar interessiert ist oder wirklich etwas von den hier lebenden Menschen weiß und sie respektiert.

Besonders interessante Dörfer, die sich auch mit kleinen Trekkingtouren verbinden lassen, sind:

- **Gala Village;** Bevölkerung: Kreung
- **Gantschon Village;** Bevölkerung: Tampuan

Lumphat

Während des Terrorregimes der Roten Khmer war Lumphat die Provinzhauptstadt von Rattanakiri. Heute ist dieses hübsche Dorf mit seinen großen Holzhäusern, den schönen Bäumen an der Uferpromenade und der Pagode im Zentrum, zur Bedeutungslosigkeit verdammt. Bei der Übernachtung und beim Essen ist der Reisende auf das Wohlwollen der freundlichen Bevölkerung angewiesen.

- **Anreise:** Ca. 35 Kilometer; mehrere Minibusse für 2,50 $ (1 Std.).

Highlander – die Khmer Loeu im Urwald Kambodschas

Die Jahre 1960 bis 1990 hätten fast das Aus für die Minoritäten in Rattanakiri bedeutet. Sinnlos ermordet und für politische Zwecke missbraucht, verloren die 21 verschiedenen Bergvölker rund drei Viertel ihrer Bevölkerung. Mit ihnen verschwand auch ein Teil ihres über tausendjährigen Kulturerbes. Doch in den letzten 20 Jahren konnten sich die Khmer Loeu der Kohtoum-Hochebene, über die man nicht viel weiß, von ihrem Schicksal einigermaßen erholen, bevor jetzt die nächste Katastrophe der industriell betriebenen Großplantagen der Vietnamesen und Chinesen, hinter denen oft internationale Konzerne stehen (z.B. die Deutsche Bank), auf sie zukommt.

Die **größten Gruppen** bilden die Charai, Brau, Kaco, Tampuan und Kreung. Obwohl ihre Dörfer oft in unmittelbarer Nähe zueinander stehen, vermischen sie sich nie durch Heirat und sprechen ihre eigene, nur mündlich überlieferte Sprache. Lediglich in den Siedlungen nahe Banlung wird in einigen Dorfschulen Khmer unterrichtet.

Die extrem scheuen Menschen leben weitgehend **autark** in ihren Dorfgemeinschaften. Nur wenige ihrer Waren bringen sie in oftmals tagelangen Fußmärschen auf die paar Märkte in der Provinz. Vom Erlös kaufen sie sich Kleidung, Taschenlampen, Fahrrad oder ein gebrauchtes Moped. Leider auch immer wieder sehr viel Alkohol. Auf ihren Feldern bauen sie hauptsächlich Trockenreis und Gemüse an. Hühner, Schweine, Rinder und Büffel gehören zum gewohnten Bild in jedem Dorf.

Eine geradezu liebevolle Beziehung pflegen die Menschen zum **Rauchen.** Die Frauen schmauchen unaufhaltsam ihre großen, handgeschnitzten Pfeifen, während die Männer zwischendurch auch mal einer zigarrengroßen, aus Zeitungspapier gedrehten Zigarette den Vorzug geben. Es ist selbstverständlich, dass Kinder ab sechs Jahren im Kreise der Erwachsenen ihre eigenen Zigaretten und Pfeifen rauchen.

Die Frauen tragen als **Kleidung** selbstgewebte Sarongs und lassen den Oberkörper unbedeckt. In Banlung und Umgebung hat das westliche Schamgefühl bereits eingesetzt und „frau" geht mit der Mode; zum letzten Schrei gehören fleischfarbene Büstenhalter. Große, geflochtene Körbe dienen ihnen zum Transport ihrer Waren, und in kunstvoll verzierten Kalebassen wird das Wasser aus den nahen Bächen geholt.

Die Menschen leben in Häusern, die auf hohen Stelzen stehen. Sie sind innerhalb der **Dörfer** kreisförmig oder rechteckig angeordnet.

Faszinierend sind die noch kaum erforschten, **religiösen Zeremonien,** die auf einem Ahnenkult basieren. Zu Ehren ihrer verstorbenen Vorfahren pflanzen die Menschen Bäume (Arakaabäume) zwischen ihre Häuser. Damit sie nicht von den Tieren abgefressen und somit entehrt werden, sind sie durch Pfähle geschützt, die im oberen Bereich zusammengebunden sind. Auf einem Brett, das sich auf diesen Pfählen befindet, werden die Vorfahren dadurch verehrt, dass man ihnen Reis, Bethelblätter oder Fleisch opfert.

Im Zentrum eines jeden Dorfes steht ein großes Gebäude. Es ist das **Heiligtum** der Siedlung

[>] Haus der Khmer Loeu

und dient für Versammlungen und Zeremonien. Neben diesem Haus werden die Götter in Form eines Baumes, verehrt. Im Krankheitsfall kommt die Familie und betet den Baum um Hilfe an. Mit traditionellen Musikinstrumenten wie Trommeln, hölzernen Flöten und Saiteninstrumenten machen sie die Götter auf ihre Gebete aufmerksam. Wenn eine besonders große Hilfeleistung von einem ihrer zahlreichen Götter erwartet wird, schlachten sie ein Tier, dessen Fleisch auf einem Altar vor dem Baum geopfert wird.

Priester können nur Frauen werden. Ihre wichtigste Aufgabe ist es, Zeremonien durchzuführen und Träume zu haben, die gedeutet werden, und nach denen sich die Bewohner eines Dorfes richten. Bei einer kranken Person erfährt die Priesterin durch solch einen Traum, welche Opfer die Familie bringen muss, um zur Genesung des Erkrankten beizutragen. Im Bedarfsfall muss sie Kontakt zu Göttern sowie zu den Vorfahren der Dorfbewohner, die als Geister in nächster Umgebung weiterleben, aufnehmen.

Die Verstorbenen werden auf einem Friedhof im Wald unweit des Dorfes beerdigt. Ihnen werden einfache Unterkünfte gebaut, in denen Gegenstände des täglichen Bedarfs liegen. Die Dächer sind mit Schnitzereien verziert, die weniger aus der Mystik stammen, sondern eher aus dem Alltag der Moderne. Beliebte Symbole sind Handys, Flugzeuge und Hubschrauber.

Noch viel Forschungsarbeit ist notwendig, um die komplizierte Gedanken- und Geisterwelt dieser Menschen zu verstehen. Doch auch die „Highlander" leben nur scheinbar in einer heilen Welt. Mit dem Frieden in Kambodscha sind auch zahlreiche Geschäftsleute nach Rattanakiri gekommen, sie haben Teile von ihrem Land in Besitz genommen, die Wälder abgeholzt und die Jugend mit der Geisterwelt der Zivilisation verführt.

Eine weitere Gefahr droht ihnen von skrupellosen Seelenfängern. Wie die Heuschrecken sind **Missionare,** religiöse Fanatiker und Sekten nach Kambodscha eingefallen. Bei den Buddhisten hält sich ihr Einfluss in Grenzen, doch die kleinen Religionsgruppen, die letzte Hoffnung vieler Missionare, sind ihren subtilen Methoden nahezu hilflos ausgeliefert.

603ka an

713ka an

Wünsche für ein Leben nach dem Tod – Grabfiguren der Ureinwohner

Wunsei (alter Name: Viracheay)

Diese belebte Siedlung liegt am Tonle San. Auf der linken Seite des Flusses leben überwiegend Laoten und Khmer; auf der gegenüberliegenden, die mit einem Fährboot erreichbar ist, lebt eine chinesische Gemeinde mit etwa 30 Familien. Für diese abgelegene Gegend sind sie sehr wohlhabend und haben eine eigene chinesische Schule.

In Wunsei gibt es zwei einfache **Restaurants** am Hafen.

Anreise: Ca. 35 km; 1 Std. mit dem Moped. Schöne Landschaft sowie einem Khmer Loeu Dorf auf dem Weg.

Pick-ups fahren frühmorgens vom Markt in Banlung nach Wunsei.

Nur in der Trockenzeit ist es möglich, in einem Tag von Wunsei (bzw. Banlung) über einen nur für Mopeds befahrbaren Uralttrail nach Siem Pang am Tonle Kong zu gelangen. Sehr abenteuerlich. Konditionen für diese Tour am besten mit den Guides in Banlung klären.

Friedhof der Khmer Loeu

Ein beliebter Tagesausflug von Banlung führt über Wunsei zu dem skurrilen **Friedhof des Taphuandorfes Kachon** am Ufer des Tonle San. Jedes Ureinwohnerdorf hat seinen nahegelegenen Friedhof, doch die meisten Khmer Loeu verwehren neugierigen Fremden den Zutritt. Die Gräber sind von Figuren aus Holz, seit neuestem auch aus Beton, und symbolischen Zeichen flankiert. Die Figuren stellen jeweils den Mann und die Frau einer Familie dar. Anhand der Accessoires, die dem Mann zugeordnet wurden, ist zu erkennen, welchen **Berufswunsch bei einer Wiedergeburt** ihm seine Angehörigen mit auf seine letzte Reise gegeben haben.

Hohes Ansehen unter den Ureinwohnern genießen demnach Soldaten und Polizisten. Es wird pro Person eine Spende von ca. einem Dollar erwartet.

Anreise: Von Wunsei benötigt man ein Boot, das etwa 50 Min. bis Kachon braucht. Es kostet ca. 15 $.

Bootstrip auf dem Tonle San

Ein sehr lohnender und abwechslungsreicher 2-Tages-Trip! Mit dem Motodup oder Jeep bis zu dem kleinen Ort **Ta Veng** (50 km). Dort lassen sich kleine Boote (max. 4 Personen) für ca. 25 $ mieten, die in 3–4 Std. nach Wunsei fahren. Unbedingt am oben beschriebenen Khmer Loeu Friedhof anhalten. Übernachten in Wunsei und sich entweder am nächsten Tag abholen lassen oder mit dem Pick-up zurück nach Banlung fahren.

Das *Dutch Couple* (siehe unter „Tagesausflüge") bietet diese Tour mit Kajaks an, und *Mr. Tee* vom *Tree Top Guest House* (siehe unter „Unterkunft") plant, diese Strecke mit Bamboo Rafts zu befahren.

Urwaldtrekking im Virachey Nationalpark

Der Virachey Nationalpark ist mit 332.500 ha der **größte Nationalpark** in Kambodscha. Der höchste Berg ist über 1200 m hoch. Der Park ist sowohl von Stung Treng und Siam Pang als auch von Banlung zugänglich. Im Norden grenzt er an Laos und im Osten an Vietnam. Auch die Ureinwohner, die Khmer Loeu, dürfen nicht im Park siedeln, jagen, Holz fällen oder Felder anlegen. Nur in einigen speziell ausgewiesenen Gebieten dürfen sie Pflanzen sammeln. Einige **bedrohte Tierarten** haben hier eine Zuflucht gefunden. Tiger, Bären, verschiedene Arten von Kleinkatzen, wilde Kühe, Hirscharten sowie verschiedene Vögel und Hühner, Krokodile, Affen, Wildschweine und natürlich Schlangen. Auch eine erheblich Anzahl von wilden Elefanten gibt es noch nördlich von Siem Pang.

Organisiert werden Trekkingtouren bis zu acht Tagen vom **EcoTourism Information Center** in Zusammenarbeit mit dem Umweltministerium. Das Büro in Banlung ist von Montag bis Freitag geöffnet und sollte unbedingt wegen aktueller Infos aufgesucht werden (Lage siehe Stadtplan, Tel. 075/974013). Nur hier können die Touren in den Nationalpark organisiert werden. **Feste Schuhe** und einen **Rucksack** muss man selber mitbringen, alles Andere kann ausgeliehen werden. Kosten ca. 40–50 $/Tag. Dies schließt Kosten für Transport, Essen, Nationalparkgebühr, örtlicher Guide, Ranger, Leihausrüstung, etc. mit ein.

Die folgenden drei Touren werden angeboten:

1. Kalang Chhouy (Trek zum heiligen Berg)

Einfacher 2–3-Tages-Trek in der Gegend um Wunsei mit Besuch von Khmer Loeu-Dörfern und des Parks.

2. O'Lapeung (River Valley Trek)

Mittelschwerer 4-Tages-Trek bei Ta Veng. Kayakfahrten, Übernachtung bei den Ureinwohnern und in Hängematten im Dschungel, Trekken auf dem Ho Chi Minh Trail, Birdwatching.

3. Phnom Veal Thom (Wilderness Trek)

Anspruchsvoller 8-Tages-Trek zum Berg „Phnom Veal Thom", der in einer Art Grassteppe *(grassland)* liegt.

Mondulkiri

មណ្ឌលគិរី

Das hügelige Hochplateau von Mondulkiri mit seiner Provinzhauptstadt **Senmonorom** war lange Zeit eine der abgelegensten und unzugänglichsten Provinzen des Landes. Jetzt lässt sich die an Vietnam grenzende Region und Heimat der ethnischen Minorität der Phnong über eine gut ausgebaute Straße mit dem Auto in 5 bis 6 Stunden von Phnom Penh aus erreichen. Auch wenn die gesamte Provinz derzeit mit Straßen erschlossen wird, und viele Bäume gefällt werden, um Plantagen anzulegen, bleibt Mondulkiri für **Ökotouristen und Abenteurer** ein lohnendes Ziel. Dschungeltreks, Ausflüge auf Elefanten und Besuche der Ureinwohner sind längst noch nicht so kommerzialisiert wie beispielsweise im benachbarten Thailand. Auch für **Enduro- und Mountainbike-Aktivisten** bietet die Provinz ein breites und noch wenig erschlossenes Betätigungsfeld. Interessant sind auch die **Projekte des WWF,** die Touristen tieferen Einblick in das sensible Ökosystem gewähren. Nach ihren Quellen gibt es noch sehr viel Wildkatzen (z.B. den Leopard), verschiedene Affenarten, Rotwild und schätzungsweise 150 wilde Elefanten in Mondulkiri. Die letzten Tiger wurden

056ka an

2007 von einer Fotofalle aufgenommen und gelten hier als ausgestorben. Definitiv ist auch das kambodschanische Nationaltier, das *Kouprey,* für immer verschwunden.

Mondulkiri ist aber auch **sozialer Brennpunkt.** Der von der Regierung vorangetriebene Verkauf und das Verpachten großer Flächen an chinesische und vietnamesische Firmen, die hier gewaltige Plantagen errichten oder auf industrielle Art Gold schürfen, hat zur Enteignung vieler hier seit Jahrhunderten lebenden Ureinwohner geführt, sie entwurzelt und in die Armut und den Alkoholismus getrieben. Die Missachtung fundamentalster Menschenrechte durch illegales „land-grabbing" und das anschließende Vertreiben der Einwohner mit Waffengewalt (auch durch Unterstützung des Militärs die deren Häuser mit Bulldozern einreißen), hat Menschenrechtsorganisationen auf den Plan gerufen (siehe auch „Goldgräberdorf Prey Meas") und der Regierung in Phnom Penh wieder einmal negative Schlagzeilen im Umgang mit Menschenrechten in der Presse beschert.

Ureinwohner von Mondulkiri sind die **Phnong** (siehe Exkurs).

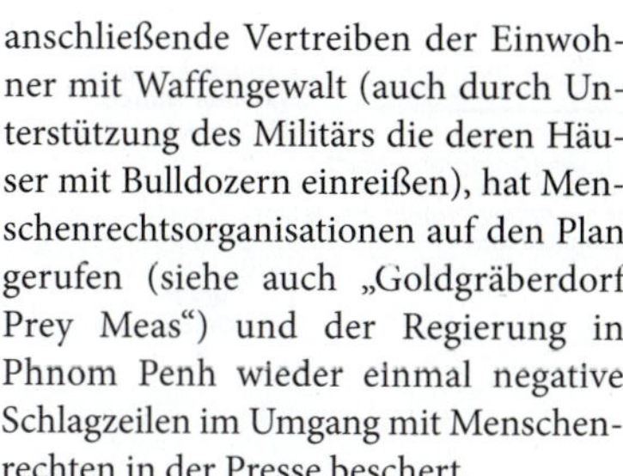

Senmonorom

Die Stadt liegt zwischen den sanften Hügeln der Chhlong-Hochebene, die eine Höhe von 1000 Metern erreicht. Daher ist das Klima deutlich kühler und angenehmer als in Phnom Penh. Im Dezember und Januar können die Temperaturen bis auf 10° C in der Nacht fallen. Die sanften Bergrücken sind kahl und mit langem Gras bewachsen, dazwischen stehen kleine Kiefernwälder. Die Täler, durch die sich in der Regenzeit braune Wassermassen wälzen und teilweise

☒ Flugfeld in Senmonorom

Übernachtung

1 Mayura Hill Resort
2 Mondulkiri Hotel
3 Pich Kiri G.H.
4 Holiday G.H.
6 Long Vibol G.H.
9 Oeun Sakona Hotel
11 The Hangout
12 Panyro Motel
13 Nature Lodge

Essen und Trinken

1 Mayura Hill Restaurant
5 Chom Nor Thmei Restaurant
6 Long Vibol Restaurant
7 Green House Restaurant & Bar
8 Khmer Kitchen Restaurant
10 Chilli on the Rocks
11 The Hangout
13 Nature Lodge
14 Mondulkiri Pizza
15 Cinamon Café

über hohe Wasserfälle stürzen, aber in der Trockenzeit glasklar dahinplätschern und zum Baden einladen, sind mit dichtem Urwald bedeckt. Die meisten der 15.000 Einwohner von Senmonorom sind Khmer, die es vor allem durch das Spekulieren mit Grundstücken zu beachtlichem Reichtum gebracht haben.

In der Regenzeit von Juni bis Oktober können die Ausflugsmöglichkeiten je nach Niederschlag stark eingeschränkt sein, denn die Seitenstraßen sind extrem verschlammt und rutschig.

Infos und Adressen

■ **Mopeds:** So gut wie jede Unterkunft und alle Restaurants, in denen Ausländer verkehren, verleihen auch Mopeds (7 $ pro Tag, Benzin extra). Manche bieten auch Enduros ab 15 $ pro Tag an. Die besten Motorräder in der Stadt (ab 25 $) hat *Reinhard* von *Adventure Rider Asia* (siehe „Adventure Rider Asia“ unter „Prakt. Reisetipps/Moped fahren“).

■ **Stadtverkehr:** Senmonorom ist der einzige Ort in Kambodscha, wo das sonst weit verbreitete Motodup kaum präsent ist. Am ehesten lassen sich Mopedtaxis am Markt im Zentrum finden. Nachts gibt es so gut wie gar keine. Auch Tuk Tuk's gibt es nicht. Preise zwischen 2000 und 4000 Riel innerhalb der Stadt.

■ **Geld:** Die **Acleda** und **Canadia Bank** wechseln Dollar, Euro und bieten einen 7/24 ATM für alle gängigen Kreditkarten. Im Zentrum gelegen. Mo–Fr 7.30–16.00 Uhr.

■ **Touristeninfo:** Das Tourist Information Center am Kreisverkehr neben dem Kouprey Monument ist überflüssig, denn es ist meist geschlossen und bietet keine verwertbare Information.

■ **Supermarkt:** Der *Sovankiri-Minimarkt* gegenüber vom Holiday Guest House bietet ein überschaubares Angebot an westlichen Hygieneartikeln und Waren.

Unterkunft

Sowohl im Stadtzentrum wie außerhalb gibt es zahlreiche Unterkünfte unterschiedlichster Kategorien.

Mein Tipp: 13 **Nature Lodge**①-② (Tel. 012/230 272, www.naturelodgecambodia.com). 30 Bungalows sind weitläufig auf einer Wiese verteilt. Dazwischen grasen Kühe und Pferde, die der Gast von seiner Hängematte auf dem Balkon beobachten kann. Die Unterkünfte sind einfach, aber sauber, zweckmäßig und sehr stilvoll wie z.B. die Freiluftdusche. Der richtige Ort für echte Naturfreaks. Die Nature Lodge liegt 2 km vom Zentrum entfernt, doch die Gäste werden mit einem Shuttlebus zu bestimmten Zeiten abgeholt. Bungalows mit Bad/WC und warmen Wasser. WiFi nur im Restaurant. Ein herrlicher Platz zum Entspannen ist auch das halboffene 13 **Restaurant** mit Baumhaus. Khmer-Speisen aber auch Pizza, Pasta, Salate und Kuchen stehen auf der Karte (2–8 $). Das meiste Obst und Gemüse wird selber nach ökologischen Gesichtspunkten angebaut. Brot aus eigener Bäckerei. Wie in den meisten Unterkünften wird auch hier ein umfangreiches Ausflugsprogramm angeboten.

1 **Mayura Hill Resort**③-④ (www.mayurahillresort.com, Tel. 017/711177). Momentan die luxuriöseste Unterkunft in Senmonorom. Edel und modern ausgestattete Bungalows an einem Berghang etwa 3 km außerhalb der Stadt. Schöner Pool, der für 10 $ auch von externen Gästen genutzt werden kann. Ein 1 **Restaurant** ist angeschlossen.

12 **Panyro Motel**① (Tel. 017/770867). Komfortable und gepflegte Bungalows, 400 m vom Zentrum entfernt. Gutes Preis-/Leistungsverhältnis. Alle Bungalows inkl. Warmwasser.

11 **The Hangout**① (Tel. 088/7219991). Der sehr beliebten Backpackerunterkunft ist auch ein gemütliches 11 **Restaurant** angeschlossen. Traveller Food, Burger und viele vegetarische Gerichte. Seitenstraße östlich vom Zentrum.

4 **Holiday G.H.**① Um die einfachen Standardzimmer zu erreichen, muss erst das Wohnzimmer

der Besitzer durchquert werden. DZ wahlweise mit kaltem oder warmem Wasser. Im Zentrum.

3 **Pich Kiri G.H.**① (Tel. 012/ 932102). Frau *Deu*, eine agile, kleine Dame, ist die Chefin des ältesten Guest Houses in Senmonorom. Die Zimmer gibt es wahlweise mit kaltem oder warmem Wasser. Direkt im Stadtzentrum.

6 **Long Vibol G.H. und Restaurant**① (Tel. 012/ 944647). Auch eines der Guest Houses der ersten Stunde. Doch hier hat die neue Generation übernommen, und es fehlt an Gründergeist. Die Bungalowsanlage im alten Holzstil ist in die Jahre gekommen, aber dafür ragen jetzt die Jackfruchtbäume im Garten bis in den Himmel. Das G.H. befindet sich am östlichen Ende der neuen Allee, knapp 2 km vom Zentrum entfernt. 6 **Restaurant** mit großer Auswahl an Speisen.

Khmer Standard Hotels

2 Das **Mondulkiri Hotel**①-② ist ein stattliches, aber baulich wenig attraktives Hotel, die Zimmer sind jedoch brauchbar.

9 Weniger brutal, aber auch keine architektonische Glanzleistung, ist die Erscheinung des **Oeun Sakona Hotel**① (Tel. 012/950680) im Zentrum.

Öffentlicher Waschplatz auf dem Weg zum Goldgräberdorf Prey Meas

042ka an

Zimmer wirken steril, aber für den Preis akzeptabel. Mit und ohne AC.

Essen und Trinken

Im Zentrum, an der Straße vom Kuprey Monument, auf einer Länge von 200 Metern hinab zum *Oeun Sakona Hotel,* gibt es die größte Restaurantdichte der Stadt. Beginnend oben am Kreisel kommt zuerst das:

5 **Chom Nor Thmei Restaurant** auf der rechten Seite. Ein gutes und günstiges Khmer-Restaurant mit einer kleinen Speisekarte auf Englisch (2–3 $). Ganztägig geöffnet.

Die Phnong

Ähnlich wie die anderen Minoritäten leben die Phnong vom Trockenreis- und Maisanbau. Da der Urwaldboden schnell ausgezehrt ist, wird alle zwei Jahre ein neues Waldstück gerodet, das Buschwerk und Holz verbrannt und das Gelände mit einem dichten Zaun gegen Tiere gesichert.

Die Hütten sind zwischen 5 und 10 Metern lang, ca. 2,50 Meter hoch und haben die Form einer Halbtonne. Die Dächer aus Schilf reichen fast bis zum Boden hinab. Links und rechts des Mittelganges befinden sich in einem Meter Höhe je eine Ablage. Auf der einen Seite wird geschlafen, auf der anderen gekocht und Vorräte gestapelt. Auch wenn einige Phnong schon in Holzhütten mit Wellblechdach leben ziehen es viele doch vor, in ihren traditionellen Häusern zu leben.

In den braunen Tonamphoren, die in jedem Haus zu finden sind, wird eine Art Wein gelagert. Alkoholismus ist ein ernstes Problem der Minoritäten.

Als Nutztiere werden Rinder, Ziegen, Schweine und Hühner gezüchtet. Jedes Dorf hält sich auch ein paar Elefanten die insbesondere beim Roden zum Einsatz kommen.

Die Phnong sind nicht mehr an ihrer traditionellen Kleidung zu erkennen, sondern leider nur daran, dass sie im Vergleich zu den Khmer kaum auf ihr Äußeres achten und eher ungepflegt sind. Auch die abgewrackten Mopeds, auf denen sie in die Stadt Senmonorom kommen, sind ihr Erkennungszeichen.

Prey Meas – Goldgräberdorf im Urwald

Prey Meas ist ein Goldgräberdorf wie aus einem Wildwest-Film. An die 500 Familien leben hier fern jeglicher Zivilisation in Schlamm, Dreck und bitterer Armut sowie der ständigen Gefahr ausgesetzt, entweder an Malaria oder beim Einsturz eines Stollens zu sterben. Nur die Hoffnung, eines Tages eine Goldader zu finden, hält die Familien mit den vielen Kindern in dieser unwirtlichen Umgebung.

Aus bis zu 100 m tiefen Stollen werden die Steine, oft von Kindern, die noch nie eine Schule gesehen haben, ans Tageslicht gefördert. Dort werden die Steine zu einem grauen Brei zermalmt und mit Wasser vermischt. In Zentrifugen wird der schwerere goldhaltige Sand mit Hilfe der Gravitation vom Rest des Gesteins getrennt. Unter Verwendung einer hochgiftigen Chemikalie wird danach das Gold aus diesem Schlamm extrahiert.

Als ob das Überleben in Prey Meas nicht schon schwierig genug wäre, macht die Provinzregierung den Menschen noch darüber hinaus das Leben zur Hölle. Im Jahr 2005 wurde ein großer Teil der Mine für viel Geld, das mit Sicherheit in den privaten Taschen einiger Politiker und Militärs versickerte, an eine chinesische Firma verkauft. Alle Stollen der Khmer wurden von den Soldaten zerstört und die sowieso schon am Existenzminimum lebenden Familien ihrer einzigen Lebensgrundlage beraubt.

■ **Anreise:** Ein spannender Ausflug für hartgesottene Abenteurer. Die Anreise ist nur auf einem Moped möglich. Allerdings gibt es nur wenige Guides, die diese Tour machen, da sie entweder den Weg nicht kennen oder ihnen die Strapazen zu groß sind. Mit einer Enduro sollten sich nur wirklich erfahrene Fahrer auf diesen Trail wagen. **Ohne ortskundigen Guide auf keinen Fall zu empfehlen.** Die Strecke von Senmonorom aus ist 55 km lang und dauert etwa 5 Stunden. Sie führt durch die Phnong Dörfer Poutrom, Srae I und Memong. Nur in Prey Meas gibt es ein G.H. Ernähren muss man sich in den kleinen Garküchen im Ort.

Erfahrung in dieser Gegend haben *Reinhard* von *Adventure Rider Asia* (siehe „Senmonorom"), der Enduro-Touren dorthin organisiert und der local guide *Moni Hong* (Tel. 088/5935588).

7 Beliebt ist das **Green House Restaurant** auf der linken Seite. Mit seinen gemütlichen Korbstühlen und dem kleinen Garten spricht es vor allem Touristen an. Gute Frucht- und Milkshakes, Cocktails, Khmer- und Western Food (2–3 $) sowie Sandwiches und westliches Frühstück.

8 Das **Khmer Kitchen Restaurant** bietet ebenfalls gute Khmer- und westliche Küche sowie Frühstück in derselben Preiskategorie wie die anderen Restaurants, doch die harten Holzstühle begeistern eher die Einheimischen als die Touristen und laden nicht gerade zum längeren Verweilen ein.

11 Im **The Hangout** trifft sich die Travellerszene am Abend bei Bier sowie Khmer- und Western Food und legendären Burgern. Siehe G.H.

10 Nicht weit davon entfernt ist das **Chilli on the Rocks.** Ein schwedisches Pärchen serviert „Killer"-Cocktails, Pasta und schwedische Küche.

15 Das **Cinamon Café,** das keinen Alkohol ausschenkt, liegt in einem Garten am Bach (200 m vom Zentrum).

14 **Mondulkiri Pizza.** Delikate Pizzas und angenehme Atmosphäre in einem hübschen Garten und nett dekoriertem Restaurant. Am Bach etwa 200 m vom The Hangout entfernt.

13 Das **Restaurant in der Nature Lodge** (siehe „Nature Lodge") ist stilvoll und gemütlich und bietet hervorragende Küche. Die Preise sind etwas höher als woanders und ist dadurch, dass es 2 km außerhalb liegt, etwas aufwendiger zu erreichen.

Infos, Aktivitäten und Projekte

Überall in Senmonorom werden Ausflüge angeboten. Standardtouren sind **Besuche der Phnong Dörfer** Dak Dam, Poutang und Poutrou, **Elefantenreiten** in Poutang und Poulong sowie der **Besuch der Wasserfälle** von Bou Sraa und natürlich **Dschungeltrekking** (1–3 Tage). Ob private Guides oder Unterkünfte, jeder ist natürlich überzeugt, das beste Programm anzubieten. Das macht es schwer zu entscheiden, wer wirklich fundierte Erfahrungen und Wissen hat und wer nur das beste Marketing. Ein ausführliches Gespräch mit dem Guide vor der Tour, bei dem auch sehr konkrete und kritische Fragen gestellt werden sollten, kann Klarheit schaffen. Oder am besten andere Touristen nach ihren Empfehlungen und Erfahrungen fragen. Tagestouren kosten zwischen 25 und 50 $, je nach Anzahl der Teilnehmer, Saison und Leistungen.

Ein sehr interessanter, aber mindestens zweitägiger Ausflug, ist der Besuch des **Goldgräberdorfs Prey Meas** (siehe Exkurs „Prey Meas – Goldgräberdorf im Urwald") in Verbindung mit dem herrlichen **Wasserfall von O-Tang-Lang.** Da diese Tour etwas aufwendiger ist, bieten ihn nur wenige Führer an. Der Guide *Mony Hong* (Tel. 088/5935 588) kennt sich in dieser Ecke gut aus.

■ Ein engagiertes und interessantes Unternehmen ist das **Elephant-Valley-Projekt.** Der Engländer *Jack* ist Elefantenliebhaber und hat ein großes Gelände am Rande des Urwaldes, 45 Minuten außerhalb von Senmonorom, gekauft, wo er eine Klinik für kranke, domestizierte Elefanten aufgebaut hat und mit vier eigenen Elefanten Touren zu den Dörfern der Phnong anbietet. Gegen Bezahlung ist es möglich, als Volunteer mit den Elefanten zu arbeiten. Tel. 00855/12/1613833, www.elephantvalley project.org. Informationen auch im Green House Restaurant.

■ Auch der **WWF** ist hier mit eigenen Projekten im Nationalpark engagiert und bietet alternatives Programm. Schwerpunkt ist es, den Phnong Einkunftsmöglichkeiten durch den Ökotourismus zu schaffen, um dadurch den Anbau und Produktion traditioneller und nachhaltiger Produkte wie Honig oder traditionelle medizinische Kräuter zu fördern. Der WWF bietet Ausflüge bis zu drei Tagen mit Phnong Guides an. Das Büro vom WWF liegt nördlich der Landebahn und ist jedem Einheimischen wohl bekannt. Tel. 088/8997060, www.mondulkiri tourism.org.

An- und Weiterreise

■ **Entfernungen in Straßenkilometern:**

Phnom Penh	380
Chhlong	207
Snoul	118
Kompong Cham	263
Banlung	200

Die Hauptstraßen in Mondulkiri sind asphaltiert und befinden sich in einem sehr guten Zustand. Reisebusse brauchen 8 und Kleinbusse 5 Stunden nach Phnom Penh.

Bus

Die **Busgesellschaften** *Phnom Penh Sorya* und *Rith Mony* fahren morgens für 8 $ in 8 Std. von und nach Phnom Penh. Kompong Cham liegt auf der Strecke (6,50 $). *Phnom Penh Sorya* bietet auch Verbindungen nach Siem Reap, Kratie, Stung Treng und Sihanouk Ville mit Umsteigen ab Senmonorom an.

■ Moderne 15-Sitzer-Kleinbusse (Ford Transit) der Gesellschaft *Chim Vuth* (im Khmer Kitchen) und *Kim Seng Express* (etwa gegenüber Pich Kiri G.H.) fahren die 380 km Strecke nach Phnom Penh in 5 Stunden für ca. 12 $. Sie fahren über Prey Veng und nicht über Kompong Cham wie die großen Busse. Abfahrtszeiten zwischen 7.00 und 13.00 Uhr. Sportlicher Fahrstil!

Abfahrtsstellen in Phnom Penh: *Chim Vuth* (Tel. 061/703030) beim Calmette Hospital hinter der Calmex Tankstelle. Kunden werden jedoch von zu Hause abgeholt. *Kim Seng* (Tel. 012/786000) am Kampuchea Krom Blvd. Nr. 506.

Flug

Der Flugplatz dient seit Jahren den Kindern als Spielplatz, den Fahrschulen als ideales Übungsgelände und den Kühen als Weide. Es gibt keine Flüge.

Grenzübergang nach Vietnam

Der naheste Grenzübergang nach Vietnam liegt rund 35 km von Senmonorom entfernt. Die Straße ist perfekt ausgebaut, doch momentan ist kein internationaler Grenzverkehr möglich, jedoch in Planung.

Umgebung

Doh Kromom

Nicht wundern, falls die Kambodschaner zu schmunzeln beginnen, wenn man nach dem Doh Kromom fragt. Auf Khmer heißt dies nämlich Busen. In diesem Fall handelt es sich allerdings um einen Hügel mit Altar *(vihear)* auf dem Gipfel. Von dort hat man eine gute Aussicht auf die Umgebung. Für die Einheimischen besitzt dieser Ort eine starke Spiritualität, weshalb sie oft zum Beten hier heraufkommen, insbesondere um von Krankheiten zu genesen.

■ Der Hügel erhebt sich direkt hinter der Flughafenpiste. Entweder mit dem Fahrzeug über die Straße, oder schöner, zu Fuß die fast zugewachsene Treppe hinauf.

Poutang Village

Es handelt sich um zwei Dörfer der Phnong, in denen es noch zahlreiche traditionelle Häuser gibt. Die Arbeitselefanten dürfen in ihrer Freizeit Touristen durch die nähere Umgebung reiten. Ausflüge können in Senmonorom für 30–40 $ pro Person gebucht werden. Die Nature Lodge bietet dort auch Ausflüge mit Elefanten einschließlich Übernachtung bei den Ureinwohnern an (etwa 100 $).

■ Liegt 10 km außerhalb von Senmonorom und etwa 1 km von der Hauptstraße nach Phnom Penh entfernt.

Poutrou Village

Ein abgelegeneres Phnong-Dorf. (In der Nähe liegen auch die netten, aber unspektakulären **Romanear-Wasserfälle.**) Ein lohnender Ausflug, den man aber unbedingt mit Guide unternehmen sollte, da das Dorf sehr schwer zu finden ist.

■ Liegt etwa 15 Kilometer von Senmonorom entfernt, in Richtung Phnom Penh.

Dak Dam Village

Ein relativ großes Dorf, in dem **Khmer** und **Ureinwohner** nebeneinander leben. Es gibt ein kleines Restaurant, eine Kirche und überraschend viele neue Häuser im traditionellem Baustil der Phnong. Bis auf den Grund, auf dem das Dorf steht, gehört hier alles chinesischen und vietnamesischen Großkonzernen, die das Land von der Regierung in Phnom Penh für 99 Jahre geleased haben. Sie betreiben weitflächige Plantagen und suchen nach Bodenschätzen. Die Ureinwohner wurden brutal von ihrem angestammten Land vertrieben und rächen sich nun auf ihre Weise, indem sie die Plantagen in Hit and Run-Aktionen niederbrennen.

■ Liegt etwa 15 km außerhalb von Senmonorom und ca. einen Kilometer von der Straße nach Vietnam entfernt.

Bou-Sraa-Wasserfälle

Dorthin zieht es die meisten Touristen, die nach Mondulkiri kommen. Zwei Wasserfälle, der erste 15 Meter und der zweite 30 Meter hoch, stürzen dort spektakulär in die Tiefe. Die 35 Kilometer lange Straße ist befestigt und gut befahrbar (ca. 1 Std.). Es ist auch möglich, dort in einem der zwei G.Hs. mit Restaurant zu übernachten.

Die beiden Wasserfälle lassen sich auch mithilfe eines **Zip-Line Parcours** erkunden.

Fahrt von Senmonorom (Mondulkiri) nach Banlung (Rattanakiri)

Nachdem dieser fast 200 km lange Trip bisher nur jenen Travellern vorbehalten war, die das Abenteuer lieben, haben die Chinesen jetzt eine **gut asphaltierte Straße** bis nach Banlung mit einer **Brücke** über den Srepok Fluss gebaut. Nach wie vor gibt es aber noch den „alten Weg", der sich von dem Ort Koh Neak (Cognac ausgesprochen) auf halber Strecke über verschlungenen Pfaden, die damals im Vietnamkrieg auch zum Hoh Chi Minh Trail zählten, bis Rattanakiri schlängelt. Einige Tourguides, wie *Mony Hong* etc. kennen diese abgelegenen Trails und können Übernachtungen in urigen und abgelegene Homestays in kleinen Dörfern im Dschungel auf der Fahrt organisieren. Die Preise sind in der Regenzeit höher und beginnen bei etwa 80 $ für die Fahrt bis Banlung. **Sammeltaxis** und **Kleinbusse** starten morgens. 3–5 Std. Fahrzeit. Tickets im G.H. für 7 $.

O-Tang-Lang-Wasserfall

Mysteriöse Wasserfallkaskaden im Urwald, die von einem Becken in das nächste stürzen. Sehr schwer und mühsam zu erreichen. Die Fahrt zum Wasserfall sollte man am besten mit einem Besuch des **Goldgräberdorfes Prey Meas** verbinden. Dort besteht auch die einzige Übernachtungsmöglichkeit. 43 Kilometer von Senmonorom und 12 Kilometer von Memang entfernt. Nur mit Guide. In der Regenzeit sehr schwierig zu erreichen, aber die Wassermassen, die sich mit unglaublicher Kraft ihren Weg bahnen, sind sehr beeindruckend.

601ka an

5 An den Ufern des Mekong

Die quirlige Mekong-Stadt Kompong Cham mit der paradisischen Pean Insel und der freundlichen Pagode Phnom Han Chey auf einem Hügel über dem Mekong verdient einen Besuch. Die letzten Irrawaddy-Delfine im Mekong leben vor den Toren von Kratie.

< Badespaß im Mekong

AN DEN UFERN DES MEKONG

Das Herz Kambodschas ist der Tonle Sap, die wichtigste Lebensader ist der Mekong. Seinen Ursprung hat er in China, im Tanghlagebirge am nordöstlichen Rand der tibetanischen Hochebene.

707ka an

Fischer am Mekong bei Stung Treng

NICHT VERPASSEN!

- Dem quirligen Handelszentrum **Kompong Cham** ist trotz seiner Größe der provinzielle Charme erhalten geblieben | 307
- 15 km nördlich von Kratie können die seltenen **Mekong Delfine** in ihrem natürlichen Lebensraum beobachtet werden | 316
- Mit dem **Kajak** durch überflutete Urwälder (Stung Treng) | 330
- Eine Fahrt entlang der Mekong Trails mit dem **Mountain Bike** inkl. Übernachtung im Homestay auf den Inseln. (Stung Treng) | 330

Diese Tipps erkennt man an der gelben Hinterlegung.

Der Mekong

មេគង្គ

Über 4900 Kilometer fließt er durch China, Burma, Laos, Thailand und Kambodscha oder entlang der Grenzen, bevor er in einem weit verzweigten, mit Kanälen durchzogenen und 70.000 Quadratkilometer großen Delta in Vietnam ins Südchinesische Meer mündet. Der Mekong ist der größte Fluss Südostasiens und der fünftlängste der Erde. 25 % der gesamten Wassermassen fließen ihm in Kambodscha zu. Die Anrainerstaaten haben ehrgeizige Pläne, das bisher kaum wirtschaftlich genutzte Wasser an mehreren Stellen aufzustauen und zur Bewässerung und Stromgewinnung zu verwenden. Auch in Kambodscha ist ein Staudamm bei Sambor geplant.

An der Grenze zu Kambodscha unterbrechen starke Stromschnellen und

Der Mekong
0
100 km
© Reise Know-How
KamboK05 - 11/19
THAILAND
LAOS
VIETNAM
Buntharig
1407
Ban Mai
Soukhouma
Sanamxai
Xe Kong
13
Ban Dan
Nam Yun
215
Preah-Vihear-Tempel
Mai
Kaki
217
Sra Aem
Phum Chuonh
287
Virachey Nationalpark
331
Siem Pang
Ban Hatsaykhoun
See Pan Don - 4.000 Islands
Khong
Ban Xot
Tônle Tông
Phum Chantuh
Ban Pong
Ta Veng
Kulen Promtep Wildlife Sanctuary
Pring
Krala Peas
Preah Vihear
Ban Boungngam
Veun Kham
Toek Tlea (Mekongfall)
Trapaing Kreal
286
Wunsei (Viracheay)
275
Rattanakiri
194
Preh Romkel
Pou
Phum Mlu Prey
12
220
Preah Vihear City
Sralau
Talat
277
Banlung
7
Khsach Thmei
Yaklom See
282
Preah Vihear
Anschlusskarte Seite 126
Phum Kampong Putrea Chas
Phum Thalabarivat
Tônle San
325
Stung Treng
Krabei Chrum
Pheang Krohm
283
Lumphat
Phum Pring
Ta Seng
270
Bong
Rovieng
Preah-Khan-Tempel
Stung Treng
1
Tônle Srepok
Lumphat Wildlife Sanctuary
Boeng Peae Wildlife Sanctuary
Stung Sen
Stung Srakar Mean
Prek Preah
Anschlusskarte Seite 276
Koh Neak
Phum Kampong Trabek
Mekong
O Krieng
Prek Krieng
Phum Roneam
Sokh Sant
128
Siem Reap
266
Sambor-Prey-Kuk-Tempel
Tumming
Koh Rougniv
324
Kratie
288
Mondulkiri
Sankor
6
Voa Yeav
Sambor
Wat Sarsar Muay Roy
Phnom Prech Wildlife Sanctuary
Kompong Thom
Stung Porong
316, 323
Anlong Psaut
262
Kompong Thom
Delfine
Kampi
323
294
Prey Meas
Memong
Stung Tang Krasang
Sambok
Stung Chimit
Anschlusskarte Seite 229
Koh Trong
318
Kratie
289
Senmonorom
Kompong Thonor
Prek Te
Khlek Khlak
Khum Me Sar chrey
Phum Pouthi
Khsim
Snuol Wildlife Sanctuary
Kompong Chhnang
Stung Trong
Chhlong
Keo Sema
Prek Chhlong
315
Phnum Tét Srel 207
314
Phnom Han Chey
Kampong Reang
Chumni
Phnom Srey Phnom Proh
307
Prey Chhor District
Snuol
Baek Cham
Skun
Kompong Cham
Tbong Khmum
Ph'av
313
Wat Nokor
313
Trapeang Sre/ Loc Ninh
Kompong Chhnang
Khum Angkor Ban
Koh Paen
Longvek
Kampong Krabei
Chup
Suông
315
110
Prek Poh
Kautschuk-plantage
315
Nokor Knong Nokor Kraw
Lôc Ninh
Udong
7
Kandaol Chrum
Memot
Binh Long
Knong
Sithor Kandal District
Phum Krêk
Chey Prey Dambang
Phnom Penh
Tang Roleang Village
Prey Pnov
Kamchay Mear Cheung
Trapeang Phlong/ Xa Mat
Bo Tuc
35
Phnom Penh
Trapeang Skom
306
Prey Veng
Takmau
1
Prey Veng
Tây Ninh
Siem Reab
Boeng Cheung Loung
113
Tonle Bati
Phum Banam
Me Sang District
Svay Rieng
Kandal
Neak Loeang
Phum Prêk Toch
Takeo
115
Kampong Trâbêk
Krong Svay Rieng
Prasaut
Moc Bai
Vam Co Dong
Phnom Chisor
116
Phum Khpôh
1
Bavet
Trang Bang
Cu Chi
Thu Dau Môt
Saigon (Hô Chí Minh)
Takeo
Dinh Ba
Anschlusskarte Seite 106
THAILAND
LAOS
Wunsei (Viracheay)
Banlung
Sisophon
Siem Reap
Pailin
Kompong Chhnang
Senmonorom
Pursat
Kratie
Dong Tong
Phnom Penh
VIETNAM
Takeo
Sihanouk Ville
Saigon

Wasserfälle den trägen Lauf des Mekong, sodass es dort selbst für kleine Boote kein Durchkommen mehr gibt. Dazu kommt noch der umstrittene 7 Kilometer lange **Don Sahong Staudamm,** den die laotische Regierung den Khmerfischern direkt vor die Nase gesetzt hat. Die erste Stadt, die er bei seinem 450 Kilometer langen Weg durch Kambodscha passiert, ist Stung Treng. Hier fließen ihm, bereits zu einem Strom vereint, die Flüsse Tonle Kong, Tonle San und Tonle Srepok aus Rattanakiri zu.

Zwischen Stung Treng und Kratie verzweigt sich der Mekong in ein Labyrinth aus Wasserwegen und Inseln. Den Schiffsverkehr behindern die sagenumwobenen und schwer zugänglichen Stromschnellen von Prek Patang. Weiter schlängelt er sich durch die bevölkerungsreichste Provinz des Landes, Kompong Cham, nach Phnom Penh. Hier fließen Tonle Sap und Mekong für ein paar hundert Meter zusammen, um anschließend wieder ihre eigenen Wege zu gehen. An diesem Ort, Chaktamuk genannt, vollzieht sich jedes Jahr der „Wechsel der Strömungen", ein ungewöhnliches Naturereignis mit tragender Bedeutung für die Landwirtschaft. Während der Regenzeit schwellen die Fluten des Mekong so stark an, dass sich die Fließrichtung des Tonle Sap Flusses ändert und das Wasser in den Tonle Sap See umgeleitet wird. Ab Phnom Penh fließen der Mekong und der wesentlich kleinere Tonle Bassac fast parallel zueinander nach Vietnam.

Die dicht bevölkerten Ufer belegen die **Fruchtbarkeit des Flusses** und seine Bedeutung für die Menschen. In der Trockenzeit liefert er kostbares Wasser für die Felder, und während des Monsuns, wenn seine braunen Wassermassen große Flächen des Umlandes überfluten, versorgt er die Umgebung mit fruchtbarem Schwemmland. An manchen Stellen schwankt der Wasserspiegel zwischen Monsun und Trockenzeit um bis zu acht Meter.

Wegen des nährstoffreichen Wassers ist der Mekong eines der fischreichsten Gewässer der Erde. Die Khmer behaupten, die schönsten Mädchen des Landes seien an den Ufern des Mekong zu finden.

Geschichte

Die Besiedlungsgeschichte der Ufer des Mekongs reicht in Kambodscha bis in die Zeit des Funan- (2. bis 6. Jh.) und Chenlareiches (7. bis 12. Jh.) zurück. Der Fluss diente bereits zu dieser Epoche als wichtiger Verkehrsweg. Doch die fruchtbaren Ebenen hatten auch ihre Schattenseiten für die Bevölkerung. Von den Cham über die Thailänder bis zu den Vietnamesen fühlten sich immer wieder mächtige Nachbarn von diesem Reichtum angezogen und machten sich Land und Menschen untertan.

Auch das **Mekongdelta** gehörte einst zum Reich der Khmerkönige. Doch im 18. Jahrhundert, als in Kambodscha nur noch schwache Herrscher regierten, nutzte Vietnam die Gunst der Stunde und okkupierte das wenig bevölkerte Land im Süden. Während der Zeit Pol Pots erinnerten sich die nationalistischen Kommunisten an die ursprünglichen Grenzen ihres Landes und begannen, das Land im Mekongdelta zurückzuerobern. Dies nahm Vietnam zum Anlass, am 7. Januar 1979 in Phnom Penh einzumarschieren und damit das aggressive Regime der Roten Khmer zu beenden. Noch heute sind die Grenzfragen zwischen Vietnam und Kambodscha in diesem Gebiet ungeklärt. In den Beziehungen beider Länder wird das Mekongdelta noch lange ein heißes Eisen bleiben.

Doch auch auf kambodschanischer Seite des Mekong schwelt ein Konflikt, der immer noch nicht gelöst ist. Seit Generationen nutzen **vietnamesische Fischer** den Fluss bis zur laotischen Grenze als Fanggründe. Sie leben auf Hausbooten oder in ärmlichen Siedlungen am Ufer des Mekong. Viele von ihnen wurden bereits in Kambodscha geboren, haben aber weder die kambodschanische noch die vietnamesische Staatsbürgerschaft. Trotz des vererbten Hasses der Khmer auf den jahrhundertealten Feind lebten die zwei Volksgruppen am Mekong friedlich miteinander. Unter der nationalistischen Regierung von Lon Nol sowie anschließend unter Pol Pot begann eine gnadenlose Verfolgung der Vietnamesen in ganz Kambodscha.

Doch Unglück wurde hier nicht allein von den Menschen verbreitet. Auch **Überschwemmungen** katastrophalen

058ka an

Ausmaßes haben nach flutartigen Regenfällen Menschen und Tiere getötet und die Ernte vernichtet. Doch die Menschen haben sich daran gewöhnt, dass die braunen Fluten des Mekong nicht nur Leben, sondern auch Verderben mit sich bringen.

Die Reise entlang des Mekong ist ein **außergewöhnliches Abenteuer,** das einen fast schon intimen Einblick in das Leben der Menschen und selten zu sehende Naturschönheiten bietet. Zauberhafte Stimmungen am Fluss, tief im Alltag der Menschen verwurzelter Buddhismus neben moslemischen Dörfern der Cham, exotische Gerichte und tropische Früchte. Die Krönung ist, wenn die seltenen **Irrawaddy-Delfine** auftauchen.

Lohnend ist die Strecke vor allem mit dem **Moped** oder gar mit dem **Mountain Bike** (siehe Stung Treng „Umgebung von Stung Treng").

Eine historische Fahrt auf dem Mekong mit dem Slowboot von Phnom Penh nach Kratie

So erlebte ich 1994 meine erste Reise auf diesem Fluss: Zu dieser Zeit waren noch alle Straßen zerstört und das Slowboot die einzige Möglichkeit zu Reisen. „Ein Traum vieler Südostasienkenner wird Realität. Allein in Kambodscha bietet sich der ‚Magic Mekong' über 450 Kilometer als Reisegefährte an. Der Weg ist das Ziel dieser Fahrt. Das monotone Dröhnen des Motors, die nicht enden wollenden braunen Fluten und die Eintönigkeit der Landschaft lassen Passagiere nicht selten in tiefgründige Gedanken versinken. Es ist, als ob die träge und zeitlos dahinfließenden Wassermassen die Lehre Buddhas von Güte, Toleranz und Meditation verbreiten wollten. Das entspannende Gefühl, bei einem kleinen Nickerchen in der Hängematte nichts zu versäumen und die Gewissheit zu haben, sich in einer einzigartigen Welt zu befinden, lässt den Reisenden eine tiefe innere Ruhe finden.

Doch trotzdem lebt der Mekong und hält großartige Inszenierungen für den aufmerksamen Zuschauer bereit. Faszinierend sind die ständig wechselnden Stimmungen, das stete Zusammenspiel zwischen Wasser und Licht, das zu jeder Stunde einen neuen Farbton erzeugt. Anmutig die ‚schönsten' Frauen Kambodschas, wenn sie mit ihren bunten Sarongs bekleidet Wäsche waschen oder selbst ein Bad nehmen. Beneidenswert die Kinder, die scheinbar den ganzen Tag mit ihren Freunden im Wasser verbringen können und niemals müde werden, mit den vorbeifahrenden Passagieren zu scherzen. Glücklich die Fischer in ihren kleinen Booten auf dem endlos scheinenden Strom, deren Netze aus dem unglaublichen Fischreichtum des Mekong fette Beute an Land ziehen.

Die Fahrt geht vorbei an zahllosen Siedlungen und Pagoden, Stränden, die zum Baden einladen, und kleinen Inseln, die von den fleißigen Bauern in Gemüsebeete und paradiesische Gärten verwandelt wurden. Wenn die Fahrt für ein paar Minuten unterbrochen wird, um Passagiere ein- und aussteigen zu

< Der Mekong vor den Toren Phnom Penhs

lassen, stürmen Kinder mit Getränken, gekochtem Reis, Fisch und Früchten das Boot. Nach getaner Arbeit klettern sie auf die Reeling und springen mit lautem Geschrei ins Wasser. Wem es auf der Fahrt zu warm wird, steigt aus seiner Hängematte, geht ans Heck des Bootes, füllt einen Eimer mit Wasser und schüttet sich das erfrischende Nass über den Kopf."

Doch heutzutage sind die Straßen gut ausgebaut, und es gibt keine Bootsverbindungen mehr. Kein Einheimischer, aber auch kaum einer der ständig unter Zeitdruck stehenden Backpacker käme heute noch auf die Idee, mit einem Slowboot den Mekong zu bereisen, anstatt die billigen und schnellen Busse zu nehmen. Somit wurde ein Stück romantische Originalität dem Fortschritt geopfert. Verständlich, aber sehr schade. Wer flexibel ist und Zeit und Organisationstalent hat, findet Slowboote, die gelegentlich Lasten auf dem Mekong transportieren, in Phnom Penh nördlich der Chruoy Chang Var Brücke.

Prey Veng

ព្រៃវែង

Prey Veng ist eine landwirtschaftlich strukturierte und relativ arme **Provinz** mit 1,4 Mio. Einwohnern und einer großen Wasserbüffel-Population. Für den auf berühmte Sehenswürdigkeiten programmierten Reisenden bietet sie nichts. Wer jedoch **Erlebnisse abseits der Touristenströme** sucht, wird hier fündig. Freundliche Menschen, archaische Landwirtschaft und faszinierende Dörfer weit ab der Zivilisation.

Prey Veng Stadt

Verschlafene Provinzhauptstadt mit kleinem Hafen, zwei großen Pagoden, einem geschäftigen Markt und einer Einkaufstraße. Die lange Uferpromenade mit den alten, beachtlich großen Bäumen ist ein Blickfang.

Es erstaunt, dass aus diesem doch recht betulich wirkenden Ort so viele bekannte kambodschanische Politiker stammen. Ein kleiner Ausflug führt den Besucher zum Magischen Platz **Borai Andeik,** ein kleiner Hügel in den Reisfeldern der auch bei Hochwasser nie überschwemmt wird, weil er sich, laut Sage, mit dem Wasserstand hebt und senkt. Hier gibt es viele kleine Heiligtümer, an denen die Einwohner täglich Opfergaben niederlegen und Gebete sprechen. Ca. 3 km vom Zentrum entfernt. In der Trockenzeit über kleinen Feldweg, ansonsten mit Boot. Viele Entenfarmen. Ein etwas längerer Ausflug (ca. 15 km) führt zu dem Berg **Bar Phnom,** einem historischen Ort, an dem auch Wasserbüffel und Kühe geopfert werden.

Unterkunft, Essen & Trinken

■ Mehrere günstige Khmer Standard Hotels wie das **Happiness**①, **Lalin**① an der RN 11 Richtung Phnom Penh oder das **Angkor Thom**①. Das **Mittapheap**① im Zentrum (Tankstellen Dreieck) ist das geschäftigste Hotel der Stadt (WiFi). Hier gibt es auch das einzige **Restaurant,** das als solches bezeichnet werden kann. Die **Essensstände am Markt** bieten bis mittags einfache vorgekochte Speisen aus Töpfen an.

■ Empfehlenswert für Reisende ist noch das **Dragon G.H.**① (RN 11, Richtung Phnom Penh). Klein, persönlich, und der Besitzer *Thol Thea* spricht gut Englisch und ist gerne bereit, Infos für Ausflüge zu geben.

Anreise und Weiterreise

■ **Entfernungen in Straßenkilometern:**

Phnom Penh	90 km
Neak Loeang	ca. 35 km
Kompong Cham	79 km

■ Von **Phnom Penh** aus fahren Sammeltaxis am Psah Olympic für 15.000 Riel pro Person nach Prey Veng. Fahrzeit: 3 Std. Oder mit einem der Busse nach Saigon bis Neak Loeang fahren und von dort mit Sammeltaxi weiter.

Auch in **Kompong Cham** gibt es Sammeltaxis, die nach Prey Veng fahren.

Kompong Cham

កំពង់ចាម

Mit 2 Millionen Einwohnern ist Kompong Cham die bevölkerungsreichste **Provinz** des Landes. Die äußerst fruchtbaren Schwemmböden und der Mekong mit seinem Fischreichtum waren schon immer in der Lage, mehr Menschen zu ernähren als andere Gegenden in Kambodscha. Südlich der Provinzhauptstadt Kompong Cham und entlang des Mekong reiht sich eine Vielzahl von Reisfeldern in einer mit einzelnen Zuckerpalmen bestandenen Landschaft aneinander.

Im Norden und Osten der Provinz wachsen auf roter Vulkanerde die riesigen **Kautschukplantagen** von Cham Car Leur, Chup und Memot, die einst von den Franzosen hier gepflanzt wurden. Auch **Pfeffer** und **Cassava** gehören zu den wichtigsten landwirtschaftlichen Produkten der Provinz, die hier in großen Mengen angebaut werden.

Die Stadt Kompong Cham ist mit 250.000 Einwohnern nach Phnom Penh die zweitgrößte Stadt am Mekong und die fünftgrößte in Kambodscha. Ihre Bedeutung als Handelszentrum der bevölkerungsreichen Region ist spürbar am quirligen Leben in den zahlreichen Gassen, auf dem Markt und abends auf dem Boulevard am Mekong. Trotzdem ist ihr der provinzielle Charme erhalten geblieben.

Den Stadtkern bildet wie immer der **(Zentral-)Markt.** Die große, überdachte Halle platzt tagsüber aus allen Nähten. Die zahlreichen Händler belagern mit ihren Waren die angrenzenden engen Gassen, sodass ein Marktbesuch zu einem Eierlauf zwischen Reissäcken, Schweinen und Mangos wird. Um den Markt herum stehen zwei- bis vierstöckige Häuser, die sich dicht aneinander drängen. Doch kaum 200 m vom Markt entfernt finden sich nur noch einzelstehende Häuser, oftmals **prachtvolle Villen** aus der französischen Kolonialzeit, die daran erinnern, dass Kompong Cham einst den Beinamen „Stadt der Gärten" trug. Nördlich des Marktes schließt eine **prächtige Parkanlage** mit stattlich restaurierten Gebäuden an – das Verwaltungszentrum der Stadt und der Provinz, ein Beleg für den Wohlstand der Stadt. Der gesamte Komplex, der Rathaus, Finanzamt, Justizgebäude, Wetteramt und Zoll einschließt, wurde damals von den Franzosen errichtet.

Ein Prunkstück ist die **Uferpromenade.** Sie wurde im Verlauf der letzten Jahre aufwendig hergerichtet. Sie ist mit Bäumen und Gartenanlage erfreulich begrünt und zieht sich fast zwei Kilometer am Ufer des Mekongs entlang. Tagsüber, wenn die Sonne vom Himmel brennt, ist sie menschenleer. Doch von 17.00–20.00 Uhr scheint die ganze Stadt hier auf den Beinen zu sein. Spazierengehen, in Formation Gymnastik machen, Kicken und sich an den vielen Essensständen verköstigen ist die Lieblingsbeschäftigung der Einheimischen. Auch in einem **Schwimmbad** unter der Brücke direkt im Mekong sucht die Bevölkerung Abkühlung.

Das Wahrzeichen der Stadt ist die **erste Mekongbrücke Kambodschas,** *Spien Kizuna.* Sie wurde von Japan finanziert und 2002 eröffnet. Ein großer Vorteil für die östlichen Provinzen des Landes, die durch den Ausbau des Straßennetzes besser an die Hauptstadt angebunden sind.

Geschichte

Obwohl der Name Kompong Cham zweifelsohne in Verbindung mit der sich zum Islam bekennenden Minderheit der **Cham,** den Nachfahren des einstigen Champa-Reiches, steht, lässt sich in der Literatur nichts Verlässliches über die Namensgebung der Stadt finden. Die vielen Chamsiedlungen am Mekong lassen aber darauf schließen, dass auch in Kompong Cham einst ein großer Teil der Einwohner zu dieser Volksgruppe gehörte.

Bis 1975 lebten hier wesentlich mehr Cham als heute. Doch die Roten Khmer richteten ein grausames Blutbad unter ihnen an. 90 % wurden ermordet, weil sie sich weigerten, ihre Religion zugunsten einer kommunistischen Ideologie abzulegen und die Koranbücher zu verbrennen.

Viele Cham leben heute in dem freundlichen Dorf **Roka,** das zwei Kilometer flussabwärts am Seitenarm Tonle Knong liegt und langsam mit der Stadt zusammenwächst. Eine prächtige Moschee und viele Kopftuch tragende Frauen künden vom wiedererlangten Selbstbewusstsein dieser lange verfolgten Minderheit.

Praktische Tipps

Adressen

- **Geld.** Die *Canadia* und *ANZ Bank* liegen einen Straßenblock nördlich des Zentralmarktes unmittelbar am Roundabout (Kreisverkehr). Die Geschäftszeiten sind Mo–Fr 8.30–15.30 Uhr. Beide Banken haben ATM, die 24 Std. zugänglich sind. Sehr gute Wechselkurse Euro/Dollar und brauchbare Dollar/Rielkurse bei der *ANZ Bank.* Auch am Markt gibt es gute Euro/Dollar- und Dollar/Riel-Wechselkurse.
- **Fahrräder.** Im *Lazy Mekong Daze* für $ 2 pro Tag.
- **Mopeds** Verleih in den meisten Unterkünften und Traveller-Restaurants (5–7 $); auch im *Lazy Mekong Daze.*
- **Gesundheit.** Das Krankenhaus liegt 300 Meter westlich des Marktes.
- Das **Tourist Office** liegt am ehemaligen Schwimmbad. Die Mitarbeiter sind zwar freundlich bemüht, verfügen aber über wenig praktische Informationen.

Kompong Cham
0 300 m
©Reise Know-How
Kambo22 11/19
Phnom Han Chey (20 km)
Wat Nokor, Phnom Srey
Heliport
Rue Kosamak Nearyroth
Rue Preas Ketomealea
Rue Preas Monivong
Wat Chroy Tmar
Night Market
Promenade
RN 7: Phnom Penh (129 km), Kompong Thom
Surya Phnom Penh (Office Busgesellschaft)
Zentral-Markt
GST Bus Station
Capitol Bus Station
Caltex Tankstelle
Mekong
Rue Soriavarman II
Schwimmbad
Spien Kizuna Bridge
Ruine des französischen Observationsturms
Rue Preas Bat Ang Duong
Rue Preas Bat Soramarith
Rue Preas Sihanouk
Slowboot Hafen
Chup (15 km), Prey Veng (79 km), Mondulkiri und Grenze Vietnam, Snoul (145 km), Kratie (218 km)
Chamdorf Roka
Brücke nach Koh Paen (1,5 km)
Tonle Knong
Koh Paen
Übernachtung
1 Phnom Prosh Hotel
3 Daly Hotel
4 VIP Monorom Hotel, LBN-Asian Hotel
5 Mekong Hotel
6 Mekong Crossing G.H.
7 Moon River G.H.
8 Tmor Da G.H.
Essen und Trinken
1 Phnom Prosh Hotel
4 Smile Restaurant
6 Mekong Crossing Restaurant, Destiny Coffeehouse, Lazy Mekong Daze Restaurant
9 Hoa An Restaurant
11 River Grass Restaurant
Einkaufen
2 Apotheke
10 Supermarkt "Star Mart"

Stadtverkehr

■ **Motorradtaxi** und **Tuk Tuk.** Auch hier die Hauptverkehrsmittel und überall zu finden. (Um die 1000–2000 Riel in der Stadt.)

Unterkunft

Es gibt zwar auch eine kleine Auswahl an günstigen Guest Houses in Kompong Cham, aber Service und Gemütlichkeit sind nicht vergleichbar mit der Guest-House-Szene in anderen Städten des Landes.

4 **LBN-Asian**②-③ (www.lbnasian.com, Tel. 092/665228). 10 Stockwerke hohes Schlachtschiff der Hotellerie in Kompong Cham. Zimmer und verglaster Außenaufzug mit grandiosem Blick auf den Mekong. Die Rooftop Bar mit 4 **Restaurant** ist schon wegen der Aussicht auf die Umgebung einen Besuch wert. Zimmerpreise beginnen bei 50 $, aber Angebote gibt es manchmal schon ab 20 $. Dann sollte man sich den Luxus gönnen. Steht unübersehbar im Zentrum nördlich der Brücke.

4 **VIP Monorom Hotel**① (Tel. 092/777102). Eines der besten Hotels der Stadt. Neue und schöne Zimmer, das Interieur spricht aber mit den vielen lackierten Holzmöbeln eher asiatische Kunden an. An der Uferstraße, nördlich LBN-Asia Hotel.

5 **Mekong Hotel**① (Tel. 042/941536). Der Klassiker in Kompong Cham mit historischem Flair. Das Haus wurde 1992 für die UNTAC-Soldaten gebaut und in den letzten Jahren mehrfach renoviert. Gute Lage an der Promenade, aber es hat schon bessere Zeiten gesehen. Zimmer wahlweise mit Fan oder AC.

Khmer Standard Hotels

3 **Daly Hotel**① (Tel. 042/6666631). Gutes Khmer-Standard-Hotel mit sauberen, modernen und geräumigen Zimmern. Auch wenn die Dienstleistungen dürftig sind, das Preis-Leistungs-Verhältnis ist top. Lage im Zentrum, einen Block vom Mekong entfernt.

1 **Phnom Prosh Hotel**① (Tel. 042/941444). Großer Hotelkomplex mit 1 **Restaurant,** Massage und Karaoke – ganz nach dem Geschmack der Khmer. Das Haus soll der Tochter von *Hun Sen* gehören. Zimmer wahlweise mit Fan oder AC. Nahe *Canadia Bank* und Roundabout (Kreisverkehr).

■ Zentral an der Uferpromenade liegen das 8 **Tmor Da G.H.**① (Tel. 042/941951) und das 7 **Moon River G.H.**① (Tel. 016/788973). Am freundlichsten ist jedoch das 6 **Mekong Crossing G.H.**① (Tel. 017/801788) im gleichnamigen Eckrestaurant (s.u.). Alle drei haben neben AC auch günstige Zimmer mit Fan.

Essen und Trinken

Wie überall gibt es auch hier eine Vielzahl von billigen Essensständen auf dem **Markt** und in den angrenzenden Häusern. Am Abend sind die Essensstände an der Uferpromenade und dem Nightmarket zu empfehlen.

Khmer

9 **Hoa An.** Alteingesessenes Restaurant, das für gute Khmer- und chinesische Küche (3–7 $) steht. Spezialität sind die im Aquarium gehaltenen Süßwasserlangusten aus dem Mekong (25 $/kg). Leider ist es manchmal von vietnamesischen Pauschaltouristen, die mit Kreuzfahrtbooten von Saigon aus anreisen, besetzt. In der Rue Preas Monivong.

MEIN TIPP: 4 **Smile Restaurant.** Neben vielen Khmergerichten auch Burger und Westernfood zwischen 3 und 8 $. Westl. Frühstück. Gemütliche Sessel und aufmerksame, Englisch sprechende Bedienung; auch mit Tischen auf dem Bürgersteig. Wird von einer NGO betrieben, die sich für benachteiligte Menschen engagiert. Viele Informationen im Restaurant. Neben VIP Monorom Hotel.

Western

6 **Mekong Crossing.** Beliebtes und gemütliches Eckrestaurant, sowohl im Erdgeschoss als auch auf

Fordern Sie unsere Kataloge an oder lassen Sie sich für Ihr persönliches Reiseangebot von unseren Spezialisten beraten.
Tel.: 030/34 64 981 0 · team@geoplan.net

- [ ] *Bitte senden Sie mir die aktuellen Geoplan-Kataloge zu.*
- [ ] *Bitte nehmen Sie mit mir Kontakt auf, ich interessiere mich für folgende Destination(en):*

____

____
Name/Vorname

____
Straße

____
Postleitzahl/Ort

____
Telefon

____
E-Mail

- [ ] *Ja, ich möchte den regelmäßig erscheinenden Geoplan E-Mail-Newsletter erhalten*

Bitte
ausreichend
frankieren

Deutsche Post

WERBEANTWORT

Geoplan Touristik
Geisbergstr. 39
10777 Berlin

Kautschuk – das begehrte weiße Gold

In der Wirtschaft Kambodschas spielen die Kautschukplantagen als eine wichtige Quelle für Devisen eine große Rolle. Die ersten Kautschukbäume wurden von den Franzosen 1910 eingeführt, um zu testen, ob sich der Anbau in größerem Rahmen lohnt. Um 1921 wurden die Pflanzungen weiter ausgebaut, da sie besonders auf den roten Vulkanböden dieser Gegend hervorragend gediehen. Bis 1958 beherrschte ein einziges französisches Unternehmen die Ausbeute des Latex. In den Jahren zwischen 1958 und 1969 begannen auch kambodschanische Familien, durch kleinere Anpflanzungen an diesem Reichtum teilzuhaben. Die vorläufige Blütezeit erreichte der Kautschukbaum in Kambodscha 1969, als er eine Fläche von 75.000 Hektar bedeckte. Durch den anschließenden Bürgerkrieg verwahrlosten die Pflanzungen immer mehr und die Produktion kam unter Pol Pot schließlich ganz zum Erliegen. 1980 übernahm der Staat unter vietnamesischem Einfluss die Verwaltung und gab den Plantagen 1987 die finanzielle Autonomie. Heute ist das *Direktorate of Rubber Plantation* für die Produktion des Latex in Kambodscha verantwortlich. Es beaufsichtigt die sechs großen Plantagen: Chup, Krek, Mittaheap, Samaki, Bangket und die des 2. Dezembers. Obwohl die Produktion an Latex in den letzen Jahren deutlich gestiegen ist, hat der Staat nicht im gleichen Maße von dem Wachstum profitiert, da große Mengen illegal nach Vietnam verkauft werden. Der Ausstoß von Rohkautschuk konnte in den letzten Jahren kontinuierlich gesteigert werden. Pro Jahr produziert Kambodscha ca. 60.000 Tonnen Kautschuk im Wert von 80 Mio. $.

In Mittel- und Südamerika entdeckten die Menschen als erstes die **Verwendungsmöglichkeiten des Rohkautschuks** und stellten daraus Schuhe her. Mitte des 18. Jahrhunderts kamen die ersten genaueren Kenntnisse über die Verwendbarkeit dieses weißen, seltsam riechenden Saftes zu uns nach Europa. Im 19. Jahrhundert erkannte man dann die hervorragenden Eigenschaften des Latex für medizinische Geräte. Doch den großen Durchbruch erlebte der Kautschuk, als 1840 die Firma *Goodyear* die Vulkanisierung einführte. Damit gingen vor allem Auto- und Fahrradreifen in die Massenproduktion, und die Nachfrage nach diesem Rohstoff stieg stark an. Dies war der Beginn des planmäßigen Anbaus in Plantagen.

Für die Kautschukgewinnung pflanzt man den Heveabaum, der zu den Wolfsmilchgewächsen gehört; er liefert den milchig weißen Rohkautschuk. Mit speziellen Geräten wird die Rinde des Baumes angezapft und der heraustropfende Saft am Boden in kleinen Gefäßen aufgefangen. Die Kautschukbäume werden in Plantagen angebaut und benötigen 5–7 Jahre bis zur Zapfreife. Ein Baum liefert pro Tag einen knappen halben Liter. Nach einer Zapfperiode folgt eine ebensolange Ruheperiode für den Baum. Der gesammelte Milchsaft wird in der Fabrik in große Behälter gefüllt und durch Zusatz von organischen Säuren zur Gerinnung gebracht. Zur Weiterverarbeitung wird der dann feste Stoff mit Sägen auf transportierbare Größen zugeschnitten. Erst nach der Vulkanisierung kann er als Gummi bezeichnet werden. Die Verwendung des Naturkautschuk ist sehr vielfältig. Für etwa 50.000 verschiedene Artikel findet er Verwendung, darunter Reifen, Dichtungen, Gasmasken, Treibriemen, Bodenbeläge, Matratzen, medizinische Artikel, um nur ein paar Beispiele zu nennen.

einem Balkon in idealer Lage direkt an der Uferpromenade. Die kreative Innendekoration, detaillierte Informationen über Ausflugsmöglichkeiten sowie die Speisekarte wurden vom Vorbesitzer *Joe* aus den USA übernommen. Seit seinem Tod 2010 führen es die Hausbesitzer, eine Khmer Familie, so gut wie möglich weiter. Asian und Western Food werden für 2–4 $ angeboten, auch besteht die Möglichkeit, hier zu frühstücken. In Ufernähe, Nähe *Mekong Hotel*.

6 **Lazy Mekong Daze.** In früheren Jahren *das* Aushängeschild der westlichen Gastronomie in Kompong Cham. Nach einem Besitzerwechsel wird es aktuell von Khmer betrieben, die sich leider weniger Mühe zu geben scheinen, die Gäste zufriedenzustellen. Pizza, Pasta und Westernfood für 3–8 $. Ideal im Zentrum an der Promenade gelegen.

11 **River Grass Restaurant.** Empfehlenswertes Restaurant, tolle Lage und engagierter Service – zwischen Promenade und Mekong. Schöne Sitzgelegenheiten auf dem Balkon. Khmerfood und BBQ zwischen 3,50 und 10 $. Etwa 200 m flussabwärts von der Brücke.

6 **Destiny Coffeehouse.** Geschmackvolle Inneneinrichtung und die wohl größte Kaffeeauswahl in der Stadt. Smoothies, Shakes und kleine Speisen wie Hummus und Burger. AC; bis 17.00 Uhr geöffnet. Frühstück mit Croissant. Wird ebenfalls von einer NGO betrieben. Das Coffeehouse befindet sich in einer Seitenstraße an der Uferpromenade, nahe Mekong Crossing.

Anreise und Weiterreise

■ **Entfernungen in Straßenkilometern:**

Senmonorom	263
Phnom Penh	129
Memot	91
Skun	47
Snoul	145
Prey Veng	79

Boot

Da die Straße nach Kratie mittlerweile perfekt ausgebaut ist, lohnt es sich für Passagierboote nicht mehr, den Mekong entlang zu fahren. Wer aber abenteuerlustig ist und Zeit hat, kann am **Slowboothafen** (100 m südlich der Brücke) versuchen, ein Boot zu finden, das Waren den Mekong hinauf bringt. Wer freundlich nachfragt, hat die Chance, mitgenommen zu werden. Entgeld wird erwartet.

Bus

Mehrere Busgesellschaften fahren Kompong Cham aus verschiedenen Richtungen an. Die wichtigsten sind *Rith Mony, GST, Phnom Penh Sorya* und *Capitol*. Besonders die ersten drei Gesellschaften bieten ein weitverzweigtes Netz in alle möglichen Richtungen des Landes an. Busse, die nach Senmonorom, Kratie, Stung Treng und Banlung fahren, halten oft nur am Kreisverkehr vor der Brücke, um Gäste ein- und aussteigen zu lassen. Dort haben die meisten Busgesellschaften auch ihre Büros. An der *Caltex*-Tankstelle am Kreisel gibt es immer jemanden, der Auskunft über die Verbindungen geben kann. Tickets entweder in den Büros der Busgesellschaften, der G.Hs. oder in den Restaurants *Mekong Crossing* und *Lazy Mekong Daze*.

Fahrpläne, Busgesellschaften und Preise ändern sich ständig. Hier ein Überblick:

- **Kompong Cham – Phnom Penh,** 5 $, 2½ Std.,
- **Kompong Cham – Kratie,** 5 $, 2½ Std., über *Chhlong*, 4 Std. über *Snoul*,
- **Kompong Cham – Stung Treng,** 9 $, 6 Std.,
- **Kompong Cham – Laos (Pakse),** 29 $, 12 Std.,
- **Kompong Cham – Banlung,** 7,50 $, 8 Std.,
- **Kompong Cham – Siem Reap** über *Kompong Thom*, 7 $, 5 Std.
- **Kompong Cham – Senmonorom** 8 $, 5 Std.

Auch Verbindungen nach Sihanouk Ville und Poipet sind möglich.

■ **Grenzübergang Vietnam** Trapeang Phlong/Xa Mat (geöffnet 7.00–17.00 Uhr). Aber keine angebotenen Verbindungen. Muss selber organisiert werden.

Schnellste Verbindung nach Saigon. Alle Busse nach Kratie und Stung Treng, die über Snoul fahren, kommen am Ort Krek vorbei. Von dort sind es 13 km zur Grenze (5 $ für Motodup). Siehe auch „Praktische Reisetipps A–Z".

Umgebung

Koh Paen

Idyllische Insel im Mekong, die unbedingt einen Besuch wert ist. Noch bis 2017 gab es hier die einzigartige **Bambusbrücke,** die in der Trockenzeit bei wenig Wasser aufgebaut wurde und über die sogar LKW fahren konnten. Bei viel Wasser gab es eine Fähre. Jetzt erreicht man die Insel über eine Stahlbetonbrücke, die hinter dem Chamdorf einen Seitenarm des Mekong überspannt.

Koh Paen wirkt auf den Besucher wie ein kleiner **Garten Eden.** Schmale Wege schlängeln sich zwischen traditionell gebauten Häusern und pittoresken Pagoden hindurch. Auf den Feldern und in den Gärten wird von den Bewohnern alles angebaut, was die Landwirtschaft in Kambodscha hervorbringt wie beispielsweise Papayas, Bananen, Mangos, Jackfruit, Kokosnüsse, Mais, Chili, Tabak und vieles mehr.

■ **Anfahrt:** Koh Paen liegt südlich der Stadt im Mekong. Entweder man erkundet die Insel mit einem Guide auf dem Moped, fährt selber mit der Fähre hinüber und erwandert sich die Insel, oder man leiht in der Stadt ein Fahrrad und erkundet so das Eiland.

Wat Nokor

Einen Besuch dieses im 11. Jahrhundert erbauten Sandsteintempels, der von den Einheimischen auch *Wat Angkor* genannt wird, sollte man sich keinesfalls entgehen lassen. Er bildet das Herz einer von buddhistischen Mönchen sorgsam gepflegten, parkähnlichen Anlage. Auf dem Gelände befinden sich zahlreiche Stupas und kleine Heiligtümer, die von den Buddhisten mit Räucherstäbchen und Essensspenden verehrt werden. Drei schöne Pagoden, ein chinesischer Tempel sowie heilige Teiche machen Wat Nokor zu einem wichtigen religiösen Zentrum in der Region und zu einem Besuchsziel für Touristen. Heute leben etwa 50 Bonzen auf diesem Gelände.

Das **zentrale Heiligtum** von Wat Nokor ist ein alter Sandsteintempel, der dem Mahayana Buddhismus geweiht war. Das Dach und die längsseitigen Mauern des Tempels sind eingestürzt. Doch wurde an ihrer Stelle eine Pagode errichtet, die die noch vorhandenen Sandsteinmauern mit in das Gebäude einbezieht, wodurch sie eine einzigartige Architektur besitzt. Der zentrale Turm des alten Tempels hat die Form einer Stupa. Der östliche Ausgang bildet den **Altar der Pagode.** Dort thront eine große Buddhafigur, die von kleineren Buddhas auf Lotussockeln eingerahmt wird. Auch in den anderen drei Ausgängen des Turmes stehen Buddhafiguren in verschiedenen meditativen Stellungen.

Die bunten Säulen und farbenprächtigen **Wand- und Deckenmalereien** erzählen Geschichten aus dem Leben Buddhas, dem Ramayana-Epos und dem buddhistischen Alltag. Eintritt 2 $.

Bei der **Anreise** von Kompong Cham auf der RN 7 Richtung Phnom Penh trifft man nach etwa 2½ km vom Zentrum auf eine Verkehrsinsel, auf der ein Monument mit vier Nagas steht. Hier biegt links eine kleine Straße ein, die nach 400 m das Gelände der Wat Nokor erreicht.

Phnom Srey und Phnom Proh

Bei den beiden von Weitem sichtbaren Hügeln fällt dem aufmerksamen Reisenden sofort auf, dass der Phnom Srey (Hügel der Frauen) um einiges höher ist als der Phnom Proh (Hügel der Männer). Dies erklärt eine **alte Legende,** die besagt, dass beide Hügel von Menschen aufgeschüttet wurden. Der eine von Männern, der andere von Frauen, die hierbei ihre Kräfte messen wollten. Nur in der Nacht durfte gearbeitet werden, und die körperlich überlegenen Männer waren schon bald weiter als die Frauen. Um die Wette doch noch zu gewinnen, griffen die Frauen zu einer List. Sie entzündeten jede Nacht ein so großes Feuer, dass die Männer dachten, es wäre Tag und nicht zur Arbeit gingen. So gewannen die Frauen diesen Wettstreit der Geschlechter und errichteten den größeren und schöneren Hügel.

Phnom Proh ist eine parkähnliche Anlage, in deren Bäumen sich scheue Affen tummeln. Zu sehen gibt es Pagoden, Stupas und verschiedene buddhistische Bauwerke sowie Heiligtümer und Symbole. 30 Mönche leben hier. Im Mittelpunkt stehen zwei lieblose Tempelnachbildungen im Angkor-Stil aus Stahlbeton, deren Altäre *(Vihear)* mit zahlreichen Buddhabildnissen bestückt sind. Überragt werden sie von einer etwa 40 Meter hohen Stupa, in der die Asche des Mönches *Pheang,* des religiösen Gründer des Klosters von Phnom Proh, aufbewahrt wird.

Weithin sichtbar ist die Treppe mit ihren 211 Stufen, die zum schmalen Gipfel des nur wenige hundert Meter weiter gelegenen **Phnom Srey** hinaufführen. Während des Bürgerkrieges war der Hügel aus militärischer Sicht ein wichtiger strategischer Punkt. Doch schon lange sind die Granatwerfer einem kleinen buddhistischen Heiligtum und einer Stupa gewichen. Ein schöner Platz zum Entspannen.

Ein weiteres Hügelheiligtum ganz in der Nähe ist die **Wat Neah Via Tray Leak.** Der kleine Altar hat die Form eines Bootes und die Buddhastatue sitzt an der Stelle des Steuermanns. 3 Mönche leben hier.

Eine **Gedenkstätte für die Opfer des Pol-Pot-Regimes** befindet sich zwischen Phnom Proh und Phnom Srey. Inmitten einer Ansammlung von Stupas, die als Familiengruft dienen, steht ein unscheinbares, gelb getünchtes Gebäude, in dem die Gebeine aufgebahrt sind.

Nach 8 km **Anfahrt** auf der RN 7 Richtung Phnom Penh zweigt ein Schotterweg nach rechts zum nahegelegenen Phnom Proh ab.

Observationsturm

Diesem aus der französischen Kolonialzeit stammenden, 2005 renovierten Turm, muss man nicht unbedingt einen Besuch abstatten. Da der etwa 35 m hohe Ziegelturm aber neben der Mekong-Brücke das auffälligste Gebäude der gesamten Region ist, soll es hier erwähnt werden. Der Turm, der früher einen Anbau hatte, diente den Franzosen während ihrer Kolonialzeit zur Überwachung des Flusses. Wer den Turm besteigen und die Aussicht von ganz oben genießen möchte, sollte schwindelfrei sein.

Die Kautschukplantagen von Chup

In der Provinz Kompong Cham befinden sich drei große Kautschukbaumplantagen. Am meisten lohnt sich der Besuch in Chup, da diese Anpflanzung am leichtesten zu erreichen ist und außerdem die Verarbeitungsprozesse in der **Kautschukfabrik** zu besichtigen sind. Hier lässt sich die Herstellung des Latex vom Anzapfen des Baumes bis zur Verarbeitung am besten beobachten. Jedoch gleich eine Warnung: Für Menschen mit empfindlichen Geruchsnerven kann der Besuch der Fabrik zur Tortur werden. Mit Ausflügen in den ca. 13.908 Hektar großen Kautschukwald sollte man vorsichtig sein, da sich hier schon manch einer verlaufen hat.

Anfang des 20. Jahrhunderts von den Franzosen gegründet, gehört Chup zu den größten und bekanntesten **Plantagen** des Landes. Unter den Roten Khmer kam auch hier die Produktion zum Erliegen. Unter der vietnamesischen Besatzung wurde der Name auf „Plantagen des 7. Januars", dem Datum der Befreiung Kambodschas von den Roten Khmer durch die Vietnamesen, geändert.

Es werden ca. 7200 Tonnen Latex im Jahr produziert, das sind 20 Tonnen pro Tag. In der Fabrik arbeiten knapp 100 Menschen, und auf den Plantagen sind fast 2500 mit dem Zapfen des Kautschuk beschäftigt. Etwa 10–20 % des Gesamtertrags werden gestohlen, denn die riesigen Plantagen können nur schwer bewacht werden. Die Diebe, hauptsächlich Kinder und Jugendliche aus den umliegenden Dörfern, kommen meistens in der Nacht in Gruppen von bis zu 50 Personen, sammeln den Kautschuk ein und verkaufen den weißen Saft an kleine private Latexfabriken.

Besucher der Fabrik müssen sich am Eingangstor registrieren lassen und bekommen einen „Visitor Pass".

Tipp: vor dem Besuch der Plantagen unbedingt mit Antimückenspray einsprühen!

■ **Anreise:** Von Kompong Cham 17 km auf der RN 7 Richtung Kratie, und nach der Abzweigung nach Prey Veng noch ca. 2 km und dann links (großes Schild).

Weitere Ausflüge

Ponhea Krek

Zwei Tempel, **Nokor Knong** und **Nokor Kraw,** aus dem 6. und 7. Jahrhundert. Lohnender Ausflug aufs Land; zwei ca. 15 Meter hohe Türme sind zu bewundern. Ca. 45 Kilometer östlich von Kompong Cham. Ein Motorrad-Taxi verlangt für den Weg 25 $.

Phnom Han Chey

Eine der idyllischsten und reizvollsten Pagoden am Mekong. Sie wurde auf dem Grund eines ehemaligen Tempels, von dem noch Überreste zu sehen sind, errichtet. Die ersten Bauwerke aus Ziegel

Irrawaddy-Delfine – Wiedergeburten im Mekong

Viele Khmer glauben fest daran, als Delfin wiedergeboren zu werden. Nicht nur menschliche Eigenschaften werden den stupsnäsigen Säugetieren nachgesagt, sondern die einwöchigen Jungen sollen, so Delfinexperten, einem Menschenbaby sehr ähnlich sehen. Auch dazu gibt es, wie in Kambodscha üblich, eine kleine Sage:

Vor langer, langer Zeit wurde ein hübsches Mädchen von ihren Eltern gezwungen, eine Schlange zu heiraten. Aus Verzweiflung stürzte sie sich in den Mekong. Doch ihr Selbstmordversuch schlug fehl und sie wurde in einen Delfin verwandelt.

Das Mekka der *Delphine Watcher* ist Kampi, ein kleines Dorf aus Holzhütten 15 Kilometer nördlich der verschlafenen Stadt Kratie. Hier ist der Mekong fast 2 Kilometer breit und fließt zügig zwischen vielen kleinen, mit Sträuchern bewachsenen, Inseln hindurch. Auf der schmalen Aussichtsplattform zwischen den Getränkeständen trifft sich täglich bei Sonnenauf- und -untergang die Travellerszene zur Fotosession. Doch meist tauchen die Tiere nie an der Stelle auf, auf die die Teleobjektive gerichtet sind. Als wollten sie die Menge necken, kommen sie meist dort an die Oberfläche, wo es niemand vermutet hätte. Bis die Kameras wieder scharf gestellt sind, sind sie meist wieder verschwunden und der Schuss geht ins Leere. Zurück bleiben frustrierte Fotografen mit zahllosen Bildern, auf denen nichts als braunes Mekongwasser zu sehen ist, gerade so, als hätte jemand versucht mal wieder das Seeungeheuer des Loch Ness auf Zelluloid zu bannen.

Die Verbreitung der Irrawaddy-Delfine erstreckt sich von der Bucht Bengalens bis zur Küste Nordaustraliens. Ihr Lebensraum sind große Flüsse und küstennahe Regionen. Je nach Umweltbedingungen können sie sowohl im Salz- als auch im Süßwasser leben. Obwohl noch keine wissenschaftlichen Studien über die kambodschanischen Flusssysteme existieren, gehen Forscher davon aus, das sich die **Mekong-Delfine** durch jahrhundertelange Separation genetisch beachtlich von ihren Artgenossen unterscheiden. Verwandtschaftlich am nächsten stehen ihnen der **Baiji** imYangtse, der **Boto** im Amazonas, der **Bhulan** und der **Susu** in Ganges und Indus, und natürlich der Namenspate, der **Irrawaddy-Delfin** im Irrawaddy in Burma. Die reinen Süßwasser-Delfine sind stark vom Aussterben bedroht.

Charakteristisch für den **Orcaella brevirostris** ist seine konvexe Stirn, die bis über das Maul vorsteht. Er hat keine typische „Flipperschnauze" und sein Luftloch öffnet sich nicht nach oben, sondern nach vorne. Seine Haut ist blaugrau. Ernährungsgrundlage des Mekong-Delfins sind kleinere Fische, aber auch Schnecken, Fischeier und Muscheln. Größere Fische benutzt er gelegentlich als Spielzeug und schleudert sie hoch in die Luft. Die Irrawaddy-Delfine gebären durchschnittlich alle zwei Jahre ein Junges. Ihre Geschlechtsreife erreichen sie mit 5–6 Jahren. Über die Dauer der Schwangerschaft fehlen genauere Untersuchungen; Schätzungen liegen bei 10–14 Monaten.

Zahlen: Länge: 2–2,60 m; Gewicht: 90–200 kg; Alter: bis 50 Jahre; Max. Tauchzeit: 12 Min.; Höchstgeschwindigkeit: 25 km/h.

Die Mekong-Delfine leben in kleinen Gruppen von normalerweise 5–6 Tieren zusammen. Die Paarungszeit ist zwischen März und Juni. Wie kambodschanische Fischer berichten, wird das Paarungsritual begleitet von Kämpfen unter den Männchen sowie gegenseitigem Jagen, Springen und Spielen. Während des Geschlechtsverkehrs schwimmen die anderen um das Pärchen herum und schauen zu.

Ihre Hauptbeschäftigung ist Faulenzen und Fressen. Neben einem Boot herzuschwimmen und graziöse Sprünge zu absolvieren liegt ihnen fern. Ausdruck großer Emotion sind höchstens mal kleine Hüpfer, wobei selten das ganze Tier zu sehen ist. Beim Jagen spucken sie Wasserfontainen aus, anscheinend um die Fischschwärme zusammenzutreiben. Sie kommunizieren, indem sie Signale von 25–30 Mikrosekunden, auf einer Frequenz von etwa 60 kHz, ausstoßen.

Früher sollen Tausende *psaut,* wie die Delfine von den Khmer genannt werden, im Mekong und im Tonle Sap gelebt haben. Heute ist ihre Verbreitung auf die abgelegenen Mekongabschnitte zwischen Kratie und der laotischen Grenze beschränkt. Optimisten schätzen die Population auf 100–200 Tiere, Pessimisten auf gerade mal 30. In Laos sollen noch etwa 50 leben.

Die brutalsten **Delfin-Killer** waren Gerüchten zufolge die Roten Khmer. Um ihre Bootsmotoren mit Öl zu versorgen (aus einem Delfin sollen sich angeblich 25 Liter Öl gewinnen lassen), wurden täglich bis zu 5 *psaut* erlegt. Traditionell haben die Khmer allerdings nie Irrawaddy-Delfine wegen des Fleisches oder aus wirtschaftlichen Gründen gejagt. Verantwortlich für deren beängstigende Dezimierung sind vor allem der illegale Fischfang mit Dynamit und Elektroschocks. Auch die zunehmende Bevölkerung, Wasserverschmutzung, der intensive Fischfang mit Netzen und die Schiffsschrauben stellen eine große Gefährdung dar. Die größte Bedrohung sind jedoch die geplanten Staudämme zur Elektrizitätsgewinnung. Auch die genetischen Defekte durch Inzucht der immer kleiner und isolierter lebenden Gruppen führen zu einer hohen Sterblichkeit.

Doch glücklicherweise wird dieses sympathische Säugetier mit dem Dauergrinsen im Mekong immer noch häufig gesichtet. Vielleicht auch deshalb, weil es von seinem **Mythos** geschützt wird. Es besteht der Aberglaube, dass ein Fischer, der einen Delfin im Netz fängt oder gar tötet, nie wieder einen Fang macht. Auf der anderen Seite genießt der *psaut* aber auch viel Sympathie unter den Einheimischen, da er den Fischern manchmal hilft, die Beute in die Netze zu treiben und sogar Menschen vor den Krokodilen gerettet haben soll.

Und nun können die Bewohner von Kratie und Kampi den Irrawaddy-Delfinen noch aus einem anderen Grund dankbar sein; sie haben die Touristen mit ihren Dollars in die Stadt gelockt. Gibt es eine bessere Lebensversicherung für Reinkarnationen?

Der WWF unterhält ein Forschungsprojekt *(Cambodian Mekong Dolphin Conservation Project)* mit einem Büro in Kratie, www.panda.org/greater mekong.

stammen aus dem 7. Jahrhundert und wurden unter König *Isanavarman I.* erbaut. Die Pagode liegt auf einem Hügel (80 m) mit herrlichem Blick auf den Mekong. Es leben hier bis zu 200 Mönche. Tiefste kambodschanische Provinz. Die Umgebung wurde im Vietnamkrieg von den Amerikanern mit Agent Orange entlaubt. Ca. 20 Kilometer nördlich der Stadt. *Lazy Mekong Daze* oder Moped- und Tuk-Tuk-Fahrer organisieren den überaus lohnenden Ausflug. 15 $.

Ausflugsvorschlag

An Englisch sprechenden **Guides** herrscht in Kompong Cham kein Mangel. Die meisten Touristen werden von den an der Riverfront allgegenwärtigen Männern auf Mopeds oder Tuk Tuks *(remork)* schneller als potentielle Kunden geortet als ihnen lieb ist. Tuk Tuks sind erheblich teurer als die Mopeds.

- **1. Tag:** Wat Nokor, Phnom Proh und Phnom Srey, und anschließend zum Sonnenuntergang nach Phnom Han Chey. 6 Std., ca. 25–30 $ Moped.
- **2. Tag:** Insel Koh Paen und Kautschukplantagen von Chup. 5 Stunden, ca. 25 $.

Chhlong

In keinem Ort Kambodschas liegen die morbide Vergangenheit und die dynamische Moderne so nah beieinander wie in dieser kleinen Stadt am Mekong. Nur 50 Meter von der neuen Hauptstraße, auf der LKW, Lexus und Busse zwischen neuen Geschäften hindurchbrausen, liegen die **Ruinen der alten, französischen Kolonialgebäude** an einer aufgerissenen, von Schlaglöchern übersäten Straße am Ufer des Mekong. Die ausgeschlachteten Gebäude, die immer noch die glorreiche Ära der Franzosen erahnen lassen, sind mit Bäumen überwachsen und dienen immer noch vielen Menschen als Lebensraum. Eine skurrile Atmosphäre.

Es gibt mehrere G.Hs. an der Uferstraße nahe der großen Pagode. Nur das **Restaurant** an der Brücke Richtung Stung Treng verdient den Namen. Gute Khmer-Suppen und *Loc Lac.*

- **Anreise:** Manche Busse fahren die kürzere, aber schlechter ausgebaute Strecke zwischen Kompong Cham und Kratie über Chhlong. Bis nach Kratie sind es 35 km.

Kratie

(Sprich: Gradschä)

ក្រចេះ

Die Provinz Kratie

Der **Mekong,** der die Provinz Kratie in eine Ost- und eine Westhälfte teilt, hat die Landschaft geformt und prägt das tägliche Leben der ca. 500.000 hier lebenden Menschen. Der Fluss war früher Transportweg, Nahrungsmittellieferant, wichtigstes Kommunikationsnetz und Bewässerungssystem. Während der Regenzeit überschwemmt er mit seinen braunen Fluten die tieferliegenden Regionen an manchen Stellen bis mehrere Kilometer ins Hinterland. Die Fischerei und der Reisanbau dienen in erster Linie dem Eigenbedarf oder höchstens dem Verkauf auf dem örtlichen Markt. Die **Holzindustrie** ist der wichtigste Wirtschaftszweig. In diesem Bereich finden viele Menschen als Holzfäller, in den Sägewerken und bei der Produktion von Holzkohle Arbeitsplätze. Produziert wird für den regionalen Markt und für den Export. Auch der Tabakanbau ist eine wichtige Erwerbsquelle.

Die überwiegende Mehrheit der **Bewohner** von Kratie sind Khmer. Einige vietnamesische Familien leben noch am Ufer oder auf Hausbooten entlang des Mekong. Zur größten Gruppe der ethnologischen Minderheiten gehören die Phnong, die in der Gegend um Snoul leben. Weitere Gruppen sind die Lun, Mel, Kuay, Stieng und Sam Re. Die islamischen Cham siedeln in stattlichen Gemeinden am Mekong. Eines ihrer größten Dörfer ist Pong Ro in der Nähe von Chhlong.

Touristisch interessant sind die vom Aussterben bedrohten **Süßwasserdelfine** und die Fluss-, Kultur- und Insellandschaften, die der Mekong geformt hat.

Die Stadt Kratie

Auf dem Weg von der laotischen Grenze nach Phnom Penh bietet diese Kleinstadt (60.000 Einwohner) genügend Attraktionen für einen zweitägigen Zwischenstopp. Einen kleinen Tourismus-Boom verzeichnete Kratie, als bekannt wurde, dass 13 km nördlich der Stadt, bei *Kampi,* eine kleine Population der vom Aussterben bedrohten **Irrawaddy-Delfine** existiert, die sich zur Freude der Beobachter auch gelegentlich zeigt.

Trotz ihrer Größe ist Kratie eine ruhige **Provinzhauptstadt.** Das Zentrum ist wie so oft geprägt vom bunten Durcheinander des Marktes und den angrenzenden dreistöckigen Häusern aus der französischen Kolonialzeit. Einige gut erhaltene Villen und herrschaftliche Holzhäuser in traditioneller Khmerarchitektur auf Stelzen stehen zwischen geschmacklosen Neubauten außerhalb des Zentrums.

Im einst florierenden **Passagierhafen,** in dem Dutzende von Trägern Waren löschten, legen nur noch wenige Boote an. Vom Spätnachmittag bis Mitternacht stehen Stände auf der **Uferpromenade,** die zu einem Snack, *Toek Grolok* oder einem Bier einladen.

Lohnend ist der Besuch der renovierten **Wat Kratie,** in der etwa 30 Mönche und Novizen leben.

Die **Wat Roka Kandal** stammt aus dem späten 18. Jahrhundert und ist eine der wenigen noch erhaltenen Holzpagoden aus dieser Zeit. Sie wurde von der *Cambodian Craft Cooperation* in Zusammenarbeit mit der Handelskammer Koblenz renoviert und in ein kultur-touristisches Zentrum integriert. Aus Sicherheitsgründen ist sie nicht frei zugänglich, doch vor Ort findet sich immer jemand, der den Schlüssel organisieren kann.

Markt

2011 brannte der gesamte Markt im Zentrum der Stadt nieder. Viele vermuteten, dass es Brandstiftung war. Zwischen den alten Kolonialgebäuden erscheint der neue Markt wie ein Fremdkörper.

Adressen

■ **Informationen:** Viele Informationen zu Ausflügen und Verkehrsverbindungen finden sich im 9 *You Hong I. G.H.* Das Engagement und die Begeisterung, zu informieren, sind unterschiedlich ausgeprägt.

Als freundlicher und äußerst einfühlsamer **Guide** kann *Mr. Sithal* (Tel. 011/564922) empfohlen werden.

In *Pete's Restaurant* können halbtägige 1 **Kayaktouren auf dem Mekong** gebucht werden. Tel. 010/285 656; www.soryakayaking.com. Uferstraße nördlich vom Markt (Nähe Canadia Bank).

■ **Geld:** Die *Acleda Bank* nördlich vom Markt und die *Canadia Bank* (nördlich des Zentrums an der Uferstraße) haben 7/24 ATMs für alle gängigen Kreditkarten und gute Wechselkurse von Euro in Dollar. Kernöffnungszeiten beider Banken: Mo–Fr 8.00–15.00 Uhr, Sa 8.00–12.00 Uhr. Die Wechselkurse bei den Ständen am Markt sind nur empfehlenswert beim Tausch von Dollar in Riel. Euro werden nur ungern akzeptiert.

■ Im örtlichen **Refferal Hospital Kratie** (Tel. 012/913238) ist nur eine Basisversorgung möglich. Bei ernsten Erkrankungen wird dringend empfohlen, ein Krankenhaus mit westlichem Standard in Phnom Penh aufzusuchen.

■ **Leihmotorräder:** Mopeds können in den meisten G.Hs. oder direkt bei den Motodup Fahrern für 7 $ pro Tag gemietet werden.

■ **Fahrräder** im 9 *You Hong I. G.H.,* 1 $, sogenannte Mountain Bikes 2 $.

Stadtverkehr

■ **Mopedtaxis** und **Tuk Tuks** warten am Markt und am Hafen auf Kunden. Ab 20.00 Uhr sind nur noch wenige zu finden (1000–2000 Riel, im Zentrum).

Unterkunft

9 **You Hong I. G.H.**① (Tel. 012/957003, you hong_kratie@yahoo.com). Dieses G.H. ist schon lange im Tourist-Business tätig und folglich am besten auf Reisende eingestellt. Es hat ein gutes 9 **Restaurant** mit Khmer- und Western-Food, Frühstück sowie WiFi und eine umfassende Informationssammlung auf großen Tafeln über Ausflüge, Homestays und Verkehrsverbindungen. Die Zimmerkapazität ist nicht sonderlich groß. *You Hong I.* liegt in der 8. Straße am Nordrand des Marktes.

11 **Heng Heng II.**① (Tel. 012/929943). Geräumige schöne Zimmer. Ein besonders ruhiger Platz ist der große Balkon im 2. Stock. Herrlicher Blick auf den Mekong. Freundliches Management und nützliche Infos für Traveller.

11 Nebenan, ebenfalls mit sauberen Zimmern, liegt das **Heng Heng I.**① (Tel. 092/288648). Zimmer wahlweise mit Fan oder AC.

1 **Le Tonle G.H.** Seriös geführtes G.H. mit den besten Bewertungen bei booking.com. Liegt etwa 500 m nördlich vom Hafen an der Uferstraße.

3 **Rajabori Resort**②-③ (Tel. 012/959115, www.rajabori-kratie.com). Hideaway Deluxe mit abenteuerlicher Anreise. Die Rajabori Villas liegen auf der Insel Koh Trong im Mekong vor den Toren Kraties und sind nur mit einer kleinen Fähre und einer anschließend 4 km langen Fahrt im Tuk Tuk zu erreichen. Belohnt wird man mit ländlicher Idylle, stilvoll eingerichteten Holzbungalows und einem großen Pool. Im Restaurant wird ländliche kambodschanische Küche mit frischen saisonalen Zutaten serviert. Gäste werden am Anlegesteg auf der Insel vom Personal abgeholt (Kreditkarte + 3 %).

Khmer Standard Hotels

5 **Santepheap Hotel**① (Tel. 072/210210). Gepflegtes, alteingesessenes Hotel mit Service und Info für Traveller. Direkt im Zentrum am Hafen. DZ wahlweise mit Fan oder AC.

2 **Udom Sambath Hotel**① (Tel. 072/971502). Herrschaftliches Haus mit vielen Balkonen und Fresken an den Decken. Schöner Blick auf den Mekong. Zimmer sind groß und ansprechend eingerichtet. Abends reihen sich die Luxuskarossen der Khmer am Parkplatz aneinander. An der Uferstraße. Zimmer wahlweise mit Fan oder AC.

Essen und Trinken

Eine Spezialität der Umgebung ist **Krolan.** Klebereis, der mit Kokusnuss und Bohnen vermischt und dann in einem Bambusrohr gekocht, und in diesem verkauft wird. Das Zentrum der Krolanproduktion liegt in der Thmor Kreae Gemeinde, etwa 10 km nördlich von Kratie. Die Süßigkeit wird an den Ständen bei den Delfinen und an der Riverfront (Uferpromenade) verkauft.

Die Essensstände an der **Uferpromenade** sind bis 24.00 Uhr geöffnet. Hier kann man sich von den hübschesten Mädchen der Stadt bewirten lassen. Lecker und günstig ist die Hühnerreissuppe und die Fried Rice Gerichte mit Huhn oder Schweinefleisch für nur 6000 Riel.

MEIN TIPP: 4 **Jasmin Boat Restaurant.** Perfekte Lage im alten Zollhaus direkt am Hafen. Bei einem guten Cocktail oder einem Glas Wein auf dem Balkon kann man das Treiben auf dem Mekong beobachten. Die Essenspalette reicht von Ur-Khmer-Gerichten mit Ameiseneiern über traditionelle einheimische Speisen bis hin zu Burgern und Western Food. Ein Gedicht sind die Fried Chicken mit frischen Mangos und Cashew Nuts. Westliches Frühstück. Die Preise zwischen 4 und 9 $ sind für Hauptspeisen relativ hoch, aber die Portionen sind groß.

1 **Pete's.** In diesem kleinen Restaurant an der Uferstraße gibt es Pizza, Pasta (5–7 $) sowie Fruchtsäfte und Kaffee. Hier können auch Kayaktouren gebucht werden.

8 **Tokae Restaurant.** Gemütliches, offenes Eckrestaurant mit Blick auf den Markt und günstigem Traveller Food zwischen 2 und 4 $.

10 **Heng Heng.** Etabliertes Khmer Restaurant neben dem gleichnahmigen G.H. Leider sind Stühle

und Tische im ungemütlichen Massivholzstil gefertigt. Speisen zwischen 2,50 und 6 $.

6 Red Sun Falling. Legendäres Restaurant im Zentrum an der Ufertraße, das aber durch den letzten Besitzerwechsel an Spirit verloren hat. Hauptsächlich chinesische und Khmer-Küche. Relativ günstig. Große Auswahl an Spirituosen und Cocktails. Liegt an der Riverfront gegenüber dem Hafen.

Anreise und Weiterreise

- **Entfernungen in Straßenkilometern:**

Phnom Penh	357
Banlung (Rattanakiri)	252
Kompong Cham	228
Stung Treng	141
Snoul	83
Chhlong	35
Grenze Laos	200

Bus

Alle Busgesellschaften halten auf der Strecke von Phnom Penh zur laotischen Grenze bzw. nach Banlung in Kratie. Doch nur die Busse von 7 *Phnom Penh Sorya* und *Rith Mony* setzen ihre Passagiere zuverlässig im Zentrum ab, da sie hier Büros betreiben. Gesellschaften, die Kratie lediglich als Zwischenstopp anbieten und kein Büro in der Stadt haben, halten außerhalb bei einem Kreisverkehr namens „cla stu". Von dort sind es etwa noch 2 km bis ins Zentrum, die mit Tuk Tuks oder Motodup zurückgelegt werden können.

Eine Besonderheit auf dem Weg nach **Phnom Penh** ist, dass es **zwei Routen** gibt. Die kürzere führt über Chhlong, die längere über Snoul (Abzweigung nach Mondulkiri). Differenz ca. 90 km und 1½ Std. Fahrzeit. Wer nicht gerne Bus fährt, sollte vorher nachfragen, welche Strecke gefahren wird.

Die Tickets kann man entweder in der Unterkunft oder direkt bei der Busgesellschaft kaufen. Da sich Fahrpläne, Busgesellschaften und Preise schnell ändern können, sollen die folgenden Angaben nur als Orientierung dienen:

- **Kratie – Phnom Penh,** 8 $, 5–6 Std. (über Chhlong)
- **Kratie – Kompong Cham,** 6 $, 2–3 Std. (über Chhlong)
- **Kratie – Stung Treng,** 6 $, 3 Std.
- **Kratie – Banlung** (Rattanakiri), 8 $, 5 Std. (auch viele Minibusse)
- **Kratie – Senmonorom** (Mondulkiri), 8 $, 4 Std. (Minibus)
- **Kratie – Sihanouk Ville,** 13 $, 10 Std. (Umsteigen in Phnom Penh)
- **Kratie – Siem Reap** (Angkor), 10 $, 7 Std.
- **Kratie – Grenze Laos,** 4000 Islands *(See Pan Don)* und Pakse, 18 $, 9 Std., wird von der Busgesellschaft *Phnom Penh Sorya* bedient. Bis nach *See Pan Don* 11 $, 4 Std.
- **Kratie – Ho Chi Minh** (Saigon) 25 $, 7 Std. (über Grenze bei Snoul).

Sammeltaxis und Minibusse

Wer einen Minibus bucht, sollte sich, um Stress zu vermeiden, genau erkundigen, was er bucht. Mittlerweile gibt es viele Variationen. Besonders in Kratie und Stung Treng gibt es verschiedene Möglichkeiten. Die Sammelminibusse und Taxis sind etwas billiger als Reisebusse, aber es teilen sich 4 Personen drei Sitze. Es gibt aber auch Kleinbusse, wo jeder Passagier einen Sitz hat oder für einen Aufpreis einen ganzen Sitz bekommt.

- **Grenzübergang Vietnam** (Trapeang Sre/Loc Ninh; 7.00–17.00 Uhr). Mit dem Bus über Snoul nach Phnom Penh. Von Snoul mit dem Motodup zur 18 km entfernten Grenze. Von dort Weiterfahrt nach Saigon (siehe auch Kapitel „Praktische Reisetipps").

Die Umgebung Kraties

Vorschlag für einen Tagesausflug

■ Start 8.00 Uhr morgens – Delfine in Kampi – Wat Sambor – evtl. noch Insel Koh Phdao – auf der Rückfahrt Phnom Sambok – Wat Roka und Sonnenuntergang im Floating Vietnamese Village (20 $ mit Tuk Tuk).

Koh Trong

Diese **paradiesische Insel** liegt direkt vor den Toren Kraties. An ihrem Ufer stehen gepflegte Khmer-Häuser zwischen Palmen, Jackfruit-, Pomelo- und Mangobäumen. Im Inneren der Insel wird Reis angebaut, Kühe weiden auf Wiesen, und Pagoden stehen am Wegesrand. Am südlichsten Zipfel der Insel steht eine Pagode, die von den 20 vietnamesischen Fischern, die nebenan auf Hausbooten leben, genutzt wird. Es gibt einen ausgeschilderten, etwa 9 km langen **Rundweg,** der an den Hauptsehenswürdigkeiten vorbeiführt. Dieser Ausflug ist zu Fuß oder mit dem Fahrrad machbar. Es gibt Getränke und einfache Restaurants am Weg. Ein Guide ist nicht unbedingt erforderlich. Zwei Familien bieten einen Homestay auf der Insel an (3–7 $). Ein kleines Boot fährt von 6.00 bis 17.00 Uhr Passagiere von Kratie Hafen auf die Insel (1000 Riel, Fahrrad 500 Riel). *Rajabori Villas* siehe „Hotels Kratie".

Dolphin-Watching (Anlong Psaut)

Die größte Attraktion von Kratie sind zweifellos die **Irrawaddy-Delfine,** die sich 13 km nördlich der Stadt im Mekong tummeln. Von einem Holzpavillon am Ufer, in dem Getränke, Kokosnüsse und Zuckerrohrsaft verkauft werden, können die Tiere beobachtet werden. Die Einheimischen nennen diesen Platz *Anlong Psaut* (Delfin-Platz). Wer den Delfinen noch näher kommen will, kann sich vor Ort ein Boot mieten. Zwei bis drei Personen zahlen je 9 $. Ab 3 Mitfahrern nur noch 7 $. Die Rundfahrt dauert 60 bis 90 Minuten.

Die Chance, die seltenen Irrawaddy-Delfine an der Oberfläche zu sehen, ist am frühen Morgen oder am späten Nachmittag am größten. Angeblich soll der September der beste Monat für Beobachtungen sein.

■ **Anreise:** Üblich mit Tuk Tuk oder Motodup und in Verbindung mit Phnom Sambok und Sambor. Tuk Tuk 20 $, Motodup 15 $.

Phnom Sambok

Neun Kilometer nördlich von Kratie liegt der besuchenswerte Hügel Sambok. Er ist dicht bewaldet und hat zwei Gipfel, den westlichen (Phnom Proh) und den östlichen (Phnom Srey), der um einiges höher ist. Phnom Proh heißt „Hügel der Männer", Phnom Srey „Hügel der Frauen". Den Sattel zwischen beiden Gipfeln erreicht man von Süden über eine steile Treppe.

Bemerkenswert sind die **fünf Bilder,** die sich in einem Pavillon, links auf dem Sattel, befinden. Sie stellen das Grauen dar, das den Menschen möglicherweise nach einem schlecht geführten Leben erwartet. Obwohl die Malereien religiösen Ursprungs sind, erinnern sie auf fatale

Weise an die Bilder aus dem Tuol Sleng Museum in Phnom Penh, welche die grausamen Foltermethoden der Roten Khmer zeigen.

Wendet man sich nach rechts, führen weitere Treppen zwischen Votivstupas zum Gipfel des **Phnom Srey** (siehe auch S. 314) Auf dem kleinen Altar *(Vihear)* stehen zwei 20 Meter hohe Säulen, an denen die bunten buddhistischen Fahnen flattern. Im Inneren befinden sich farbenprächtige Gemälde aus dem Leben Buddhas. Dieser Platz wird von Einheimischen oft aufgesucht, um für die Genesung von Freunden und Angehörigen zu bitten. Der Hügel bietet überdies einen schönen Ausblick durch die Bäume auf den Mekong.

Wendet man sich auf dem Sattel des Hügels nach links, so kommt man nach wenigen Metern auf den **Phnom Proh** (siehe auch S. 314). Hier befindet sich eine kleine Pagode, in der die Einheimischen regelmäßig meditieren und beten. Sie ist umgeben von einfachen Hütten sowie den Pilgerunterkünften. Doch auch Touristen können hier unter einfachsten Umständen wohnen und bei Interesse am Alltag der acht Nonnen und Mönche teilhaben.

Ein eindrucksvolles Erlebnis für alle, die sich einfühlsam in den buddhistischen Klosterrythmus einfügen können. Dies beinhaltet beispielsweise auch, um 5.00 Uhr aufzustehen und an den **Meditationen** teilzunehmen. Essen und Getränke müssen von den Gästen selbst mitgebracht werden.

Bezahlung in Form von Lebensmitteln oder einer großzügigen Spende ist üblich. Meistens wird Phnom Sambok in Verbindung mit den **Delfinen in Kampi** besucht. Liegt direkt am Weg.

Sambor

Ein gepflegter und stattlicher Ort in einer paradiesischen Landschaft abseits des Tourismus. Auch hier gibt es Irrawaddy-Delfine zu sehen – bei weit weniger touristischem Rummel als in Kampi. Sehenswert ist auch die **Pagode der 100 Säulen** *(Wat Sarsar Muay Roy)*, die im 16. Jahrhundert erbaut und unter Pol Pot zerstört wurde. Auf dem Grundstück steht auch eine **goldene Stupa** von 1529. Die Geschichte über die hier begrabene Prinzessin ist in eindrucksvollen Bildern im Pavillon hinter der Pagode beschrieben. Das Pagodenhaustier ist eine Schildkröte, die von der Bevölkerung verehrt wird. Es besteht auch die Möglichkeit, in der Pagode bei den Mönchen zu übernachten.

Einige Guest Houses und einfache Restaurants sind vorhanden. 36 km von Kratie entfernt.

■ **Anfahrt:** Mit Tuk Tuk etwa 20 $. Alternativ mit einem gemieteten Moped.

Koh Phdao/ Insel Koh Rougniv

Von Sambor aus kann mit einem Boot das Dorf Koh Phdao auf der vorgelagerten Insel Koh Rougniv erreicht werden. Es gibt die Chance **Delfine** zu sehen. Auch hier ist „Homestay“ bei den Einheimischen möglich, was dazu beitragen soll, alternative Erwerbsquellen zur Fischerei für die Bevölkerung zu finden, um somit den Irrawaddy-Delfinen ihren Lebensraum zu erhalten. Bei Guides und G.Hs. nachfragen oder unter www.crdt.org.kh.

Stung Treng

ស្ទឹងត្រែង

Die Provinz Stung Treng

Einst gehörte die Provinz zum Khmer Empire. Doch nach dessen Untergang wurde es zuerst vom laotischen Königreich *Lan Xang* und später vom Champa Reich annektiert. Erst während der französichen Kolonialzeit wurde es wieder Teil des Königreichs Kambodscha.

Heute ist diese Provinz im Nordosten des Landes mit ca. 150.000 Einwohnern nach Mondulkiri und Rattanakiri die bevölkerungsärmste in Kambodscha.

Die **Landschaft** wird von buschartiger Sekundärvegetation, tropischem Urwald, der in den letzten Jahren stark dezimiert wurde, sowie von großen Flüssen geprägt.

Die meisten Menschen in dieser Provinz wohnen an den Ufern des Mekong und der anderen großen Seitenflüsse. Von Laos kommend, stürzt der Mekong kurz hinter den 4000 Islands *(Si Pan Don)* tosend durch beeindruckende Stromschnellen und über Wasserfälle hinein in die Provinz Stung Treng, wo er bei dem Ort **Preah Rumkel** seinen Weg durch Kambodscha beginnt. Nach 70 km vereinigt er sich vor den Toren der Stadt Stung Treng mit den in Laos und Vietnam entspringenden Flüssen Tonle San und Tonle Srepok. In abgelegenen Regionen findet man noch Siedlungen und Dörfer von **Ureinwohnern,** die zum Stamm der Krun und der Kravet gehören.

Heute ist Stung Treng über gut ausgebaute Straßen bequem von Phnom Penh, Siem Reap und Laos aus erreichbar. Auch die Straße durch die Provinz Rattanakiri nach Vietnam ist in gutem Zustand. Die 2008 mit chinesischen Geldern erbaute Brücke über den Tonle San war ein wichtiger Beitrag zur Förderung der Wirtschaft und des Tourismus der gesamten Region. Seit Ende 2014 ist die 1,3 km lange Mekongbrücke, die Stung Treng mit den nordöstlichen Provinzen Preah Vihear, Siem Reap und Kompong Thom verbindet, geöffnet.

Bis Anfang dieses Jahrtausends war Stung Treng eine der isoliertesten Provinzen des Landes. Als **Verkehrswege** konnten nur die Flüsse genutzt werden, vor allem der Mekong. Er war die einzige Verbindung mit dem Rest des Landes und Laos. Bis zu dieser Zeit lebten die Menschen hier vor allem vom Fischfang, der Holzwirtschaft und dem, was ihre kleinen Felder hergaben. Doch zumindest entlang der Hauptstraßen und um die Stadt Stung Treng herum ist jetzt Schluss mit der einstigen Beschaulichkeit. Es wird rege Handel mit Vietnam, Laos und China getrieben. Die Chinesen haben viele Hektar Land aufgekauft, gerodet und in Plantagen verwandelt. Die Einheimischen haben sich vor allem dem Anbau von **Cashew Nüssen** verschrieben.

Die Stadt Stung Treng

Seitdem die Grenzen zwischen Laos, Vietnam und Kambodscha immer leichter zu passieren sind, etablieren sich ständig neue Traveller-Routen. Die meisten Backpacker kommen momentan über

Laos, wo viele vor der Einreise nach Kambodscha noch einen Stopp auf den **4000 Islands** *(See Pan Don)* einlegen. Zuerst sah es danach aus, als ob Stung Treng von den vielen Reisenden profitieren würde, doch die Realität ist anders. Da jeder seine Tickets nach Kambodscha auf den 4000 Islands oder in Pakse kauft, wo Reiseziele in ganz Kambodscha angeboten werden, verweilen die Traveller nicht mehr in Stung Treng, um sich dort erstmal zu orientieren. Stung Treng ist zu einer reinen **Traveller Transit Destination** geworden, in der man kurz etwas isst und dann im Bus weiterfährt.

Sehr schade, denn Stung Treng mit seinen 60.000 Einwohnern ist eine ruhige und charmante Provinzhauptstadt, in der Reisende einen lohnenden 2–3-tägigen Aufenthalt einplanen können. Ihren besonderen Reiz bekommt die Stadt durch das ständig wechselnde Farbenspiel auf der Wasseroberfläche des Mekong, das besonders bei Sonnenuntergang für ein spektrales Farberlebnis sorgt.

Bis auf die relaxte **Rivertown-Atmosphäre** bietet die Stadt selbst keine spektakulären Höhepunkte, aber auch darin kann ein Reiz liegen. Lohnend ist auch hier ein Bummel über den **Markt,** der mit einem großen Warenangebot über-

060ka an

rascht. Besonders interessant ist der „Morningmarket", der in den Gassen vor dem Marktgebäude und dem Hafen stattfindet. Von 6.00 bis 10.00 Uhr verkaufen die Fischer und Farmer hier ihre frischen Produkte und fahren dann in die Dörfer zurück. Besuchenswert sind auch die zwei **Pagoden,** die auf dem Weg Richtung Norden liegen.

Erhabene Sonnenuntergangsstimmungen lassen sich auf einer der beiden Brücken über den Mekong und dem Tonle San erleben. Bei wenig Wasser gibt es am Tonle San-Fluss einen kleinen Sandstrand, der bei der einheimischen Bevölkerung beliebt ist.

Informationen und Adressen

■ Das **Tourist Office** ist unverständlicherweise einige Kilometer außerhalb des Zentrums an der Brücke über den Tonle San untergebracht worden. Es gibt zwar nette und bemühte Mitarbeiter, aber leider wenig brauchbare Informationen.

■ Im *Riverside Restaurant* und *G.H.* warten immer einige **lokale Guides** auf Touristen. Sie haben Informationen über die Umgebung und können Ausflüge organisieren – die einen seriöser, die andern weniger.

1 **Xplore Cambodia** (Office am Mekongufer) besitzt fundierte Informationen über die Gegend und organisert interessante mehrtägige Ausflüge mit Kayaks und Mountain Bikes (Tel. 011/433836, www.cambodiamekongtrail.com, siehe auch „Umgebung von Stung Treng").

■ Von außen macht das **Krankenhaus** einen recht guten Eindruck. Von UNICEF hat es das Zertifikat „childfriendly" bekommen, da hier die 10 goldenen Regeln des Stillens mit Muttermilch eingehalten werden – was immer das heißen mag. Ansonsten bietet es nur eine Basisversorgung und den Transport im archaischen Krankenwagen nach Phnom Penh.

■ **Geld.** Wechselstände für Dollar, Kip und Riel am Markt. Gute Wechselkurse von Euro in Dollar bieten **Canadian-** und **Acleda Bank,** die auch 7/24 ATM für alle gängigen Kreditkarten haben.

■ **Fahrrad und Mopedverleih** bei 1 *Xplore Cambodia* und im 3 *Savet I G.H.* für 3 bzw. 10 Dollar pro Tag.

Stadtverkehr

■ **Motorradtaxis** sind tagsüber allgegenwärtig, nachts allerdings ziemlich rar. Kurze Fahrten im Stadtzentrum kosten 1000–2000 Riel.

◁ Am Mekong bei Stung Treng

Unterkunft

Guest Houses

6 Riverside G.H.① (Tel. 012/447775). Bekanntestes und einziges G.H. in der Stadt, das den Namen Guest House verdient. Kahle, aber saubere Zimmer mit Bad/WC. Die Zimmer mit Fan haben keine Fenster, wohl aber die Zimmer mit AC. Liegt leicht nach hinten versetzt an der Flusspromenade im Zentrum.

7 Sampheap G.H.① (Tel. 092/621776). Zentrale Lage. Liegt neben Riverside G.H.; etwas teurer, aber geräumigere Zimmer.

3 Savet I G.H.①-② (Tel. 088/7777334). Hübsche und gepflegte Unterkunft, zwei Blocks nördlich vom Markt. Großes Angebot von unterschiedlichen Preiskategorien. Fahrrad- und Moped-Verleih.

Khmer Standard-Hotels

Bezeichnend für die meisten Hotels hier sind die klobigen und extrem ungemütlichen Holzbänke und Stühle, die mit glänzendem Lack überzogen sind und die Lobbies zieren, wo sie oft auch verkauft werden. Die Khmer lieben sie, während sie für meinen Geschmack die hässlichsten und unnützesten Möbelstücke sind, die ich kenne. Sinnlose Abholzung des Urwaldes.

4 Gold River Hotel①-② (Tel. 012/980678, www.goldenriverhotel.com). Zurzeit wohl das beste Hotel der Stadt. Große und saubere Zimmer, die sogar –

ein Novum in Stung Treng – mit Aufzug erreicht werden können. AC-Zimmer und VIP Room. Zimmer mit Flussblick sind teurer. Liegt 100 m nördlich vom *Riverside G.H.* an der Uferstraße.

9 **Stung Treng Hotel**① (Tel. 012/916465). Gepflegtes Hotel mit freundlichem Personal. Zimmer wahlweise mit Fan oder AC. Liegt im Zentrum.

11 **Apsara G.H.**① (Tel. 092/464740). Zentral, nahe Kreisverkehr und ebenfalls Zimmer mit Fan oder AC.

Essen und Trinken

Eine lokale Spezialität ist **„nhem".** Dabei handelt es sich um rohen, mit scharfen Kräutern gewürzten Fisch, der in Bananenblättern eingerollt und als kleine Päckchen auf dem Markt verkauft wird.

8 **Blue River Restaurant.** Auf einem Floß im Hafen werden Khmer-Spezialitäten serviert. Kein Englisch, aber bebilderte Speisekarte (3–7 $).

14 **Sun Ta Restaurant** ist das wohl beliebteste Khmer-Restaurant der Stadt. Die Preise sind zwar etwas höher, aber dafür ist die Qualität und Menge erfreulich. An der Hauptstraße einen Block vom Markt entfernt.

12 **Café 1979.** Die Inneneinrichtung ist der blanke Plastikblumen-Wahnsinn. Dafür gibt es guten Kaffee und Snacks. AC.

2 **Saigon.** Kleines, bescheidenes vietnamesisches Restaurant mit sehr freundlichem Service. Hier wird die beliebte Nudelsuppe *Pho* für 1,50 $ angeboten. Liegt etwas versteckt in den Straßen nördlich vom Markt. Am besten mit Mopedtaxi hinfahren.

■ Günstiges und klassisches Travellerfood servieren 6 **Riverside,** 13 **Nita Canteen** und 5 **Ponka's,** die auch Pizza, Pasta und Amok-Gerichte im Angebot haben.

15 Leckeren Kuchen und frisches Brot gibt es in der Bäckerei **VY Chandet** neben der Acleda Bank.

■ Abends werden am **Stadtpark** leckere und sehr günstige gebratene Nudeln *(Loth Chah)* mit und ohne Fleisch angeboten.

■ Tagsüber werden in den sauberen Essensständen **an der Südseite des Marktes** einfache Gerichte für 2000 Riel und Reissüßspeisen für 1000 Riel angeboten.

Anreise und Weiterreise

■ **Entfernungen in Straßenkilometern:**

Phnom Penh	535
Siem Reap	300
Kratie	141
Banlung	152
Trapaing Kreal (Grenze Laos)	60
Preah Vihear City	135
Siem Pang	120

Boot

■ Alle öffentlichen Bootsverbindungen **nach Kratie und Kompong Cham** sind den günstigeren und schnelleren Busverbindungen zum Opfer gefallen. Die einzige Möglichkeit, die vor allem nach Kratie absolut lohnende Strecke zu befahren, ist, wenn sich einige Reisende zusammenfinden und gemeinsam ein Boot mieten. Im *Riverside Restaurant, bei Xplore Cambodia* und am Hafen kann bei der Organisation geholfen werden. Landschaftliche Highlights sind auf jeden Fall die Flussabschnitte auf dem Mekong nach Kratie und zur Laotischen Grenze sowie die Strecke auf dem Tonle Kong nach Siem Pang. Boote für ca. 4–5 Personen kosten nach Preah Rumkel 70 $ und nach Kratie 200 $.

Stung Treng ist ein quirliger **Verkehrsknoten.** Die meisten Touristen stranden hier nur auf der Durchreise und haben bereits Tickets mit entfernteren Zielen in der Tasche. Sammeltaxis und Minibusse warten zwischen Hafen und Riverside Guest House auf Kunden.

■ **Reisebusse** von *Sorya Phnom Penh* fahren nur nach Phnom Penh (11 $) und Pakse (14 $). Auf dem

Weg nach Pakse kommen sie an den 4000 Islands (8 $) und auf dem Weg nach Phnom Penh an Kratie (5 $) vorbei. **Minibusse** kosten etwa dasselbe, werden aber vollgequetscht, außer man zahlt mehr. Nach Preah Vihear City (5 $), Siem Reap (10 $) und Banlung (5 $) fahren nur **Sammeltaxis** bzw. **Kleinbusse.**

- **Tickets** entweder vor Ort im Sorya Phnom Penh Office, im G.H. oder direkt bei den wartenden Fahrzeugen.

Grenzübergang nach Laos

- Grenzname auf Kambodschaseite: **Trapaing Kreal**
- Grenzname auf Laoseite: **Nongnokhiene**
- Alter Name: **Dom Kralor**

Der Grenzübergang liegt isoliert von jeglicher Siedlung mitten auf dem Land. Außer ein paar einfachen Essensständen gibt es hier – nichts. Die Wechselstände bieten extrem schlechte Kurse. Die Grenze ist von 7.00–18.00 Uhr geöffnet.

Formalitäten

Für beide Länder wird das **Visum** für EU-Bürger **an der Grenze** *(visa on arrival)* für 30 Tage ausgestellt. Das Visum für Kambodscha kostet offiziell 20 $, das für Laos zwischen 30 und 40 $, je nach Nationalität (Deutsche 30 $). Dazu kommen eigenmächtig eingeführte Sondergebühren der Grenzer, z.B. Bearbeitungsgebühr oder Überstundenzuschlag. Solange sich diese Gebühren im Rahmen von max. 5 $ halten, lohnt es sich nicht, sich dagegen zu wehren. Passbild und noch mindestens 6 Monate gültiger Reisepass notwendig. Kein Passbild? Kein Problem – mit einer weiteren Sondergebühr lässt sich sowas auch regeln.

Umgebung von Stung Treng

Xplore Cambodia bietet eine Reihe außergewöhnlicher und attraktiver Aktivitäten rund um den Mekong in Stung Treng an. Der Besitzer *Theara* ist ein fundierter Kenner des Mekongs und ein zuverlässiger Organisator. Highlights in seinem Programm sind die **Kayaktouren** durch die überfluteten Wälder, die **Floating Forests,** an den Mekong-Wasserfällen an der laotischen Grenze und die **Angelausflüge.**

Ein genialer Service, der von den eiligen Backpackern, die nur von einem Touristen-Highlight zum nächsten ziehen, selten genutzt wird, ist die Fahrt mit dem **Mountain Bike von Stung Treng nach Kratie.** Diese Strecke führt entlang einer der entlegensten und schönsten Teilstrecken des Mekongs. **Xplore Mekong** verleiht gute Mountain Bikes, versorgt die Biker mit ausführlicher Information über Trails und Übernachtung und transportiert das Gepäck nach Kratie, wo die Reise dann wieder mit öffentlichen Verkehrsmitteln fortgesetzt werden kann. 2, aber besser 3 Tage. Auch mit Guide möglich (siehe „Stung Treng/ Adressen").

Die Fahrt von Stung Treng über Veun Kham zum Toek Tlea (Mekongfall)

Eine der **landschaftlich schönsten Strecken,** die der Mekong in Kambodscha zurücklegt. Die erste Hälfte der Fahrt geht durch verschlungene Seitenarme des Mekong, vorbei an schilfbedeckten Häusern der lokalen Bevölkerung. Bunte Schmetterlinge, Reiher und

Eisvögel sind ständige Begleiter. Doch ab der Hälfte ändert der Mekong seinen Charakter. Die Gegenströmung wird so stark, dass das Boot kaum mehr dagegenhalten kann. Gefährliche Felsen, reißende Stromschnellen und Strudel lassen einen erschaudern und hoffen, dass der Bootsführer den wackligen Kahn unter Kontrolle hat.

Am beeindruckendsten ist jedoch die unvergleichliche Landschaft. Der Mekong fließt hier nicht in einem Flussbett, sondern überflutet ein Waldgebiet. Die Bäume wachsen direkt aus dem Wasser. Festes Ufer ist nur selten zu sehen. Eine Fahrt durch die **Floating Forests** erinnert an die Landschaft eines Märchenbuchs.

Der Höhepunkt sind die mystischen **Mekongfälle,** die durch ein Labyrinth von Schluchten und Wasserfällen tosend von Laos nach Kambodscha einfallen und die durchgehende Schiffbarkeit des Mekong unmöglich machen. Dort, wo das Wasser wieder zur Ruhe kommt, leben noch einige **Irrawaddy-Delfine,** die sowohl von der laotischen als auch von der kambodschanischen Seite aus beobachtet werden können.

Auf der **laotischen Seite** sind noch die alten Hafenanlagen der Franzosen zu sehen, die hier versuchten, die Boote auf Schienen zu verladen und so den Mekongfall zu umgehen. Auf der **kambodschanischen Seite** liegt das Dorf **Preah Rumkel,** wohin Ausflüge von Stung Treng mit Übernachtung organisiert werden – das untouristische Pendant zu den 4000 Islands in Laos. Doch leider ist die Idylle durch den 30 Meter hohen **Don Sahong Staudamm,** der 1500 m vor der kambodschanischen Grenze bei Si Phan Don entsteht, in Gefahr.

Tagesausflüge und Übernachtungen in Preah Rumkel organisiert am seriösesten Xplore Cambodia, die auch die Homestays dort anbieten. Auch das *Riverside G.H.* bietet Ausflüge an (Adressen siehe „Stung Treng, Informationen und Adressen"). Eintritt zu den Delfinen und den Wasserfällen jeweils 2 $.

Siem Pang

Dieser pittoreske und ursprüngliche Ort am Sekong Fluss ist erst seit Kurzem über eine Straße mit der Außenwelt verbunden. Er liegt am südlichen Rand des **Virachey Nationalparks** und ist erst seit der begonnenen Erschließung des Parks für Besucher von touristischer Bedeutung. Die Teile des Nationalparks, die von hier aus erreicht werden können, bieten größere Chancen, Wildtiere wie z.B. Elefanten zu sehen als die östlichen Teile bei Banlung.

In Siem Pang gibt es ein **Nationalpark Office,** das Touren organisiert. Übernachtet werden kann in einem kleinen G.H. Kulinarisch muss man mit einfachen Essensständen vorlieb nehmen.

Täglich Minibusverbindung mit Stung Treng (7 $, 120 km, 3 Std.). Siem Pang ist auch von Banlung (Rattanakiri) aus zu erreichen. Die lohnende, aber sehr abenteuerliche Fahrt, ist nur mit einem ortskundigen Motodupfahrer machbar. Sie führt zuerst nach Wunsei und ab dort über 60 km Urwaldpfade nach Siem Pang. Nur in der Trockenzeit möglich.

6 Die Küste

Angesagt, aber immer noch ursprünglich sind die Inseln vor Sihanouk Ville. Viele Aktivitäten um die sympathische Stadt Kampot mit Höhlen, Bergen, Flüssen, Inseln und köstlichem Seafood. Urwaldliebhaber erkunden den dichten Dschungel zu Füßen des Kardamon Gebirges auf dem Boot.

◁ Am Strand von Sihanouk Ville

DIE KÜSTE

Im tropischen Asien gibt es kaum eine Küstenregion, die so dünn besiedelt und so wenig erschlossen ist wie die Küste Kambodschas. Noch ist sie, aus ökologischer Sicht, in einem verhältnismäßig intakten Zustand. Die Küste hat eine Länge von 435 Kilometern (die Buchten mitvermessen). Sie zieht sich entlang des Golfes von Thailand (Siam) von der Stadt Ha Tien in Vietnam bis hinauf zur Provinz Trat in Thailand. Eine Vielzahl dicht bewaldeter Inseln sind der Küste vorgelagert.

NICHT VERPASSEN!

- **Kampot** entwickelt sich wegen der vielen Aktivitäten und Attraktionen rund um die sympathische Kleinstadt immer mehr zu einem touristischen Hotspot | 338
- Ein Eldorado für Seafood-Fans: der **Krabbenmarkt in Kep** | 353
- **Sihanouk Ville** ist das Sprungbrett zu romantischen Robinsonaden auf den idyllischen und wenig verbauten Inseln mit herrlichen Sandstränden. Ein *Must Do,* bevor es hier aussieht wie in Thailand. | 359
- Die größte Insel Kambodschas, **Koh Kong,** ist fast unbewohnt und bietet dem Besucher Traumstrände, die allerdings nur mit Mühe zu erreichen sind | 386
- **Koh Kong Provinz –**
  - Urwaldtrekking und Dschungel-Camps in Chi Phat | 387
  - Fröhliche Menschen auf der ehemaligen Schmugglerinsel Koh Sdach | 389
  - und einsame Resorts auf Koh Totang | 390

Diese Tipps erkennt man an der gelben Hinterlegung.

[>] Das Golden Lions-Monument am Kreisverkehr im Zentrum von Sihanouk Ville

fotolia ©OlegD

Überblick

Sihanouk Ville ist die einzige größere Stadt mit Tiefseehafen. Ansonsten liegen gerade mal drei kleinere Städte, *Kampot, Sre Ambel* und *Dong Tong* (Koh Kong City) in denen nur kleine Boote anlegen können, an der kambodschanischen Küste.

Die einzigen **erschlossenen Strände** liegen bei **Sihanouk Ville** und in **Kep.** Dominiert wird die Küste jedoch von unzugänglichen **Mangrovenwäldern,** flachen und trüben Buchten riesiger Ausdehnung (Bucht von Kompong Som und Koh Kong) sowie einem Netz von verschlungenen Wasserstraßen, die bis weit ins Landesinnere mit kleinen Booten befahrbar sind. Umsäumt wird die Küste von Korallenriffen und Seegrasfeldern. Die schönsten **Inseln** mit von Palmen gesäumten Buchten, glasklarem Wasser, unberührten Korallenriffen und einer beachtlichen maritimen Vielfalt liegen

Die Küste
0
20 km
Phnum Samkok Wildlife Sanctuary
Pursat
Osoam
Veal Vêng
Anschlusskarte Seite 228
Kardamomgebirge
1549
THAILAND
Hatlek
391
Koh Kong City (Dong Tong)
398
Pak Klong
399
Tatai Wasserfall
Tatai
398
Phum Buan
Peam Krasaop Wildlife Sanctuary
Koh Kong
Phum Kaôh Kông
Lam Dam
388
Trapeang Roung
387
Chi Phat (Öko Lodge - Resort)
386
Koh Kong
Phum Yeay Sên
Andong Toek
Chimeal
Sre Ambel
387
Ta Ben
Pro Teal
Boutum Sakor Nationalpark
390
Koh Totang
Koh Chan
389
Koh Sdach
Koh Ampal
Koh Smach
Boi Japon
Khum Thma Sa
Preah Sihanouk
Koh Touch
377
Koh Rong
359
Sihanouk Ville
376
Ream Nationalpark
Veal Rean
Prey Nob
380
Koh Rong Samlem
Flughafen Sihanouk Ville
Phum Ângk
383
Koh Russei
384
Koh Ta Kiev
386
Koh Thmei
GOLF VON THAILAND
383
Koh Tang
Dương Đông
Phú Quôc
THAILAND
LAOS
Wunsei (Viracheay)
Banlung
Sisophon
Siem Reap
Pailin
Kompong Chhnang
Senmonorom
Pursat
Kratie
Dong Tong
Phnom Penh
VIETNAM
Takeo
Sihanouk Ville
Saigon

weit draußen im Golf von Thailand. Sie werden nur von wenigen Fischern bewohnt.

Während Anfang dieses Jahrtausends die größte **Gefahr** für das überwiegend intakte Ökosystem der Küste durch das Anlegen von Shrimpsfarmen und das Verarbeiten der Mangrovenwälder zu Holzkohle drohte, beginnt jetzt der Tourismus sich selbst seiner Grundlagen zu berauben. Unter dem Kürzel „K-4“ soll die gesamte Küstenregion industriell und vor allem touristisch mit großen **Hotelprojekten** erschlossen werden. Einige Inseln wurden an Großinvestoren, wie den ehemaligem Ministerpräsidenten von Thailand, *Thaksim*, aber auch an chinesische Investoren auf viele Jahrzehnte verpachtet. In Kampot wird derzeit ein gewaltiger Hafen gebaut, um den Tourismus mit der vietnamesischen Insel Phu Quoc anzukurbeln. Im Zentrum der staatlichen Entwicklungsstrategie steht zwar der Ökotourismus, doch wie dies mit der Industrialisierung der Küste vereinbar ist, bleibt offen.

Doch bevor die internationalen Investoren und asiatischen Multis und Geldwäscher zuschlagen, lohnt es sich unbedingt, die **Inseln Koh Rong** und **Koh Rong Samlem** vor der Küste Sihanouk Villes zu besuchen. Auf diesen noch wenig erschlossenen Inseln hat der Tourismus gerade erst begonnen, und außer einfachen Hütten, ein paar hübschen Resorts und einer schrillen Travellerszene gibt es fast nichts, was die Robinson-Romantik momentan trübt. Die Befürchtung, dass den Inseln in ein paar Jahren das gleiche Schicksal droht wie manchen Inseln beim Nachbarn Thailand mit seinen zubetonierten Paradiesen, ist nicht unbegründet.

Kampot

កំពត

Die Provinz Kampot

Kampot ist die südlichste Provinz Kambodschas. Fruchtbare, mit Zuckerpalmen bewachsene Ebenen wechseln mit unvermittelt aus den Reisfeldern emporsteigenden Karsthügeln, in denen sich weitläufige Höhlensysteme befinden, ab. Nördlich von Kampot Stadt erhebt sich das Massiv des Elefantengebirges, dessen Gipfel bis nahe ans Meer heranreichen und die 1000-Meter-Grenze überschreiten. Die von Urwald bewachsenen Berghänge bieten nicht nur Tigern und Elefanten Schutz, sondern dienten viele Jahre lang den Roten Khmer als Versteck. Die zahllosen Minen, die an den Berghängen vergraben sind, hatten zynischerweise *bisher* das Abholzen des Waldes in großem Stil verhindert. *Bisher* – denn jetzt wurde auf dem Hochplateau des **Bokor Mountain** mit dem Bau der **Retortenstadt Thansur Bokor Highland Resort** begonnen (siehe „Kampot, Bokor Mountain“).

Die **Küste Kampots** grenzt an den Golf von Thailand und erstreckt sich von der vietnamesischen Grenze bei Ha Tien bis nahe Sihanouk Ville. Einige kleine Inseln mit schönen Stränden sind der Küste vorgelagert. Die bergige Insel **Phu Quoc,** von der gesamten Küste aus zu sehen, ist mit 1300 Quadratkilometern die größte Insel Vietnams. Früher gehörte sie zu Kambodscha und hieß Koh Tral. Die Küste wird dominiert von flachen Buchten, Mangrovenwäldern und einem Labyrinth aus Wasseradern, die oft bis tief ins Landesinnere mit kleinen Booten befahren werden können. Traumstrände sucht man vergebens. *Dugongs,* eine Spezie der vom Aussterben bedrohten Seekühe, weiden noch genüsslich in den Seegrasfeldern vor der Küste.

Die knapp 1 Mio. Einwohner der Provinz leben überwiegend von der **Landwirtschaft.** Andere wichtige Erwerbszweige sind der Tourismus, die Holzkohle- und Salzgewinnung sowie der Pfefferanbau. Der Fischfang spielt eine eher untergeordnete Rolle. Die meisten Fischer gehören zur moslemischen Minderheit der Cham.

Die Stadt Kampot

Der Charme dieser überschaubaren Provinzhauptstadt (50.000 Einwohner), mit ihrem von kolonialistischen und chinesischen Gebäuden geprägten Zentrum, zieht immer mehr Reisende und Expats an, die hier ein kleines Business eröffnen. Kampot liegt am Fluss *Stoeng Keo* (auch Kampot River), der in den Elefantenbergen entspringt und mit einer beachtlichen Breite durch Kampot fließt. Die südliche **Promenade,** von Palmen gesäumt, hat sich zur Flaniermeile der Stadt entwickelt, die vielen Restaurants und Bars am Fluss und am angrenzenden „Alten Markt” laden mit westlichen und asiatischen Speisen zum Verweilen ein. Auf den kahlen Flächen, die zwischen der Stadt und dem Meer liegen, wird Salz gewonnen. Berühmt ist auch der **Kampot-Pfeffer,** der in der Provinz in großem Stil angebaut wird.

Hübsch verpackt wird er in kleinen Säckchen in Guest Houses und Shops den Touristen angeboten.

Kampot besitzt keinen richtigen Hafen, da die Flussmündung und die vorgelagerte Küste zu flach sind.

Cham und Vietnamesen, die in Gruppen verstreut am Rande der Stadt leben, haben einen großen Bevölkerungsanteil in Kampot.

Die Stadt ist ein genialer Ausgangsort für **abenteuerliche Ausflüge** in die Umgebung. **Bokor Mountain** mit seinem skurrilen Casino und Hotelprojekten gewährt einen Einblick in asiatischen Größenwahn, aber andererseits auch einen überwältigenden Ausblick auf die Küste. Die mysteriösen Höhlensysteme in den Karsthügeln, Paddeltouren auf dem Stoeng Keo Fluss, die einstige Geisterstadt Kep und Ausflüge zu den vorgelagerten Inseln halten den interessierten Reisenden leicht eine Woche beschäftigt. Der einzige Nachteil von Kampot ist, dass es in der Nähe keinen wirklich guten Strand und auch kein Nachtleben gibt; doch vielleicht ist es auch ein Vorteil, denn das Partyvolk bleibt vorzugsweise in Sihanouk Ville.

Orientierung

Der Fluss Stoeng Keo (Kampot River) teilt die Stadt in **zwei Hälften.** Für den Reisenden liegen alle notwendigen Institutionen auf der südöstlichen Seite. Das magische touristische Dreieck ist der „Alte Markt" und die angrenzende Uferpromenade, wo sich zahlreiche Restaurants, Bars, Reisebüros, Ausflugsschiffe, Souvenirshops, Guest Houses und Supermärkte aneinanderreihen.

Über den Stoeng Keo gibt es **zwei Brücken.** Die „Alte" (Rainbow Bridge oder „Spien Entanou"), die nur noch für Mopeds und Fußgänger geöffnet ist, und seit 2007 die „Neue".

Adressen

■ **Geld.** Wechselstände mit akzeptablen Kursen für Dollar und Euro gibt es am Kreisverkehr und am Neuen Markt (Psah Thmei). Auch die *Canadia Bank* und die *Acleda Bank* haben faire Wechselkurse. Alle Banken verfügen über einen 24-Std.-Geldautomat (ATM). Öffnungszeiten Mo–Fr 8.00–15.30 und Sa 8.00–11.30 Uhr.

■ **Gesundheit.** Das beste Krankenhaus in der Umgebung ist das, und das ist kein Scherz, *Sonja Kill Memorial Hospital.* Es liegt 7 km außerhalb des Zentrums an der Hauptstraße Richtung Sihanouk Ville, kurz vor der Abzweigung nach Bokor Mountain. Es wird von dem Kindermissionswerk „Die Sternsinger" unterstützt. Zuverlässig arbeitet auch die *Bokor Clinic* nahe der New Bridge, und als Allgemeinmediziner ist *Dr. Dimitri Scuffi* (Tel. 015/201104) zu empfehlen. Praxis nahe Rainbow Bridge.

■ **Shops.** Über das Zentrum verteilt gibt es mehrere kleine Supermärkte, die den Grundbedarf an westlichen Utensilien decken. Eine 22 Apotheke/ Drogerie gibt es am Durian-Kreisverkehr, ebenso einen 21 Supermarkt.

■ **Mopedverleih.** Viele Unterkünfte bieten Mopeds ab 4 $ pro Tag an. Bekannt ist 24 **Sean Ly Moto Shop** nahe Durian-Kreisverkehr (gegenüber Aba Bank). Er hat verschiedene Modelle und eine florierende Werkstatt. Enduro Motorräder verleiht auch der 43 **Kampot Dirt Bike Shop** an der Straße nach Kep. Mit Werkstatt! Tel. 070/240444. Gute Dirtbikes ab 25 $ verleiht auch *Reinhard, der Sachse* von 10 **Adventure Rider Asia** (Tel. 078/250350) am anderen Ende der Rainbow Bridge.

■ Viele G.Hs. verleihen auch **Fahrräder. MTB Touren** bieten die Unterkünfte *Villa Vedici, Champa*

Lodge und *Orchid G.H.* Die Mountain Bikes sind jedoch meist in schlechtem Zustand.

■ **Bücher:** 28 **Kepler's Books** führt gebrauchte Romane, Reiseliteratur und Bücher über Kambodscha und Südostasien im Sortiment. Sehr gut sortiert ist der Second Hand Bookshop 35 **Bookish Bazaar** mit einer großen Auswahl an deutschen Büchern. Seitenstraße am Alten Markt.

■ **Informationen:** *Kampot Survival Guide* und das *Coastal Magazine* sind anzeigenfinanziert, enthalten aber sehr viele nützliche und lohnende Informationen. Schon beinahe literarischen Charakter haben die Geschichten im Kampot Survival Guide – unbedingt besorgen. Sie liegen kostenlos in vielen Restaurants und Guest Houses aus.

■ **Massage.** Seriös und hochwertig ist 27 **Jolie Jolie Beauty Salon,** ebenfalls zu empfehlen ist 26 **Diamond** und die 32 **Seeing Hands** der Blinden mit mehreren konkurrierenden Praxen. Alle befinden sich in unmittelbarer Nähe und in den Seitengassen des „Alten Marktes".

■ **Khmer Tanz.** Im *Khmer Cultural Development Institute,* einer Khmer-NGO, die sich um Waisen und blinde Kinder kümmert, können Besucher von Montag bis Freitag bei den Übungsstunden von 14.00 bis 18.00 Uhr zusehen. Eine Spende wird erwartet. Fotos sind verboten. Gruppen können extra Vorführungen buchen. www.kcdi-cambodia.org.

■ **Reisebüros.** Eine Vielzahl an Reisebüros hat sich um den „Alten Markt" angesiedelt. Sie bieten vor allem Busverbindungen innerhalb Kambodschas und in die Nachbarländer Thailand, Laos und Vietnam sowie Ausflüge in die Umgebung und Visa-Verlängerungen für Kambodscha und Visa für Vietnam an. Besonders umtriebig, mit fitten und gut Englisch sprechenden Angestellten, ist 26 **Champa Tourist Bus** am „Alten Markt" (Tel. 087/630 036).

47 **Individuelle Ausflüge.** *Sok Lim Tours* ist ein sehr engagiertes und gut organisiertes Reisebüro in Kampot. Es bietet ein umfangreiches Ausflugsprogramm von ein- bis dreitägigen Touren zu allen Sehenswürdigkeiten der Umgebung an. Sehr enga-

■ Übernachtung

1 Les Manguiers
2 Villa Vedici
3 Champa Lodge
4 Natural Bungalows
6 Banyan Tree G.H.
7 Naga House
8 Arcadia Backpackers
12 Little Garden G.H.
13 Rainbow Bridge G.H.
15 Borey Bokor II
16 Senmonorom G.H.
17 Raksmey Kampuchea G.H.
19 Sopheap Mongkol G.H.
27 Jetzt
39 The Columns
40 Auberge du Soleil
41 Rikitikitavi Hotel
44 Kampot G.H., Orchid G.H.
45 Monkey Republic G.H.
46 The Magic Sponge G.H.
48 Blue Buddha Hotel
49 Mea Culpa G.H.

■ Essen und Trinken

1 Les Manguiers
4 Natural Bungalows
5 Ta Ouv Restaurant
7 Naga House
14 Khmer Essenstände
18 Café Espresso
20 Barista Coffee
23 Aroma House
25 Epic Arts Café
27 Bistro Jetzt
29 Max, Pizzaria Restaurante
30 Ecran Noodle Shop
31 The Fishmarket Restaurant
33 Twenty Three
34 Om – Kampot
36 Simple Things
37 Indo Bar
38 Sisters II Bakery & Café
41 Rikitikitavi Restaurant
42 Ellie's Café
44 Kampot G.H. Gartenrestaurant, Orchid G.H.
45 Monkey Republic
46 The Magic Sponge
49 Mea Culpa
50 Thai Fire

■ Nachtleben

6 Banyan Tree G.H.
7 Naga House
9 Dragon Club
11 Razor Back Bar
27 Jetzt Bar

Kampot

0 — 200 m
© Reise Know-How
Kambo33 11/19
1 (2 km),
2 (2 km),
3
Bahnhof (1 km),
RN 3 nach
Phnom Penh (151 km)
Neuer Markt
(Psah Samaki)
729
4
Sokimex Tankstelle
Bokor Clinic
Neue Brücke
5
714
716
18
Höhlen,
Pfefferfarmen,
Phnom Sorsir,
Phnom Slaptaon,
Kep (23 km),
Kompong Trach (37 km),
Grenze Vietnam
(Ha Tien) (53 km)
6, 7, 8 (7 km),
Bokor Mountain,
Eintrittstor (5 km),
Toek Chhou (8 km),
Stausee (10 km),
Sihanoukville (105 km)
718
Night Market
19
Städt. Krankenhaus
Riverside Road
16
17
Canodia Bank
20
720
Sokimex Tankstelle
15
Durian Traffic Circle
Fußball-stadion
Stoeng Keo oder
Dr. Dimitri Scuffi
12
21
707
22
14
23
Sammeltaxis, Minibus + Busse
9
13
Old Bridge Street
701
722
724
Aba Bank
24
Capitol Bus
Rainbow Brücke
Khmer: Spien Entanou
(Fußgänger, Mopeds)
Acleda Bank
26
25
724
43
10
11
30
29
28
27
Khmer Cultural Development Institute
705
Kampot River
Alter Markt
35
36
31
32
33
34
38
Year 2000 Monument
44
37
46
45
726
39
726
Guesthouse St.
47
40
48
Riverside Road
728
Salt Worker Traffic Circle
42
41
730
Vietnam Cambodia Traffic Circle
707
Governor Residenz
49
50
51 (500 m)
Einkaufen/Sonstiges
10 Adventure Rider Asia
17 Raksmey Kampuchea Bookshop
21 Supermarkt + Shops
22 Apotheke
24 Sean Ly Moto Shop
26 Champa Tourist Bus, Diamond Massage
27 Jolie Jolie Beauty Salon, SUP Asia
28 Kepler's Books, Climbodia
32 Massage Seeing Hands
35 Bookish Bazaar
43 Kampot Dirt Bike Shop
47 Sok Lim Tours
51 Crab Shuttle
Bar, Bistro, G.H.

gierter Guide bei *Sok Lim Tours* ist *Mr. Key.* Viele G.Hs. in Kampot arbeiten mit ihm zusammen und haben umfangreiche Tourenbeschreibungen ausliegen. Das Büro liegt gegenüber dem 46 *Magic Sponge G.H.*, Tel. 012/719872.

Als Spezialist für abenteuerliche und individuelle Bootstouren ist *The Boatsman, Bart* aus Belgien, in Kampot bekannt. Einfach anrufen: Tel. 092/174280.

28 **Kletterabenteuer** für Anfänger sowie Experten bietet *Climbodia* (www.climbodia.com; Tel. 095/581951). An einem Karstfelsen mit einem gewaltigen Höhlensystem (Kbal Romeas, etwa 6 km außerhalb Kampots) wird Abseiling, Klettern und Höhlenexkursionen angeboten. Es gibt sogar drei versicherte Klettersteige. Die Tour dauert 4 Stunden und kostet 40 $. Buchen im Büro am „Alten Markt".

51 **Crab Shuttle.** Eine geniale Idee verwirklichte *Jeroen* aus Holland mit seiner Fahrt über das Meer nach Kep. Die Fahrt mit einem traditionellen Fischerboot dauert zwei Stunden und führt an der Küste entlang. Zu sehen gibt es Fliegende Fische, einheimische Fischerboote und bei der Rückfahrt einen herrlichen Sonnenuntergang. *Crab Shuttle* bietet sich sowohl als alternative Anreise (10 $) nach Kep als auch als Tagesausflug (15 $) an. Die Fahrten sind wetterabhängig. Buchungen über Facebook oder telefonisch. Abfahrt ca. 1 km flussabwärts vom Zentrum der Riverfront. www.facebook.com/crabshuttle, Tel. 0888/296644.

27 **Stand-up-Paddle-Touren** bietet *SUP Asia* auf dem Kampot River an. Office am „Alten Markt", Tel. 093/980550, www.supasia.org. Kajaks werden fast in allen Resorts oberhalb des Kampot Rivers verliehen. Besonders lohnend für Touren ist die Umgebung um die Champa Lodge (siehe „Unterkünfte"). Dort gibt es einen etwa 1-stündigen Rundkurs durch verschlungene, kleine Kanäle und Palmen.

■ **Post.** Sehr eingeschränkter Service. An der Riverside.

☒ Fester Bestandteil des Marktangebots: Needlenose Gar Fish

Stadtverkehr

■ **Motorradtaxi** und **Tuk Tuk** sind die üblichen Verkehrsmittel. Innerhalb der Stadt 0,50–2 $.

Unterkunft

Das **Stadtzentrum** bildet der Park am Fluss (Riverfront), das ehemalige französische Viertel um den Alten Markt und der gewaltige Durian-Kreisverkehr. Hier finden sich schöne Hotels und Guest Houses in alten Kolonialvillen. In der Guesthouse Street, nahe dem Saltworker Traffic Circle und dem Busbahnhof hat sich die **Traveller Szene** eingerichtet. Großzügige Bungalow-Anlagen inmitten tropischer Gärten liegen flussaufwärts beidseitig des Kampot River. In der Regenzeit sind die Preise oft verhandelbar.

Im Zentrum an der Riverfront

41 **Rikitikitavi**②-③ (Tel. 012/235102, www.rikitikitavi-kampot.com). Vermietung von edel gestalteten Zimmern. Preise inkl. Frühstück. Liegt zentral an der Riverside nahe Altem Markt und wird mit viel Engagement betrieben. Sehr gutes 41 **Restaurant.** Informative Homepage.

27 **Jetzt**① (Tel. 015/572380, jetztkampot (Facebook). Nein, keine Deutschen, sondern zwei Schweden bieten unter diesem Namen ein kleines, sehr gepflegtes Dorm in einem aufwendig renovierten Kolonialhaus in einer Seitenstraße des „Old Market" an. Angeschlossen sind ein modernes 27 **Bistro** (leckere Burger) und eine 27 **Bar** zu erfreulich günstigen Preisen.

40 **Auberge du Solei**② (Tel. 088/8820245; www.auberge-du-soleil.com). Kleines Hotel in hübsch renoviertem Kolonialgebäude. Großzügige, voll ausgestattete Zimmern, stilvolle Kampot Atmosphäre in französisch/schweizerisch geprägtem 40 **Restaurant** einen Block von der Riverfront entfernt.

49 **Mea Culpa**①-② (Tel. 012/504769, www.meaculpakampot.com). Beliebtes G.H. der etwas höheren Preisklasse. Schöner Garten und ruhig gelegen

im ehemaligen frz. Viertel der Stadt. 49 **Restaurant** mit Khmer- und Western Food. Holzofenpizza. Liegt in der Parallelstraße zur Uferstraße.

39 **The Columns**②-③ (Tel. 092/128300, www.the-columns.com). Die geschmackvoll gestaltteten Zimmer sind eine Hommage an die Vergangenheit, die Khmerkultur, und ein Zugeständnis an die Moderne. Sehr gelungene Restaurierung eines der klassischen französischen Gebäude aus der Kolonialzeit. Zentrale Lage, eine Seitenstraße vom Fluss entfernt. Nahe dem Millenium Monument.

12 **Little Garden G.H.**①-② (Tel. 098/662226). Gut geführtes Khmer Standard Hotel im Zentrum am Fluss nahe Rainbow Bridge. Bei Touristen und Einheimischen gleichermaßen beliebt.

13 Im Kontrast dazu das familiär geführte **Rainbow Bridge G.H.** in einem schattigen Garten nur 50 m entfernt.

In der Guesthouse Street

46 **The Magic Sponge G.H.**① (Tel. 017/946428, www.magicspongekampot.com). Sehr aktive Traveller Hochburg mit verschiedenen Zimmerkategorien, einem belebten 46 **Restaurant,** unterhaltsamen Events und einem Minigolfplatz. Liegt in der Guesthouse Street südlich vom Zentrum.

In dieser kleinen Straße stehen mittlerweile gut ein Dutzend G.Hs., z.B. auch das 44 **Kampot G.H.** ① (Tel. 033/6660037). Viele unterschiedliche Zimmer mit 44 **Gartenrestaurant** sowie das 44 **Orchid G.H.**① (Tel. 092/226996). *Mr. Thuid Kum Thum,* der Besitzer, war einer der besten Moto-Cross-Fahrer Kambodschas. Dementsprechend ist die Rezeption mit Fotos und Pokalen dekoriert. Mit 44 **Restaurant.** Vermietung von Mopeds.

45 Das erfolgreiche **Monkey Republic**① aus Sihanouk Ville hat nach demselben Konzept auch hier eine Backpackerunterkunft eröffnet. Günstige Zimmer und Dorms sowie belebte Bar und 45 **Restaurant** zum Chillen, Sozializing und Partys (Tel. 012/848390, www.monkeykampot.com).

48 **Blue Buddha Hotel**①-② (Tel. 017/843550, www. bluebuddhahotel.com). Gepflegtes Hotel mit modern eingerichteten und sehr sauberen Zim-

mern. Liegt in der Guesthouse Street nahe dem Salzarbeiter Roundabout.

Flussaufwärts

4 **Natural Bungalows**②-③ (Tel. 012/819081). Gepflegte Bungalowanlage am Fluss mit sehr nettem 4 **Restaurant,** in dem man auf kleinen „Inseln" direkt auf dem Wasser diniert oder einen Sundowner trinken kann. Der Besitzer hat sogar einen kleinen Sandstrand aufgeschüttet. Master/Visa. Liegt auf der Stadtseite am Fluss, 60 m östlich der neuen Brücke.

■ Folgt man der Straße, die zu den *Natural Bungalows* führt weiter flussaufwärts, erreicht man nach 2–3 km weitere gehobenere Resorts. Die moderne 2 **Villa Vedici**② (Tel. 089/290714, www.villavedici.com), die auch Kites, Kayaks und Mountain Bikes verleihen und Wakeboarden und Wasserski anbieten. Auch das traumhaft ruhig gelegene 1 **Les Manguiers**①-③ (www.mangokampot.com, Tel. 092/330050), mit seinem Hüttendorf-Charakter und lebhaftem Zentrum mit 1 **Restaurant,** Leseecke und Tischtennisplatte, ist zu empfehlen, da es neben hübschen Zimmern und Bungalows auch Aktivitäten rund um den Fluss anbietet.

3 **Champa Lodge**②-③ (Tel. 092/525835, www.champalodge.com). MEIN TIPP: Genau an der Stelle, wo der Kampot River eine 180°-Kurve macht und sich ein herrlicher Blick über beide Arme des Flusses öffnet, liegt dieses Refugium. Parkanlage unter exotischen Obstbäumen, kleiner Strand und mehrere Wassersportmöglichkeiten. Ca. 4 km von Zentrum Kampot entfernt.

■ Auf der Flussseite gegenüber der Stadt, Richtung Stausee, Zoo und den Stromschnellen Toek Chou, liegen ein paar wirklich schöne G.Hs. abgelegen direkt am Wasser. Vor allem Backpacker und Naturliebhaber mit kleinem Budget, Bewegungsdrang und Partylust fühlen sich hier wohl: 6 **Banyan Tree**① (www.banyantreekampot.com) sowie 8 **Arcadia Backpackers**① (Tel. 097/7455073), einer Art Dschungelcamp, 7 km von Kampot entfernt.

7 **Naga House**① (Tel. 012/289916, Toek Chhou Road). Travelleridylle für lärmresistentes Chillen auf der nördlichen Seite des Flusses. Einfache, aber saubere Bambushütten mit 7 **Restaurant** und Bar in wucherndem, tropischen Garten direkt am Ufer. Ca. 3 km vom Zentrum entfernt.

Khmer Standard Hotels

Alle liegen nahe dem Durian-Kreisverkehr im Stadtzentrum.

15 **Borey Bokor II**① (Tel. 011/677027) hat auch Zimmer mit Fan, ist aber weniger gepflegt. 19 **Sopheap Mongkol G.H.**① ist noch recht neu und bietet relativ kleine Zimmer an. Das 16 **Senmonorom G.H.**① ist schon einige Jahre geöffnet und bietet akzeptable Zimmer an.

17 Klein und sehr freundlich geführt, ist das **Raksmey Kampuchea G.H.**①, Tel. 012/602679. Mit 17 **Bookshop.**

Essen & Trinken

Im Zentrum, dem touristischen Dreieck zwischen Altem Markt, Rainbow Bridge und Durian-Kreisverkehr gibt es zahllose Möglichkeiten, zu trinken und zu schlemmen – vom einfachen Stand an der Straße bis zum edlen Restaurant. Ab 15.00 Uhr stehen vor der Canadia Bank **mobile Stände,** die Sandwiches für 1500 Riel (32 Cent) anbieten. Günstig und gut sind auch die **kleinen Restaurants** entlang der 150 m langen Straße vom Durian-Kreisverkehr zur Rainbow Bridge. Einfache Khmer-Gerichte im Wok zubereitet kosten 1,50–3 $. Hier gibt es auch den traditionellen *Toek Grolok*-Fruchtsaft.

Die **Gastronomie um den „Old Market"** ist durchwuchert von zahlreichen Pizzerias, die entweder das Wort „Happy" oder unmissverständlich den Namen einer Droge wie „Haze Pizza" im Namen führen. Diese Restaurants sind weniger für edle Speisen als vielmehr für die bewusstseinsverändernden Kräuter, mit denen die Pizzas gewürzt werden, bekannt. „Seriöse", original italienische Küche, servieren 29 **Max** und 29 **Pizzaria Restaurante** am „Alten Markt". Am Ufer der Riverside liegen mehrere Boote. Manche sind lediglich Bars und Restaurants, die fix vor Anker liegen. Andere bieten Ausflüge (17.30–19.00 Uhr) auf dem Kampot River, beispielsweise das *Lovely Boat floated* mit Partymusik für 5 $ (inkl 1 Freigetränk) den Fluss hinauf und hinunter. Das *Green Boat* bietet noch Khmerfood (2–5 $) während des Ausflugs an.

5 **Ta Ouv.** Klassisches Khmer-Restaurant auf einer überdachten Holzterrasse über dem Fluss. Der über Jahre währende Erfolg hat zu gewaltigen Erweiterungsbauten geführt und Mitbewerber angezogen. Trotzdem immer noch eine der ersten Adressen in der Stadt, wenn es um einfache, aber köstliche einheimische Küche geht. Günstiges, ausgezeichnetes Essen. Khmer- und Seafood (Hauptspeisen 20.000 Riel). Sehr beliebt bei den Einheimischen. Nur abends geöffnet. Direkt neben der Autobrücke.

MEIN TIPP: 41 **Rikitikitavi.** Gehört seit vielen Jahren zur Top-Gastronomie in Kampot. Dachterrasse und Balkon unter offenem Holzfachwerk und schöner Blick auf den Fluss. Hervorragende Currys und leckere Khmer-Gerichte (z.B. *Amok Fish*). Appetit-anregend serviert. Lockeres, aber aufmerksames Personal, Happy Hour 17.00–19.00 Uhr, an der Riverside im gleichnamigen Hotel.

31 **The Fishmarket Restaurant.** Gehobene Gastronomie, wenn auch das Interieur des umgebauten alten Fischmarkts in der Expat Szene schwer diskutiert wird. Steht auf Stelzen über dem Fluss und ist halboffen, sodass der Wind für Abkühlung sorgt. Manchmal klassische Livemusik. Westliche und Khmer-Gerichte. Hauptgerichte 6–12 $. Unübersehbar am „Alten Markt" am Fluss.

42 **Ellie's.** Unkonventionelles, kleines Café und Bäckerei in der Altstadt. Lohnendes Frühstück und empfehlenswertes Mittagessen mit frischen Salaten und großer Auswahl an leckerem Gebäck. Abends geschlossen.

25 **Epic Arts Café.** Ein englisches NGO Projekt, das von Menschen mit einem Handycap betrieben wird. Gutes Frühstück und Mittagessen. Tee, Kaffee und feinste Brownies. Auch vegetarisch und vegan, am Boulevard vom Alten Markt zum Busbahnhof. Nur bis 16.00 Uhr geöffnet.

18 **Café Espresso.** Stylisch umgebautes Lagerhaus mit eigener Kaffeerösterei. Die Speisen, auch viele vegetarische Optionen, werden mit regionalen Produkten selbst hergestellt. Frühstück und Lunch bis 16.30 Uhr. Am Beginn der Straße nach Kep.

20 **Barista Coffee.** Modernes Khmer Café mit AC. Richtig guter italienischer Kaffee mit hochwertiger Kaffeemaschine aufgebrüht. Wahrscheinlich der beste und günstigste in der Stadt. 7.00–21.00 Uhr. Am Durian-Kreisel.

36 **Simple Things.** Serviert nur frische vegetarische und vegane Gerichte, Smoothies und Kaffee. Falafel, Pizza, Burger und Salate. Über dem Restaurant gibt es ein Yoga Studio. Nähe Alter Markt.

34 **Om – Kampot.** Essen, soweit möglich, nur aus ökologischem Anbau. Westliche Küche, Pancakes, Salate und leckere Smoothies aus tropischen Früchten. Kein Alkohol. Am Alten Markt.

30 **Ecran Noodle Shop.** Frisch gebratene und theatralisch zubereitete Nudeln und Wantans für 3 $. Beliebt bei Travellern mit kleinem Budget. Immer gut besucht. An der Riverfront zwischen Altem Markt und Rainbow Bridge.

33 **Twenty Three.** Kleines Bistro mit kreativen Gerichten (3–7 $) – auf Wunsch auch vegan. Freundlicher Service. Am Alten Markt.

50 **Thai Fire.** Freakiges, kleines Restaurant. Hat den Ruf, beste Thai- und Khmer-Gerichte zu servieren. Speisen um 5 $. Am Ende der Riverfront, etwas versteckt in einer Seitengasse.

23 **Aroma House.** Wer sich eine kulinarische Pause zu Sea- und Asian Food gönnen möchte, sollte keinen Moment zögern und hier speisen. Ein freundlicher und aufmerksamer Iraner bietet hier leckerste Falafels, Kebab und Hummus sowie Vegetarisches zu erfreulichen Preisen an. Seitenstraße am Durian-Kreisverkehr.

38 **Sisters II Bakery** (nahe Millenium Roundabout). Kleines, sympatisches Café. Berühmt für das

Pfeffer & Salz aus Kampot

Pfeffer wird in Kambodscha seit dem 13. Jh. kultiviert. In den 1960er Jahren war die Pfefferproduktion in Kampot, angetrieben von den Gourmets der frz. Küche, auf dem Höhepunkt. Mit den Kriegswirren wurden die Plantagen verlassen und die Produktion eingestellt und erst in den 1990er Jahren wieder zum Leben erweckt. Doch seit der „Kampot Pfeffer" den begehrten **GI Status*** verliehen bekam und zu einem der besten Pfeffer der Welt gekürt wurde, erfreut er sich in Europa einer großen Nachfrage.

Auch das **Seesalz,** das vor der Küste Kampots „geerntet" wird, ist von hoher Qualität. Die Felder werden zwischen Dezember und April mit Meerwasser geflutet. Wind und Sonne lassen das Wasser verdunsten, und übrig bleibt mineralreiches, pures Seesalz ohne chemische Zusätze.

Im Rahmen des Sightseeing Programms, das die Tuk-Tuk Fahrer in Kampot ins Leben gerufen haben, werden auch **Besuche der Pfefferplantagen und Salzfelder** angeboten. Die Plantagen liegen in den Hügeln im Hinterland und können mit dem Besuch der Höhlen verbunden werden.

***GI Status:** „Kampot-Pfeffer" ist eine geschützte geografische Angabe der kambodschanischen Regierung sowie der Europäischen Union. Dies schützt und bezeichnet das Produkt so, dass nur Pfeffer, der aus Kampot, Kambodscha kommt, als **„Kampot-Pfeffer"** verkauft und beworben werden darf. „Kampot-Pfeffer" muss nach traditionellen Methoden erzeugt werden. Die ausschließliche Nutzung natürlicher Dünger ohne Pestizide ist vorgeschrieben.

Pfeffersorten

- **Grüner Pfeffer** wird aus unreifen, früh geernteten Früchten gewonnen. Er muss innerhalb von drei Tagen nach der Ernte gegessen werden. Der Geschmack erinnert an frische Zitrusfrüchte. Grüner Pfeffer eignet sich ideal zum Kochen mit Meeresfrüchten, insbesondere Shrimps und den Kep Krebsen.
- **Schwarzer Pfeffer** wird unreif, kurz bevor er sich von grün in gelb färbt, geerntet. Danach muss er 3–4 Tage auf Bambusmatten in der Sonne getrocknet werden. Richtig gelagert ist er mehrere Jahre verwendbar.
- **Weißer Pfeffer** ist von der Schale befreiter, vollreifer Pfeffer. Zu seiner Produktion werden die reifen roten Pfefferbeeren etwa acht bis vierzehn Tage in fließendem Wasser eingeweicht, sodass sich die Schale durch Fäulnis ablöst. Danach wird das Korn noch 3–4 Tage in der Sonne getrocknet. Weißer Pfeffer wird dort verwendet, wo Grüner- und Schwarzer Pfeffer die optischen Effekt wie beispielsweise bei weißen Saucen ungünstig verändern würden.

■ **Roter Pfeffer** besteht aus vollkommen reifen, ungeschälten Pfefferfrüchten. Kurz bevor sie an der Rebe verderben, werden sie geerntet, in der Sonne getrocknet und anschließend handverlesen ausgewählt. Es ist der qualitativ hochwertigste Pfeffer, und es besteht eine hohe Nachfrage danach. Sein kraftvoll, fruchtiges Aroma verfeinert vor allem Wild-, Geflügel-, Schwein- und Fischgerichte. Er eignet sich auch als Dessertpfeffer bei Erdbeeren und reifen Mangos.

Verkauf vor Ort

■ Bekannt ist die **Sothy's Farm** (www.mykampotpepper.asia), wo Führungen in Englisch und Deutsch angeboten werden. Verkauf von Pfeffer und Übernachtungsmöglichkeit.

■ Auch die **Starling Farm** (www.starlingfarm.com) bietet einen Aufenthalt auf der Pfefferfarm in luxuriösen Bungalows mit Pool an. Restaurant, Führungen und Verkauf von Pfeffer, Kampot-Salz und Palmenzucker. Etwa 20 km von Kampot entfernt.

köstliche Frühstück und die leckeren Kuchen. Günstig und sehr freundlich.

■ Gut und günstiges **Travellerfood** gibt es in den meisten **Guest Houses.**

Nachtleben

■ Nachtaktiven Travellern seien die 27 **Bar im Jetzt,** die 11 **Razor Back Bar** auf der anderen Seite der Rainbow Bridge sowie die Wochenend-Partys mit DJ und Live Musik im 6 **Banyan Tree** und 7 **Naga House** auf der anderen Flussseite empfohlen. Wer das kambodschanische Nachtleben kennenlernen möchte, muss auf die andere Seite des Flusses, wo es zwei Discos (z.B. 9 **Dragon Club**) gibt.

Anreise und Weiterreise

■ **Entfernungen in Straßenkilometern:**

Phnom Penh	151
Sihanouk Ville	105
Takeo	85
Kompong Trach	37
Kep	23
Bokor	35

■ **Grenze nach Vietnam Prek Chak/Xa Xia bzw. im Volksmund Ha Tien:** Bis zur Grenze sind es von Kampot 40 und von Kep etwa 30 km. In beiden Orten können tägliche Verbindungen, meist mit Kleinbussen, nach Saigon (20 $, 10 Std.), Ha Tien (8 $, 1 ½ Std.) und zur Insel Phu Quoc (18 $, inkl. Bus und Boot) gebucht werden.

■ **Visum für Vietnam:** Für Bürger der meisten mitteleuropäischen Länder gibt es ein kostenloses Visum für 15 Tage an der Grenze. Ein Visum mit längerer Laufzeit muss vorher beantragt werden und kostet Geld. Siehe „Praktische Reisetipps A–Z".

Ein weiterer Grenzübergang **(Phnom Den/ Tinh Bien),** weiter im Osten in der Nähe von Chau Doc, ist eine Alternative. Keine öffentlichen Verkehrsmittel. Taxis in Kampot ca. 40 $; 2–3 Std. Fahrt.

Bus und Taxi

Der Taxistand und Busbahnhof in Kampot liegt im Zentrum an einem großen Platz etwa 300 m südöstlich des Durian-Kreisverkehrs. Hier stehen viele Taxis, Sammeltaxis, und in den angrenzenden Gebäuden haben Busgesellschaften ihre Büros.

■ Die Straße **nach Phnom Penh** (RN 3) ist gut ausgebaut, und die Busse brauchen etwa 4 Std. Die meiste Zeit geht im Stadtverkehr von Phnom Penh verloren. Bustickets 5–7 $. Taxi etwa 30–40 $. Nur *Sorya Phnom Penh* fährt den Schlenker über Kep.

■ **Von Phnom Penh** aus startet *Capitol* beim Capitol G.H. und *Phnom Penh Sorya* (Abfahrt Central Market).

■ **Sihanouk Ville.** Kleinbusse und Sammeltaxis für 4–5 $. Tickets im G.H. oder Reisebüro besorgen. Fahrzeit ca. 2 Std., Taxi etwa 25–30 $.

■ **Kompong Trach.** Sammeltaxi pro Person 3 $; Tuk Tuk hin und zurück 25 $, Taxi ca. 35 $. Fahrzeit ca. 45 Min. oder mit dem Linienbus (nur *Sorya Phnom Penh*) nach Phnom Penh und dann in Kompong Trach aussteigen. Dauert aber relativ lang, da Busse den Umweg über Kep fahren.

■ **Kep.** Keine Sammeltaxis; Motodup oder Tuk Tuk für einfache Strecke 10 $, Taxi ca. 15 $. Die meisten Touristen mieten sich Mopeds, um Kep zu besuchen.

■ **Koh Kong City.** Keine direkten Verbindungen. Aber es gibt Busse nach Bangkok (32 $), die dabei auch durch Koh Kong fahren.

■ **Weitere Verbindungen:** In den Reisebüros in Kampot können Tickets zu allen Städten in Kambodscha, zu vielen Destinationen in Vietnam und bis nach Thailand gebucht werden. Direktverbindungen ohne Umsteigen gibt es momentan nur nach Phnom Penh und Sihanouk Ville. Aktuelle Preise und Fahrpläne sind vor Ort in den Reisebüros oder den Büros der Busgesellschaften am Busbahnhof erhältlich.

Zug

■ Der unscheinbare **Bahnhof** liegt etwa 2,5 km vom Durian-Kreisverkehr entfernt, nahe der RN 3 Richtung Phnom Penh. Momentan fahren nur Freitag bis Montag Passagierzüge von/nach Takeo und Phnom Penh (5–6 Std., 6 $) und nach Sihanouk Ville (4 Std., 4 $). Da der Zug erst seit kurzer Zeit wieder Passagiere mitnimmt, wird sich sicherlich am Fahrplan noch einiges ändern. Auf jeden Fall eine sehr lohnende Fahrt.

Die Umgebung von Kampot

Phnom Sorsir

Versteckt in einer parkähnlichen Landschaft und unter prächtig blühenden Frangipanibäumen liegt eine **kleine Wat** mit einer Handvoll Mönchen. Von hier aus führt eine Treppe zu einem Heiligtum hinauf. Rechts geht es zu einer Stupa mit einem Altar (khmer: *vihear*) und links zur Hauptattraktion, der **White Elephant-Höhle.** Eine weiße Kalkablagerung am Beginn der mächtigen Höhle hat, mit etwas Fantasie, die Form eines Elefanten. In den Nischen der Höhle sind Figuren aus der buddhistischen Glaubenswelt aufgestellt, die von den Khmer verehrt werden. Fledermäuse und Eulen leben in den nur schwer zugänglichen, labyrinthartigen Gängen der Höhle. Bei der Pagode warten meist Kinder mit Taschenlampen, um die Touristen für etwa 1 $ durch die Höhle zu führen. Unter der einheimischen Bevölkerung kursiert das Gerücht, dass eine große Macht von diesem **Heiligtum** ausgehen soll. Man behauptet, dass sich in der Stupa ein Knochen Buddhas befindet. Selbst die Roten Khmer fürchteten sich vor diesem Platz und kamen niemals her, um die Pagode zu zerstören.

Eine weitere Legende behauptet, dass, als sich die Roten Khmer dem Hügel näherten, riesige Schlangen aus der Höhle kamen und sie töteten.

■ **Anreise:** Nach 14 km Richtung Kep wird auf der linken Seite ein Hügel sichtbar. Vom beschrifteten Eingangstor an der Hauptstraße ca. 500 Meter.

Höhlen (Khmer: roung)

Eine der Hauptattraktionen in der Umgebung von Kampot sind die geheimnisvollen Höhlensysteme in den Karsthügeln. Bei den spannenden Höhlenexpeditionen stößt man immer wieder auf einstige menschliche Behausungen sowie buddhistische Heiligtümer. Ein Shiva-Tempel aus dem 6. Jh., eine kulturhistorische Sensation, ist Beweis dafür, dass die Höhlen schon vor mehr als 1500 Jahren von Menschen genutzt wurden.

■ **Tipps für Höhlenexkursionen:** Taschenlampe, feste Schuhe, Getränke und Insektenspray mitnehmen! Es versteht sich von selbst, dass aus diesen Höhlen nichts entfernt und mitgenommen werden darf. Wer weiter in eine Höhle hinein möchte, sollte sich unbedingt einem Guide anvertrauen. Am besten kennen sich oft die Kinder aus, die nahe der Höhle wohnen. Ein kleines Entgeld wird erwartet. Je nach Aufwand 1–2 $. Die Motodup-Fahrer sind meistens zu bequem, um in eine Höhle zu kriechen.

Kbal Romeas (früher Phnom Slaptaon)

In diesem unauffälligen Hügel verstecken sich zwei Höhlensysteme, die **Roung Dei Ho** und **Roung Thom Ken,** die zusammen eine Länge von 1806 Metern haben. Der Eingang liegt direkt bei einem alten Steinbruch.

Auf dem Weg ins Innere muss sich der Besucher durch enge Gänge und Löcher quetschen und über 3 m hohe Wände klettern. Dafür erwarten ihn ein Stalaktit mit Altar, 20 m hohe Hallen, von deren Decke dicke Wurzeln hängen, und Überreste menschlicher Behausungen. *Climbodia* bietet dort Klettertouren und Höhlenexkursionen an (siehe „Kampot/Adressen“).

■ **Anreise:** Von Kampot auf der Straße Richtung Kep. Nach ca. 6 Kilometern liegt der Kbal Romeas auf der linken Seite etwa 500 Meter von der Straße entfernt.

Phnom Chhngauk (sprich: „dschnuk“) und Roung Prasat

Die Anfahrt ist dieselbe wie zum Phnom Slaptaon. Diesen lässt man rechts liegen und fährt ca. 4 km auf einem Feldweg bis zur Wat Ang Saduk. Ab hier empfiehlt es sich, einen Einheimischen oder Mönch als Führer zu engagieren. Im Phnom Chhngauk gibt es mehrere Höhlensysteme. Am interessantesten ist die **Roung Prasat,** benannt nach dem etwa 1400 Jahre alten Shiva-Heiligtum. Ein großer, von Flechten grünlich gefärbter Stalaktit hält, wie die Arme eines Seeungeheuers, mit seinen Kalkablagerungen den aus Ziegelsteinen errichteten Tempel umklammert. Den hinteren Bereich der Höhle benutzen die Mönche aus der nahen Pagode, um in Abgeschiedenheit zu beten und zu meditieren.

Besuchenswert ist auch die Höhle **Roung Pheat Mia,** die ca. 100 m links der Roung Prasat liegt. Am hinteren Ende haben die Einheimischen einen Altar errichtet. Am Einstieg zur Höhle steht ein pagodenähnliches Gebäude, in dem ein Mönch lebt, dem starke spirituelle Heilkräfte nachgesagt werden.

Bokor

Bokor liegt auf einem Hochplateau am 1080 m hohen **Phnom Popok** („der Berg, um den die Wolken kreisen") im Elefantengebirge. Auch während der heißesten Jahreszeit herrscht dort ein angenehm kühles Klima. Doch wenn die Monsunregen über das Land ziehen, hüllt sich das Gebirge tagelang in Wolken ein, und das Wetter ist feucht und stürmisch.

Wärend der Kolonialzeit war Bokor ein elitärer Ferienort für reiche Kambodschaner und Franzosen, die hier in Luxushotels Erholung und Vergnügen bei angenehmen Temperaturen suchten. Mit dem Krieg zog auf dem Gipfel eine morbide Ruhe ein. Die Straße verfiel, und das einst prunkvolle Casino „Bokor Palace" wurde von den Roten Khmer, die sich hier oben verschanzten, zerstört. Jahrzehntelang trotzen die von Flechten überzogenen und von Einschusslöchern gezeichneten Mauern den Monsunstürmen, und die Ruine mit der sensationellen Aussicht von der Terrasse, 1000 Höhenmeter hinab auf das Meer, war jahrelang das Wahrzeichen von Bokor und konnte nur über eine extrem abenteuerliche Straße erreicht werden.

Gut 50 Jahre nachdem die Franzosen auf Bokor investiert hatten, ist jetzt das **Asiatische Zeitalter** mit seinen gigantomanischen Großprojekten auf dem Berg angekommen. Zwischen den Luxushotels, Bungalowanlagen und dem Casino steht der auf's Hässlichste restaurierte „Bokor Palace" als Zeuge einer vergangenen Epoche mickrig am Gipfel, während reiche Khmer, Vietnamesen und Chinesen mit ihren Luxuslimosinen, Motorrädern und Reisebussen um den Berg cruisen, in Luxus-Hotels logieren, wo sie sich allabendlich zwischen einer Hand voll Restaurants entscheiden müssen. Das **Thansur Bokor Highland Resort** gehört zu *Sokimex*, der größten Firma des Landes. Allein die perfekte 20 km lange Passstraße mit den aufwendigen und stabilen Hangverbauungen hat ein Vermögen gekostet.

Trotz der noch Jahre dauernden Bauarbeiten und den damit verbundenen Zerstörungen dieses einzigartigen Hochplateaus, die jeder Beschreibung spotten, lohnt sich ein Besuch allein schon wegen der Aussicht.

Die erste Sehenswürdigkeit, an der man bei der Auffahrt vorbeikommt, ist die gewaltige **Statue Lok Yeay Mao,** ein buddhistischer Schutzheiliger der Reisenden. Nach ca. 7 km erreicht man die Abzweigung (rechts) zum **Popok Vil Wasserfall,** der spektakulär über mehre-

Fleisch fressende Pflanzen

Botanisch Interessierte finden auf dem Bokor Plateau eine **endemische Kannenpflanzenart.** Wer sich die *nepenthes bokoris* anschauen möchte, muss der asphaltierten Straße von Bokor Hillstation ca. 7 km Richtung Norden bis zu einem Schlagbaum folgen, dort müssen 3 $ Eintritt bezahlt werden.

re Stufen in den Urwald hinabstürzt. Weiter Richtung Gipfel liegt rechterhand der **Thansur Bokor Highland Resort,** ein gewaltiger Hotel- und Casino Komplex und sozusagen das Herz der Erschließung. Hinter einer Kongresshalle, so groß und hässlich wie ein Flugzeughangar, versteckt sich die historische, aus Stein erbaute **Wat Sampou Brahm,** in der Mönche leben. Großartige Lage an der Kante des Plateaus, hoch am Abhang über dem dampfenden Dschungel mit grandioser Aussicht. Die Pagode wurde 1922 von König *Monivong* gegründet. Der schönste und friedlichste Ort auf dem Berg. Weiter auf dem Weg zum ehemaligen „Bokor Palace" Casino steht vereinsamt eine ebenfalls aus Steinen von den Franzosen errichtete Kirche.

Jahrzehnte trotzte Bokor Palace Wind, Wetter und Bürgerkrieg, bis jemand auf die Idee kam, es zu restaurieren. Jetzt sind die erodierten Mauern, Einschusslöcher und Flechten, die der Ruine die charkteristische orange-rote Farbe verliehen, mit Stahlbeton glattgebügelt, und es gleicht einem unfertigen Rohbau. Eine Schande. Es lohnt sich nur noch wegen des sensationellen Ausblicks, der von der vietnamesischen Küste bei Ha Tien über die Insel Phu Quoc (die einst zu Kambodscha gehörte und *Koh Tral* hieß) bis nach Sihanouk Ville reicht, bis hierher, zum höchsten Punkt des Phnom Popok, zu fahren.

Unterkunft/Essen und Trinken

■ Die einzige Unterkunft ist das **Thansur Bokor Highland Resort**③ (www.thansurbokor.com). Es ist nur an den Feiertagen und Wochenenden gut besucht. Unter der Woche steht es fast leer, und es ist schon fast unheimlich, wenn in der Regenzeit die Wolken über das Plateau und um das gewaltige Gebäude jagen. Trotz allem ist dieser skurrile Luxustempel, wo sich neugierige Traveller, motorradbesessene junge Khmer, vietnamesische Touristen und reiche Chinesen ein Stelldichein geben, unbedingt einen Besuch wert. Die Gastronomie in den Bars, Cafés und Restaurants ist beeindruckend und die Preise sind zivil.

■ **Essensstände** bei der Lok Yeay Mao Statue und ein architektonisch etwas missratenes **Restaurant** am Popok Vil Wasserfall.

■ **Anreise:** Bokor Mountain liegt etwa 35 km von Kampot entfernt. Richtig Spaß macht es, mit einem Leihmoped oder Motorrad die perfekt ausgebaute, kurvenreiche Straße selber hinaufzufahren. Ansonsten werden in Kampot diverse Möglichkeiten von Taxi bis Motodup angeboten. Tuk Tuks kommen nicht hinauf – die Straße ist zu steil. Fahrzeit 1–1½ Std.

Vorsicht: Vor allem am Wochenende nutzen die Khmer die perfekt ausgebaute Passstraße gern als Motorrad- und Autorennstrecke!

Tipp: Spätestens um 8.00 Uhr in Kampot starten und dann am köstlichen Frühstücksbuffett im Highland Resort für 10 $ schlemmen. Bis 10.00 Uhr.

Kep

Kep war lange eine Geisterstadt, die jetzt zu neuem Leben erwacht ist. Fern der Heimat errichteten hier die Franzosen 1908 ein Mini-Pendant ihrer geliebten Cote d'Azur. An einem eher kleinen Strand wurden Hotels und Casinos gebaut. Villen säumten die Küste. Wohlhabende Khmer und Franzosen amüsierten sich hier bis 1975 bei Wasserski, Tiefseetauchen, Fischen und Bootsfahrten zu den vorgelagerten Inseln.

Kep
0
400 m
©Reise Know-How
Kambo24
11/19
Übernachtung
1 Botanica
2 Knai Bang Chatt Hotel
3 Kimly Lodge
4 Le Flamboyant Boutique Resort
6 Tree Top Bungalows
8 Le Bout du Monde
9 Veranda Natural Resort
11 Reaksmey Krong Kep G.H.
15 Mealea Resort
16 Kong Kea G.H. Beach Town G.H., Lim Keam G.H.
19 The Beach House
21 Rock Royal Hotel
22 Khmer House Bungalows
23 Bris de Kep Boutique
24 Captain Chims JJ
26 Man Groove Kep
27 Kepmandou G.H.
Achtarmiger Vishu
Crab Market
Kep National Park
Sunset Rock
Kep Town
Nonnenkloster, Antennen
ehem. Villa von König Sihanouk
Ufer-promenade
Kep Strand
Seejungfrau von Kep
Crab Statue
Kep Verwaltungszentrum
Pier nach Koh Tonsey
Koh Tonsey (8 km), Koh Boh
Essen und Trinken
2 The Strand, Bistro Sailing Club
4 Le Flamboyant Boutique Resort
5 Deli's Kep
6 Tree Top Bungalows
7 Led Zep Café
8 Le Bout du Monde
9 The Secret Restaurant
12 La Baraka
13 Srey Phan Restaurant
14 Mr. Mab, Holy Crab
15 Mealea Resort
17 Khmer Essensstände
18 Italian Corner
19 The Beach House
20 Khmer Essensstände
23 Brise de Kep
24 Kep Coffee
25 Long Villa Restaurant
Einkaufen/Sonstiges
2 Sailing Club (Mountain Bike-Verleih)
16 Apotheke/ Drogerie Care Pharma
17 Supermärkte, Anny Tours & Travel
Nachtleben
26 Man Groove Bar
Wassersport
2 Sailing Club

In einem beispiellosen Zerstörungsakt machten die Soldaten *Pol Pots* diesen mondänen Badeort dem Erdboden gleich. Die Ruinen einiger weniger, besonders stabil gebauter Häuser, gespickt mit Einschussnarben, sind immer noch Zeugen aus einer Zeit, als sich auch der junge König *Sihanouk* hier mit seinen Freunden vergnügte.

Nur die **Uferpromenade** hat den sinnlosen Vandalismus unbeschadet überstanden. Am Wochenende bevölkern wieder viele Kambodschaner, die meist mit ihren Autos aus der Hauptstadt kommen, diesen Ort. Auch die Einheimischen reagierten schnell auf die sich ankündigende Renaissance und bieten Getränke und kleine Snacks an. Die Spezialität von Kep sind Krebse, die als „Crabs" angeboten werden und auf khmer *kdam* heißen.

Der **Strand** in Kep Beach ist höchstens 200 m lang und wurde mit weißem Sand aus Sihanouk Ville aufgepeppt. Ein richtig gemütliches Beachfeeling gibt es nicht, aber immerhin ein Volleyballfeld, auf dem Touristen und Khmer zusammen pritschen. Bis spät abends bieten zahlreiche Essensstände und kleine Restaurants Seafood und andere Speisen an.

Kep Crab Market (Psah Kdam)

Ein lebhafter Handel mit **frischen Meeresfrüchten,** die vor der kambodschanischen Küste gefangen wurden, gedeiht am Crab Market. Hier werden Tintenfische, Shrimps und Fische gehandelt, an kleinen Ständen gegrillt und an Einheimische und ausländische Touristen verkauft. Die Spezialität sind **Crabs** – Krebse. Nicht zu verwechseln mit unseren Krabben. Sie werden in Käfigen im Wasser gehalten und von den umtriebigen Fischern für die Kunden an Land gezogen. Unter den Marktleuten sind gleichermaßen Khmer, die moslemische Minderheit der Cham und Vietnamesen. Abends werden die Delikatessen zu Spottpreisen in den kleinen Restaurants zum Dinner angeboten.

Kep National Park

Für Naturliebhaber und Wanderer lohnt sich ein Ausflug in den National Park (28 km²). Er erstreckt sich mit seinen fast 300 m hohen Gipfeln bis fast an den Strand. Es gibt einen 6 km langen **Rundweg** (Beginn beim Veranda bzw. Le Bout du Monde Resort) und viele kleine Pfade. Wer Glück hat, sieht im Dschungel zwischen gewaltigen Urwaldbäumen Affen, Nashornvögel, Hirsche, Wildschweine, Schlangen und Lizards (siehe auch „Ausflüge in Kep").

Aktivitäten

Baden am Kep Beach, Wandern oder Mountainbiken im Kep-Nationalpark, die Fischer am Crab Markt beobachten und frische Meeresfrüchte schlemmen, in Hängematten auf Urwaldbäumen übernachten und natürlich **Rabbit Island** (Koh Tonsey) besuchen.

Orientierung

In Kep gibt es **drei Zentren.** In der Mitte liegt **Kep Beach** mit dem etwa 200 m langen Sandstrand. Drumherum scharen sich touristische Einrichtungen wie Hotels, G.H., Reisebüros, Bushaltestellen, Restaurants, Essensstände, Supermärkte und ATMs. Der **Crab Market** (Psah Kdam) liegt 1 km nördlich von Kep Beach an der kleinen Uferstraße (nicht an der Hauptstraße nach Kampot!). Von Kampot kommend am Kreisverkehr mit der 8-armigen Vishnu Statue am Ortseingang rechts abbiegen. **Kep Town,** der eigentliche Ort, aber touristisch wenig interessant, liegt 1,5 km südlich von Kep Beach. Außerdem ein paar Guest Houses und Restaurants sowie der Pier, von dem die Boote zu Rabbit Island ablegen.

Informationen und Adressen

■ Gute Informationen, was Aktivitäten im Nationalpark Kep betrifft, bekommt man von *Christian* im 7 **Led Zep Café** (siehe Restaurants). Der Naturfreak hat die ganzen Wege im Nationalpark mit gelben Wegweisern markiert und Wanderkarten erstellt, die in den meisten Unterkünften zu haben sind.

■ Ein weiterer Garant für fundierte Informationen im Kep National Park ist der frz. Bergführer *Max* (https://maxdiscoverycambodia.wordpress.com).

16 **Apotheke und Drogerie:** Care Pharma in Kep Beach.

■ **Geldautomat** (ATM): Mehrere ATM in Kep. Am Ortseingang, am Kep Beach und in Kep Town.

■ **Internet:** WiFi ist Standard in den meisten Unterkünften.

■ **Fahrräder und Mopeds:** Die Attraktionen von Kep sind auf einer großen Fläche verteilt. Deswegen lohnt es sich, unabhängig mobil zu sein. Manche Resorts stellen Fahrräder kostenlos oder sehr günstig zur Verfügung. Brauchbare Mountain Bikes hat nur der 2 **Sailing Club.** Mopeds kosten überall 7 $ pro Tag. Vermietung in der Unterkunft oder am Beach. **Tipp:** Das Mopet in Kampot für 4 $ mieten und damit nach Kep fahren.

■ **Öffentliche Verkehrsmittel:** Motodups gibt es wenige, hauptsächlich Tuk Tuks am Beach und Crab Market. Rezeptionen der Unterkünfte können behilflich sein.

■ **Wassersport:** Der 2 **Sailing Club** ist an das *Knai Bang Chatt Resort* angeschlossen und verleiht Hobie Cats, Kajaks, Windsurfer, SUBs und Motorboote mit Kapitän. Wasserski auch möglich.

Reisebüros

■ Am Kep Beach gibt es an die 10 **Reisebüros,** die überwiegend Bustickets in alle Himmelsrichtungen verkaufen. Gut informiert und engagiert ist 17 **Anny Tours & Travel** (Tel. 096/7646666).

Unterkunft

Kep ist auf dem besten Weg, an seine mondäne Vergangenheit anzuschließen. In den letzten Jahren haben einige sehr edle Hotels und Resorts zwischen den zum Teil noch stehenden Ruinen ihre Pforten geöffnet. Doch auch in der Preislage zwischen 5 und 10 $ lassen sich Zimmer finden.

2 **Knai Bang Chatt**⑤ (Tel. 078/333686, www.knaibangchatt.com). Teuerstes und luxuriösestes Hotel in Kep. Liegt direkt am Meer und ist an den *Sailing Club,* wo es ein feines 2 **Restaurant,** Beachvolleyball, div. Boote und einen kleinen Sandstrand gibt, angeschlossen. An der Straße nach Kampot.

9 **Veranda Natural Resort**③-⑤ (Tel. 012/888 619, www.veranda-resort.asia). Prachtvolle Parkanlage mit luxuriösen Bungalows, Appartements und Zimmern. Wer es richtig exklusiv haben möchte, bucht eine der Villen mit eigenem Pool. Liegt am Fuß des Kep National Parks mit Blick aufs Meer, der Insel Phu Quoc und Bokor Mountain. Gepflegtes 9 **Restaurant „The Secret"** mit Western-

und Asian-Food sowie traditionellem Seafood und Patisserie aus eigener Bäckerei. Ausgezeichneter Wellnessbereich. Das Haus organisiert Ausflüge in die nähere Umgebung. *Visa/ MasterCard.*

MEIN TIPP: 4 **Le Flamboyant Boutique Resort** ②-④, Tel. 017/491010, www.leflamboyant-resort.com). Bungalows in weitläufiger Parkanlage mit zwei Pools und gelegentlichem Besuch von den hier grasenden Pferden. 4 **Restaurant** und Fitness. Preis inkl. Frühstück. An der Hauptstraße Nähe Crab Market, nahe dem Vishnu-Kreisverkehr.

MEIN TIPP: 8 **Le Bout du Monde**②-④ (Tel. 097/5261846, www.leboutdumondekep.com). Der Franzose *Laurant,* ein echter *Robinson Crusoe,* war 1999 der Erste, der an diesem Platz ein paar Bambushütten errichtete. Heute stehen hier luxuriöse Bungalows mit Pool in einem wilden Urwald. Das 8 **Restaurant** bietet Khmer- und französischer Küche. Oberhalb von *Veranda Natural Resort* gelegen.

19 **The Beach House**②-③ (Tel. 012/712750, www.thebeachhousekep.com). Oberhalb des Strandes von Kep. Zimmerausstattung entspricht in etwa den Mittelklassehotels in Europa. Alle Zimmer mit AC und Meerblick, kleiner Pool und 19 **Restaurant.** Liegt ein paar Meter oberhalb der Straße.

15 **Mealea Resort**②-③ (Tel. 036/6367778, www.mealaeresort.com). Zentral neben dem Crab Market am Hang gelegen. Die eng stehenden Bungalows liegen in einem üppigen Garten. Vom Pool und 15 **Restaurant** freier Blick auf's Meer. Der frz. Besitzer *Olivier* ist engagiert und hilfreich beim Organisieren von Ausflügen. Preis inkl. Frühstück. Credit Card!

3 **Kimly Lodge**①-② (Tel. 012/721200, www.kimlylodge.com). Wer nicht so viel Geld ausgeben, aber trotzdem die Vorzüge des um die Ecke liegenden Sailing Club (ca. 100 m) in Anspruch nehmen möchte, sollte hier einchecken. Hübsche Bungalows.

6 **Tree Top Bungalows**①-② (Tel. 097/6961709, www.keptreetop.com). Originelle Auswahl an Holzbungalows und Schilfhütten. Cool sind die beiden Baumhäuser, in denen auch übernachtet werden kann. Die Hütten sind in einem tropischen Obstgarten aufgebaut. Gutes Preis-Leistungs-Verhältnis. 6 **Restaurant.**

1 **Botanica**①-② (Tel. 097/8998614, www.kep-botanica.com). Edel und doch noch erschwinglich. Gepflegter, wuchernder Garten und netter Pool. Nachteil: Liegt über 2 km außerhalb an der Straße nach Kampot. Dafür kostenlose Fahrräder und günstige Mopeds.

11 **Reaksmey Krong Kep G.H.**① (Tel. 012/517 872). Liegt direkt neben dem Crab Market. Für die Ausstattung recht günstige Zimmerpreise in einem gepflegten, sehr sauberen Khmer Standard Hotel in guter Lage am Meer.

Günstige Unterkünfte①

Die drei Guest Houses 16 **Kong Kea** (Tel. 017/818303), 16 **Beach Town** (Tel. 071/8137666) und 16 **Lim Keam** (Tel. 017/413737) bieten zwar keinen Luxus oder Gemütlichkeit, dafür liegen sie aber super zentral am Kep Beach. DZ mit AC oder Fan zwischen 10 und 20 $. Für 15 $ stellen die Besitzer vom 23 **Bris de Kep Boutique** in Kep Town Zelte im Resort neben dem Meer auf (Tel. 036/6567333, www.brisdekep.com). Kleine Bungalows bietet das freundliche 22 **Khmer House Bungalows** an (etwas abgelegen bei Kep Town). Ein guter Deal sind auch die Hütten von 24 **Captain Chims JJ** (an der Hauptstraße durch Kep Town, nach Pier zur Insel Koh Tonsey). 27 **Kepmandou** und 26 **Man Groove** im Zentrum von Kep Town sind ebenfalls beliebt bei Backpackern mit kleinem Budget.

Essen und Trinken

Neben frischem Fisch, Tintenfisch und Shrimps sind Krebse (engl. *Crabs;* khmer. *Kdam*) die Spezialität von Kep. Für Ungeübte ist es eher ein Kleinkrieg, die harten Schalen dieser Krustentiere zu knacken, um an das zarte Fleisch zu gelangen, doch einmal auf den Geschmack gekommen, nimmt man den Kampf gerne auf sich. Wer das delikate Fleisch gerne ohne diesen Aufwand genießen möchte, zahlt das Doppelte. Frische Krebse oder Shrimps mit Grünem Kampot-Pfeffer und einer Flasche Weißwein sind ein unvergesslicher kulinarischer Höhepunkt einer Kambodscha-Reise. Der Olymp des Seafoods ist der Fisch- bzw. **Crab Market** auf dem der frische Fang angeboten wird. Wenn der Crab Market etwa um 17.00 Uhr schließt, kann in den rd. zwei Dutzend dicht gedrängten, kleinen Restaurants, die alle Terrassen am Meer haben, bis 22.00 Uhr weiter geschlemmt werden. „Crabs" werden per Kilo angeboten. Der Preis richtet sich nach der Größe der Tiere und bewegt sich zwischen 6 und 20 $.

MEIN TIPP: 13 Original Khmer, rustikal aber herzlich und günstig ist **Srey Phan.**

14 Freundliche Bedienung und stilvolles Ambiente im Restaurant **Mr. Mab** (große Auswahl an Weinen).

14 **Holy Crab.** Das edle Restaurant am Crab Market ist eher im Bereich „fine dining" einzuordnen.

12 Neben Meeresfrüchten gibt es Pizza, Pasta und guten Wein im frz. Restaurant **La Baraka.**

2 Bestes „fine dining" wird im Restaurant **The Strand** im Knai Bang Chatt Hotel serviert (Hauptgerichte 12–20 $). Auch vegetarisch und vegan.

2 Das **Bistro** im noblen **Sailing Club,** im selben Hotel, ist bodenständiger und hat etwas moderatere Preise. Ebenso vegetarische und vegane Speisen. Schöne Lage am Meeresufer.

9 **The Secret Restaurant** im Veranda Natural Resort ist auf einem Balkon am Hang in den Urwald gebaut. Der Blick auf Kep Beach und das Meer mit seinen Inseln – fantastisch. Cocktails, Seafood und westliche Gerichte. Üppiges Frühstücksbuffet.

5 **Deli's Kep.** Ein Bäcker, ein Metzger und der Besitzer der Pfefferplantage „La Plantation" haben sich unter einem Dach zusammengetan und produzieren und verkaufen von dort ihre Delikatessen. Angeschlossen ist ein Café mit frz. Backwaren. Geöffnet tägl. 7.00–19.00 Uhr. An der Straße nach Kampot, ca. 500 m vom Vishnu-Kreisverkehr entfernt.

7 **Led Zep Café.** *Christian,* der frz. Naturfreak, hat sich das höchstgelegene Café am Hang des Nationalparks gebaut. Von dem einfachen Holzbalkon im Wald kann man einen grandiosen Ausblick auf das Meer, die Inseln und Bokor Mountain genießen. Drinks, Sandwiches, Salate und Crêpes (2–3 $). Lunchpakete für Ausflüge in den Nationalpark.

18 **Italian Corner.** *Alberto* ist der Prototyp eines Italieners, so wie viele ihn lieben. Bei dem ganzen Seafood hat er es mit seinen leckeren italienischen Spezialitäten allerdings nicht ganz so leicht. Pizza Margherita gibt's ab 5 $, Seafood Pizza kostet 10 $. Guter Cappuccino und Antipasti. Am Kep Beach.

- Auch in Kep Dorf beginnt sich eine touristische Gastronomie zu entwickeln, z.B. 25 **Long Villa Restaurant** am Pier nach Koh Tonsay, das nette 23 **Restaurant Brise de Kep** nur 50 m weiter am Strand und das sympathische 24 **Kep Coffee** mit selbstgemachten Kuchen und leckeren Sandwiches (gleich um's Eck der beiden anderen Restaurants). Bei Nachtschwärmern ist die 26 **Man Groove Bar** im gleichnamigen G.H. beliebt.
- Die meisten **Hotels** und **G.Hs.** bieten ebenfalls gutes Essen in ihren Restaurants an.
- In den einfachen Restaurants kostet ein Teller Shrimps oder Tintenfisch mit Kampot-Pfeffer ab 5 $.

Anreise und Weiterreise

Von Kampot führt eine gute Straße 23 km nach Kep. Nach 15 km bei der Weggabelung (White Horse) rechts abbiegen.

- Der **Bus** kostet 2–3 $, Motodup 6 $, Tuk Tuk 12 $ und Taxi 20 $. Fahrzeit 30 Min. Direkte Verbindung mit Phnom Penh (ca. 4 Std.) bieten nur die Busgesellschaften *Sorya* und *Vibol* für 5–6 $ an. Nach Sihanouk Ville (6 $, ca. 2 Std.) und Ha Tien in Vietnam (7 $) verkehren nur Kleinbusse. Ein Ticket bis zur Insel Phu Quoc (Vietnam) kostet 18 $ inkl. Kleinbus, Grenzformalitäten und Fähre.
- **Taxipreise nach:** Phnom Penh und Sihanouk Ville 45 $, Ha Tien (Vietnam) 25 $.
- Alternative Verbindung zwischen Kep und Kampot **per Boot** mit dem *Crab Shuttle* (siehe Kampot).
- **Grenze Vietnam:** Kostenloses, 14-tägiges Visum für Mitteleuropäer bei der Einreise nach Viet-

nam. Visum für Kambodscha (30 $, 30 Tage) wird an der Grenze ausgestellt.

Ausflüge in Kep

■ Herrliche Ausblicke und Begegnungen mit Affen bietet der 8 km lange **Rundtrek** (ca. 2½ Std.) auf Waldwegen und Dschungelpfaden im kleinen Kep National Park, der auf eigene Faust zu machen ist. Gut beschildert durch *Christian* vom *Led Zep Café*. Beginn des Weges hinter Hotel *Le Bout du Monde*.

■ Lohnend ist auch der Aufstieg zum **Sunset Rock,** 182 m oberhalb von Kep Beach. Aufstieg über das Nonnenkloster vom Kep Verwaltungsviertel, Richtung Kep Ort. Der Weg ist beschildert und beginnt an einem kleinen Kloster. Die Nonnen freuen sich über eine kleine Spende. Mückenspray und Taschenlampe nicht vergessen!

Die Inseln von Kep

Vor der Küste von Kep liegen sieben Inseln, die zum kambodschanischen Territorium gehören. Bis auf zwei sind alle unbewohnt und haben ein nur schwer zugängliches Ufer. Die große Insel, die sich am Horizon abzeichnet, heißt **Phu Quoc** und liegt auf vietnamesischem Territorium. Früher gehörte sie zu Kambodscha und hieß *Koh Tral*. Die kambodschanischen Fischerfamilien haben nur kleine Boote und verkaufen ihren Fang, meist Krebse, nach Kep. Sie leben mit ihren vielen Kindern in ärmlichen Verhältnissen.

Mein Tipp: Koh Tonsey (Rabbit Island)

Rabbit Island ist in 20 Minuten per Boot von Kep Town aus zu erreichen. Es gibt Restaurants und einfache Holzhütten. An den kleinen palmengesäumten Sandstränden leben rund 15 Fischerfamilien. Der längste Strand, an dem auch die Unterkünfte und „Restaurants" stehen, ist etwa 200 Meter lang. Er kann zwar nicht unbedingt mit den Traumstränden der Welt mithalten, aber er bietet sich ideal zum Baden an. Die Einheimischen räumen regelmäßig den Plastikmüll weg, der alle einsamen Buchten der Küste verschandelt.

Die meisten Touristen kommen nur tagsüber zum Baden hierher. Trotz der einmaligen Atmosphäre und großartigen Sonnenuntergänge bleiben nur wenige Besucher über Nacht. Es gibt etwa 7 einfache Bungalow Resorts, die alle etwa denselben Standard bieten und anders als auf den Inseln vor Sihanouk Ville nur von einheimischen Familien betrieben werden. Die meist schilfbedeckten Holzhütten sind mit großem Bett, Moskitonetz, Balkon und manche mit eigenem Bad/WC ausgestattet. Jedes Resort hat ein einfaches Restaurant. Strom gibt es nur abends bis 22.00 Uhr. In den einfachen Restaurants gibt es Fried Rice, Krebse und Fisch sowie kühles Bier. Die Hütten kosten um 7 $ pro Nacht. Taschenlampe nicht vergessen.

Koh Boh

Diese Insel wird selten von Touristen besucht. Sie wird von ca. 100 Fischerfamilien bewohnt, die ihre Hütten an drei Buchten aufgebaut haben. Es gibt dort zwei akzeptable Sandstrände, die aber über keine Infrastruktur verfügen und von Plastikmüll verschmutzt sind. Ein Ausflug nach Koh Boh ist lohnend, aber nicht zum Baden. Außer Kaffee und Krabben gibt es dort nichts zu kaufen. Wasser unbedingt selber mitbringen.

■ **Anreise:** Am Pier von Kep Town warten immer Boote (bis zu 15 Personen), die nach *Rabbit Island* fahren. Ein eigenes Boot für die Hin- und Rückfahrt kostet 30 $. Günstiger ist es, wenn man mit dem Sammelboot um 9.00 Uhr hin und um 16.30 Uhr wieder zurückfährt. Ausflüge, die in Kep gebucht werden, kosten 8 $. Transport zum Pier inklusive. Wer auf der Insel übernachtet, muss noch 2 $ extra für die Rückfahrt drauflegen. Ein Boot nach *Koh Boh* kostet für die Hin- und Rückfahrt 50 $ (Fahrzeit 45 Min.). Auch von Rabbit Island kann man sich ein Boot nach Koh Boh für 30 $ mieten.

Kompong Trach

ក្រុងព្រះសីហនុ (កំពង់សោម)

Das für Touristen interessante Potenzial dieses Ortes liegt in der idyllischen, über Jahrhunderte von Reisbauern geprägten Kulturlandschaft, den **bizarren Karsthügeln,** die mit ihren geriffelten Felsen unvermittelt aus den Ebenen herausragen und ein wenig an die Trockene Halong Bucht in Nordvietnam erinnern. Sie verstecken die größte Attraktion von Kompong Trach, die **Höhlen.**

Phnom Bak bzw. White Mountain

So heißt der Berg, der sich etwa 1½ km nördlich des Ortes erhebt. An seinem Fuß steht die zauberhaft gelegene *Wat Girisela,* oder wie die Einheimischen sie auch nennen: *Wat Phnom.*

Nahe der Pagode liegt der Eingang zu einer Höhle, durch die man nach 50 m den „Garten" von **Groh Pea Neak** erreicht, eine spektakuläre Folge der Erosion. Inmitten des Berges befindet sich ein kreisförmiger Platz, der umgeben ist von 30–40 m hohen Felswänden, in denen Höhlen und Grotten mit buddhistischen Figuren versteckt sind. Verlassen kann man diesen mystischen Platz durch eine zweite Höhle, die einen auf die andere Seite des Berges führt.

Wer trittsicher und schwindelfrei ist, kann von dort noch die **Roung Srae Muayroy** (Höhle der 100 Felder) besuchen. Der Name kommt von einer Kalkablagerung am Ende der Höhle, die viele Felder in Miniaturform geformt hat.

Nicht weit davon entfernt befindet sich die **Swimming Cave** (khmer: *ang häel toek*), eine halboffene, mit Wasser gefüllte Höhle, in der sich Jugendliche zum gemeinsamen Bad treffen. Von hier aus führen zwei Steige, etwa 50 m lang, hinauf zu sehenwerten Höhlen.

Unterkunft

Es ist nicht notwendig, in Kompong Trach zu übernachten. Die Höhlen lassen sich auch in einem Tagesausflug von Kep bzw. Kampot besuchen.

■ Drei klassische, einfache Khmer-Standard-Hotels ① bieten Zimmer mit Bad/WC – Fan oder A/C. **Visal G.H.** (Tel. 012/999036), **Roth Dara G.H.** (Tel. 012/272526) und das **Kiri Sela G.H.** (Tel. 012/993 317), alle drei an der Hauptstraße im Zentrum.

Essen und Trinken

■ Entlang der Hauptstraße und vor dem Markt gibt es einige namenlose Restaurants und Essensstände.

Anreise und Weiterreise

- **Kampot** ist 37 km und **Kep** 30 km entfernt. Ein Motodup oder Tuk Tuk kostet zwischen 15–30 $.
- Manche Busse (z.B. *Phnom Penh Sorya*) fahren die Strecke Phnom Penh – Kampot über Kompong Trach (RN 33).
- **Grenze Vietnam:** Wer von Phnom Penh direkt nach Ha Tien (Vietnam) möchte, hat von hier aus die kürzeste Verbindung zum Grenzübergang Xa Xia (16 km). Motodup 10 $.
- In Kompong Trach gibt es einen **Bahnhof,** der an der Strecke **Phnom Penh – Sihanouk Ville** liegt. Momentan halten die Züge nicht in Kompong Trach.

Sihanouk Ville (Kompong Som)

Überblick

Es gibt wohl wenige Orte auf der Welt, wo **Paradies und Katastrophe** so nah beieinander liegen wie zur Zeit in Sihanouk Ville.

Die Stadt war noch nie sehr attraktiv, die Reisenden kamen schon immer wegen der angrenzenden Strände und paradiesischen Inseln. Doch was sich gerade in der Stadt und der Umgebung abspielt, ist sogar den Einheimischen unheimlich. Eine Invasion von Chinesen und chinesischem Investment krempelt die gesamte Region um. Seit 2017 ist die Stadt eine **Großbaustelle** und dutzende, gewaltige Hotels mit Casino werden in Windeseile in den Himmel gezogen. Bis 2020 soll es **mehrere hundert Casinos** hier geben. Die vielen neuen Direktflüge von China lassen vermuten, dass hier ein zweites „Macau“ entstehen soll.

Die plötzliche Dominanz der Chinesen stößt bei den vielen Khmer, die in Sihanouk Ville ihr kleines Business betreiben, auf keine große Gegenliebe. Die rauhe und oft herablassende Art gegenüber den Einheimischen und die Angewohnheit, chinesische Produkte und Essen am liebsten bei chinesischen Händlern zu kaufen, bringt viele kleine Händler an den Rand ihrer Existenz, da sie sich seit Jahrzehnten auf die Bedürfnisse westlicher Touristen und ihrer Landsleute aus Phnom Penh, die hier keine günstigen Unterkünfte in der Stadt mehr finden, eingestellt hatten.

Auch die lang etablierten westlichen Travellerzentren in der Stadt **um das „Golden Lions Monument”** und die **Serendipity Beach Road** sind von dem Bauwahnsinn betroffen, lösen sich langsam auf und flüchten vor der chinesischen Übermacht mit ihren Geschäften entweder auf die Inseln, nach Kampot oder Koh Kong. Die einzigen noch empfehlenswerten Strände am Festland sind **Otres 1** und **Otres 2.**

Noch vollkommen unbeeindruckt, aber in Sichtweite der Katastrophe, liegen die idyllischen Inseln als Sehnsuchtsorte westlicher Traveller friedlich vor der Küste und lassen Träume von Robinsonaden wahr werden.

Der ursprüngliche **Name** der Stadt war Kompong Som. 1965 brachte Prinz *Norodom Sihanouk* französische Ingenieure hierher, um einen Tiefseehafen zu errichten. Seitdem nannten die Bewohner ihre Stadt Sihanouk Ville, aus Dankbarkeit für dieses Geschenk, das Arbeitsplätze und Wohlstand versprach. Als 1970 *Lon Nol* den Prinzen stürzte, taufte er die Stadt wieder auf ihren alten Namen, den sie auch unter den Vietnamesen behielt. Offiziell wurde die 250.000 Einwohner zählende Stadt später wieder in Sihanouk Ville umbenannt. Von der Bevölkerung werden beide Namen verwendet.

Einst breiteten sich hier Urwälder aus, und die Ufer des Meeres waren von einem Gürtel dichter Mangroven bewachsen. Auf der Suche nach heimischem Ambiente entdeckten die Franzosen während ihrer **Kolonialzeit** Kompong Som und verwandelten die jungfräulichen Ufer in eine „Riviera des Ostens“. Bis 1975 gaben sich hier ehemalige Kolonialherren und reiche Khmer in den luxuriösen Hotels zur Sommerfrische und an Wochenenden ein Stelldichein.

Die Stadt ist eingebettet zwischen kahlen Hügeln, Hochhäusern und Fabrikhallen. Der Reiz Sihanouk Villes liegt einzig und allein in den Stränden, den vorgelagerten Inseln und den Meeresfrüchten, die ganze Speisekarten füllen. Fische, Krebse, Tintenfisch und Langusten gehören zu den Leckerbissen, die überall günstig serviert werden.

Klima

Die Küste ist dem Südwestmonsun ausgesetzt, d.h., dass spätestens ab Ende Mai bis Oktober die See sehr rauh ist und es in dieser Zeit immer wieder zu Gewittern, Stürmen und länger anhaltenden Regenfällen kommen kann. Doch auch in dieser Periode sind Sonnentage nicht

585ka fotolia ©OlegD

selten. Die schönste Zeit zum **Baden** und **Tauchen** ist November bis März.

Orientierung

Die Stadt erstreckt sich über eine wenig ausgeprägte Halbinsel. Der **Bahnhof** und der **Hafen** liegen im Norden der Stadt. Der **Busbahnhof** und die **Sammeltaxis** im Zentrum von Sihanouk Ville. Durch das Zentrum führt die Hauptstraße „Ekareach Street" zum „Lion Monument" und in der Verlängerung zum Pier, von wo aus die Boote zu den Inseln **Koh Rong** und **Koh Rong Samlem** ablegen (ca. 2 km vom Busbahnhof). Der **Pier,** einer der wichtigsten Orientierungspunkte für Touristen, wird entweder *Ochheuteal* oder *Serendipity*-Pier genannt, gemeint ist der gleiche.

Die beiden Strände **Otres 1** und **2** liegen südlich ca. 4–6 km außerhalb der Stadt. Von dort fahren Boote zur Insel **Koh Ta Kiev.** Bei der Anreise über die RN 4 (fast alle Besucher kommen über diese Hauptstraße, die nach Phnom Penh führt) kann man den Weg zu den Stränden abkürzen und sich vorher absetzen lassen. Man spart sich so den Umweg über das Zentrum. Die Busfahrer wissen Bescheid, wo.

Strände

Die gesamte Stadt ist von netten, kleinen Stränden umgeben. Doch durch die aktuell ausufernden Bauarbeiten und die teilweise fertiggestellten, teilweise im Bau befindlichen gewaltigen Hotelkomplexe, hält sich die einstige Attraktivität der Strände nahe der Stadt für westliche Reisende in Grenzen.

Die folgende kleine **Vorstellung der Strände** beginnt im Norden beim Hafen:

- Am **Victory Beach** gibt es noch ein paar nette Strandflecken, einen Pier mit Souveniershops und einige gute einheimische Restaurants.
- Ein gepflegtes Stück Strand bietet der **Independence Beach** am gleichnamigen Hotel, während der Rest lieblos und mit Buden für Einheimische zugepflastert ist.
- Der **Sokha Beach** ist wunderschön und gepflegt, gehört aber zum gleichnamigen Resort. Nur an einem schmalen Streifen am südlichen Ende tummeln sich die Einheimischen.
- Der kleine **Serendipity Beach,** rechts vom Pier, war mal ein Geheimtipp, ist aber zum Spekulationsobjekt für Hotels geworden.
- Links vom Pier liegt der legendäre **Ochheuteal Beach,** Lieblingsstrand der Städter aus Phnom Penh, die am Wochenende in Scharen anreisen; gleichzeitig aber auch Travellerhochburg und Partylocation.

Leider sind diese Zeiten vorbei, obwohl manche Institutionen noch verzweifelt versuchen, sich gegen die Realität zu wehren. Hier sind die größten Umgestaltungen im Gange. Zur Unattraktivität trägt auch das neue Gesetz bei, dass Restaurants und Bars mindestens 20 m Abstand vom Strand halten müssen und sowohl Liegestühle als auch Sonnenschirme alle gleich aussehen sollen.

Vorsicht: Für alle Strände gilt, keine Wertgegenstände unbeaufsichtigt zu lassen. Am besten alle wertvollen Gegenstände im Hotel deponieren.

☒ Strandimpressionen bei Sihanouk Ville

Otres Beach

Er ist momentan **der angesagteste Strand** bei Sihanouk Ville, für manche sogar der schönste Strand Kambodschas. Doch wird auch seine leicht anarchische Ausstrahlung aus wilden Bars, urigen Bambushütten, netten Resorts und dem bunten Durcheinander kleiner Khmer Geschäfte entlang des Strandes und der schlaglochübersäten Uferstraße bereits bald der Vergangenheit angehören. Denn schon haben im Hinterland chinesische Investoren begonnen, große Hotelbetonbunker aus dem Boden zu stampfen.

Doch noch gibt es gemütliche, originelle und bezahlbare Unterkünfte, gute Restaurants, angesagte Bars und jede Menge Strandaktivitäten in diesem überschaubaren Mikrokosmos aus westlichen Idealisten und geschäftstüchtigen Khmer zu finden.

In den kleinen Reisebüros am Otres Beach lassen sich diverse **Ausflüge zu den Inseln** organisieren, Khmer-Frauen bieten gute **Massagen** und allerlei **Meeresfrüchte** direkt am Strand an, und wer nicht nur faul in der Sonne liegen möchte, findet ein **großes Wassersportangebot** (Wakeboarden, Katamaran, Jetski, Angelausflüge). Für Erkundungstouren an Land stehen Mopeds für 5 $ pro Tag zur Verfügung.

Otres Beach (3 km) teilt sich in drei Gebiete. **Otres Beach I** ist der nördliche Standabschnitt, wo sich überwiegend die **Travellerszene** entlang einer sandigen Straße etabliert hat. Die Preise für Übernachtungen in Otres Village, das 100 Meter vom Strand zwischen den beiden bebauten und gepflegten Strandabschnitten Otres I. und II. liegt, sind günstiger als direkt am Strand. **Otres Beach II** am südlichen Ende ist am exklusivsten und bietet **edle Boutique Hotels** mit hübschen Pools, gute Restaurants und gepflegte Strände.

Anreise

■ Tuk Tuks, Motodups und Pass-App-Taxis kosten zwischen 5 und 6 $ vom Stadtzentrum bis Otres. Vom Bahnhof etwa 7 $ und vom Flughafen mit dem Taxi 20 $. Wer mit dem Bus nach Sihanouk Ville anreist, kann den Umweg über das Stadtzentrum umgehen, indem er ein paar Kilometer vor dem Busbahnhof aussteigt und direkt zum Otres Beach hinabfährt. Am besten den Busfahrer fragen. Es stehen dort immer öffentliche Verkehrsmittel, die für 4–5 $ zum Strand fahren.

Sehenswertes

Monument der Goldenen Löwen

Diese mächtige, schon von Weitem sichtbare Statue in der Mitte des Kreisverkehrs auf dem Weg zum Ochheuteal und Serendipity Beach, ist zu einer Art **Wahrzeichen der Stadt** geworden. Sie wurde 1996 erbaut.

St. Michael's Church

Wurde 1962 erbaut. Die Roten Khmer benutzten die Kirche 1975–79 als Gefängnis. Seit 1993 ist sie wieder geöffnet und dient etwa 50 katholischen Familien, die meisten davon Vietnamesen, für die Heilige Messe. Erbaut wurde sie von dem bekannten Khmer-Architekten *Vann Molyvann,* der auch das Independence Monument und das Olympische Stadium in Phnom Penh entwarf. Steht am Fuß des Wat Sothanien, am westlichen Ausläufer des Hügels.

Information

■ Zuverlässige Auskünfte zu Verkehrsverbindungen und Ausflügen in die Umgebung gibt es in den **Guest Houses und Hotels,** die auf westliche Touristen eingestellt sind. Dort, aber auch in kleinen **Reisebüros,** die es in großer Zahl am Otres Beach und Serendipity Beach gibt, werden Ausflüge, Tauchen, Trekking im Ream Nationalpark und Bustickets angeboten. Die Fahrten zu den Inseln lassen sich am einfachsten in einem der vielen Reisebüros buchen:

11 **Mottah Cambodia Travel, Karte S. 364** (Tel. 015/996678, Stadtzentrum Ekareach Str., gegenüber *Caltex* Tankstelle). Hier kann so ziemlich alles für den Reisenden organisiert und gebucht werden. Die gut informierte und engagierte Besitzerin *Nay* spricht auch passabel Deutsch. Visa Verlängerungen, Visum für Vietnam, Flüge, Bustickets, Mopedverleih, Inseltrips. Täglich geöffnet 7.00–21.00 Uhr.

11 **Ana Travel, Karte S. 368** (Tel. 012/915301, Serendipity Road gegenüber vom Dive Shop). Gut organisiertes Reisebüro inmitten des Traveller Zentrums. Inseltrips, Flüge etc. (wird wahrscheinlich umziehen, bleibt aber in der Stadt).

■ Der **Sihanouk Ville Visitors Guide** und der **Sihanoukville Advertiser** haben aktuelle touristische Infos und sind äußerst hilfreich während des Aufenthalts in Sihanouk Ville. Die Hefte liegen in den inserierten Restaurants, G.Hs. und dem Samudera Supermarkt aus, erwähnen allerdings nur diejenigen, die auch im Heft eine Anzeige schalten.

■ Das **Tourist Office** findet man hinter dem Kulturzentrum am Busbahnhof. Mit etwas Glück ist gerade mal ein Mitarbeiter da, der gut Englisch spricht und sich auskennt.

■ **Tourist Pier of Ochheuteal Beach.** So lautet der offizielle Name des Piers, von dem die Boote nach Koh Rong und Koh Rong Samlem ablegen. Wer irgendetwas buchen will, wird hier in dem zum Teil unüberschaubaren Gewühl der verschiedenen Reisebüros auf jeden Fall fündig. Bootstickets zu den Inseln, Busfahrten ins kambodschanische Inland und nach Thailand und Vietnam, Ausflüge etc. Die Beratung ist jedoch – diplomatisch ausgedrückt – „ausbaufähig" – hier geht's nur um die schnelle Provision. Eine individuelle Beratung erhält man eher in den oben genannten Reisebüros.

Adressen

■ **Boote.** Wer privat ein Boot mieten möchte kann dies am Russian Pier bei der *Airport Disco* oder direkt im Fischerhafen *Phae Poyal* tun. Beliebte, feuchtfröhliche Bootsausflüge organisiert das *Party Boat* (www.thepartyboat.asia); seriöser lässt es sich mit der *Sun* um die Inseln cruisen (suntours-cambodia.com).

■ **Windsurfing**- und **Kite-Equipment, Jetski, Hobie Cats** und **Kajaks** können an verschiedenen Locations am Otres Beach geliehen werden. Auch **Kite**- und **Surfkurse** werden am Otres Beach angeboten.

■ **Internet.** Alle Unterkünfte und Restaurants haben WiFi. Auch die meisten Unterkünfte auf den Inseln. Ausnahme ist die Robinson Crusoe Insel Koh Ta Kiev – worauf man dort sogar ein bisschen stolz ist.

■ **Gesundheit.** Das **staatliche Krankenhaus,** an der Ekareach, Richtung Sokha Beach, entspricht nicht den westlichen Standards, arbeitet aber bei kleineren Problemen zuverlässig.

Mit Abstand die zuverlässigste Versorgung, vor allem bei Unfällen, bietet die **CT-Clinic.** Sie ist rund um die Uhr geöffnet und *Dr. Lik Kim Hour* und sein Team verfügen über internationale Kontakte für Evakuierungsflüge und haben Erfahrung in der Zusammenarbeit mit Krankenversicherungen und Ärzten in Europa. Bei größeren Summen rechnet er auch direkt mit den Krankenkassen ab. Kleine Apotheke vorhanden. Die Praxis liegt in der Boray Kamakor Street, Nr. 47, einer Ausfallstraße vom Zen-

Sihanouk Ville

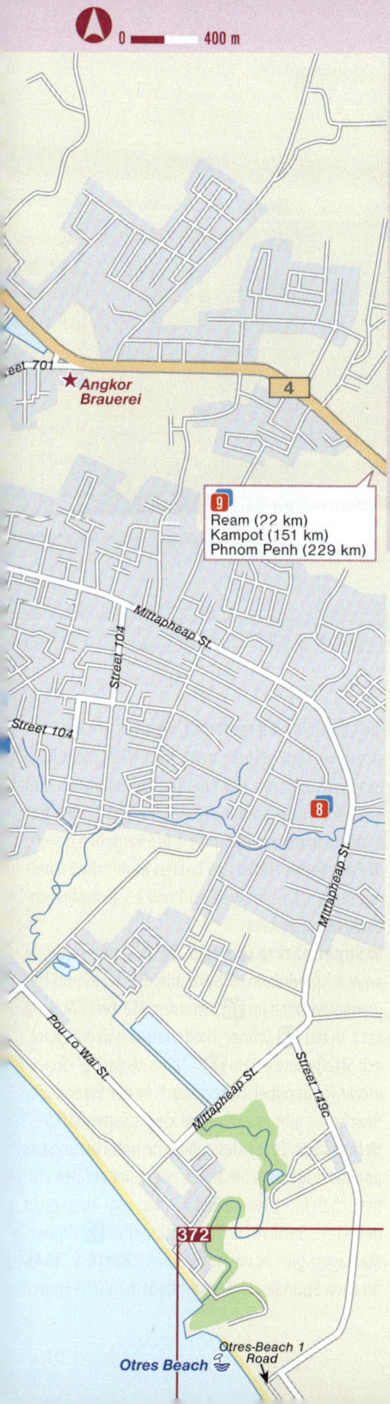

0 400 m
eet 701
Angkor Brauerei
4
9
Ream (22 km)
Kampot (151 km)
Phnom Penh (229 km)
Mittapheap St.
Street 104
Street 104
8
Mittapheap St.
Pou Lo Wai St.
Mittapheap St.
Street 149c
372
Otres-Beach 1 Road
Otres Beach

©Reise Know-How
Kambo25 11/19
0 200 m
Kamakor St.
CT Clinic
10
Street 801
Mittapheap St.
Street 109
Busbahnhof
Street 211
15
Phsar Leu
11
12
14
Street 209
Street 207
Street 107
13
Street 205
Street 203
Ekareach St.
7 Makara St.
Street 216
16
Street 212
Street 214
Street 210
17
19
18
7 Makara St.
Sereypheap St.
20

Übernachtung

- **4** Independence Hotel
- **8** Don Bosco Hotel
- **9** Monkey Maya
- **13** The Small Hotel

Essen und Trinken

- **1** New Beach Restaurant
- **2** Chhne Meas Restaurant
- **3** Treasure Island Restaurant
- **4** Independence Restaurant
- **5** Sunset Restaurant
- **6** Marco Polo Restaurant
- **7** The Bavarian Restaurant
- **8** Don Bosco Restaurant
- **9** Monkey Maya
- **10** Gelato Italiano
- **13** The Small Restaurant
- **15** Jean Jean Restaurant
- **17** Starfish Bakery Café
- **19** Café Sushi
- **20** Sandan Restaurant

Einkaufen/Sonstiges

- **11** Mottah Cambodia Travel
- **12** 7 days shopping Supermarkt
- **14** Capitol Bus Office
- **16** Samudera Supermarkt
- **17** Starfish Café, Massage
- **18** Orange Supermarkt

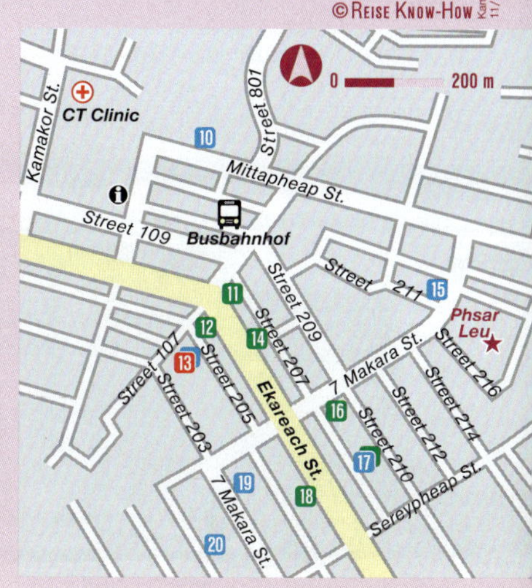

121ka_19 an

Großbaustellen wie diese werden noch für längere Zeit das Stadtbild von Sihanouk Ville prägen

trum nach Phnom Penh, Tel. 034/936666 und Notrufnummer 081/886666, Ct_clinic@ yahoo.com.

Ein guter **Allgemeinarzt** der Stadt soll *Dr. Khy Khoeurn Yen* sein. Er spricht gut Französisch und hat seine Praxis in der 108. Straße, Nr. 16, Tel. 034/933601.

■ **Apotheke.** Der Besitzer der *Vathanak Pharmacie, Dr. Chrin Chhiv,* spricht Englisch und kann Malaria-Tests durchführen. Liegt in der 7 Makara Str.

■ **Mopeds.** Wenn nicht schon das G.H. welche anbietet, kann die Rezeption auf jeden Fall weiterhelfen. Preis pro Tag um 5 $. Den Helm gibt es kostenlos dazu. Es gehört zu den täglichen Ritualen auf den Straßen von Sihanouk Ville, dass die Polizei Kontrollen durchführt. Flüchten ist zwecklos, denn die Cops hier sind recht flott, wenn es um das Kassieren von Bußgeldern geht. Kein Helm, kein Führerschein oder mit Licht bei Tag herumfahren wird geahndet. Verhandlungsbasis sind 10 $. Wer gut handeln kann, kommt mit 1 $ pro Vergehen davon.

■ **Fahrradverleih.** Am besten in der Unterkunft nachfragen. Kosten zwischen 1 und 2 $. Keine brauchbaren Mountainbikes.

■ **Supermärkte (Karte S. 364).** Große Auswahl an Milchprodukten, Schokolade, Eis, Wein und Hygieneprodukten im 16 *Samudera Market* (7 Makara Str.), in der 18 *Orange*-Niederlassung in der Ekareach Straße sowie dem 12 *„7 days shopping"-Supermarkt* (gegenüber *Caltex*). Auch in der Serendipity Beachroad gibt es zahlreiche kleine Supermärkte.

■ **Massage.** Fast jedes gehobene Hotel bietet Spas und Massagen an. Sie zielen aber eher auf den chinesischen Touristen ab und wurden vom Autor nicht getestet. Seriöse und traditionelle 17 Khmer-Massagen gibt es im *Starfish Café* **(Karte S. 364).** An allen Stränden bieten kambodschanische Frauen diverse Massagen ab 5 $ auf den Strandliegen an. Manche von ihnen machen einen ausgezeichneten Job. Die *Massage Bum Bum,* die von diversen Etablissements angeboten wird, hat ihre eigenen Gesetze.

■ **Postamt.** Öffnungszeiten Mo–Fr 7.00–11.00 und 14.00–17.00 Uhr. Gegenüber dem Haupteingang vom Markt.

■ **Geld.** Brauchbare Banken für Reisende sind die *Canadia,* die *ANZ* und die *Acleda Bank* in der Mean Ekareach Street im Stadtzentrum. Alle Banken haben einen Geldautomaten (ATM), der 24 Std. zugänglich ist. ATMs gibt es auch am Ochheuteal Beach. Einen guten Euro/Dollar bzw. Euro/Riel Kurs gibt es im *Samudera Supermarkt.*

Tauchen

Die beste Zeit für Tauchgänge ist von November bis Mai. Während der Monsunzeit sind die Unterwasserabenteuer an küstennahen Spots nach starkem Wind und Regenfällen durch weniger gute Sicht getrübt. Außerdem können heftige Stürme und Unwetter auftreten. Die schönsten Tauchreviere mit einer artenreichen Meeresflora und -fauna sowie intakten Korallenriffen liegen wegen der flachen Bucht von Kompong Som weit draußen. Die Traumspots sind *Koh Tang, Koh Prins, Condor Reef* und die *Poulo Wai Islands.* Folgende **Tauchschulen** bieten Kurse, Tauchgänge und Schnorchelausflüge an (die Schulen haben ein umfangreicheres Programm, als hier beschrieben werden kann, deshalb die Angebote auf der Homepage checken und sich in den Büros in Sihanouk Ville beraten lassen).

9 The Dive Shop (Karte S. 368). Die engagierteste und größte Tauchschule in Sihanouk Ville sowie das einzige Padi 5-Star Dive Center in Kambodscha. Das internationale Team betreibt ein großes Office im Zentrum der Serendipity Beach Road, wo gebucht werden kann und sich morgens die Teilnehmer treffen und mit einem Tuk Tuk zum Boot gebracht werden. Sie bieten den Padi Open Water Kurs, Tagestauchtrips und „Life aboard"-Ausflüge nach Koh Tang, Koh Prins und Koh Pulau Weh zwischen 2 und 4 Tagen an. Auf der Insel Koh Rong Samlem haben sie ihren Hauptstützpunkt und bieten Übernachtungen in 10 Bungalows am Strand. Alle Angebote sind auch für Schnorchler und nicht tauchende Inselromantiker interessant, Tel. 034/933664, www.diveshopcambodia.com.

8 Scuba Nation (Karte S. 368). Der Besitzer, ein Holländer, spricht Deutsch und Französisch und bietet seit 2001 hier in Sihanouk Ville Padi-Kurse, Tagestauchgänge und Schnorcheltrips an. Sie sind die teuersten, aber der Besitzer legt nach eigenen Angaben sehr viel Wert auf Qualität und einen hohen Sicherheitsstandard. Wie ihre Mitbewerber, bieten sie Tagesausflüge, mehrtägige „liveaboard"-Ausflüge und Open Water Dive-Kurse an. Um flexibel zu sein, haben sie keine festen Stützpunkte auf den Inseln. Büros in Phnom Penh (Tel. 023/211855) und in Sihanouk Ville in der Serendipity Beach Road (Tel. 012/604680, www.divecambodia.com).

12 Die **EcoSea Dive-Tauchschule (Karte S. 368)** besteht aus einer Handvoll internationaler Tauchlehrer, die Chefin ist aus Japan. Sie bieten den 3-tägigen Padikurs und Tagestauchausflüge an. Auch hier werden internationale Zertifikationen, Open Water Tauchgänge und Schnorchelausflüge angeboten. Eco Sea operiert vor allem von der Insel Koh Rong Samlem aus, wo sie eigene Unterkünfte vermitteln. Tel. 034/934631, www.ecoseadive.com. Büro in der Serendipity Beach Road.

Stadtverkehr

■ **Motorradtaxi** und **Tuk Tuk** (khm: *romok*) sind auch hier die häufigsten öffentlichen Verkehrsmittel. Die Fahrer in Sihanouk Ville haben keinen besonders guten Ruf wegen z.T. unverschämter Abzocke der Touristen. Realistische Preise für Motoradtaxis (in der Nacht ca. 30–50 % teurer): innerhalb der Stadt 2000–3000 Riel, vom Stadtzentrum zum Ochheuteal Beach oder Serendipity 5000 Riel. Zum

Otres Beach etwa 3–5 $. Tuk Tuks kosten etwa das Doppelte.

Auch **PassApp** ist bereits in Sihanouk Ville angekommen. Sie haben kleine, aber nette gut erkennbare Rikschas, guten Service, niedrige Preise, und man muss nicht erklären, wo man hinfahren möchte. Einfach die App aufs Handy runterladen.

■ **Autotaxis.** Taxis als öffentliches Verkehrsmittel innerhalb der Stadt sind unüblich. Sie können für einen halben oder ganzen Tag gemietet werden. Ein Tag mit Fahrer kostet etwa 40 $ + Benzin. Am besten über die Rezeption der Unterkunft, ein Reisebüro oder am Taxistand vor dem Markt buchen.

Unterkunft

Durch die allumfassenden Bauarbeiten in der Stadt schließen alteingesessene Guest Houses und Hotels oftmals von heute auf morgen, und neue Unterkünfte mit meist chinesischem Background öffnen ihre Pforten. Trotzdem gibt es noch einige lauschige Oasen, die auch für westliche Reisende zu empfehlen sind. Die Stadt befindet sich jedoch im Umbruch, sodass nicht garantiert werden kann, dass die hier aufgeführten Unterkünfte bis zur nächsten Aktualisierung dieses Reiseführers noch existieren werden.

Sihanouk Ville

4 The Independence④, Karte S. 364 (Tel. 034/934300, www.independecehotel.net). Bereits in den glorreichen 1960er Jahren galt es als das nobelste Hotel in Sihanouk Ville. Nach dem Bürgerkrieg blieb von der ursprünglichen Pracht nur noch eine 7-stöckige Ruine, das Wahrzeichen des Independence Beach, übrig. Erst 2007 eröffnete es wieder, um erneut an die früheren Zeiten anzuknüpfen. Das etwas sterile Interieur wird durch die geniale Lage in einem Park auf einem Hügel über dem Meer wieder ausgeglichen. Wunderschön ist der Ausblick auf die See und die Inselwelt von den Zimmern im obersten Stockwerk. Mit Schwimmbad, Spa, einem eigenen kleinen Strandabschnitt sowie mehreren **4 Restaurants** und Bars. Zimmerpreise inkl. Frühstück. Das Restaurant am Strand ist empfehlenswert und hat zivile Preise.

3 The Cove①-②, Karte S. 368 (Tel. 034/638 0296, buchbar über die gängigen Portale). Ebenfalls schöne, einzeln an einem Berghang stehende Bungalows mit Balkon. Freundliche Staffs. Bar und **3 Restaurant** auf Sonnenterrasse am Ufer.

2 Cloud 9②-③, Karte S. 368 (Tel. 098/215166, www.cloud9 bungalows.com). Ganz am Ende des Serendipity Beach hielt bis 2012 *Imke* aus Dresden die Stellung. Sie hat dort ihr kleines Shangri-La am felsigen Meeresufer geschaffen, die der neue Besitzer in ihrem Sinn weiterführt. Ruhige Lage mit **2 Restaurant** und Bar in tropischem Ambiente.

13 Golden Sand②-⑤, Karte S. 368 (Tel. 034/ 933607, buchbar über die gängigen Portale). Standard Hotelkomplex, der fast so eine Art Wahrzeichen und Orientierungspunkt rund um den Ochheuteal Beach geworden ist. Gut organisiert und auf asiatische und europäische Reisegruppen spezialisiert. Großer Pool und reichhaltiges Früstücksbuffett. Verschiedene Zimmerkategorien. Liegt in der Tola Road.

14 Makara Bungalows①-②, Karte S. 368 (Tel. 034/933449, buchbar über die gängigen Portale). Gute Lage. Die Bungalows sind um einen Pool angeordnet. Das G.H. wird engagiert und seriös betrieben. Der Besitzer ist sehr freundlich und kümmert sich um seine Gäste. Restaurant mit Traveller Food. Organisation von Ausflügen. Das Haus liegt in der Beach Street, derzeit am südlichen Ende der bebauten Zone des Strandes.

1 Sokha Beach Resort③-⑤, Karte S. 368 (Tel. 034/935999, www.sokhahotels.com/sihanoukville). Wie ein Fels in der Brandung der immer näher rückenden Hotelkomplexe steht dieses erste 5-Sterne-Hotel von Sihanouk Ville am wunderschönen gepflegten Sokha Beach. Im Gegensatz zu den lieblosen chinesischen Hotels, vereinigt es westliche und asiatische Kultur auf stilvolle Weise. Schönes Hotel mit Einschränkungen, aber kein 5-Sterne-Standard.

4 Above us only sky②-③, Karte S. 368 (Tel. 097/7447350; www.aboveusonlysky.net). Geräumige Bungalows in schöner Lage unter schattigen Bäumen an einem Hang mit Meeresblick. *Mark* aus Australien hält hier 50 Meter vom Ochheuteal Pier als einer der letzten netten Hotels die Stellung. Gepflegte Cocktailbar auf Terrasse am Ufer. **4** Im **Restaurant** Steaks und Pizzas sowie ein täglich wechselndes Essen inkl. Bier für 4 $.

13 The Small Hotel②, Karte S. 364 (Tel. 034/ 6306161, www.thesmallhotel.info). Kleines Hotel im Zentrum in einer kleinen Seitenstraße. Gepflege, sehr saubere Zimmer mit Liebe zum Detail. Die schwedischen Besitzer bieten westliches Frühstück sowie Khmer- und internationale Küche im eigenen **13 Restaurant.** Parallelstraße zur Ekareach, nähe Canadia Bank.

8 Don Bosco Hotel①-②, Karte S. 364 (Tel. 016/919834, www.donboscohotelschool.com). Der Don Bosco Orden hat in der Stadt eine gewaltige Hotelfachschule und eine Ausbildungsstätte für metallverarbeitende Berufe mit modernsten Anlagen für Jugendliche aus sozial benachteiligten Schichten eröffnet. Nebenbei betreiben sie ein Hotel, in dem die Schüler das Gelernte gleich anwenden können. Schöne, aber leider etwas sterile Anlage mit Bar, **8 Restaurant** und Swimmingpool.

Zimmer inkl. Frühstück. Am Stadtrand gelegen, dafür aber kostenloser Fahrservice in die Stadt und zu den Stränden. Die Don Bosco Schule betreibt auch das 10 **Café/Restaurant Gelato Italiano** im Zentrum am Busbahnhof (siehe „Essen und Trinken"). Auch dort werden Zimmer für 25 $ vermietet.

Um den **Ochheuteal Pier,** von dem aus täglich hunderte Touristen auf die Inseln fahren, gibt es einige Unterkünfte, die aber allesamt nicht sonderlich empfehlenswert sind. Wer nach 17.00 Uhr ankommt (später fahren keine Boote mehr auf die Inseln), bekommt im nahen Zentrum eine bessere Unterkunft.

Unterkünfte Otres Beach 1 (Karte S. 372)

1 **Queen Hill Resort**① (Tel. 089/388555). Das seit Langem etablierte Bungalow Resort steht auf einer kleinen felsigen Halbinsel, die Ochheuteal vom Otres Beach trennt. Die hölzernen, zum Teil nicht sonderlich gepflegten Bungalows, haben Balkon und fantastischen Meerblick, mit Fan. Herrliche Lage, schöner Sonnenuntergang. Travellerservice, Restaurant am Otres Strand, koreanisches Management.

5 **Mushroom Point**① (Tel. 097/7124635) Kreative Anlage mit pilzförmigen und strohbedeckten Bungalows in zweiter Reihe an der Beach Road von Otres 1. Freundliches Personal und gepflegtes Ambiente. Gutes italienisches 5 **Restaurant** „Mami" im 1. Stock.

7 7 **Papa Pippo Bungalows**② (Tel. 010/359 725, www.papapippo.com). Ein bisschen Dolce Vita, Spritz, vertrauter Cappuchino und gute italienische Küche sind das Markenzeichen von *Martina* aus Italien. Urgemütliche Liegestühle und feine Bungalows mit Bad/WC direkt am Strand.

6 **Sea Garden**① (Tel. 096/2538131, über die gängigen Buchungsportale buchbar). Die Basic-Bungalows und das 13 Betten-Dorm sind die günstigste Unterkunft am Otres Beach direkt am Strand. Das 6 **Restaurant** bietet neben gutem Traveller Food auch eine Auswahl an vegetarischen und veganen Speisen. Chillige Bar – wird vor allem von jungen Travellern umschwärmt, schließt aber um 24.00 Uhr, damit alle Gäste die Nacht genießen können. Vor dem Seagarden am Strand legen die Boote zur Insel Koh Ta Kiev ab. Liegt am südlichen Ende von Otres 1, neben Papa Pippo.

119ka_19 an

Restaurants Otres Beach 1 (Karte S. 372)

So ziemlich jede Unterkunft hat auch ein eigenes Restaurant. Neben der guten Küche im 7 **Papa Pippo** und 5 **Mushroom Point** (ital.) ist das 4 **Sunshine Café** zu empfehlen. Tische im Sand am Strand mit Candle Light und dazu Seafood Barbeque. Auch die Nachbarn bieten ein ähnlich romantisches Dinner an.

Nachtleben Otres Beach 1 (Karte S. 372)

3 **Otres Corner,** 2 **Last Hippie Standing.** *Der* Hangout für psychodelische Partys und intensives Nachtleben. Unter den „gestrandeten Hippies", wie sich die Betreiber selbst bezeichnen, sind auch einige junge Deutsche, die hier ökologische Ansprüche mit krassen Partys vereinen. Als einzige Location in Kambodscha wird nach eigenen Angaben nur hier „Psy-Trance" (*Psychedelic Trance,* entstanden in Goa in den 1980er Jahren) aufgelegt. 24 Stunden geöffnet. Am Beginn des Otres Beach 1.

Unterkünfte Otres Beach 2 (Karte S. 372)

MEIN TIPP: 15 **The Secret Garden**③-⑤ (Tel. 097/6495131, www.secretgardenotres.com). Sehr edles Mittelklassehotel mit einem unwiderstehlichen Pool in tropischem Garten. 10 komfortable Bungalows, je nach Gusto mit Fan oder AC sowie eines der besten 15 **Restaurants** am Otres Beach 2. ■ Zu den edlen Boutiquehotels in Strandnähe am Otres 2 gehören auch das 14 **Naia Resort**③-④ (Tel. 071/5202211, www.naiacambodia.com), das 13 **White Boutique Hotel**③-⑤ (Tel. 010/350 377, www.wbhcambodia.com) mit sensationellem Pool, Yoga Chi Kung, Massagen sowie Ausritten und Schwimmen mit Pferden. 16 **Ren Resort**③-④ (Tel. 066-292526, www.ren-resort.com). Luxus pur und schönes 16 **Restaurant** am Strand. 17 **Tamu Hotel**②-③(Tel. 088/90174451, www.tamucambodia.com) köstliches Frühstück am Strand und ausgesprochen freundliches Personal.

Otres Village

Zwischen Otres 1 und 2 hat sich im Hinterland eine kleine Enklave mit einer bunten, **alternativen Travellerszene** etabliert. Hier finden sich Künstler, Yoga Gurus, verschiedenste Aktivitäten und viele nette Locations zum Chillen, ohne die in Sihanouk Ville allgegenwärtige chinesische Geschäftigkeit. Nicht versäumen: Jeden Samstag ist „Nightmarket" u.a. mit Live Musik und Streetfood aus der ganzen Welt.

Unterkünfte

8 **BOHO Hostel**① **(Karte S. 372).** Eine der beliebtesten und günstigsten Unterkünfte. Es gibt nur ein geräumiges Dorm, dafür aber Pool und gutes Essen im angeschlossenen 8 **Restaurant.** 10 Gehminuten zum Strand. Buchung am besten über Hostelworld.

11 **Hacienda**① **(Karte S. 372).** Schöne Anlage mit nettem Personal, nahe Zentrum und Nachtmarkt von Otres Village. Einfaches Hostel für Backpacker mit kleinem Budget. Kommunikative Bar, aber nichts für Leute, die Ruhe suchen. Dorm und private, einfache DZ. 10 Minuten zum Strand. Buchung über Hostelworld.

◁ Vom Tourist Pier am Ochheuteal Beach fahren täglich Boote zu den Inseln Koh Rong und Koh Rong Samlem

Otres Beach 1 & 2
0
300 m
©Reise Know-How
Kambo44 11/19
Sihanouk Ville Zentrum (5 km),
Golden Lion Rondell,
Pier zu Koh Rong und Koh Rong Samlem (6 km),
Nationalstraße 4 nach Phnom Penh (7 km),
Flughafen (22 km)
St. 149C
St. 149C
Otres Beach 1
Otres-Beach 1 Road
Koh Ta Kiew Island, Kactus
Chinese Development Project
Otres Village
Otres-Beach 1 Road
Golden River
Marina Road
Marina Road
Otres Beach 2
Übernachtung
1 Queen Hill Resort
5 Mushroom Point Bungalows
6 Sea Garden Bungalows
7 Papa Pippo Bungalows
8 BOHO Hostel
11 Hacienda Hostel
12 Mama Clare's Treehouse
13 White Boutique Hotel
14 Naia Resort
15 The Secred Garden Hotel
16 Ren Resort
17 Tamu Hotel
Essen und Trinken
4 Sunshine Café
5 Mushroom Point Restaurant
6 Sea Garden Restaurant
7 Papa Pippo Restaurant
8 BOHO Hostel
9 The Frying Yorkshireman
10 Jin Restaurant
15 The Secret Garden Bar/Restaurant
16 Ren Resort
Nachtleben
2 Last Hippie Standing
3 Otres Corner

12 Mama Clare's Treehouse①-②, Karte S. 372 (Tel. 079/76922914, clare.shave@gmail.com). Baumhaussiedling am Fluss, die mit Engagement betrieben wird. Buchungen direkt oder über booking.com.

9 Monkey Maya①-②, Karte S. 364 (Tel. 078/760853, www.monkeymayaream.com). Absolut „off the beaten tourist tracks" liegen diese Bungalows aus Holz und Bambus oberhalb des Ream Beach, einem idyllischen Strand zu Füßen des Ream Nationalparks. Kein Internet und der Strom wird um Mitternacht abgestellt. Die Baustellen von Sihanouk Ville liegen 45 Minuten Fahrzeit entfernt. Schöne **9 Restaurantterrasse** mit Blick auf's Meer. Alternativen zum Baden sind Kanus oder Wandern im Naturpark.

Anreise: Abholservice ab Flughafen (20 km vor der Stadt); an der Abzweigung der Nationalstraße (RN 4), über die fast alle Traveller nach Sihanouk Ville kommen, zum SHV Airport. Buchung über die bekannten Portale oder Facebook (Monkey Maya – Ream Beach).

Restaurants

Otres Village bietet wegen der vielen Ausländer, die sich hier in den letzten Jahren niedergelassen haben, eine spannende Vielfalt an Gerichten aus aller Welt. Die italienische Küche hat wie so oft auch hier die Nase vorn. Die einheimische Küche ist weniger gut vertreten.

10 Jin (Karte S. 372). Viel gelobtes Gartenrestaurant. Italienisches Family-Business mit typischer mediterraner Speisekarte. Große Auswahl an veganen und vegetarischen Optionen.

10 Escape Café Bar & Restaurant (Karte S. 368). Sympathisches und günstiges Restaurant in familiärer Khmer-Atmosphäre. Gutes Frühstück, Burger, Salate sowie Cookies und Kuchen.

9 The Frying Yorkshireman (Karte S. 372). Auch wenn die Britische Küche bei uns nicht unbedingt im Ruf steht, anspruchsvolle Gourmets zufriedenzustellen, beim Yorkshireman gibt's heimische Fish ‚n' Chips, internationale Küche und leckeres Seafood. Lohnt sich, zu probieren.

Essen und Trinken

3 Treasure Island Seafood, Karte S. 364. Romantische Lage unter Bäumen in einer Bucht mit Blick auf Koh Pos Island. Das Seafood (z.B. Seeschnecken, Shrimps, Tintenfische und andere heimische Fischarten) kann man sich frisch aus den Aquarien zusammenstellen. Schließt allerdings oftmals schon um 20.00 Uhr. Liegt hinter der Auffahrt zur Brücke nach Koh Pos.

1 New Beach und **2 Chhne Meas (Karte S. 364)** sind zwei ausgezeichnete Seafood Restaurants, in die sich nur selten Ausländer verirren, wenn sie nicht von Einheimischen dorthin mitgenommen werden. Nachts schöner Blick auf die Lichter des Hafens. Das Chhne Meas ist etwas nobler, dafür hat das New Beach ein paar kleine Tische im Garten direkt am Wasser. Liegen zwischen Victory Beach und Hafen.

5 Sunset Restaurant (Karte S. 364). Neomodernes, halboffenes Strandrestaurant, das zum Independence Hotel gehört. Internationale Küche mit leckerem Seafood und moderaten Preisen, die jedoch bei Steaks und Langusten überproportional ansteigen. Aufmerksamer Service. Umfangreiche Weinkarte. Ab 6.00 Uhr morgens wird Frühstück serviert. Bis 22.00 Uhr geöffnet. Nördlich des Independence Beach.

6 Marco Polo (Karte S. 364). Genießt den Ruf die beste Pizza in Sihanouk Ville zu servieren. Doch der gebürtige Südtiroler hat noch weitere italienische Spezialitäten auf der Speisekarte. Einfaches, aber stilvolles Restaurant nahe Sihanouk International Clinic an der Ekareach Street.

7 Mango Café (Karte S. 368). Beliebtes italienisches Restaurant im Trattoriastil mit Pizza und vielen Pastagerichten (5–8 $). Frühstück mit frisch gebackenem Brot. Zentrum der Serendipity Road.

12 Koh Pos Restaurant (Karte S. 368). Gut besuchtes Khmer-Restaurant, das zwar innenarchitektonisch keinen Preis für Gemütlichkeit gewinnen würde, aber beim Essen ganz vorne mit dabei ist. Zum Beispiel sind die *fried shrimps* mit Kampot-

Pfeffer zum Sattessen ein Gedicht. Hauptspeisen ab 5 $. Liegt an der Ochheuteal Street nahe dem Golden Lion Monument.

Mein Tipp: **20 Sandan Restaurant, Karte S. 364** (www.sandan-restaurant.org). Eines der besten Restaurants der Stadt. Authentische Khmer Küche mit vielen Seafood-Optionen. Aufmerksamer und reizender Service. Leckere und günstige Cocktails. Das Restaurant wird von der NGO *M'Lop Tapang* betrieben, die sich um benachteiligte Kinder und Familien kümmert und ihnen hier eine Ausbildung ermöglicht. Im Zentrum. Ein Block nördlich von 7 Makara Street. In der Nacht ein beleuchteter Mangobaum. Mittags und abends geöffnet.

17 Starfish Bakery Café (Karte S. 364). Meiner Meinung nach der beste Ort für ein gutes Frühstück oder einen kleinen Snack. Frisches Brot und Gebäck, knackige Sandwiches, frische Fruchtsäfte, Kaffee und Kuchen. Preise 3–5 $. Massage, WiFi, Souvenirshop. 7.00–18.00 Uhr. In einer kleinen Gasse hinter dem *Samudera* Supermarkt. Mit dem Gewinn wird die **Starfish Foundation** unterstützt. Es handelt sich dabei um die private Initiative einiger Ausländer in Sihanouk Ville. Ihr Ziel ist es, sich Menschen in der Umgebung anzunehmen, die in Not sind und von keiner anderen Organisation unterstützt werden. Über jeden Fall wird individuell je nach Bedürftigkeit entschieden.

15 Jean Jean (Karte S. 364). Einfaches, aber bei den Khmer und Touristen wegen des billigen Angkor Biers (2000 Riel) und des guten Khmer- und chinesischen Essens (4–8 $) sehr beliebt. Engagierte Bedienung. Geöffnet 10.00–22.30 Uhr. In der Makara Street 7, gegenüber dem Markt.

19 Café Sushi (Karte S. 364). Bei Seafood darf auch der Japaner nicht fehlen. Eine große Auswahl an Sushimenüs und anderen jaanischen Gerichten zwischen 6 und 12 $. Wer will, kann auch mit dem Chefkoch und seinen Angestellten auf Angeltour gehen und seinen eigenen Fisch fangen. 7 Makara Street, Nr. A07.

6 Jasmine Café (Karte S. 368). Belebtes und gutes Restaurant, direkt am Pier gelegen, mit westlichen Speisen und super Kebabs. Das Lokal ist meistens voll mit Backpackern, die hier auf angenehme Weise auf ihre Fähre warten.

10 Gelato Italiano (Karte S. 364). Eisdiele mit gutem Eis und leckeren Waffeln, hergestellt von Schülern der Don Bosco Schule. Außerdem gibt's hervorragenden italienischen Kaffee und Pizza aus dem Holzkohleofen. Ein idealer Platz, um auf die Abfahrt der Busse zu warten. Im Zentrum am Busbahnhof.

7 Im **The Bavarian (Karte S. 364)** kocht der Chef, wie der Name schon verrät, schwerpunktmäßig gut bürgerlich deutsch/bayerische Spezialitäten. Jeden Sonntag Schweinebraten mit Semmelknödel und Sauerkraut. Liegt in der Downtown an der großen 90°- Kurve der Ekareach Street.

Nachtleben

2 Last Hippie Standing, Karte S. 372. Trotz Weltuntergangsstimmung am Otres Beach 1, oder vielleicht gerade deswegen, geben die jungen, gestrandeten Hippies beeindruckend Vollgas. Kreativ und ökologisch manifestiert und mit unübersehbarem psychodelischem Touch steigen hier täglich Partys. Musikrichtungen sind Ragga, Psy-Dub, Liquid Funk, Ethno-Chill und es ist nach eigenen Angaben der einzige Platz in Kambodscha, wo Psy-Trans gespielt wird. Die *Bar*, auch **3 Otres Corner** genannt, ist 24 Stunden täglich geöffnet. Am Beginn der Straße zu Ortes 1.

An- und Weiterreise

Entfernungen in Straßenkilometern:

Siem Reap	544
Phnom Penh	229
Koh Kong	222
Kompong Speu	181
Kampot	151
Grenze Vietnam (Ha Tien)	ca. 190

Flug

Sihanouk Ville International Airport liegt 20 Kilometer vom Zentrum entfernt. Tuk Tuks und Taxis kosten ca. 20–30 $ zum Serendipity Pier oder Otres Beach. Die nationalen Fluggesellschaften Cambodian Angkor Air, Cambodian Bayon Air, Sky Angkor Air und JC International Airlines bieten täglich **Flüge nach Siem Reap** zwischen 110 und 150 $ an. Es gibt auch **Flüge nach Phnom Penh,** die manchmal jedoch über Siem Reap gehen und somit auch fast 4 Stunden dauern. Cambodian Airlines fliegt 5x die Woche **nach Saigon.** Air Asia verbindet Sihanouk Ville 4x die Woche mit **Singapur** und **Kuala Lumpur.**

Wohlhabende Chinesen, die auf **Casino-Hopping** stehen, können 3x wöchentlich zwischen Macau und Sihanouk Ville pendeln. In Zukunft wird der Flughafen aus mehreren Städten in China direkt angeflogen. Streichungen von Flügen sind an diesem Airport leider keine Ausnahme.

Bus

Der **Busbahnhof** liegt im Zentrum der Stadt, aber jede Busgesellschaft hat noch ihr eigenes Büro, wo der Bus ebenfalls hält. Die größten Busgesellschaften sind 14 *Capitol, GST, Phnom Penh Sorya* und *Virak-Buntham Express.* Tickets können entweder in den Reisebüros, den Guest Houses oder direkt bei den Büros am Busbahnhof gekauft werden. In der Hauptsaison das Ticket unbedingt einen Tag vorher kaufen.

■ **Phnom Penh:** Zahlreiche Busse zwischen 7.00 und 14.30 Uhr, 6–7 $, Fahrzeit 5 Std.

■ **Siem Reap:** 550 Kilometer und 12 Std. Fahrzeit. Die Busgesellschaft *Virak Buntham* bietet eine Direktverbindung per Nachtbus. *Capitol Tours* (14 $) und *Giant Ibis* (23 $) eine Verbindung tagsüber mit Umsteigen in Phnom Penh.

■ **Koh Kong** bzw **Thailand:** Da in Koh Kong nur wenige Touristen absteigen, werden die meisten Tickets von Sihanouk Ville über Koh Kong entweder nach Koh Chang oder Bangkok (25 $) bzw. von dort nach Sihanouk Ville verkauft. Der Bus muss jeweils an der Grenze gewechselt werden. Mehrere Busgesellschaften, z.B. *Rith Mony* und *Paramount Angkor,* verkehren täglich mehrmals zwischen Koh Kong und Sihanouk Ville. 8 $, Fahrzeit 5 Std. Busstop auch direkt am Tatai River.

Vorsicht: In Sihanouk Ville werden oft Tickets über Phnom Penh nach Bangkok angeboten. Das ist ein Riesenumweg und die Fahrt dauert anstatt ca. 12 Stunden die doppelte Zeit.

■ **Kampot:** Je nach Touristensaison und Passagieraufkommen werden Busse (guten Service bietet *Giant Ibis* für 9 $) und Sammeltaxis (5 $) eingesetzt. Kann variieren, am besten in den Reisebüros oder G.Hs. informieren. Fahrzeit 2 Std.

■ **Tickets bis Saigon** *(Capitol, GST, Phnom Penh Sorya)* über Phnom Penh (12 Std.) kosten 20 $. Verbindungen gibt es auch bis nach **Ha Tien** (15 $) in Vietnam, von wo aus auf die Insel **Phu Quoc** übergesetzt werden kann (siehe auch „Kampot, An- und Weiterreise").

Taxis

Ein Taxi nach **Phnom Penh** oder **Koh Kong** kostet ca. 70–80 $. Nach Kampot und Kep etwa 35 $.

Zug

Genießern und Individualisten sei die Fahrt mit dem Zug wärmstens zu empfehlen – auch wenn sie etwas teurer (8 $) und länger (7 Std.) ist. Das kleine Problem ist lediglich, dass die Züge momentan **nur um das Wochenende** fahren. Insgesamt gibt es vier Verbindungen in beide Richtungen. Die erste um 15.00 Uhr von Phnom Penh nach Sihanouk Ville und die letzte am Montag zurück in die Hauptstadt um 7.00 Uhr. Der Zug hält nur in Kampot (5 $) und Takeo (7 $). **Tickets** entweder am Bahnhof am

Schalter, telefonisch unter 078/888582 oder online unter www.royal-railway.com.

Umgebung

Ream National Park

Einer der wenigen organisierten Nationalparks in Kambodscha (offiziell: **Preah Sihanouk National Park**). Er liegt bei dem Ort Ream, an der RN 4, 18 km südöstlich von Sihanouk Ville. Mit seinen 21.000 Hektar ist der Park nicht unbedingt spektakulär, doch wegen des Urwaldes, der einsamen Strände und Inseln sowie der Mangrovenwälder und Korallenriffe, ist ein Besuch durchaus lohnenswert. Mit etwas Glück bekommt man Delfine, Resusaffen und andere interessante Tiere zu sehen. **Bootsfahrten** starten im Fischerdorf Prek Toek Sup, an der RN 4. Standardausflüge mit Bootsfahrt und Trekking, die in Sihanouk Ville starten, können in den Reisebüros in Sihanouk Ville für 40 $ gebucht werden.

Die Inseln

Im Fokus der westlichen Reisenden stehen zunehmend die beiden Inseln **Koh Rong** und **Koh Rong Samlem.** Zurecht, denn sie gehören zu den wenigen paradiesischen Inseln auf der Welt, deren kilometerlange, zum Teil palmengesäumte Sandstrände noch nicht für den Massentourismus erschlossen sind. Erschwingliche Bungalows und Hütten, unverbaute Ufer, kleine Fischerdörfer, keine Straßen, und noch viel Platz für romantische Robinsonaden und richtige Abenteuer an einsamen Stränden. In der Travellerszene werden sie momentan als *der* **„place to go“** gehandelt, vor allem, da niemand weiß, wie lange dieses Paradies in dieser Form noch existiert. In diesem Zustand waren die Inseln in Thailand vor 20 Jahren. Doch die Nachteile dieses plötzlichen Ansturms liegen auf der Hand. Ausgebuchte Fähren und Unterkünfte, Wasserknappheit vor allem in der Hauptsaison (Dez.–März), unkontrollierte Bauaktivitäten und das Abholzen der Wälder für Baumaterial, Wasserverschmutzung, Probleme mit dem Müll und zunehmende Diebstähle. Nervig sind die **Sandfliegen** und der vom Festland angeschwemmte Plastikmüll, in erster Linie an abgelegenen Stränden, die nicht gesäubert werden.

Je nach Jahreszeit ist die Dünung des Meeres an den Stränden unterschiedlich. Während der Wind in der Trockenzeit (Hauptsaison etwa von November bis April) von Osten weht, dreht er in der Monsunzeit auf West. Dementsprechend aufgewühlt bzw. ruhig ist das Meer.

■ **Anreise nach Koh Rong und Koh Rong Samlem:** Dutzende Boote konkurrieren am Tourist Pier am Ochheuteal Beach um die Touristen. Tickets können direkt am Pier oder in einem der vielen Reisebüros, die vor allem in der Serendipity Beach Road zu finden sind, gebucht werden. Im Internet gibt es mehrere Portale, wo das Ticket auch online gebucht werden kann. Das Return-Ticket kostet 22 $. Die Boote fahren zwischen 8.00 und 17.00 Uhr täglich. Fahrzeit ca. 35 Minuten.

Auf den Inseln gibt es **mehrere Absetzpunkte.** Beim Buchen des Tickets sollte man unbedingt vorher wissen, wo man hin will oder wo die gebuchte Unterkunft liegt.

■ **Aktivitäten:** Neben einfach nur im warmen Wasser herumzudümpeln, gibt es einiges zu tun.

Für die klassischen Inselaktivitäten muss man nicht lange suchen. Überall am Strand und in den Hotels stehen Schilder und Ständer, die Schnorcheln, Kajakfahren, Bootstouren, Dschungeltrekking, Fischen (auch mit Speeren) sowie Planktonschwimmen anpreisen. Viele Tauchschulen und private Tauchlehrer bieten Kurse an. Der größte Anbieter für Tauchgänge ist *The Dive Shop* und *Scuba Nation.*

■ **Informationen:** Ausgiebige Informationen über die Inseln finden sich im *Visitor Guide Sihanouk Ville* und im *„The Sihanouk Ville" Advertiser.* Liegt in Unterkünften, Restaurants und Reisebüros aus. www.canbypublications.com.

Wer in Sihanouk Ville ankommt und noch kein konkretes Ziel auf den Inseln hat, kann sich ausführlich in der *Serendipity Road* informieren. Reisebüros, Tauchschulen, Büros der Bungalowresorts und der Fähren liegen hier auf engstem Raum beisammen. *Mottah Cambodia Travel* im Zentrum (siehe Reisebüros Sihanouk Ville) ist ziemlich fit bei der Vermittlung von Unterkünften und Anreise.

Wer in der Hauptsaison sicher sein möchte, nicht am Strand schlafen zu müssen, sollte die **Unterkunft unbedingt vorher buchen.** Viele bessere Bungalows können auf den Buchungsportalen www.booking.com, www.agoda.com oder direkt auf der Homepage reserviert werden. Ansonsten direkt in der Serendipity Road buchen.

■ **Vorsicht:** Es gibt viele **Mücken** und **Sandfliegen** auf den Inseln, und auch in vielen Bungalows sind sie unvermeidbare Gäste. Malariafälle sind keine bekannt, wohl aber **Denguefieber.** Mückenschutz mitnehmen und unterm Moskitonetz, das in jeder Unterkunft hängt, schlafen.

– Es gibt **giftige Schlangen** wie z.B. die Königskobra, doch die meisten Schlangen sind harmlos. Vorfälle sind selten – trotzdem nicht durchs dichte Gras und Unterholz laufen. Serum gibt es in Sihanouk Ville.

– Im Ort Koh Touch auf Koh Rong ist es in letzter Zeit öfter zu **Einbrüchen in die Bungalows** gekommen. Wertgegenstände und Reisepass an der Rezeption abgeben, wo es meist einen Safe gibt.

– Mit der **Hygiene** in den Barbeque Restaurants in Koh Touch steht es nicht zum besten. So lecker das Seafood aussieht – es kommt immer wieder zu massiven Magen- und Darmproblemen, zu deren Opfern auch der Autor zählt.

■ **Jobs:** In den **Restaurants** und **Bungalows,** vor allem auf Koh Rong in Koh Touch, arbeiten viele Langzeit-Traveller für ein paar Wochen im Service. Für einfache Jobs wie als Kellner gibt es keine Bezahlung – lediglich Kost und Logis sind frei. Wer eine Stelle als Manager bekommt, kann einen Lohn aushandeln.

■ **ATM und Kreditkarten:** Auf beiden Inseln gibt es weder Bankomaten noch werden Kreditkarten akzeptiert. Ein paar Unterkünfte bieten zwar „credit-card-for-cash" an, aber dafür verlangen sie 10 % Provision.

Koh Rong

Mit 70 km² ist sie die größere der beiden Inseln. Die **Fähre** von Sihanouk Ville legt in dem Dorf **Koh Touch** an, wo sich vor allem die junge Travellerszene in

Meeresleuchten

Ein unvergessliches Erlebnis ist es, im Meer bei ruhiger See zu schwimmen und mit jeder Bewegung ein Feuerwerk aus **tausend kleinen Funken** zu entfachen. Ein Phänomen, das auf den Inseln immer wieder auftritt. Von den Einheimischen fälschlicherweise „plankton swimming" genannt, handelt es sich hier um eine Ansammlung von Mikroorganismen, Kleinstlebewesen, die bei Berührung mehr oder weniger lange **Lichtsignale** aussenden – luminiszieren. Das Meeresleuchten tritt nur bei einer bestimmten Konzentration an Mikroorganismen auf und ist bisher noch wenig erforscht (Khmer: *ponlu samot*).

Koh Rong

0 — 2 km ©Reise Know-How Kambo41 11/19

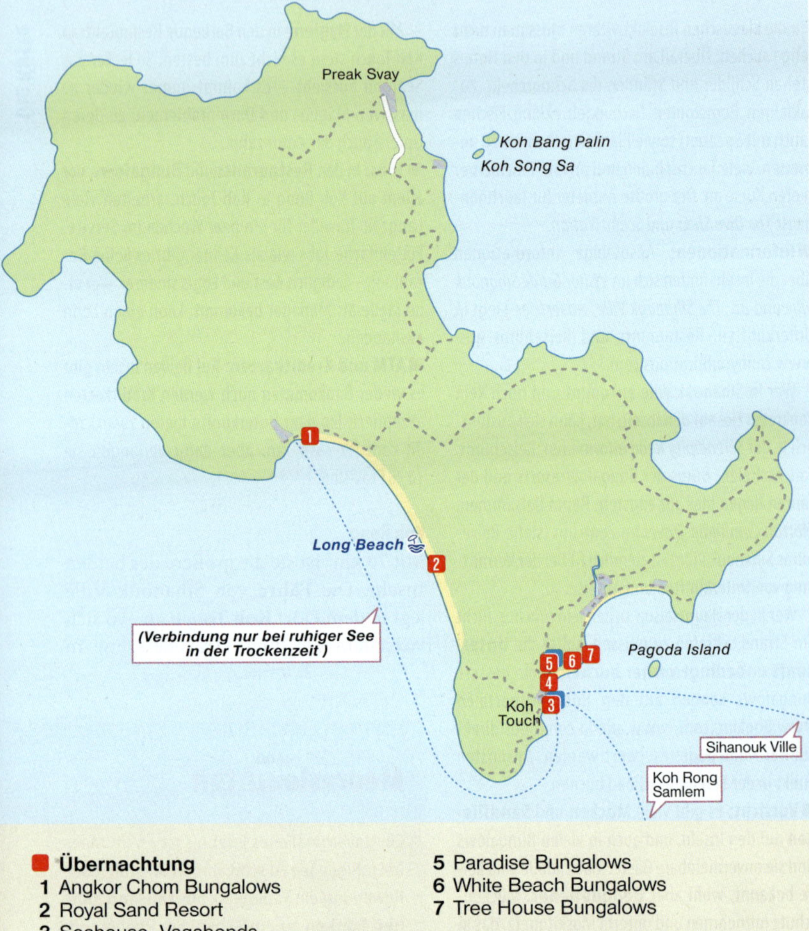

Übernachtung
1 Angkor Chom Bungalows
2 Royal Sand Resort
3 Seahouse, Vagabonds, Dream Catch Inn, La Mami, Island Boys, Coco Bungalows
4 Monkey Island
5 Paradise Bungalows
6 White Beach Bungalows
7 Tree House Bungalows

Essen und Trinken
3 Sky Bar, La Mami
5 Paradise Bungalows

günstigen Unterkünften, Restaurants und Bars trifft. Mittlerweile hat sich hier ein intensives **Nachtleben** entwickelt. Nach dem Motto Sex, Drugs and Electro werden hier in einer Handvoll Bars die Nächte durchgefeiert. Die Wasserqualität in der kleinen Bucht vor den Bars und Restaurants ist bereits bedenklich, da das gesamte Abwasser ungeklärt ins Meer fließt.

Auf der rechten Seite der Bucht stehen die etwas besseren Bungalows, die vom Pier in 10 bis 20 Minuten erreichbar sind. Nach einem 300 Meter langen felsigen Abschnitt schließt sich ein weiterer noch kaum erschlossener Sandstrand an.

Wunderschön, aber immer mehr von noblen Resorts erschlossen, ist der kilometerlange **Long Beach** auf der gegenüber liegenden Seite der Insel, der allerdings nur mit dem Boot oder von Koh Touch aus in einer engagierten 45-minütigen Dschungeldurchquerung erreicht werden kann. Es empfiehlt sich, nicht alleine zu gehen und auf gar keinen Fall mit Flip Flops, da der Abstieg auf der anderen Seite über Kletterpassagen an Seilen und Lianen hinab zum Strand führt. In jedem Fall ein abenteuerlicher Ausflug. Der Strand ist dem offenen Meer zugewandt, und es kann während der Monsunzeit hohe Wellen geben. Von November bis März ist das Wasser ruhig, und nachts luminiziert das Meer.

■ **Unterkünfte: Im Dorf Koh Touch** stehen auf engem Raum viele einfache und günstige Unterkünfte zwischen 5 und 20 $ zur Verfügung. Hier steigt meist das Partyvolk ab, welches das ersparte Geld lieber in Alkohol und sonstiges als in luxuriöses Wohnen investieren. Wer hier nächtigt, sollte sicher sein, dass er nicht um 24.00 Uhr ins Bett geht und in seeliger Ruhe schlafen möchte.

Die günstigen Unterkünfte sind meist **nicht im Voraus buchbar.** Es gilt das Motto „first come, first get". In der Nebensaison ist das kein Problem, doch in der Hauptsaison empfiehlt es sich, die erste Fähre zu nehmen, wenn man sicher einen richtigen Schlafplatz möchte. Wer keinen Platz mehr ergattert, kann problemlos auch auf dem Pier oder einer Strandliege übernachten.

Zu den günstigsten Unterkünften im Ort gehören u.a. das 3 **Seahouse**①, das auf Stelzen über dem Wasser steht, das 3 **Vagabonds**①, 3 **Island Boys**①, 3 **Coco Bungalows**① und 3 **Dream Catch Inn**①. Sehr nett ist das 3 **La Mami**① (www.lamami-kohrong.com) über dem Wasser mit gutem italienischem Restaurant.

Gehobenere Bungalows①-③ in ruhiger Lage, meist mit Doppelbett sowie Bad/WC liegen vom Meer aus gesehen meist rechts am Strand. Sie sollten vor allem in der Hauptsaison über die Buchungsportale agoda, booking.com, lokalen Reisebüros oder direkt auf deren Homepage rechtzeitig reserviert werden.

5 **Paradise Bungalows**②-③ (www.paradise-bungalows.com). Bungalows verschiedener Kategorien, entweder direkt am Strand oder am Hügel hinter dem netten 5 **Restaurant.** Nettes und freundliches Personal.

6 **White Beach Bungalows**②-③ (Tel. 070/396 082, diverse Buchungsportale) liegen rechts am Ende der Bucht und bietet sehr große und gepflegte Bungalows direkt am Beach.

7 Die originellste Art, hier zu wohnen, sind die **Tree House Bungalows**①-② (www.treehouse bungalows.com, booking.com), die an einem eigenen kleinen Strand hinter dem White Beach liegen. Alle Baumhütten haben Bad/WC.

4 Das **Monkey Island**①-② (www.monkeyisland-kohrong.com) ist vor allem bei jungen Reisenden eine beliebte Unterkunft. Die 23 Bungalows liegen direkt am Strand, bieten Platz für 3–5 Personen und kosten je nach Saison zwischen 30 und 40 $. Buchung entweder über booking.com oder in Sihanouk Ville über *Monkey Republic* in der Serendipity Beach Road.

■ **Unterkünfte am Long Beach:** Der Long Beach war jahrelang Romantikern und Robinson Crusoe-Jüngern überlassen. Jetzt wird auch dieser etwa 3 km lange idyllische Sandstrand, der zum Meer hin offen ist, mit Bungalows und teuren Resorts erschlossen.

Der Platzhirsch am Strand ist das 4-Sterne-Hotel 2 **Royal Sand Resort**⑤ (www.royalsandskoh rong.com), das mit genügend Kleingeld keine Wün-

043ka an

sche offen lässt. Mit am längsten im Geschäft ist 1 **Angkor Chom Bungalows**①-② (Tel. 034/5555175, booking.com) mit den schönen Holzbungalows und Balkon direkt am Wasser neben dem Fischerdorf Soksam, wo auch weitere nette Unterkünfte zu finden sind.

■ **Restaurants im Dorf Koh Touch:** Normalerweise haben die Resorts ihr eigenes Restaurant. Die Preise sind überall moderat und liegen deutlich unter 10 $ für ein Hauptgericht. Empfehlenswert ist die Küche und die ruhige Atmosphäre in den 5 **Paradise Bungalows,** die Aussicht über die Bucht und das Dorf ist am besten in der 3 **Sky Bar,** und gute italienische Küche gibt es bei 3 **La Mami.** Fried Noodles und Reis wird im Ort an kleinen Essensständen ab 2 $ angeboten.

Das Dorf Koh Touch auf Koh Rong

Verschiedene Restaurants in Koh Touch bieten leckeres Barbeque (Seafood, Chicken, Beef) für 5–7 $ in gemütlichen Korbstühlen bei Candle Light auf der Gasse an. Leider sind die hygienischen Umstände, unter denen das Fleisch gelagert wird, teilweise katastrophal, und es kommt immer wieder zu ernsthaften Salmonellen- und Lebensmittelvergiftungen.

■ **Zwischen den beiden Inseln** verkehren täglich zahlreiche Boote. Die meisten Fähren, die am Pier ablegen, fahren eine Runde und legen auch an beiden Inseln bei der Hin- und Rückfahrt an. Es gibt immer irgendwelche Boote, die zwischen den Inseln pendeln. Die Fährverbindung kostet etwa 5 $.

Koh Rong Samlem

Die kleinere der beiden Inseln bietet drei touristisch interessante Spots, die bisher noch weniger erschlossen sind als die

Party-Hochburg der großen Schwester Koh Rong. Sowohl die Tauchreviere als auch der Bestand der Tropenwälder sind in besserem Zustand als auf der Nachbarinsel. Momentan konzentriert sich die touristische Erschließung auf die **Saracen Bucht,** ein 3 km langer, flacher Sandstrand an der Ostküste. Bis dato gibt es rd. zwei Dutzend Bungalow-Resorts, von denen viele in deutscher Hand sind. Doch sprießen hier die Resorts wie Pilze aus dem Boden und werden diese Bucht in den nächsten Jahren grundsätzlich verändern. Im Gegensatz zu Koh Touch, wo die Bars und Guest Houses dicht gedrängt Tür an Tür stehen, sind die Resorts entlang der Saracen Bucht verstreut – es gibt kein Zentrum. Ziel der Resortbetreiber, soweit sie in der Lage sind, sich auf ein gemeinsames Konzept zu einigen, ist, einen hochwertigeren und ökologisch sensibleren Tourismus als auf der Nachbarinsel zu gestalten. Beispielsweise haben die meisten Resorts Kläranlagen und septische Tanks. Ausschweifende Partys sind hier, mit Ausnahme der legendären monatlichen Vollmondparty, eher die Ausnahme.

Zwei **landschaftlich reizvolle Pfade** verbinden die Saracen Bucht mit dem **Lazy Beach** (20 Min.) und dem **Strand vom Dive Shop** (40 Min.). Zwei wunderschöne Plätze, die zum Meer hin offen sind und traumhafte Sonnenuntergänge bieten. Auch ein Leuchtturm lässt sich von hier während einer kleinen Wanderung erreichen.

Das einzige Dorf auf Koh Rong Samlem, in dem Khmer leben, ist **M'Pay Bay** an der Nordspitze der Insel. Der Strand ist weniger lohnend, aber die Tauchgründe an der vorgelagerten **Insel Koh Koun** gehören wegen des Fischbestandes zu den besten auf der Insel. Hier hat sich eine alternative Partyszene zu dem überfüllten und nur wenige Kilometer Luftlinie entfernten Koh Touch etabliert.

■ **Unterkünfte:** In der Saracen Bucht gibt es eine große Auswahl an Bungalows jeglicher Baustile und Ausstattungen. Vom gepflegten Dorm ab 5 $ bis zum luxoriösen Appartement von 80 $ ist für jeden Geldbeutel das Passende zu finden. Auch hier gibt es große Preisunterschiede zwischen Haupt- und Nebensaison. In der **Hauptsaison dringend vorbuchen,** wer nicht am Strand schlafen will. Nachstehend werden die bis dato wichtigsten Unterkünfte aufgeführt. In den nächsten Jahren werden hier jedoch Dutzende neuer Resorts entstehen, da das Erschließungspotential der Bucht noch lange nicht ausgeschöpft ist:

3 The Beach Island Resort①-③ (Tel. 034/6666106, buchbar über die gängigen Portale). Das populärste Resort nahe am Pier mit großer Auswahl für jeden Geldbeutel. Deutsch.

6 Jungle Republic① (Tel. 015/387766, div. Buchungsportale). Günstiges Dschungel-Paradies in tropischem Garten mit intensiven Partys an der Bar. *„Hippies, Live Musik und Cheap Food,"* wie es einer der Gäste treffend beschreibt. Etwa 300 m vom Strand entfernt. Einfache Dorms.

7 Sun Island Eco Village①-② (Tel. 077/765 069, www.sun-island-eco-village.com). Einige Bungalows und geräumige Zelte unter einem Schilfdach. Nicht zu versäumen der Resort Manager *Chris,* ein Original aus Deutschland. Zentral am Strand gelegen.

8 Secret Paradise③ (Tel. 069/354800, buchbar über die gängigen Portale). Einer der „high end"-Bungalows des Strandes. Sehr großzügige und stilvolle Ausstattung. Badezimmer zum Verlieben. Linke Seite am Strand. Polnisch.

9 Paradise Bungalows & Paradise Villas ②-③ (Tel. 092/548883, www.paradise-bungalows.com). Betreibt bereits seit 5 Jahren das gleichnamige Resort auf Koh Rong. Besitzt außerdem das linke

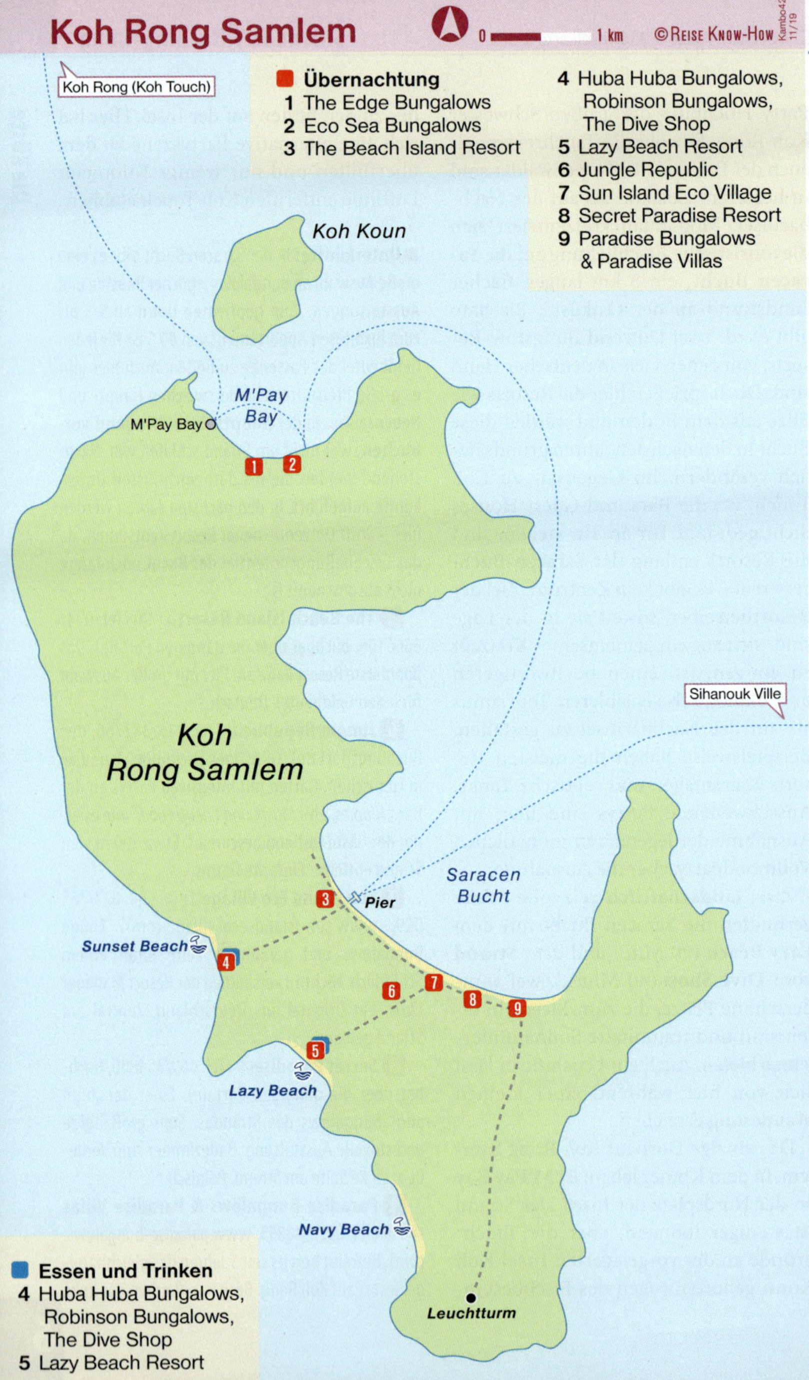

Koh Rong Samlem
0
1 km
©Reise Know-How
Kambo42 11/19
Koh Rong (Koh Touch)
Übernachtung
1 The Edge Bungalows
2 Eco Sea Bungalows
3 The Beach Island Resort
4 Huba Huba Bungalows, Robinson Bungalows, The Dive Shop
5 Lazy Beach Resort
6 Jungle Republic
7 Sun Island Eco Village
8 Secret Paradise Resort
9 Paradise Bungalows & Paradise Villas
Koh Koun
M'Pay Bay
M'Pay Bay
Koh Rong Samlem
Sihanouk Ville
Saracen Bucht
Pier
Sunset Beach
Lazy Beach
Navy Beach
Leuchtturm
Essen und Trinken
4 Huba Huba Bungalows, Robinson Bungalows, The Dive Shop
5 Lazy Beach Resort

Strandende und ist stolz auf die effektivste Kläranlage am Saracen Beach.

Mein Tipp: 5 **Lazy Beach Resort**②-③ (www.lazybeachcambodia.com, Tel. 016/214211). Eines der ältesten Resorts steht an der Westseite der Insel. Die 20 Bungalows stehen in weitem Abstand verstreut an der 400 m breiten Bucht, an der es keine weiteren Unterkünfte gibt. Sie bieten zwei große Doppelbetten und einen Balkon, von dem man aufs Meer blicken und den Sonnenuntergang genießen kann. Manche sind jedoch schon etwas renovierungsbedürftig. Der englische Besitzer ist fest davon überzeugt, dass allein schon der Name seines Resorts die relaxte Einstellung seiner Gäste fördert. Tagsüber viele Tagesgäste von der Saracen Bucht. Mit angeschlossenem 5 **Restaurant.** Buchungsmöglichkeiten über Internet oder dem Office in ‚Sihanouk Ville in der Serendipity Road.

Eine Bucht weiter, am Sunset Beach, ebenfalls an einer herrlichen Bucht an der Westseite und in 40 Min. von der Saracenbucht erreichbar liegen die 4 **Huba Huba Bungalows** ①-③(www.hubahuba-cambodia.com), 4 **Robinson Bungalows** ①-② (www.robinsonbungalows.com) mit 4 **Restaurants** und 4 4 **The Dive Shop.** Der Transport wird vom Dive Shop (Sendipity Road) organisiert.

Der dritte Platz mit Unterkünften auf Koh Rong Samlem ist **M'Pay Bay.** Wegen der reichen Fischgründe bei der vorgelagerten Insel Koh Koun ist sie vor allem Tauchern zu empfehlen. **Unterkünfte** sind 1 **The Edge Bungalows** (buchbar über die gängigen Portale) und 2 **Eco Sea Bungalows** ①-② (buchbar über die gängigen Portale, Anreise siehe Kapitel „Koh Rong Samlem, Anreise").

■ **An- und Weiterreise Koh Rong Samlem:** Je nach Saison täglich mindestens eine, aber meist mehr Verbindungen mit dem Festland (20 $ Hin- und Rückfahrt, 25–40 Min.) und mit Koh Rong (5 $, 30 Min.). Auf Koh Rong Samlem werden nur *Saracen Beach* und *M'Pay Bay* angefahren (s. „Koh Rong, An- und Weiterreise"). Auch das sogenannte **Party Boat** (www.thepartyboat.asia) und die **Sun** bringen entschleunigt Reisende in 2–3 Stunden für 25 $ vom Festland (Hafen *Phea Royal*) auf die Inseln.

Koh Tang

Auf dieser kleinen Insel weit draußen im Golf von Thailand erlebten die Amerikaner am 12. Mai 1975 ihr letztes großes Indochina-Debakel. Als die amerikanischen Truppen schon auf dem Rückzug aus Vietnam waren, wurde bei Koh Tang das US. Containerschiff *Mayaguez* von den Roten Khmer gekidnappt. Bei dem Versuch, das Schiff zu befreien, wurden sie von den Rebellen, die sich auf der Insel verschanzt hatten, vernichtend geschlagen. 18 Marines mussten hier ihr Leben lassen, und drei Hubschrauber wurden abgeschossen.

Nachdem die Suche nach den letzten sterblichen Überresten der Soldaten abgeschlossen ist und zwei der drei Hubschrauberwracks geborgen sind, können Touristen hier Robinson Crusoe spielen. Nur mit einer Handvoll Soldaten, denen man aus diplomatischen Gründen eine Palette Bier mitbringen sollte, muss die 7 km lange Insel mit ihren paradiesischen Stränden geteilt werden. Koh Tang liegt 56 km süd-westlich von Sihanouk Ville. Ein Boot braucht etwa 4 Std. dorthin. *Scuba Nation* bietet mehrtägige Tauchausflüge nach Koh Tang an (siehe „Tauchschulen, Sihanouk Ville").

Koh Russei (bzw. Bamboo Island)

Diese unbewohnte Insel ist nicht weit vom Festland entfernt, und wird bei Bootsausflügen regelmäßig angelaufen. Schön zum Schnorcheln, aber kein besonders schöner Strand. Es gibt Übernachtungsmöglichkeiten im **Koh Ru** für 15 $ (Tel. 012/388860).

Koh Ta Kiev

Momentan *die* Insel mit der **authentischsten Aussteigerromantik.** Nur fünf verstreut liegende Unterkünfte bieten in ihren zum Teil vogelwilden Bambushütten und Baumhäusern einfache, aber sehr stilvolle Übernachtungen an. Nur wenige Stunden Strom am Tag, keine Geldautomaten, keine Verkehrsmittel (nicht einmal ein Moped), kein Internet und nur wenige kleine Boote fahren täglich hin und her.

[>] Ankunft am Bungalow Resort Ten 103 auf Ko Ta Kiev

Wie alle schönen Plätze bei Sihanouk Ville gehört auch diese liebliche Insel einem **chinesischen Investor,** der hier irgendwann ein Luxusresort mit Casino hinstellen wird. Doch so lange können zivilisationsmüde Westler hier noch ihre Robinson Crusoe-Ideale voll ausleben.

Es gibt **drei Strände:** An einem hat sich der „The Last Point" niedergelassen, am Plankton Beach steht „Kactus" und am Long Beach die Unterkünfte „Ten103", „Koh Ta Kiev Bungalows" und „Crusoe". Doch leider sind alle drei Strände vom Plastikmüll, der vom Meer angeschwemmt wird, zum Teil schwer verunreinigt. Es werden zwar Müllsammelaktionen organisiert, aber der Nachschub aus dem Meer ist schier unerschöpflich.

■ **Aktivitäten auf der Insel: Schnorcheln** im glasklaren Wasser (nicht in der Monsunzeit); **Cliff Jumping** am Elephant Rock, einem 7 m hohen Felsen in der Form eines Elefanten; **Inselwanderungen** zur Mango Plantage oder zum Fishing Village, wo es frische Shrimps und Krebse zu essen gibt, **Plankton Schwimmen** (nicht in der Monsunzeit). Am Long Beach unterhält die kambodschanische Armee eine Camp zur „Scuba Diving"-Ausbildung. Wer nicht fotografiert, kann den jungen Rekruten beim Drill zuschauen und sogar mitmachen.

■ **Anreise:** Die beiden größten Resorts „The Last Point" und „Ten 103" unterhalten täglich je ein Boot ab Sea Garden (Ortes Beach 1), das um 11.30 Uhr startet (Fahrzeit 1 Std., 13 $ für Hin- und Rückfahrt). Die anderen Unterkünfte informieren ihre Gäste bei Buchung über die Anreise.

Unterkünfte auf Koh Ta Kiev

Reservierung in der Hauptsaison dringend empfohlen.

MEIN TIPP: 3 **Ten 103** (www.ten103-cambodia.com; Tel. 097/9437587). Uriges Dschungelresort am

114ka_19 an

Felsufer neben Longbeach. Robinson Crusoe lässt grüßen. Stylische Bambus Bar, aber Atmosphäre eher gechillt. Keine lauten Partys. Eine Handvoll Khmergerichte – lecker und große Portionen. Von Hängematten (5 $) über Dorm (7 $) bis zum Treehouse (35 $) eine große Auswahl für jeden Geldbeutel. Ganzjährig geöffnet. Gut organisiert. Boot täglich ab Sea Garden (Otres Beach 1) um 11.30 Uhr.

5 **The Last Point** (Buchungen über hostelworld und booking.com). Liegt an einer Bucht auf der anderen Seite der Insel und ist *die* Partylocation auf der Insel. Die hübschen Holzbungalows stehen auf einer offenen Fläche im Halbkreis am Ufer – in der Mitte eine große Theke. Hat schon eher ein bisschen Hostel-Style. Übernachtungsmöglichkeit für jeden Geldbeutel. Ganzjährig geöffnet. Bootsverbindung täglich wie bei Ten 103.

4 **Kactus** (Buchungen über booking.com und Agoda). Wildes Dschungeldorf aus Holzhütten und Baumhäusern mit Baumhausbar. Gut geeignet für ruhigeres Klientel und Pärchen. Liegt nicht weit vom The Last Point am Plankton Beach. Nur in der Hauptsaison geöffnet.

2 **Koh Ta Kiev Bungalows** (Tel. 097/8007577, Facebook). Einzige Unterkunft mit Khmermanagement. Die Holzbungalows (10–25 $) stehen beim Pier mitten am Long Beach aufgereiht etwa 30 Meter vom Strand entfernt. Ganzjährig geöffnet.

1 **Crusoe Island** (booking.com, Agoda). Urig verwildertes Dschungelcamp mit simplen Hütten und Zelten. Für 2 $ können Gäste hier auch ihre eigene Hängematte aufhängen. Bietet u.a. auch Dschungel Survival Training. Liegt am Rande des Long Beach gegenüber Ten 103. Nur in der Hauptsaison geöffnet. Fähre ab Otres Beach.

Koh Thmei

Diese Insel gehört zum **Ream Nationalpark** und ist für selbstständige Abenteurer ein Juwel – aber nicht leicht zu erreichen. Doch wer es geschafft hat, wird von der Idylle und Abgeschiedenheit begeistert sein und feststellen, dass er nicht ganz alleine auf Koh Thmei ist. *Kavita* und *Michael* aus Deutschland waren schon vorher da und bieten Gästen großzügige Holzbungalows mit großer Terrasse und Bad/WC ab 50 $ an einem wunderschönen einsamen Strand zur Übernachtung an. Der **Koh Thmei Resort** (Tel. 097/ 7370400, www.koh-thmei-resort.com) verleiht auch Kajaks für Ausflüge und Birdwatching.

Anreise: Auf der Straße nach Phnom Penh nach ca. 50 Min. von Sihanouk Ville bei *Ou Chanar* zum Fischerdorf *Koh Kchhang* abbiegen, und von dort werden die Gäste abgeholt.

Koh Kong

កោះកុង

Überblick

Jahrzehnte lang war der größte Teil Koh Kongs vom Rest Kambodschas wegen fehlender Straßen abgeschnitten. Passagiere und Waren konnten nur über das Meer transportiert werden. Dadurch degenerierte Koh Kong zu einer von Thailand abhängigen Enklave. Seit eine neue Straße Koh Kong an den Rest des Landes anschließt, herrscht **Aufbruchstimmung,** vor allem was den Tourismus betrifft. Bisher galt die isolierte Provinzhauptstadt Dong Tong (Koh Kong City) als gesetzlose Wildweststadt, weshalb hier von allen Küstenprovinzen am wenigsten touristische Infrastruktur entstand.

Der Name „Koh Kong" steht nicht nur für die Provinz, sondern auch für eine große Insel und darüber hinaus für die Hauptstadt. Doch wer sich der Hauptstadt nähert und äußert, dass er nach Koh Kong möchte, wird in verständnislose Augen blicken. Denn je mehr man sich der Provinzhauptstadt nähert, desto präziser wird zwischen Provinz, Koh Kong Island und der Stadt Dong Tong, die heute nur noch *Koh Kong City* genannt wird, unterschieden.

An der **Küste** wechseln sich einsame Sandstrände mit flachen morastigen Buchten und undurchdringlichen Mangrovenwäldern ab. Die größte Insel Kambodschas, Koh Kong, ist fast unbewohnt. Sie ist mit dichtem Urwald bewachsen und hat Traumstrände, die jedoch nur schwer zu erreichen sind. Ähnlich verhält es sich mit den kleinen, dem Festland vorgelagerten, Inseln.

Die Urwälder des **Kardamom Gebirges** im Hinterland sind nur schwer zugänglich, noch weitgehend unberührt und bieten eine vielfältige Flora und Fauna. In den abgelegenen Tälern auf der Westseite des Gebirges entstehen Eco Resorts. Doch diese Idylle ist in Gefahr, seit die Chinesen hier begonnen haben, Staudämme zur Stromgewinnung zu errichten.

Klima

Koh Kong ist in der Regenzeit, wie der Rest der Küste, dem Südwestmonsun ausgesetzt. Von Mai bis Oktober kann die See sehr rauh und das Wetter stürmisch und feucht sein. Den Rest des Jahres herrscht überwiegend sonniges Wetter und eine ruhige See.

Sre Ambel

Diese lebhafte kleine Hafenstadt ist an einem tief ins Landesinnere reichenden Meeresarm gelegen. Durch die flache Fahrrinne und die Untiefen im Golf von Kompong Som haben größere Boote Schwierigkeiten, die Stadt zu erreichen. In der Stadt gibt es zwei Guest Houses.

Anreise und Weiterreise

- **Entfernungen in Straßenkilometern:**

Phnom Penh	161
Sihanouk Ville	104
Dong Tong	ca. 160

- Auf der RN 4 (Phnom Penh – Sihanouk Ville) biegt nach 135 km rechts die Straße nach Sre Ambel ab.
- Alle **Busse** von und nach Dong Tong halten etwa 3 Kilometer außerhalb der Stadt.

Chi Phat

Hinter diesem Namen verbirgt sich ein engagiertes **Ökotourismus-Projekt** in den Kardamom Bergen. In der kleinen Gemeinde am Phipot River setzt *CBET* (Chi-Phat-Community-Based-Eco-tourism) auf Outdoor-Aktivitäten, die in Einklang mit der Natur stehen, um den Bewohnern alternative Einkunftsmöglichkeiten als Alternative zu illegalem Holzschlag und Wildern zu geben. Mountainbiken, Trekken, Kayak- und Bootsfahrten als Waffen gegen den Raubbau an der Natur. Durch die Vermietung von Zimmern (Homestays) und die Ausbildung zu Guides, Köchen und Fremdenführern lernen die Menschen, mit einem intakten Ökosystem Geld zu verdienen.

Echtes Urwaldabenteuer versprechen die über ein Dutzend verschiedenen **Trekkingtouren** (1–4 Tage) mit Übernachtungen in Dschungelcamps oder kleinen Dörfern, Schwimmen in tropischen Wasserfällen, Nightfishing von Süßwasserlangusten und zusammen mit den Guides traditionelles Khmer-Food-Kochen. Im Urwald verstecken sich Wildkatzen (auch Leoparden), Elefanten, Rotwild, Otter, Pangolin und Stachelschweine – auch Birdwatcher kommen voll auf ihre Kosten. Wer kann diese Fauna einem Touristen am ehesten näherbringen als ein ehemaliger Wilderer? Die gleichen Abenteuer können natürlich auch auf dem Mountainbike und im Kajak erlebt werden.

Unterkunft

■ In Chi Phat gibt es zahlreiche Unterkünfte im Dorf. Vom **Homestay** für 4 $ bis zum **Bungalow** für 15 $. Wer selber kein Zimmer findet, kann sich auch ans CBET Community Center wenden.

Essen

■ Einfache Restaurants entlang der „Hauptstraße". Manche Restaurants bieten auch Kochkurse an. Sehr gut und reichhaltig ist das Essen im **Community Center,** wo täglich andere Khmergerichte serviert werden. Frühstück ab 6.00 Uhr. Vorbestellung empfehlenswert. Auch im **Chalin Restaurant** nebenan wird gut gekocht.

Kontakt und Information

■ **CBET Community Center** in Chi Phat von 7.00 bis 19.00 Uhr (Tel. 035/6756444 oder 092/720925); www.chi-phat.org. Das Zentrum der NGOs steht mitten im Dorf, ist Ausgangspunkt aller Aktivitäten, Informationszentrale, Travellertreffpunkt. WiFi. www.koh-kong-cambodia.com/kohkongplaces/eco-adventure-cambodia.html.

Anreise

■ Ausgangspunkt ist **Andong Toek** an der RN 48 zwischen Koh Kong City und Sihanouk Ville bzw. Phnom Penh. Alle Busse auf dieser Strecke halten hier. Am eher unscheinbaren „Blue Pillars" Restaurant, 50 m östlich der Brücke, ist Treffpunkt am Information Desk für alle Besucher von Chi Phat. Hier wird weitergeholfen. Wer es nicht selber findet, der wird gefunden. Am Interessantesten ist die 2-stündige Anreise mit dem Boot. Abfahrt gegen 13 Uhr (10 $). Wer zu spät kommt, kann sich ein eigenes Boot für 40 $ mieten oder die 20 km mit dem Moto Dup in 30 Min. für 7 $ zurücklegen. Über diesen Feldweg kann Chi Phat auch mit Privatfahrzeugen erreicht werden. Der Weg beginnt etwa 4 Kilometer westlich vor Andong Toek. Mit einer kleinen Fähre gelangen Besucher vom Parkplatz ins Dorf (1000 Riel).

Trapeang Roung

Trapeang Roung ist eine weitere Gemeinde, die sich dem Ökotourismus verschrieben hat. Auch sie wird von CBET gemanaged. Das Dorf mit 500 Familien liegt an der RN 48, wo vor allem günstige **Homestays** für 5 $ die Nacht angeboten werden. Auch hier werden **Ein- und Mehrtagestouren** (25–90 $) zu Fuß, per Boot oder Mountainbike entlang des Areng Flusses angeboten. Sie werden vom CBET Office (Tel. 035/6900815, bookingtpr@gmail.com) organisiert. Alle Busse von und nach Koh Kong City

(Dong Tong) kommen hier vorbei. Meist muss die gesamte Fahrstecke bis zur nächsten Stadt bezahlt werden (6–8 $).

Koh Sdach

(Sprich: Goh Sadei)

Das **Dorf** Koh Sdach (ca. 2000 Einwohner) auf der gleichnamigen Insel ist die einzige größere Siedlung auf den vielen kambodschanischen Inseln. Bis Ende der 1990er Jahre waren die Einwohner aufgrund ihrer **intensiven Schmugglertätigkeit** sehr wohlhabend. Im Schutz der Dunkelheit löschten hier große Schiffe aus Hong Kong, Singapur und Thailand vor allem Zigaretten, Bier, Whisky und alles, was sich lohnte, den Einfuhrzoll zu umgehen. Die Schwarzware wurde dann auf kleinere Fischerboote umgeladen und weiter nach Phnom Penh transportiert. Zudem legten in der Nacht dutzende von Passagierbooten auf der oft mehr als 24 Stunden dauernden Fahrt von Sre Ampil nach Koh Kong City an, damals der einzigen Verbindung der Stadt zum Rest des Landes, um die Reisenden zu verköstigen. Jetzt ist es auf Koh Sdach ruhiger geworden, und die Bewohner widmen sich wieder überwiegen dem Fischfang.

Koh Sdach hat nichts Spektakuläres zu bieten, aber dadurch bleibt Zeit, entspannt Kontakte mit den freundlichen einheimischen Fischern und Händlern in dem dicht gedrängten Dorf, auf dem Markt oder bei der Wat Koh Sdach zu intensivieren.

Koh Sdach (zu deutsch: Königsinsel) hat nicht das Potential, eine berühmte Touristenattraktion zu werden, dafür fehlt ein geeigneter Strand. Doch wer abseits ausgetretener Touristenpfade ein Stück authentischer Lebensweise der Khmer kennenlernen will, wird den Besuch nicht bereuen. Herzliche Menschen, eine 1000 m lange „Hauptstraße" ohne Autoverkehr, gesäumt von Läden, Marktständen und einfachen Restaurants – und alles garantiert **ohne Souvenirshops.** Interessant ist die große Fischereiflotte der Insel, und wer doch mal baden will, findet am **Coconut Beach** einen kleinen Sandstrand.

Touristisch dennoch interessant, wenn auch noch kaum erschlossen, sind die **vorgelagerten Inseln** mit herrlichen Korallenriffen und einer interessanten Seepferdchenpopulation. Boote für Rundfahrten können am **Pier Thalang** ab 40 $ pro Tag gemietet werden. Am einsamen **Sandstrand von Koh Smeik** gibt es Zelte, in denen Touristen für 10 $ übernachten können. Informationen bei *Mrs. Yok* (Tel. 015/949464) am Pier Thalang.

Unterkunft

■ **Mean Chey G.H.** (15–25 $) (Tel. 011/979797). Der Besitzer aller wirtschaftlichen Schlüsselpositionen auf Koh Sdach – Pier, Elektrizitätswerk, Eisfabrik – hat sich auch noch ein Resort geleistet. Am Ufer auf der gegenüberliegenden Seite des Dorfes stehen verstreut Bungalows unterschiedlicher Ausstattung neben betonierten Zufahrtswegen.

■ **Koh Sdach Koh Kong G.H.** (10 $) (Tel. 012/450 925). Ein streitbarer Franzose betreibt links neben Mean Chey Holzhütten direkt am Ufer (Gemeinschaftsbad). Einfach aber gemütlich.

■ **Doungchai G.H.** (10–20 $) (Tel. 016/228895). Im Inneren der Insel neben der Schule gelegen. Kleine Zimmer und nicht sonderlich aufgeräumte Umgebung.

Essen

■ **Yvon Restaurant:** Gehört zum Koh Sdach Koh Kong G.H. und bietet gutes Preis-/Leistungsverhältnis. Täglich wechselnde Menüs 4–6 $. Vorbestellung notwendig. Westliches Frühstück.

■ **May Kitchen:** May ist eine sehr freundliche Khmer, die ihre Gäste entlang der „Hauptstraße" bewirtet. Große Auswahl an Speisen zwischen 4 und 7 $. Mein Tipp: Fried Shrimps mit Pfeffer und Knoblauch.

■ Entlang der „Hauptstraße" gibt es in kleinen Garküchen, am Markt oder den Süßigkeitsständen am Abend viele günstige Köstlichkeiten zu probieren.

Sonstiges

■ **Internet:** Auf der Insel noch eine echte Herausforderung. Die Unterkünfte haben noch kein WiFi – soll aber bald kommen. Solange bietet der *Say Ngeth Phone Shop* diesen Service für ein paar Riel.

■ **Taxi:** Motodup ab 2000 Riel.

■ **Tauchschule:** *Octopuses Garden,* Tel. 086/413 380, www.octopuscambodia.com.

■ **Information:** Die englische Volunteer Tourism Organisation www.projects-abroad.net betreibt auf Koh Sdach eine **Tauchbasis mit ökologischem Engagement.** Teilnahme nur bei vorheriger Buchung, aber sie verfügen über interessante Infos und brauchen gelegentlich Helfer für ihre Aktionen.

An- und Weiterreise

Auf etwa halber Strecke von Sihanouk Ville nach Koh Kong City liegt der kleine Ort **Andong Toek.** Von dort mit Minibus (6 $, ca. 45 Min.) auf überdimensionierter Autobahn zum Ort **Boi Japon** fahren. Hier warten kleine Speedboote, die für 2–3 $ nach Koh Sdach übersetzen. Von Koh Kong City kommend an der Abzweigung ca. 5 km vor Andong Toek auf Mitfahrgelegenheit nach Boi Japon warten.

■ Täglich **Minibusverbindungen** mit Phnom Penh (6 Std.; 275 km) für 10 $. Abfahrt jeweils gegen 7.00 Uhr. Zu empfehlen ist *Hoeurn Soue* (Tel. 012/896276).

■ **Bootsverbindung:** Sehr abenteuerlich ist die tägliche (nur bei stabilem Wetter) Verbindung mit einem kleinen Transportboot zwischen Sihanouk Ville und Koh Sdach. Abfahrt am Passagierhafen in Sihanouk Ville gegen Mittag. Abends gegen 19.00 Uhr erreicht es den Pier Talang und fährt in der Nacht zurück nach Sihanouk Ville (10 $).

Botum Nationalpark

Der Botum Nationalpark reicht bis an die Küste vor dem Archipel. Doch hier breitet sich die Schreckensherrschaft eines chinesischen Investors über die bisher unberührte Natur aus. Autobahnen, Vergnügungsparks, Luxusvillen und Golfplätze sind die Horrorszenarien eines zügellosen Ausverkaufs der kambodschanischen Resourcen von korrupten Politikern. Die Inseln sind bisher noch verschont geblieben.

Koh Totang

Eine der wenigen bewohnten Inseln im Koh Sdach-Archipel, deren Bevölkerung aber weniger als ein Dutzend zählt. Die bewaldete Insel ist von **Korallenriffen** und **Sandstränden** umgeben. Der abgedroschene Slogan „back to nature" wird hier Realität, und auch *Alex Garland* könnte auf Totang für sein Buch „The Beach" inspiriert worden sein. *Nicole,* Krankenschwester, ist die Besitzerin des Inselparadieses und Ökoresorts **Nomads Land.** Sie hält dort allein die Stellung und bietet Zivilisationsflüchtlingen fünf hübsche Bungalows mit Meerblick. Wer noch mehr braucht als Chillen, Schwimmen, Schnorcheln, Kajak fahren und Inselexkursionen, kann mit dem Boot „Nomad 1" auf Islandhopping-Tour gehen. Solarenergie, plastikfreie Zone, Benutzung von selbst hergestellten Reinigungsprodukten und der Anbau von eigenem Gemüse sowie eigenen Hühnern ist ihr Karma-Slogan. **No WiFi.** Je nach Größe der Bungalows und Anzahl der Personen bewegen sich die Preise zwischen 60 und 150 $ und enthalten Vollpension sowie den Bootstransfer bei der Anreise. www.nomadslandcambodia.com; Tel. 011/916171.

Anreise

■ Anreise wie nach Koh Sdach. Hilfreich bei der Weiterreise nach Boi Japon ist das **Café Sok Srei** bei Anlong Toek direkt an der Abzweigung nach Boi Japon. Angemeldete Besucher werden dort abgeholt. Ansonsten 10–15 $ für Speedboottaxi.

Koh Kong City

Koh Kong ist eine **überschaubare Provinzstadt** mit etwa 50.000 Einwohnern. Sie liegt am Ufer des flachen, aber 2 Kilometer breiten Meeresarms **Tonle Kaspor** (auch *Stung Koh Poi* genannt), durch den mehrere Flüsse aus den Kardamombergen hier gemächlich dem Meer entgegenfließen. Die Uferpromenade gibt der Stadt somit auch ihren Charakter. Hier befinden sich die besten Hotels und Restaurants, und abends sind die Bürgersteige mit dutzenden von mobilen Garküchen übersät. Ein weiteres Charakteristikum ist die **Brücke über den Fluss,** die von der Bevölkerung zum Joggen und von jungen Pärchen zu Mopedausflügen genutzt wird.

Die Hauptstadt der gleichnamigen Provinz oder **Koh Kong Ville,** wie die Franzosen es nannten, hofft schon lange auf den großen touristischen Durchbruch. Durch den Bürgerkrieg Jahrzehnte lang isoliert, war es zu einer thailändischen Provinzstadt verkommen, die durch ihre Gesetzlosigkeit und die vielen Bordelle (Chicken Street) mehr an den wilden Westen als an ein idyllisches Seaside Resort erinnerte. Doch trotz des strategisch idealen Grenzübergangs nach Thailand und der gut ausgebauten Straße nach Sihanouk Ville und Phnom Penh, will der Tourismus mit westlichen Besuchern nicht so richtig in Schwung kommen. Die meisten kennen diese Stadt nur von der Durchreise. Trotz kaum berührter **Strände auf Koh Kong Island,** ausgedehnter **Mangrovenwälder** und rauschenden **Wasserfällen** mit idylischen Badeplätzen in den Fluten der Flüsse, die aus dem Kardamom-Gebirge hier ins Meer fließen. **Paddeln** in den Labyrinthen der Mangrovenwälder, **Urwaldtrekking** in den Bergen, **Seafood schlemmen** oder in einem der luxuriösen **Ökoresorts** am Tatai Fluss entspannen gehören zu den weiteren Aktivitäten rund um Koh Kong City. Doch wenn von Juni bis Oktober der **Monsun** über die Provinz zieht, tritt hier touristische Lähmung ein. Die Insel Koh Kong wird wegen des **hohen Seegangs** nicht mehr angefahren, viele Resorts und noble Restaurants schließen wegen fehlender Gäste, und die meisten touristischen Stakeholder verbringen die verregneten Tage mit Zocken am PC und Smartphone.

Koh Kong City/Dong Tong

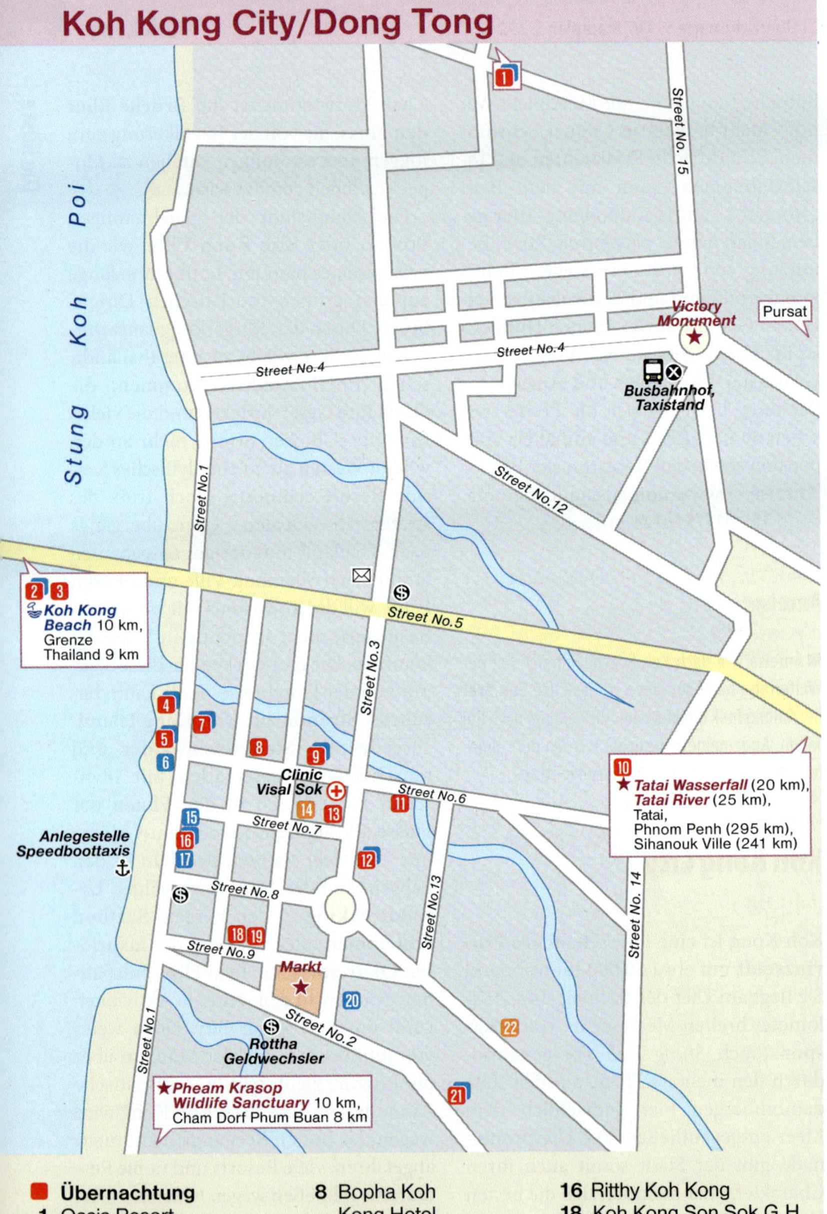

Übernachtung

1 Oasis Resort
2 Thmorda Garden Riverside Resort
3 Koh Kong Resort
4 Koh Kong Bay Hotel
5 Koh Kong City Hotel
7 Asian Hotel
8 Bopha Koh Kong Hotel
9 Ea Aun G.H.
10 Cardamom Mountain Resort
11 99 G.H.
12 Pool Villa
13 Apex Koh Kong Hotel
16 Ritthy Koh Kong
18 Koh Kong Son Sok G.H.
19 Penh Cheth G.H.
21 Paddy's Bamboo G.H.

0 200 m ©Reise Know-How Kambo37 11/19

Essen und Trinken
1 Oasis Restaurant
2 Thmorda Crab House
4 Koh Kong Bay Restaurant
5 Koh Kong City Restaurant
6 Café Laurant
7 Baan Peakmai Restaurant
9 Ea Aun Restaurant
12 Pool Villa Restaurant
15 Kolab Koh Kong Restaurant
16 Ritthy Koh Kong
17 Seta Icecream
20 Fruit Shakes
21 Paddy's Bamboo Pub

Nachtleben
14 Pisey Club
22 Reasmey Makara Club

Adressen

Geld. Es kann überall mit Riel und Dollar bezahlt werden. Auch Baht werden akzeptiert. Es gibt drei Banken, davon sind die *UCB Bank* an der Uferpromenade und die *Cambodia Public Bank* in Marknähe mit den 24 h-ATMs für Reisende am nützlichsten. Auch die Wechselkurse von Euro in Dollar oder Riel sind fair. Doch die besten Wechselkurse mit dem geringsten bürokratischen Aufwand gibt's beim *Rottha money changer* rechts neben der Public Bank – schließt aber schon um 16.30 Uhr.

Internet. Auch hier haben die meisten Hotels und Restaurants kostenloses WiFi.

Gesundheit. Das Krankenhaus der Stadt bietet keine brauchbare Versorgung. Auf Grund des niedrigen Gehaltes machen die Ärzte lieber ihre eigenen Kliniken auf, wo eine Basisversorgung den zahlenden Patienten garantiert wird, z.B. die *Clinic Visal Sok* an der Hauptstraße im Zentrum gegenüber dem *Baan Peakmai Restaurant* (Tel. 011/988586). Das nächste brauchbare Krankenhaus liegt in Thailand in Khlong Yai. Bei Notfällen ist eine unbürokratischer Grenzpassage die Regel.

Mopeds. Viele G.Hs. vermieten Mopeds für ca. 5–6 $ am Tag.

Stadtverkehr

Motorradtaxi. Überall im Stadtkern zu finden. Im Stadtzentrum 2000–4000 Riel. Weitere Strecken sind Verhandlungssache. Tuk Tuks kosten etwa das Doppelte.

Speedboot-Taxis. Verkehren vor allem zwischen Dong Tong Stadt und dem Fischerdorf Pak Klong. 5000 Riel pro Person.

Unterkunft

1 **Oasis Resort**② (Tel. 092/228342, www.oasisresort.netkhmer.com). Hübsches, freundliches Resort am Stadtrand mit einigen Bungalows, Schwimmbad, 1 **Restaurant** und freiem Ausblick in die Natur ist zweifellos eine der empfehlenswertesten Unterkünfte in der Stadt. Die Bungalows sind zwar spartanisch, aber trotzdem geschmackvoll eingerichtet, mit AC. Ideal auch für Familien mit Kindern. Für auswärtige Benutzer kostet der Zugang zum Pool 80 Baht. Das Oasis liegt etwa 2 km östlich des Zentrums.

4 **Koh Kong Bay Hotel**② (Tel. 077/555590, www.kohkongbay.com). Das High End Hotel in Dong Tong, was Lage, Stil, Ausstattung und Preis betrifft. Liegt am Ufer des Tonle Kaspor an der Promenade, weshalb es zwei Zimmerpreise gibt. Mit Blick auf das Wasser 45 $, mit Blick zur Straße 35 $. 4 **Restaurant,** Coffeeshop und Bar. Booking Office für das Koh Kong Island Resort.

13 **Apex Koh Kong**①-② (Tel. 016/307919, www.apexkohkong.com). Beliebtestes Hotel unter den etwas betuchteren Travellern. Gelungene Architektur und schöne Zimmer in einem 3-stöckigen Ge-

bäude um einen kleinen Pool gebaut. Reisebüro, das u.a. Touren zur Insel Koh Kong organisiert. Zimmer mit und ohne AC, VIP-Rooms. Liegt in einer Seitenstraße zwischen Zentrum und Uferpromenade.

2 **Thmorda Garden Riverside Resort**②-③ (Tel. 035/6900324; www.thmordagarden.com). Ideale Lage für ein Guest House in Dong Tong. Die Bungalow-Anlage am/über dem Stung Ko Poi Fluss zwischen skurrilen Felsformationen, im O-Ton des Besitzers, „Hacienda"-Stil, liegt gegenüber der Stadt in idyllischer Lage. Die Zimmer und Bungalows sind sauber, aber einfach. Angebot diverser Aktivitäten. Fahrrad- und Kajakverleih kostenlos. Mopedverleih 8 $. Das empfehlenswerte 2 **Restaurant** *Thmorda Crab House* und die *Blue Bar,* stehen auf Stelzen über dem Fluss. Gute Location für einen Sundowner. Liegt über der Brücke; beim Roudabout Wegweiser nach rechts.

12 **Pool Villa.** Das frühere *Dugout Hotel* unter westlicher Leitung wurde von einer Thaifamilie übernommen. Nette Zimmer mit und ohne AC um einen kleinen Pool zwischen 6 und 15 $. Günstiges 12 **Restaurant.** Liegt an der Hauptstraße im Stadtzentrum.

16 **Ritthy Koh Kong G.H.** (Tel. 012/707719). Der engagierte Tourguide *Ritthy* bietet neben fundierten Informationen und Ausflügen auch ein unterschiedliches Spektrum an Zimmern vom Dorm bis zum DZ mit AC (4–15 $) an. Zentral gegenüber dem Pier an der Riverfront gelegen. Mopedverleih für 6 $/Tag.

21 **Paddy's Bamboo G.H.**① (Tel. 097/6483841). Low End-Unterkunft mit Atmosphäre im Zentrum. Billige Schlafplätze in einfachen Zimmern und im Dorm. 150 m östlich vom großen Kreisverkehr.

■ Im Zentrum, in der Nähe des Marktes liegen die beiden einfachen Khmer G.Hs. 18 **Koh Kong Son Sok** und 19 **Penh Cheth.**

Khmer Standard Hotels

In dieser Kategorie sind in den letzten Jahren gut ein Dutzend neue Hotels sowohl an der Uferstraße als auch im Zentrum entstanden. Die anvisierten Gäste sind hauptsächlich Asiaten, aber natürlich auch für westliche Touristen geeignet. Die Preise gleichen sich: Zimmer mit Bad/WC und Fan 6–10 $, mit AC 12–20 $.

11 **99 Guest House**① (Tel. 035/660999). Klassisches Standard Hotel – nicht gerade gemütliche, aber große, praktische und saubere Zimmer und ein gutes Preis-/Leistungsverhältnis. Freundliche und bemühte Besitzer. Gute zentrale Lage.

8 Sehr freundlich ist das **Bopha Koh Kong Hotel** ① (Tel. 035/936073), Seitengasse in Ufernähe.

5 Aufgrund der Lage direkt am Ufer zu empfehlen ist das **Koh Kong City**① (Tel. 012/901902), nur Zimmer mit AC.

10 Auf halber Strecke zum Dorf *Tatai* hat der Deutsche *Hans* einen Resort mit Bungalows errichtet. Im **Cardamom Mountain Resort**① (Tel. 092/786 047, buchbar über die gängigen Portale) bietet er Ausflüge zu Fuß, per Mountainbike oder im Boot zu Wasserfällen und Junglecamps an.

Essen und Trinken

Khmer Restaurants

6 **Café Laurant.** Edles und vorbildlich geführtes Restaurant. Gediegene und elegante Atmosphäre auf Terrasse über dem Wasser. Perfekter Platz für einen Sunset Cocktail. Engagierter französischer Background. Neben verfeinerten Khmer- und chinesischen Gerichten auch eine große Auswahl an westlichen Speisen – die *Patisserie* ein echtes kulinarisches Highlight in Koh Kong. Hauptspeisen zwischen 6 und 14 $. Liegt am Ufer neben dem *Koh Kong City Hotel.*

7 **Baan Peakmai Restaurant.** Führt unverständlicherweise eher ein Schattendasein unter den guten Restaurants. Sehr gute Thai-Küche und freundlicher Service lohnen auf jeden Fall einen Besuch (3–5 $). Neben Asian Hotel an der Uferstraße.

9 **Ea Aun Restaurant.** Hat sich von einer namenlosen Garküche zum großen Restaurant mit 9 **G.H.** gewandelt, doch die Preise sind weiterhin

budgetfreundlich. Alle Speisen kosten 5000 Riel. Liegt in einer Seitenstraße zwischen Hauptstraße und Promenade.

12 **Pool Villa Restaurant.** Sehr günstige thailändische und chinesische Gerichte zwischen 2 und 3 $. Die Portionen sind dagegen nicht sehr üppig. Bemühtes Thai-Management (siehe Pool Villa G.H.).

■ Beliebte und günstige Traveller Restaurants an der Riverfront sind das 16 **Ritthy Koh Kong** und das große 15 **Kolab Koh Kong.**

2 **Thmorda Crab House.** Restaurant und Bar ist in perfekter Lage direkt über dem Fluss Stung Koh Poi gebaut. Das Frühstück ist gut. Der Schwerpunkt liegt auf Thai- und Seefood Speisen; auch feine Desserts. Lage siehe Unterkünfte *Thmorda Garden Riverside Resort.*

21 **Paddy's Bamboo Pub** ist spezialisert auf kaltes Bier und günstiges Travelerfood (siehe *Paddy's Bamboo G.H.*)

Unterkünfte außerhalb

■ Der Tatai Fluss, der sich in beachtlicher Breite durch ursprünglichen Tropenwald schlängelt, ist ein echtes Highlight für Naturliebhaber. **Zwei luxuriö-**

073ka an

se Ökohotels bieten sich hier als Stützpunkt für Aktivitäten und Ausflüge an. Ausgangsort zu den Resorts ist das Dorf Tatai, dort, wo die RN 48 nach Sihanouk Ville den Tatai Fluss überquert. Etwa 20 km von Dong Tong. Hier gibt es auch günstigere Unterkünfte. Anreise entweder mit dem Bus nach Sihanouk Ville oder dem Motodup.

■ Wer echten Dschungel-Lifestyle genießen möchte, sollte ein paar Tage in der **Rainbow Lodge**③-④ (Tel. 099/744321, www.rainbowlodgecambodia.com) verbringen. Sie wird nach ökologischen Gesichtspunkten betrieben und bietet interessante Bootsausflüge und Dschungeltrekking abseits des Tourismusrummels. Preise inkl. Vollpension. Sie liegt 10 Minuten Flussaufwärts und nahe dem Tatai Wasserfall.

Zum Symbol für Ökotourismus in Kambodscha ist die **4 River Floating Lodge**④-⑤ geworden, deren weiße Zelte sich wie eine Perlenkette entlang des sattgrünen Flussufer aufreihen. Sie liegt 20 Minuten vom Dorf Tatai flussabwärts. Übernachtungspreise verstehen sich inkl. Frühstück; hier muss auf keinen Luxus verzichtet werden (Tel. 097/6434032, www.ecolodges.asia).

■ Erschwinglicher und gemütlich ist das kleine **Tatai Beauty G.H.** (10 $) direkt an der Brücke am Südufer. *Oudom,* der Besitzer, spricht gutes Englisch und organisiert Boots- und Kajaktouren.

Informationen

■ In Koh Kong City wird die kleine Broschüre **Koh Kong Visitor Guide** kostenlos ausgelegt. Werbung für Guest Houses, Restaurants, Informationen und redaktionelle Artikel über die Umgebung. Wird monatlich aktualisiert. Der *Sihanouk Visitor Guide* enthält auch ein Kapitel über Koh Kong.

■ *Mr. Ritthy* ist die treibende Kraft hinter **Koh Kong Eco Tours.** Er organisiert Urwaldtrekking bis zu 4 Tagen auch in den Ausläufern des Kardamom Gebirges an. Außerhalb der Regenzeit, von Oktober bis Juni, bietet er Touren nach Koh Kong Island zu einer Bucht mit Lagune (Bucht Nr. 3) auch mit Übernachtung im Zelt an. Tagesausflüge mit Barbeque und Schnorcheln kosten 20 $. Im Gegensatz zum offiziellen Passagierboot fährt er durch die Mangrovenwälder zurück in die Stadt. Das **Office** liegt gegenüber dem Pier an der Riverfront (www.kohkong ecoadventure.com, Tel. 012/707719).

■ **www.koh-kong-cambodia.com:** Informative und aktuelle Website. Karten, Hotels, Restaurants und vieles mehr. Es lohnt sich, reinzuschauen.

Nightlife

■ Es gibt zwei Discos, den 22 **Reasmey Makara Club** und den 14 **Pisey Club,** neben dem *Apex Hotel,* wo sich die Khmer, aber hin und wieder auch einige Touristen bei überwiegend Techno Sound amüsieren.

Anreise und Weiterreise

Flug

Es gibt zwar einen kleinen Flughafen, aber schon lange keine Flüge mehr.

Bus und Sammeltaxi

Der **Busbahnhof,** an dem auch die Sammeltaxis abfahren, liegt ca. 500 Meter westlich der Brücke über den Tonle Kaspor nahe der Straße nach Phnom Penh. Mehrere Busse fahren täglich nach Sihanouk Ville oder Phnom Penh. Tickets können aber auch bis Kampot oder Siem Reap gekauft werden, jedoch muss man auf diesen Strecken umsteigen. Tickets können entweder in der Unterkunft, in den Büros der Busgesellschaften in der Stadt oder am Busbahnhof gekauft werden. Die Preis sind gleich. Wenn das Ticket in einem G.H. gekauft wird, ist oft der Transport zum Busbahnhof enthalten. Tickets besser am Tag vor Reiseantritt besorgen. Die Preise liegen bei ca. 7–10 $ nach Sihanouk Ville und Phnom Penh, Abfahrtszeiten sind meist zwischen 7.00 und 8.00 Uhr morgens.

Fahrzeit nach Phnom Penh 5½ Std., Sihanouk Ville 4½ Std.

Pursat: Die Strecke nach Pursat ist landschaftlich großartig, aber **sehr abenteuerlich.** Der kleine Feldweg orientiert sich an den Stromleitungen der Wasserkraftwerke. Empfehlenswert ist die Übernachtung in dem kleinen Ort **Osoam** auf dem Hochplateau im Kardamomgebirge (siehe „Pursat"). Max. 1–2 Sammeltaxis pro Tag nach Osoam. Preis zwischen 20 und 40 $ je nach Passagieranzahl. Großartige **Enduro Strecke.**

Grenzübergang nach Thailand (Chamyeam/Hatlek)

Täglich 6.00–22.00 Uhr geöffnet. Der kambodschanische Grenzort Chamyeam besteht lediglich aus dem Koh Kong International Resort und seiner Infrastruktur. Auch Hatlek auf der thailändischen Seite ist nicht viel größer.

Einreise nach Kambodscha

Von Bangkok (Eastern Busterminal und vom Passagierterminal am Flughafen Suvarnabhumi) fahren AC-Busse nach Trat. Fahrzeit: ca. 5 Std. (Kosten: ca. 250 Baht). Von Trat weiter mit Minibus zur kambodschanischen Grenze (1½ Std., ca. 120 Baht).

Die Ausreise aus Thailand ist kein Problem, bei der Einreise nach Kambodscha wird es dafür manchmal etwas stressig. Aufdringliche **Schlepper** verfolgen die Ausländer und wollen bei allem behilflich sein. Wer sich ihnen anvertraut, hat es wesentlich leichter, aber muss natürlich dafür bezahlen. Zuerst muss ein dubioser „Health Check" absolviert werden, der 20 Baht kostet. Reine Abzocke, denn mit einem Gerät, das an eine Laserpistole erinnert, wird angeblich die Temperatur gemessen, und weiter geht's.

Danach den **Visumantrag** ausfüllen (ein Passfoto ist notwendig, sonst wird wiederum eine Gebühr von ca. 50 Baht fällig). Der offizielle Preis für das Tourist Visum beträgt zurzeit **30 $.** Doch die Khmer-Zöllner verlangen bis zu **1500 Baht,** was aktuell etwa 47 $ entspricht. Wer auf die offiziellen 30 $ besteht, braucht gute Nerven, Zeit und das notwendige Verhandlungsgeschick. Vermeiden kann man diese erhöhten Kosten durch ein „e-visa".

Realistische Preise zur Weiterfahrt nach Koh Kong City sind **Mopedtaxi** 3 $, **Tuk Tuk** 7 $ und **Autotaxi** 10 $ inkl. der Gebühr für die Brücke. Hier kann noch mit Baht bezahlt werden.

Mit Dollar oder Thai Baht kommt man ohne Probleme bis nach Sihanouk Ville oder Phnom Penh. Wer nicht den genauen Wechselkurs kennt, sollte auf keinen Fall mit einem Mopedtaxifahrer zum Geldwechsler gehen, denn beide arbeiten oft zusammen. Die Banken in Koh Kong City haben faire Wechselkurse.

Ausreise aus Kambodscha

Die meisten Traveller, die heute mit dem Bus in Dong Tong (Koh Kong City) oder an der Grenze ankommen, sind im Besitz eines Tickets über die Grenze hinaus z.B. nach Koh Chang oder Bangkok. Sie werden bis zur Weiterfahrt auf der thailändischen Seite betreut. Wer individuell die Grenze überquert, fährt am besten mit einem Motodup (ca. 3 $) bis zur Grenze. Die Ausreise verläuft normalerweise ohne Stress. Für jeden Tag, um den das Visum überzogen wurde, werden 5 $ verlangt.

Hinter der Grenze warten **Minibusse** die nach Trat fahren (1½ Std., 120 Baht). Von dort fahren Busse zum Flughafen (4½ Std.) bzw. in die Innenstadt von Bangkok.

Wenn alles nach Plan läuft, ist es gut möglich, an einem Tag von **Phnom Penh** nach **Bangkok** zu kommen. Ca. 13 Std. Fahrzeit, max. 20 €.

Umgebung von Koh Kong City

Koh Kong Island

Die Hauptattraktionen um Dong Tong ist die größte Insel Kambodschas mit ihren einsamen Sandstränden, den großen Mangrovenwäldern sowie den Urwäldern mit den Wasserfällen und natürlichen Pools zum Baden. Ausflüge dorthin mit und ohne Übernachtung, vermittelt so ziemlich jedes Hotel und G.H. Die fast 20 Kilometer lange, gebirgige Insel ist mit dichtem Tropenwald bewachsen, hat einen Gipfel mit 410 Metern Höhe und an der Westküste goldgelbe Sandstrände.

Hauptaktivitäten auf der noch kaum erschlossenen Insel sind Schnorcheln, Kajakfahren, Nachtfischen mit den Inselbewohnern, Beachtrekking, Volleyball spielen und natürlich Seafood schlemmen.

■ **Übernachtung** entweder im **Koh Kong White Sand Resort**①-② (Tel. 085/555588, www.kohkongwhitesandbeach.com), eine gehobene Unterkunft, die dem Besitzer des Apex und Koh Kong Bay Hotel gehört. Die Preise liegen zwischen 15 und 40 $, mit feinem Restaurant, oder in **Bucht Nr. 2** mit dem Zelt, was inkl. Essen von Koh Kong City aus organisiert wird.

■ **Boote:** Außer in der Regenzeit (Juni–Oktober) verkehrt täglich ein Passagierboot zwischen der Stadt und Bay Nr. 2 und 3. Abfahrt 8.00 Uhr am Quai vor der Office von Ritthy Eco Adventure. Rückfahrt ist um 14.30 Uhr. 15 $.

■ Unbedingt **Insektenspray** gegen die Sandfliegen mitnehmen. Gibt es in Koh Kong zu kaufen, und bei organisierten Touren haben es die Guides meist dabei.

Strände

Es gibt keinen Strand bei Koh Kong, für den es sich lohnen würde, hierher zu kommen. Auch wenn es immer wieder erzählt wird. Einigermaßen akzeptabel ist lediglich der **Pak Klong Beach,** ein flacher Sandstrand, der in der Trockenzeit, wenn das Wasser ruhig und sauber ist, an den Wochenenden von einer überschaubaren Anzahl Einheimischer besucht wird.

■ **Anfahrt:** Mit einem Speedboot (5000 Riel) nach Pak Klong und dann ein paar hundert Meter zu Fuß oder mit Motodup über die Brücke und dann auf der Straße zum Strand.

Pak Klong

Dieses kleine **Fischerdorf** liegt an der Mündung des Tonle Kaspor am Golf von Thailand. Früher, als der Sand des Tonle Kaspor noch nicht vor den Casinos und Hotels in Singapur aufgeschüttet wurde, sondern die Zufahrt in die Stadt Dong Tong verhinderte, konnten die Fischer-boote nur bis hierher fahren, weshalb sich hier alle Fischerfamilien ansiedelten. Ein netter Ort. Ein Schnellboot-Sammeltaxi (Khmer: *auboa*) kostet vom Pier in Dong Tong aus 5000 Riel pro Person. Es gibt auch eine Straße, die etwa 500 m hinter der Brücke beginnt.

Cham Dorf (Phum Buan)

Interessantes Dorf der **moslemischen Minderheit.** Das Leben dieser Menschen offenbart sich dem Besucher als eine Mischung aus Palmenidylle, bitterer Armut und Plastikmüll. Die ärmlichen Hütten auf Stelzen stehen dicht gedrängt am Wasser, und das gesamte Dorf steht in starkem Kontrast zu den massiven Häusern der weitflächig angelegten Stadt. Es gibt eine Moschee und eine Koranschule. Alle Frauen tragen Kopftücher. Der wichtigste Erwerbszweig dieser Menschen ist der Fischfang.

■ **Anfahrt:** 8 km vom Stadtzentrum Richtung Meer entfernt.

Die Mangrovenwälder

Dong Tong ist umgeben von einem Labyrinth aus Flüssen, Wasserstraßen und Inseln, deren Ufer von dichtem Mangrovenwald bewachsen sind. Dazwischen liegen einsame Dörfer, die nur mit dem Boot zu erreichen sind und vom Fischfang oder der **Holzkohlegewinnung** (Khmer: *tyung*) leben. Insbesondere die Verarbeitung von Man-groven zu Holzkohle, die bis nach Deutschland exportiert wird, hat dazu geführt, dass bereits große Flächen dieses wichtigen Ökosystems vernichtet wurden.

Ein lohnender Besuch ist das **Mangroven Reservat Pheam Krasop** (26.000 ha). Ein Weg auf Betonstelzen führt mitten durch die Wälder, wo das bizarre und ökologisch so bedeutsame Wurzelwerk bewundert werden kann. Hinter der Brücke über eine Wasserstraße steht ein Aussichtsturm. Es gibt mehrere Getränkestände.

■ **Anfahrt:** Ca. 10 km von Koh Kong City entfernt. Beim Cham Dorf auf einem Feldweg nach links abbiegen. Motodup 3 $, Tuk Tuk 7 $.

Wasserfälle

Der schönste der leicht erreichbaren Wasserfälle ist der **Tatai Waterfall.** Das klare und kühle Wasser, das kaskadenartig über bis zu 5 Meter von einem Pool in den nächsten fließt, ist herrlich zum Baden.

■ **Anfahrt:** Ca. 30 km von Dong Tong entfernt. Auf der Straße Richtung Sihanouk Ville fahren. Noch vor der ersten Brücke eine kleine Straße (unauffälliger Wegweiser) links abbiegen und noch ca. 2–3 km weiterfahren.

Koh Kong Resort (Karte S. 392)

Da Casinos in Thailand verboten sind, wurde diese Spielhölle auf kambodschanischer Seite genau an der Grenze errichtet. Um die reichen Thais anzulocken, dürfen sie sogar mit ihren teuren Autos über die Grenze bis zum Resort fahren.

3 **Bungalows** und **Hotelzimmer** kosten zwischen 40 und 85 $ mit Frühstück. Das Restaurant ist sowohl auf westliche als auch auf asiatische Gäste eingestellt.

7 Praktische Reisetipps A–Z

Abendstimmung am Mekong

Ausrüstung

Am Ende einer Reise gehört die Feststellung „Ich hatte mal wieder viel zu viel dabei" zu den unausbleiblichen Aha-Erlebnissen jedes Heimkehrers. Auch in Kambodscha sind zumindest in größeren Ortschaften alle zum Reisen notwendigen Utensilien zu bekommen, weshalb es sich erübrigt, für jede nur erdenkliche Lebenslage alles dabei zu haben. Auf dem Land und in den kleinen Städten ist das Angebot an anspruchsvollem Reiseequipment allerdings eingeschränkt, doch finden sich auf allen Märkten fürs „Überleben" notwendige Gebrauchsgegenstände.

Wegen des warmen Klimas und der an allen größeren Orten anzutreffenden Hotels und Guest Houses ist es für einen Reisenden, der keine unkalkulierbaren, abenteuerlichen Exkursionen plant, möglich, mit wenig Gepäck zu reisen. Wer mit öffentlichen Verkehrsmitteln durchs Land fährt, ist am besten beraten, seine Ausrüstung in einem Rucksack oder einer strapazierfähigen Reisetasche mitzunehmen sowie zusätzlich einen kleinen Tagesrucksack für Wertgegenstände, Laptop, Kamera, Reiseführer, Getränke, Klopapier und Dinge, auf die man beim Reisen kurzfristig zugreifen muss.

Notwendige Ausrüstungsgegenstände

Landkarten

Bei Reise Know-How ist im world mapping project eine **GPS-taugliche Kambodscha-Karte** mit Gradnetz, exakten Höhenlinien und Höhenschichten-Relief auf reiß- und wasserfestem Spezialpapier im Maßstab 1:500.000 erschienen. Sehr zu empfehlen ist die **App MAPS.ME.** Die Karten und Einträge für Kambodscha sind aktuell und genau. Genial, vor allem in den Städten, läuft die Off-Line-Funktion über GPS. Unterkünfte können direkt von der App über

641ka an

[>] Kinder verkaufen Landkarten

booking.com gebucht werden. Die App gibt es für Android und iOS.

Sprachführer

Empfehlenswert ist **„Khmer – Wort für Wort“**, erschienen im Reise Know-How Verlag, Kauderwelsch Band 62. Auf den Märkten in Phnom Penh, bei Kindern, die vor Restaurants verkaufen, und in Buchläden gibt es diverse Wörterbücher in Französisch/Khmer oder Englisch/ Khmer mit phonetischer Schreibweise.

Hygieneartikel

Ob Shampoo, Sonnencreme, Zahnpasta oder Insektenschutz, alles ist in Phnom Penh, Sihanouk Ville und Siem Reap zu bekommen. Qualität und Preise sind jedoch zu Hause meist besser. Beim Kauf von Sonnencremes und Insektenschutzmitteln sollte man sich in Apotheken und Drogeriemärkten beraten lassen.

Notwendige Kleinigkeiten

Sonnenbrille, Taschenlampe, Batterien (gibt es in allen Variationen in größeren Städten), Taschenmesser, Regenschirm, Handtuch, kleines Vorhängeschloss, Brustbeutel/Hüfttasche für Geld und Reisepass.

Auf Isomatte und Schlafsack kann generell verzichtet werden. Wer vor hat, gelegentlich im Freien zu schlafen, sollte sich mit **Hängematte und Moskitonetz** ausrüsten. Beides kann man in Phnom Penh oder auf jedem Markt in einer Provinzhauptstadt kaufen.

Auto fahren

Ein Auto mit Fahrer zu mieten ist einfach, ohne Fahrer schwierig. Meist sind es Privatbesitzer, die ihre Autos vermieten. Jede Rezeption kann meist in kurzer Zeit ein solches Taxi organisieren. Ansonsten lassen sich überall im Land welche an den Abfahrtsstellen der Minibusse und Sammeltaxis finden. Der Preis ist Verhandlungssache, richtet sich natürlich nach der Entfernung, dem Zustand des Fahrzeugs und beträgt meist zwischen 30 und 50 $ pro Tag. Man sollte klären, ob das Benzin mit im Preis enthalten ist. Der Liter kostet ca. 1,20 $. Die einzig offizielle **Autovermietung** ist *Asia Trade and Travel* in Phnom Penh am Norodom Blvd. 166, Tel. 016/ 909090.

In Kambodscha herrscht **Rechtsverkehr.** Defensives Fahren und ständige Reaktionsbereitschaft sind zum Überleben unerlässlich, da planloser Fahrstil, rücksichtsloses Überholen, überhöhte Geschwindigkeit, überladene Fahrzeuge, Kinder auf Fahrrädern und Mopeds sowie Kühe und Wasserbüffel zum anarchistischen Verkehrsalltag gehören.

Auch in Kambodscha gibt es eine **Führerscheinpflicht.** Theoretisch gilt der deutsche Führerschein in Kombination mit dem internationalen Führerschein, der von deutschen Behörden ausgestellt wird. Ob der Polizist in der Provinz diesen als amtliches Dokument erkennt, ist nicht garantiert. Der kambodschanische Führerschein kann für etwa 50 Dollar in Phnom Penh beantragt werden. Bis das Dokument erstellt ist, dauert es einen Monat. Der **Antragsbeleg** gilt in der Zeit als **Führerscheinersatz.**

Bekleidung

Eine leichte, luftige Baumwollkleidung, Kleid bzw. kurze Hosen, ist am besten geeignet für das tropische Klima in Kambodscha. Auch am Abend wird es selten so frisch, dass man sich wärmer als tagsüber anziehen muss. Von Dezember bis Februar kann die Temperatur in Ausnahmefällen so weit sinken, dass ein langärmeliges Sweatshirt angenehm ist. Auch Restaurants mit Klimaanlage können bei zu dünner Kleidung zu einem frostigen Erlebnis werden.

Neben der leichten Tropenbekleidung empfiehlt sich mitzunehmen:

- Kopfbedeckung,
- dünner Regenanorak und Regenhose während der niederschlagsreichen Zeit (April bis November),
- gepflegtes Hemd und Hose für Behördenbesuche, Einladungen und Besuche besserer Restaurants,
- feste Schuhe für Exkursionen, Mopedfahrten und Tempelbesichtigungen,
- stabile Trekking-Sandalen sind das ideale Schuhwerk für Touren in Kambodscha. Besonders während der Regenzeit, wenn nach heftigem Niederschlag Sportschuhe und Socken nass und dreckig werden.

Bekleidungsknigge

Allgemein

Wenn ein Kambodschaner sein Haus verlässt, achtet er peinlichst darauf, anständig und sauber gekleidet zu sein. Das wird in dieser Form von einem Traveller nicht erwartet, aber wer mit seiner äußeren Erscheinung in Konkurrenz zu Bettlern und Straßenkindern tritt, muss sich nicht wundern, wenn er auch dementsprechend behandelt wird. In Kambodscha ist es selbst in den Slums üblich, sich mindestens einmal am Tag zu duschen und täglich ein frisches T-Shirt anzuziehen. Daran sollte sich auch ein Tourist orientieren. Jedes Guest House bietet „laundry service" an.

Nacktbaden ist lediglich bei Kindern unter 10 Jahren gesellschaftlich akzeptiert. Bei Touristen handelt es sich hierbei um ein unangemessenes Verhalten. Hingegen können Männer überall problemlos in Unterhose oder Boxershort ins Wasser gehen oder in der Öffentlichkeit duschen.

In der Provinz ist es manchmal noch üblich, dass Frauen in den Abendstunden nur mit einem Pyjama bekleidet auf die Straße gehen, während die Männer, auch in städtischem Umfeld, zu dieser Zeit leicht bekleidet mit freiem Oberkörper den Feierabend vor dem Haus genießen.

Frauen

In Touristengebieten sind die Khmer mittlerweile einiges gewöhnt, was die knappe Bekleidung westlicher Besucherinnen angeht. Besonders manche jungen Frauen der englisch sprechenden Länder scheinen in der Öffentlichkeit geradezu ein exhibitionistisches Sendebewusstsein zu haben, wundern sich andererseits darüber, dass sie von den Khmer wie Prostituierte angestarrt und angemacht werden. Besonders peinlich, unangebracht und respektlos ist diese laszive Bekleidung bei Besuchen von Pagoden und Tempeln. Selbst junge Kambodschanerinnen in Phnom Penh würden nie mit kurzen Hosen oder ärmellosen T-Shirts auf die Straße gehen. Die Toleranz der Khmer gegenüber Ausländerinnen diesbezüglich ist schon relativ groß, doch wer es mit dem Respekt vor der Kultur des Reiselandes ernst meint, wird einen vernünftigen Kompromiss finden.

An den **Touristenstränden** an der Küste oder in den Pools der Hotels ist es kein Problem, im Bikini zu Baden, auch wenn die einheimischen Frauen nur mit voller Bekleidung ins Wasser gehen. An abgelegenen Stränden, die nur von Einheimischen oder Fischern besucht werden, sollte in Anwesenheit von Khmer besser ein T-Shirt über dem Bikini getragen werden.

Männer

Ein Kambodschaner bevorzugt in der Öffentlichkeit, außer bei körperlicher Ar-beit oder bei Regen, lange Hosen. Am späten Nachmittag und abends ist der „Oben-ohne-Look“ im häuslichen Umfeld aber en vogue. Auch beim Baden oder öffentlichem Duschen im Dorf ist *Mann* nicht sehr schamhaft. Hier reicht eine Unterhose. Kurze Hosen sind bei Ausländern außer bei Einladungen und Behördenbesuchen kein Problem. Eine Pagode sollten aber auch Männer nicht allzu dürftig bekleidet betreten.

Diplomatische Vertretungen

Vertretungen Kambodschas

- **Deutschland:** Botschaft des Königreichs Kambodscha, Benjamin-Vogelsdorff-Str. 2, 13187 Berlin, Tel. 030/48637901, www.kambodscha-botschaft.de.
- **Österreich:** Botschaft des Königreichs Kambodscha, 264 a Avenue de Tervuren, 1150 Brüssel, Belgien, Tel. 7720372.
- **Schweiz:** Königliches Generalkonsulat von Kambodscha, Winterthurerstr. 549, 8051 Zürich, Tel. 8872727, www.cambodianconsulate.ch.

Vertretungen in Kambodscha

Siehe Kapitel „Notfall“.

Ein- und Ausreisebestimmungen

(Stand: Mai 2019)

Achtung: Da sich die Einreisebedingungen kurzfristig ändern können, raten wir, sich kurz vor Abreise beim **Auswärtigen Amt** (www.auswaertiges-amt.de bzw. www.bmeia.gv.at oder www.eda.admin.ch) oder der jeweiligen Botschaft zu informieren!

Visum

Zur Einreise benötigt man einen nach Einreisedatum noch mindestens **sechs Monate gültigen Reisepass,** ein **Passfoto** und ein Visum. Alle EU-Bürger bekommen bei der Einreise nach Kambodscha ein **„Visa-on-arrival“** für 30 Tage ausgestellt. Egal, ob sie über einen internationalen Flughafen (Phnom Penh, Siem Reap, Sihanouk Ville) oder über den Landweg einreisen. Es gibt zwei Arten von Visa:

- **Tourist Visa** (Type „T“): 30 $; dieses Visum kann nur einmal für 30 Tage für eine Gebühr von 45 $ verlängert werden.
- **Business Visa** (Type „E“): 35 $; dieses kann mehrfach bis zu einem Jahr verlängert werden. 2017 wurde eine weitere Unterteilung vom Business Visum (Typ „E“) eingeführt. Weiterführende Informationen bietet die Seite www.movetocambodia.com.

Bei der **Einreise über den Landweg** führen eigenmächtige Sondergebühren und Wechselkursschwankungen (z.B. Visagebühren in Thai-Baht) zu höheren Preisen. Max. 10 $ extra können, um Stress zu vermeiden, akzeptiert werden.

Für die Ein- oder Ausreise auf dem **Landweg** siehe auch die Visabestimmungen der Nachbarländer (im Kapitel „An- und Abreise“).

An allen Grenzübergängen werden Einreisende fotografiert und Fingerabdrücke genommen.

E-Visum

Diese Art von Visum wird **online** beantragt und ausgestellt. Auf der Homepage www.evisa.gov.kh wird ein Formular ausgefüllt und das erteilte Visum zugemailt. Der Ausdruck gilt dann bei der Einreise als Visum. Es werden nur Tourist-Visa erteilt. Das Visum kostet 30 $ + 7 $ Bearbeitungsgebühr. Eingereist werden kann damit auf den internationalen Flughäfen in Phnom Penh, Sihanouk Ville und Siem Reap sowie an den thailändischen Grenzübergängen Poipet, Koh Kong und der Grenze mit Vietnam Bavet (Svay Rieng). Wirkliche Vorteile bringt es aber nicht, denn an allen Grenzübergängen wird auch ein **Visa-on-arrival** rasch ausgestellt. Darüber hinaus kann man auch weiterhin ein **Visum vor Reiseantritt** bei einer kambodschanischen Auslandsvertretung beantragen, beispielsweise bei der kambodschanischen Botschaft in Berlin. Dies ist vor allem ratsam, wenn man mehrmals ein- und ausreisen möchte, oder beispielsweise ein Businessvisum benötigt.

Grenzformalitäten bei Ankunft mit dem Flugzeug

Für das Visum und die Zollformalitäten sind zwei Formulare auszufüllen, die bereits im Flugzeug ausgeteilt werden: Eine Arrival Card, die bei der Passkontrolle, wo der „Entry Stamp“ eingestempelt wird, abgegeben werden muss, und eine Zollerklärung *Customs Department Cambodia Passengers Declaration,* die von den Zöllnern am Ausgang eingesammelt wird.

Nur wer noch kein Visum hat, muss eine **Application Form for a Visa** ausfüllen, die in der Ankunftshalle des Flughafens ausliegt oder im Flugzeug verteilt wird. Ein Passfoto ist ebenfalls notwendig. Man stellt sich an dem langen Tre-

Kurzgeschichte der deutschen Botschaft

Seit Mitte der 1950er Jahre gab es eine Botschaft der Bundesrepublik Deutschland in Kambodscha. Sie war im Wooden House, in der 214. Straße untergebracht. Aus politischem Kalkül während des Vietnamkrieges erkannte Prinz Norodom Sihanouk die DDR 1968 als unabhängigen Staat an. Aufgrund der Hallsteindoktrin brach daraufhin die Bundesrepublik sofort die diplomatischen Beziehungen zum Königreich Kambodscha ab. Unter der Schutzmachtvertretung der Franzosen unterhielt sie jedoch weiterhin eine kleine Vertretung mit drei westdeutschen Diplomaten. Am 15. März 1975, einen Monat vor der Machtübernahme der Roten Khmer, verließ Herr Heilandt unter schwierigsten Bedingungen als letzter Angehöriger der Vertretung das Land. Die Evakuierung der französischen und besonders der amerikanischen Botschaft, nur ein paar Tage vor dem Fall Phnom Penhs im April, wurde zu einem erschütternden Drama.

Unter Pol Pot gab es keine Botschaften und Konsulate in Kambodscha. Alle einheimischen Mitarbeiter der deutschen Vertretung wurden aufgrund ihrer Fremdsprachenkenntnis und ihres hohen Bildungsstandes von den Khmer Rouge ermordet. Ihre Angehörigen, sofern sie nach diesem Genozid noch auffindbar waren, bekommen heute noch eine kleine Rente von der Bundesrepublik Deutschland.

Nach der Invasion der Vietnamesen unterhielt lediglich die DDR eine Botschaft in Kambodscha. Vom 19. Juli 1991 bis zum 13. Februar 1992 gab es die erste gesamtdeutsche Vertretung unter der Schutzmachtvertretung der Ungarn. Seit dem 14. Februar 1992 hat Deutschland seine eigene Vertretung in Phnom Penh, die während der UNTAC-Zeit vom SNC (Supreme National Council) lediglich den Status eines Beobachters zugeteilt bekam. Seit dem 3. Oktober 1993 hat die Bundesrepublik Deutschland die vollen diplomatischen Beziehungen zum Königreich Kambodscha aufgenommen und unterhält seitdem eine Botschaft in Phnom Penh, wieder in der 214. Straße.

sen an, wo 10 Beamte in Fließbandarbeit das Visum erteilen. Die bearbeiteten Ausweise werden am anderen Ende gegen die 30-$-Gebühr zurückgegeben.

Folgende Artikel müssen theoretisch bei der **Zollerklärung** angegeben werden: Summen über 10.000 $; Elektroartikel wie Videokamera, Radiorekorder, Fernseher; Waffen; Gold; Waren, die im Land verkauft werden sollen.

Visumverlängerung

Für jegliche Verlängerung eines Visums empfiehlt es sich, **professionelle Hilfe** z.B. eines Reisebüros oder Guest Houses in Anspruch zu nehmen. An-sonsten wird die kambodschanische Bürokratie schnell zum Spießrutenlauf, und neben langen Wartezeiten und geschlossenen Büros wird man zusätzlich mit erhöhten

Gebühren abgezockt. Das Tourist- und das Ordinary- bzw. Business-Visum muss im *Immigration Department* in Phnom Penh verlängert werden. Hier wird von Schikane berichtet.

- **Immigration Department,** Russian Blvd. Nr. 322 (gegenüber Flughafen). Tel. 012/581558, Öffnungszeiten Mo–Fr 7.30–10.00, 14.00–16.00 Uhr.

Die Verlängerung des **Tourist-Visums** kostet 45 $. Dafür ist ein Passfoto notwendig. Die Bearbeitung dauert 25–30 Tage. Für diese Zeit wird ein Ersatz-Beleg ausgestellt, der als Ausweisersatz gilt.

Umgehung der 30-Tage-Wartezeit: Mit der Zahlung einer Extragebühr kann man die Visumverlängerung auf 1–3 Tage verkürzen. Entweder am Eingang einen der Polizisten (sie warten nur darauf, „helfen" zu können) diskret ansprechen, oder wesentlich besser und sicherer die ganze Angelegenheit einem **Reisebüro oder Guest House** übertragen. Es kommt in diesem Fall zwar teurer, doch dafür hat man keinen Stress mit den korrupten Beamten.

Von einem Bestechungsversuch beim Immigration-Officer ist abzuraten.

Auch in **Siem Reap** und **Sihanouk Ville** gibt es Reisebüros und Guest Houses, die das Visum verlängern. Die Reisepässe müssen allerdings nach Phnom Penh geschickt werden, weshalb mit einer Bearbeitungszeit von etwa 5 Tagen gerechnet werden muss.

Die Verlängerung des **Business-Visums** kostet je nach Zeitraum zwischen 45 und 300 $. Nur bei einer Verlängerung von 6 bzw. 12 Monaten wird ein „multiple-entry"-Visum erteilt, mit dem mehrmals ein- und ausgereist werden kann.

Überziehung des Visums

Das Überziehen des Visum ist zwar illegal, aber in der Praxis kein großes Problem, wenn es sich nur um ein paar Tage handelt. **Jeder überzogene Tag kostet 5 $.** Die Strafe muss bei der Ausreise bei der Immigrationsbehörde bezahlt werden. Die Beamten pflegen einen unfreundlichen Blick, um den Touristen einzuschüchtern und evtl. noch eine Sonderleistung für sich abzusahnen. Man sollte freundlich bleiben und die Ruhe bewahren!

Reisen mit Kindern

Jedes Kind benötigt seinen **eigenen Reisepass.** Kindereinträge im Reisepass eines Elternteils sind nicht mehr gültig. Reisen Minderjährige nicht in Begleitung beider Elternteile, kann man vor allem bei Flugrückkehr in die EU nach einer **Einverständniserklärung** des anderen Sorgeberechtigten gefragt werden, als Schutzmaßnahme gegen eine mögliche Kindesentführung. Weitere Informationen z.B. unter www.auswaertiges-amt.de, Stichwort „Einverständiserklärung für Minderjährige".

Reist man mit **Pflegekindern,** sollte man sich vor der Abreise informiern, ob zusätzliche Dokumente zur Einreise notwendig sind.

Ausreise

Für die Zollabfertigung am Pochentong-Flughafen muss die *Departure Card* ausgefüllt werden. Sie hängt an der *Arrival Card* und geht meist irgendwann verloren (was kein Problem darstellt, da man eine neue am Flughafen bekommen kann). Echte Antiquitäten dürfen aus nachvollziehbaren Gründen nicht ausgeführt werden. Bei abgelaufenem Visum sind pro überzogenem Tag 5 $ zu bezahlen.

Auch auf europäischer Seite gibt es Freigrenzen, Verbote und Einschränkungen, die man beachten sollte, um böse Überraschungen am Zoll zu vermeiden. Die Waren sollten für den **persönlichen Gebrauch** bestimmt sein. Bei Einfuhr in ein EU-Land gelten folgende Mengen- und Wertgrenzen.

- **Für mind. 17-Jährige:** 200 Zigaretten oder 100 Zigarillos oder 50 Zigarren oder 250g Tabak bzw. anteilige Zusammenstellung; 1 l Spirituosen über 22 Vol.-% oder 2 l bis max. 22 Vol.-% oder anteilige Zusammenstellung und 4 l nicht schäumende Weine und 16 l Bier; andere Waren bis zu einem Warenwert von 430 Euro (Reisende unter 15 Jahren nur 175 Euro nach Deutschland, 150 Euro nach Österreich).

Für **Einreisen von Nicht-EU-Ländern** in die Schweiz gelten folgende Freimengen:

- **Für mind. 17-Jährige:** 250 Zigaretten/Zigarren oder andere Tabakprodukte; 1 l Spirituosen über 18 Vol.-% oder 5 l bis max. 18 Vol.-%; andere Mitbringsel bis zu einem Warenwert von 300 SFr in die Schweiz.

Falls die Reisemitbringsel diese Freigrenzen überschreiten, sind Einfuhrabgaben zu entrichten.

Einfuhrverbote und -beschränkungen bestehen z.B. für Tiere, Tierprodukte, Pflanzen (Vorsicht auch bezüglich Saatgut und Artenschutz!), Medikamente, Betäubungsmittel und Drogen, Feuerwerkskörper, Lebensmittel, Fälschungen, Kulturgüter, Waffen und Munition; in Deutschland und Österreich auch für Pornografie und verfassungswidrige Schriften, Rohdiamanten; in der Schweiz auch für Radarwarngeräte u.v.m. Nähere Informationen:

- **Deutschland:** www.zoll.de; Zoll und Reise-App
- **Österreich:** www.bmf.gv.at; BMF-App
- **Schweiz:** www.ezv.admin.ch; QuickZoll-App

Die Apps sind gratis für Android und iOS.

Elektrizität

Die **Netzspannung** beträgt 230 Volt. Durch die veralteten Anlagen unterliegt sie jedoch großen Schwankungen.

Die **Versorgung mit Elektrizität** hat sich in den größeren Städten erheblich verbessert, besonders in Phnom Penh. In den Provinzhauptstädten kommt es dagegen immer noch regelmäßig zu Stromausfällen. Wenn wichtige Teile an den antiquierten Generatoren kaputtgehen, dauert es oft Wochen, bis sie repariert sind. Hotels und die meisten Guest Houses haben eigene Generatoren, die aber manchmal nur bis 23 Uhr in Betrieb sind. Strom ist in Kambodscha teurer als in den Nachbarländern, da alle Kraftwerke mit Diesel betrieben werden.

Essen und Trinken

Das Konglomerat aus vielen unterschiedlichen kulinarischen Einflüssen macht es schwierig, die typische Khmer-Küche zu identifizieren. Als Folge der bewegten Geschichte des Landes haben sich verschiedene Geschmacksrichtungen aus China, Vietnam, Malaysia und Frankreich in Kambodscha etabliert. Erstaunlicherweise hat die thailändische Küche, wahrscheinlich wegen der scharfen Zubereitung, niemals erfolgreich Einzug in die Kochtöpfe der Khmer gehalten.

Reis *(bay)* ist das wichtigste Grundnahrungsmittel der Khmer. Es gibt kein Essen, bei dem er nicht serviert wird. Auch für Süßspeisen, Kuchen und zur Herstellung von Wein findet er Verwendung.

Durch die großen Flüsse und die nahe Küste zählt auch **Fisch** *(trey)* in den meisten Gegenden zu den Grundnahrungsmitteln. Als hochwertiger und billiger Eiweißträger ist er für die Menschen von großer Bedeutung. Er kommt in jeder nur erdenklichen Form auf den Tisch: getrocknet, geräuchert, gegrillt, in Salz eingelegt und als Suppe.

Fast so wichtig wie Reis und wohl die typischste Beilage der Khmer-Küche ist *prahok*. Diese **Fischpaste,** die für einen Khmer bei keinem Essen fehlen darf, doch für europäische Nasen einen grauenvoll stechenden Geruch verbreitet, ist für unseren Geschmack kaum genießbar. Die kleinen Fische *(trey chong var)* aus Tonle Sap und Mekong werden zu einer gärenden Masse zerstampft, aus der diese beliebte faulig riechende, weißlich schillernde Paste hergestellt wird. Selbst die im Land lebenden Chinesen und Vietnamesen teilen die Begeisterung für dieses Nahrungsmittel nicht mit den Khmer. Oft wird der *prahok* zum Würzen der Suppe oder als Soße für grüne Mangos verwendet. Für die Armen ist er häufig die einzige Beilage zum Reis.

Das **Baguette** *(num pang)*, ein Relikt aus der französischen Kolonialzeit, ist dem europäischen Magen eher vertraut. Es ist nur in den Städten oder Dörfern, die eine Bäckerei haben, zu finden. Zu bekommen ist es auf den Märkten oder an Straßenecken und gehört für die meisten Kambodschaner zum täglichen Speiseplan. Zu Hause wird das Weißbrot mit Curry bestrichen, während es auf der Straße an kleinen Ständen, mit Fleisch, einer fettigen Paste und mit Gurken belegt (manchmal auch mit dem in Frankreich bekannten Weichkäse *la Vache qui rit*), an die Passanten verkauft wird.

Darüber hinaus findet man viel **Obst und Gemüse** auf dem täglichen Speisezettel.

Traditionelle Gerichte

Ihren unverkennbaren Stil hat sich die Khmer-Küche bei Suppen und Fischgerichten bewahrt.

☒ Baguette (num pang)

Suppe

Samlor matchu ist eine beliebte Suppe, die mit Fisch, Hühnchen *(muan)*, Rind *(sec ko)* oder Schwein *(sec tcherouk)* zubereitet wird.

Fischspezialitäten

- *Trey dhom rey*, gebratener Elefantenfisch mit süßsaurer Sauce.
- *Trey roah*, ein Fisch, der meist in der Suppe gegessen wird.
- *Trey ondei* und *trey kragn*, zwei delikate Fische, die gegrillt und mit süßsaurer Sauce übergossen werden. Zu diesem beliebten Picknickgericht werden grüne Mangos serviert. Diese Spezialität kann man sich an den beliebten Ausflugszielen in Tonle Bati, Koki Beach oder Kieng Svay bei Phnom Penh bestellen.

Huhn

Zu den kambodschanischen Festtagsessen zählt *muan doth*. Dabei wird ein rohes Huhn in einem Eimer aufgehängt und außenherum mit Holzkohlenfeuer erhitzt. Der Saft, den das Huhn abgibt,

650kb an

wird aufgefangen. Wenn das Huhn fertig ist, wird es zusammen mit seinem Saft, der mit Zucker und Gewürzen angerührt wird, verspeist.

Beliebt sind *Amok*-Gerichte. Fisch oder Hühnchen gekocht in Kokosmilch mit Curry und Kräutern des Landes.

Hunde

Auch Hunde, die von den vietnamesischen Nachbarn verzehrt werden, landen immer häufiger in den Kochtöpfen. Warum, ist selbst den Khmer ein Rätsel.

Insekten

Insekten wie Taranteln, Kakerlaken, Käfer oder Ameisen, bei denen sich allein beim Gedanken daran, diese genüsslich zu verspeisen, der mitteleuropäische Magen umdreht, gehören in Kambodscha zwar nicht zur täglichen Nahrung, doch als frittierter Snack oder als Beigabe zu einer Suppe sind sie bei Alt und Jung sehr begehrt.

Berühmt für seine behaarten Taranteln *ping peang* und die schwarzen Wasserkäfer *kantes long* ist der Ort **Skun** in der Provinz Kompong Cham, wo sie überall am Straßenrand verkauft werden. Sehr beliebt sind die fliegenden Kakerlaken *chang-ret,* die in der Nacht unter den Straßenlaternen mit großer Begeisterung von der Bevölkerung gefangen werden. Heute wird dieser beliebte Snack in großem Rahmen mit Hilfe nachts beleuchteter Plastikfolien, gegen welche die plumpen Insekten prallen und in das darunterstehende Wasserbecken fallen, erlegt. Einzug in die Haute-Cuisine haben Ameiseneier gefunden. Khmer-Spezialitäten-Restaurants haben *porng ang-krang* in den Monaten April und Mai auf der Speisekarte.

Süßes

Zu Hochzeiten und anderen festlichen Anlässen werden Reisbällchen mit Bananen *(ansam chruk)* oder Süßigkeiten aus Palmenzucker und Kokosnüssen *(phleay)* serviert.

Mahlzeiten

Frühstück

Gefrühstückt wird häufig außer Haus. Wohlhabende Familien, überwiegend jedoch Männer aller sozialer Schichten, füllen schon frühmorgens ab 6.00 Uhr die einheimischen Restaurants. Der beliebteste Frühstückssnack ist die chinesische Nudelsuppe *(kuytiaw),* die mit Fleisch, Gemüse und frischen Sojakeimlingen serviert wird.

Mittag- und Abendessen

Sie werden für gewöhnlich im Kreis der Familie eingenommen. Als Tisch dient eine geflochtene Matte, die auf dem Boden ausgebreitet wird und in deren Mitte die Schüsseln mit den Speisen stehen. Es ist eine Selbstverständlichkeit, dass jeder, der sich in der Wohnung aufhält, zum Essen eingeladen wird.

Zum Standardessen gehört eine Schüssel mit Reis, eine mit Suppe und mehrere kleine, mit etwas Fisch, Fleisch,

Fischpaste, Gemüse sowie geschälten, unreifen Papayas oder Mangos. Alles wird gleichzeitig auf den Tisch gestellt. Der überwiegende Teil der Kambodschaner isst mit Stäbchen. Zu trinken gibt es dünnen Tee.

Im Restaurant

Jedes größere Dorf hat ein oder mehrere Restaurants. Speisekarten gibt es nur dort, wo häufiger Ausländer zum Essen kommen. Neben Khmer steht die Auswahl der Gerichte auf Englisch, aber nur noch selten auf Französisch angeschrieben. Dort, wo es keine Speisekarten gibt, kann man in die Küche gehen, sich vom Koch die Lebensmittel zeigen lassen und mit ihm vereinbaren, was man zubereitet haben möchte. Verblüffend ist es, dass in typischen Khmer-Restaurants, abgesehen von Phnom Penh, oftmals alle Speisen denselben Preis haben.

In den einfachen Restaurants auf dem Dorf oder häufig auch an Bushaltestellen, stehen Kochtöpfe mit vorgekochten Speisen, aus denen die Gäste auswählen können. Das ist die **günstigste Art,** im Land zu essen. Sonst ist es üblich, das Essen frisch zuzubereiten. In den gehobenen westlichen Restaurants in der Stadt ist es momentan Trend, „Fusion-“ oder „Soft Fusion-“Cuisine zu servieren. Hierbei wird die kambodschanische meist mit westlicher Küche verfeinert. Spötter sagen, dass es sich hierbei um einen Euphemismus handle, denn die einfache einheimische Küche sei für einen Europäer nicht sonderlich schmackhaft.

Während in den von Touristen frequentierten Städten überall ein westliches **Frühstück** mit Brot, Konfitüre, Käse und Omelett angeboten wird, kann ein Mitteleuropäer, der morgens nicht gerade auf Suppe steht, in ländlichen Gebieten schon einmal in Schwierigkeiten kommen. Akzeptables **vegetarisches Essen** wird in vielen Guest Houses oder westlichen Restaurants angeboten. Die meisten Khmer-Restaurants haben keine konkrete Vorstellung von einem westlichen Vegetarier, aber etwas Fleischloses lässt sich immer irgendwie bekommen. Am besten mit folgenden Wörtern darauf hinweisen: *bpeit sath* (vegetarisch); *knyom od nyambey sath* (ich esse kein Fleisch); *knyom tawm sath* (ich kann kein Fleisch essen); *sath* = Fleisch, *banlahae* = Gemüse.

Wer bezahlen will, macht sich bei der Bedienung mit *khat loy* bemerkbar. In einfachen Restaurants wird kein Trinkgeld erwartet. Wer eine Toilette sucht, fragt nach *bangkun.*

Straßenstände

Vom späten Nachmittag bis in die Nacht hinein errichten Frauen in allen Städten des Landes kleine Stände in Marktnähe oder anderer bevölkerter Plätze, wo sie allerlei Leckereien anbieten. Hier zu kosten ist ein kulinarisches und exotisches Abenteuer, das sich niemand entgehen lassen sollte. Ein kleiner Vorgeschmack auf das, was einen alles erwarten kann:

- *Toek grolock:* Lieblingsgetränk des Autors. Fruchtshake mit Eis, Zucker, Milch und verschiedenen Früchten wie Papaya, Mango, Trauben, Äpfel.
- *Thnaot:* Junge Früchte der Zuckerpalme; werden mit Milch, Zucker und Eis gegessen.
- *Bohboh thnaot:* Süßer Reis mit dem Fleisch der jungen Früchte der Zuckerpalme.

639ka an

- *Djeek khtik:* Bananen in Kokosmilch.
- *Bohboh sandeik:* Süßer Reis mit Bohnen.
- *Triab:* Gebackener, süßer Reis, eingewickelt in Bananenblätter.
- *Hang ching peng:* Süßes chinesisches Gebäck, mit einer Art Frischkäse gefüllt.
- *Plei chouk:* Samen der Lotosblume, die nachr rohen Erbsen schmecken und sehr proteinhaltig sind.
- *Loth chah:* Kleine, gebratene Nudeln, mit Sojakeimen und einem Ei serviert.
- *Toek ampoew:* Frisch gepresster Saft aus Zuckerrohr.
- *Toek doung:* Saft einer für unsere Begriffe unreifen Kokosnuss; wird mit Strohhalm aus der aufgeschlagenen Nuss getrunken.
- *Toek thnaot:* Vergorener Saft, der aus der Zuckerpalme gewonnen wird und alkoholisierend wirkt. Es gibt süße und saure Geschmacksrichtungen. (Bei der Herstellung wird die Blüte in der Krone des Baumes abgetrennt, die Flüssigkeit in einem Bambusköcher aufgefangen und an Fahrrädern hängend von den Bauern verkauft.)

⌃ Getrockneter Tintenfisch
› Auf dem Markt in Phnom Penh

Auf dem Markt

An den Essensständen, die auf jedem Markt zahlreich zu finden sind, lässt sich am preiswertesten essen. Neben typischen Khmer-Speisen findet man nicht selten auch andere exotische Dinge wie Froschschenkel und gebackene Schildkröten.

Jeder Markt bietet ein paradiesisches Angebot an **Früchten** aus der Umgebung. Hier eine kleine Auswahl, die noch viel Raum für eigene kulinarische Experimente lässt:

- *jehk:* Banane
- *owloek:* Melone
- *sway:* Mango
- *plaeh dohng:* Kokosnuss
- *krohj:* Orange
- *lhong:* Papaya
- *mnoah:* Ananas
- *kulean:* Litchee
- *thureen:* Durian, Stinkfrucht (Riesenfrucht mit stacheliger, harter, grün-gelb-brauner Schale. Der Geruch ist unbeschreiblich und der Geschmack nicht jedermanns Sache.)
- *khnao:* Jackfrucht (Optisch der Durian ähnlich. In der Frucht befinden sich kleine Fächer mit gelbem Fruchtfleisch.)
- *sawmaw:* Rambutan (Rot-grüne, runde Frucht mit einer Art langem, weichem Stachelpelz. Die Schale ist recht dick, das Fruchtfleisch klar/weiß und sehr süß.)

Getränke

In einfachen und typischen Khmer-Restaurants ist es üblich, dass eine Kanne mit dünnem **Tee** auf dem Tisch steht. Er kann ohne gesundheitliche Gefährdung getrunken werden und ist kostenlos. Jeder Tee, der extra bestellt wird, muss bezahlt werden.

Einheimischer **Kaffee** ist sehr stark und wie der türkische mit Satz. Es gibt ihn schwarz, mit Milch oder als Eiskaffee *(café takow)*. Mit der sehr süßen Kondensmilch wird großzügig umgegangen, deshalb kann es leicht passieren, dass man plötzlich eine ungenießbare, süße Pampe vor sich hat.

Wie in den letzten Jahren überall in Asien, so hat vor allem in den Städten

069ka an

der westliche **Espresso-Kaffee** einen grandiosen Siegeszug angetreten. Vor allem die junge kambodschanische Mittelschicht stürmt die gemütlichen, tiefgekühlten Coffee Shops, wo sie sich mit Freunden treffen oder vor dem Smartphone an ihrem Cappuccino nippen kann. Mittlerweile dominieren die einschlägigen internationalen Ketten die kambodschanische Kaffeeszene in den Großstädten. Am weitesten verbreitet ist Amazon aus Thailand. **Browns Coffee Shops** ist die Khmer-Antwort auf die koloniale Macchiatoinvasion.

In jeder kleineren Siedlung gibt es **Erfrischungsgetränke** wie *Coca Cola,* Eistee, Energy Drinks und viele einheimische Sorten von Trinkwasser. Ein beliebtes und sehr erfrischendes Getränk ist Lemon Soda *(soda kroch chhmar).*

Erfrischungsgetränke und selbst Bier werden nicht selten mit **Eiswürfeln** serviert. Durch den Einfrierungsprozess werden die meisten Bakterien abgetötet. Doch besteht dabei die Gefahr, dass das Eis durch den Transport verschmutzt wird, wodurch es in der Folge zu schweren Magen- und Darmerkrankungen kommen kann. Auf Grund persönlicher Erfahrungen bekommt man aber selbst in der Provinz selten Probleme nach dem Genuss von Getränken mit Eiswürfeln.

Bier gibt es in Kambodscha überall. Das Kultbier ist natürlich *Angkor Beer* das von Cambrew, der ältesten und größten Brauerei im Land, in Sihanouk Ville hergestellt und auch von deutschen Bierliebhabern geschätzt wird. Ebenfalls von guter Qualität sind die Biersorten *King-*

dom und das unter deutscher Leitung hergestellte *Cambodia.* Beide werden vor den Toren Phnom Penhs gebraut. Weitere Sorten, die nur in Dosen verkauft werden, sind *Tiger,* das in Singapur hergestellt wird, *Beer Lao,* gut und günstig, und *Anchor.* Eine grobe Irreführung ist das Bier *Ganzberg,* das sich in der Werbung als gutes deutsches Bier präsentiert.

Die Geschäfte in Phnom Penh verfügen über ein reichhaltiges Sortiment an guten französischen, australischen und italienischen **Weinen** (die Preise beginnen bei etwa 6 $ die Flasche) sowie billigen internationalen **Spirituosen.** Die hochprozentigen lokalen Erzeugnisse, die häufig aus Reis hergestellt werden, kosten den Bruchteil eines *Johnny Walker,* doch sind sie nicht jedermanns Geschmack.

Trinkwasser gibt es überall in verschieden großen Plastikflaschen zu kaufen *(toek soht).* Es kann bedenkenlos getrunken werden, auch wenn mancher Inhalt einen Chlorgeschmack hat. Unbedingt darauf achten, dass die Flasche mit Originalverschluss von der Fabrik versiegelt ist. Wasser aus der Leitung sollte nur abgekocht konsumiert werden. Wer auf Nummer sicher gehen möchte, putzt auch die Zähne mit Wasser aus der Flasche.

◁ Frisches Seafood und gekühlter Weißwein – ein Hochgenuss

Feste und Feiertage

Kambodscha zählt nicht zu den Ländern, die durch ausschweifende und farbenprächtige Feste Touristenscharen anlocken. Das Fest der „Wechselnden Strömungen", *Bon Oumtouk,* ist die einzige Ausnahme. Die meisten Festivitäten sind religiöser Art und finden im stillen, beschaulichen Rahmen in der Pagode oder in den eigenen vier Wänden statt. Der Termin der Feste ist mit unserem Kalender nicht fest bestimmbar, da er von astrologischen Daten abhängt. Eine Studie hat ergeben, dass Kambodscha das Land mit den meisten Feiertagen auf der Welt ist.

Feste im Jahreslauf

Ende Januar oder Anfang Februar

Tet ist das **Neujahrsfest der Mahayana-Buddhisten.** Es wird in Kambodscha lediglich von den Minderheiten der Chinesen und Vietnamesen gefeiert. Während der eine gesamte Woche dauernden Festivitäten öffnet keiner der chinesischen Händler sein Geschäft. Die Zeit wird ausschließlich für Familientreffen und ausschweifende Essgelage genutzt und gute Vorsätze für das kommende Jahr gefasst. Besondere Aufmerksamkeit wird dem Verlauf der ersten Woche im Neuen Jahr gewidmet, da sie als eine Zusammenfassung der positiven und negativen Ereignisse gewertet wird,

068ka an

die die Menschen im neuen Jahr erwarten.

Mitte April

Choul Chhnam ist das **Khmer-Neujahrsfest,** das den Beginn der buddhistischen Religion feiert. Das Fest dauert drei Tage lang und gehört zu den wichtigsten Feiertagen. Jedes Jahr wird ein neuer *Tevoda,* ein buddhistischer Gott, der die Macht über Himmel und Erde besitzt, empfangen. Er repräsentiert jedesmal ein anderes Tier und charakterisiert, mit unserem Sternzeichen vergleichbar, das Geburtsjahr einer Person. Die Menschen empfangen den Gott mit Räucherstäbchen, Nahrungsmitteln und zwei Gläsern Wasser, die sie vor die Türe stellen. Am ersten und zweiten Tag gehen die Menschen in die Pagoden, die mit bunten Fähnchen geschmückt sind, und bringen den Mönchen Nahrungsmittel. Besonders die jungen Leute tanzen in den Pagoden und auf den Straßen und machen traditionelle Spiele, um auf diese Weise vielleicht den zukünftigen Lebenspartner kennenzulernen. Am dritten Tag werden Buddhastatuen mit Wasser übergossen, das wieder aufgefangen wird, um darin eine rituelle Waschung vorzunehmen. In den Pagoden werden kleine Sandhügel aufgeschichtet, auf deren Gipfeln Räucherstäbchen und Blumen gesteckt werden.

⌃ An Alkoholika mangelt es dem Besucher nicht

Mai

Viskha Puja ist für die Buddhisten das wichtigste religiöse Fest des Jahres. An einem Vollmondtag werden Buddhas Geburt, Erleuchtung und Todestag gefeiert. Die Menschen entzünden Räucherstäbchen und bringen Essen in die Pagoden. Am Abend wird gemeinsam mit den Mönchen in der Wat gebetet und meditiert.

Chrat Prea Angal war eine im Königshaus abgehaltene **Zeremonie zu Beginn der Pflanzzeit.** Sie wurde seit 1970 nicht mehr gefeiert. Doch mit der erneuten Einführung der Monarchie besann sich die königliche Regierung zur Begeisterung der Bevölkerung wieder auf alte Traditionen. Somit fand dieses Fest im Mai 1994 zum ersten Mal seit 25 Jahren wieder statt. Dabei wird auf dem Platz vor dem Nationalmuseum der Boden von mehreren Ochsengespannen symbolisch umgepflügt. Anschließend bietet man den acht „königlichen Ochsen" verschiedene Feldfrüchte zur Auswahl an. Der Legende nach können die Bauern, die die Feldfrüchte anbauen, von denen die Ochsen bei dieser Zeremonie naschen, mit hohen Ernteerträgen rechnen. Als schlimmes Zeichen wird es gewertet, wenn die Ochsen anstatt den Feldfrüchten das Gras fressen. Trinkt ein Tier von dem aufgestellten Becher Wein, so bedeutet dies, dass große Probleme auf das Königreich zukommen.

September/Oktober

Pchum Ben ist das **Fest der Verstorbenen.** Es gehört zur buddhistischen Tradition und dauert 14 Tage. Die Seelen der Verstorbenen suchen ihre Angehörigen in bis zu sieben verschiedenen Pagoden und verfallen in große Trauer, wenn sie keine Gaben von ihnen vorfinden. Die Seelen kommen von überall, selbst aus der Hölle, um nach lebenden Familienangehörigen zu suchen. Um ihre verstorbenen Angehörigen nicht zu enttäuschen, bringen die Menschen 14 Tage lang Essen in die umliegenden Pagoden, das von den Mönchen gesegnet und später von ihnen verzehrt wird. Man sagt, dass die Seelen sich bewusst diese Zeit dafür ausgesucht haben, da es für die Mönche inmitten der Regenzeit am schwersten ist, an Nahrungsmittel zu kommen. Der letzte Tag des Festes ist der wichtigste, da sich an ihm die Menschen in den Wats versammeln, um gemeinsam mit den Mönchen für das Seelenheil ihrer verstorbenen Angehörigen zu beten.

Oktober oder November

Bon Oumtouk, **Fest der wechselnden Strömungen** oder **Wasserfest.** Jedes Jahr zu Vollmond Ende Oktober oder November findet dieses größte Fest Kambodschas an den Ufern des Tonle Sap in Phnom Penh statt. Für drei Tage versammeln sich Hunderttausende von Menschen aus dem ganzen Land, um vor dem Königspalast einem Spektakel mit Volksfestcharakter beizuwohnen.

Anlass für das Fest Bon Oumtouk ist die Umkehr der Fließrichtung des Flusses Tonle Sap, der durch das Abschwellen der Wassermassen des Mekong wieder Richtung Meer fließt (s. „Geografie"). Der Legende nach gab früher der König, als Beweis seiner Macht, dem Tonle Sap den Befehl, seine Richtung zu ändern. Der wahre Ursprung des Festes könnte in der Angkor-Periode liegen. Wegen der Bootsrennen besteht die Theorie, dass es mit den damals stattgefundenen Schlachten zwischen Khmer und Cham auf dem See Tonle Sap in Verbindung steht. Während das Fest nun mit immer mehr technischem Aufwand und Perfektion gefeiert wird, gab es während der französischen Kolonialzeit neben den Bootsrennen nur Kerzen, die auf Bananenblättern nachts den Fluss hinunter trieben.

Am Nachmittag des ersten Tages beginnen die Festivitäten mit den Bootsrennen. Über 200 Boote aus allen an Mekong und Tonle Sap grenzenden Provinzen gehen unter den Augen der Bevölkerung, des Königs und seiner Minister, die von der *Vetika Oumtouk* aus zusehen, an den Start. 20–30 Ruderer, Männer und Frauen (teilweise gemischt, teilweise nach Geschlechtern getrennt) sitzen in einem Boot, das bunt bemalt und bis zu 25 m lang ist. Der Bug ist mit Blumen und Fähnchen geschmückt.

Nach Einbruch der Dunkelheit ziehen etwa zehn Schiffe mit bis zu zehn Meter hohen Fassaden, die aus Bildern mit bunten Glühbirnen bestehen, in einer Prozession den Tonle Sap auf und ab. Das Bild auf dem ersten Boot repräsentiert das Wappen des Königs, auf dem zweiten das des Parlaments, und das dritte zeigt die Landkarte Kambodschas. Die folgenden originell und witzig gestalteten Bilder stellen Ministerien des Landes dar. Diese an sich schon skurril wirkende Szenerie bekommt durch das gleichzeitige bombastische Feuerwerk endgültig einen irrealen Charakter.

Dieses Programm wiederholt sich drei Tage lang, und jeder nur verfügbare Platz in der Nähe des Königsplatzes ist überfüllt mit Ständen und Verkäufern. Überall gibt es Vorführungen, und an verschiedenen Plätzen spielen Bands bis spät in die Nacht, die von großen Firmen gesponsert sind. Am letzten Tag wird das Finale der Bootsrennen abgehalten.

Die besten Aussichtsplätze für die Wettbewerbe auf dem Tonle Sap und die nächtliche Lichterprozession sind die Balkone und Dachterrassen der Restaurants an der Riverfront.

2011 kam es nach einem Konzert auf der kleinen Brücke hinter dem Naga Casino *(Koh Kampik)* zu einer Massenpanik, bei der rd. 300 junge Kambodschaner, die überwiegend aus den Provinzen kamen, zu Tode gequetscht wurden.

Weitere Feiertage

- **7. Januar:** Die Befreiung Kambodschas durch die Vietnamesen war früher Anlass für einen Nationalfeiertag, jetzt ist es nur noch ein nationaler Gedenktag. Dies ist symptomatisch dafür, dass die Vietnamesen von den Khmer nie als Befreier, sondern als Besatzungsmacht empfunden wurden.
- **1. Mai:** Tag der Arbeit
- **9. Mai:** Gedenktag des Völkermordes. An diesem Tag wird der Opfer des mörderischen Pol-Pot-Regimes gedacht. Gedenkfeiern werden nicht nur in Choeung Ek abgehalten.
- **30. Oktober bis 1. November:** Geburtstag des ehemaligen Königs Sihanouk. Große Feiern mit Feuerwerk und Umzügen. Manchmal wird der Palast geöffnet.
- **9. November:** Nationalfeiertag. An diesem Datum ist Kambodscha im Jahre 1953 von Frankreich in die Unabhängigkeit entlassen worden. Er wird mit Umzügen und Ansprachen vor allem in Phnom Penh gefeiert.
- Durch die **Änderung der Regierungsform** sind die kommunistisch und revolutionär inspirierten Feiertage, wie Gründung der Rev. Volksarmee (19. 6. 1951), Gründung der Rev. Volkspartei (28. 6. 1951) oder die Gründung der Vereinigung für den nationalen Wiederaufbau (2. 12. 1978), aus dem Feiertagskalender zugunsten monarchischer Termine verschwunden.

Fotografieren

Fotoausrüstung

Die Auswahl an Kameras aller gängigen Marken, Videokameras und Tablets ist in den Städten Phnom Penh und Siem Reap beachtlich. Zubehör wie Batterien, SD-Karten, Stative, USB-Sticks, etc. sind dort überall zu vernünftigen Preisen erhältlich. Gewarnt werden muss vor den chinesischen Billig-Kameras, die für den asiatischen Markt produziert werden und von sehr schlechter Qualität sind.

Im Land fotografieren und filmen

Die Khmer lassen sich vorbehaltlos gerne fotografieren, lediglich die Frauen und Mädchen reagieren zurückhaltender. *„Muay toat, muay toat"* (ein Foto, ein Foto), werden die Touristen besonders von den Kindern in der Provinz aufgefordert. In emotionalen Situationen gebietet es der Anstand jedoch, bei **Personenaufnahmen** vorher um Erlaubnis zu fragen. Bei religiösen Zeremonien und vor allem bei Totenfeiern ist eine taktvolle Zurückhaltung geboten, es sei denn, man wird ausdrücklich zum Fotografieren aufgefordert. Die Unsicherheit der Kambodschaner im Umgang mit Touristen macht es ihnen bei obengenannten Ereignissen oft besonders schwer, ein Fotografierverbot auszusprechen. Sie lassen sich lieber in ihrer intimsten Privatsphäre von einer neugierigen Kamera entwürdigen, als den Konflikt mit dem Fotografen zu suchen. Leider wird dieses Verhalten von Touristen und Journalisten allzu häufig auf unverschämte Weise ausgenutzt.

Geld

Die offizielle Landeswährung ist der **Riel.** Er wird mit einem kleinen „r" hinter der Summe abgekürzt. Die Geldscheine haben die Werte 100, 500, 1000, 2000, 5000, 10.000, 20.000, 50.000 und 100.000 Riel. Kleine Händler haben ab 10.000 Riel häufig Schwierigkeiten mit dem Wechselgeld. Daher lohnt es sich immer, ein paar kleine Riel-Scheine dabei zu haben, sonst kostet die Flasche Wasser schnell „one Dollar" statt 2000 Riel.

Akzeptierte Zahlungsmittel

Dollar

Die amerikanische Währung ist dem Riel inoffiziell gleichgestellt. Selbst in der tiefsten Provinz kann mit Dollar bezahlt werden. Das geht oft sogar so weit, dass eine Preisangabe zwar in der Währungsbezeichnung Riel genannt wird, aber Dollar gemeint ist (beispielsweise „one Riel" = „one Dollar"). Die Preise sind aber entweder in Dollar oder Riel angegeben. Kleinere Summen sowie Artikel des täglichen Lebens, die hauptsächlich von Khmer gekauft werden, sind in Riel – Hotel-, Souvenir- und Restaurantpreise (in westlichen Restaurants) überwiegend in Dollar angegeben. Jeder Geschäftsmann, wozu auch Ausländer zählen, ist gesetzlich dazu verpflichtet, Riel als Zahlungsmittel zu akzeptieren.

Tipp: Am besten beide Währungen griffbereit haben. Um das Wechseln zwischen Dollar und Riel im täglichen Zahlungsverkehr zu vereinfachen, wird ein Dollar mit 4000 Riel umgerechnet. Ausnahme sind Supermärkte, die aktuelle Tageskurse berechnen.

Euro

Die europäische Währung kann in größeren Städten und sogar in vielen kleineren Gemeinden problemlos bei Banken oder Geldwechslern in Dollar oder Riel gewechselt werden. Je abgelegener eine Ortschaft ist, desto schlechter ist der Wechselkurs. Die besten Kurse gibt es in Phnom Penh, Siem Reap und Sihanouk Ville. Hier ist der Euro/Dollar-Wechselkurs deutlich besser als bei jeder Bank in Deutschland, da die Gebühren wesentlich niedriger sind. Darum ist es nicht notwendig, sein ganzes Reisebudget schon zu Hause in Dollars zu tauschen. Als tägliches Zahlungsmittel wird der Euro nur in Notfällen und zu einem meist schlechten Kurs akzeptiert.

Wechselkurse (Stand Mai 2019)

1 Euro	4496 Riel
1 SFr	3983 Riel
1 US-$	4030 Riel
1 Thai Baht	126 Riel
1000 Riel	0,22 Euro
1000 Riel	0,25 SFr
1000 Riel	0,24 US-$

Baht

In den Grenzregionen von Thailand verwenden die Händler den Baht gleichwertig mit Riel und Dollar. Man kann aber überall in Dollar und Riel wechseln.

Gold

In den letzten 30 Jahren wurde zweimal die Währung gewechselt und einmal, unter *Pol Pot,* das Geld sogar generell abgeschafft. Die Khmer haben daraus gelernt und legen ihr Vermögen, bis auf den heutigen Tag, überwiegend in Gold an. Große, kostenintensive Geschäfte, wie der Kauf eines Mopeds, Autos oder Hauses werden unter den Einheimischen zum großen Teil immer noch in Gold abgewickelt.

Geldwechsel

Neben dem Bankwesen bieten in Kambodscha die privaten Geldwechsler ihre Dienste an. Sie sind legal, und ihre kleinen Stände findet man im ganzen Land meist in der Nähe des Marktes. Die Wechselkurse sind oft genauso gut wie bei den Banken und verhandelbar.

Banken

In großen Städten ist das Bankwesen gut entwickelt. Aber auch jede kleinere Stadt hat mindestens eine Bank, in der Geld gewechselt werden kann, und einen Bankomat (ATM), der die wichtigsten Kreditkarten bedient. Auch die Kurse beim Bargeldwechsel sind meist akzeptabel. Die verbreitetsten Banken sind neben der *Acleda Bank* die **Cambodian Commercial Bank,** die **Canadia Bank** und vor allem die **ANZ Bank.**

Kreditkarten

In allen Hotels in Sihanouk Ville, Phnom Penh und Siem Reap, außer den billigen G.Hs., kann mit Kreditkarte bezahlt werden. Dasselbe gilt für Reisebüros, Souvenirshops und gehobene Restaurants. In der Provinz ist bargeldloser Zahlungsverkehr noch wenig verbreitet. Reisebüros verlangen meist eine Gebühr von 4 % bei Zahlung mit Kreditkarte. In Deutschland wird nochmals 1–2 % für den Auslandseinsatz berechnet. Die *Visa Card* wird häufiger akzeptiert als *Master Card* oder *American Express.*

Zum **Verlust oder Diebstahl** von Kreditkarten siehe Kapitel „Notfall".

Bankomaten (ATM)

Bankomaten gehören zum kambodschanischen Alltag und sind natürlich massenweise an den touristischen Hotspots zu finden, aber auch jede Kleinstadt hat eine Bank mit Bankomaten. Ausnahme sind noch die Inseln, auch wenn sie noch so touristisch sind. Es werden alle gängigen Kreditkarten akzeptiert, auch **Maestro-EC-Karten. Debitkarten** mit dem **V PAY-Logo** funktionieren hingegen nicht. **Maestro-Karten** werden neuerdings zunehmend von Kreditinstituten für **bestimmte Länder gesperrt.** Man sollte sich rechtzeitig erkundigen und die Karte für den Zeitraum der Reise freischalten lassen. Außerdem sollte man auch die Einstellungen für die abzuhebende Höchstsumme nachsehen und gegebenenfalls anpassen, damit man im Notfall an sein Geld herankommt. Das gilt auch für die **Kreditkarte,** die für Fernreisen unverzichtbar geworden ist.

Bei Barabhebungen fallen Gebühren an. In Kambodscha wird meist **5 $** berechnet, aber auch die Hausbank will nicht leer ausgehen. Ob im eigenen Fall Gebühren anfallen und wie hoch die Kosten für die Barabhebung bei der eigenen Bank sind, sollte man dort vor Reiseantritt erfragen.

ATM's in Kambodscha zahlen Riel und Dollar aus. Wer jedoch mit einer ausländischen Kreditkarte Geld abhebt, bekommt nur **Dollar** ausbezahlt.

Kosten und Preise

Das Preisniveau für einen Touristen in Kambodscha richtet sich nicht wie z.B. in Thailand nach dem Wechselkurs vom Euro zum Baht, sondern ist an den **Wechselkurs vom Euro zum Dollar** gekoppelt. Fast alle Dienstleistungen wie Hotels, Guest Houses, Restaurants, Eintrittsgelder, Souvenirs, westliche Getränke wie Bier und Softdrinks, Einkauf im Supermarkt etc. werden nämlich in Dollar abgerechnet. Ausnahmen sind lediglich öffentliche Verkehrsmittel, Essensstände und Restaurants, die in erster Linie von Khmer besucht werden, sowie Lebensmittel und Dinge des täglichen Bedarfs, die im Land produziert werden. Solange man in einfachen Guest Houses absteigt, die meist auch ein sehr günstiges Essen anbieten, oder sich auf dem Markt an Essensständen bzw. in den Khmerrestaurants, in denen mit Riel bezahlt wird, verköstigt, ist Kambodscha sehr billig. Wer sich eisern daran hält, kann pro Tag (ohne Transportkosten) mit 15–20 € über die Runden kommen.

Sobald aber das Bedürfnis nach etwas mehr Luxus (Doppelzimmer mit AC, westl. Frühstück, Bier und Softdrinks, Pizza & Pasta, Burger, westl. Restaurant, abends eine Bar aufsuchen) besteht, wird das Reisebudget deutlich mehr belastet, da alles in Dollar berechnet wird. Der Tagessatz schnellt dann (ohne Transportkosten) auf 30–40 € hoch.

Wer ein Mittelklassehotel wählt, in Phnom Penh und Siem Reap in den gehobeneren Restaurants speist und auch das Nachtleben genießen möchte, sollte mind. 80 € pro Tag einrechnen.

Entscheidend bei den Hotelkosten ist jedoch, ob man alleine oder zu zweit reist. Wer sich ein Doppelzimmer teilt, kann nochmals etwa 25 % einsparen.

Preisbeispiele für tägliche Ausgaben

DZ im G.H. mit Fan und Bad/WC	5–8 $
DZ im G.H. mit AC	10–15 $
DZ im Mittelklassehotel	30–80 $
Essen auf dem Markt	0,50–1 $
Essen im G.H.	3–5 $
Essen im westlichen Restaurant	ab 6 $
Essen im gehobenen Restaurant	ab 10 $
Fahrrad/Mountainbikemiete/Tag	1/8 $
Moped-/Enduromiete/Tag	5/20 $
Bier (0,33 l) in billigem Restaurant	1 $
Flasche Wasser	0,25 $
Mopedtaxi in Phnom Penh (City)	1–2 $
Busfahrten (Langstrecken)	5–10 $
1 L Benzin	ca. 1,30 $

Im Vergleich mit den Nachbarn sind die Preise in Kambodscha etwas höher.

Gesundheit

Wer sich mit der langen Liste von Krankheiten auseinandersetzt, die Besuchern in Kambodscha drohen, kann schnell die Reiselust verlieren. Doch bei genauerer Betrachtung kann das Risiko stark eingegrenzt werden, da viele Krankheiten vom persönlichen Verhalten abhängig sind und man sich durch Impfungen und Medikamente davor schützen kann. Viele Krankheiten sind auf bestimmte Regionen beschränkt oder gefährden nur Menschen, die in unhygienischen Verhältnissen leben oder durch Unter- und Fehlernährung körperlich geschwächt sind.

Die größte Gefahr für die Gesundheit droht einem Touristen nicht durch Krankheit, sondern durch einen Verkehrsunfall.

Krankenhäuser

Einen einigermaßen guten Ruf hat das **Calmette Hospital** in Phnom Penh am Monivong Blvd., Tel. 023/426948. Darüber hinaus gibt es in der Hauptstadt eine Reihe guter Arztpraxen sowie weitere Kliniken (siehe unten und Kapitel „Phnom Penh, Gesundheit"), aber selbst die Einheimischen fahren bei ernsthaften Erkrankungen und Unfällen entweder nach Saigon oder Bangkok, da dort die Versorgung und Behandlung wesentlich besser ist.

In den **Provinzstädten** bieten nur die wenigen Krankenhäuser, die von ausländischen Organisationen betreut werden, bei ernsthaften Gesundheitsproblemen eine zuverlässige Versorgung. Da die Ärzte in den Krankenhäusern sehr schlecht bezahlt werden, betreiben viele nebenher eine **Privatklinik,** in der die Versorgung zwar besser, aber auch teurer ist.

Bei einem Ausländer werden im Durchschnitt 30 $ für eine Untersuchung verlangt.

Bei einer lebensgefährlichen Erkrankung oder einem schweren Unfall ist die Versorgung selbst in Phnom Penh noch nicht ausreichend. Hervorragende Krankenhäuser gibt es in Singapur, Saigon und Bangkok. In **Bangkok** gehört das Samitivej Sukumvit Hospital (133, Sukhumvit 49) zu den besten Krankenhäusern Südostasiens. Dorthin werden die meisten Europäer für Notoperationen gebracht. Tel. 066/20-222222, www.samitivejhospitals.com.

Wer eine dringend zu empfehlende **Rücktransportversicherung** abgeschlossen hat (z.B. ADAC, Rotes Kreuz, etc.), sollte die Notfallnummer immer griffbereit haben.

Für **Bergungen** bei schweren Unfällen und Erkrankungen innerhalb Kambodschas sowie **Evakuierungen** nach Bangkok, Singapur oder Europa sind folgende Organisationen in Phnom Penh zu empfehlen. Sie arbeiten zuverlässig, sind aber ohne ausreichende Versicherung kaum zu bezahlen.

- **International SOS Medical and Dental Clinic:**
  Tel. 023/216911 oder 119
- **Naga Clinic:**
  Tel. 023/211300

Weitere Informationen siehe auch Kapitel „Phnom Penh, Gesundheit".

Medikamente

Die Versorgung mit Medikamenten kann in Phnom Penh als gut bezeichnet werden, die Situation auf dem Lande ist aber noch nicht befriedigend. Deshalb ist die Mitnahme einer **Reiseapotheke** dringend notwendig. Wer am Ende einer Reise Arzneimittel übrig hat, tut ein gutes Werk, wenn er sie im Land lässt. Den Einheimischen dürfen jedoch nur Medikamente anvertraut werden, deren Dosierung und Handhabung einfach ist und nicht zu Vergiftungen führen kann, etwa Aspirin, Hautdesinfektionsmittel, Pflaster; auf keinen Fall Antibiotika. Eine vernünftige Lösung ist es, sie dem örtlichen Arzt oder Krankenhaus zu überlassen. Ein guter Trick, um zu vermeiden, dass sie weiterverkauft werden, ist die Übergabe vor einer größeren Öffentlichkeit.

Krankheiten

Im Folgenden wird nur die **Verbreitung** der für Kambodscha wichtigsten Krankheiten dargestellt. Informationen über Art der Krankheit, Vorbeugung (Impfung), Symptome und Behandlung finden sich im Anhang.

Malaria

Die kambodschanischen Gesundheitsbehörden hoffen, das ehrgeizige Ziel zu erreichen, 2025 malariafrei zu sein. Seit 2010 greifen die intensiven Anstrengungen gegen die Krankheit, die fast die Hälfte der Bevölkerung bedroht. Viele Millionen Dollar wurden schon für Aufklärung, Medizin und Moskitonetze ausgegeben. Anfang der 1990er Jahre starben noch bis zu 10.000 Menschen jährlich daran. 2013 gab es nur noch 12 offiziell registrierte Malariatote in Kambodscha.

Unter Pol Pot und der vietnamesischen Invasion flüchteten Hunderttausende Khmer über die Grenze zu Thailand, wo sie in Flüchtlingslagern von internationalen Hilfsorganisationen betreut wurden. Neue Malariamittel wurden in diesen verseuchten Gebieten an den Menschen in relativ hohen Dosen und als Präventivmaßnahme erprobt. Vielen hat dies zwar damals das Leben gerettet, doch ist die Folge des sorglosen Umgangs mit diesen Präparaten eine nahezu 100%-Resistenz der Erreger gegen die meisten der gängigen Prophylaxen.

Die gefährlichste Malaria mit hohen **Resistenzen** wütet noch in den Bergen im Westen an der Grenze zu Thailand (zwischen Koh Kong und Poipet) und im Norden in der Provinz Preah Vihear. Im Nordosten von Kambodscha, in Rattanakiri und Mondulkiri, im Osten der Provinz Kompong Cham und um Pursat ist die *Malaria tropica* ebenfalls noch verbreitet, doch ist die Resistenz wesentlich niedriger als in den Gebieten an der Grenze zu Thailand. Erstaunlicherweise ist die Gefahr, sich am Tonle-Sap-See und an den Ufern von Tonle Sap und Tonle Bassac mit Malaria zu infizieren, sehr gering im Vergleich zur Umgebung des Mekong. In Phnom Penh ist eine Infektion fast ausgeschlossen, während in Sihanouk Ville und Siem Reap eine geringe, aber nicht zu unterschätzende Gefahr der Infizierung besteht. Trotz der hoffnungsvollen Fortschritte der letzten Jahre wird ein malariafreies Kambodscha in naher Zukunft wohl eher noch Wunschdenken bleiben. Die *Anopheles*-Mücke, die die Krankheit übertragen kann, sticht in der Dunkelheit. Bester Schutz ist lange Kleidung, ausgiebig Insektenspray zu verwenden und nachts unter einem Moskitonetz zu schlafen.

In der **Reise-Gesundheits-Information** im Anhang finden sich genaue **Informationen zu Impfungen** und für Kambodscha relevanten **Tropenkrankheiten,** sodass in diesem Kapitel nur auf die Verbreitungsgebiete im Land eingegangen wird.

Dengue-Fieber

Im ganzen Land gibt es eine latente Gefahr, an diesem von **Moskitos** (*Aedes aegypti* und *Aedes albopictus*) übertragenen Virus zu erkranken. Die Infektion wirkt wie eine extrem starke Erkältung mit sehr hohem Fieber. Für Kinder und geschwächte ältere Menschen kann sie tödlich enden. Es gibt **keine Medikamente dagegen.** Kambodscha erlebt regelmäßig etwa alle 5 Jahre eine Dengue-Epidemie, bei der bis zu 100 Menschen sterben. Die jährliche Infektionsrate liegt laut dem *National Center of Parasitology and Malaria Control* in normalen Jahren bei rund 15.000 Erkrankungen. Während die *Anopheles*-Mücke, die Malaria überträgt, hauptsächlich in den Abend- und Morgenstunden aktiv ist, sticht die weibliche *Aegypti*-Mücke auch tagsüber. Sie fühlt sich vor allem in Dörfern und Behausungen wohl, in denen viele **offe-**

ne Wasserbehälter herumstehen, in die sie ihre Eier ablegt. Als Schutz hilft nur **lange Kleidung** und **Mosquito-Spray.**

Schlangenbisse

In Südostasien werden statistisch gesehen die meisten Menschen auf der Erde von Schlangen gebissen. Doch ist die Gefahr für einen Touristen, der nicht weglos durch Wald und Felder streift, sehr gering. Auch nach dem Biss einer Giftschlange (engl.: *snakebite;* frz.: *morsure de serpent*) kommt es nur etwa bei 25 Prozent aller Menschen zu ernsthaften Vergiftungserscheinungen, und bei einem noch geringeren Prozentsatz führt er zum Tod. Zu den verbreitetsten Giftschlangen in Kambodscha zählen: verschiedene Kobraarten, z.B. Königskobra; Vipernarten, z.B. Grüne und Malayische Puffotter, Russelviper; Seeschlange.

Schlangen sind **Nachttiere** und deshalb naturgemäß in der Dämmerung und Dunkelheit aktiv. Tagsüber verstecken sie sich in Schlupflöchern wie Mauerritzen, unter Steinen oder Holzstapeln. Vorsicht beim Besuch von Tempeln! Als Reptilien bevorzugen sie Wärme und liegen gerne auf sonnigen Steinplatten. Seeschlangen halten sich meist in Buchten und Flussmündungen auf. In den Gesundheitszentren der Städte ist meist ein **Antiserum** vorhanden. Die meisten Einheimischen wissen, wo es Hilfe gibt.

Tollwut

Die Gefahr, sich mit Tollwut zu infizieren, ist zwar gering, doch wird diese nach ihrem Ausbruch absolut tödlich

Ärzte und Kliniken in Phnom Penh mit deutschem Kontakt und von der Deutschen Botschaft empfohlen

- **Raffles Medical Clinic and Dentist,** # 161, Street 51, Phnom Penh, Tel. +855-(0)23-216 911; +855-(0)12-816 911, enquiries_phnom penh@rafflesmedical.com; www.rafflesmedical group.com. Korrespondenzsprachen: Englisch, Khmer. **Deutschsprachiger Kontakt:** *Dr. Christoph Bendick,* Arzt für Haut- und Geschlechtskrankheiten; bendick_christoph@rafflesmedi cal.com und *Dr. Lucy Haurisa* (HNO) haurisa_lucy @rafflesmedical.com.
- **CALMETTE HOSPITAL** (mit angeschlossenem Herzzentrum), Monivong Blvd. Nr. 3, Phnom Penh, Tel. +855(0)23-426 948; +855 (0)11-426 948 (Hotline); hospital@calmette.gov.kh, www.calmette.gov.kh, Korrespondenzsprachen: Englisch, Französisch, Khmer.
- **Dr. Michel Sebban** (Kooperationsarzt Deutsche Botschaft), Arzt für Allgemeinmedizin, 18 Street 118 (Zugang über Street 169), Sangkat Mittapheap Khan 7 Makara, Phnom Penh, Tel. +855-(0)12-634 115, cabinetmedical. francais@ yahoo.fr.
- **Dr. Liudmila Karpenko,** Ärztin für Allgemeinmedizin/Kinderärztin, # 35, Str. 306, BKK I, Phnom Penh, Tel. +855-(0)23-986 328, +855-(0)12-813 318.
- **European Dental Clinic,** Phnom Penh, Norodom Blvd. Nr. 160 A, Tel. 023-211 363, mobil: 012-893 174; www.eurodentalcambodia.com; Korrespondenzsprachen: Englisch, Französisch, Khmer.
- **Bereitschaftsdienst der Deutschen Botschaft** in Phnom Penh: Tel. +855-(0)10-990002.

verlaufende Virenerkrankung nur äußerst selten von Reisenden als Gefährdung ernst genommen. In Kambodscha ist diese Krankheit (engl.: *rabies;* frz.: *rage*) sowohl auf dem Land als auch in der Stadt relativ weit verbreitet. Streunende Hunde, aber auch Katzen und Hausaffen sind dabei die Überträger. Notwendige medizinische Maßnahmen nach einer Bissverletzung sind in Kambodscha nicht immer möglich. Deswegen kommt einer **vorbeugenden Tollwutimpfung** eine besondere Bedeutung zu und sollte vor Reiseantritt mit dem Arzt besprochen werden.

Cholera

Kambodscha ist kein Risikogebiet für Cholera, auch wenn es in den letzten Jahren zu lokal begrenzten Ausbrüchen dieser bakteriellen Infektion gekommen ist. Die Krankheit wird überwiegend durch **verunreinigtes Trinkwasser** verbreitet und führt zu starkem Durchfall. Sie tritt vor allem bei armen Bevölkerungsschichten auf, die unter schwierigen hygienischen Verhältnissen leben. Eine Schutzimpfung für Kambodscha wird nicht empfohlen.

AIDS

Vor Ankunft der UNTAC war das Land durch seine jahrzehntelange Isolation fast frei von AIDS (frz.: *SIDA*). Mit dem Frieden kam auch die gefürchtete Krankheit nach Kambodscha, wo sie sich schnell ausbreitete. Durch die Stimulierung des horizontalen Gewerbes durch 22.000 Blauhelme witterten auch Prostituierte aus Vietnam und Thailand, von denen einige mit dem AIDS-Virus infiziert waren, das große Geschäft und kamen nach Kambodscha. Zusammen mit einigen UNO-Soldaten, die bereits HIV-positiv ins Land kamen (unvorstellbar, aber wahr), brachten sie den Teufelskreis in Schwung.

Nach der anfänglich rapiden Ausbreitung des Virus scheint die Situation durch eine offene AIDS-Aufklärung einigermaßen unter Kontrolle zu sein. Schätzungen zufolge ist heute 0,1 % (65.000 Khmer) der Bevölkerung mit dem Virus infiziert. Jährlich sterben etwa 1300 Menschen an AIDS in Kambodscha (Zahlen von 2017, UNAids). Verglichen mit vielen anderen Drittweltländern ist die Versorgung mit adäquaten AIDS-Medikamenten recht gut. 75 % der Bevölkerung werden mit Antiretroviralen Medikamenten (ARV) behandelt.

Verbreitung findet die Krankheit vor allem über die Bordelle. Risikogruppen sind Sextouristen, Soldaten, Polizisten und Männer, die beruflich im Land unterwegs sind, wie LKW- und Taxifahrer, die meist ein ausschweifendes Nachtleben führen.

Da ein Abend mit hohem Alkoholgenuss in den meisten Fällen mit einem Bordellbesuch endet, haben fast alle Khmer-Männer schon einmal mit einem „Taxigirl" geschlafen. Und weil Frauen in Kambodscha nicht den gesellschaftlichen Status haben, um auf einem Kondom bestehen zu können, fand das Virus schnelle Verbreitung.

Einige NGOs sind mit der Aufklärung der Bevölkerung und der Verteilung von Kondomen beschäftigt. Die Angst vor AIDS ist jedoch offenbar geringer als in unseren Breitengraden, weshalb der Gebrauch von Kondomen meist als lästige Lustminderung in einem ansonsten entbehrungsreichen Leben betrachtet wird.

Hin- und Rückreise

Luftweg

In Kambodscha gibt es drei internationale Flughäfen: **Phnom Penh**, **Siem Reap** (Angkor) und **Sihanouk Ville.** Von Europa aus gibt es **keine Direktflüge** nach Kambodscha. Viele asiatische Airlines, aber auch die großen Carrier der Arabischen Emirate, bedienen vor allem Phnom Penh über ihre Drehkreuze. Sihanouk Ville wird überwiegend von chinesischen Airlines angeflogen. Nationale und regionale Flugverbindungen siehe „An- und Weiterreise, Phnom Penh" und „Siem Reap".

Interessante **Umsteigeverbindungen** ab Frankfurt und München **nach Phnom Penh** bieten Thai Airways, Asiana Airlines, Emirates, Etihad Airways und Qatar Airways. **Nach Siem Reap** bieten Singapore Airlines, Vietnam Airlines und Thai Airways gute Verbindungen aus Deutschland an. Der Billigflieger Air Asia bedient viele Routen zwischen Kambodscha und asiatischen Metropolen wie Bangkok, Kuala Lumpur und Singapur.

Die Flugdauer aus dem deutschsprachigen Raum nach Phnom Penh liegt je nach Zwischenlandung oder Umsteigen bei etwa 14 Stunden oder mehr.

Flugpreise

Je nach Fluggesellschaft, Jahreszeit und Aufenthaltsdauer in Kambodscha bekommt man ein Economy-Ticket von Deutschland, Österreich oder der Schweiz hin und zurück nach Phnom Penh in der Nebensaison **ab 800 Euro** (inkl. aller Steuern, Gebühren und Entgelte).

Hauptsaison ist von November bis April, in der die Flugpreise nach Kambodscha auf über 1000 Euro steigen können (vor allem um die Weihnachtszeit).

Viele Fluggesellschaften bieten **Jugend- und Studententickets** an (je nach Airline z.B. für alle jungen Leute bis 29 Jahre und Studenten bis 34 Jahre). Außerhalb der Hauptsaison gibt es damit einen Hin- und Rückflug von Frankfurt nach Phnom Penh ab etwa 750 Euro.

Von Zeit zu Zeit offerieren die Fluggesellschaften **befristete Sonderangebote.** Dann kann man z.B. mit *Thai Airways* für unter 700 Euro von Frankfurt, München oder Zürich nach Phnom Penh und zurück fliegen.

In Deutschland gibt es von Frankfurt aus die häufigsten Verbindungen nach Kambodscha. Tickets für Flüge von anderen deutschen Flughäfen sind oft teurer. Da kann es für Deutsche attraktiver sein, mit einem **Rail-and-Fly-Ticket** per Bahn nach Frankfurt zu reisen (entweder bereits im Flugpreis enthalten oder nur 30 bis 60 Euro extra). Man kann je nach Fluglinie auch einen preiswerten **Zubringerflug** der gleichen Airline von einem kleineren Flughafen in Deutschland buchen. Außerdem gibt es **Fly & Drive-Angebote,** wobei eine Fahrt vom und zum Flughafen mit einem Mietwagen im Ticketpreis inbegriffen ist.

Gabelflüge und Stopover

Gabelflüge (z.B. Hinflug nach Bangkok, Rückflug ab Saigon oder hin nach Hanoi und zurück von Singapur) sind in der Regel teurer, können aber für die Reiseplanung von Vorteil sein. Wenn man bei der Gestaltung von Rundreisen als Ausgangspunkt für seine Reise nach Kambodscha Bangkok gewählt hat, ist der **Discovery Air Pass** von *Bangkok Airways* nützlich, mit dem mindestens drei Strecken geflogen werden müssen, wobei internationale Strecken jeweils 120 $ und Inlandsstrecken in Thailand und Kambodscha jeweils 90 $ kosten (zzgl. Steuern und Gebühren). Damit ist ein Gabelflug von Bangkok nach Phnom Penh und von Siem Reap zurück nach Bangkok für 240 $ (plus Steuern und Gebühren) möglich. Wenn man mag, kann man für weitere 80 $ auch noch einen Abstecher von Bangkok nach Koh Samui und zurück unternehmen.

Die Fluggesellschaften *Cathay Pacific Airways, Malaysia Airlines, Singapore Airlines* und *Thai Airways* bieten **Stopover-Programme** für den jeweiligen Heimatflughafen mit Transport vom/zum Flughafen, günstigen Übernachtungen in guten Hotels, Stadtrundfahrten usw. an.

Buchung

Für die Tickets der Linienfluggesellschaften kann man bei folgendem zuverlässigen Reisebüro meistens günstigere Preise als bei vielen anderen finden:

- **Jet-Travel,** In der Flent 7, 53773 Hennef (Sieg), Tel. (02242) 868606, www.jet-travel.de unter der Auswahl „Flüge".

Landweg

Ein- und Ausreise Thailand

Die Visa für Thailand und für Kambodscha werden an den jeweiligen Grenzübergängen erteilt. Reisende benötigen lediglich einen noch mindestens sechs Monate gültigen Reisepass sowie ein Passbild. Das thailändische Visum ist für EU-Bürger kostenlos und auf 30 Tage beschränkt, das kambo-dschanische Touristen-Visum kostet offiziell 30 $, doch schlagen die Grenzbeamten gerne zwischen 5 und 10 $ auf.

In Deutschland, Österreich oder der Schweiz lebende Staatsbürger von Nicht-EU-Staaten sollten sich grundsätzlich bei der thailändischen und kambodschanischen Botschaft nach der Notwendigkeit für ein Visum erkundigen (siehe „Diplomatische Vertretungen").

- Der Grenzübergang **Poipet/Aranyaprathet** ist der am häufigsten benutzte Grenzübergang, da er am schnellsten von Bangkok zu erreichen ist. Von Bangkok aus fahren täglich Züge und Busse zur Grenzstadt Aranyaprathet, doch die meisten Traveller kaufen in Bangkok in den Reisebüros in der Khao San Road ein Ticket direkt bis nach Siem Reap. Die Fahrt dauert etwa 10 Stunden. Von Siem Reap aus ist eine Direktverbindungen mit Buswechsel an der Grenze buchbar. Zwischen Phnom Penh und Bangkok bieten mehrere Busgesellschaften eine Direktverbindung an, ohne dass der Bus gewechselt werden muss (ca. 25 $). **Tipp:** Schnellste und günstigste Verbindung zur Grenze direkt ab Bangkok International Airport. Vormittags zwei Busse direkt ab Flughafen, nachmittags 13.00 und 17.00 Uhr ab Passanger Terminal, zu dem es einen kostenlosen Shuttlebus (10 Min.) gibt (4 Std. Fahrzeit). Siehe auch Kapitel Poipet „Die Tricks der Grenzmafia").

Mini „Flug-Know-how"

Check-in

Nicht vergessen: Ohne einen **gültigen Reisepass** kommt man nicht an Bord eines Flugzeuges. **Kinder** benötigen ein **eigenes Reisedokument.**

Bei den meisten internationalen Flügen muss man **zwei bis drei Stunden vor Abflug** am Schalter der Fluggesellschaft eingecheckt haben. Je nach Fluggesellschaft kann man das in der Regel ab 23 Stunden vor dem Flug zu Hause im Internet erledigen und muss am Flughafen nur noch die ausgedruckte Boardkarte auf den Scanner legen und sein Gepäck an dem entsprechenden Schalter abgeben. Reist man nur mit Handgepäck, kann man je nach Fluggesellschaft nach einer kurzen Prüfung gleich durch die Schranke in den Boardingraum.

Das Gepäck

In der **Economy Class** darf man pro Person in der Regel ein Handgepäckstück bis zu 7 kg in die Kabine mitnehmen (nicht größer als 55 x 40 x 20 cm) und bei Bedarf zusätzlich ein Gepäckstück bis zu 23 kg einchecken. In der **Business Class** sind es pro Person meist zwei Handgepäckstücke (insgesamt nicht mehr als 12 kg) und ein Gepäckstück bis zu 30 kg zum Einchecken. **Achtung:** Bei sogenannten Billigfluggesellschaften wie z.B. Ryanair gelten andere Gewichtsklassen. Man sollte sich beim Kauf des Tickets über die Bestimmungen der Airline informieren.

Beim Packen des Handgepäcks sollte man darauf achten, dass man Getränke oder vergleichbare Substanzen (Gel, Parfüm, Shampoo, Creme, Zahnpasta, Suppe, Käse, Lotion, Rasierschaum, Aerosole etc.) nur in Mengen bis zu jeweils 100 ml mit ins Flugzeug nehmen darf. Diese Substanzen muss man separat in einem durchsichtigen Plastikbeutel (z. B. Gefrierbeutel) transportieren, den man beim Durchleuchten in eine der bereitstehenden Schalen auf das Fließband legen muss. Auch Notebook oder Smartphone muss in die Schale gelegt werden. Hat man einen Gürtel mit einer Schnalle aus Metall, empfiehlt es sich, diesen auszuziehen und ebenfalls in die Schale zu legen, da sonst in der Regel der Metalldetektor anschlägt und man vom Flughafenpersonal abgetastet werden muss.

Aus Sicherheitsgründen dürfen Nagelfeilen sowie Messer und Scheren aller Art, also auch Taschenmesser, nicht im Handgepäck untergebracht werden. Diese sollte man unbedingt daheim lassen oder im aufzugebenden Gepäck verstauen, sonst werden diese Gegenstände bei der Sicherheitskontrolle einfach weggeworfen. Darüber hinaus gilt, dass leicht entzündliche Gase in Sprühdosen (Schuhspray, Campinggas, Feuerzeugfüllung), Benzinfeuerzeuge und Feuerwerkskörper etc. nicht im Koffer oder dem Handgepäck transportiert werden dürfen.

Von einem **Verschließen des Gepäcks** mittels eines Vorhängeschlosses wird abgeraten, da das Gepäck von dem Flughafenpersonal bei Auffälligkeiten beim Durchleuchten durchsucht werden können muss.

- Grenzübergang **Hatlek/Koh Kong:** Von Bangkok aus fahren fast jede Stunde Busse nach Trat (6 Std., 250 Baht), dort muss man für die Weiterfahrt nach Hatlek in einen Kleinbus umsteigen (120 Baht). Von Phnom Penh und Sihanouk Ville fahren Busse direkt nach Koh Kong City nahe der Grenze. Von dort mit Moped oder Autotaxi zur Grenzstation Chamyeam. Üblich ist es mittlerweile, die Tickets gleich bis zur Zieldestination in Thailand wie Koh Chang oder Bangkok zu lösen. Der Bus muss jedoch an der Grenze gewechselt werden (nähere Infos siehe Kapitel „Koh Kong City").
- Grenzübergang **Surin/Smach:** Eine brauchbare Alternative, um nach Siem Reap zu kommen – Sammeltaxis ab der Grenze. Zwischen der Grenze und Surin in Thailand fahren täglich mehrere Busse.
- Grenzübergang bei **Anlong Veng:** Wegen der ungünstigen öffentlichen Verkehrsanbindung wenig benutzt.
- Grenzübergang bei **Pailin (Ban Pakard/Psah Phrum):** Trotz der guten Verbindungen zwischen Battambang (Kambodscha) und Chanthaburi (Thailand) über den Ort Pailin wenig von Ausländern benutzt.

Ein- und Ausreise Vietnam

An den Grenzübergängen von Vietnam nach Kambodscha wird das Visum für Kambodscha für 30 $ (plus evtl. einer kleinen Bearbeitungsgebühr) an der Grenze ausgestellt. Seit dem 1.7.2015 ist für Deutsche (nicht für Österreicher und Schweizer) die Einreise nach Vietnam für einen Aufenthalt bis max. 15 Tage visumfrei. Über diese Regelung wird jedoch jedes Jahr von der vietnamesischen Regierung entschieden. Deswegen dringend die aktuelle Situation checken. Für den Grenzübertritt muss der **Reisepass** noch **mindestens 6 Monate** gültig sein. Eine erneute visumfreie Einreise nach Vietnam ist erst wieder möglich, wenn seit der letzten Ausreise aus Vietnam 30 Tage vergangen sind. Wer länger in Vietnam bleiben möchte, muss das Visum vorher beantragen. Dies ist in Kambodscha stressfrei über Reisebüros möglich.

- Grenzübergang **Bavet/Moc Bai:** Größter Grenzübergang mit Vietnam. Täglich viele Busse zwischen Ho Chi Minh City und Phnom Penh, die je nach Tageszeit sogar im Stundentakt fahren (10 $, 5–6 Std.). Busse müssen an der Grenze nicht gewechselt werden. Entspannte Grenzabfertigung. Seriöse Wechselkurse an der Grenze. Darauf achten, wo die Einheimischen Geld tauschen (s. auch „An- und Weiterreise" Phnom Penh).
- Grenzübergang **Vinh Xuong:** Beliebter und lohnender Grenzübergang entlang des Mekong zwischen den beiden Städten Phnom Penh und Chau Doc (Vietnam). Es gibt mehrere Boots- und Reiseanbieter auf beiden Seiten (nähere Info siehe Kapitel „Phnom Penh, An- und Weiterreise").
- Grenzübergang **Phnom Denn/Tinh Bien:** Abgelegener Übergang zwischen den Städten Takeo (Kambodscha) und Chau Doc (Vietnam). Kann mit dem Sammeltaxi von Takeo aber auch von Kampot erreicht werden (nähere Infos s. Kapitel „Takeo und Kampot, An- und Weiterreise").
- Grenzübergang **Kampot/Ha Tien:** Prek Chak/Xaxia, im täglichen Sprachgebrauch „Ha Tien" genannt, verbindet Kampot mit der vietnamesischen Küstenstadt Ha Tien und der Insel Phu Quoc (s. auch Kapitel „Kampot, An- und Weiterreise).
- Grenzübergang **Le Thanh/Oyadaun:** Verbindet die Provinzhauptstadt von Rattanakiri „Banlung" mit der vietnamesischen Stadt Pleiku (Flughafen), von wo aus Da Nang und Nga Trang mit Bussen erreicht werden können (nähere Infos siehe Kapitel „Rattanakiri/Banlung").
- Die **Grenzübergänge Trapeang Sre/Loc Ninh** und **Trapeang Phlong/Xa Mat** in der Provinz Kratie bieten eine alternative Route zwischen Phnom Penh und Saigon.

Ein- und Ausreise Laos

Zwischen Laos und Kambodscha gibt es nur einen Grenzübergang, der auf der kambodschanischen Seite **Trapaing Kreal** und auf der laotischen Seite **Nongnokhiene** heißt. Der alte Name ist Dom Kralor und wird teilweise noch benutzt. Es gibt direkte Busverbindungen zwischen Phnom Penh und Pakse (725 km, ca. 12 Std.) und zwischen Stung Treng und den 4000 Islands (ca. 100 km). Der Grenzübergang liegt „in the middle of nowhere", von wo es schwierig ist, weiterzukommen. Verbindungen nie nur bis Grenze sondern immer über die Grenze hinaus bis zum nächsten Ort buchen.

Das **Visum** für Laos und für Kambodscha wird direkt an der Grenze ausgestellt. Das laotische Visum für Europäer kostet je nach Staatsangehörigkeit zwischen 30 und 40 $, das für Kambodscha 30 $. Jedoch werden auf beiden Seiten Sondergebühren im Rahmen von bis zu 5 $ erhoben (siehe auch Kapitel „Stung Treng"). 2 Lichtbilder empfehlenswert.

In Deutschland, Österreich oder der Schweiz lebende Staatsbürger von Nicht-EU-Staaten sollten sich bei der entsprechenden laotischen und kambodschanischen Botschaft nach der Notwendigkeit für ein Visum erkundigen (siehe Kapitel „Diplomatische Vertretungen").

Hygiene

Die Hygienesituation in der Hauptstadt Phnom Penh hat sich in den letzten Jahren **deutlich verbessert.** Trotzdem sind Müllhaufen in den Seitengassen, faulige und undefinierbare Gerüche, überflutete Straßenzüge in der Regenzeit und plattgefahrene Ratten für Mitteleuropäer gewöhnungsbedürftig. Die Dörfer in der Provinz bieten im Kontrast dazu meist ein idyllisches und ordentliches Bild. Nur die allgegenwärtigen Plastiktüten verschandeln die Umgebung.

Die Khmer sind, wie andere Asiaten auch, ein sehr sauberes Volk, das penibel auf persönliche Hygiene achtet. Wie es jedoch außerhalb ihrer eigenen vier Wände aussieht, schert sie wenig.

Selbst Menschen, die in ärmsten Verhältnissen leben, nehmen mindestens einmal pro Tag ein Bad. Dies gilt auch für die Kinder. Wer nicht jeden Tag das Hemd wechselt, wenn er außer Haus geht, hat in der Khmer-Gesellschaft schnell den Ruf, ein Dreckbär zu sein. Deshalb ist auch die Hauptbeschäftigung der Frauen das Waschen. Eine dreckige Toilette in einem Privathaushalt, und sei es nur ein windiger Bretterverschlag, gibt es nicht. Öffentliche Toiletten hingegen sind meist Kloaken.

Hygienetipps

Essen

Ob in Restaurants, auf dem Markt oder an Straßenständen, das Essen wird überwiegend unter akzeptablen hygienischen Umständen zubereitet und serviert. Jeder sollte sich jedoch vor Ort selbst überzeugen, besonders wenn es sich um billige Restaurants oder Marktstände handelt.

Salat sollte nur in guten Restaurants gegessen werden, obwohl man auch dort vor einer Magenverstimmung nie ganz sicher sein kann. Besonders **Blattsalat meiden.**

Früchte, die vor dem Verzehr nicht geschält werden können, müssen vorher mit Trinkwasser (nicht mit Leitungswasser!) gewaschen werden.

Niemals **Speiseeis** von einem Straßenhändler kaufen, denn dies ist die sicherste Art, sich den Urlaub zu verderben. In den größeren Städten gibt es zahlreiche Eisdielen, wo der Genuss unbedenklich ist.

Getränke

Alle in Flaschen servierten Getränke sind aus hygienischer Sicht bedenkenlos. Trinkwasser, das in der Fabrik in Plastikflaschen abgefüllt wurde, ist selbst auf dem Land fast überall zu bekommen. Beim Kauf ist jedoch darauf zu achten, dass es originalverpackt und die Öffnung nicht beschädigt ist.

Tee, der in vielen Restaurants auf dem Tisch steht, kann bedenkenlos getrunken werden, da das Wasser vorher abgekocht wurde.

Auf keinen Fall **Leitungswasser** trinken. Auch zum Zähneputzen empfiehlt es sich, Trinkwasser aus der Flasche zu benutzen. Duschen stellt keine gesundheitliche Gefahr dar.

Es lässt sich nicht vermeiden, früher oder später im Softdrink, Bier oder Café **Eiswürfel** zu finden. Die meisten Reisenden beugen sich nach anfänglichem Kampf schließlich dieser traditionellen Unsitte, in jedes Getränk Berge von Eiswürfeln zu stopfen, und begnügen sich mit der Hoffnung, dass schon nichts passieren wird. Tropenmediziner sind entsetzt, wenn sie nach Eiswürfeln in Getränken gefragt werden. Aus eigener Erfahrung bin ich mir jedoch relativ sicher, dass ich selbst in der abgelegensten Gegend nie gesundheitliche Probleme wegen dieser Khmer-„Unsitte" hatte.

Informationsstellen

Außer bei den im Kapitel „Diplomatische Vertretungen" genannten Adressen können auch hier nützliche Informationen eingeholt werden:

- **Deutsch-Kambodschanische Gesellschaft**, Vorsitzender: *Dr. Chan Thong Sérey,* www.friedenshaus-kambodscha.org. Deutsche Website. Informationen über Land und Leute sowie Patenschaften.

Informationen aus dem Internet

- **www.tourismcambodia.org.** Die offizielle Tourismuswebsite Kambodschas. Es gibt bessere.
- **www.liportal.de/kambodscha.** Aktuelle und ausführliche Informationen über Politik, Wirtschaft und Gesellschaft, die von dem Politologen *Dr. Markus Karbaum* aktualisiert werden.
- **www.movetocambodia.com.** Interessant nicht nur für Leute, die nach Kambodscha auswandern oder dort arbeiten wollen. Auch sonst viele interessante und fundierte Informationen zum Land.
- **www.kambodscha-info.de.** Gelungene Informationsseite auf Deutsch. Nützliche Informationen zur Reisevorbereitung können im Forum erfragt werden, eine Art touristische Vertretung für Kambodscha.

- **www.phnompenhpost.com.** Regierungsfreundliche, täglich erscheinende Zeitung in Englisch. Aktuelle Artikel beschäftigen sich mit Politik, Wirtschaft und anderen wichtigen Ereignissen des Landes. Politisch jedoch nicht neutral, sondern auf der Seite der CPP (Hun Sen). Ein Teil der Artikel ist gratis; um die anderen lesen zu können, muss ein Abonnement bezahlt werden.
- **www.phnom-penh.diplo.de.** Homepage der deutschen Botschaft in Phnom Penh mit nützlichen Links und kulturellen Veranstaltungshinweisen.
- **www.mekonginfo.org.** Homepage der Mekong Commision, die aus den Mekong Anrainerstaaten Vietnam, Kambodscha, Laos und Thailand besteht und die Nutzung des Flusses regeln soll. Ihr Sitz ist in Phnom Penh. Leider zu wenig Infos über den Mekong, aber viele Links zu anderen Umweltprojekten. Englisch.
- **www.norodomsihanouk.info.** Persönliche Homepage von Ex-König Sihanouk und seiner Frau. Überwiegend französisch.
- **www.canbypublications.com.** Die Website bietet Informationen, zusammengestellt vom „Visitor Guide" Verlag.
- **www.cambodiatribunal.org.** Ausführliche und aktuelle Berichterstattung über das Khmer Rouge Tribunal.
- **www.kambodscha-botschaft.de.** Offizielle Website der Kambodschanischen Botschaft in Berlin.
- **www.kambodscha.don-kong.com**. Unterhaltsame Seite mit Videoclips und Informationen nach dem Motto: Wie man als deutscher Auswanderer in Kambodscha lebt.
- **www.cambodia-news.net.** Sehr informativer Blog auf Deutsch mit aktuellen Informationen über Politik, Wirtschaft, Menschenrechte, Umwelt und Natur sowie Tourismus.

Sicherheit

Insbesondere bei **außergewöhnlichen Zwischenfällen** (Naturkatastrophen, Massenunfällen oder Terroranschlägen) interessant, wenn man aktuelle Hinweise zur allgemeinen Sicherheitslage benötigt:

- **Deutsches Auswärtiges Amt:** www.auswaertiges-amt.de, Tel. 030/18172000 (auch App „Sicher Reisen" für iOS und Android).
- **Außenministerium Österreich:** www.bmeia.gv.at, für generelle Anfragen Tel. 01/901153775, für dringende Fälle Tel. 01/901154411 (auch „Auslandsservice-App" für iOS, Android und BlackBerry).
- **Eidgenössisches Departement für auswärtige Angelegenheiten (Schweiz):** www.eda.admin.ch, Tel. 0800/247365 oder 0584653333 (auch „itinerisApp" für iOS und Android).

Hilfsorganisationen

Nachstehend aufgeführte deutschsprachigen Hilfsorganisationen sind in Kambodscha aktiv:

- **GIZ** (Gesellschaft für internationale Zusammenarbeit), www.giz.de
- **Don Bosco,** www.donboscomission.de
- **SOS Kinderdorf,** www.soskinderdoerfer.de
- **CARE,** www.care.de. Ärzte ohne Grenzen, www.aerzte-ohne-grenzen.de.

Stiftungen

- **Konrad-Adenauer-Stiftung** (sehr aktiv)
- **Friedrich-Ebert-Stiftung**
- **Heinrich-Böll-Stiftung**
- **Friedrich-Naumann-Stiftung**

Reiseunternehmen

Es gibt ein umfangreiches Angebot an Pauschalreisen sowie Kultur- und Studienreisen, die Kambodscha, insbesondere die Tempel von Angkor, als Höhepunkt im Rahmen einer Südostasienreise anbieten. Ihr Reisebüro berät Sie gern. Auch im Anhang dieses Buches finden Sie Anzeigen einiger ausgewählter Reiseveranstalter.

Interessant für Individualtouristen sind auch Anbieter, die ihr Reisebüro vor Ort in Kambodscha haben und wo pauschale und individuelle Reisen direkt gebucht werden können (siehe auch die Kapitel „Phnom Penh" und „Siem Reap").

Aktuelle Publikationen

Alle zwei Monate erscheint, herausgegeben vom Institut für Asienkunde, das Heft **„Südostasien aktuell"** mit einer Zusammenfassung wichtiger Presseartikel aus Asien, die sich mit der Situation Kambodschas und anderer südostasiatischer Länder befassen. Zu beziehen ist das Heft beim:

- **Institut für Asienkunde,** Rothenbaumchaussee 32, 20148 Hamburg, Tel. 040/443001.

Eine seit Langem etablierte englischsprachige Zeitung, die *Phnom Penh Post*, erscheint bis auf das Wochenende täglich mit aktuellen Artikeln zu Politik, Wirtschaft, Sport, Kultur und Tourismus, lokal und international. Auf der Homepage www.phnompenhpost.com werden täglich einige der Artikel veröffentlicht.

Zwei Magazine mit interessanten Artikeln über Kambodscha und Südostasien erscheinen monatlich in Englisch. Das *GLOBE* (www.se-globe.com), für den ein deutscher Chefredakteur verantwortlich zeichnet, kostet 4 $ pro Ausgabe.

Kommunikation unterwegs

- **Vorwahl für Kambodscha: 00855**

Neben dem schnellen Ausbau des Mobilfunknetzes wurde auch das einstmals marode Festnetz dem technischen Standard des 21. Jahrhunderts angepasst. Deswegen sind jetzt wieder vermehrt Hotels, Geschäfte und Ämter über einen Festnetzanschluss problemlos erreichbar. Die großen Städte und Provinzen haben eine eigene Vorwahl. Beispielsweise 023 für Phnom Penh, 034 für Sihanouk Ville oder 063 für Siem Reap.

Internet/WiFi

Kambodscha ist **absolutes WiFi Country.** Es gibt kaum eine Unterkunft, die ihren Kunden nicht **kostenloses WiFi** zur Verfügung stellt, kaum ein Restaurant, das seine Gäste offline lässt. Die einzigen Ausnahmen sind noch einige, erst vor Kurzem touristisch erschlossenen Inseln an der Küste. Es mag vielleicht nicht immer so schnell und problemlos funktionieren wie zu Hause (obwohl es auch hierzulande bekanntlich erhebliche Problemzonen gibt), aber die Versorgung mit Internet ist etwas Selbstverständliches in Kambodscha und weit verbreitet. Es empfiehlt sich jedoch dringend, sein **eigenes** Smartphone oder Laptop mitzunehmen, denn öffentliche Computer, wie in Zeiten, als es nur in Internetcafés möglich war, ins World WideWeb zu kommen, gibt es kaum noch.

Insbesondere wenn man die kostenlosen WiFi-Netze auf seinem Tablet, Smartphone oder Laptop nutzt, sollte man sich allerdings bewusst sein, dass diese in der Regel **nicht geschützt** sind und man darüber beispielsweise **keine sensiblen Anmeldedaten** (Bank-Login oder Ähnliches) eingeben sollte, wenn man sich nicht durch einen zusätzlichen Dienst wie einen **VPN-Anbieter** (Virtual Private Network, z.B. **www.nordvpn.com**) absichert.

Mobilfunk und SIM-Karten

Für die meisten Reisenden ist es Standard, sich eine **lokale SIM-Karte** für das eigene oder ein Zweithandy bei der Einreise nach Kambodscha zu kaufen. Mit der eigenen SIM-Karte aus Deutschland zu telefonieren ist zwar möglich, allerdings können Telefonate wegen der **internationalen Roaming-Gebühren** unangenehm teuer werden. Das gilt umso mehr für die Nutzung von **Smartphone-Datapacks.** Rechnungen mit vierstelligen Summen nach nur 14 Tagen Urlaub und täglich 20 MB Down- oder Uploads sind da keine Ausnahme! Solche Kosten kann man am besten umgehen, wenn man sich ausschließlich auf **SMS** beschränkt (der Empfang ist in der Regel kostenfrei), über eine kostenfreie WLAN/WiFi-Verbindung E-Mails schreibt, **Skype** bzw. **Facetime** zum Videotelefonieren nutzt oder auch **WhatsApp** und andere kostenlose Bericht-Apps zur Kommunikation bevorzugt.

Mobile Daten und telefonieren über eine **kambodschanische SIM** sind dagegen **ausgesprochen günstig**, da sich sieben Gesellschaften um einen Markt von 15 Mio. Kunden bemühen. *Cellcard, Metphone, Smart, qb, Beeline, CooTel* und *Excell.* Telefonate unter den verschiedenen Gesellschaften sind oft teuer, weshalb viele Khmer drei oder vier Handys mit unterschiedlichen SIM-Karten benutzen. Für Ausländer sind **Cellcard oder Smart,** wegen der Englisch sprechenden Mitarbeiter und den günstigen Datenpaketen, am empfehlenswertesten. Telefonate nach Europa kosten um die 7 Cent pro Minute.

Die **SIM-Karte** sollte am besten bei der Einreise am Flughafen gekauft werden. Alle Mobilfunkgesellschaften haben dort Verkaufsstände, aber auch in jedem der zahllosen Phoneshops im Land lassen sich SIM-Karten in unterschiedlichen Preisstückelungen kaufen und nachladen. Für den Kauf einer SIM-Karte ist die **Kopie des Reisepasses** notwendig. Handys gibt es ab 25 $ in den Shops zu kaufen. Smartphones gibt es auch überall im Land.

Wer Probleme mit seinem Smart- oder iPhone hat, wende sich an den zuverlässigen **CitiPhone Shop** in Phnom Penh. 33. Straße, Nr. 128, Tel. 013-733777.

LGBT +

Gleichgeschlechtliche Sexualität ist **legal** in Kambodscha. Doch gibt es keine Anti-Diskriminierungsgesetze oder rechtlichen Sanktionen gegen Personen, die die Rechte von Lesben, Schwulen, Bisexuellen und Transgender (LGBT) verletzen. Im Alltag leiden Schwule und Lesben oft unter **Diskriminierung** am Arbeitsplatz und in der Öffentlichkeit. In diesem eher konservativen Land sind sie vor allem in ländlichen Gebieten sozial und familiär **isoliert.** Gleichgeschlechtliche **Ehen** sind gesetzlich nicht erlaubt. Am meisten leiden Homosexuelle und Transgender unter der **Polizeiwillkür.**

Doch wäre es vollkommen falsch daraus zu schließen, Kambodscha wäre generell ein schwulenfeindliches Land. Die Kultur und Religion der Khmer ist sehr tolerant, und Schwule und Lesben werden zwar belächelt, aber müssen in keiner Weise Angst haben, in der Öffentlichkeit an den Pranger gestellt oder gar tätlich angegriffen zu werden. Transvestiten und Schwule sind zwar optisch in den Straßen weniger schrill präsent als im benachbarten Thailand, doch sind sie vor allem abends und nachts ein vertrautes Bild – nur eben nicht so auffällig.

In der Hauptstadt Phnom Penh und in Siem Reap gibt es einige **Gaybars** im Zentrum der Stadt mit abgefahrenen Drag Shows und wilder Party. Seit 2003 gibt es eine **Gay Pride Parade** in Phnom Penh, seit 2015 ein **Khmer LGBT Magazin,** und selbst der verstorbene König *Sihanouk* hat sich immer wieder positiv über gleichgeschlechtliche Liebe geäußert. Sein Nachfolger und Sohn König *Sihamoni* ist aller Wahrscheinlichkeit nach schwul. Besonders auffällig ist, dass es unter erfolgreichen Geschäftsleuten viele bekennende Schwule gibt.

Einen tiefen Einblick in die Situation von Lesben, aber auch in die generelle Problematik von Homosexuellen in Kambodscha, bietet der mehrfach preisgekrönte Kurzfilm **„Two girls against the rain“** von *Sao Sopheak* aus Phnom Penh, der 2013 auf der Berlinale lief. „Diese Dokumentation ist die erste in Kambodscha entstandene Produktion, die Mitgliedern der LGBT-Community eine Stimme gibt, genauer einem lesbischen Pärchen, das sich während der Terrorherrschaft der Roten Khmer kennenlernte und seit dieser Zeit zusammenlebt. Ihr Kampf gegen moralische Maßstäbe der Dorfbevölkerung und die Stigmatisierung durch die Familie, aber auch die Hoffnung, bald heiraten zu können, tragen *Soth Yun* und *Sem Eang* durch ihr Leben. Dieser Film bietet nie gezeigte Einblicke in eine Welt, die hin- und hergerissen scheint zwischen Anerkennung und Ablehnung Homosexueller in Kambodscha“ (Quelle: www. events.at).

Die **Gay Hochburg für Touristen** ist Siem Reap. Auch in Phnom Penh gibt es Gay Hotels und Bars, außerdem eine große, urbane Subkultur und drogenschwangere Clubs, doch nirgendwo hat sich die internationale Szene mit schicken Boutique Hotels und extravaganten Bars so gemütlich eingerichtet wie vor den Toren von Angkor. Selbst mit Genehmigung aus dem Tourismus-Ministerium wird Kambodscha als schwule Tourismusdestination mittlerweile dezent beworben.

659ka an

Moped fahren

Ein ideales Verkehrsmittel, um selbstständig die Umgebung zu erkunden, ist das Moped. Kleine Mopeds mit 50 ccm können überall im Land zwischen 4–8 $, Enduros nur in größeren Städten vor allem Phnom Penh ab 15 $ gemietet werden. Ausnahme ist Siem Reap, wo Touristen generell nicht mit einem eigenen motorisierten Untersatz herumfahren dürfen. In anderen, touristisch weniger erschlossenen Städten ohne offiziellen Verleih ist es am erfolgversprechendsten, mit einem der überall anzutreffenden Motorradtaxifahrer über den Verleih seines Mopeds zu verhandeln. Sie sind jedoch nicht immer bereit, das für ihren Lebensunterhalt wichtige Fahrzeug einem unbekannten Ausländer zu überlassen. Da ein Moped das am meisten verbreitete Fortbewegungsmittel in Kambodscha ist, muss im Falle einer Reifenpanne oder eines technischen Defektes, selbst auf dem Land, nur selten lange nach einer „Werkstatt" gesucht werden. Platte

⌃ Dies entspricht nicht ganz westlichen Verkehrssicherheitsstandards

Reifen werden mit Hilfe eines Stück Gummis, einer offenen Flamme und einem Schraubstock faszinierend einfach und effektiv geflickt.

Eine **Führerscheinpflicht** besteht nur für Motorräder ab 125 ccm. Laut WHO sind weit über die Hälfte aller Verkehrstoten in Kambodscha Motorradfahrer. Seit 2016 gibt es eine **Helmpflicht,** die für den Fahrer sowie den Beifahrer gilt. Wer ohne erwischt wird, zahlt offiziell etwa 5 $ Strafe. Die Verhandlungsbasis bei Ausländern wird meist höher angesetzt. Sobald sich die Einheimischen sicher sind, dass die kambodschanische Polizei nicht mehr im Einsatz ist, wird meist ohne Helm gefahren.

Für **Enduro-Freaks** ist Kambodscha ein Paradies. Auch wenn immer mehr Straßen asphaltiert werden, sind noch viele Landstraßen in desolatem Zustand. Fahrverbote gibt es nicht.

Organisierte Touren mit Leihmotorrädern bieten an:

- **www.angkordirtbiketours.com,** www.hiddencambodia.com und in Phnom Penh die Bikeshops **Dara** (136. Str., Nr. 43, darabikeshop@yahoo.com) und **Vannak** (130. Str., Nr. 46, Tel. 012/220 970) an.
- **www.adventureriderasia.net.** Der Deutsche *Reinhard Trippmacher* (Spitzname: *der Sachse Reinhard*) betreibt sein Office in Kampot. Er ist ein hervorragender Kenner des Landes und organisiert zuverlässige Dirtbike Touren im ganzen Land, Tel. 078/250350.
- **www.siemreapdirtbikes.com.** Lt. Eigenwerbung die Nummer 1 in Asien. Organisieren Touren durch Kambodscha und Laos.
- **Literatur:** Im Buch „Die größten Motorradabenteuer" (Bruckman-Verlag) ist auch eine Reportage aus Kambodscha von Andreas Neuhauser dabei. Erschienen 2004.

Nachtleben

Richtig gute Clubs mit internationalen Dj's und attraktiven Livebands findet man nur in Phnom Penh. Diese Szene braucht den Vergleich mit anderen asiatischen Großstädten nicht zu scheuen. Schon in Sihanouk Ville und Siem Reap ist das Niveau der Discos für erprobte Partyanimals weitaus niedriger. Während in den kleineren Städten noch höchstens die Bars der Barang und die provinziellen Bordelle die Nachtschwärmer anziehen.

Seitdem wieder Frieden in Kambodscha eingekehrt ist, hat das einheimisch orientierte Nachtleben bereits viele Wandlungen hinter sich. Zu Beginn boomten die **Dancing Restaurants,** riesige dunkle Räume, die die Gemütlichkeit einer Mensa und aufgrund der gigantischen Klimaanlagen die Temperatur von Kühlhäusern hatten. Hunderte von Prostituierten hielten die Männer bei Trinklaune und zerrten sie zu schmalzigen Schnulzen und ohrenbetäubendem Khmer und Thai Rock auf die Tanzfläche.

Zu den Taxigirls kamen bald die **Beergirls.** Sie traten überall dort in Scharen auf, wo es Bier zu kaufen gab und promoteten den Gerstensaft ihrer Brauerei. Hatte man sich unter der großen Auswahl für eine Marke entschieden, schaufelten sie dem Gast den ganzen Abend Bier und Eiswürfel ins Glas.

Nachdem die Beergirl-Euphorie ihren Höhepunkt überschritten hatte, eröffneten die **Massage-** und **Karaoke Parlors.** Dass dort kein seriöser Physiotherapeut eine ausgefallene Form der Musiktherapie anbot, dürfte jedem klar sein. Die verliebten Khmer, die mit hohem Alkoholpegel ihre Schnulzen in maßlos übersteuerte Anlagen jaulten, hörten sich grauenhaft an. Doch eines Morgens im Frühjahr 2002, als *Hun Sen,* Ministerpräsident von Kambodscha, nach einer schlaflosen Nacht grimmig erwachte, entschloss er sich kurzerhand, alle diese üblen Etablissements von einem Tag auf den anderen zu schließen (so zumindest die Erklärung der Kambodschaner).

Da die Nachfrage nach nächtlichem Amüsement bei den Khmer ungebremst zu sein scheint, wurde verzweifelt nach einem unverfänglichen Begriff gesucht. Wie sie gerade auf die traditionellen bayerischen Biergärten kamen, weiß kein Mensch. Auf jeden Fall ist auch der **Beergarden** eine Institution für Nachtschwärmer in Kambodscha. Was sich dahinter verbirgt, muss jeder selbst herausfinden.

Prostitution

„Taxigirls", wie in Kambodscha Prostituierte genannt werden, gehören hier, wie auch in anderen asiatischen Ländern, zum vertrauten Bild des Nachtlebens. Jede kleine Provinzstadt hat ihr Bordell, und jeder Khmer-Beergarden und jede Disco hat einen festen Stamm an Mädchen, die sich um die Gäste kümmern. Obwohl Prostitution gesellschaftlich toleriert ist, gibt es ein gesetzliches Dilemma. Der Artikel 7 verbietet nämlich Prostitution und droht den Besitzern von Bordellen sogar mit bis zu 20 Jahren Gefängnis. Doch die einzigen, die von dieser strengen Regelung profitieren, sind korrupte Polizisten, die durch die Erpressung von Schutzgeldern gut verdienen. Deshalb kämpfen weitsichtige Beamte zusammen mit Menschenrechtsorganisationen, die sonst nicht gut auf dieses Gewerbe zu sprechen sind, für die Legalisierung der Taxigirls. Ihre berechtigte Sorge ist, dass beim Abdrängen der Prostitution in die Illegalität, die Mädchen nicht mehr zugänglich für Aids-Aufklärung sind und der abscheuliche Handel mit Frauen und Mädchen, die mancherorts wie Sklavinnen gehalten werden, noch unübersichtlicher und unkontrollierbarer wird als er es ohnehin schon ist.

Da jedoch der Gesundheitszustand der Mädchen katastrophal ist – 80 Prozent sollen Erkrankungen haben, die durch Geschlechtsverkehr übertragen werden, u.a. auch Aids – haben die Gesundheitsbehörde und Hilforganisationen Alarm geschlagen. Durch den regelmäßigen Kontakt der Mädchen mit Familienvätern aus allen Bevölkerungsschichten begründete sich die rasche Verbreitung von Aids (s. auch Kapitel „Gesundheit").

Die kambodschanische Sexindustrie teilt sich auf in ausländische (westliche und vor allem chinesische) Freier und den lokalen Markt. Vor allem in Phnom Penh gibt es eine Vielzahl von **Girlie Bars** im Rotlichtbezirk z.B. hinter der Riverside, wo vor allem die westlichen Sextouristen abhängen. Die Mädchen arbeiten alle für eine „Mamason" und stehen unter genauer Beobachtung. Nicht alle Mädchen in diesen Bars bieten Sex an, viele sollen auch die Männer verwöhnen, damit sie die überteuerten Drinks kaufen. Vor allem in Sihanouk Ville betreiben die Chinesen ihr eigenes Sex-Bussiness, zu deren Etablissements Westler keinen Zutritt haben und wo auch die Khmer-Exekutive oft machtlos ist oder durch Schutzgelder bestens mitverdient. Kambodschanische Kunden gehen eher dezent in die **Massage Parlors** oder **Karaoke Bars** und nehmen den „Extraservice" in Anspruch.

Leider taucht Kambodscha immer wieder in den internationalen Schlagzeilen als Reiseziel für **Kindersextouristen** auf. Eine sehr schlimme Sache, die allerdings von der Presse gepflegt wird, da sich mit dem hässlichen Thema *sex and crime* Auflagen und entsprechend hohe Einschaltquoten erzielen lassen. Die Regierung und Kinderschutzorganisationen gehen vehement gegen den Kindersextourismus vor. *ChildSafe* gehört zu den engagiertesten Kinderschutzorganisationen. Sie haben in Kambodscha eine Hotline eingerichtet: 012/311 112, www.childsafe-interna tional.org.

Eine **Transvestitenszene** oder **Homosexuellenprostitution** gibt es nicht in solchen Ausmaßen wie etwa in Thailand, doch ist zu beobachten, dass in Phnom Penh und Siem Reap immer mehr, meist sehr kreativ und stilvoll gestaltete Gaybars öffnen. In manchen, wie dem *Blue Chilli* in Phnom Penh (siehe dort), finden amüsante und schrille Transvestiten-Shows statt.

Notfall

Verlust von Geldkarten

Bei Verlust oder Diebstahl der Kredit- oder Debitkarte sollte man diese **umgehend sperren** lassen. Für deutsche Debit- und Kreditkarten gibt es die einheitliche Sperrnummer **0049 116 116** und im Ausland zusätzlich **0049 30 40 50 40 50.** Der **TCS** (Schweiz) betreibt einen Kartensperrservice; Informationen unter Tel. **0844 888 111.** Ansonsten gelten für österreicherische und schweizerische Karten:

- **Maestro/Bankomat,** (A-)Tel. 0043 1 204 8800; (CH-)Tel. 0041 44 2712230, UBS: Tel. 0041 800 888 601, Credit Suisse: Tel. 0041 800 800488.
- **Für MasterCard, VISA, American Express** und **Diners Club** sollten Österreicher und Schweizer sich vor der Reise die Rufnummer der kartenausstellenden Bank notiert haben.

Geldüberweisung

Mit der Kreditkarte darf man pro Woche lediglich einen vorher festgelegten Höchstbetrag bar abheben (sehr unterschiedlich je nach Karte). Bei der unter-

Telefonnummern für den Notfall (nur für Phnom Penh)

- **Polizei:** 117
- **Krankenwagen:** 119
- **Calmette-Krankenhaus:** 023/724 891
- **Raffles Medical Phnom Penh:** (Notfallevakuierungen, operieren im ganzen Land) 023/216 911 oder 012/816 911
- **Naga Clinic:** 011/811 175
- **Touristen-Polizei:** Phnom Penh: 012/942 484; Siem Reap: 012/402 424

Notrufnummern landesweit

- **Allg. Notruf, Polizei:** 117
- **Feuerwehr:** 118
- **Unfallrettung:** 119

sten Kategorie von Kreditkarten sind es üblicherweise 1000 US-Dollar pro Woche. Damit kommt man im echten Notfall nicht weit.

Wer dringend eine größere Summe Bargeld in Kambodscha (bis zu umgerechnet 5000 Euro) benötigt, kann dies über **www.westernunion.com** regeln und das Geld bei der entsprechenden Vertretung von Western Union vor Ort auszahlen lassen. Je nach Höhe des Betrags wird eine **Gebühr** erhoben. Für eine Bargeldauszahlung von z.B. umgerechnet 1000 Euro kostet es 8,90 € Gebühr, wenn man das Geld per Sofort-Überweisung von seinem deutschen Konto oder Kreditkarte anweisen lässt (19,90 € für umgerechnet 5000 €). So umgeht man bei Bedarf auch die tägliche/wöchentliche maximale Ausgabehöhe von Geldautomaten. Diese Art von Überweisungen kann man per App von Western Union avisieren, über Online-Banking von seiner eigenen Bank oder durch eine dritte Person von z.B. Deutschland aus.

Ausweisverlust/dringender Notfall

Wird der Reisepass oder Personalausweis im Ausland gestohlen, muss man dieses bei der örtlichen **Polizei** melden. Außerdem sollte man sich an die nächste diplomatische Auslandsvertretung seines Landes wenden, damit diese einen Ersatz-Reiseausweis zur Rückkehr ausstellt. Ohne gültige Reisedokumente kommt man nicht an Bord eines Flugzeuges!

Auch in **dringenden Notfällen,** beispielsweise medizinischer oder rechtlicher Art, Vermisstensuche, Hilfe bei Todesfällen o.Ä. sind die **Botschaften** bemüht, zu helfen.

- **German Embassy,** 76–78 Street 214 (Rue Yougoslavie), Phnom Penh, Tel. 023/216 193, 216 381, www.phnom-penh.diplo.de.
- **Honorary Consulate,** Legacy Business Center 11F Nr. 29, Mao Tse Toung Blvd., Phnom Penh, Tel. 023/999 001, max@cosmos-s.com oder austrian consulate.pnh@gmail.com.
- **Swiss Consulate,** Phnom Penh (334. Straße, Nr. 50, Beung Kengkang 1/Khan Chamkarmon, Tel. 023/218 305, pnh.consularagency@eda. admin.ch).

Öffnungszeiten

Die nachstehenden Angaben über die Öffnungszeiten sind lediglich auf Phnom Penh bezogen und werden auch dort sehr uneinheitlich und flexibel gehandhabt. Die Öffnungszeiten in den Provinzstädten sind in den entsprechenden Kapiteln angegeben.

Ämter

Kernarbeitszeit: Montag bis Freitag von 8.00 bis 11.30 Uhr und 14.00 bis 17.00 Uhr.

Banken

Montag bis Freitag durchgehend von 8.00–15.30 Uhr, meist auch Samstag von 8.00–11.30 Uhr geöffnet.

Geschäfte

Die meisten Geschäfte und Supermärkte sind täglich und durchgehend von 8.00 bis 18.00 Uhr geöffnet. Viele öffnen auch schon um 7.00 Uhr und schließen erst um 20.00 Uhr.

Märkte

Täglich von 7.00 bis 17.00 Uhr.

Museen
Täglich von 8.00 bis 17.00 Uhr.

Post
Täglich geöffnet. Für allgemeine Dienste 7.30 bis 17.00 Uhr.

Orientierung

In Kambodscha gibt es sieben Hauptverkehrsachsen, die mit Route National (RN) bezeichnet werden. Bis 1970 waren sie in ausgezeichnetem Zustand, doch während des Bürgerkrieges wurden Brücken und Straßentrassen gesprengt, und der Monsunregen unterspülte und vernichtete jährlich unzählige Kilometer Straßenbelag, ohne dass jemand die Schäden reparierte. Heute befinden sie sich meist in einem guten Zustand.

Die nächst kleinere Kategorie von **Landstraßen** wird ebenfalls als Route National (RN) bezeichnet und hat eine zweistellige Kennzahl. Auch diese wurden in den letzten Jahren ausgebaut und geteert. Durch den intensiven Monsun und die unterschiedlich nachhaltige Bauweise der Khmer ist die Haltbarkeit dieser Straßen begrenzt und mit krassen Schlaglöchern jederzeit zu rechnen.

Ungeteerte Nebenstraßen werden von den Khmer als „plow krohom" (rote Straßen) wegen des rotbraunen Erdbelags bezeichnet. Genial zum Endurofahren, aber bei Trockenheit extrem staubig, bei Nässe rutschig wie Blitzeis und in der Monsunzeit manchmal unbefahrbar.

Die **Orientierung in Provinzstädten** anhand von Straßenbezeichnungen oder Adressen ist nur in seltenen Fällen möglich. Straßennamen gibt es kaum und wenn, dann sind sie uneinheitlich oder unaussprechbar.

Post

Die Post in Kambodscha arbeitet, zumindest in Phnom Penh und den Provinzhauptstädten, recht zuverlässig. Die Erfahrungen im **General Post Office** in Phnom Penh (Ecke 13. und 102. Straße) sind jedoch widersprüchlich. Die Berichte gehen von nie angekommenen Postkarten, über 2 Wochen und länger bis hin zur Zustellung innerhalb von 4 Tagen.

Post, die **vom Ausland** an Adressen in Phnom Penh und Siem Reap geschickt wird, erreicht mit großer Wahrscheinlichkeit ihren Empfänger; Briefe an Adressaten in kleinen Provinzstädten werden nicht zugestellt. Auch innerhalb des Landes funktioniert das Postwesen unzuverlässig.

Rad fahren

Während in den Provinzhauptstädten Fahrradfahrer noch den Verkehr dominieren, radeln in Phnom Penh nur noch Schulkinder und Leute, die sich kein Moped leisten können. Doch langsam findet Rennradfahren, aber vor allem Mountainbiken als Sport der Mittel- und Oberschicht immer mehr Anhänger. Es werden richtige Mountainbike-Rennen z.B. am Baseth Mountain, 25 km von Phnom Penh entfernt, veranstaltet. In den großen Städten ist es möglich, brauchbare Mountainbikes der Marken *Merida, Giant* und *Trek* zu kaufen. Wirklich gute Leihbikes sind noch rar. Die Fahrräder, die von manchen G.Hs. für 2 $ pro Tag verliehen werden, sind für richtige Touren unbrauchbar.

Kambodscha ist **ideal für Mountainbike-Touren.** Auf Feldwegen durch die Provinz zu fahren bietet großartige Begegnungen mit der Landbevölkerung. Das Problem ist jedoch, dass es keine wirklich guten und aktuellen Karten gibt; auch Wegweiser sucht man vergebens. Dagegen funktioniert die Orientierung mit GPS auf dem Smartphone mithilfe von Google Maps oder maps.me recht zuverlässig. Wegen des hohen Verkehrsaufkommens und der z.T. rüden Fahrweise der Khmer sollten **Hauptstraßen mit dem Bike gemieden** werden.

- In Siem Reap und Phnom Penh verkaufen/verleihen *Grasshoppers Adventure* und *Vicious Cycle,* die sich Verleih und Werkstatt in Phnom Penh teilen, gute Mountainbikes. Sie bieten auch Ausflüge und mehrtägige Mountainbike-Touren an (www.viciouscyclecambodia.com, www.grasshopperadventures. com).
- Auch auf dem Bokor Mountain bei Kampot werden im *Casino* brauchbare Bikes verliehen.

105ka an

Reisezeit

Die Reiseplanung sollte sich stets an den Monsunzeiten orientieren. Grob betrachtet gibt es drei klimatische Perioden.

Trockenzeit: Dezember–Februar

Niederschläge sind sehr selten; die Luft ist klar, und die Sonne scheint sehr intensiv; die Temperaturen sind angenehm und bewegen sich zwischen 21 und 32 Grad; geringe Luftfeuchtigkeit.

Diese Zeit eignet sich besonders gut für Besichtigungen von Tempeln, zum Baden und für Rundfahrten mit dem Auto, Moped oder Bike (keine Überschwemmungen); gutes Licht zum Fotografieren.

Vormonsun: März–Mai

Bis zum Eintreffen der Monsunwinde, was von Jahr zu Jahr stark variieren kann, sind Niederschläge selten. Die Sonne scheint, aber es ist häufig dunstig; die Luftfeuchtigkeit ist hoch; die Temperaturen steigen bis 35 Grad; die Nächte sind unerträglich schwül.

Gute Zeit zum Baden, Tempelbesichtigungen sollten wegen der Hitze eher auf frühmorgens oder spätnachmittags verlegt werden; erträgliche Temperaturen findet man zu dieser Zeit im Hochland der Provinz Rattanakiri, der Mekong ist mit Passagierschiffen nur bis Kratie befahrbar.

Monsunzeit: Juni–November

In diesen Monaten, insbesondere im Oktober, regnet es fast täglich, meistens am Nachmittag. Es gibt jedoch immer wieder Perioden, in denen die Wetterlage relativ stabil ist, andererseits kann es auch mehrere Tage ununterbrochen durchregnen. Weite Teile des Landes stehen unter Wasser.

Die Luftfeuchtigkeit ist hoch, doch ist es nicht mehr so heiß wie in der Vormonsunzeit. Von einem Besuch des Landes während dieser Zeit ist nicht generell abzuraten, doch sollte man sich darauf einstellen, dass man täglich einmal nass wird und die Reiseplanung möglicherweise umgestellt werden muss. An der Küste regnet es intensiver als um den Tonle-Sap-See.

Ideal ist die Monsunzeit für Reisende, die die verzweigten Wasserwege des Landes mit Booten befahren möchten. Über den Mekong kann man sogar die laotische Grenze und die Stadt Rattanakiri erreichen.

Bootsfahrten auf dem Meer, speziell die Verbindung Sihanouk Ville – Koh Kong City (in der Provinz Koh Kong), sind wegen der Taifune, die zu dieser Zeit auftreten können, richtig gefährlich. Der Verkehr auf den Hauptstraßen wird nur selten längerfristig durch Überschwemmungen unterbrochen. Hingegen sind Seitenstraßen nicht selten wochenlang unpassierbar.

Im Oktober/November findet in Phnom Penh das drei Tage dauernde Fest *Bon Oumtouk* statt. Es ist das einzige Ereignis dieser Art, das bei der Reiseplanung mit berücksichtigt werden sollte (siehe auch Kapitel „Feste und Feiertage“).

Sicherheit

Kambodscha leidet immer noch unter seinem **Bürgerkriegs-Image.** Jeder Bericht und jede Reportage über dieses Land beginnt mit den Horrorgeschichten der Khmer Rouge, der Minengefahr und der hohen Kriminalität. Eine bedauerliche Einfallslosigkeit von sensationshaschenden Journalisten. Seit Ende der 1990er Jahre, mit dem Ende der Roten Khmer, hat sich die Lage extrem verändert. Kein Ausländer ist in den letzten 20 Jahren auf eine Mine getreten. Die Kriminalität ist auf ein in Asien übliches Maß zurückgegangen, und dass man sich nachts besser keine dunklen Gassen aufsuchen sollte, gilt auch für Europa.

Aber: Die gut und breit ausgebauten Straßen verleiten viele Khmer, mit überhöhter Geschwindigkeit zwischen Ochsenkarren und spielenden Kindern durch die Gegend zu rasen. Da die meisten Fahrzeuge in einem bedauerlichen Zustand (und meist noch überladen) sind, hat die Zahl der schweren **Verkehrsunfälle** enorm zugenommen. Meiner Meinung nach die größte Gefahr für einen Touristen im Land. Am sichersten ist es noch, mit den Bussen zu fahren, obwohl es auch mit diesem Verkehrsmittel in letzter Zeit zu schweren Unfällen mit Toten gekommen ist.

Nach wie vor muss in abgelegenen Gegenden nahe der thailändischen Grenze noch mit **Minen** gerechnet werden. Dort, wo Touristen auftauchen und Einheimische leben, weisen rote Schilder mit der weißen Aufschrift „Danger Mines" auf die tödlichen Fallen hin. Dass hier nicht abseits der ausgetretenen Pfade spazieren gegangen werden sollte, versteht sich eigentlich von selbst. Nur die wenigsten Reisenden werden jedoch bis zu diesen Orten vorstoßen.

Wachsamkeit empfiehlt sich in den **Khmer-Discos.** Besonders unter Alkoholeinfluss kommt es bei den Einheimischen gelegentlich zu gewalttätigen Auseinandersetzungen bis hin zum Schusswaffengebrauch.

In letzter Zeit kommt es in Phnom Penh und Sihanouk Ville wieder des öfteren zum klassischen Handtaschenraub. Junge Männer und Halbwüchsige auf Mopeds sind meist die Täter, die sich vor allem wenig darum scheren, ob sich ihr Opfer dabei schwer verletzen könnte.

Vorsicht sollte man unbedingt bei **politischen Massenveranstaltungen** und Demonstrationen walten lassen, denn hierbei kann asiatische Sanftmut schnell mal in aggresive Massenhysterie umschlagen. In solchen Fällen kann es auch zum Einsatz von Schusswaffen kommen.

Hinweis: **Warnungen von Einheimischen sollten unbedingt ernst genommen werden!**

Der **Tempel Praeh Vihear** an der thailändischen Grenze ist in den letzten Jahren zum politischen Brennpunkt der Grenzprobleme zwischen Thailand und Kambodscha geworden. Zur aktuellen Lage, auch der **inneren Sicherheitslage des Landes Kambodscha**, sollte man sich vor der Reise unter www.auswaertiges-amt.de, www.eda.admin.ch oder www.bmeia.gv.at erkundigen.

■ **Notrufnummern** siehe Kapitel „Notfall".

Drogen

In manchen Travellerkreisen kursiert das Gerücht, Kambodscha sei ein Drogenparadies, in dem von Marihuana bis Meth, Kokain und Heroin alles sehr leicht zu bekommen ist. Grundsätzlich aber sind Drogen in Kambodscha **illegal,** und es stehen **schwere Strafen** auf Konsum und Verkauf.

Der Umgang mit **Marihuana,** das ebenfalls illegal ist, ist im Alltag relativ entspannt. Pizza mit Marihuana-Topping (Happy Pizza) darf offiziell als jahrhundertealter Bestandteil der Khmer-Küche im Restaurant verkauft werden, wenn der Besitzer Kambodschaner ist. Unter den einheimischen Jugendlichen ist Gras sehr verbreitet, und in vielen Traveller Bars werden Joints über den Tresen verkauft.

Der Konsum von **Crystal Meth** sowie von **Kokain** ist in ganz Asien in den letzten Jahren geradezu explodiert, und Kambodscha liegt mitten drin. Da Heroin in Kambodscha billiger als Kokain ist, werden beide Drogen oft gemischt und schließlich als Kokain verkauft. Für Unwissende können die Folgen tödlich sein.

Während Ausländer sehr selten wegen kleiner Mengen Marihuana verurteilt werden, drohen **drakonische Strafen für harte Drogen.** Dutzende Ausländer sitzen deswegen in Phnom Penh im überfüllten Prey-Sar-Gefängnis zusammen mit kambodschanischen Schwerverbrechern – dagegen sind deutsche Gefängnisse Wellnesshotels. Drogensüchtige Khmer kommen für 3–6 Monate in Zwangsentzug in Rehabilitationszentren mit 70–80 Personen in einem Raum.

Minen

Die letzten 20 Jahre ist kein Tourist mehr durch Minen zu Schaden gekommen. Die **Touristenorte** und **Umgebungen** sind **minenfrei.** In einigen Landesteilen, vor allem in Grenznähe zu Thailand, besteht jedoch noch Gefahr. Dort sollte man auf keinen Fall gekennzeichnete Wege verlassen.

Das Khmer-Wort für Minen ist *minh.* (Gibt es hier Minen?: *mian minh?*)

Verkehr

In Kambodscha gibt es etwa 400.000 zugelassene Pkw und rd. 2 Mio. registrierte Mopeds. Zugleich faszinierend wie dubios ist die große Dichte an **Luxusfahrzeugen** in einem der ärmsten Länder Südostasiens. Ein Indiz dafür, dass die Kluft zwischen arm und superreich immer größer wird. Es sind nicht nur teure Autos, sondern meistens die neuesten Luxusmodelle von Toyota, BMW, Mercedes, Audi und Hummer, die zur Rush Hour auf den Straßen Phnom Penhs wie bei einer Verkaufsschau zwischen den zahllosen Mopeds dahintreiben.

Die **Verkehrsdichte** tagsüber in Phnom Penh hat auch einen positiven Aspekt, nämlich dass Raser unweigerlich ausgebremst werden und somit die immense Menge an Fahrzeuglenkern gezwungen ist, miteinander zu kooperieren. Ab ca. 19.00 Uhr kann man beobachten, dass die Ampeln zunehmend ignoriert werden, und ab 21.00 Uhr, wenn sich der Straßenverkehr ausdünnt, wird Gas gegeben. Gefährlich wird es jeweils spät nachts, wenn betrunkene Auto- und Mopedfahrer durch die Stadt rasen, was regelmäßig zu brutalen Unfällen führt – nicht nur in Phnom Penh.

Auf den **Landstraßen** jedoch herrscht der blanke Irrsinn. Europäische Vorstellungen von rücksichtsvoller und sicherer Fahrweise werden hier ad absurdum geführt. Auf viel zu engen Straßen ohne Mittel- oder Seitenbegrenzung wird gnadenlos gerast und überholt, während am Straßenrand kleine Kinder Fahrrad und Moped fahren üben. Kein Wunder, dass Kambodscha eine erschreckend **hohe Unfallrate** zu verzeichnen hat, obwohl krasse Aufklärungsspots im Fernsehen die Khmer zu mehr Rücksicht im Verkehr erziehen sollen. Pro Jahr sterben knapp 2000 Menschen im Straßenverkehr, also fast 5 Personen pro Tag.

Souvenirs

Krama

Das authentische Mitbringsel aus Kambodscha ist dieser bunt karierte **Baumwollschal,** der ein wichtiges Kleidungsstück und ein vielfach verwendbarer Gebrauchsgegenstand der Khmer ist (siehe „Kleidung"). Er ist auf jedem Markt zu bekommen. Besonders schöne Exemplare sind aus Seide gewebt. Sehr farbenprächtige Kleidungsstücke für Frauen sind auch der aus Seide hergestellte **Sarong** und der **Houl** (siehe „Kleidung").

Seide

Handgewebte Seidenstoffe gehören zu traditionellen Handarbeiten des Landes. Ein Tuch (90x350 cm) kann auf jedem Markt gekauft werden und kostet je nach Qualität und Muster 18 $ und mehr (siehe Seidenweberzentrum in Phnom Penh). Die beste Seide kommt aus Kompong Speu.

Antiquitäten

Verkauf und Ausfuhr von echten und registrierten Antiquitäten ist verboten. Nachbildungen in Bronze, Marmor oder Holz von Buddhas, Apsaras und hinduistischen Göttern sind auf Märkten und in Shops zu finden. Wer Antiquitäten kauft, sollte beim Händler auf eine Ausfuhrerlaubnis, ausgestellt vom *Department of Fine Arts,* bestehen. Ansonsten könnte es bei der Ausreise Schwierigkeiten geben. **Achtung:** Aus Thailand dürfen keine Buddhasymbole ausgeführt werden.

Silber

Zu den herausragenden Handarbeiten gehören kleine Dosen aus Silber, die die Form eines Tieres haben. Sie dienten ursprünglich den betelnusskauenden Frauen zur Aufbewahrung ihrer „Droge". Sie werden aus einer Silberlegierung hergestellt.

Edelsteine

Auf jedem Markt gibt es Shops, die Edelsteine, vor allem aus Pailin, verkaufen. Kenner können sicherlich ein paar lohnende Einkäufe tätigen. Gemessen an deutschen Standards sind die meisten Schliffe jedoch nicht fein genug.

Reispapierdrucke

Hübsche, billige und leicht zu transportierende Souvenirs sind Drucke von den Tempeln aus Angkor auf Reispapier.

Ölgemälde

Bei den Gemälden handelt es sich überwiegend um Abbildungen von Angkor Wat und anderen beliebten Tempeln. Die Schönsten sind in romantisch verklärter Weise gemalt.

T-Shirts

Auf dem Markt Toul Tom Pong gibt es eine große Auswahl an verschiedenen Aufdrucken: Symbole aus Kambodscha wie Angkor Wat, die kambodschanische Landkarte oder das Nationalbier *Angkor.* Der Renner, der genau das Image trifft, unter dem Kambodscha immer noch leidet, sind T-Shirts mit einem Totenkopf und den Lettern „*Danger Mines*" (siehe auch Kapitel „Souvenirs" bei Phnom Penh und Siem Reap).

Sprache

Khmer

Khmer ist **Landes- und Amtssprache** in Kambodscha. Für 90 Prozent der Bevölkerung ist Khmer die Muttersprache. Chinesen, Vietnamesen und die ethnischen Minoritäten im Nordosten bilden die verbleibenden 10 Prozent. Khmer-Sprachinseln haben sich im Nordosten Thailands, im Süden von Laos und im Mekong-Delta (im Süden Vietnams) gebildet. Khmer ist auch die Grundlage des „königlichen Thai", der formalen Sprache am thailändischen Hof.

Die Linguistik zählt Khmer zu den austroasiatischen Sprachen. Zusammen mit *Mon,* das in Thailand und Myanmar gesprochen wird, bildet es die linguistische Gruppe *Mon-Khmer.* Über die Jahrhunderte wurde die Sprache durch Einflüsse des Pali und des Sanskrit verändert. Später fanden auch Wörter aus dem Französischen, Chinesischen und Vietnamesischen Eingang in die Sprache.

Die **Schrift** hat sich aus dem Sanskrit, einer altindischen Literatur- und Gelehrtensprache, entwickelt. Sie unterscheidet sich deutlich von den Lettern, die in Thailand und Laos verwendet werden. Die Schreibweise ist für Europäer schwierig und verwirrend. Das Khmer-Alphabet besteht aus 24 Zeichen für Selbstlaute (Vokale), also wesentlich mehr, als jede westliche Sprache besitzt. Dazu kommen noch 33 Zeichen für Konsonanten und 14 Zeichen für Initialvokale.

Auch die **Aussprache** kann einen Lernwilligen leicht zur Verzweiflung bringen. Es gibt eine Reihe von Lauten, die im Deutschen vollkommen unbekannt sind. Nuancen in der Betonung, die für uns kaum hörbar sind, können die Bedeutung mancher Wörter enorm verändern. Es gibt allein acht Buchstaben, die phonetisch irgendwo zwischen *d* und *t* angesiedelt sind. Für die Aussprache eines *k* und eines *ch* gibt es jeweils vier verschiedene Möglichkeiten. Beim Erlernen des Khmer sollte man sich jedoch nicht so schnell entmutigen lassen, da die Kambodschaner über jedes Wort, das sie aus dem Mund eines Ausländers hören, entzückt sind und nicht müde werden, schwierig auszusprechende Wörter vorzusagen.

Während sich die Grammatik auf einfache Strukturen beschränkt, gibt es in der Khmer-Sprache Wörter, die zwischen dem sozialen Status von Personen unterscheiden. Auch der **Wortschatz** für familiäre und verwandtschaftliche Beziehungen sowie hierarchische Abstufungen ist größer als bei uns. Die Sprache ist sehr exakt und kennt wenig abstrakte Ausdrücke. Das Wort „tragen" gibt es z.B. nicht, es wird in dreizehn verschiedene Arten des Tragens unterteilt.

Es gehört zur Höflichkeit, auch Fremde mit dem Vornamen anzusprechen. Spitznamen werden, im Gegensatz zu Thailand, kaum benutzt.

Das **Zahlensystem** basiert nicht auf dem arabischen Dezimal-, sondern auf dem Fünffingersystem (s. auch „Kleine Sprachhilfe" im Anhang dieses Buches).

Literatur

- **Khmer – Wort für Wort,** Kauderwelsch Bd. 62, *Claudia Götze-Sam* und *Sam Samnang,* Reise Know-How Verlag, Bielefeld. Praxisorientierter Sprachführer mit vielen anschaulichen Beispielen und einer Wörterliste Khmer-Deutsch und Deutsch-Khmer. Gut für den schnellen, aber gründlichen Einstieg, Audio- Begleitmaterial ist erhältlich.
- **English – Khmer Dictionary,** Seam & Blake Books, Bangkok, Thailand. Englische Wörter in phonetischer und in Khmer-Schreibweise angegeben. Für den praktischen Gebrauch sehr nützlich. In Kambodscha wird das Buch auf den Märkten und von Kindern verkauft.

Englisch und Französisch

Noch bis 1975, dem Sturz Sihanouks, unterhielt man sich in gebildeten Kreisen weitgehend auf **Französisch.** Damals war es in der Oberschicht üblich, den Kindern eine französische Erziehung und Ausbildung zuteil werden zu lassen. Viele studierten in Frankreich. Auch die Unterrichtssprache an den Universitäten in Phnom Penh war Französisch.

Unter den Menschen, die älter als 50 sind, sprechen, im Vergleich zu Vietnam, noch erstaunlich viele die Muttersprache ihrer Kolonialherren. Selbst in der tiefsten Provinz trifft man immer wieder auf Khmer, die des Französischen mächtig sind. Viele Minister und höhere Beamte der Regierung sprechen noch fließend Französisch.

Doch die Sympathie der jungen Generation gehört dem **Englischen.** Seit 1990 darf es wieder unterrichtet werden, doch fehlt es immer noch an qualifizierten Lehrern, um die enorme Nachfrage zu befriedigen. Zur Aufbesserung ihres Gehaltes bieten allerorts Lehrer und Studenten Englischstunden außerhalb des regulären Unterrichtes an. Sie können sich vor Schülern kaum retten. Selbst Mönche in ihren safrangelben Roben drücken die Schulbank, um diese Sprache zu erlernen.

Die Franzosen, durch das *Centre Culturel Français* in Phnom Penh vertreten, betrachten Kambodscha immer noch als französischsprachige Nation und versuchen vergeblich, ihre Sprache und Kultur zu verbreiten. Zu Recht sehen sie in der Ausbreitung des Englischen die Gefahr, dass mit der Sprache die Einheitskultur der Amerikaner importiert wird. Mit Kulturprogrammen, französischen Filmfestivals, Konzerten, eigenen Radio- und Fernsehprogrammen und einer Sprachenschule versuchen sie gegenzusteuern. Doch der Kampf um die sprachliche Vormachtstellung ist bei der jungen Generation verloren. Schade, denn gerade die Mischung der asiatischen Mentalität mit der Kultur und dem Lebensstil der *Grande Nation* hat das besondere Flair der indochinesischen Länder geprägt.

Deutsch

An die 1000 Kambodschaner aus verschiedenen Berufsgruppen wurden zwischen 1980 und 1989 in der DDR ausgebildet. Viele sind in ihr Heimatland zurückgekehrt und arbeiten dort meist in gehobeneren Positionen. Häufig sprechen sie sehr gut Deutsch.

Auch das **Goethe-Institut** hat eine Dependance in Phnom Penh im *Meta House,* wo Deutschkurse angeboten werden (siehe „Phnom Penh").

Uhrzeit

Die Zeit in Kambodscha entspricht der **Weltzeit + 7 Stunden.** Es ist damit zeitgleich mit seinen Nachbarn Thailand, Vietnam und Laos. Im Vergleich zu Deutschland gehen die Uhren in Kambodscha 6 Stunden vor. Während unserer Sommerzeit verkürzt sich der Abstand auf 5 Stunden.

Unterkunft

In Kambodscha buchen mittlerweile die meisten Reisenden ihre Unterkünfte über **Onlineportale** oder auf English **OTA** (online travel agency). Weit verbreitet sind booking.com, expedia.de, hostelworld und Agoda. Für Informationen über Unterkünfte, Restaurants etc. wird häufig TripAdvisor zu Rate gezogen, Buchungen sind über dieses Portal nicht möglich (siehe auch Kasten „Überblick Buchungsportale"). Da Hoteliers schlechte Kritiken auf diesen Seiten fürchten wie der Teufel das Weihwasser, wird damit oft Schindluder getrieben, und immer wieder kommt es vor, dass Gäste die Besitzer von Unterkünften regelrecht mit der Drohung eines negativen Eintrags auf TripAdvisor erpressen – sei es gerechtfertigt oder nicht. Während auf *TripAdvisor* jeder seine Meinung kundtun kann, ist dies bei Buchungsportalen nur möglich, wenn über das Portal gebucht wurde. Deswegen sind diese Rezensionen deutlich seriöser als bei TripAdvisor.

Die typischen **Backpacker-Guest Houses** (G.H.) mit sehr billigen Zimmern (ab ca. 5 $) und günstigem Essen gibt es meist in den Touristenhochburgen in Siem Reap, Phnom Penh und Sihanouk Ville. Der Trend geht dort aber eindeutig zum günstigen, gemütlichen Hostel mit Dormitory (5–15 $) oder dem exklusiven **Boutique Hotel** (40–80 $) mit Schwimmbad und Spa für den anspruchsvollen Reisenden. Asiatische Pauschalreisende übernachten in gewaltigen Hotelanlagen, wo sie in riesigen Restaurants am Buffett abgespeist werden.

Während in der **Hauptsaison** von Dezember bis März in Siem Reap und Sihanouk Ville nicht selten vorgesehene Unterkünfte ausgebucht sind, ist es dort vor allem in den besseren Hotels möglich, in der **Zwischensaison** von Mai bis Juli sehr gute Preise herauszuhandeln.

Die **Preise** beziehen sich auf zwei Personen im Doppelzimmer. Wenn das Zimmer mit nur einer Person belegt ist, wird es aber nicht automatisch günstiger.

Guest Houses (5–15 $)

Über viele Jahre die klassische Unterkunft für Traveller aus aller Welt mit begrenztem Budget. Standard sind einfache DZ mit Bad/WC und der Auswahl mit Fan oder AC, die den Preis verändern. In den Touristenhochburgen weichen sie immer mehr den Hostels, aber im Rest des Landes ist das Guest House immer eine gute Wahl für preisbewusste Traveller. Charakteristisch sind die niedrigen Preise und ein Angebot an Leistungen, das die **Grundbedürfnisse der Reisenden** zufriedenstellt.

Die meisten Guest Houses verfügen über Einzel- und Doppelzimmer entweder mit Gemeinschaftsbad und WC (ab ca. 5 $) oder mit Bad/ WC im Zimmer (ab ca. 8 $). Ein Ventilator steht in jedem Raum, Moskitonetze sind eher die Ausnahme. Häufig ist ein einfaches Restaurant angeschlossen.

Hostel (2–6 $ pro Bett)

Bei jungem Publikum und Individualreisenden mit kleinem Budget sind Hostels schwer angesagt. Sie bieten Mehrbettzimmer, sogenannte **Dorms,** mit gemeinsamen Bad/WC an. Typisch für Hostels sollten billige, einfache aber gepflegte Dorms sowie gemütliche **Aufenthaltsräume, Chillout Areas** und nette **Restaurants** sein, wo sich die Backpacker aufhalten und sich kennenlernen können. Viele Hostels bieten auch gemeinsame **Ausflüge** und andere touristische Serviceleistungen an, haben oft einen kleinen **Pool** und Kochgelegenheiten. Manche Hostels bieten zusätzlich auch **Doppelzimmer** an. Jedes Hostel ist individuell gestaltet.

Khmer Standard-Hotels (10–20 $)

Eine vom Autor eingeführte Klassifizierung für einen typischen Hotelstil, der

Preisangaben für Unterkünfte in diesem Buch

Um einen schnellen Überblick über die einzelnen Preise von Hotels und Guest Houses zu gewährleisten, wurden diese im Buch mit Zahlen von 1 bis 5 nach folgenden Preisspannen gekennzeichnet:

①	5–25 $
②	25–50 $
③	50–100 $
④	100–200 $
⑤	über 200 $

Diese Angaben beziehen sich in der Regel auf ein DZ für 2 Personen mit Bad und Frühstück. Die Wahl eines Zimmers mit/ohne AC oder mit/ohne Bad kann Einfluss auf den Preis haben.

Überblick Buchungsportale

Als Ergänzung zu den sorgfältig zusammengetragenen Unterkunftsempfehlungen in diesem Buch können **Buchungsportale** wie Booking.com, Agoda.com, TripAdvisor, Hostelworld oder AirBnB dazu genutzt werden, aktuelle Preise und die Bewertungen anderer Reisender einzusehen sowie Unterkünfte direkt zu buchen.

Die Plattformen arbeiten mit Unterkünften aller Art zusammen und machen diese für Reisende leicht auffindbar. Sie übernehmen bürokratische Aufgaben wie die Abwicklung der Bezahlung oder stellen den Kontakt zwischen Unterkunft und Unterkunftssuchenden her.

Hilfreich bei der Entscheidungsfindung sind die **Bewertungen** anderer Kunden in diesen Portalen. Gäste bewerten eine Unterkunft nach oder während ihres Aufenthalts und sorgen im besten Fall für aussagekräftige Benotungen (1-10, 10 ist das Optimum). Je mehr Nutzer eine Bewertung abgegeben haben, desto verlässlicher ist das Ergebnis. Vorsicht ist geboten, wenn nur sehr wenige Nutzer ihre Meinung abgegeben haben. Aber auch sonst lohnt es sich, kritisch zu lesen: Achtet man auf die zu den Rezensionen verfassten Texte, so erhält man oft Aufschluss über die Echtheit der Bewertung. Auch lassen sich Veränderungen im Qualitätsstandard erkennen, wenn eine insgesamt positiv bewertete Unterkunft in jüngster Zeit zahlreiche schlechte Bewertungen erhalten hat.

Über die Plattform **AirBnB** können private und gewerbliche Vermieter ihr „Zuhause" oder einen Teil davon anbieten. Auch hier vermittelt das Portal zwischen Anbieter und Kunde. Es werden zusätzlich Touren und Aktivitäten mit Einheimischen vermittelt, bisher allerdings nur in touristischen Ballungsgebieten.

TripAdvisor ermöglicht es, auch Bewertungen ohne eine Buchung abzugeben. Dies hat Vor- und Nachteile.

Bei den Gastronomietipps ist es von Vorteil, da auch Gäste, die nicht über ein Buchungsportal einen Tisch reserviert haben, eine Bewertung abgeben können und somit deutlich mehr Bewertungen zustande kommen.

Ob man sich für die Buchung über ein **Online-Buchungsportal** entscheidet, hängt von der Präferenz der Nutzer ab. Zur generellen Sondierung der Marktsituation und zur Einschätzung von Unterkünften sind die Portale meist empfehlenswert. Die Nutzung ist für Endkunden zunächst kostenlos, für die Betreiber der Unterkünfte fällt jedoch eine Provision an – die im Zweifel doch irgendwann eingepreist wird. Die Haltung der Betreiber ist unterschiedlich: Während manche über das Portal sogar günstigere Preise anbieten, freuen sich andere ausdrücklich, wenn man persönlich und direkt bucht.

besonders in den Provinzstädten zu finden ist. Es handelt sich um Neubauten oder Hotelanlagen, die ohne besonderen Charme aus dem Boden gestampft werden. Im Gegensatz zu G.H.s und Hostels wird hier **kein eigener Service für Traveller** geboten. Die Zielgruppe sind in erster Linie Einheimische und asiatische Geschäftsleute. Der Vorteil für Touristen ist, dass das Preis-Leistungs-Verhältnis für die Zimmer im Vergleich extrem günstig ist. Sie sind groß, sauber, haben Bad/WC (oft auch warmes Wasser) und natürlich WiFi. Nur eine heimelige und geschmackvolle Deko ist oft Fehlanzeige. Wer es noch günstiger möchte, dem wird die AC abgeschaltet und ein Fan ins Zimmer gestellt. Dadurch kommt man für 6 $ in den Genuss eines großen Zimmers mit Bad/WC für wenig Geld.

Hotels

Boutique Hotels (40–80 $)

Der große Trend in Phnom Penh und Siem Reap für den Individualreisenden mit größerem Budget. Sie heben sich **von anderen Hotels** durch eine überschaubare Größe, geschmackvoll eingerichtete Zimmer, gut geschultes Personal und meist einem Schwimmbad mit Spa-Bereich ab.

Luxushotels

4–5-Sterne-Hotels gibt es nur in Phnom Penh, Siem Reap und Sihanouk Ville.

Home Stays (5–15 $)

„Home Stays" sind Unterkünfte bei der einheimischen Landbevölkerung inklusive **Familienanschluss** und der Teilnahme am kulturellen und täglichen Leben der Khmer, wie es in Deutschland etwa unter dem Namen „Urlaub auf dem Bauernhof" bekannt ist. Die Gäste sind entweder in einer eigenen Hütte oder zumindest in einem separaten Zimmer untergebracht. Die Unterkünfte sowie Toilette und Duschen sind einfach und entsprechen dem Leben auf dem Land (Eimerdusche und Stehklo). Die sanitären Anlagen sind normalerweise sehr sauber. Ob die Mahlzeiten im Preis mit inbegriffen sind, sollte vorher geklärt werden.

Diese nachhaltige Form des Tourismus wird meist von NGOs organisiert, um der Landbevölkerung die Möglichkeit eines kleinen Zusatzeinkommens zu bieten. Eine großartige Idee, um das Leben der Khmer hautnah kennenzulernen. Oft liegen allerdings Anspruch und Wirklichkeit weit auseinander, denn die Sprachbarriere lässt das Interesse der Khmer an den Fremden schnell wieder versiegen.

Home Stays gibt es beispielsweise in **Kratie, Stung Treng** und **Banteay Chhmar.**

Öffentliche Verkehrsmittel

Reisen in Kambodscha ist einfach, billig und abenteuerlich.

Flugzeug

Es gibt nur drei internationale Flughäfen in Kambodscha, die regelmäßig angeflogen werden. **Phnom Penh** und **Siem Reap** sowie **Sihanouk Ville** an der Küste. Die meisten Provinzhauptstädte hatten früher einen Flughafen, doch diese sind seit dem Ausbau des Straßennetzes nicht mehr in Betrieb.

Zehn kambodschanische Fluggesellschaften bedienen die Inlandsstrecken Phnom Penh, Siem Reap und Sihanouk

Ville, aber auch immer mehr internationale Routen innerhalb Asiens. Preise und Flugpläne sind ständigem Wandel unterlegen, denn für dieses kleine Land ist der Verdrängungswettbewerb unter den Fluglinien enorm. Einen guten Ruf besitzt **Cambodian Angkor Air** (www.cambodianangkorair.com), die zu Vietnam Airlines gehört und mit ATR72-Flugzeugen die Strecke Phnom Penh–Siem Reap bedient und mehrfach am Tag fliegt (50–120 $ one way). Wesentlich günstiger auf dieser Route ist die **Bassaka Air** (www.bassakaair.com), die mit A320-Airbussen fliegt und ein Jointventure von Naga Kasino und chinesischer Regierung ist. Alle Airlines sind online sowie über Reisebüros buchbar.

Sammeltaxi

In der Provinz immer noch das **einzige öffentliche Verkehrsmittel.** Doch lieben viele Khmer diese ungemütliche „Sardinenbüchse" so sehr, dass sie das „Taxi" auch auf Strecken den Vorzug geben, wo bereits wesentlich sicherere und gemütlichere Reisebusse verkehren. Ein Vorteil der Sammeltaxi-Busse ist jedoch, dass sie auch größere Gepäckstücke sowie Fahrräder und Motorräder transportieren. Das Prinzip ist einfach: An bestimmten Stellen in jeder Stadt (siehe An- und Weiterreise im jeweiligen Kapitel) stehen ab dem frühen Morgen Fahrzeuge bereit, die auf Mitfahrer warten. Erst wenn sie bis auf den letzten Platz besetzt sind, wird abgefahren. Nach dem Sammeltaxi-Prinzip fahren auch Kleinbusse und Pick-ups. **Tipp:** Wer es ein bisschen bequemer haben möchte, zahlt den Preis für zwei Personen und beansprucht den Beifahrersitz alleine.

Nervend sind die zahlreichen **Schlepper** an den Abfahrtsstellen. Sie stürzen sich auf potentielle Fahrgäste und versuchen, sie in eines der wartenden Taxis zu zerren, von dessen Fahrer sie anschließend eine Provision kassieren. Man sollte darauf achten, dass bereits andere Fahrgäste da sind, sonst dauert es manchmal ewig, bis das Taxi voll ist und abfährt.

Bus

Da mittlerweile alle größeren Städte von Reisebussen angefahren werden können, gibt es unzählige Busgesellschaften, die um Passagiere buhlen. Durch die enorme Konkurrenz sind die Preise extrem niedrig. Auf den ersten Blick scheint dies ein Vorteil für den Reisenden zu sein, doch decken bei diesem Verdrängungskampf die Einnahmen kaum die Unkosten. Darunter leidet nicht nur der Komfort, sondern vor allem auch die Sicherheit. Zu den etablierten und meist zuverlässigen Busgesellschaften gehören *Phnom Penh Sorya, G.S.T.* und *Capitol Tours,* die bequemsten Busse bietet *Mekong Express* an. Tickets sind an den Bushaltestellen, den Büros der Busgesellschaften, in Guest Houses, Hotels und Reisebüros erhältlich.

Auf bookmebus.com oder camboticket.com können Bustickets auch online gebucht werden.

Eine Liste der **wichtigsten Busgesellschaften** mit Kontaktdaten siehe Kapitel „Phnom Penh/Adressen".

⊡ Unterwegs mit der Royal Cambodian Railway

Zug

Royal Cambodian Railways

Während der französischen Kolonialzeit wurde 1929 mit dem Bau der Eisenbahn, der sogenannten **Nordbahn** (405 km) von Phnom Penh nach Sisophon, begonnen. Während des Zweiten Weltkrieges wurde dann der Anschluss über Poipet nach Thailand fertiggestellt. Mit der Machtübernahme der Roten Khmer 1975 kam der Zugverkehr zwischen den beiden Ländern zum Erliegen.

Die **Südbahn** (250 km), von Phnom Penh nach Sihanouk Ville, dem einzigen Tiefseehafen des Landes, wurde in den goldenen 1960er Jahren von Deutschland, Frankreich und China gebaut.

Als die **Roten Khmer** an die Macht kamen, war die Eisenbahn bei der Entvölkerung der Städte für sie von großem strategischen Nutzen. Hunderttausende, ähnlich wie im Nationalsozialismus, wurden zusammengepfercht in Viehwaggons zur Arbeit auf den Feldern transportiert, von wo viele nie wieder zurückkehrten.

Anfang der 1990er Jahre, als die **Vereinten Nationen** ins Land kamen, war die Eisenbahn trotz des katastrophalen Zustandes nach den Jahren des Bürgerkrieges die einzige Möglichkeit, zu reisen, da fast alle Straßen vermint und ein Großteil der Brücken eingestürzt waren. Doch auch zu dieser Zeit war das Reisen im Zug lebensgefährlich, denn marodierende Rote Khmer und schwerbewaffnete Banditen überfielen die Passagiere regelmäßig, um sie auszurauben. Oft wurde der Zug durch das Anbringen von Minen unter den Schienen zum Anhalten gebracht. Deswegen wurden immer zwei Waggons vor jede Lok gehängt in denen die Fahrt kostenlos war – makaber, aber wahr.

129ka_19 an

Nach und nach wurde der Zugverkehr eingestellt und die sogenannten **Bamboo Trains** kamen in Mode. Einfache Norrys, Schienentaxis, die von Mopedmotoren angetrieben wurden, nutzten die Menschen anfänglich in der Provinz zum Reisen und zum Transport von Waren, bis sie dann zur großen Touristenattraktion wurden.

Seit April 2016 fahren wieder **Personenzüge** nach Sihanouk Ville, und seit September 2018 auch von Phnom Penh über Battambang nach Poipet zur thailändischen Grenze. Ein landschaftliches Highlight ist der Streckenabschnitt auf der Südbahn **zwischen Takeo und Kampot,** wo sich die Schienen durch die tiefste Provinz und zwischen den bizarren Karsthügeln hindurchschlängeln.

In naher Zukunft wird auch die **direkte Zugverbindung von Bangkok nach Phnom Penh** realisiert werden, und wenn es nach den Plänen der Regierung geht, sollen auch bald Schienen nach **Saigon** und **Siem Reap** führen. Darum werden sich aber wohl die Chinesen mit ihren ehrgeizigen Infrastruktur-Projekten in der Region kümmern.

Mein Tipp: Die Reise mit dem Zug der Royal Cambodian Railways ist die schönste Art und Weise, das ländliche Kambodscha zu sehen und ein Erlebnis, an das man sich gern erinnert. Zur Zeit fahren noch erstaunlich wenige Passagiere mit dem Zug, hauptsächlich Touristen und wohlhabende Khmer. Die Betreuung durch die schüchternen Schaffner ist wirklich rührend. Die **Waggons sind sehr sauber,** aber die Sitze etwas ungemütlich, die AC funktioniert massiv (warme Kleidung mitnehmen), das WiFi eher sporadisch und die Geschwindigkeit ist mäßig. Die Atmosphäre unter den Passagieren ist entspannt. Noch gibt es in den Zügen nur Nudelsuppe und Wasser. Am besten Essen mitnehmen oder günstig bei den vielen Händlern an den Haltestellen kaufen.

☒ Die beschaulichste Art des Reisens: mit dem Boot

■ **Fahrplan 10/2018** (wird sich aber sicher noch mehrmals ändern; aktuelle Infos vor der Abfahrt einholen):
– Phnom Penh – Poipet (15 Std.) (Montag 6.30 Uhr)
– Poipet – Phnom Penh (Dienstag 6.30 Uhr)
– Poipet – Sisophon (40 Min.) (täglich außer Mo und Di) 8.00, 11.00 und 15.00 Uhr
– Sisophon – Poipet (täglich außer Mo und Di) 9.40, 13.00 und 16.55 Uhr
– Phnom Penh – Takeo – Kampot – Sihanouk Ville (7 Std., 8 $), **Abfahrt:** Freitag (15.00 Uhr), Samstag (7.00 Uhr), Sonntag (7.00 und 16.00 Uhr)
– Sihanouk Ville – Kampot – Takeo – Phnom Penh, **Abfahrt:** Samstag (7.00 Uhr), Sonntag (7.00 und 16.00 Uhr), Montag 7.00 Uhr.

Wer will, kann auf dieser Strecke auch sein Fahrrad (2 $), sein Motorrad (5 $) oder sein Auto (14 $) im Zug mitnehmen.

Telefonische Reservierung: 078/888 582, 093/854 463. Die aktuellen Fahrpläne gibt es unter: www.royal-railway.com.

Boot

Durch den Ausbau des Straßennetzes in Kambodscha haben das Meer, der Mekong und der Tonle Sap als Transportwege ausgedient. Noch Anfang der 1990er Jahre waren viele Städte nur über das Wasser zu erreichen. Inzwischen sind viele regelmäßige Bootslinien eingestellt worden, da nicht nur die Einheimischen, sondern auch die meisten Traveller lieber schnell und billig auf der Straße reisen, als teuer und gemütlich auf dem Wasser. Dabei ist das weitverzweigte Wegenetz der Flüsse und des Tonle Sap See so einzigartig, dass man Kambodscha wirklich nur dann kennt, wenn man einmal auf den verblassenden Lebensadern, die einst Grundlage für den Wohlstand des Landes waren, gereist ist.

Noch befahrene Bootsstrecken

- Der Klassiker unter den Bootsfahrten ist die Strecke **Phnom Penh – Siem Reap** über den Tonle Sap, den größten Binnensee Südostasiens.
- Eine der reizvollsten Strecken ist die Fahrt **von Battambang nach Siem Reap.**
- Der Mekong ist **von Phnom Penh bis zur laotischen Grenze** fast das ganze Jahr über schiffbar. Landschaftlich beeindruckend ist die Strecke von Kratie bis Stung Treng und von dort bis zur Grenze. Leider gibt es keine öffentlichen Verbindungen mehr. Boote können nur noch privat gemietet werden und sind dadurch recht teuer geworden.
- **Von Phnom Penh bis zur vietnamesischen Grenze bei Chau Doc** bieten Reisebüros und Guest Houses grenzüberschreitende Fahrten auf dem Mekong bis ins Delta an.

Klassifizierung der Boote

- **Slowboot:** So werden in diesem Buch die traditionellen Boote auf den Flüssen und an der

644ka an

Küste bezeichnet. Die Geschwindigkeit ist eher beschaulich und daher der Kontakt zur Bevölkerung intensiv. Leider sind sie schon fast ausgestorben, weil sie den meisten Reisenden zu langsam sind und Waren heutzutage mit Lkw auf dem Landweg transportiert werden.

- **Speedboot:** Lange, dünne Boote mit Sitzreihen, die an die Bestuhlung in einem Flugzeug erinnern, Klimaanlage und Video besitzen und 60 bis 100 Passagiere mitnehmen können. Der Motor ist meist sehr laut.
- **Speedboot-Taxis:** Kleine Fiberglas-Boote mit Außenbord-Motoren, in denen maximal 6 Personen befördert werden können. Sie warten meist in den Häfen größerer Orte, um Passagiere in die umliegenden Dörfer zu fahren. Auch für Rundfahrten mietbar.
- **Langboote:** Sie kommen aus Laos und verkehren nur zwischen Stung Treng und der laotischen Grenze. Sie bieten Platz für eine Handvoll Passagiere, die mit Helmen ausgerüstet werden, und fahren mit Höllenlärm und -geschwindigkeit über den Mekong. Von der Landschaft bekommt man so gut wie nichts mit.

Versicherungen

Egal welche Versicherungen man abschließt, hier ein Tipp: Für alle abgeschlossenen Versicherungen sollte man die **Notfallnummern** notieren und mit der **Policenummer** gut aufheben! Bei Eintreten eines Notfalles sollte die Versicherungsgesellschaft sofort telefonisch verständigt werden! Dies gilt auch bei einem Schadensfall im Urlaub, der durch die reguläre Haftpflicht- sowie Unfallversicherung daheim abgedeckt wird, wenn man den Schaden direkt vom Urlaubsort meldet.

Grundsätzlich gilt, dass Versicherungspakete oft teuer sind und Versicherungen enthalten, die man nicht benötigt. Man sollte aber existenzielle Risiken absichern, und dazu gehört an erster Stelle die **Auslandskrankenversicherung.**

Krankenversicherung

Die Kosten für eine ärztliche Behandlung in Kambodscha werden von den gesetzlichen Krankenversicherungen in Deutschland und Österreich nicht übernommen, daher ist der **Abschluss einer privaten Auslandskrankenversicherung unverzichtbar.** Privatversicherte (u.a. Schweizer) sollten prüfen, ob ihre private Krankenversicherungsgesellschaft die vollständige Auslandsdeckung auch in Kambodscha garantiert.

Man sollte eine private Auslandskrankenversicherung abschließen, die Folgendes leistet:

- **Vergütung der Arzt-, Zahnarzt- und Krankenhauskosten** ohne Summenbeschränkung.
- Deckung bei **Krankheit und Unfall.**
- **Vergütung von Krankentransporten, Rettungskosten und Krankenrücktransport** ohne Einschränkungen und nicht nur, wenn es medizinisch notwendig ist oder der Krankenhausaufenthalt länger als 14 Tage dauert (werden nie von gesetzlichen Krankenkassen übernommen und es gibt viel Kleingedrucktes).
- **Abdeckung der gesamten Aufenthaltsdauer** mit automatischer Verlängerung über die festgelegte Zeit hinaus, wenn die Rückreise nicht möglich ist (durch Krankheit oder Unfall).
- Eventuell auch **Abdeckung der Reise- und Unterkunftskosten** von Familienangehörigen, wenn diese zur Betreuung anreisen.

- Bei **Jahresverträgen** sollte man darauf achten, dass der Versicherungsschutz meist für eine bestimmte Anzahl von Tagen pro Reise gilt.
- Die **Versicherung als Familie** ist i.d.R. günstiger, sich als Einzelpersonen zu versichern, aber man sollte die Definition von „Familie" genau prüfen.

Reiserücktransportversicherung

Da **medizinische Versorgung in Kambodscha** bei schweren Unfällen und Erkrankungen **nicht ausreichend ist,** sollte dringend eine Reiserücktransportversicherung abgeschlossen werden. In medizinisch notwendigen Fällen werden die Patienten entweder nach Bangkok, wo die medizinische Versorgung mit den Krankenhäusern in Europa vergleichbar ist, oder bis nach Deutschland mit einem Privatflugzeug ausgeflogen. Gesetzliche und private Krankenversicherungsverträge schließen diese Leistung nicht ein. Auf die Abdeckung dieses Risikos haben sich daher etliche Privatversicherer und Hilfsorganisationen oder -vereine spezialisiert. Sie bieten in Form einer Versicherung oder Mitgliedschaft einen **Rückholdienst** an. Dieser ist aber stets auf medizinisch notwendige Fälle beschränkt.

Andere Versicherungen

Ob es sich lohnt, weitere Versicherungen abzuschließen wie eine Reiserücktrittsversicherung, Reisegepäckversicherung, Reisehaftpflichtversicherung oder Reiseunfallversicherung, ist individuell abzuklären. Gerade diese Versicherungen enthalten viele **Ausschlussklauseln,** sodass sie nicht immer Sinn machen.

Die **Reisegepäckversicherung** lohnt sich seltener, da beispielsweise bei Flugreisen verlorenes Gepäck oft nur nach Kilopreis und auch sonst nur der Zeitwert nach Vorlage der Rechnung ersetzt wird. Kameraausrüstung und Laptop dürfen beim Flug nicht als Gepäck aufgegeben worden sein. Gepäck im unbeaufsichtigt abgestellten Fahrzeug ist ebenfalls nicht versichert. Die Liste der Ausschlussgründe ist schier endlos ... Überdies deckt häufig die Hausratsversicherung schon Einbruch, Raub und Beschädigung von Eigentum auch im Ausland. Für den Fall, dass etwas passiert ist, muss der Versicherung als Schadensnachweis ein Polizeiprotokoll vorgelegt werden.

Eine **Privathaftpflichtversicherung** hat man in der Regel schon. Hat man eine **Unfallversicherung,** sollte man prüfen, ob diese im Falle plötzlicher Arbeitsunfähigkeit aufgrund eines Unfalls im Urlaub zahlt. Auch durch manche (Gold-)**Kreditkarten** ist man für bestimmte Fälle schon versichert. Die Versicherung über die Kreditkarte gilt jedoch meist nur für den Karteninhaber persönlich!

8 Land und Leute

Mobile Textilhändlerin auf dem Weg zum Markt

LAND UND NATUR

Geografie

Kambodscha liegt in Südostasien. Es gehört mit Laos und Vietnam zu der unter französischer Kolonialherrschaft zusammengefassten Region Indochina. Die Fläche des Landes umfasst 181.035 Quadratkilometer (gut halb so groß wie Deutschland oder etwas mehr als doppelt so groß wie Österreich). Es liegt zwischen dem 10. und 15. Breitengrad der nördlichen Hemisphäre, also in den Tropen, auf der Höhe Äthiopiens und Mittelamerikas. Die Hauptstadt des Landes ist Phnom Penh.

Die internationalen **Grenzen** wurden in den meisten Fällen von den Franzosen gezogen. Den längsten Grenzverlauf hat das Land mit Vietnam (1230 km) im Osten und Süden. Im Norden grenzt Kambodscha auf einer Strecke von 540 Kilometern an Laos, während im Norden und im Westen Thailand auf 725 Kilometern die Grenze bildet. Im Westen und Süden besitzt Kambodscha 160 Kilometer Küste am Golf von Thailand.

Seit 1972 ist das Land in 21 **Provinzen** aufgeteilt, die sich weiter in Distrikte, Kommunen und Dörfer untergliedern.

Zwei Drittel des Landes bestehen aus dem **Kambodschanischen Becken,** dessen größte Flüsse Mekong und Tonle Sap sind. Es liegt in einer Höhe von 5 bis 30 Metern über dem Meeresspiegel. Während der Monsunzeit werden große Flächen davon überflutet. In diesen Ebenen, die für Kambodscha von großer landwirtschaftlicher Bedeutung sind, lebt der größte Teil der Bevölkerung. Im Norden wird das Becken vom Dangrekgebirge begrenzt; im Osten und Nordosten vom Kontoum- und Chhlongplateau. Im Südwesten bilden Kardamom- und Elefantengebirge die Grenze des Kambodschanischen Beckens.

Das **Gebirge** an der nördlichen Grenze des Landes, das Dangrekgebirge, erreicht eine Höhe von 600 Metern und fällt Richtung Kambodscha steil ab. Es setzt sich in Thailand mit dem Kohratplateau fort. Auf den Hochplateaus im Osten (Kontoum- und Chhlongplateau) an der vietnamesischen und laotischen Grenze leben in unzugänglichen Wäldern noch kaum bekannte Bergvölker. Im nordöstlichen Zipfel erreichen die Berge Höhen bis zu 1200 Metern. Das Kardamomgebirge verläuft entlang des Golfes von Thailand. Ein östlicher Ausläufer bildet mit dem Phnom Aural (1813 m) den höchsten Punkt des Landes. Die südlich gelegenen Elefantenberge erheben sich bis zu 1000 Meter und stürzen steil zur Küste hin ab.

Zwischen diesen beiden Gebirgen, von Sihanouk Ville bis Dong Tong (Koh Kong), liegt ein schmaler, flacher **Küstenstreifen,** der von Meeresarmen durchzogen ist, die bis zum Fuße der Berge reichen. Dem Festland sind zahlreiche, dünn besiedelte oder unbewohnte Inseln vorgelagert. Am Ufer wechseln sich Sandstrände, felsige Küste und nahezu undurchdringliche Mangrovenwälder ab. Die Wassertiefe vor der Küste ist sehr gering.

Geografische Begriffe

Viele kambodschanische Ortsnamen haben einen geografischen Bezug. Hier eine kleine Übersetzungshilfe:

boeng	See
khand	Stadtteil
khet	Provinz
khum	Kommune
kompong	Stadt (auf dem Wasser)
koh	Insel
phnom	Berg, Hügel
phum(i)	Dorf
psah	Markt
srok	Distrikt
stoeng	Fluss
tonle	Fluss

Flüsse und Seen

Der Monsun und das Element Wasser bestimmen den Lebensrhythmus der Menschen in Kambodscha. Die Regenzeit von Mai bis November verwandelt die Böden Jahr für Jahr in fruchtbares Ackerland. Auch die faszinierende Hochkultur von Angkor konnte nur dadurch entstehen, dass Wasser im Übermaß vorhanden war.

Für die „Reisschüssel Indochinas" spielt auch das einzigartige **Wassersystem zwischen Mekong und Tonle Sap** eine bedeutende Rolle. Der See Tonle Sap, einst ein Meeresarm, ist der größte Binnensee Südostasiens. Jedes Jahr während der Monsunzeit **ändert sich die Fließrichtung des Flusses Tonle Sap,** über den sonst das Wasser des Sees ins Mekongdelta abgeleitet wird. Vor den Toren von Phnom Penh begegnen sich der Fluss Tonle Sap und der Mekong. Über eine kurze Strecke hinweg fließen beide im selben Flussbett, um sich nach nur einem Kilometer wieder zu trennen. Während der Regenzeit schwillt der Mekong derart stark an, dass sich am Zusammenfluss ein Teil seiner Wassermassen durch den wesentlich kleineren Fluss Tonle Sap in den über 100 Kilometer entfernt gelegenen See ergießt, der sich bei diesem Naturschauspiel bis zum Siebenfachen seiner Fläche ausdehnt. Am Ende der Regenzeit, wenn sich die Fluten des Mekong verringern, fließt das Wasser wieder Richtung Meer ab. Die Natur hat hier eine geniale Lösung gefunden, um einer Überflutung im Mekongdelta vorzubeugen und darüber hinaus Wasserreserven für die Trockenzeit zu schaffen.

Früher gab es zwei unabhängige **Flusssysteme** von Mekong und Tonle Sap mit Tonle Bassac. Dadurch, dass der Mekong sein Flussbett immer weiter nach Westen verlagerte, wuchsen die beiden Ströme vor den Toren Phnom Penhs zusammen. Dieser Ort wird von der Bevölkerung *Chaktamuk* (vier Arme) genannt. Hier findet jedes Jahr im November das berühmte Wasserfest *Bon Oumtouk* statt (siehe Kapitel „Feste und Feiertage"). Wissenschaftler nehmen an, dass der Mekong durch die Entstehung des *Terre-Rouge-Basalts,* südlich von Kompong Cham, im Pliozän, also vor den Eiszeiten, abgedrängt wurde. Der Tonle Sap setzt sich im Tonle Bassac fort, während der Mekong parallel dazu im Osten fließt und sich später in ein riesiges Delta verzweigt.

651ka an

Böden und Bodenschätze

In Kambodscha finden sich zwei Haupttypen von Böden:

Schwemmböden, die in jüngerer Zeit durch die Verwitterung von Gestein und durch Überflutungen der Flüsse und des Sees Tonle Sap an den Ufern abgelagert wurden. Auf ihnen wird überwiegend Reis angebaut. Diese sehr ertragreichen Böden befinden sich hauptsächlich südlich von Phnom Penh und um Battambang.

Die zweite Art ist die rötliche bis braune **Basalterde.** Sie ist häufig mit Wäldern oder savannenähnlicher Vegetation bewachsen. Dieser wesentlich unfruchtbarere Boden findet sich mehrheitlich im Osten des Landes; auf ihm gedeiht der Gummibaum in ausgedehnten Plantagen.

Das Dangrek-, Kardamom- und Elefantengebirge besteht überwiegend aus

⌃ Der Mekong – die Lebensader Kambodschas

Sandstein, während an den Gipfeln Gesteine plutonischen und vulkanischen Ursprungs, wie Granit und Basalt, zum Vorschein kommen.

Die Kalkvorkommen beschränken sich auf die Provinz Stung Treng an der laotischen Grenze, den Westen von Battambang und die Südküste bei Kampot. Meist treten sie als Karstinselberge in Erscheinung und überragen die fruchtbaren Ebenen. In ihnen verbergen sich oft weitverzweigte Höhlensysteme, in denen sich nicht selten religiöse Kultstätten verbergen (s. „Kampot").

Kambodscha ist reich an **Bodenschätzen,** die jedoch von unterschiedlichem wirtschaftlichen Nutzen sind. In den letzten Jahren wurden im Nordosten (Rattanakiri, Mondulkiri) größere Vorkommen von **Bauxit, Gold** und **Eisen** gefunden. Einige ausländische Firmen und Joint Ventures sind bereits aktiv am Abbau beteiligt. Einerseits werden dadurch zwar (schlecht bezahlte) Arbeitsplätze geschaffen, andererseits aber insbesondere die Ureinwohner radikal von ihrem Land vertrieben. Das Vorkommen von Edelsteinen wie Rubinen, Zirkonen und Saphiren hängt mit der Entstehung von jüngerem Basalt zusammen.

Vor der Küste Kambodschas werden große Ölvorkommen vermutet. Internationale Konzerne sind bereits damit beschäftigt, letzte Vorbereitungen für die baldige Förderung zu treffen.

Klima

Das Klima in Kambodscha wird maßgeblich vom **Monsun** bestimmt. Während der Regenzeit zwischen Mai und Oktober bläst der Südwest-Monsun und bringt dem Land große Mengen an Niederschlag. Die Trockenzeit, in der es selten oder überhaupt nicht regnet, dauert

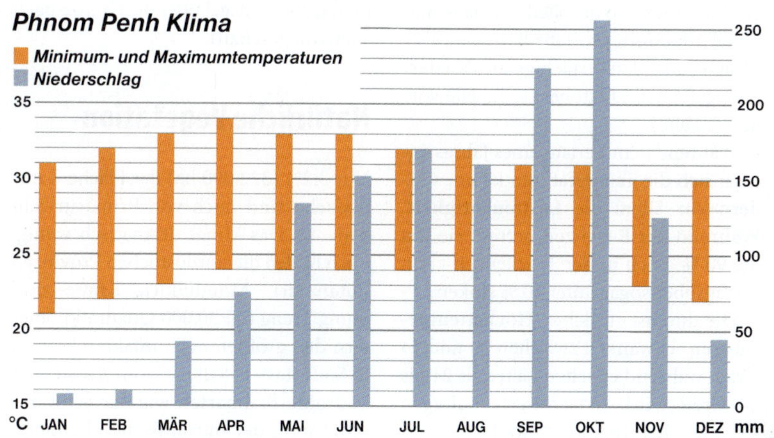

von November bis April, wobei der Wind aus Nordosten bläst. Die den Monsun bedingenden Luftströmungen entstehen durch wechselnden hohen und niedrigen Luftdruck über Zentralasien. Während des europäischen Sommers herrscht dort eine Periode niedrigen Luftdrucks, wodurch über eine Südweströmung feuchte Luft vom nahen Pazifischen Ozean landeinwärts gesogen wird. Der hohe Luftdruck, der über Zentralasien im Winter vorherrscht, lässt die Windrichtung auf Nordost drehen. Trockene und kühle Luft vom Festland bestimmt dann das Wetter in Südostasien.

Die Menge des **Niederschlages** und der Beginn der Regenzeit variieren von Jahr zu Jahr und können sich in den verschiedenen Gegenden unterschiedlich intensiv auswirken. Die durchschnittliche Niederschlagsmenge beträgt im Jahr zwischen 1200 bis 1800 mm (Deutschland 500 bis 1500 mm). Die ergiebigsten Regenfälle, bis zu 5000 mm im Jahr, stürzen in den Bergen an der Küste vom Himmel. Am trockensten ist es um den See Tonle Sap, wo die Niederschläge maximal 1000 mm pro Jahr betragen. Der Monat mit den ergiebigsten Niederschlägen ist der Oktober (s. Tabelle vorherige Seite).

Während dem Verlauf eines Jahres ändern sich die Temperaturen kaum, sondern vor allem die **Luftfeuchtigkeit.** Während der Regenzeit beträgt sie um die 90 %, doch in der Trockenzeit kann sie tagsüber sogar unter 50 % sinken.

Die durchschittlichen **Höchsttemperaturen** schwanken zwischen 30 und 34 Grad, während es selten kälter als 21 bis 24 Grad wird. Extremwerte bewegen sich zwischen 16 und 38 Grad.

Flora

Wer mit dem Flugzeug von Bangkok nach Phnom Penh fliegt, kann auf die dichten, nicht enden wollenden Tropenwälder des Kardamomgebirges hinabblicken. Dort wo das Land flacher wird, beginnt eine menschenleere, mit wenigen Bäumen bestandene Savanne.

Im Vergleich zu anderen asiatischen Ländern ist die Natur Kambodschas noch in einem relativ guten Zustand. Noch sind ca. 50 % des Landes von Wald bedeckt, der eine artenreiche Flora mit vielen Pflanzen schützt, die es nur in dieser Weltgegend gibt. Die Menschen, die im Einklang mit der Natur leben, kennen über 400 verschiedene Pflanzenarten, die für sie von wirtschaftlicher, medizinischer oder kultureller Bedeutung sind. Doch es gibt alamierende Berichte über das unkontrollierte **Abholzen der Urwälder.** Besonders in den Wäldern von Rattanakiri und Mondulkiri werden wertvolle Tropenhölzer (400.000 Kubikmeter, 2017) illegal über die Grenze nach Vietnam geschafft.

Natürliche Vegetation

Nur 3,2% (322.000 ha) der Fläche Kambodscha sind noch von Primärurwald bedeckt. Das klingt dramatisch wenig, doch bilden die nordöstlichen Provinzen Ratanakiri, Mondulkiri, Kratie und Stung Treng mit 30.000 Quadratkilometern den größten noch intakten Urwald in Südostasien. Seltene, vom Aussterben bedrohte Baumarten wie der Schwarzholzbaum, der burmesische Ebenholzbaum und der siamesische Rosenholzbaum, sind hier noch heimisch. Der Teakholzbaum gehört zur indo-burmesischen Flora und wächst hier lediglich auf Plantagen.

Die Vegetation des Landes ist typisch für den indochinesischen Raum und unterscheidet sich deutlich von der Flora Chinas, Malaysias und Myanmars. Nur in größeren Höhen gibt es Ähnlichkeiten mit der indo-malaysischen Pflanzenwelt.

Die **nicht kultivierte Landschaft** lässt sich grob aufteilen in folgende Landschaftstypen:

Immergrüner Bergwald

Er wächst in Höhen über 700 Meter und ist kälterem und feuchtem Klima ausgesetzt. Die Bäume wachsen auf nährstoffarmen Böden und erreichen eine Höhe von 20 Metern. Der Untergrund ist meist dicht mit Farnen bewachsen.

Tropischer Regenwald

Er gedeiht im feucht-warmen Klima unter 700 Metern. Die Bäume erreichen eine Höhe von 40–50 Metern. Sie haben lange, schmale Stämme, die häufig breite Verästelungen in Bodennähe aufweisen. Im Unterholz wachsen Palmen, Lianen, und es gibt eine große Artenvielfalt an niedrigen Bäumen und Büschen.

Savanne

Die Böden sind nährstoffarm und sehr trocken. Die Niederschlagsmenge liegt normalerweise unter 1200 mm im Jahr. Die schütteren Wälder sind niedrig, die Vegetation besteht aus genügsamen stachligen Gewächsen mit harten Blättern.

Mangrovenwälder

Diese bei Badeurlaubern unbeliebten Büsche bedecken große Flächen an der Küste. Sie wachsen an der Trennlinie zwischen Land und Meer. Ihre Wurzeln, die wie Stelzen aussehen, wachsen tief in den Boden hinein, sodass das Salzwasser ihnen nichts anhaben kann. Ihre wichtige ökologische Aufgabe besteht darin, das Ufer vor der zerstörerischen Gewalt des Meeres zu schützen. Immer mehr Mangrovenwälder fallen auch in Kambodscha den Shrimp-Farmen und der Holzkohlegewinnung zum Opfer.

Pinienwälder

Die einzigen Orte in Kambodscha, an denen es Pinienwälder gibt, sind der Nationalpark Kirirom und Senmonorom, die Provinzhauptstadt von Mondukiri. Die Bäume wurden während der französischen Kolonialzeit dort eingeführt.

Kulturlandschaft

In den kultivierten Anbaugebieten und in den Gärten der Khmer findet man eine Vielfalt an Nutzpflanzen.

Die wichtigste Pflanze ist der **Reis.** Er wird entweder in der Ebene auf überfluteten Feldern oder im Nordosten des Landes, an Berghängen angebaut.

Neben der Kokospalme ist auch die **Zuckerpalme,** die das Landschaftsbild in vielen ländlichen Gebieten prägt, weit verbreitet. Sie hat einen langen, schlanken Stamm, und ihre Blätter bilden eine fast runde Krone, wodurch der Baum aus der Ferne an eine Pusteblume erinnert. In halsbrecherischen Kletteraktionen steigen die Einheimischen an den bis 30 Meter hohen Stämmen hinauf, schneiden dort die Blütentriebe ab und fangen den heraustropfenden Saft *(toek thnaot)* in Gefäßen auf. Seine Beliebtheit verdankt dieses säuerlich schmeckende Getränk seiner berauschenden Wirkung.

Die **Lotosblume,** im Buddhismus von hoher religiöser Bedeutung, wächst auf großen Teichen und überfluteten Feldern. Die Form der Blüte ist ein ständig wiederkehrendes Motiv in der Khmer-Kunst und -Architektur. Der Fruchtstand, der einem umgedrehten Vulkan gleicht, enthält Samen *(plei chouk),* die einer Eichel ähnlich sehen. Sie schmecken wie rohe Erbsen, sind sehr proteinhaltig und werden an Straßenecken und auf Märkten verkauft.

Vor vielen Pagoden steht der heilige **Dampobaum.** Diese Pappelart ist Buddha geweiht, und ihr zergliederter Stamm kann einen Umfang von bis zu 10 Metern erreichen.

Viel Wert legen die Khmer auf ihren **Garten,** in dem sie mit Vorliebe Zierpflanzen anbauen. In den Alleen von Phnom Penh und vor den Pagoden wachsen lila und weiß blühende Bougainvilleas und mit ihren orangefarbigen Blüten an lodernde Flammen erinnernde **Frangipanibäume.**

645ka an

Fauna

Landtiere

Kambodscha ist zum Reservat einer bedrohten Tierwelt geworden. Neben dem Tiger gibt es in den Wäldern noch eine ganze Reihe von Wildkatzen wie etwa den Leoparden. Wildrinder, wie wilde Wasserbüffel, Banteng und Gaur, grasen noch unbehelligt von der Zivilisation auf den Lichtungen. Auch das Serau, eine kleine, schwärzliche Bergziege, soll es in Kambodscha noch geben. Zwei Bärenarten leben in den tiefen Wäldern; der malaiische Sonnenbär, der zu den kleinsten Bären der Welt zählt, sowie der asiatische Schwarzbär, der bis 150 Kilo schwer wird und ein weißes V am Kragen trägt. Des Weiteren findet man im Land Rotwild, Marder, Otter, Ameisenbären und verschiedene Affenarten. Die verwandtschaftliche Verbindung zu den Sauriern stellen Warane (bis 2 Meter) und Schildkröten her.

Wassertiere

Im See Tonle Sap und im Mekong gibt es über 850 verschiedene Fischarten, wovon jedoch nur 38 von wirtschaftlichem Interesse für die Bevölkerung sind. Am Beginn des Flusses Tonle Sap und in den großen Flüssen in Rattanakiri soll es die meisten Krokodile geben.

In den 1960er Jahren war die Küste vor Kambodscha überfischt. Doch durch den Mangel an technischer Ausrüstung und durch die kriegerischen Auseinandersetzungen konnten sich die Fischbestände so gut regenerieren, dass dieses Gebiet bereits für den ganzen Golf von Thailand ökologische Bedeutung als Laichplatz und als Rückzugsmöglichkeit für bedrohte Arten gewonnen hat. Im Wasser tummeln sich Delfine, Wasserschildkröten, kleine Haie und Wasserschlangen. Kormorane und Pelikane gehören ebenfalls zur Küstenfauna.

Bedrohte Tierarten

Wieviele seltene und vom Aussterben bedrohte Tierarten es in Kambodscha noch gibt und ob die unzugänglichen Urwälder vielleicht sogar das letzte Refugium schon längst von der Erde verschwunden geglaubter Tiere geworden sind, ist Inhalt von Forschungsprojekten zahlreicher Wissenschaftler, die mit Bewegungsmeldern und Infrarotkameras auf die Suche gehen.

Aufgrund des **Bürgerkriegs** konnten lange keine Expeditionen in die abgelegenen Gebiete durchgeführt werden, weshalb man heute auf Mutmaßungen angewiesen ist. Der Einfluss des Krieges auf die Fauna ist noch unbekannt. Einerseits haben Minen und jagende Soldaten auch Opfer unter den seltenen Tierarten gefordert, andererseits hat der Bürger-

< Frangipanibaum

krieg das Vordringen der Zivilisation in abgelegene Regionen verhindert.

Kouprey

Dieses wilde Rind kam fast ausschließlich in Kambodscha vor. Erst 1937 wurde es als das letzte große Säugetier der Welt entdeckt. Mitte der 1990er Jahre wurde sein Bestand auf noch höchstens 200 Exemplare geschätzt. Es lebte in kleinen, verstreuten Herden. Man nimmt an, dass es entweder der Vorfahr domestizierter Rinder aus Indien war oder eine verwilderte Züchtung, die während der Hochkultur in Angkor von den damaligen Bauern gehalten wurde. Im Jahre 1963 wurde es von Prinz Sihanouk zum Nationaltier von Kambodscha erklärt. Heute geht der WWF davon aus, dass es mittlerweile endgültig ausgestorben ist.

Braunhirsch

Dieser Hirsch war einst in ganz Südostasien verbreitet. Er ist heute fast ausgestorben und kommt nur noch in Kambodscha vor.

Sumatra-Nashorn

Dieses kleinste und scheueste der drei asiatischen Rhinozerosarten ist stark behaart, wird bis zu drei Meter lang, eine Tonne schwer und lebt an steilen Berghängen. Das Sumatra-Nashorn ist stark gefährdet und kommt sonst nur noch vereinzelt in Vietnam, Burma, Sumatra und Malaysia vor.

Java-Nashorn

Es ist etwas größer als das Sumatra-Nashorn, und galt seit Ende der 1960er Jahre als ausgestorben. 1993 wurden jedoch 15 Exemplare in den Sümpfen Vietnams, nahe der kambodschanischen Grenze, entdeckt. Unglücklicherweise gilt das Horn des Tieres in zermahlenem Zustand bei den Chinesen als Potenzmittel.

Indochinesischer Tiger

Von diesem majestätischen Tier, das bis zu 3 m lang und 200 kg schwer werden kann, soll es noch einige Exemplare in Rattanakiri sowie im Kardamom- und Elefantengebirge geben. In Mondulkiri sind schon seit 2007 keine Tiger mehr von Fotofallen geblitzt worden.

Asiatischer Elefant

Schätzungen, die sehr hoch erscheinen, gehen davon aus, dass es im Elefanten- und Kardamomgebirge noch an die 2000 wild lebende Exemplare gibt. Früher kamen sie in der Trockenzeit aus den Bergen herab und wanderten bis zum Tonle Sap. Für Mondulkiri gehen realistische Schätzungen von ca. 150 Exemplaren aus.

Irrawaddy- oder Mekong-Delfin

Laut Schätzungen sollen in Kambodscha noch zwischen 100 und 200 dieser seltenen Säugetiere leben. Die meisten von ihnen leben im Mekong an der laotischen Grenze. Dort fühlen sie sich am wohlsten in tiefen Wasserbecken und überfluteten Wäldern. Die Einheimischen glauben, dass es sich beim Irrawaddy-Delfin um wiedergeborene Menschen handelt und nennen ihn deshalb *pa-ya-pi* (Menschenfisch). Es werden viele Geschichten erzählt, in denen er Ertrinkenden zu Hilfe gekommen sein soll. Die größte Gefahr droht dem Delfin auf kambodschanischer Seite, wo er immer wieder Opfer von illegalen Dynamitfischern wird (siehe auch Exkurs im Kapitel „Kratie").

Umwelt- und Naturschutz

Diese Begriffe sind für die Khmer Fremdwörter. In einem Land, in dem die Menschen über 20 Jahre nur ums nackte Überleben kämpften, kann man nicht erwarten, dass sie sich Gedanken über gefährdete Pflanzen oder Tiere machen. Doch auch heute, wo nicht mehr der blanke Terror herrscht, sondern sich die Menschen der Befriedigung ihrer Grundbedürfnisse widmen können, wäre es naiv zu erwarten, dass hier die Menschen ähnlich über Naturschutz denken wie in Mitteleuropa. Umweltschutz, wie wir ihn betreiben, ist notwendig, aber er ist ein Luxus, den sich nur eine Bevölkerung leisten kann, die sozial abgesichert ist. Einem armen Familienvater muss es absurd vorkommen, einen Baum, mit dessen Erlös er seine Kinder 20 Tage ernähren kann, nicht zu fällen, nur damit seine Enkel in einer intakten Natur aufwachsen können. Doch es sind genau diese am Existenzminimum lebenden Menschen, die bei einem kleinen Verstoß gegen die existierenden Naturschutzgesetzte brutal zur Rechenschaft gezogen werden, während sich Beamte, Militär, Polizei, Politiker und internationale Konzerne schadlos halten und sich auf schamlose Weise an den zu schützenden Naturresourcen bedienen, ohne zur Rechenschaft gezogen zu werden. Die meisten Wildtiere landen auch nicht in den Kochtöpfen der Einheimischen, sondern werden von denen, die sie eigentlich schützen sollten, ihren Gästen bei Festen zum Verzehr angeboten.

Trotzdem herrschen in vielen Gegenden des Landes noch paradiesische Zustände im Vergleich zu vielen anderen Landstrichen Asiens.

Abholzung der Wälder

Trotz der deutlichen Zunahme von Überschwemmungen und Versteppung geht das unkontrollierte Abholzen der Wälder weiter. Nach einer Weltbankstudie von 2015 bestand noch 53,6 % der Landfläche Kambodschas aus Wald. Im Zeitraum von 2005 bis 2015 wurden pro Jahr 1,25 % abgeholzt. Insgesamt waren 2015 etwa 95.000 Quadratkilometer von Wald bedeckt. Von *Wald* spricht man, wenn die Bäume mindestens 5 Meter hoch sind. Landwirtschaftlich genutzte Flächen fallen nicht unter diesen Begriff.

Während jedem Land natürlich das Recht zusteht, seine Wälder in umweltverträglichem Rahmen zu nutzen, besteht das Problem in Kambodscha in dem rasanten Bevölkerungswachstum und in der illegalen Abholzung. Allerdings ist der Raubbau am Waldbestand in dieser Größenordnung nur möglich, weil hochrangige Militärs und einflussreiche Politiker und Verwaltungsbeamte mitverdienen und deshalb ihre schützende Hand über das Geschehen halten.

Doch nicht nur korrupte Khmer, sondern auch die Nachbarländer Thailand und Vietnam sind am Raubbau des Tropenwaldes beteiligt. Die größten unkontrollierbaren Einschläge finden in den Provinzen Oddar Meanchey, Battanbang, Pursat und Koh Kong statt, von wo aus das Holz schnell und diskret über die nahe Grenze nach Thailand abtransportiert wird. Das gleiche gilt für die abgelegenen Grenzgebiete Rattanakiri und Mondulkiri, wo sogar Vietnamesen auf kambodschanischem Staatsgebiet zur Kettensäge greifen.

Offiziell geht die Regierung hart gegen den Waldfrevel vor. Bestechliche Beamte werden entlassen, illegale Sägemühlen geschlossen und unrechtmäßig geschlagene Bäume konfisziert. Doch der Sumpf der Korruption ist so tief, dass es kaum möglich ist, diese entlegenen Provinzen zu kontrollieren.

Druck auf die Regierung wird vor allem von den Gebernationen ausgeübt, die nur bereit sind, Hilfsgelder zu zahlen, wenn im Gegenzug die illegale Abholzung der Wälder strenger kontrolliert wird. Doch auch der Tourismus, als wichtigste Einnahmequelle des Landes, macht seinen Einfluss auf die Behörden verstärkt deutlich. Am Phnom Kulen, der Kulisse von Angkor, wurde das massive Fällen der Bäume gestoppt, da befürchtet wurde, das Image der im Urwald versunkenen Tempelstadt könnte darunter leiden.

Neben den bekannten Risiken bei der Abholzung von Tropenwäldern ist besonders die **Küstenregion** in der Provinz Koh Kong in Gefahr. Hier werden die Mangrovenwälder, die die Küste vor der Erosion schützen, von den Einwohnern zu Holzkohle verarbeitet.

Aber auch der **See Tonle Sap** mit seinem Fischbestand ist durch die Abholzung in den nahegelegenen Bergen gefährdet. Während die jährliche Sedimentablagerung 1960 noch 2 cm betrug, liegt sie heute bei über 4 cm im Jahr. Somit versandet der See immer mehr und ist in der Trockenzeit bereits bei einer durchschnittlichen Tiefe von nur mehr 30 cm (1960 bei 50 cm) angelangt. Hierfür ist aber auch der Mekong mitverantwortlich. Auf seinem Weg nach Kambodscha fließt das Wasser durch stark entwaldete Gebiete und wird vermehrt mit Schwebstoffen angereichert. Wenn der Mekong sein Wasser während der Regenzeit in den Tonle Sap lenkt, werden diese dort ebenfalls in großen Mengen am Grund abgelagert.

Eine sehr engagierte nichtstaatliche Organisation im Bereich des Umweltschutzes ist das IDRC (International Development Research Center). An ökologischen Brennpunkten arbeiten sie mit Forschern, Beamten und der lokalen Bevölkerung zusammen, um durch **nachhaltige Landwirtschaft** den Ressourcenverbrauch zu begrenzen und die Lebensbedingungen zu verbessern.

> Blüte einer Wildbanane

Nationalparks

Interessanterweise sah es die aus den UNTAC-Wahlen hervorgegangene Regierung als wichtige Notwendigkeit an, schon 1993 Nationalparks auszuweisen. Zu dieser Zeit lag allerdings noch mehr als die Hälfte der Parks in den von Roten Khmer kontrollierten Gebieten; niemand wusste, wie sie verwaltet und kontrolliert werden sollten und vor allem, wie dies zu finanzieren ist.

Viele Naturparks sind immer noch schwer oder gar nicht zugänglich. Am besten organisiert ist der **Ream Naturpark** bei Sihanouk Ville sowie das **Kirirom Plateau.** Doch da der Ökotourismus eine der wichtigsten Strategien der Tourismuspolitik ist, werden immer mehr Naturschönheiten Kambodschas den Besuchern erschlossen.

Die wissenschaftliche Erforschung hat erst mit dem Ende des Terrorregimes der Roten Khmer begonnen. Die Ergebnisse sind zum Teil sensationell. Nicht nur einige bedrohte Tierarten wie **Tiger, Nashörner,** der **asiatische Elefant** oder das **siamesische Krokodil** haben in Kambodscha Rückzugsmöglichkeiten gefunden, sondern auch viele endemische Pflanzen und Insekten wurden bereits entdeckt. Die größten Schätze birgt der **Phnom Aural Nationalpark** (Kardamom Berge).

Die größte Gefahr droht den Parks durch die voranschreitende Erschließung neuer Siedlungsräume mit Straßen, durch illegale Abholzung der Tropenwälder und durch die große Nachfrage nach traditioneller und spiritueller Medizin (Tigerhoden, das Horn der Nashörner, etc).

673ka an

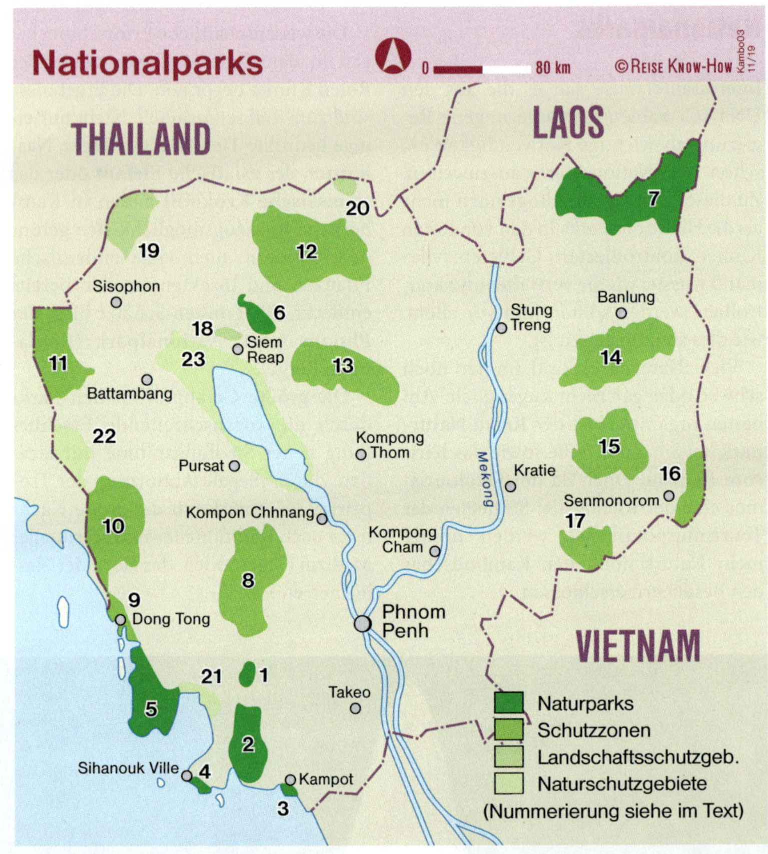

Aufgrund eines königlichen Beschlusses wurden 3.402.203 Hektar zu Nationalparks erklärt.

Es gibt **vier Kategorien:** Natural Parks, Wild Animal Sanctuaries, Scenic Zones und Multi Use Zones.

Natural Parks

Naturparks, die für wissenschaftliche und erzieherische Zwecke geschützt werden, aber auch Erholungssuchenden offenstehen.

Einige Parks sind öffentlich zugänglich und können gemeinsam mit Rangern erkundet werden. Andere sind extrem abgelegen und z.T. noch vermint.

1. Kirirom-Plateau (35.000 ha) Kompong Speu und Koh Kong (zugänglich)
2. Bokor-Gebirge (140.000 ha) Kamot (teilweise zugänglich)

3. Kep (5000 ha) Kampot (zugänglich)
4. Ream (150.000 ha) Sihanoukville (zugänglich)
5. Botumsako (171.250 ha) Sihanoukville (zugänglich)
6. Phnom Kulen (37.500 ha) Siem Reap (größtenteils zugänglich, aber in abgelegenen Teilen evtl. noch Minen!)
7. Viracheay (332.500 ha) Stung Treng, Rattanakiri (zugänglich)

Wild Animal Sanctuaries

Schutzzonen, die streng kontrolliert werden sollen, um seltenen Tieren und Pflanzen in sehr abgelegenen Gebieten ein Überleben zu sichern.

8. Phnom Aural/Cardamom Berge (253.750 ha) Koh Kong, Pursat, Kompong Chhnang: soll in Kürze wegen der vielen hier noch vorkommenden vom Aussterben bedrohten Tierarten einen internationalen Status bekommen und mit dem Amazonas und dem indonesisch-malaiischen Regenwald auf gleiche Stufe gestellt werden. Tiger, Leoparden, Elefanten, siamesisches Krokodil, Gaur, malaiischer Sonnenbär usw.(schwer zugänglich und gefährlich)
9. Peam Krasom (23.750 ha) Koh Kong (gefährlich)
10. Phnom Samkok (333.753 ha) Pursat (gefährlich)
11. Roneam Daun Som (178.750 ha) Battambang (gefährlich)
12. Kulen, Promatep (402.500 ha) Preah Vihear, Siem Reap (zugänglich)
13. Beong Per (242.500 ha) Kompong Thom (gefährlich)
14. Lumpat (250.000 ha) Rattanakiri, Mondulkiri: Ureinwohner, Urwald (zugänglich)
15. Phnom Prich (222.500 ha) Mondulkiri, Kratie (zugänglich)
16. Phnom Namlea (47.500 ha) Mondulkiri (zugänglich)
17. Snoul (75.000 ha) Kratie (gefährlich)

Scenic Zones

Landschaftsschutzgebiete, welche als Touristenattraktion dienen.

18. Angkor (10.800 ha) Siem Reap: Tempel (zugänglich)
19. Banteay Chmar (81.200 ha) Banteay Mean Chey (teilweise zugänglich; Minen!)
20. Preah Vihear (5000 ha) Preah Vihear: Tempel (zugänglich von Kambodscha und Thailand aus, wenn nicht gerade wieder Grenzstreitigkeiten zwischen beiden Ländern ausgetragen werden)

Multi Use Zones

Naturschutzgebiete, in denen ökologische Landwirtschaft und Naturschutz nebeneinander existieren.

21. Dangpeng (27.700 ha) Koh Kong (bedingt zugänglich)
22. Samlod (60.000 ha) Battambang (gefährlich)
23. Tonle Sap (316.250 ha) Pursat, Battambang, Kompong Chhnang, Kompong Thom, Siem Reap: schwimmende Dörfer, Birdwatching (zugänglich)

STAAT UND GESELLSCHAFT

Geschichte

Kaum ein Volk lebt heute so verbunden mit seiner Geschichte wie die Kambodschaner. Um in einer Vergangenheit aus beeindruckender Hochkultur und abgrundtiefen Terrorregimen nicht die Orientierung zu verlieren, hier ein paar wichtige geschichtliche Zusammenhänge, die jeder wissen sollte, der die heutige Situation im Lande verstehen möchte:

- Das trotz der destruktiven und traurigen Geschichte immer noch vorhandene Selbstbewusstsein der Khmer basiert auf der Vorstellung, **Nachfahren der Erbauer von Angkor** zu sein. Ihre im heutigen Leben tief verwurzelte Kultur hat ihren Ursprung in dieser Epoche. Wer den Menschen in Kambodscha ihr Angkor nehmen würde, würde die Seele der Khmer zerstören.
- Aus Indien wurde mit dem Hinduismus der **Gottkönigkult** *(devaraya)* eingeführt. Die Könige von Angkor sahen sich als Inkarnation von Shiva und somit als Mischform eines irdischen Herrschers und eines Gottes. Bis heute wurden mächtige Staatsmänner mit dem Mythos dieser Vorstellung vom Gottkönig umgeben. Auch die spätere Einführung des Teravada-Buddhismus förderte diesen Kult. König Norodom Sihanouks Ansehen bei der ländlichen Bevölkerung beruht immer noch auf der traditionellen Mystik des Devaraya-Kultes.
- **Der Hass der Khmer auf die Vietnamesen** ist bereits so alt, dass man von einer historischen Vorbelastung sprechen kann. Besonders seit Ende des 15. Jhs. schwebte Kambodscha immer in der Gefahr, von Vietnam, aber auch von Thailand verschlungen zu werden. Der wesentlich größere Hass auf die Vietnamesen entstand dadurch, dass diese die Khmer immer als Untermenschen behandelten und ihnen ihre Kultur und ihre Form des *Mahayana-Buddhismus* aufdrängen wollten. Die Thais, die den gleichen religiösen Ursprung haben, respektierten die Kultur der Khmer und waren nur an deren Land interessiert. Auch die Franzosen schürten den Hass, indem sie während der Kolonialzeit alle wichtigen Positionen in Kambodscha mit Vietnamesen besetzten (siehe „Bevölkerung/Minderheiten/Die Vietnamesen“).
- Wenn die **Franzosen** 1863 Kambodscha nicht zu ihrem Protektorat erklärt hätten, wäre das Land heute mit Sicherheit unter Thailand und Vietnam aufgeteilt. Jedoch sahen auch die Kolonialherren die Khmer als eine niedrig entwickelte Rasse an und versuchten, ihnen ihre Kultur aufzudrängen. Ein folgenschwerer Fehler, der später immer wieder Ursache für Konflikte war, ist die Zusammenfassung der unterschiedlichen Kulturräume in Indochina zu einer politisch gemeinsam verwalteten Region.
- Der aufflammende **Kommunismus** in Laos, Kambodscha und Vietnam hatte mit der Grundidee von Marx, Lenin und Mao wenig gemeinsam, sondern muss als Nationalismus für die Befreiung von der Kolonialisierung gesehen werden, dem die kommunistische Ideologie als

Legitimation diente. Die Sowjetunion und China unterstützten diese Bewegungen, um sie für ihre weltpolitischen Ziele auszunutzen.

- Die Kriege in Kambodscha und in Indochina überhaupt waren ideologische **Stellvertreterkriege** der Großmächte, die auf dem Rücken unschuldiger Menschen ausgetragen wurden. Während der eine Konflikt auf dem kommunistischen Expansionismus und der amerikanischen Dominotheorie beruhte, basierte der andere auf dem kommunistischen Bruderkrieg zwischen der Sowjetunion und China, der sich nach 1979 entzündete.
- Die **Intervention Vietnams** in Kambodscha 1979 muss vor folgendem Hintergrund gesehen werden: Die USA hatten ein Interesse daran, sich an Vietnam zu rächen. Deshalb unterstützten sie die Roten Khmer mit Geld und Waffen bei ihren Überfällen auf Südvietnam, um die Regierung in Hanoi zu provozieren. Als die Vietnamesen dann Phnom Penh besetzten, hatten die USA ihr Ziel erreicht und konnten Vietnam für seine aggressive Expansionspolitik international ächten. Aus der Sicht Vietnams war der Einmarsch in Kambodscha die einzig mögliche Lösung, um den politischen Spielraum, den die Roten Khmer zu untergraben suchten, weitgehend zu erhalten.

Das Funan- und das Chenla-Reich (von den Anfängen bis 800 n. Chr.)

Archäologische Funde beweisen, dass Teile des heutigen Kambodschas schon im ersten und zweiten Jahrtausend vor Christus bewohnt waren. Ethnologen gehen davon aus, dass diese Menschen austroasiatischen Ursprungs waren und dass ihre Nachfahren die heutige südostasiatische und pazifische Inselwelt bewohnen. Sie lebten in kleinen verstreuten Staaten, die das Reich **Funan** bildeten. Es lag strategisch günstig am Mekongdelta im heutigen Vietnam und erlangte seine Macht durch den Handel mit Indien und China. Sein Hafen Oc Eo lag am Golf von Thailand. Aufgrund chinesischer Aufzeichnungen ist zu vermuten, dass Funan ein hochentwickelter und reicher Staat war, der über ein ausgedehntes Kanal- und Bewässerungsnetz, eine Schiffsflotte sowie eine Hauptstadt mit Ziegelbauten verfügte. Das Schriftsystem basierte auf Sanskrit. Die meisten Einwohner waren Anhänger der indischen Kultur und Religion und in unterschiedlichen Gesellschaftsschichten organisiert. Funan erreichte seine Blütezeit im 5. Jahrhundert n. Chr. Von dieser Zeit an begannen Auseinandersetzungen unter den Herrscherfamilien den Staat zu schwächen.

Am Ende des 7. Jahrhunderts hatte das Königreich **Chenla,** ein nördlicher Nachbar, Funan erobert und es sich als Vasallenstaat einverleibt. Die Bewohner von Chenla waren ebenfalls Khmer. Sie übernahmen die indische Kultur der besiegten Einwohner von Funan und erbauten ihre Hauptstadt im Zentrum Kambodschas, nahe dem See Tonle Sap. Expansionistische Herrscher vergrößerten das Reich und dehnten ihren Machtbereich bis ins heutige Thailand und Laos aus. Durch seine Größe wurde der Staat unregierbar. Deshalb teilte sich das Königreich bald in ein Land-Chenla (nördlicher Bereich Kambodschas) und ein Wasser-Chenla (südlich von Phnom Penh) auf. Das vitalere Land-Chenla breitete sich weiter aus, kontrollierte fast 30 Städte in der Provinz und unterhielt diplomatische Beziehungen zur Tang-Dynastie in China. Das schwache Wasser-Chenla kam bald unter die Kontrolle von Java.

Das Khmer- oder Angkor-Reich (800–1400)

Als Begründer des ersten gemeinsamen Khmer-Staates gilt **Jayavarman II.**, der von 802 bis 850 regierte. Er befreite Wasser-Chenla von den Javanesen und vereinigte die Khmer wieder zu einer Nation. Er führte den Gottkönigkult *devaraya* (siehe Kapitel „Angkor verstehen") ein, gründete eine Armee, organisierte die Polizei und schuf eine Provinzverwaltung und einen Gerichtshof. Er gründete eine neue Hauptstadt nordöstlich des Sees Tonle Sap und wurde so zum Gründer von Angkor. In den folgenden Jahrhunderten erlebte das **Angkor-Reich** eine Hochzivilisation, wie sie zu dieser Zeit nirgends auf der Welt zu finden war. Erfolgreiche und fähige Könige regierten über Großstädte mit über einer Million Einwohnern; Dimensionen, die für die damalige Epoche (also zur Zeit unseres Mittelalters) einmalig waren. Nur durch ein genial durchdachtes Bewässerungssystem, das drei Reisernten im Jahr ermöglichte, konnten diese Menschenmassen überhaupt ernährt werden (s. Kapitel „Angkor").

Der letzte große Monarch der Angkor-Periode war *Jayavarman VII.* (1181 bis ca. 1218). Er drängte die Cham zurück, die aus Osten, dem heutigen Vietnam, kommend, unter seinem Vorgänger *Suryavarman II.* große Gebiete besetzt hatten und brachte sie unter die Knechtschaft seines großen Reiches. Seine größte Ausdehnung hatte das Angkor-Reich unter *Jayavarman VII.*, als es das *Champa-Reich* im Osten, große Teile des heutigen Laos im Norden, die Küste von Südvietnam und ein paar kleine Handelsstaaten an der malaysischen Halbinsel umfasste. Der König errichtete Krankenhäuser und vervollständigte das Straßensystem. Der Buddhismus wurde zur Staatsreligion. Außerdem ließ *Jayavarman VII.* die letzten großen Tempel, *Angkor Thom* und den *Bayon*, erbauen, die von seiner Machtfülle zeugen.

Aber diese Bauten läuteten bereits den allmählichen **Untergang des Imperiums** ein. Die Kriege und der Wahn des Königs, immer mehr Tempel zu bauen, erschöpften die Finanzen und die Arbeitskräfte des Staates zunehmend. Zu den Problemen im Inneren gesellten sich zudem außenpolitische Schwierigkeiten. Während das Angkor-Reich immer schwächer wurde, nahmen dessen Feinde an Stärke zu. Die Thais hatten sich Richtung Süden in Bewegung gesetzt, da sie von den Mongolen aus ihrem Staat im Südwesten Chinas Mitte des 12. Jahrhunderts vertrieben worden waren. Um 1430/31 eroberten sie Angkor. Damit endete die Macht des Khmer-Reiches, seine Ausdehnung wurde erheblich verkleinert, bis es nur noch das Gebiet um den Tonle Sap und westlich des Mekongs umfasste. Nachdem 1471 auch das Königreich der *Champa* zusammenbrach, konnten sich die Vietnamesen ungehindert nach Süden ausbreiten.

Kambodschas Kampf ums Überleben (1400–1863)

Über den weiteren Niedergang des Khmer-Reiches in den darauffolgenden Jahrhunderten gibt es wenig Aufzeichnungen. Nach dem Fall Angkors wurde die Hauptstadt 1434 das erste Mal an die Stelle des heutigen Phnom Penh verlegt. Die günstige Lage am Mekong ließ den Stand der Kaufleute entstehen, die mit China und den Ländern um das Südchinesische Meer sowie im Indischen Ozean Handel trieben. Doch interne Streitigkeiten um die Macht und die expandierenden Nachbarn, Thailand und Vietnam, ließen das Land in eine kulturelle, wirtschaftliche und soziale Stagnation verfallen.

König *Ang Chan* (1516–66), einer der wenigen bedeutenden Könige in diesem dunklen Zeitalter, verlegte die Hauptstadt nach **Lovek,** an den Oberlauf des Tonle Sap. Portugiesische und spanische Reisende beschrieben die damalige Stadt als einen Platz unglaublichen Reichtums, an dem mit Edelsteinen, Metallen, Seide, Baumwolle und Elfenbein gehandelt wurde. Zu dieser Zeit gab es in Lovek bereits geschäftige Handelskommunen von Spaniern, Portugiesen, Japanern, Chinesen, Arabern, Indonesiern und Malaysiern. Zusammen mit den Spaniern, die am Reichtum Kambodschas interessiert waren, eroberten die Thais Lovek und setzten 1597 einen eigenen König auf den Thron.

1688 wurde weiter südlich die neue Hauptstadt der Khmer, **Udong,** errichtet. Jedoch war es dort für die folgenden Monarchen nicht möglich, ohne Kompromisse und Zugeständnisse an die Thais und Vietnamesen zu regieren.

Im **19. Jahrhundert** brachen heftige Kämpfe zwischen den Thais und den Vietnamesen um die Vorherrschaft in Kambodscha aus. Sie endeten damit, dass die Vietnamesen das Zentrum des Landes unter ihre Kontrolle brachten und die Bevölkerung zwangen, ihre Kultur anzunehmen. Beide Aggressoren vereinbarten 1841 mit Kambodscha eine Verwaltung unter ihrer Lehnsherrschaft. Die Souveränität Kambodschas war somit endgültig aufgehoben, und die Khmer waren zu Vasallen ihrer Nachbarn geworden.

Frauen am königlichen Hof um 1900

Die Franzosen in Kambodscha (1863–1953)

Das Hauptinteresse der Franzosen in Indochina galt Vietnam. Da dort jedoch die politischen Probleme zu immer größeren Auseinandersetzungen führten, wandten sie sich Kambodscha zu, das ihnen ruhiger und sicherer erschien als Vietnam.

Im August 1863 machten die Franzosen mit König *Norodom* (1859–1904) einen Vertrag, der das Land unter ihren Schutz stellte und ihnen dafür das Recht einräumte, die Bodenschätze und Wälder auszubeuten. Sich dem **Protektorat Frankreichs** zu unterwerfen, war die einzige Möglichkeit für Kambodscha, nicht völlig von Thailand und Vietnam vereinnahmt zu werden. Um die erbosten Thailänder zu beruhigen, die große Gebiete in Kambodscha kontrollierten, gaben ihnen die Franzosen 1867 die Getreidekammern Battambang und Siem Reap. Der maßlos enttäuschte *Norodom* war machtlos gegen die erneute Teilung seines Landes. Noch im selben Jahr veranlassten ihn die Franzosen auch, die Hauptstadt Udong zu verlassen und nach Phnom Penh umzuziehen. Doch *Norodom* sank noch weiter, als 1897 die Regierung in Paris beschloss, den Khmer-König wegen angeblicher Unfähigkeit abzusetzen, und ihm eine ausschließlich repräsentative Rolle ohne Machtbefugnisse zuwies. Sämtliche führenden Positionen im Land wurden von den Franzosen übernommen, die sämtliche verantwortungsvollen Ämter mit Vietnamesen besetzten.

Als *Norodom* 1904 starb, übergingen die Franzosen seine Söhne und setzten seinen (ihnen kooperativer erscheinenden) Bruder *Sisowath* (1904–1927) auf den Thron. Er und sein Sohn *Monivong* (1927–41) erwiesen sich als friedliche und den Franzosen ergebene Könige und wurden dafür auch mit großzügigen Mengen Opium versorgt. Der einzige Höhepunkt ihrer Amtszeit war 1907 die Rückgabe der Provinzen Battambang und Siem Reap an Kambodscha.

Schon bald hatten die Franzosen entdeckt, dass die Hoffnung auf großen Reichtum in Kambodscha eine Illusion war, weshalb sie sich auch nicht mehr als notwendig für die **Entwicklung des Landes** einsetzten. Um die wirtschaftliche Infrastruktur zu verbessern, bauten sie lediglich ein paar Straßen und eine Eisenbahn, die Phnom Penh über Battambang mit Bangkok verband. Sie kultivierten Kautschukplantagen, deren Export in den 1920er Jahren zu einem beachtlichen wirtschaftlichen Wachstum führte. Doch die weltweite Depression 1929 bereitete dem Traum vom wirtschaftlich blühenden Indochina ein jähes Ende.

Die **Besteuerung der Bauern** in Kambodscha durch die Franzosen war die höchste in Indochina. Ein gewaltloser Aufstand brachte 1916 Tausende verarmter Landarbeiter nach Phnom Penh, um eine Petition mit der Bitte um Reduzierung ihrer Abgaben beim König einzureichen. Dies schockierte die Kolonialherren, da die Khmer bis dato als zu träge und individualistisch galten, um sich zu organisieren.

Die **Chinesen,** die schon Jahrhunderte vor den Franzosen den Handel in Kambodscha kontrollierten, wurden von den Kolonialherren nicht behelligt. Somit konnten sie ein Handels- und Bankwesen etablieren, das von Phnom Penh aus Verbindungen mit Indochina, China und ganz Südostasien hatte und ihnen bis heute eine finanzielle Vormachtstellung in Kambodscha sichert.

Die Zeit Norodom Sihanouks (1942–1970)

König Monivong starb im April 1941. Anstatt seines Sohnes setzten die Franzosen einen Urgroßenkel von König Norodom auf den Thron, Norodom Sihanouk. Für sie war er der ideale Kandidat, da er erst 19 Jahre alt war, keine politische Erfahrung besaß und sein Hauptinteresse weniger der Politik als dem ausschweifenden Nachtleben galt.

Im März 1945 vertrieben die **Japaner** die Franzosen und forderten den jungen König auf, die Unabhängigkeit Kambodschas auszurufen, um dadurch besser ihre eigenen kolonialistischen Ideen durchsetzen zu können. Sie hielten sich jedoch nicht lange an der Macht.

Nach ihrem Abzug machten sich die Franzosen wieder breit, die den Khmer Anfang 1946 das Recht auf eine eigene Verfassung und die Erlaubnis, politische Parteien zu gründen, zugestanden. Anfang der 1950er Jahre begann der **Kampf um die vollständige Unabhängigkeit** von Frankreich. Auf politischer Ebene versuchten es die Liberale und die Demokratische Partei, deren Gründer Prinzen aus dem Königshaus waren. Im Untergrund formierte sich die radikale *Khmer Issarak*, die unzufriedene Bürger aus allen Gesellschaftsschichten vereinigte. Ihre Guerilla operierte im Dschungel und bekämpfte von dort aus die Franzosen. Nach seinem eigenen öffentlichen Kampf für die Selbstständigkeit seines Landes konnte Sihanouk 1953 bei seiner triumphalen Rückkehr aus Paris die Unabhängigkeit Kambodschas verkünden.

Als selbständig regierender König gewann Sihanouk erstaunlich schnell an Charisma. Um sich politisch stärker engagieren zu können, dankte er als König ab und gründete die *Sangum-Partei,* wodurch es ihm gelang, Präsident und Staatsoberhaupt in einem zu sein. Für beinahe 16 Jahre, von 1954 bis 1970, bestimmte **Sihanouk als alleiniger Herrscher** mit einer zentralistischen Regierung die Geschicke seines Landes, das zu dieser Zeit eines der reichsten Südostasiens war.

Seine treuesten und zuverlässigsten Anhänger hatte Sihanouk schon immer unter der Landbevölkerung. Unter der gebildeten Elite konnte er durch geschicktes Taktieren lange Zeit die Oberhand behalten. Doch unter der politisierten Mittelklasse, den militärischen Befehlshabern, den Intellektuellen und den Studenten bildete sich bald eine Opposition gegen seinen autoritären Führungsstil. Der radikale Arm der kommunistischen *Khmer-Partei* hatte sich in den Untergrund begeben und begann sich dort unter *Saloth Sar,* der später unter dem Namen *Pol Pot* bekannt wurde, zu bewaffnen. Außenpolitisch hatte Sihanouk versucht, sich aus indochinesischen Konflikten herauszuhalten und eine neutrale Rolle zu spielen. Dadurch wurde Kambodscha international respektiert und bekam finanzielle Unterstützung aus Ost und West.

Ab Mitte der 1960er Jahre wurde sein Land jedoch mehr und mehr in den **Vietnamkrieg** verstrickt. Die Regierung in Nordvietnam benutzte den sicheren Nordosten Kambodschas (Rattanakiri und Mondulkiri), um auf dem berüchtigten *Ho-Chi-Minh*-Pfad Waffen und Ausrüstung für den *Vietcong,* der im Süden gegen die Regierung in Saigon kämpfte, zu transportieren. Dies hatte zur Folge, dass Amerika kambodschanisches Gebiet bombardierte. Außerdem verschiffte China logistisches Material nach Sihanouk Ville, das dann mit Hilfe des kambodschanischen Militärs nach Nordvietnam gebracht wurde. Sihanouk war gezwungen, Farbe zu bekennen. Durch seine historisch begründete Angst um die Grenzen seines Landes entschied er sich für Hanoi, da er glaubte, die Kommunisten in Nordvietnam würden den Konflikt für sich entscheiden. Er brach seine Beziehungen zu den USA ab und suchte Unterstützung bei China.

Der Prinz verstrickte sich immer wieder in seinen undurchsichtigen diplomatischen Spielchen und begann Ende der 60er Jahre, wieder auf Ausgleich bedacht, den Westen zu hofieren. Trotz der erfolgreichen *Tet-Offensive* des *Vietcong* am 31.1.1968 hielt sich die pro-amerikanische Regierung von *Nguyen Van Thieu* noch einigermaßen fest im Sattel.

Durch immer häufigere Souveränitätsverletzungen beider Kriegsparteien wurde Kambodscha mehr und mehr in den Krieg verwickelt. Besonders der *Vietcong* benutzte das Land als sichere Basis, um von dort aus die Amerikaner anzugreifen. Angeblich hatte Sihanouk den USA vorsichtig signalisiert, dass er sich bei einem Schlag gegen die Kommunisten auf seinem Territorium neutral verhalten werde. Daraufhin begann 1969 eine Serie von Luftangriffen mit B-52-Bombern auf Verstecke der Nordvietnamesen in Kambodscha, die den geschmackvollen Namen *Menü* hatten. Durch flächenmäßiges Bombardement und ungenaue Abwurfangaben wurde unter der Zivilbevölkerung ein grausames Massaker angerichtet. Es wird wohl nie ganz geklärt werden, ob, wie von der Regierung Nixon behauptet wurde, Sihanouk die Amerikaner dazu aufgefordert hatte oder der Prinz bei seinen Zugeständnissen an die USA über die geplante Dimension der Angriffe nicht richtig informiert worden war.

Die Zeit unter Lon Nol (1970–1975)

Als Sihanouk auf einer Reise in der Sowjetunion und in China unterwegs war, organisierte sein amerikafreundlicher damaliger Premierminister Lon Nol einen erfolgreichen Putsch gegen ihn. Unter seinem Vorsitz beschloss die Nationalversammlung am 18. März 1970 einstimmig, den Prinzen nicht mehr wieder ins Land zurückkehren zu lassen. Im Hintergrund hatte der CIA seine Finger mit im Spiel, denn Sihanouk war den Amerikanern für die Ziele, die sie verfolgten, zu unloyal und unberechenbar geworden. Unter Lon Nol hatten sie die Freiheit, ihren Vietnamkrieg ohne Probleme auch auf Kambodscha auszuweiten.

Lon Nol schafte die Monarchie ab und rief die **Khmer-Republik** aus. Besonders die städtische Bevölkerung stürzte in einen hysterischen Freudentaumel. Doch recht schnell wurde deutlich, dass der neue Machthaber unfähig war, die Probleme des Landes zu lösen und das Volk hinter sich zu vereinen. Um von seinen innenpolitischen Schwierigkeiten abzulenken, erklärte er die verhassten Vietnamesen zu den Schuldigen an der Misere, was zu grausamen Massakern an dieser im Lande lebenden Minderheit führte.

Zu dieser Zeit begannen unterschiedliche Entwicklungen, die die Khmer-Republik später zu Fall brachten und den Weg für die Machtübernahme Pol Pots bereiteten. Im Pekinger Exil gründete Sihanouk die *Funk-Partei*, die alle **politischen Gegner der Regierung Lon Nol** zusammenfasste. Ihre Armee bestand aus einer kommunistisch beeinflussten Guerilla, aus der sich später die Roten Khmer formierten. Der *Vietcong* übernahm die Ausbildung dieser noch unerfahrenen Guerillatruppe, um mit ihrer Hilfe die Amerikaner wieder aus Kambodscha zu vertreiben. Sie trennten sich jedoch bald wieder, da die *Khmer Rouge* den Nordvietnamesen zur Last fielen. Außerdem waren selbst dem *Vietcong* die extremistischen Anschauungen der Führungskader unheimlich geworden.

Ab 1973 kämpften die Roten Khmer allein im **Bürgerkrieg** gegen die Regierung in Phnom Penh. Die Armee Lon Nols musste bei den Kämpfen mit Pol Pots Armee eine militärische Niederlage nach der anderen einstecken. Auf dem Land löste der Krieg einen gewaltigen Flüchtlingsstrom aus und ließ die Stadtbevölkerung Phnom Penhs auf 2,5 Millionen Menschen anschwellen (1,5 Mio. Flüchtlinge). Anfang 1975 wurde der Ring der Roten Khmer um die Hauptstadt immer enger. Die Evakuierungen der französischen und amerikanischen Botschaft kurz vor der Eroberung der Stadt wurden zu einem erschütternden Drama (das in dem Film Killing Fields sehr authentisch nachempfunden werden kann).

Kambodscha unter Pol Pot (17.4.1975–7.1.1979)

„Am Montag, kurz nach acht, betraten die ersten Soldaten der Roten Khmer die Stadt. Wir begrüßten sie mit ehrlicher Freude und tiefer Ergriffenheit. Von allen Seiten riefen die Leute, „Sieg“, „Freiheit“, „Friede“. Wir hießen sie willkommen, aber sie beachteten unsere Freundschaftsbezeugungen nicht. Sie gingen in Reihen hintereinander, stumm – die meisten waren noch Kinder. Sie machten düstere und finstere Gesichter. Vielen von uns lief ein Schauder über den Rücken. Wir hatten uns doch nichts zuschulden kommen lassen?“ So berichtete ein Augenzeuge über den 17.4. 1975.

Dies war der Beginn des größten Traumas in der Geschichte Kambodschas. Aus den freundlichen, sanft lächelnden Menschen waren fratzenstarrende Monster geworden. Sie befahlen den Bewohnern von Phnom Penh, binnen 48 Stunden die Hauptstadt zu verlassen, da die Amerikaner Bombenangriffe als Vergeltungsmaßnahmen planen würden. Es gab keine Ausnahmen, selbst die Krankenhäuser wurden evakuiert. Wer nicht gehorchte, wurde auf der Stelle erschossen. Der Exodus aufs Land, von dem die meisten nicht mehr zurückkehren sollten, begann (siehe Kapitel Phnom Penh, Geschichte). Ein paar Tage nach der

Die Führungsclique der Roten Khmer

Sihanouk war der erste, der die Bezeichnung Rote Khmer benutzte. Er meinte damit eine **radikale und intellektuelle Studentengruppe** aus Khmer, die sich einst in Paris gebildet hatte und nun ihre kommunistischen Ideen an den Universitäten in Phnom Penh lehrte. In den 1950er Jahren kamen sie durch staatliche Stipendien nach Frankreich, wo sie in Paris studierten. Die intellektuelle Atmosphäre unter den Pariser Studenten muss für die jungen Khmer aus Phnom Penh und den Provinzen ein entwurzelndes Ereignis gewesen sein. Sie fanden Halt bei der Kommunistischen Partei Frankreichs, über die einige von ihnen im Jahr 1951 bei einem Jugendfest in Ostberlin teilnahmen. Dort entschlossen sie sich, eine eigene Partei, *die Vereinigten Khmer-Studenten,* zu gründen, die unter straffer Organisation eine Plattform für linke und nationalistische Ideen der kambodschanischen Studenten in Paris bildete.

Zu dieser Partei gehörten:

- **Pol Pot** (früher *Saloth Sar*). Geboren 1928 in der Provinz Kompong Thom. Er studiert Radiotechnik in Paris, fällt aber bei den Prüfungen durch und kehrt 1953 nach Phnom Penh zurück. Dort lehrt er kurzzeitig am *Sisowath Lyzeum.* Er wird später der führende Kopf der Roten Khmer.
- **Ieng Sary.** Geboren 1930 in Vietnam, Provinz Vinh Long. Studiert Wirtschaftswesen und Politikwissenschaften in Paris, wo er 1955 Vorsitzender der Vereinigten Khmer-Studenten wird. Ab 1957 unterrichtet er am *Sisowath Lyzeum* in Phnom Penh. Er ist von 1970 bis 1978 der persönliche Bewacher *Sihanouks* in Peking und Phnom Penh.
- **Khieu Samphan.** Geboren 1931 in der Provinz Syay Rieng. Er studiert Recht und Volkswirtschaft in Paris und wird später Generalsekretär der Studentengruppe. Zurück in Phnom Penh, veröffentlicht er die Zeitschrift *L'Observateur.*
- **Nuon Chea.** Geboren 1927 in der Provinz Battambang. In den 1940er Jahren Student an der *Thammasat-Universität* in Bangkok. 1970–75 ist er stellvertretender Oberkommandierender und oberster Politchef der Armee. Er gilt als einer der Hauptverantwortlichen für den Völkermord.
- **Hou Youn.** Geboren 1930 und Student der Rechts- und Wirtschaftswissenschaften. Nach seiner Rückkehr nach Phnom Penh wird er Direktor des *Sisowath Lyzeums* und Herausgeber radikaler Zeitschriften.
- **Hu Nim.** Geboren 1932 in Kompong Cham. Studiert bis 1957 Jura in Paris.
- **Son Sen.** Geboren 1930 in Südvietnam, Provinz Tra Vinh. Er studiert an der pädagogischen Fakultät in Paris und unterrichtet später ebenfalls im *Sisowath Lyzeum.*

Diese Männer, die nach ihrer Rückkehr in Kambodscha in engem Kontakt zueinander standen, waren die gebildetste Führungselite in der Geschichte des asiatischen Kommunismus. *Samphan, Yuon* und *Nim* traten 1958 den „Marsch durch die Institutionen" an und traten in *Sihanouks* Sangkum-Partei ein. 1963 erschien im Zusammenhang mit den Studentenrevolten in Siem Reap eine Liste mit 34 Namen von Personen, die als Sozialisten verhaftet werden sollten. Darunter waren die Namen von *Pol Pot, Ieng Sary* und *Son Sen,* die daraufhin nach Rattanakiri in den Urwald flüchteten und dort unter den unzufriedenen Einheimischen eine Guerillatruppe aufbauten. Sie knüpften von hier aus Kontakte zu Peking und Hanoi. Ab 1970 tauchten dann die

[>] Die Brutalität der Roten Khmer kannte keine Grenzen

Führungskader der Roten Khmer gemeinsam an der Seite von Norodom Sihanouk in China auf, wo sie unter dem Prinzen die Funk-Partei gegen die Regierung **Lon Nols** gründeten.

Nach der **Eroberung Phnom Penhs** ernannte sich *Pol Pot* zum Premierminister und *Ieng Sary* zum Stellvertreter. *Son Sen* wurde mit der nationalen Verteidigung beauftragt. Der gemäßigtere *Khieu Samphan* wurde Vorsitzender des Staatspräsidiums. *Hu Nim* und *Hou Yuon* verschwanden im Rahmen der internen Machtkämpfe von der Bildfläche.

Während es nach der Intervention Vietnams ruhig um *Pol Pot* wurde und er sich, umgeben von Gerüchten, zwischen Urwald, China und Thailand aufhielt, trat der schmächtige, asketische Intellektuelle **Khieu Samphan** als führender Kopf der Roten Khmer immer mehr ins Licht der Öffentlichkeit. Am 22. Juni 1982 gründete er mit *Sihanouk* und *Son Sann* in Kuala Lumpur die Regierungskoalition **Demokratisches Kampuchea,** um gegen die Vietnamesen im Land vorzugehen, wobei er die Rolle des Außenministers übernahm.

Als am 23. Oktober 1991 der Friedensvertrag von Paris von allen vier Bürgerkriegsparteien unterschrieben wurde, zogen *Khieu Samphan* und *Son Sen* für die PDK *(Party of Demokratic Kampuchea)* unter dem SNC *(Supreme National Council)* wieder in Phnom Penh ein. Bei seiner Ankunft in der Hauptstadt blieb *Khieu Samphan* jedoch sein kindliches Lächeln in der Kehle stecken, als er von einer aufgebrachten Menge beinahe gelyncht wurde.

Die Khmer Rouge blieben jedoch das **Sorgenkind der UNTAC,** da sie sich mit dem Argument, es seien noch nicht alle vietnamesischen Soldaten aus Kambodscha abgezogen, nicht an den vereinbarten Vertrag hielten und ihre Waffen nicht abgaben. Am 13. April 1993 versetzten die Roten Khmer den Friedensbemühungen der Vereinten Nationen einen Rückschlag, als sie ihre Teilnahme an den Wahlen aufkündigten und Phnom Penh verließen. Die angekündigte gewaltsame Verhinderung der Wahl fand nicht statt.

Noch bis zum August 1996 terrorisierten die Roten Khmer das Land. Dann jedoch lief *Ieng Sary* mit seiner Armee in Pailin zur Regierung über und spaltete die Guerilliabewegung. Am 15. April 1998 starb *Pol Pot,* und am 4. Dezember 1998 legten die letzten Kampfeinheiten der Khmer Rouge die Waffen nieder. Die letzten Führungskader, *Khieu Samphan* und *Nuon Chea,* ergaben sich der Regierung am 26. Dez. 1998.

Machtübernahme der Roten Khmer in Kambodscha endete am 30.4.1975 der Vietnamkrieg mit dem Sieg der kommunistischen Nordvietnamesen.

Die neue Regierung nannte das Land zynisch „Demokratisches Kambodscha". Ihre **Ideologie** war die bedürfnislose Gleichheit der Menschen und ihr Ziel, Kambodscha in einen Agrarstaat zu verwandeln. *Khieu Samphan,* einer der Führungskader, sagte einmal: „Wir werden die erste Nation sein, die sich in eine perfekte kommunistische Gesellschaft verwandelt, ohne dabei durch Zwischenschritte Zeit zu verschwenden."

Das Geld sowie das Post- und Kommunikationswesen wurden abgeschafft, Bücher verbrannt, Schulen geschlossen und die Ausübung von Religion (Buddhismus und Islam) verboten. Jeder „Intellektuelle", d.h. jeder, der eine Fremdsprache beherrschte, studiert hatte oder nur eine Brille trug, wurde ermordet. Die Regierung brach jeglichen Kontakt zur Außenwelt ab, und nur wenigen Journalisten gelang es, in die Geisterstädte des von den Roten Khmer kontrollierten Landes vorzudringen.

Unter unmenschlichen Bedingungen wurde die Stadtbevölkerung zu harter landwirtschaftlicher Arbeit gezwungen. Sie mussten Reis pflanzen, neues Land urbar machen und Kanäle bauen. Maschinen entsprachen nicht der Vorstellung von einem archaischen Staat und wurden zerstört. Familien wurden getrennt und in unterschiedlichen Lagern untergebracht. Nur kleine Kinder unter 6 Jahren durften bei ihren Müttern bleiben. Wer nicht hart genug arbeitete, sich über seine Lebensbedingungen beschwerte, sich selbst Gemüse anbaute, unerlaubte sexuelle Beziehungen einging oder religiöse Rituale abhielt, wurde getötet. Die blutrünstigen Soldaten verwendeten dazu meist die bei der Feldarbeit eingesetzten Spitzhacken, um Gewehrkugeln zu sparen.

Die Menschen litten unter grausamem **Hunger,** doch war alles Essbare, selbst wenn es in freier Natur wuchs, Eigentum des Volkes, und jeder „Diebstahl" wurde sofort mit der Höchststrafe geahndet. Ein Augenzeuge berichtete: „An einem Morgen kletterten zwei etwa 13-jährige Jungen auf einen Mangobaum, um sich ein paar reife Früchte herunterzuholen. Da krachten Schüsse aus einem Maschinengewehr, und zwei tote Kinder fielen zu Boden. Der Soldat, der so kaltblütig geschossen hatte, war nur wenige Jahre älter als seine Opfer. Die Eltern durften ihre toten Kinder nicht einmal begraben." Das einzige Nahrungsmittel, das nicht als Volkseigentum galt, waren Kröten und Ratten, durch deren Verzehr viele dem sicheren Hungertod entkamen.

Hunderttausende wurden durch **Misshandlungen, Unterernährung und Krankheiten** dahingerafft. Die extremen Lebensbedingungen auf dem Land, die langen Märsche unter tropischer Hitze und die harte körperliche Arbeit setzten den Städtern schwer zu. Die dürftige Nahrung und die schlimmen hygienischen Bedingungen taten ein Übriges. Die Menschen starben an Schlangenbissen, Durchfall und besonders an Malaria. Medikamente gab es so gut wie keine, und die Krankenhäuser waren zu Versuchslabors verkommen, in denen das minderjährige Pflegepersonal der Roten Khmer mit den Sterbenden experimentierte.

Gelenkt wurde alles von einer dubiosen Führung, die sich **Angkar** nannte.

Sie bestand aus den Kadern der Roten Khmer, niemand wusste, wer sich dahinter verbarg. Angkar, so erzählte man der Bevölkerung, lenke alles, wisse alles und sei unfehlbar. Jeder Lagerleiter berief sich bei seinen grausamsten Entscheidungen auf die Anweisung Angkars, wodurch er sich jeder persönlichen Verantwortung entziehen konnte.

In Artikel 20 der Verfassung des Demokratischen Kambodschas war die Glaubensfreiheit garantiert, aber gleichzeitig alle reaktionären **Religionen** verboten. Vor 1975 wurde der Buddhismus toleriert, da er in den befreiten Gebieten nützlich war, die gläubige Landbevölkerung hinter den Roten Khmer zu vereinigen. Nach dem Fall Phnom Penhs änderte sich die Politik, und die 40.000 bis 60.000 buddhistischen Mönche wurden als Parasiten der Gesellschaft bezeichnet und ebenfalls in Arbeitsbrigaden aufs Land geschickt. Viele Bonzen wurden auch exekutiert. Die Pagoden, kulturelles und religiöses Zentrum der Khmer, wurden geplündert und zerstört, Buddhastatuen geköpft und in Seen und Flüssen versenkt. Wer betete oder religiöse Rituale ausführte, wurde erschossen. Auch die dem Islam angehörige Minderheit der Cham entkam dem Genozid nicht. Ihre religiösen Führer wurden hingerichtet, die Moscheen dem Erdboden gleichgemacht, die Menschen wurden gezwungen, ihrer Religion abzuschwören und Schweinefleisch zu essen.

Schlimm erging es unter dem Terrorregime auch den schon seit Generationen im Land lebenden **Vietnamesen.** Motiviert durch nationalistische Argumente, leiteten die Roten Khmer ihren Hass auf diese Minderheit aus der Geschichte ab, und wehrlose Frauen, Män-

Der Genozid Pol Pots in Zahlen

Die Schätzungen über die Zahl der Menschen, die unter der Herrschaft *Pol Pots* und seiner Schergen ums Leben kamen, schwanken erheblich. Die von Vietnam eingesetzte Regierung in Phnom Penh bezifferte sie auf 3 Millionen. Der französische Pfarrer *Ponchaud* schätzt 2,3 und Amnesty International 1,4 Millionen. Das State Department (USA) liegt bei 1,2 Millionen und *Khieu Samphan* und *Pol Pot* gehen immerhin noch von 800.000 bis 1 Million Toten aus. Das bedeutet, dass, von den seriöseren Angaben ausgehend, von 1975 bis 1979 zwischen 20 und 32 Prozent der damaligen Bevölkerung direkt oder indirekt durch das mörderische Regime der Roten Khmer dahingerafft wurden.

Weitere Zahlen der Zerstörung

141.000	Invaliden
200.000	Waisen
635.000	zerstörte Häuser und Hütten
5800	zerstörte Schulen
790	verwüstete Krankenhäuser und Laboratorien
1900	zerstörte Pagoden
100	zerstörte Moscheen
1.500.000	getötete landwirtschaftliche Nutztiere
100	zerstörte Fabriken

Zeittafel

1.–6. Jh.: Der südliche Teil des heutigen Kambodschas und das Mekongdelta bilden das Königreich *Funan.*

6.–8. Jh.: Das Reich *Chenla* breitet sich im Süden des heutigen Indochinas aus und zerfällt in Wasser- und Land-Chenla.

802–850: *Jayavarman II.* kommt von Java zurück, führt den Gottkönigkult ein und gründet die Hauptstadt am Berg *Kulen,* nahe Angkor Wat.

1112–1152: König *Suryavaman II.* lässt Angkor Wat bauen und annektiert das Königreich *Champa.*

1181–1218: *Jayavarman VII.* baut die *Bayon* und führt den Buddhismus als Staatsreligion ein.

1393: *Ramesuen,* König von Siam, überfällt Angkor, stiehlt das heilige Schwert und die königlichen Insignien und bringt den Großteil der Bevölkerung nach *Ayudhaya,* seiner damaligen Hauptstadt.

1434: König *Ponhea Yat* gründet Phnom Penh.

1618–1866: Während dieser Zeit wird die Hauptstadt nach Udong verlegt; Thailand und Vietnam besetzten Kambodscha und machen es zu ihrem Vasallen.

1863: Frankreich vereinbart mit König *Norodom* ein Protektoratsabkommen für Kambodscha.

1866: Phnom Penh wird erneut zur Hauptstadt erklärt.

1941: Frankreich setzt *Norodom Sihanouk,* als Nachfolger *Monivongs,* mit 19 Jahren auf den Thron.

1953: Frankreich entlässt Kambodscha in die Unabhängigkeit.

1955: *Sihanouk* dankt ab und gründet die Sangkum-Partei, um mehr politischen Einfluss im Land zu haben.

1968: Die Roten Khmer beginnen ihren bewaffneten Kampf um die Macht.

1969: Die USA bombardieren kommunistische Stellungen des Vietcong auf kambodschanischem Gebiet. Hunderte unbeteiligter Menschen verloren ihr Leben.

1970: Durch einen Staatsstreich während einer Auslandsreise *Sihanouks* kommt *Lon Nol* an die Macht.

17.4.1975: Die Roten Khmer marschieren in Phnom Penh ein und evakuieren alle Städte.

7.1.1979: Die vietnamesische Armee vertreibt die Roten Khmer in den Urwald, und Hanoi setzt eine ihm hörige Regierung in Phnom Penh ein.

1982: *Sihanouk* bildet eine gemeinsame Front (FUNCINPEC) gegen die Besetzung seines Landes durch die Vietnamesen und vereint darin drei Guerillagruppen.

1987: Beginn der langjährigen Verhandlungen über eine friedliche Lösung des Kambodschakonfliktes.

23.10.1991: Unterzeichnung des Friedensvertrags in Paris von allen vier Bürgerkriegsparteien und 18 Nationen.

15.3.1992: Beginn des größten und teuersten Einsatzes in der Geschichte der Vereinten Nationen.

13.4.1993: *Khieu Samphan* verlässt mit den Roten Khmer Phnom Penh und kündigt die Teilnahme an den Wahlen auf.

23.–28.5.1993: Friedliche Durchführung der fairsten Wahlen in der Geschichte Kambodschas.

24.9.1993: *Norodom Sihanouk* wird zum zweiten Mal zum König gekrönt.

8.8.1996: *Ieng Sary,* Statthalter von Pailin, spaltet die Roten Khmer und läuft mit seinen Truppen zur Regierung in Phnom Penh über.

Juli 1997: Staatsstreich von *Hun Sen.*

15.4.1998: *Pol Pot* stirbt im Urwald bei Anlong Veng.

26.7.1998: Zweite Parlamentswahlen

26.12.1998: *Khieu Samphan* und *Nuon Chea,* die letzten Khmer Rouge Kader, stellen sich der Regierung.

4.10.2004: Rücktritt von König *Norodom Sihanouk.*

November 2004: Der neue König von Kambodscha heißt *Norodom Sihamoni.*

September 2007: In Pailin wird der mutmaßliche Chefideologe der Roten Khmer, *Nuon Chea* verhaftet.

30. März 2009: Beginn des *Khmer Rouge Tribunals* in Phnom Penh.

Juli 2011: Im thailändisch/kambodschanischen Grenzstreit um die Tempelanlage *Preah Vihear* fordert das höchste UN-Gericht einen beiderseitigen Truppenabzug und die Errichtung einer entmilitarisierten Zone.

Oktober 2012: Der ehemalige König *Norodom Sihanouk* verstirbt kurz vor seinem 90. Geburtstag in Peking während eines Krankenhausaufenthaltes.

28. Juli 2013: Die Kambodschanische Volkspartei des amtierenden Ministerpräsidenten *Hun Sen* wird bei der fünften Parlamentswahl erneut stärkste Partei.

August 2014: Das Khmer Rouge Tribunal verurteilt *Khieu Samphan* und *Nuon Chea* zu lebenslänglichen Haftstrafen.

September 2016: *Hun Sen* erklärt einen politischen Waffenstillstand, lässt aber in dem Rahmen viele Oppositionspolitiker im Vorfeld der Wahlen 2018 verhaften.

November 2017: *Kem Sokha*, Führer der CNRP (Cambodian National Rescue Party), der einzigen relevanten Oppositionspartei, wird des Hochverrats angeklagt und die Partei verboten.

Juli 2018: *Hun Sen* und seine Cambodian People's Party (CPP) gewinnen wie erwartet die Parlamentswahlen und alle 125 Sitze im Parlament, nachdem alle Oppositionsparteien verboten wurden.

9. September 2018: Tod des Schweizer Kinderarztes und Musikers *Beat Richner* (Künstlername *Beatocello*), der sich seit 1992 nachhaltig für Kinder in Kambodscha eingesetzt hat. Er gründete vier Kinderkrankenhäuser in Phnom Penh und Siem Reap nach dem Credo „korrekte Behandlung, kostenlos für alle", wofür er weltweit Auszeichnungen bekam. In seinen engagierten Vorträgen legte er sich oft mit der WHO wegen deren Ineffizienz und Geldverschwendung an.

ner und Kinder wurden Opfer des sinnlosen Mordens.

Zu Beginn der Machtübernahme waren die Opfer, die öffentlich exekutiert wurden, Angehörige der Regierung *Lon Nol* sowie „subversive, kapitalistische" Elemente. Nach 1978 fanden die meisten **Hinrichtungen** wegen interner Streitigkeiten bei paranoiden „Säuberungsaktionen" in den eigenen Reihen statt. Der Terror der Khmer Rouge in Kambodscha war einer der blutigsten in der Geschichte des Kommunismus. Selbst *Stalin* gelang es nicht, prozentual zur Gesamtbevölkerung eines Landes so viele Menschen ermorden zu lassen wie *Pol Pot*.

In seinem grenzenlosen Nationalismus begann *Pol Pot* 1978 mit einem Angriff auf den Süden den **Krieg mit Vietnam,** um seine Ansprüche auf das einst von Khmer bewohnte Mekongdelta geltend zu machen. Ende Dezember holte die Regierung in Hanoi zum Gegenschlag aus, überrannte ohne nennenswerten Widerstand die ausgemergelten Truppen *Pol Pots* und besetzte am 7. Januar 1979 die Hauptstadt Phnom Penh. Die westliche Welt wertete dies als aggressiven Akt gegen die Selbstbestimmung freier Völker, und China drohte mit Vergeltungsmaßnahmen wegen der Unterwerfung eines seiner engsten Verbündeten.

Unter vietnamesischer Besatzung (8.1.1979–1991)

So groß die Freude über die Vertreibung der Massenmörder durch die Vietnamesen war, so gemischt waren die Gefühle der Menschen gegenüber ihren Befreiern. Für die meisten Khmer kam die neue Situation der Austreibung des Teufels mit dem Beelzebub gleich. Sie nutzten die Gunst der Stunde und zogen die nicht ungefährliche Flucht nach Thailand und das Leben in einem der überfüllten Flüchtlingslager dem Leben unter ihren kommunistischen Erbfeinden vor.

Die vietnamesischen Soldaten trafen auf ein ausgeblutetes, in die Steinzeit zurückversetztes Land. Schnelle internationale Nahrungsmittellieferungen bewahrten die Bevölkerung vor einer katastrophalen Hungersnot. Wirtschaftliche Hilfe in Form von Geld und Maschinen war nur von der Sowjetunion zu erwarten. Die Vietnamesen machten *Heng Samrin* zum Staatschef der Volksrepublik Kampuchea und installierten einen eher laxen Kommunismus, der besonders im Bereich der Landwirtschaft mehr auf regulierende Eigeninitiative der Bevölkerung baute als auf dirigistische staatliche Maßnahmen. Damals begann eine unkontrollierte Zuwanderung von Vietnamesen nach Kambodscha, die heute noch eines der politisch brisanten Themen im Land ist.

Der **Bürgerkrieg in den Provinzen** ging unterdessen weiter. Anfänglich kämpften drei Armeen unabhängig voneinander gegen die Invasoren. Die zahlenmäßig stärkste und kampferprobteste waren die Soldaten der Roten Khmer unter der Führung von *Khieu Samphan.* Die Guerillakämpfer der Republikaner schlossen sich unter dem Namen KPNLAF *(Khmer People National Liberation Armend Forces)* unter *Son Sann,* einem 71-Jährigen, zusammen, der bereits unter *Sihanouk* wichtige Ämter inne hatte. Die Partei der Royalisten, FUN-

CINPEC, unter Sihanouks Sohn *Ranariddh,* gründete die *Armee Nationale Sihanoukiste* (ANS). Die Roten Khmer wurden von China und *Son Sanns* Untergrundskämpfer von den USA mit Geld und Waffen unterstützt. 1982 schlossen sich alle drei Parteien zu einer Koalitionsregierung, Demokratisches Kampuchea (CGDK), unter *Prinz Sihanouk* zusammen und kämpften als gemeinsame Front gegen die vietnamesischen Invasoren, die ihrerseits wiederum von der damaligen Sowjetunion finanziert wurden.

So ging der Bürgerkrieg, der sich in der Provinz abspielte und bei dem die Vietnamesen die Oberhand behielten, bis 1989 unvermindert weiter. Bereits 1987 begannen die langen und zähen Verhandlungen über eine friedliche Lösung des Kambodschakonfliktes, deren erster Erfolg der Abzug der vietnamesischen Truppen im September 1989 war.

Am 23. Oktober 1991 unterzeichneten in Paris alle vier Bürgerkriegsparteien und 18 weitere Nationen einen **Friedensvertrag.** Es wurde der *Supreme National Council of Cambodia* (SNC) gegründet, in dem alle vier Fraktionen unter der Präsidentschaft von *Norodom Sihanouk* vereint waren. Diese provisorische Übergangsregierung trat die für die Durchführung des Friedensvertrags notwendige Staatsgewalt an die UNTAC *(United Nations Transitional Authority in Cambodia)* ab, die unter der Leitung von *Yasushi Akashi* aus Japan stand. Der Friedensplan bestand aus drei Phasen:

- Entwaffnung der Bürgerkriegsparteien
- Registrierung der Wähler
- Durchführung von freien und fairen Wahlen

Die Vereinten Nationen in Kambodscha (1992–1993)

Am 15. März 1992 begann die bis dato teuerste und umfangreichste Aktion in der Geschichte der Vereinten Nationen. Diesmal hatte die Weltgemeinschaft nicht nur die Rolle des Friedenserhalters, sondern die Verantwortung für die Wiederentstehung eines von 20 Jahren Bürgerkrieg zerrütteten Staates übernommen. 22.000 Soldaten und ziviles Personal aus verschiedenen Nationen, Kulturen, Religionen und von unterschiedlicher Hautfarbe strömten wie eine erneute Invasion in dieses kleine Land. Doch die leidgeprüften Menschen waren begeistert und freuten sich über den so lange ersehnten Frieden.

Die Deutschen hatten in Kambodscha ihren ersten UNO-Einsatz. Der Bundesgrenzschutz bildete die örtliche Polizei aus, und die Bundeswehr schickte ein Kontingent an Ärzten und Sanitätern, die die medizinische Versorgung für die Truppen der Vereinten Nationen übernahmen.

Die **Entwaffnung der Bürgerkriegsparteien** verlief so lange erfolgreich, bis die Roten Khmer sich weigerten, ihr ballistisches Gerät der UNTAC zu überlassen und den Blauhelmen mit Gewaltandrohung untersagten, die von ihnen kontrollierten Gebiete zu betreten. Sie begründeten diesen Verstoß gegen den Friedensvertrag mit den angeblich immer noch anwesenden vietnamesischen Truppen. Verständlicherweise weigerten sich auch andere Guerillakämpfer, ihre Waffen den Blauhelmen zu übergeben.

Minen und Verstümmelte – Kambodschas Kriegsbürden

Äußerlich scheinen 20 Jahre Bürgerkrieg an den Menschen spurlos vorübergegangen zu sein. Unheimlich ist jedoch die große Selbstverständlichkeit, mit der das Volk der Khmer, nach so vielen Jahren unbeschreiblichen Horrors, heute wieder seinen täglichen Geschäften nachgeht. Trotzdem verheilen die Narben auf den Seelen nur langsam. Die Menschen verstehen es aber geschickt, sie hinter ihrem undurchsichtigen *„sourire khmer"* zu verstecken.

Minen

2012 verseuchten noch immer etwa **4–6 Millionen Minen** Wälder, Sümpfe und Ackerland. In besonderer Weise schockierend waren der Fatalismus und die Selbstverständlichkeit, die im Umgang mit den Minen unter der Bevölkerung herrschten. Kaum waren alte Minenfelder geräumt, wurden schon wieder neue gelegt. Diese heimtückischen Waffen fanden nicht nur Verwendung im Krieg zwischen der Armee und den Roten Khmer, sie wurden genauso von Banditen oder bei persönlichen Auseinandersetzungen unter Nachbarn benutzt. Selbst manche Bauern verwendeten sie, um ihre Häuser oder Felder gegen Diebe zu sichern. Sie wurden abends gelegt und morgens von Kindern wieder eingesammelt, die gelegentlich auch eine vergaßen.

Eine große Erschwernis bei den Räumarbeiten war, dass es **kaum Aufzeichnungen von den Minenfeldern** gab. Ein Mitarbeiter der britischen Mine Advisory Group: „Das Räumen in Kambodscha gestaltet sich erheblich schwieriger als z.B. in Kuwait, da die Irakis die Minen nach einer logischen Strategie gelegt hatten. Hier hat man sich auf die Menge, nicht auf den gezielten Einsatz verlassen. Sie liegen einfach überall herum und keiner weiß genau, wo."

Die intensiven Entminungen durch verschiedene Organisationen (z.B. CMAC) haben dazu geführt, dass sich die Zahl der Minenopfer in den letzten 10 Jahren mehr als halbiert hat. Im Durchschnitt werden täglich weniger als 3 Menschen durch Explosionen in Kambodscha verletzt. Jedoch sind nur die Hälfte davon Explosionen von Minen. Die anderen 50 % werden durch das **Hantieren mit scharfer Munition** und nicht detonierten Bomben aus dem Bürgerkrieg getötet oder verletzt. Der Sprengstoff lässt sich nämlich bestens an Fischer (Dynamitfischen) und das Metall an Schrotthändler verkaufen. Doch vorher müssen beide Materialien voneinander getrennt werden. Das geschieht unprofessionell und mit primitivsten Mitteln, wodurch es immer wieder zu Unfällen kommt.

Verstümmelungen

Der Krieg in Kambodscha hinterließ etwa **40.000 Menschen mit Amputationen.** Von abgerissenen Händen bis zu Kindern ohne Beine, die sich nur auf den Händen fortbewegen können, ist die ganze Bandbreite des Leidens, das die Minen verursachten, öffentlich zu sehen. Der Sinn dieser schrecklichen Waffen besteht nämlich nicht darin, die Opfer zu töten, sondern ihnen sollen bewusst schwere Verletzungen zugefügt werden, da dies laut militärischen Erkenntnissen Soldaten und Zivilbevölkerung mehr demoralisiert, als es Leichen tun. Doch aufgrund der schlechten ärztlichen Versorgung starben in Kambodscha schon viele Opfer, bevor sie ein Krankenhaus erreichten.

Die Überlebenden trifft es bis heute besonders hart, da in Kambodscha 80 Prozent der

Menschen von körperlich harter Feldarbeit leben. Wer seine Arme und Beine nicht zum Broterwerb einsetzen kann, ist immer auf die Almosen anderer angewiesen. Dies wusste auch die von Vietnam (1979 bis 1990) in Kambodscha eingesetzte Regierung. Da sie jedoch kein Geld hatte, sich um die Kriegsopfer zu kümmern, entledigte sich der Staat seiner Fürsorgepflicht, indem er den Amputierten das **Betteln erlaubte** und jeden bestrafte, der sie daran hinderte. Dieser Freibrief wurde von vielen schamlos ausgenutzt, und eine große Anzahl verrohter, humpelnder Banden terrorisierte die machtlosen Händler in Phnom Penh.

Da viele Versehrte auf dem Land leben, leiden sie besonders unter der schlechten Mobilität. Hilfsorganisationen wie *Handicap International* (seit 1982 in Kambodscha) legen deshalb, neben anderen Programmen, ihren Schwerpunkt auf die Entwicklung einfacher Technologien, mit denen Prothesen und Rollstühle billig im Land hergestellt werden können. Die ausländischen Hightechprodukte kann sich keiner leisten, sie können hier nicht repariert werden und sind zumeist den Verhältnissen des Landes nicht angepasst.

Seit 1993 gibt es jedes Jahr einen **nationalen Sporttag für Amputierte** in Phnom Penh, zu dem Hunderte von Teilnehmern aus dem ganzen Land anreisen.

Obwohl Phase 1, Entwaffnung der Bürgerkriegsparteien, nicht durchgesetzt werden konnte, begann die **Registrierung der Wähler.** Um die Khmer Rouge wieder in den Friedensplan zu integrieren, versuchte es die UNTAC mit Sanktionen. 1992 wurde die Grenze zu Thailand geschlossen, um den Edelstein- und Holzhandel zu unterbinden, mit dem die Roten Khmer ihre Waffen finanzierten. Thailand verhielt sich dabei wenig kooperativ, da einige seiner Militärs bei diesem Handel kräftig mitverdienten. Unverhüllt zeigte die Regierung in Bangkok ihre Unterstützung für die Guerilla *Pol Pots,* indem sie mit dem Inkrafttreten der Sanktionen UNO-Flüge nach Phnom Penh via Bangkok untersagte.

Khieu Samphan erklärte Anfang April 1993, die Wahlen und der Friedensvertrag seien ein Komplott des Westens, mit dem Ziel, die Roten Khmer zu vernichten. Er kündigte die Teilnahme an den Wahlen auf und verließ am 13. April mit seinem gesamten Stab demonstrativ Phnom Penh, um nach Pailin, dem Hauptquartier der Roten Khmer, zurückzukehren.

Um den Friedensprozess weiter zu destabilisieren, verübten die Roten Khmer grausame Attentate auf die vietnamesische Minderheit im Land. 20.000 Vietnamesen flüchteten, meist auf Booten, ins Mekongdelta. In den Provinzen provozierten sie militärische Konflikte, töteten UNTAC-Soldaten und griffen im Mai 1993 mit mehreren hundert Mann die Stadt Siem Reap an, wobei nach starken Gefechten 18 Tote zurückblieben.

Am Vorabend der Wahl, am 22. Mai 1993, waren die Straßen Phnom Penhs noch früher als in den Tagen davor gespenstisch leer. Die Spannung und die

643ka an

Angst der Menschen waren groß, denn die Roten Khmer hatten den Bürgern mit Gewalt gedroht, die es wagen würden, zu den Urnen zu gehen.

Die Wahl 1993 (23.–28. Mai)

Die Menge der in den letzten Tagen aus aller Welt angereisten Journalisten war kaum mehr zu überblicken. Zu Hunderten belagerten sie die Pressekonferenzen von *Eric Falt,* dem Pressesprecher der UNTAC, mit Kameras, Notizblöcken und Mikrofonen. Schon das äußere Erscheinungsbild vieler Reporter ließ darauf schließen, dass sie sich bereits mitten im Bürgerkrieg sahen und ihr Interesse mehr dem zu erwartenden Massaker als dieser wichtigen historischen Wahl galt. Doch sie wurden bitter enttäuscht.

Entgegen allen Erwartungen und trotz aller Einschüchterungsversuche der Roten Khmer wurde es eine **friedliche Wahl.** Am Morgen des 23. Mai standen lange Schlangen von Menschen, überwiegend Frauen, vor den Wahllokalen, um mit ihrer Stimme der Friedenssehnsucht der Menschen Kambodschas nach über 20 Jahren Bürgerkrieg Ausdruck zu verleihen. Der erste, friedlich verlaufene Wahltag motivierte schließlich auch den Rest der Bevölkerung, zu den Urnen zu gehen. Zufrieden konnte *Akashi* am Abend des 28. Mai resümieren, dass bei dieser Wahl, die trotz allem als eine der freiesten und fairsten in der Geschichte Südostasiens bezeichnet werden kann, annähernd 90 % der 4.764.430 registrierten Wähler ihre Stimme abgegeben hatten.

Von den 20 zur Wahl angetretenen Parteien zogen vier in die Nationalversammlung ein. Die großen Parteien, die

CPP und die FUNCINPEC, waren davon ausgegangen, dass sie mindestens eine Zweidrittelmehrheit bekommen würden und somit allein die Verfassung gestalten könnten. Deshalb taten sie sich anfänglich sehr schwer, die demokratischen Spielregeln zu akzeptieren. Keine Partei bekam die absolute Mehrheit. Der Sieg der FUNCINPEC (45 %) erschütterte die siegesgewisse CPP (38 %) so sehr, dass sie sich weigerte, die Wahl anzuerkennen. Erst *Prinz Sihanouk* konnte, indem er wiedermal seinen politischen Zauberkasten auspackte, die beiden Streithähne versöhnen, indem er sich zum König machte und *Hun Sen* und *Ranariddh* zu seinen Ministerpräsidenten.

Regierungsbündnis von Ranariddh und Hun Sen

Anfänglich klappte die Zusammenarbeit dieser beiden ehemaligen Kontrahenten wesentlich besser als erwartet. Lediglich die Korruption explodierte, da alle Ministerposten mit einem CPP- und einem FUNCINPEC-Mitglied besetzt waren und beide beim Abschluss von Verträgen ihre Hand vor der Unterzeichnung aufhielten.

Doch bald stellte sich heraus, dass *Ranariddh* als erster Staatspräsident unfähig war, die politischen Probleme Kambodschas in den Griff zu bekommen. Diese Schwäche nutzte der weitaus erfahrenere und gewitztere Machtmensch *Hun Sen* gnadenlos aus. Durch paranoide Verdächtigungen seiner politischen Gegner, sie würden Attentate auf ihn planen, entledigte er sich ihrer, indem er sie ins Exil schickte. Zur gleichen Zeit reiste er über das Land und gründete eine *Hun Sen-Schule* nach der anderen. Sein größter Trumpf war jedoch, dass er sich der Loyalität von Militär, Polizei und Justiz sicher sein konnte.

Als sich die Roten Khmer am 8. August 1996 spalten und *Ieng Sary,* der Statthalter von Pailin, mit seinen Truppen zur Regierung in Phnom Penh überläuft, beginnt sich die Auseinandersetzung der Ministerpräsidenten zu verschärfen. Auf peinlichste Weise bemühen sich beide, die Guerilla in ihre Partei zu integrieren, um dadurch ihre politische Macht zu stärken.

Inzwischen ist auch *Sam Rainsy,* der als Finanzminister wegen kritischer Äußerungen zur Korruption in der Regierung von seiner FUNCINPEC-Partei ausgeschlossen wurde, wieder auf der politischen Bühne erschienen. Er präsentiert sich als Menschenrechtsadvokat und unterstützt insbesondere den Arbeitskampf in der Textilindustrie. Da er deswegen von der ausländischen Presse große Anerkennung bekommt, wird er insbesondere für *Hun Sen,* der es mit den Menschenrechten nicht so genau nimmt, gefährlich. Am 13. März 1997,

◁ Aufforderung an die Bevölkerung, sich für die ersten freien Wahlen in Kambodscha im Mai 1993 registrieren zu lassen

explodiert in Phnom Penh bei einer Kundgebung von *Sam Rainsy* eine Bombe. Er selbst kommt mit dem Schrecken davon, doch zurück bleiben 16 Tote und über 100 Verletzte. Bis heute ist dieser Fall ungeklärt, doch liegt die Vermutung nahe, dass *Hun Sens* Leute hinter dem Blutbad stehen.

Im Juli 1997 befehligen beide Ministerpräsidenten ihre eigenen, mit modernsten Waffen ausgerüsteten Privatarmeen, die sie aus Misstrauen voreinander in den letzten Jahren aufgebaut hatten. Die jeweils etwa 2000 Soldaten sind in Kasernen in der Nähe Phnom Penhs stationiert. Da wegen alter Freundschaften und vollmundiger Versprechungen *Ranariddh* immer mehr Rote Khmer auf seine Seite bringt, die Guerilla-Kämpfer provokativ vor den Toren Phnom Penhs kaserniert, und außerdem dabei erwischt wird, als er eine ganze Schiffsladung voller Hightech-Waffen in die Hauptstadt schmuggeln will, fühlt sich *Hun Sen* schließlich in die Enge getrieben und greift seinen Gegner an.

Es kommt zu schweren Kämpfen in Phnom Penh, die die Armee von *Hun Sen* für sich entscheiden kann. *Ranariddh* muss aus Kambodscha fliehen. Nach diesem Ereignis frieren westliche Geberländer ihre Entwicklungs- und Finanzhilfen augenblicklich ein. Auch der Beitritt zur ASEAN rückte in weite Ferne. Unter diesem internationalen Druck sieht sich *Hun Sen* genötigt, seinen Gegner zu den Vorbereitungen der Wahlen doch wieder einreisen zu lassen.

☒ Wahlpropaganda der CCP bei den ersten freien Wahlen in Kambodscha 1993

Das Ende der Ära Sihanouk

Am 14.10.2004 dankt *Norodom Sihanouk* mit 82 Jahren als König von Kambodscha ab. 63 Jahre lang gestaltete er die turbulente Geschichte Indochinas maßgeblich mit.

Nachfolger wird sein zweiter Sohn, *Norodom Sihamoni.*

Khmer Rouge Tribunal

Mehr als 10 Jahre nach dem formalen Ende der Roten Khmer am 26.12.1998 begann am 30.3.2009 der **Prozess** gegen die noch lebende Führungsclique der Khmer Rouge vor dem „Extraordinary Chamber in the Courts of Cambodia" (ECCC). Nach dem Prozess im April 2017 titelte die New York Times: „11 Jahre, 300 Mio. Dollar und drei Verurteilte. War das Khmer Rouge Tribunal den Aufwand wert?"

Wegen **Verbrechen gegen die Menschlichkeit** wurden *Nuon Chea* (zweiter Mann hinter Pol Pot) und *Khieu Samphan* (Staatspräsident) zu lebenslänglicher Haft verurteilt. Ebenfalls lebenslänglich bekam *Kaing Guek Eav* (bekannt unter dem Namen *Duch*), der besonders brutale Gefängnisleiter des Khmer Rouge Gefängnisses S 21 in Phnom Penh. Von den **Vereinten Nationen** wurde der Prozess mitorganisiert und finanziert, und jeder Richter und Anwalt war mit einem Khmer und einem westlichen Juristen doppelt besetzt. Trotzdem stand die Effektivität des Prozesses und die Unabhängigkeit der Richter von Beginn an in Frage.

Delikat war außerdem die Frage, ob noch weitere Beschuldigte auf die Anklagebank zu bringen sind. *Hun Sen* verweigerte dies mit dem Argument, dass dies leicht zu einem Bürgerkrieg führen würde. Verständlich, denn auch er und weitere einflussreiche Parlamentarier standen auf der Liste.

Trotz der vielen Unregelmäßigkeiten während des Prozesses, meint der Autor *Alexander Laban Hinton,* der ein Buch über den Duch-Prozess geschrieben hat *(Man or Monster?)*, hat das Tribunal eine wichtige Rolle bei der Aufarbeitung der Khmer Rouge-Jahre für Kambodscha gespielt: *„Allein die Verurteilung der drei Hauptangeklagten hat einen Grad an Gerechtigkeit gebracht – für die Opfer und die Geister der Toten."*

Ohne das Tribunal, das die traumatische Vergangenheit Kambodschas untersucht und zu erklären versucht hat, wäre vieles nicht aufgedeckt worden und die schlimmsten Verbrecher des Khmer-Rouge-Regimes könnten heute ihre Rente in Ruhe und Frieden genießen.

Aktuelle Innen- und Außenpolitik siehe folgendes Kapitel.

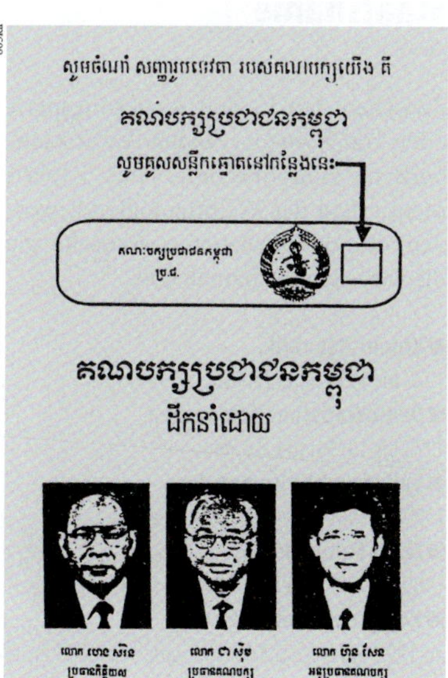

805ka

Staat, Verwaltung und Politik

Trotz vieler Unkenrufe in der deutschen Presse konnten die Vereinten Nationen Ende 1993 Kambodscha mit der Genugtuung verlassen, den Grundstock für eine friedliche Zukunft des Landes gelegt zu haben.

Nach dem Ergebnis der Wahl vom Mai 1993, bei der keiner der beiden Hauptkontrahenten (*Ranariddh* und *Hun Sen*) eine absolute Mehrheit bekam, schien es, als wären die Friedensbemühungen der UNTAC vergebens gewesen, da Kambodscha erneut am Rande eines Bürgerkrieges angelangt war. *Norodom Sihanouk,* der einzige Staatsmann, der von allen politischen Strömungen respektiert wird, erkannte die Gefahr und handelte. Er erklärte sich kurzerhand selbst zum König, ein Amt, das er bereits von 1941 bis 1955 innehatte, rief die beiden Erzrivalen zur Versöhnung auf und machte beide zu seinen Premierministern mit gleichen Machtbefugnissen.

Am 24. September wurde *Sihanouk* zum König gekrönt, und am 29. Oktober 1993 bestätigte die kambodschanische Nationalversammlung die neue König-

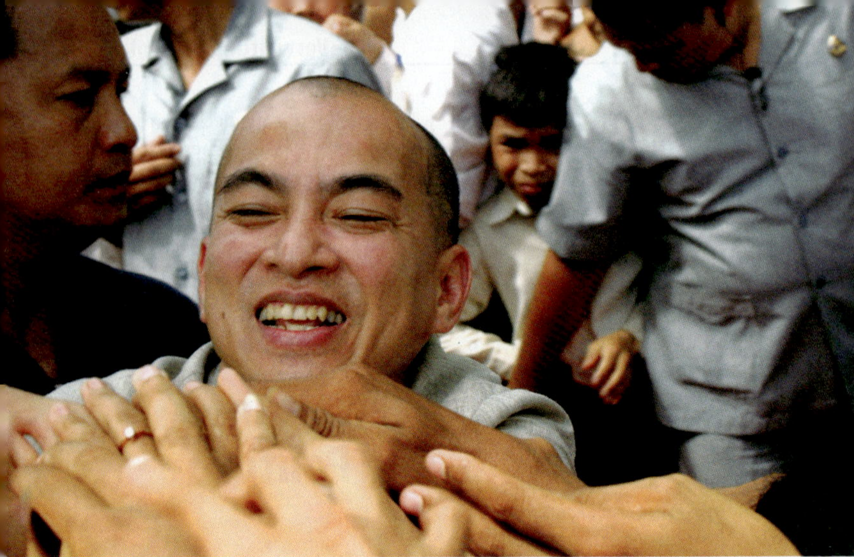

701ka an

liche Regierung von Kambodscha. Seitdem trägt dieses Land wieder dieselbe Bezeichnung wie bis 1970: Königreich Kambodscha. Gemäß der neuen Verfassung ist Kambodscha eine konstitutionelle Monarchie auf der Grundlage eines demokratischen Mehrparteiensystems.

Im Gedenken an die „gute alte Zeit" unter Sihanouk wurden die alten Symbole (z.B. Nationalflagge) und die royalistischen Feste und Traditionen wieder eingeführt. Die Mehrheit des Volkes war überglücklich, wieder einen König zu haben, unter dessen Herrschaft die ältere Generation der Khmer die friedlichsten Jahre ihres Lebens verbracht hatte. Nicht nur, dass die Khmer ihren *Sihanouk* wieder hatten, auch der Kreis zu seinen Vorgängern, den „Gottkönigen" der Angkorperiode, war wieder geschlossen.

König Norodom Sihamoni gibt sich gerne volksnah

Staatsname

Zwischen den beiden Regierungsperioden von *Norodom Sihanouk* war Kambodscha zum internationalen Experimentierfeld der Weltideologien geworden, und der Staatsname wechselte wie die Farbe eines Chamäleons:

- **Khmer-Republik,**
  1970 bis 1975 unter *Lon Nol*
- **Demokratisches Kampuchea,**
  1975 bis 1979 unter *Pol Pot*
- **Volksrepublik Kampuchea,**
  1979 bis 1989 unter den Vietnamesen
- **Staat Kambodscha,**
  1989 bis 1993 unter den Vereinten Nationen
- **Königreich Kambodscha,**
  ab 1993 unter *Norodom Sihanouk,* seit 2004 unter *Norodom Sihamoni*

Der König

König *Norodom Sihamoni* ist der zweite Sohn von Norodom Sihanouk, aus der Ehe mit Monique, und wurde Ende Oktober 2004 inthronisiert. 1953 in Phnom Penh geboren, wuchs er in Prag auf und studierte Filmwissenschaften in Pjöngjang (Nordkorea). In Paris widmete er sich dem Ballett und unterrichtete Tanz. 1993 wurde er zum kambodschanischen Botschafter der UNESCO ernannt.

Einer der ausschlaggebenden Gründe für seine Ernennung zum König war, dass er im Vergleich zu seinen Brüdern politisch unbelastet war. Er hatte vorher keine verantwortlichen Ämter inne und war in der Bevölkerung so gut wie unbekannt. Nur von 1975–79, während der Gewaltherrschaft der Roten Khmer, lebte er für längere Zeit in Kambodscha. Er wohnte mit seinen Eltern im königlichen Palast in Phnom Penh. Doch stand die Familie unter Hausarrest.

Als Nachfolger seines überaus charismatischen Vaters, *Norodom Sihanouk*, ist es für ihn keine leichte Aufgabe, aus seinem Schatten zu treten und eigene

Norodom Sihanouk

Norodom Sihanouk hat nach über 70 Jahren auf der politischen Bühne Indochinas alle Höhen und Tiefen durchschritten. Seine Karriere hat ihn vom Gottkönig zum Staatspräsidenten und ins heimatlose Exil, vom Guerillaführer zum politischen Gefangenen und wieder zum König geführt. Glatt, charmant und der Prototyp eines Wendehalses, erhob er dabei seine Unberechenbarkeit zu einer politischen Kunstform. Er hatte freundschaftliche Beziehungen zur Regierung in Nordkorea und verbrachte die letzten Jahre seiner Amtszeit vor allem in China. Diese enge Beziehung zu den Kommunisten brachte ihn jedoch bei seinem Volk in den Verdacht, selbst einer zu sein. Seine wohl wichtigste und schwierigste Aufgabe nach der zweiten Inthronisierung im Jahr 1993 war die Vermittlerrolle zwischen den politischen Kontrahenten *Hun Sen* (CPP) und seinem Sohn *Ranarrith* (FUNCINPEC). Gesundheitlich angeschlagen und frustriert über die politische Realität seines Landes dankte er 2004 ab. Er verstarb am 15.10.2012 während eines Krankenhausaufenthaltes in Peking.

- Geb. **31.10.1922** in Phnom Penh.
- **April 1941:** Wird mit 18 Jahren König von Kambodscha.
- **1953:** Kambodscha erlangt die Unabhängigkeit von Frankreich.
- **April 1955:** Dankt zugunsten seines Vaters *Norodom Sramarith* ab.
- **Juni 1960 bis März 1970:** Staatschef von Kambodscha.
- **18.03.1970:** Wird nach einem Putsch von *Lon Nol* abgesetzt.
- **Ab 23.03.1970:** Präsident der kambodschanischen Wiederstandspartei F.U.N.C.
- **17.04.1975:** Nach Machtübernahme der Roten Khmer wird er Präsident des „Demokratischen Kampuchea".
- **1982–90:** Leiter der kambodschanischen Widerstandsbewegung C.N.R. gegen die vietnamesische Besetzung.
- **24. September 1993:** Wird zum zweiten Mal König von Kambodscha.
- **14.10.2004:** Dankt mit 82 Jahren zugunsten seines Sohnes *Sihamoni* ab.
- **15.10.2012:** *Norodom Sihanouk* stirbt in Peking.
- **www.norodomsihanouk.info**

Akzente zu setzen. Seine Funktion ist vor allem repräsentativer Natur, da Kambodscha eine konstitutionelle Monarchie ist.

Die Parteien

Folgende Parteien haben in den letzten Jahren zumindest versucht, die Politik in Kambodscha mitzugestalten:

- Die **CPP** (Cambodian People's Party) des seit 1993 als Ministerpräsident regierenden *Hun Sen*. Sie entstand 1993 aus der Cambodian Communist Party. Seit den Präsidentschaftswahlen 2018 ist *Hun Sen* mit der CPP Alleinherrscher im Land, da er die gesamte Opposition vor den Wahlen systematisch ausgeschaltet hat.
- **FUNCINPEC** (Front Uni National pour un Cambodge Indépendent, Neutre, Pacifique et Coopératif). Sie wurde 1981 von König Sihanouk als Befreiungsfront gegen die das Land okkupierenden Vietnamesen gegründet und wird hauptsächlich noch von treuen Royalisten gewählt.
- **CNRP** (Cambodian National Rescue Party), seit 2012 ein Zusammenschluss der Sam Rainsy und der Human Rights Party, die im Jahr 2017 von *Hun Sen* unter dem Vorwand verboten wurde, dass sie angeblich einen Komplott gegen ihn planten.

132ka_19 an

Verfassung

Nach Kapitel 1, Art. 1 ist Kambodscha ein **Königreich,** in dem der König auf der Grundlage der Verfassung und des liberal-demokratischen Mehrparteiensystems handelt. Kambodscha ist ein unabhängiger, souveräner, friedfertiger und neutraler Staat. Seine höchsten Werte sind die Nation, die Religion und der König.

Der **König** hat nur repräsentative Aufgaben und soll keinerlei Macht ausüben. Er muss von einem königlichen Konzil, das aus sieben Personen besteht, gewählt werden und behält den Thron auf Lebenszeit. Gewählt werden kann nur eine Person, die in Blutsverwandtschaft zu den Königen *Ang Doung, Norodom* oder *Sisowath* steht.

Gemäß Kapitel 3, Art. 31 anerkennt und achtet Kambodscha die **Menschenrechte,** die in der Charta der Vereinten Nationen verankert sind. Die Todesstrafe wurde abgeschafft.

Zu den gesellschaftlichen Grundpflichten gehört, dass sich die Kinder, wie es der Khmer-Tradition entspricht, um ihre Eltern zu kümmern haben und diese im hohen Alter versorgen müssen.

Das **Wirtschaftsleben** im Königreich von Kambodscha basiert auf den Grundlagen der **freien Marktwirtschaft.** Dass der Umwelt- und Naturschutz in der Verfassung eines Entwicklungslandes verankert ist, verrät eher den Einfluss westlicher Berater als die tiefe Überzeugung der Regierung.

Die gesetzliche **Schulpflicht** umfasst neun Jahre, für die kein Schulgeld oder ähnliches bezahlt werden muss. Der Staat ist dazu angehalten, buddhistischen Einrichtungen auf pädagogischem Gebiet Fördermittel zukommen zu lassen.

Aus dem Blickwinkel etablierter Demokratien handelt es sich um eine für ein Entwicklungsland **anspruchsvolle Verfassung.** Sie basiert jedoch zu sehr auf westlichen Wertevorstellungen und den Erfahrungen gewachsener Demokratien. Die Wirklichkeit Kambodschas kann und wird dem Anspruch dieser Verfassung noch lange nicht gerecht werden können, da die Ziele für Menschenrechte, Umweltschutz und politische Ordnung viel zu hoch gesteckt sind.

Verwaltung

Das Königreich Kambodscha ist in **24 Provinzen** *(khet)* aufgeteilt, die von einem Gouverneur verwaltet werden. Durch den Mangel an Verkehrsverbindungen und Kommunikationsmöglichkeiten waren die Provinzen früher, auch wenn sie sich nicht in der Hand der Roten Khmer befanden, kaum zu kontrollieren. Verwaltung und Lokalpolitiker waren es gewohnt, in ihrem Einflussbereich autonom zu regieren, Gesetze und Verordnungen auszulegen, wie es ihnen gelegen kam, und ihr geringes Salär durch zügellose Korruption aufzubessern. Die Provinzen Kambodschas sind wiederum unterteilt in Distrikte *(khans)* und Kommunen *(sangkat).* Die jeweiligen Provinzhauptstädte haben meist den gleichen Namen wie die Provinz.

◁ Wahlkampf in der Provinz

Aktuelle Innenpolitik

Die Macht von *Hun Sen* (geb. 1951) beruht nicht auf seiner Beliebtheit im Volk, sondern auf der Angst, die dieser machtbesessene Politiker verbreitet. Doch in den politischen Wirren und den Unkalkulierbarkeiten dieser jungen Demokratie ist *Hun Sen* zur einzigen zuverlässigen Größe im Wirrwarr von Posten, neuen Parteien und Skandalen geworden.

Seitdem er die Fäden in der Hand hält, hat sich die Lage im Land zumindest oberflächlich stabilisiert. Die Kriminalität ist deutlich zurückgegangen. Der Tourismus boomt, die Inflation ist auf niedrigstem Niveau, und auch die internationale Entwicklungshilfe sprudelte bisher. Doch die Geberländer sind durch die Wahl-Farce von 2018, nach der *Hun Sen* mit der CPP praktisch Alleinherscher in Kambodscha ist, aufgeschreckt. Das Europaparlament erwägt deswegen, den steuerfreien Zugang für Waren aus Kambodscha zu beenden, bis sich die Menschenrechte und der demokratische Prozess wieder normalisiert haben.

Mit den Parlamentswahlen im Juli 2018 hat *Hun Sen* eine rote Linie überschritten. Im Vorfeld der Wahl hat er die CNRP (Nationale Rettungspartei Kambodscha), die einzige ihm gefährlich werdende Oppositionspartei, mit dem Vorwurf auflösen lassen, einen **Umsturz** zu planen. Wichtige Oppositionsführer befinden sich im Gefängnis, im Untergrund oder im Exil. Die CPP wurde mit über 70 % wiedergewählt. Erstaunlich hoch war jedoch die Wahlbeteiligung von mehr als 80 %, obwohl die Opposition zum Boykott aufgerufen hatte. Vermutlich gingen viele Menschen deswegen zur Wahl, weil sie Angst hatten oder unter Druck gesetzt wurden. Alle 125 Sitze im Parlament gingen an die CCP, und somit ist *Hun Sen* nach 33 Amtsjahren jetzt **alleiniger Herrscher** in Kambodscha.

Sowohl die Europäische Union als auch die USA sprachen den Wahlen die demokratische Glaubwürdigkeit ab, und deren Botschafter erschienen demonstrativ nicht zur Vereidigung der neuen Regierung.

Das Ende der Roten Khmer

Das Land steht vor dem schwierigen Problem der Vergangenheitsbewältigung. Versöhnung oder Verbrechertribunal ist sowohl für die Khmer als auch für das Ausland eine heikle Angelegenheit. Wohl nur wenige Politiker der heutigen Führungsriege, einschließlich *Hun Sen,* haben nicht irgendwann während des Bürgerkriegs mit den maoistischen Massenmördern paktiert. Würde die Vergangenheit konsequent aufgearbeitet, müsste der Großteil des Parlaments auf der Anklagebank sitzen. Deswegen vollführen die Politiker in Phnom Penh momentan einen schwierigen Drahtseilakt. Offiziell distanzieren sie sich zwar von den Verantwortlichen des Völkermordes, aber trotzdem wird alles daran gesetzt, die Vergangenheit hinter dem asiatischen Lächeln der Peinlichkeit ruhen zu lassen.

Es darf auch nicht vergessen werden, dass die USA anfänglich die Roten Khmer bei ihrem Kampf gegen die „vietnamesischen Invasoren" unterstützt haben, obwohl man vom Genozid wusste. Ganz zu schweigen von China. Und schlussendlich hätten die Guerillakämpfer bereits

Jahre früher aufgeben müssen, hätte Thailand den Soldaten und Führungskadern nicht Unterschlupf gewährt und lukrative Geschäfte mit ihnen gemacht.

Nach sechs Jahren Vorbereitungszeit begann am 30. März 2009 der internationale Kriegsverbrecherprozess gegen die noch lebende Führungsclique der Roten Khmer vor der „Extraordinary Chamber in the Courts of Cambodia" (ECCC) in Phnom Penh (siehe auch Kapitel „Geschichte/Khmer Rouge Tribunal").

Heute, nach über 10 Jahren Prozessdauer, Prozesskosten von 300 Mio. Dollar und drei Verurteilten (*Nuon Chea*, 90, *Khieu Samphan*, 85, und *Kaing Eav*, 77, besser bekannt als *Duch*), stellt sich die Frage nach dem **Sinn des Khmer Rouge Tribunals,** das immer noch nicht beendet ist. Alle anderen Führungskader wie auch *Pol Pot* sind bereits verstorben. Auch das Interesse der Bevölkerung hält sich in Grenzen.

Bei aller Kritik sollte man bedenken, dass ohne den Prozess die traumatische Vergangenheit Kambodschas nie so intensiv untersucht und viele Verbrechen nie an die Öffentlichkeit gebracht worden wären.

Ausführliche und sehr gut recherchierte **Artikel zum Khmer Rouge Tribunal** finden sich online bei „Die Zeit" und „The New York Times".

Zwangsräumungen und Landkonflikt

Gewaltsam ausgetragene Landdispute sind in den letzten Jahren immer häufiger geworden – **land grabbing** und **Zwangsvertreibungen** gelten als die derzeit größten gesellschaftlichen Konflikte Kambodschas. Hauptgrund dafür sind die landwirtschaftlichen Konzessionen gewaltiger Flächen, die die Regierung großen, meist ausländischen Firmen, zum Anbau landwirtschaftlicher Monokulturen gewährt. Die mit Bulldozern und Polizeieinsatz durchgeführten Räumungen des Landes der dort oft seit vielen Jahren ansässigen Kleinbauern, für die es um die pure Existenz geht, werden mit großer Brutalität ausgetragen. Immer wieder kommt es zum Einsatz von Schusswaffen mit Verletzten und sogar Toten. Der traurige Höhepunkt ist bis dato der Tod eines 14-jährigen Mädchens, das im Mai 2012 bei der Räuming eines Dorfes in Kratie von Sicherheitskräften erschossen wurde. Hauptsächlich sind die Regionen Mondulkiri, Kratie und Phnom Penh von Zwangsräumungen betroffen.

Textilfabriken

Zum innenpolitischen Sprengsatz haben sich die **Arbeitsbedingungen der etwa 600.000 Beschäftigen in den Textilfabriken** entwickelt (85 % davon Frauen), die hauptsächlich von Firmen aus Hongkong und Taiwan betrieben werden und unter anderem für große Sport- und Modemarken produzieren. Die Frauen arbeiten dort sechs Tage pro Woche für 80 $ im Monat. Da dieses Geld nicht zum Leben ausreicht, machen viele Überstunden. Nicht wenige Frauen arbeiten somit 7 Tage die Woche bis zu 12 Stunden täglich. Schlagzeilen machen die vielen Fälle von Zusammenbrüchen und Massenkollapsen der Arbeiterinnen, die diesem Pensum nicht mehr gewachsen sind. Nach gewaltsamen Ausschreitungen mit massivem Polizeieinsatz, Toten und Verletzten, haben die intensiven **Arbeitskämpfe 2018** zu einer adäquaten Erhöhung des Mindestlohns in der Textilbranche von 80 $ auf 170 $ im Monat geführt.

Aktuelle Außenpolitik

Zwanzig Jahre nachdem die Vereinten Nationen dem Land auf die Sprünge geholfen haben, ist Kambodscha wieder in die internationale Staatengemeinschaft eingegliedert. 1999 wurde das Land in den Verbund der ASEAN (Association of South East Asian Nations) aufgenommen, hat wieder einen Sitz im Sicherheitsrat der UNO, und das Sekretariat der Mekong-Kommission befindet sich in Phnom Penh. Große politische Eskapaden kann sich Kambodscha nicht mehr ungestraft leisten.

Trotz des Hasses der Kambodschaner auf die Vietnamesen sind die außenpolitischen Beziehungen beider Länder entspannt. Einer der wichtigsten Fürsprecher für die Aufnahme Kambodschas in die ASEAN war Vietnam! *Hun Sen* gilt als traditionell guter und ergebener Freund der Regierung in Hanoi – was die nationalistischen Kreise mit Argwohn betrachten. Sie thematisieren immer wieder zwei Streitfragen:

Erstens, die schleichende Landnahme Vietnams durch das Abholzen ganzer Wälder, der Anlage von Feldern und den Bau von Bewässerungskanälen auf kambodschanischem Territorium, und zweitens, die Rückgabe von Kampuchea Krom (besser bekannt als Mekong Delta) und der Insel Phu Quoc (auf Khmer: Koh Tral), die bis Mitte des 19. Jahrhunderts zu Kambodscha gehörten und sich von Vietnam mit Hilfe Frankreichs einverleibt wurden.

Die **Beziehung zu Thailand** wurde in früheren Jahren besonders dadurch belastet, dass das thailändische Militär den Roten Khmer immer wieder Unterschlupf auf der Flucht vor der königlichen kambodschanischen Armee bot. Heute herrscht zwischen beiden Ländern eine Hassliebe.

Immer wieder nutzt das thailändische Militär den desolaten Zustand der kambodschanischen Armee im Norden bei Banteay Meanchey und Preah Vihear aus, um den Grenzverlauf zu ihren Gunsten zu verändern. So kam es 2011 zum ersten bewaffneten Konflikt zweier ASEAN-Mitglieder um den seit 2008 zum UNESCO-Welterbe ernannten **Tempel Preah Vihear,** bei dem ein ganzes kambodschanisches Dorf dem Erdboden gleich gemacht wurde. Obwohl sich auch der Internationale Gerichtshof in Den Haag mit diesem Konflikt schon seit 1962 beschäftigt und jetzt zur sofortigen Entmilitarisierung aufgefordert hat, wird Preah Vihear noch lange ein heißes Eisen für beide Länder bleiben.

China ist der größte Investor im Land, was Kambodscha immer mehr zum „Vorgarten Chinas" werden lässt.

Medien

Pressefreiheit ist auch in Kambodscha ein heikles Thema. Nachdem die Opposition bei den Landtagswahlen 2017 überraschend gut abgeschnitten hatte, begann *Hun Sen* vor den Parlamentswahlen im Juli 2018 einen Feldzug gegen die unabhängigen Medien. Es wurden **32 Radiostationen im ganzen Land geschlossen** und unliebsame Journalisten unter Druck gesetzt. Mehrere Journalisten sind inhaftiert und warten auf ihren Prozess.

Auch den beiden großen englischsprachigen Tageszeitungen, die Kritik am Regierungsstil des Langzeitherrschers übten, ging es an den Kragen. **The Cambodia Daily,** gegründet 1993 mit dem Ziel, junge Khmer-Journalisten auszubilden und eine Säule der freien Presse in Kambodscha zu sein, musste im September 2017 auf staatlichen Druck mit der Androhung einer horrenden Steuerrechnung schließen. Jetzt veröffentlicht sie Artikel zum politischen und wirtschaftlichen Geschehen sowie Umweltschutz und Kultur nur noch online von einem unbekannten Ort außerhalb des Landes auf Facebook und unter www.cambodiadaily.com.

Im Mai 2018 wurde die größte und älteste ausländische Tageszeitung, die **Phnom Penh Post,** an ein malaysisches PR-Unternehmen mit guten Beziehungen zum kambodschanischen Regierungschef verkauft. Auch wenn beide Seiten beteuern, dass dies keinen Einfluss auf die Unabhängigkeit der Berichterstattung habe, wird der Verkauf von Insidern als **Sargnagel für die freie Presse** gesehen. Wer die politisch einseitige Berichterstattung ausblenden kann, wird trotzdem interessante und inspirierende Artikel über Land und Leute zu lesen bekommen. Die Phnom Penh Post erscheint täglich und wird meist in Supermärkten verkauft oder liegt in Hotels und Restaurants aus. Online ist sie unter www.phnompenhpost.com zu finden.

„Reporter ohne Grenzen" hat Kambodscha auf Rang 142 von 178 Ländern eingestuft. Was die **Pressefreiheit** betrifft, spielt das Land jetzt in derselben Liga wie Russland, Thailand und Venezuela.

Die bedeutendste Khmer-**Tageszeitung** ist *Rasmei Kampuchea* (Licht Kambodschas) mit der größten Auflage und den am professionellsten arbeitenden Journalisten im Land. Die kambodschanische Bildzeitung, die mit Fotos von Verletzten und Toten aufwartet, die bei uns zensiert würden, nennt sich bezeichnenderweise *Koh Santepheap* (Insel des Friedens). Wie zu erwarten, ist auch die einheimische Presse in keiner Weise unabhängig. Alle Verlage befinden sich im Besitz einer Partei, und diese Partei ist nun mal fast ausschließlich die CPP von *Hun Sen.*

Informativ ist das englischsprachige **AsiaLife-Magazin,** das als Printausgabe und online erscheint. Neben Artikeln über Thailand und Vietnam liefert es ausführliche Berichterstattungen über Kunst, Film, Musik und Theater in Kambodscha und wird über Werbung finanziert. Der redaktionelle Teil scheint objektiv und unabhängig zu sein (www.asia lifemagazine.com).

Das Magazin **„Southeast Asia Globe"** macht einen sehr professionellen Eindruck und veröffentlicht u.a. ausführlich und unabhängig politische Themen mit Schwerpunkt Kambodscha und der angrenzenden Region. Kein Wunder, denn der Chefredakteur *Tassilo Brinzer* hat früher beim *Focus Magazin* in Deutschland gearbeitet. Es erscheint monatlich und wird für 4 $ in Restaurants, Bookshops und Tankstellen verkauft (www. globemediaasia.com).

Wirtschaft

Der 20-jährige Bürgerkrieg hatte Kambodscha zu einem der bedürftigsten Länder der Erde gemacht. Vor dem Putsch durch *Lon Nol* 1970 war Kambodscha eines der Länder mit dem höchsten Lebensstandard in Südostasien und trug den Beinamen „Asiatische Schweiz". Der Reichtum des Landes wurde in erster Linie durch den Export landwirtschaftlicher Produkte erwirtschaftet. Kambodscha hatte damals einen höheren Entwicklungsstand als Thailand.

Kambodschas Wirtschaft ist **marktwirtschaftlich** orientiert. Das durchschnittliche Pro-Kopf-Einkommen in Kambodscha beträgt rund 125 $ pro Monat. Auf der Skala des Human Development Index belegte Kambodscha 2018 den Platz 146 von insgesamt 189 Ländern. Somit hat das Land knapp den Status „medium human development" und befindet sich diesbezüglich auf einer Stufe mit Indien und Bhutan.

Die wirtschaftliche Zukunft Kambodschas liegt im Tourismus, der Landwirtschaft und der kostengünstigen „manpower" einer explodierenden Bevölkerung. Der wichtigste Industriezweig ist die Textilindustrie. Durch Modernisierungsmaßnahmen der archaischen Landwirtschaft könnte der Reisexport zu einem wichtigen Wirtschaftsfaktor des Landes werden. Die Kautschukproduktion wird zwar niemals wieder die gleiche wirtschaftliche Rolle für das Land spielen wie unter den Franzosen, jedoch erlebt dieser Landwirtschaftszweig in den letzten Jahren einen beachtlichen Aufschwung.

Als zukunftsträchtig erwiesen sich auch die **Probebohrungen nach Erdöl** vor der Küste. Förderungskonzessionen an große Ölfirmen wurden schon vergeben. Die Bodenschätze im Land sind noch wenig erforscht, doch der Abbau in großem Stil scheint mit Ausnahme von Edelsteinen, Gold, Kohle, Bauxit und Phosphaten nicht besonders erfolgversprechend zu sein.

Die wichtigsten **Exportartikel** sind Textilien, Bekleidung und Schuhe (zusammen 70 % der Exporte), Möbel, Bauholz, landwirtschaftliche Produkte und Bier. Der größte Abnehmer sind die USA mit 60 %; Deutschland importiert ca. 7,5 % der in Kambodscha produzierten Waren. **Importiert** werden müssen Öl, Ölprodukte, Maschinen, Fahrzeuge, Chemikalien, Insektizide, Nahrungsmittel und Waffen.

Durch seine günstige Lage zwischen dem reichen Thailand und dem boomenden Vietnam profitiert Kambodscha auch als Trittbrettfahrer seiner Nachbarländer.

Die Schattenseite eines Billiglohnlandes, in dem Arbeiter mit einem Monatslohn von 140 $, bei 10 und mehr Arbeitsstunden pro Tag auskommen müssen, ist ein **Leben am Existenzminimum,** besonders in der Hauptstadt Phnom Penh. In der Textilindustrie, die für viele namhafte Bekleidungsmarken produziert, arbeiten ca. 400.000 Menschen – vor allem Frauen. Der niedrige Lohn und die überaus schlechten Arbeitsbedingungen in einigen Fabriken bergen allerdings großen sozialen Sprengstoff, und es kommt immer wieder zu Streiks.

Kambodscha verfolgt eine überaus **offene Wirtschaftspolitik,** um Geldgeber ins Land zu locken. Zwar dürfen ausländische Investoren selbst kein Land besitzen, aber sie haben die Möglichkeit, es für 99 Jahre zu pachten. Davon Gebrauch machen vor allem Nachbarstaaten, die noch vor wenigen Jahren selbst Billiglohnländer waren, jedoch wegen der gestiegenen Lohnkosten im eigenen Land heute wirtschaftlicher in Kambodscha produzieren lassen können. Allen voran Südkorea, gefolgt von Malaysia und China.

Einer der größten Posten des Staatshaushaltes bleibt jedoch die **Entwicklungshilfe,** die jedes Jahr aufs Neue mit IMF, Weltbank und anderen Geberländern ausgehandelt wird.

Entscheidend für eine nachhaltige Entwicklung Kambodschas ist vor allem politische Stabilität, eine gerechte Entlohnung der Fabrikarbeiter und einen Weg zu finden, auch die armen Bevölkerungsschichten und vor allem die Landbevölkerung an dem Wirtschaftswachstum teilhaben zu lassen.

Aktuelle Situation

Das Wirtschaftswachstum 2017 betrug stolze 6,8 %, während die Inflation unter 3 % gehalten werden konnte. Insbesondere der Tourismus wartet mit großen Wachstumraten auf und entwickelt sich zunehmend als Säule der kambodschanischen Wirtschaft. Deswegen investieren vor allem asiatische Länder, allen voran China, in touristische Megaprojekte, deren Sinn und Nachhaltigkeit jedoch schwer umstritten ist.

In den letzten Jahren sind einige Kambodschaner durch Grundstücksspekulationen extrem reich geworden. Das hat die **Schere zwischen Arm und Reich** weiter geöffnet. Während sich die Situation der 1,3 Mio. unter der Armutsgrenze lebenden Khmer nicht bessert, ist der Anblick der von Jahr zu Jahr steigenden Anzahl von Luxuskarossen in diesem Entwicklungsland geradezu grotesk und unterstreicht optisch die großen sozialen Unterschiede.

Wirtschaftsdaten

- Die **Inflation** lag 2017 bei 2,9 %.
- Das **Wirtschaftswachstum** liegt seit 5 Jahren bei etwa 7 %. Die höchsten Wachstumsraten verzeichnen der Bau und der Tourismus.
- Der **Wechselkurs** zwischen US$ und Riel ist seit fünf Jahren annähernd stabil.
- **Pro-Kopf-Einkommen** 2018: 1500 $. Zum Vergleich 2008: 750 $ Dollar im Jahr.
- Ca. 12 % der Bevölkerung lebt **unterhalb der Armutsgrenze,** d.h. die Beschäftigten müssen mit weniger als 1,90 $ pro Tag auskommen.
- Die **wichtigsten Handelspartner** sind USA, Frankreich, China, Niederlande und England.

Tourismus

Entwicklung

Seit der Öffnung Kambodschas 1992 für Besucher aus aller Welt, ging die Tourismus-Industrie durch turbulente Höhen und Tiefen. Mitte der 1990er Jahre kamen jährlich etwa 200.000 Touristen ins Land, um insbesondere die Tempel von Angkor Wat zu sehen. Weit über die Hälfte aller Gäste kam aus dem asiatisch/pazifischen Raum.

Am Ostersonntag, den 13. März 1997, explodierte mitten in Phnom Penh bei einer politischen Veranstaltung von *Sam Rainsy*, einem der wichtigsten Politiker der Opposition, eine Bombe. Es blieben 16 Tote, über 100 Verletzte und eine geschockte Weltöffentlichkeit zurück. Als im Juli 1997 auch noch die Bilder vom Staatsstreich, mit Tausenden von Flüchtlingen, brennenden Gebäuden und plündernden Soldaten weltweit durch die Medien gingen, war auf einen Schlag Schluss mit dem Tourismus. Zu allem Unglück verschlechterte sich in Asien noch einmal die Wirtschaftslage, sodass zu der Angst vor dem Bürgerkrieg auch die leeren Urlaubskassen der gerade vom Reisefieber gepackten Asiaten kamen. Im Jahr 1998 kamen nur noch rund 150.000 unerschrockene Abenteurer nach Kambodscha.

Doch dann, durch die stabilen innenpolitischen Verhältnisse, die Öffnung der Überlandgrenzen zu Thailand sowie

120ka_19 an

direkter internationaler Flugverbindungen nach Siem Reap (Angkor), stiegen die Besucherzahlen rapide an. 1999 besuchten knapp 300.000 Touristen das Land und drei Jahre später schon 800.000 Besucher. Durch SARS und Vogelgrippe ließen sich 2003 viele Reisende abschrecken, und somit kamen 13 % weniger Besucher ins Königreich. Bis zur Wirtschaftskrise 2009 boomte der Tourismus, und 2008 erlebte das Land mit 2,1 Mio. Besuchern eine Rekordmarke.

Allen Krisen zum Trotz wird kräftig investiert, denn bis 2020 sollen 7 Mio. Touristen das Land besuchen.

Aktuelle Lage

Über die letzten beiden Jahre haben sich die Besucherzahlen konstant gesteigert. 2018 kamen rund 6 Mio. Besucher nach Kambodscha. Doch nicht die Europäer, sondern die **Asiaten** (aus China und Vietnam) die mit ihrem neu erlangten bescheidenen Wohlstand ihre Reiselust befriedigen, sind weitgehend für den Zuwachs verantwortlich. Sie kommen meist gut organisiert in großen Reisegruppen, um vor allem Angkor Wat und Sihanouk Ville zu besuchen. Die Zahl der westlichen Touristen, die vor allem wegen der Tempel von Angkor und dem Reiz des noch nicht vom Massentourismus ausgelaugten Kambodscha angezogen werden, steigt demgegenüber nur noch langsam. Deutschland als „Reiseweltmeister" fällt mit ca. 40.000 Besuchern jährlich nicht sonderlich ins Gewicht.

Für die **individuellen Traveller** hat sich die touristische Infrastruktur, vor allem was Transportmittel und das Angebot der kleinen Reisebüros betrifft, **enorm verbessert.** Während früher selbstständig nach Sammeltaxis gesucht werden musste, um von einem Ort zum

< Gern gesehen: Touristen in Kambodscha, hier am Otres Beach in Sihanouk Ville

anderen zu kommen, erwarten den Reisenden heute in jedem G.H. und Reisebüro vielfältige Möglichkeiten von Ausflügen und Busverbindungen weit über die Landesgrenzen hinaus. Einerseits ein Vorteil, der das Reisen leicht macht, andererseits den Traveller fast unbemerkt auch ein Stück weit bevormundet, da auch er nur noch wie der Pauschaltourist das zu sehen bekommt, was in den Reisebüros an Touren angeboten wird. Die Folge ist wie in den Nachbarländern auch eine **Kanalisation der Touristen** auf wenige touristische, leicht erreichbare Highlights, während der Rest des Landes vom Tourismus, mit seinen Vor- und Nachteilen, nur wenig in Berührung kommt. Wer das ursprüngliche Kambodscha kennenlernen möchte, muss schon eine kräftige Portion Eigeninitiative aufbringen, um sich aus den Fesseln der vororganisierten Pfade zu befreien. Aber es lohnt sich!

Das **Niveau der Unterkünfte** hat sich in den letzten Jahren enorm verbessert. Die Zahl der ganz billigen Guest Houses zwischen 2–5 $ ist geringer geworden, während gemütliche und günstige Hostels und schicke Mittelklasse- und Boutique Hotels mit Pool und geschmackvoller Inneneinrichtung in der Preisklasse 30–60 $ im Trend sind.

Immer mehr Reisende wollen auch im Urlaub nicht mehr auf ihr Notebook und Smartphone verzichten. Diesem Bedürfnis ist Kambodscha nachgekommen und zum **WiFi-Country** mutiert. Kaum eine Unterkunft ohne WiFi – selbst in abgelegensten Regionen.

Ein großes Plus für die gesamte Region Indochina inkl. Thailand ist die zunehmende **Durchlässigkeit der Gren-**

625ka an

zen. Immer mehr internationale Grenzübergänge erleichtern das Reisen, und endlich stellt auch Vietnam ein kostenloses 15-tägiges Visum direkt an der Grenze aus.

Zwei **touristische Entwicklungsstrategien,** wie sie wohl unterschiedlicher nicht sein könnten, sind zu beobachten. Zum einen setzt die Regierung begeistert auf den **Eco Tourismus,** auch wenn viele Strategen offensichtlich nicht genau wissen, was das überhaupt ist. Er liegt im Trend und prägt das Image des Landes in der Tourismusindustrie. Es gibt auch gelungene Vorzeigeprojekte wie die 4 River Floating Ecolodge am Tatai Fluss in Koh Kong. Im Gegensatz dazu breiten sich, und das scheinen die Regierungsbeamten zu bevorzugen, da sie damit wesentlich mehr Geld verdienen, gigantische Großprojekte wie Krebsgeschwüre in den Nationalparks vor allem entlang der Küste aus. Vor allem die Chinesen sind dabei, sich Sihanouk Ville und der Strände und Inseln in der Umgebung mit der ihnen bekannten Rücksichtslosigkeit durch gewaltige Resorts und Casinos zu bemächtigen. Natürlich – wie von offizieller Seite immer betont wird – **ökologisch verträglich.** Es scheint, als ob dieselben Fehler, wie sie an der spanischen Küste passierten, sich hier wiederholen, denn finanziell abgesichert sind diese Projekte auf gar keinen Fall.

[<] Bei Touristen sehr beliebt: frisch gepresste Fruchtsäfte

Barang, Barang

In Kambodscha werden westliche Ausländer pauschal *barang* genannt. Auf dem Land finden sich europäisch aussehende Fremde häufig von Kinderhorden umringt, die, laut *barang, barang* schreiend, den exotischen Besucher ankündigen.

Häufig wird behauptet, dass *barang* nur als Bezeichnung für die Franzosen benutzt wird, doch verwendet der Kambodschaner dafür das spezifischere Wort *fransay.* Der Ausdruck *barang,* der nicht aus dem Khmer kommt, hat eine lange Geschichte:

Diese Bezeichnung findet sich in verschiedenen nicht untereinander verwandten Sprachen in Südostasien wieder. Die Thailänder sprechen z.B. von einem *farang* und die Vietnamesen von einem *pha-rang,* wenn sie einen Fremden sehen. Doch kaum jemand weiß, dass sich dieser Name von den Franken herleitet, die im frühen Mittelalter in Mitteleuropa herrschten. Als die Kreuzfahrer dann ins Mittelmeer aufbrachen, bezeichneten sie sich auch als Franken. Von den Arabern wurden diese blutrünstigen Wegbereiter des Christentums *frandji* genannt.

Durch deren Handelsbeziehungen mit Asien fand dieses Wort u.a. Eingang in den Wortschatz der Malaien. Da diese wiederum kein *F* aussprechen können, wandelte sich *frandji* in *perantji,* was bei ihnen die Bedeutung von *fremd* bzw. *französisch* hatte. Durch Händler aus Malaysia wurde dieser Ausdruck in ganz Indochina, Thailand und China verbreitet und existiert bis heute in seinen verschiedenen linguistischen Abwandlungen.

Aufgrund der Herkunft dieses Wortes dürfte also kein anderer Tourist ein größeres Recht darauf besitzen, mit *barang* bezeichnet zu werden, als der Germane.

DIE MENSCHEN

Bevölkerung

Die Khmer

Rund 90 Prozent der Bevölkerung zählen zum Volk der Khmer. Dies macht Kambodscha zu einem der ethnisch homogensten Länder in Südostasien. Lange bevor Thailänder und Vietnamesen in die Region kamen, siedelten die Khmer bereits an den Ufern des Mekong und Tonle Sap. Von dieser Epoche gibt es jedoch keine Aufzeichnungen. Erst in den Chroniken der Chinesen etwa zu Beginn unserer Zeitrechnung wird von den Khmer berichtet. Vom Aussehen unterscheiden sie sich von Thais und Laoten durch ihre dunklere Haut, die lockigeren Haare, die runderen Augen und einen stämmigeren Körperbau.

Mentalität

Die Khmer gelten als tolerant und haben ein ausgeprägtes Bedürfnis nach **Harmonie** im Alltag. Konflikten und Problemen begegnen sie mit ihrem wohl einmaligen Lächeln, dem *Sourire Khmer*, das jedoch sehr unterschiedliche Bedeutung haben kann. In allen Lebenslagen und besonders im Umgang mit Fremden fürchtet ein Khmer nichts mehr, als sich zu blamieren oder sein Gesicht zu verlieren. Diese Angst erklärt häufig das manchmal recht seltsame Verhalten gegenüber Ausländern. Wer sich in einem Streit durch lautes Schreien hervortut, hat seinen Respekt bei den Zuschauern verloren.

Durch eine Jahrhunderte alte hierarchische Gesellschaftsstruktur ist vielen eine uns peinlich berührende **Unterwürfigkeit** zu eigen. Verbunden mit der Lethargie der buddhistischen Religion, die zu einer großen Leidensfähigkeit und Passivität führt, förderte dieses Verhalten schon immer diktatorische Regimes. Immer wieder ist es für einen Besucher unbegreiflich, wie diese so freundlich und ausgeglichen wirkenden Khmer zu den grausamen Massakern unter Pol Pot fähig waren.

Die unfassbaren Leiden von zwei Jahrzehnten Krieg haben den Menschen **Verdrängungsmechanismen** anerzogen, die zum Überleben notwendig waren. Diese haben bei vielen zu einer schizophrenen Lebensweise geführt, die die grausame Realität dadurch erträglicher machte, dass man ihr eine eigene Traumwelt entgegensetzte. Bei manchen führt dieses damals antrainierte Verhalten heute noch zu einem auffälligen Realitätsverlust.

Minderheiten

Die Vietnamesen

Wegen der langen kriegerischen Geschichte beider Länder sind die Vietnamesen in Kambodscha nicht beliebt. In diesem Fall haben die Khmer eine gnadenlos rassistische Einstellung. Und das, obwohl die Nachbarn als die weitaus zuverlässigeren Handwerker und Bauarbeiter gelten als die Einheimischen. Die

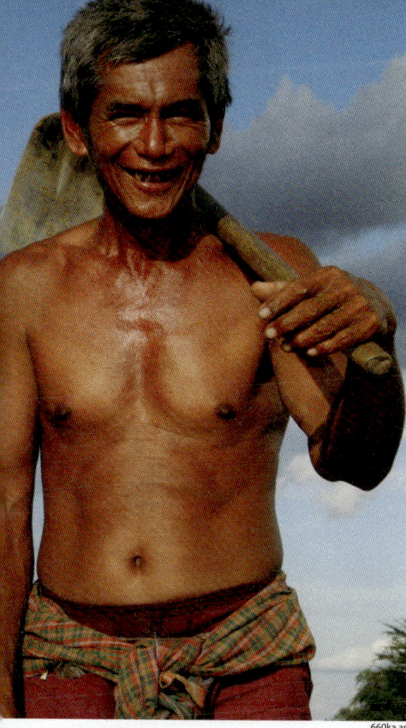

660ka an

brutal verfolgt wurden und in ihr Heimatland fliehen mussten. Heute macht ihr Anteil an der Gesamtbevölkerung nur etwa vier Prozent aus. Sie arbeiten meistens als Fischer auf dem Tonle Sap und dem Mekong, auf dem Bau oder als Taxigirls in den Bars. Trotz ihrer Unbeliebtheit sind sie bei den Kambodschanern als gute, zuverlässige Handwerker hoch geschätzt.

Die Chinesen

Seit dem 13. Jahrhundert bilden die Chinesen eine etablierte Bevölkerungsgruppe, die sich besonders in den Städten angesiedelt hat. Die Mehrheit sind Huaren, die aus der südchinesischen Provinz Guangdong kommen. Seit damals kontrollieren sie den Handel und die Geldge-

Ablehung der Vietnamesen wird damit begründet, dass Vietnam bis heute angeblich versucht, sich Kambodscha einzuverleiben.

Die erste größere Einwanderungswelle der Vietnamesen nach Kambodscha fand Mitte des letzten Jahrtausends im Rahmen ihrer Eroberungsfeldzüge statt. Durch die gemeinsame Verwaltung der französischen Kolonien in Indochina wurden von den Franzosen während des 19. Jahrhunderts viele Vietnamesen nach Kambodscha geholt und mit wichtigen Aufgaben in der Verwaltung, die man den Khmer nicht zutraute, beauftragt. Eine erneute Invasion vietnamesischer Gastarbeiter fand nach der Befreiung von den Roten Khmer durch die Truppen Hanois 1979 statt. Noch 1970 gab es 250.000 Vietnamesen in Kambodscha, die jedoch unter *Lon Nol* und *Pol Pot*

647ka an

626ka an

schäfte in Kambodscha. Durch Heirat haben sie sich mit den Khmer vermischt und gehören als Unternehmer, Bankiers oder Geldwechsler der reicheren Bevölkerungsschicht an. Die meisten mehrstöckigen Häuser in Phnom Penh und anderen Stadtzentren wurden von ihnen erbaut. Religiös und kulturell stehen sie den Vietnamesen näher als den Khmer, da sie dem Mahayana-Buddhismus angehören. Ihr Bevölkerungsanteil liegt bei zwei Prozent.

Die Cham

Sie sind zum Teil malaysischen Ursprungs und die Nachfahren des mächtigen Champa-Reiches, das einst große Teile der Küstenregion Vietnams kontrollierte. Mitte des 15. Jahrhunderts wurden sie von den Vietnamesen unterworfen, und viele von ihnen flüchteten nach Kambodscha. Im 17. und 18. Jahrhundert vermischten sie sich mit indonesischen Händlern, von denen sie überredet wurden, zum Islam überzutreten. Auch sie waren unter den Roten Khmer brutaler Verfolgung ausgesetzt. Heute haben die Cham ein neues Selbstbewusstsein entwickelt, und in allen ihren Gemeinden erstrahlen die einst unter Pol Pot dem Erdboden gleichgemachten Moscheen in neuem Glanz. In vielen Bereichen ihres Lebens haben sie die Kul-

Chamjungen nach dem Gebet

tur der Khmer übernommen, und der gemäßigte Islam, dem sie angehören, trägt das seine dazu bei, dass sie als eigenständige Gruppe (500.000 Menschen) problemlos in die kambodschanische Gesellschaft integriert sind. Jedoch fürchten die Khmer den „bösen Blick" der Cham, mit dem sie ihren Opfern angeblich Gegenstände, wie Rindfleisch oder Messer, in den Magen implantieren können, an denen sie qualvoll sterben. Sie leben in kleinen Kommunen, von denen sich die meisten in den Außenbezirken von Phnom Penh, am Tonle Sap und am Mekong befinden. Die Frau von Ranariddh gehört ebenfalls zur Bevölkerungsgruppe der Cham, weshalb viele von ihnen Anhänger der FUNCINPEC-Partei sind. Hochzeiten zwischen den buddhistischen Khmer und den Cham sind ansonsten relativ selten.

Die Khmer Loeu

Diese etwa 75.000 Ureinwohner teilen sich in 21 verschiedene Stämme auf, die überwiegend im Nordosten Kambodschas, in Mondulkiri und Rattanakiri, siedeln. Obwohl sie oft in unmittelbarer Nachbarschaft zueinander leben, hat sich jeder Stamm seine sprachliche und kulturelle Identität bewahrt. Sie leben teilweise als Halbnomaden und ernähren sich überwiegend von Reis und Gemüse, das an den Berghängen angebaut wird, oder von dem, was sie als Sammler und Jäger im Urwald finden. Kühe, Schweine und Hühner werden als Nutztiere gehalten.

Ihre Glaubensformen zählen zu den Naturreligionen. Ahnenkult und die Vergötterung der Natur haben großen Einfluss auf ihr tägliches Leben. Verstrickt in den Vietnamkrieg, als tapfere Kämpfer von verschiedenen Machthabern rekrutiert und für die ihnen wesensfremde Ideologie des Kommunismus missbraucht, wurden sie in den letzten 25 Jahren beinahe ausgerottet (siehe Kapitel „Rattanakiri, Highlander").

Die Bevölkerung in Zahlen

Heute leben etwa 16,5 Millionen Menschen in Kambodscha. Von ihnen wohnen nur etwa 23 % in einer Stadt (Thailand 34 %, Deutschland 77,3 %). Auf einem Quadratkilometer leben im Durchschnitt 90 Menschen (Deutschland 231).

Mit einem **Bevölkerungswachstum** von knapp 1,5 % gehören die Khmer zu der am schnellsten wachsenden Bevölkerungsgruppe in Südostasien. Die Alterspyramide ist wirklich noch eine Pyramide. 30 % der Menschen sind jünger als 15 Jahre, und nur ca. 4 % über 65 Jahre. Im Durchschnitt leben 5 Personen in einem Haushalt.

Die **Lebenserwartung** beträgt 70 Jahre. Die Kindersterblichkeit unter 5 Jahren liegt bei ca. 28 (in Deutschland liegt sie bei 3,4). Diese Zahl beruht unter anderem darauf, dass auf einen Arzt 7800 Einwohner kommen (in Deutschland 278).

Im Vergleich mit anderen Entwicklungsländern liegt Kambodscha mit einer **Analphabetenrate** von 14 % im guten Mittelfeld. Nach 1979 wurde unter vietnamesischem Einfluss wieder ein relativ funktionstüchtiges Schulsystem aufgebaut, weshalb es auch auf dem Land den meisten Kindern möglich ist, eine Basisausbildung zu erwerben.

Religion

Überblick

Wer Kambodscha verstehen will, muss zuerst die Religion des Landes begreifen. Der Buddhismus, dem 95 % der Bevölkerung angehören, prägt das tägliche Leben der Menschen sowohl in der Stadt als auch auf dem Land. In Phnom Penh gehören die safrangelben Gewänder der Mönche auf ihrem täglichen Sammelgang genauso zum Straßenbild wie die knatternden Horden von Mopeds. Auf dem Land bilden die Pagoden bis heute das religiöse, soziale und kulturelle Zentrum der Dörfer.

Beide großen Strömungen des Buddhismus sind in Kambodscha vertreten. Am weitesten verbreitet ist der **Theravada-Buddhismus,** der seine Anhänger ausschließlich unter den Khmer hat. Der **Mahayana-Buddhismus** ist die Religion der im Lande lebenden Chinesen und Vietnamesen. Zwischen beiden Richtungen gibt es bedeutende Unterschiede. Während die Toten bei den Khmer zum Beispiel verbrannt werden, bestatten die Chinesen den Leichnam in Gräbern.

Der Theravada-Buddhismus hat seinen Ursprung in Sri Lanka. In Kambodscha entwickelte er seine eigene, nur dort gültige Form. Früher praktizierte Glaubensformen, wie Naturreligionen und der Brahmaismus, sind immer noch fester Bestandteil der religiösen Handlungen der Khmer. Der tief verwurzelte Ahnenkult und der Glaube an gute und böse Geister sind Relikte eines Glaubens, der bis zur Jahrtausendwende das Handeln der Menschen in ganz Südostasien bestimmte. Der *devaraya*-(Gottkönig)-Kult, der König Sihanouk auch heute noch eine besondere Ehrerbietung unter der Bevölkerung einbringt, geht auf den Brahmaismus zurück, der während der Angkorperiode verbreitet war. Aus dieser hinduistischen Religion hat sich eine

600ka an

☒ Junge Mönche erhalten im Wat eine kostenlose Bildung und entlasten so oft ihre Familien

Symbolwelt erhalten, die heute noch in Pagoden, an Stupas und bei Souvenirhändlern zu finden ist. Zu ihnen gehören Tempelwächter (z.B. Wat Phnom), der Elefantengott Ganesh, die berühmten Apsaras und die drei wichtigsten Götter des Hinduismus, Brahman, Vishnu und Shiva.

Neben den Naturreligionen, die von den Ureinwohnern im Nordosten praktiziert werden, gibt es noch den Glauben der Cham (4 % der Gesamtbevölkerung), die Anhänger eines gemäßigten Islam sind.

Geschichte

Zu **Beginn unserer Zeitrechnung** war Indochina im Einflussbereich der beiden Großmächte Indien und China. Während in Nordvietnam die Religion der Chinesen, der Mahayana Buddhismus, übernommen wurde, brachten die Inder im 1. Jahrhundert ihre Kultur und Religion ins erste Khmerreich nach Funan. Die indischen Händler mussten oft monatelang auf günstige Monsunwinde warten, um in ihre Heimat zurückzukehren. Durch ihren langen Aufenthalt

624ka an

in den Handelsmetropolen begannen sie, die Khmer unbewusst mit ihrem brahmaistischen Glauben zu beeinflussen. Es entstand eine Mischreligion, in der hinduistische Götter und die Götter der Naturreligion nebeneinander existierten.

Während der **Angkor-Periode** dominierte der Hinduismus in Form von Vishnu- und Shivakulten. Die Khmer adaptierten nicht nur die indische Götterwelt und Mythologie, sondern auch das Wissen der Inder, unverzichtbarer Träger der Religion. Somit fand neben der Schrift Sanskrit auch indische Technik, Astronomie und Mathematik Eingang in die Khmerkultur.

Im **13. Jahrhundert** begann sich der Theravada Buddhismus unter *Jayavarman VII.* auszubreiten. Die Thais, die schon längere Zeit Anhänger dieser Religion waren, taten durch ihre Besatzung des Landes nach dem Niedergang Angkors ein übriges, um den Buddhismus in Kambodscha zu festigen. Im 15. Jahrhundert hatte sich der Theravada-Buddhismus als Staatsreligion und als Bindeglied zwischen den Khmer in ihrem bedrängten Staat etabliert.

Als die **Roten Khmer** 1975 an die Macht kamen, wurde auch der Buddhismus ein Opfer ihrer Ideologie. Jegliche Religionsausübung wurde verboten. Die Schergen Pol Pots zwangen die Mönche, ihre safrangelben Roben auszuziehen und ihrem religiösen Gelübde zu entsagen. Viele wurden bestialisch er-

^ Friedensmarsch der Mönche

mordet. Die Pagoden, geistiges Zentrum der Bevölkerung, fielen einem sinnlosen Vandalismus zum Opfer. Sie wurden zu Schweineställen umfunktioniert und dienten als Zielscheiben für wild um sich schießende Jugendliche.

Heute ist der Buddhismus als Staatsreligion durch die Verfassung geschützt. Die Mönche, deren Anzahl zunimmt, haben ihre gesellschaftliche Aufgabe wieder übernommen, und die meisten zerstörten und verfallenen Pagoden sind wieder restauriert und strahlen im alten Glanz hoch über den bescheidenen Häusern der Menschen. Durch ihre berühmten Friedensmärsche *(dhammayietra)* durch die Provinz Kompong Thom und nach Pailin unter dem 1994 als Nobelpreisträger vorgeschlagenen Mönch *Maha Ghosananda,* hat der Buddhismus einen großen Beitrag zum Frieden in Kambodscha geleistet.

Doch langsam beginnen die Mönche, ins Kreuzfeuer der Kritik zu geraten. Während der Lebensstandard der Menschen sich seit der neuen Regierung kaum verbessert hat, entstehen immer größere und luxuriöser ausgestattete Pagoden. Jeden Morgen scheinen noch mehr Mönche vor den Häusern Gaben entgegenzunehmen, während die Menschen für religiöse Zeremonien bei Hochzeiten, Beerdigungen etc. jedesmal höhere sogenannte Spenden bezahlen müssen. Besonders die alten Menschen kritisieren den Verfall moralischer Werte, insbesondere die Respektlosigkeit bei den Sammelgängen und die Unart, lieber Geld als Lebensmittel anzunehmen. Wenn sich die Mönche in dieser kapitalistischen Gesellschaft nicht auf ihre alten Werte zurückbesinnen, laufen sie Gefahr, als Schnorrer und Geschäftsmänner ihre tragende Funktion in Kambodscha zu verlieren.

Buddhismus allgemein

Die zwei wichtigsten Glaubensrichtungen im Buddhismus heißen *Theravada* (oder auch *Hinayana*) und *Mahayana.* Der **Mahayana-Buddhismus** wird in Indien, China, Vietnam, Korea und Japan gelehrt und auch als das „große Fahrzeug" bezeichnet. Diese Richtung des Buddhismus entstand etwa 400 Jahre nach dem Tod von *Buddha Gautama,* hat höhere religiöse Ideale und kompliziertere Lehren, bietet jedoch seinen Anhängern einen schnelleren Zugang ins Nirwana.

Im Gegensatz dazu steht der **Theravada-Buddhismus** (kleines Fahrzeug, Lehre der Alten), der seine geistige Entwicklung in Sri Lanka nahm und in Thailand, Burma, Laos und Kambodscha vertreten ist. Seine Anhänger sind der Überzeugung, dass es sich beim Theravada Buddhismus um die authentische Lehre *Buddha Gautamas* handelt.

Beide Richtungen weisen in ihrer Anwendung Unterschiede auf und werden oft mit Pfaden auf einen Berg verglichen, dessen Gipfel das angestrebte Nirwana ist. Der Theravada-Buddhismus führt nur zum Fuß des Berges, während sich der Besteiger den Rest durch schwere Kletterei erarbeiten muss. Hingegen gleicht der Mahayana-Buddhismus einer langen, aber sanften Straße, die den Wanderer in vielen einfachen Serpentinen zum Gipfel bringt.

Der Begründer des Buddhismus war der Prinz **Siddharta Gautama,** der 563–483 v. Chr. im Norden Indiens, dem heutigen Terrai in Nepal, lebte. Siddharta genoss eine unbeschwerte Jugend. Als er mit 29 Jahren zum ersten Mal seinen Palast verließ, erschütterte ihn das Leid und Elend der ihm bis dahin verborgen gebliebenen Realität so sehr, dass er sich entschloss, das entbehrungsreiche Wanderleben eines Asketen zu führen, um eine Lösung für die leidvolle Existenz des Menschen zu finden. Nach jahrelanger Suche fand er die Erleuchtung unter einer riesigen Pappel (Bodhi-Baum) und wurde daraufhin Buddha („Der Erleuchtete") genannt.

Die von Buddha Gautama während seiner Meditationen „entdeckten" **Grundmerkmale** alles Existierenden sind:

- *Duhkha:* Unzulänglichkeit
- *Anicca:* Vergänglichkeit
- *Anatman:* Nichtexistenz des Seins.

Seine Erkenntnisse fasste er in den vier **Edlen Wahrheiten** zusammen:

- Das Leben ist von Leid erfüllt.
- Das Leid hat eine Ursache, die Begierde.
- Das Leid kann durch die Vernichtung der Begierde beendet werden.
- Es gibt einen Übungspfad, der zum Ende des Leids führt.

Dieser Übungspfad wird als der **Achtfache Pfad** bezeichnet. Die acht Punkte sind: richtige Erkenntnis, richtige Gesinnung, richtige Rede, richtige Tat, richtiger Lebenserwerb, richtige Anstrengung, richtige Achtsamkeit, richtige Sammlung.

Für einen Menschen, der sich um den Lebensunterhalt einer Familie kümmern muss, ist es unmöglich, diesen Übungspfad zu Ende zu gehen. Zu viele alltagsbedingte Emotionen lenken ihn von der Einhaltung dieses Weges ab. Deshalb gründete Buddha die *Sangha* (Mönchsorden), wo sich der Mensch im Einhalten des „Achtfachen Pfades" üben kann.

Am Ende des Pfades steht das **Nirwana,** die gänzliche Erlösung von Gier, Hass und Leid. Es bedeutet das Ende der Wiedergeburt und den Übergang in den Zustand eines Buddhas. Das heutige Ziel eines gläubigen Buddhisten ist weniger, Erlösung von seiner Wiedergeburt zu finden, als vielmehr sich für sein nächstes Leben eine bessere Ausgangsbasis zu schaffen. Die Meditation gilt der Geistesberuhigung und ist der Kern der buddhistischen Erkenntnis.

Obwohl der Buddhismus zu den großen Weltreligionen zählt, kann er im engeren Sinn nicht als Religion bezeichnet werden, sondern entspricht eher einer **Lebensphilosophie.** Buddha wird von seinen Anhängern nicht als Gott angebetet, sondern als großer Meister verehrt, da er menschlichen Ursprungs und kein Weltschöpfer ist. Er ist der Lehrer und die Mönche seine Anhänger. Buddha selbst hat seine Lehre nicht als Dogma gesehen, sondern seine Anhänger immer wieder aufgefordert, alles, was er gesagt hat, immer wieder zu überprüfen.

Im Westen erfreut sich der Buddhismus großer Beliebtheit und ist die „Religion" mit den höchsten jährlichen Zuwachsraten.

Buddhismus in Kambodscha

Im Königreich Kambodscha ist der Buddhismus die tragende Grundstruktur der Gesellschaft. Die täglichen Gaben an die Mönche, Spenden an die Pagoden und die Verehrung von Buddhareliquien in der örtlichen *Wat (Pagode)* gehören zu den regelmäßigen Pflichten eines Gläubigen. Im Gegenzug sind die Mönche in ihren safrangelben Gewändern fester Bestandteil jeder Heirat, jeder Verbrennung eines Toten und der religiösen Feste. Sie sind unverzichtbare Zeremonienmeister bei Ritualen, die die täglichen Ängste der Menschen lindern helfen sollen. Wer eine lange Reise antritt, geht zum Beispiel mit seinen Angehörigen zu einem Mönch, der die Gabe besitzt, Unheil abzuwenden, indem er, unter der Rezitation von *Pali*-Formeln, die Beteiligten mit Wasser übergießt. Insbesondere auf dem Land haben die Mönche noch die wichtige Funktion des Lehrers, Arztes und Psychologen.

Wie in Thailand und Laos gibt es auch in Kambodscha zwei getrennte und unabhängige **Klosterorden.** Den älteren Mohanikay-Orden, dem 90 Prozent der Mönche folgen, und den Thommayut-Orden, dem vor allem die königlichen Familien angehören. Letzterer ist strenger in der Einhaltung einzelner Gesetze; so darf von ihnen etwa bei den Sammelgängen kein Geld angenommen werden, sie müssen allein auf Wanderschaft gehen, und die Annahme von Gaben direkt aus der Hand einer Frau ist verboten.

In jedem Orden gibt es eine strenge Hierarchie, und die Ämter werden nach genau vorgegebenen Regeln vergeben. Mindestens 20 Jahre muss ein Mönch den Buddhismus in einem Kloster praktiziert haben, bis er das niedrigste dieser verantwortungsvollen Ämter ausführen darf. Der Staat nimmt sich in Thailand, Laos und Kambodscha das Recht heraus, den höchstrangigen Mönch *(riachiakenak)* eines jeden Ordens zu bestimmen. Die staatlichen Behörden erheben sich somit zur kontrollierenden Instanz über die Angelegenheiten eines *Sanghas* (Orden). Auf diese Weise sind Religion und Staat eng miteinander verflochten, und eine starke Sangha und eine loyale Ordensgemeinschaft werden zu einer wichtigen Stütze des Königs und des Präsidenten.

Die wichtigsten buddhistischen **Feste** (siehe auch Kapitel „Feste“):

- **Choul Chhnam,** kambodschanisches Neujahr, Mitte April.
- **Vesak Puja,** Geburt, Erleuchtung und Tod Buddhas, Mai.
- **Choul Vuhsa,** Ordination der Mönche und Novizen, Beginn der Regenzeit.

Der Sammelgang

Für einen Fremden am deutlichsten sichtbar repräsentieren die **sammelnden Mönche** den Buddhismus im Land. Allein, zu zweit und häufig in Begleitung kleiner Tempeljungen ziehen sie am Vormittag durch die Straßen. Auf ihrer festgelegten Route bleiben sie wie versteinert eine geraume Zeit vor jedem Hauseingang stehen und warten geduldig auf Gaben, die sie ins Kloster bringen. Die Laien verbessern ihr Karma, indem sie sich um die materielle Seite der Mönche kümmern, damit diese ungestört der Meditation und ihren sozialen Aufgaben nachgehen können. Dadurch bilden sie eine sich ergänzende Gemeinschaft.

Bei den Sammelgängen sind strenge **Regeln** einzuhalten, die in jüngster Zeit

112ka_19 an

jedoch etwas lax gehandhabt werden. Die Mönche sollten barfuß gehen, und auch der Spender muss, bevor er seine Gaben übergibt, seine Schuhe ausziehen und sich anschließend tief und ehrfurchtsvoll verneigen. Einem Mönch sollte man, obwohl es in den Städten gang und gäbe ist, kein Geld anbieten. Wer dies dennoch tut, darf es dem Mönch nicht in die Hand drücken, sondern muss es diesem selbst in die Gabentasche stecken, die über seiner Schulter hängt. Wenn ein Tempeljunge dabei ist, werden diesem die Gaben überreicht. Eine Frau sollte den Mönch keinesfalls berühren.

⌃ Bettelgang der Mönche

Die Wat

Eine Wat ist das geistige und soziale Zentrum eines Dorfes oder einzelner Stadtteile. Sie besteht aus mehreren Gebäuden, die von einer Mauer umschlossen sind.

Das große dominierende Bauwerk (ebenfalls Wat oder auf Englisch *Pagoda* genannt) hat die Bedeutung einer Kirche. Die großen **Pagoden** bestehen aus zwei Ebenen. Die zentrale Halle ist umgeben von einem Rundgang, der von verschiedenen Seiten über eine Treppe erreicht wird. Die Architektur einer Wat orientiert sich Richtung Himmel und endet in flammenähnlichen Aufsätzen an den Giebeln. Die Farben, mit denen sie bemalt ist, symbolisieren Edelsteine und wertvolle Metalle: blau – Saphir, gelb – Gold, grün – Smaragd, rot – Rubin. Im Inneren steht ein Altar *(vihara)* mit Reliquien und Buddhastatuen. Die Innenwände sind mit prächtigen Bildern aus dem Leben von Buddha Gautama bemalt. Anhand der farbenfrohen Darstellungen kann der Besucher den Werdegang des Begründers des Buddhismus nachvollziehen. Frühmorgens und abends beten und meditieren hier die Mönche. Nur bei besonderen religiösen Anlässen versammelt sich das Volk in der Wat. Nur wenn die Mönche beten, sind die Pagoden geöffnet, da berechtigte Angst vor Kunstdieben besteht. Einem Fremden wird bei freundlicher Nachfrage meist einer der Mönche aufschließen. In solch einem Fall gehört es sich, eine kleine Spende in die *Donation Box* zu werfen.

Da es sich bei einer Wat um eine Art **Gemeindezentrum** handelt, befinden sich auf deren Gelände noch weitere Gebäude und Einrichtungen:

- ein oder zwei offene Hallen *(sala)* mit einem kleinen *vihara,* für tägliche Gebete, Versammlungen und Gespräche über die Lehre Buddhas,
- die Wohnungen der Mönche,
- *Stupas* zum Verbrennen von Toten und zur Aufbewahrung der Asche,
- Bibliothek für Schriften des Buddhismus,
- gelegentlich ein Heiligtum für Mahayana-Buddhisten,
- Altäre für die Anhänger der Naturreligionen,
- Schulen oder Krankenstationen,
- eine *Palischule,* in der die Sprache, in der die heiligen Texte des Theravada-Buddhismus niedergeschrieben sind, unterrichtet wird.

Eine Wat, in der bis zu mehrere hundert Mönche leben können, wird von der Nachbarschaft oder dem Dorf mit Nahrungsmitteln und Spenden versorgt. Neben den Ordinierten leben hier auch Nonnen, Novizen, Tempeljungen und alte Menschen ohne Angehörige. Die Wats in Phnom Penh dienen meist auch armen Studenten vom Land oder Waisen als Unterkunft und sind für viele die einzige Möglichkeit, in der Stadt zu überleben.

Es gehört zum Höflichkeitskodex der Khmer, einen Fremden nicht auf sein unpassendes Verhalten aufmerksam zu machen. Deshalb ist es um so wichtiger, sich selbst mit den **Regeln beim Besuch einer Pagode** vertraut zu machen und auch andere auf sie hinzuweisen, sodass die Gefühle der Gläubigen nicht durch respektloses Verhalten verletzt werden.

- Das Tragen von Shorts ist unangebracht.
- Der Oberkörper muss auf jeden Fall bedeckt sein. T-Shirts ohne Ärmel sind besonders bei Frauen eine respektlose Provokation der Mönche. Eine grobe Unverschämtheit ist es, wenn Frauen eine Pagode nur mit einem Top bekleidet betreten.
- Hüte müssen abgenommen werden.
- Bevor man das Innere einer Pagode betritt, müssen unbedingt die Schuhe ausgezogen werden.
- Frauen dürfen unter keinen Umständen einen Mönch berühren.
- Das Streicheln des rasierten Kopfes eines Mönchs, selbst wenn er noch ein kleiner Junge ist, wird als große Erniedrigung empfunden.
- Betenden Mönchen oder Einheimischen gegenüber sollte ein zurückhaltendes und unauffälliges Verhalten selbstverständlich sein.
- Lautes Lachen in einer Pagode gehört sich nicht.

- Es sollte vermieden werden, mit dem Finger auf einen Mönch oder eine Buddhastatue zu zeigen.
- Es muss besonders darauf geachtet werden, dass die nackte Fußsohle beim Sitzen für niemanden sichtbar ist.

Der Sangha

Der Sangha ist die Gemeinschaft der Anhänger der Lehre Buddhas. Er setzt sich aus den Mönchen zusammen, die in einer Wat leben und für die Weitergabe der Lehre zuständig sind.

Jedem ist es freigestellt, ob und wann er in den Sangha eintritt und wann er ihn wieder verlässt. Auf ewig bindende Gelübde gibt es im Buddhismus nicht. Eine wichtige Voraussetzung für die **Aufnahme** ist, dass man weder einen Diebstahl noch einen Mord begangen hat und dass bei verheirateten Männern die Frau ihr Einverständnis gibt. Ab dem Alter von sieben Jahren können die Jungen als Mönch aufgenommen werden. Wer Mitglied einer Ordensgemeinschaft werden möchte, muss auf jeglichen Besitz verzichten, bekommt dafür die traditionelle Sammelschale und einen Sangha-Namen. Jeder muss entscheiden, ob er als voll ordinierter Mönch *(phikhok)* oder als Novize *(sameney)* eintreten will. Der Unterschied liegt in dem streng einzuhaltenden Zölibat und einem geregelten, aus Meditation und Sammelgängen bestehenden Tagesablauf, dem sich ein *phikhok* unterwerfen muss.

065ka an

Jede Wat wird von einem **Obermönch** *(chau-athikaa)* geleitet. Er überwacht die Mönche bei der Einhaltung ihrer täglichen Pflichten und ist verantwortlich dafür, dass sich der intellektuelle und moralische Standard seines Klosters weiterentwickelt. Bei den religiösen Zeremonien wird er von zwei Mönchen *(kruh sout)*, die zu seiner rechten und linken Seite stehen, unterstützt. Die Verbindung zwischen der religiösen und weltlichen Seite stellt der *achaa* her. Er ist sowohl für die Abwicklung der Geschäfte zwischen Kloster und Behörden zuständig als auch für die Leitung der täglichen Gebete.

Die meisten jungen Männer treten **nur für wenige Monate** in einen Sangha ein. Dies geschieht hauptsächlich während der Regenzeit von Juli bis Oktober mit dem Ziel, ein reifer Erwachsener zu werden oder den Eltern große Ehre zu erweisen. Während der Regenzeit sind bis zu einem Prozent der männlichen Bevölkerung in einem Sangha. Etwa die Hälfte aller erwachsenen Männer in Kambodscha hat eine gewisse Zeit als Mönch in einem Kloster verbracht. Weitere Gründe, die zum Eintritt in einen Sangha führen können, sind die Verbesserung des persönlichen *Karmas*, allgemeines Interesse am Buddhismus, unglückliche Familienverhältnisse, der Versuch, dem Nirwana näher zu kommen, oder die Angst, bei zunehmendem Alter keine Angehörigen zu haben, die einen versorgen.

Zu jedem Sangha gehört meist eine Horde von **Tempeljungen.** Es handelt sich bei ihnen um Knaben zwischen 7 und 12 Jahren aus armen familiären Verhältnissen. Ihre Aufgabe besteht darin, den Mönchen bei der Erledigung ihrer alltäglichen und religiösen Aufgaben (z.B. Sammelgänge, Kochen) zu helfen und bei Zeremonien zu assistieren. Dafür stellt ihnen das Kloster Essen und Unterkunft zur Verfügung, und sie bekommen eine kostenlose Schulausbildung.

Frauen werden weder ordiniert, noch dürfen sie physischen Kontakt mit den Mönchen haben. Gewöhnlich leben jedoch alte Frauen innerhalb der Wat. Sie werden als Nonnen bezeichnet, dekorieren Altäre und verrichten Hausarbeiten. Wie die Mönche rasieren sie sich ihr Haar und die Augenbrauen und führen ein asketisches Leben.

Das Leben der Mönche

Ihr Leben wird durch die 227 Regeln des *Patimokkha* bestimmt. An erster Stelle steht hierbei der Verzicht auf jegliche **Sexualität.** Wer dagegen verstößt, wird sofort aus dem Sangha ausgestoßen. Wer das Zölibat nicht länger einhalten möchte, kann, anders als ein katholischer Pfarrer, problemlos aus dem Orden austreten.

Zu einer wichtigen Verhaltensregel gehört, dass nach 12.00 Uhr kein **Essen** mehr eingenommen werden darf. Nur noch das Kauen von Betelnüssen und die Aufnahme ungesüßter Getränke, die keine Milch enthalten, sind erlaubt. Mittlerweile werden auch Flüssigkeiten toleriert, denen der Mönch nicht selbst Zucker zugefügt hat, wie etwa Softdrinks.

◁ Pagode bei Phnom Penh

Der entscheidende Unterschied zu einem Laien, der mit in der Pagode lebt, ist, dass sich ein Mönch seinen Lebensunterhalt nicht selbst verdienen darf, sondern von den Speisen leben muss, die ihm auf seinem Almosengang gespendet werden.

Rauchen ist erlaubt und wird von den alten sowie den ganz jungen Mönchen mit überraschender Selbstverständlichkeit betrieben.

Eine wichtige Aufgabe im Leben eines Mönches ist das **Erlernen der Palisprache,** in der seinerzeit die Texte Buddhas niedergeschrieben wurden.

Insbesondere **in der Öffentlichkeit** wird von einem Mönch ein würdevolles Auftreten verlangt. Er darf nicht laut reden oder lachen, auf keinen Fall den Frauen hinterherschauen oder sich beim Essen zügellos den Bauch vollschlagen. Er muss alle Situationen vermeiden, in denen unkontrollierte Emotionen freigesetzt werden könnten. Im täglichen Sprachgebrauch gibt es besonders ehrerbietige Formulierungen, die ein Laie bei der Anrede eines Mönches benutzen muss. In Bussen und auf Schiffen müssen sie im hinteren Teil des Fahrzeuges Platz nehmen.

Das tägliche Leben gestaltet sich nach einem strikt einzuhaltenden **Zeitplan,** der von jeder Wat geringfügig variiert werden kann. Aufgestanden wird um 5.00 Uhr. Nach der Morgentoilette und dem Frühstück wird gemeinsam in der Wat gebetet. Etwa zwischen 9.00 und 11.00 Uhr, gehen die Mönche auf ihren Sammelgang. Von 11.00 Uhr bis spätestens 12.00 Uhr wird ein einfaches Mittagessen eingenommen. Die Zeit zwischen 12.00 und 14.00 Uhr haben die Mönche zur eigenen Verfügung. Der Nachmittag wird zu Studien weltlicher und religiöser Texte benutzt. Der geregelte Tagesablauf endet am Abend mit gemeinsamen Meditationen.

028ka an

Der Symbolismus der Buddhastatuen

Jede Buddhastatue in Kambodscha, ob stehend, sitzend oder liegend, wurde nach strengen ikonografischen Regeln, die in den buddhistischen Texten festgelegt sind, gestaltet. Besonders die Haltung der Hände *(mudra)* entspricht einer eindeutigen Symbolik:

- *Dhyana* (Meditation). Beim meditierenden Buddha liegen beide Hände geöffnet übereinander in seinem Schoß, die rechte über der linken.
- *Bhumisparsa* (Berühren der Erde). In dieser klassischen Buddhaposition liegt

< Alter Mönch in seiner Unterkunft auf dem Land

> Vitarka

die linke Hand offen in seinem Schoß, während die Finger der rechten den Boden berühren. In dieser Stellung saß er vor 2500 Jahren unter einem Bodibaum im damaligen Nordindien und wartete auf seine Erleuchtung. *Mara*, die Verkörperung des Bösen, versuchte währenddessen, ihn auf verschiedene Weisen abzulenken. Diese Szene wird eindrucksvoll im Film „Der kleine Buddha" dargestellt.

- *Vitarka* (Drehen des Rades des *Dharma*). Rechter Arm gebeugt und die Hand erhoben. Die Handfläche ist nach außen gerichtet, Daumen und Zeigefinger berühren sich und formen das *Rad der Lehre*. Bei Lehrreden und Diskussionen wurde sie von Buddha benutzt, um seine Argumente zu untermauern (siehe Abbildung).
- *Abhaya* (Keine Angst). Eine oder beide Hände werden mit gestreckten Fingern vor dem Körper gehalten. Buddha bietet seinen Anhängern Schutz und Erlösung vor der Angst.
- *Transzendierender Buddha*. Er liegt mit geschlossenen Augen auf seiner rechten Seite und hat seinen Kopf auf die rechte Hand gestützt. Diese Stellung zeigt den sterbenden Buddha in dem Moment, wo er von dem Übel der Wiedergeburt erlöst wird und auf den Übergang ins Nirwana wartet.

Der Islam in Kambodscha

Der Islam ist die Religion der **Cham.** Sie sind Anhänger der gemäßigten, orthodoxen Richtung des sunnitischen Islam. Sie beten in Moscheen, unterhalten Koranschulen, beschneiden die Knaben, begehen den *Ramadan* und stehen in Kontakt zu anderen moslemischen Staaten und Gemeinden in Asien.

Rein äußerlich unterscheiden sie sich kaum von den Khmer. Die Männer und Jungen tragen beim Besuch der Moschee eine Kopfbedeckung, und die Frauen haben zu fast allen Tageszeiten einen *Krama* um den Kopf gewickelt.

Religiöse Konflikte mit Anhängern des Buddhismus sind vollkommen unbekannt. Eheschließungen zwischen beiden Gruppen sind allerdings selten, da die religiösen Gegensätze doch erheblich sind. Im Fall einer Ehe muss der Partner zum Islam übertreten.

Mit dem Beginn des Friedensprozesses ist auch das Selbstbewusstsein der Moslems wiedererwacht, und in allen Chamgemeinden wurden die Moscheen inzwischen prachtvoll restauriert. Häufig wurde von moslemischen UNTAC-Angehörigen religiöse und finanzielle Hilfe geleistet.

Eine der größten neugebauten Moscheen steht in Phnom Penh am Ostufer des Sees Boeng Kak.

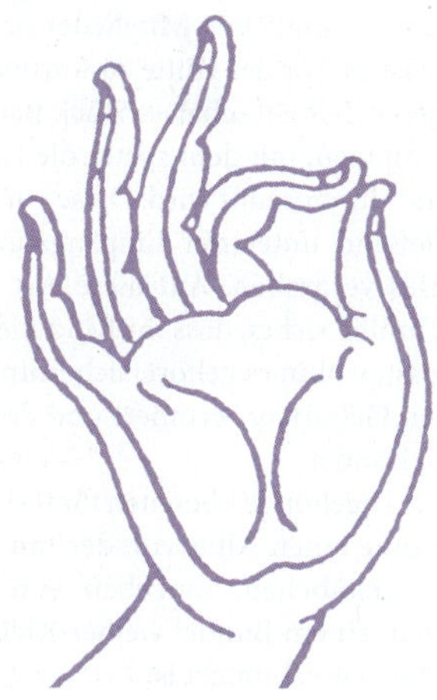

Bräuche und Lebensformen

Geburt

Während in den Städten bereits viele Mütter zur Entbindung in ein Krankenhaus gehen und die alten Bräuche, die im Zusammenhang mit einer Geburt stehen, allmählich verblassen, sind die Traditionen auf dem Land noch immer lebendig.

Eine werdende Mutter wird in der Khmer-Gesellschaft, soweit es die Umstände erlauben, geschont und bevorzugt behandelt. Die Geburt findet auf dem Land zu Hause statt. Der Schwangeren wird dabei von älteren, erfahrenen Frauen aus dem Dorf geholfen, die oftmals gute Kenner der Naturheilkunde sind und die Schwangere mit schmerzstillenden Tees versorgen. Männern ist die Anwesenheit bei der Geburt verboten. Aufgabe des Ehemannes und der anderen männlichen Mitglieder der Familie ist es, vor der Hütte zu warten und in dieser Zeit ein scharfes Stück Bambus zu schnitzen, mit dem später die Nabelschnur durchtrennt wird. Diese wird anschließend unter der Eingangstür des Hauses vergraben. Auf diese Art stellt die Familie sicher, dass ihr Kind niemals vergisst, wohin es gehört, sich immer an seinen Geburtsort erinnert und dorthin zurückfindet.

Die Angehörigen bereiten für das Neugeborene einen Altar vor, der mit Reis, Räucherstäbchen, umgeben von fünf Kerzen, einem Bündel weißer Kleidung und Geld geschmückt ist.

Eine Woche nach der Geburt wird dem Kind im Rahmen einer Familienfeier ein Name gegeben. Als Erstgeborenes wünschen sich viele Familien ein Mädchen, da es eine wichtige Unterstützung für die Mutter nach der Geburt weiterer Geschwister ist.

Drei Wochen nach der Geburt findet das wichtigste Fest statt. Alle Verwandten und Freunde der Familie sind dazu eingeladen. Nachdem das Kind von einem buddhistischen Mönch gesegnet wurde, wird sein Kopf geschoren, und nur noch ein kleines Büschel Haare als Symbol der Kindheit bleibt stehen. Erst mit dem Eintritt des Kindes in die Pubertät wird dieses bis dahin lang gewachsene Haar als Zeichen des Eintritts ins Erwachsenenleben abgeschnitten. Leider ist dieses Ritual nur noch sehr selten zu sehen.

Kindheit

Neugeborene werden von der gesamten Familie mit großer Liebe aufgenommen. Das Baby ist den ganzen Tag mit der Mutter zusammen, wird gestillt, wann immer es Hunger hat, häufig bis zum Alter von zwei Jahren, und steht ständig im Mittelpunkt der Aufmerksamkeit der Erwachsenen und älteren Geschwister.

Für jeden Mitteleuropäer ist es faszinierend, dem **Spielen** und Treiben der Kinder in Kambodscha zuzuschauen. Im Alter zwischen fünf und vierzehn scheint es, als gäbe es für sie nichts Wichtigeres auf der Welt, als zu spielen. Durch die hohe Geburtenrate ist die Auswahl an Spielkameraden unerschöpflich. Zu jeder Tageszeit trifft man auf große Horden von Kindern, die un-

066ka an

ermüdlich und unbeschwert, oft mit ohrenbetäubendem Lärm und ohne von Erwachsenen gemaßregelt zu werden, sich stundenlang beschäftigen und durch die Gegend toben. Am höchsten geht es her, wenn die ersten starken Monsunregen die Straßen unter Wasser setzten. Trunken vor Begeisterung, stürzen sie sich in die vom Himmel fallenden Fluten und verwandeln jede Kreuzung, an der sich das Wasser aufgestaut hat, in ein turbulentes Schwimmbad, ohne dass ein Erwachsener auf die Idee käme, sie davon abzuhalten.

Einer Seuche gleich haben die **Videospiele,** die mittlerweile in kleinen offenen Läden in der Stadt und auf jedem Dorf zu finden sind, die Kinder infiziert. In großen Trauben hängen sie vor den Bildschirmen und stehen den kleinen Vidcofreaks bei uns in nichts an Geschicklichkeit nach.

Sobald die Kinder das **Schulalter** erreicht haben, geben die Eltern die Verantwortung für die moralische und geistige Entwicklung an die Lehrer beziehungsweise die Mönche weiter. Ihre Unbeschwertheit wird eingeschränkt; sie wird langsam ersetzt durch die buddhistischen Werte von Ordnung, Höflichkeit und Respekt gegenüber Älteren.

So früh als möglich wird von den Kindern Mitverantwortung für den Haushalt, bei der Arbeit ihrer Eltern und beim Aufpassen auf die jüngeren Geschwister verlangt. Verteilt nach Geschlechterrollen, müssen die Jungen die körperlich schwerere Arbeit erledigen, wie etwa Wasser holen, während die Mädchen in der Küche und im Haushalt helfen. Kinder aus ärmeren Schichten müssen auch finanziell zur Unterstützung der Familie beitragen, indem sie ihren Eltern nach der Schule beim Verkauf von Waren helfen oder selbst einem kleinen Job nachgehen.

Obwohl es manchmal scheint, als ob die Kinder Kambodschas die unbeschwertesten und glücklichsten der Welt sind, wird, wer nicht folgt, häufig mit brutalen Schlägen von den Eltern gezüchtigt. Niemanden fürchten die Kinder mehr als ihre Eltern, wenn sie etwas ausgefressen haben. Eine kambodschanische Kindheit ist von großen individuellen Freiheiten, aber auch von strenger Pflichterfüllung bestimmt.

Jugend

Die „Schutzzone" Jugend ist ein Lebensabschnitt, den in Kambodscha nur reiche Eltern oder die schnell wachsende Mittelschicht in der Stadt ihren Kindern bieten können. Auf dem Land, wo jede Arbeitskraft zum Überleben der Familie gebraucht wird, geht die Kindheit nahtlos ins Erwachsensein über.

Das Phänomen Jugend lässt sich am besten **in Phnom Penh** studieren, wo dieser Altersabschnitt am ausgeprägtesten gelebt wird. Noch Ende der 1990er Jahre nahmen fast ausschließlich Jungen in Gruppen von fünf bis zehn Jugendlichen gemeinsam an Aktivitäten teil – Mädchen sah man nur höchst selten zum Vergnügen in der Stadt umherzie-

603ka an

hen. Dies hat sich in den letzten Jahren deutlich gewandelt, und es ist kein seltener Anblick mehr, dass beide Geschlechter gemeinsam auf ihren Mopeds durch die Stadt fahren und in die Disco gehen. Doch selbst in der Hauptstadt werden Freundschaften zwischen Jungen und Mädchen vor den Eltern geheim gehalten. Sie treffen sich heimlich und kommunizieren wie bei uns über die Sozialen Medien. Kommt eine Beziehung ans Tageslicht, gibt es richtig Ärger, nicht nur für Mädchen. Denn die meisten Ehen werden selbst in Phnom Penh immer noch von den Eltern arrangiert.

Generell erwartet die Gesellschaft von einem anständigen Mädchen, dass es sich nicht mit Jungen herumtreibt (und erst recht nicht abends in die Disco geht). Dass Jungen oft schon mit 15 Jahren, wenn sie sich es leisten können, ins Bordell gehen, ist hingegen gesellschaftlich akzeptiert, denn die meisten Väter haben es auch nicht anders gemacht und tun es auch noch in der Ehe.

Die städtische Jugend ist mobil, und die meisten besitzen mit 14 Jahren schon einen Roller oder Moped, ohne einen Führerschein zu haben. Die Lieblingsbeschäftigung ist das *dalin,* auf Mopeds durch die Stadt fahren und sich amüsieren. Leider sind Drogen und Alkohol in dieser Altersgruppe weit verbreitet, was nicht selten zu grausamen Unfällen nach halsbrecherischen Fahrten führt. Alkoholverbot am Steuer wird nicht durchgesetzt. Am Wochenende werden je nach Finanzlage gemeinsame Ausflüge in die Umgebung unternommen. Fußball gehört zu den beliebtesten Sportarten, und selbst bei tropischer Hitze geht man nach Schulschluss erst einmal gemeinsam zum Kicken.

Eine typische Sozialisierungsform der männlichen Jugendlichen in der Stadt ist die **Bildung einer Gang.** Diese besteht meist aus 10–15 Mitgliedern, die insbesondere territoriale Ansprüche, wie Wohnviertel oder Discos, verteidigen. Die Kontakte, die sie in dieser Lebensphase knüpfen, haben meist lebenslang Bestand und sind für die Zukunft wichtiger als die Schule, denn in Kambodscha entscheiden weniger die Noten als vielmehr die Beziehungen zu den richtigen Leuten über eine Karriere. Eine Gang muss nicht zwangsläufig kriminell sein, obwohl sich die meisten im Grenzbereich (Drogen, Schlägereien, Diebstähle) bewegen. Leider haben Massenvergewaltigungen *(gang-bang)* auch in Kambodscha zugenommen.

Noch lange Zeit nach der Öffnung Kambodschas waren auch unter den Jugendlichen **feine Stoffhosen** und **teure Hemden** aus Thailand angesagt. Doch über das Internet (vor allem YouTube), wo sich auch die Kids ihre Vorbilder auf der internationalen Bühne selbst aussuchen, werden Styles der unterschiedlichsten Musikrichtungen und der Sportidole sehr schnell adaptiert. Hip-Hop und Trendsport wie z.B. Skateboarden sowie Symbole wie Baseball Caps (z.B. von *Obey*) und Energydrinks (z.B. *Monster*) prägen auch in Kambodscha den Stil der städtischen Jugend.

Fast alle Jugendlichen in Kambodscha haben mindestens ein **Smartphone,** das sie so intensiv nutzen wie ihre Altersgenossen im Westen. Wichtig und am verbreitesten ist das **iPhone als Statussymbol,** das sich die meisten Jugendlichen allerdings nur gebraucht leisten können.

Bei den Sozialen Medien ist, anders als bei unserer Jugend, Facebook und der

Messenger als Kommunikationsmittel am beliebtesten. WhatsApp ist völlig unbekannt, dafür chatten die Kids mit der Kommunikations-App „Line" eines japanischen Anbieters, die in Asien weit verbreitet ist.

Hochzeit

Selbst unter den modernen Städtern ist es immer noch üblich, dass die Eltern bestimmen, wen ihr Kind heiratet. Ein „anständiges" Mädchen hat auch nicht so viele Möglichkeiten, Männerbekanntschaften zu machen. Cousins und Cousinen ist es in Kambodscha erlaubt, untereinander zu heiraten.

In Kambodscha ist es selbstverständlich, dass der Bräutigam einen Betrag (in der Stadt etwa 5000 bis 20.000 Dollar) für seine Frau an deren Familie bezahlen muss. Diese hat jedoch die Feierlichkeiten auszurichten. Das Geld, das die Hochzeitsgäste abgeben, gehört dem Brautpaar.

Selbst wenn alle Beteiligten einer Heirat zustimmen, konsultieren die Khmer vorher noch einen **Wahrsager.** Die Geburtsdaten werden unter astrologischen Gesichtspunkten verglichen; wenn sie nicht zusammenpassen, wird unter keinen Umständen geheiratet.

Früher war es außerdem üblich, dass der zukünftige Ehemann **vor der Hochzeit** mehrere Monate bei der Familie der Braut leben und arbeiten musste, um zu beweisen, dass er würdig ist, die Tochter des Hauses zu heiraten. Doch durch den derzeit herrschenden Frauenüberschuss sind solch strenge Prüfungskriterien für Ehemänner abgeschafft, und mancher

023ka kw

Familienvater ist heute sogar dazu bereit, noch etwas draufzuzahlen, um seine Tochter zu verheiraten. Ebenfalls zu heute nicht mehr praktizierten Traditionen gehörte es, dass die Braut einen Monat vor der Hochzeit das Haus bei Tag nicht mehr verlassen durfte, um eine möglichst weiße, reine Haut für den wichtigsten Tag in ihrem Leben zu haben. Der Regenschirm, unerlässlich bei jeder Hochzeit, ist ein Symbol für dieses überholte Ritual.

Der **Tag der Hochzeit,** für die Kambodschaner das wichtigste Ereignis in ihrem Leben, beginnt für die Nachbarn mit ohrenbetäubendem Lärm. Lautsprecher beschallen ab 6.00 Uhr morgens mit Ansagen und krächzender Musik die Umgebung. Am Vormittag kommt der Ehemann mit seiner Verwandtschaft in einer Art Prozession, die von einer Kapelle begleitet wird, zum Haus der Braut. Sie überbringen Geschenke, Blumen und Früchte. Mönche kommen ins Haus und halten buddhistische Zeremonien ab, um dem Paar den Segen zu geben. Die Braut trägt ein weißes Kleid (ähnlich wie in Europa), während der Bräutigam mit Anzug und Krawatte heiratet.

Gesellschaftlicher Höhepunkt ist eine Masseneinladung am Nachmittag. Um alle Gäste für das aus bis zu zehn Gängen bestehende Menü unterzubringen, werden ganze Straßenzüge abgesperrt und überdacht. Zu dieser Veranstaltung gehört auch ein Videofilmer sowie meist eine Rock-Band. Doch anders als in europäischen Ländern entwickelt diese Hochzeitsgesellschaft keine ausgelassene Stimmung. Oft schon nach einer Stunde gehen die ersten Gäste wieder nach Hause, jedoch nicht ohne vorher bei den Brauteltern ein Kuvert mit Geld und ihrem Namen abzugeben. Für einen westlichen Gast ist die Summe von 20–40 $ angemessen.

[<] Hochzeit auf Kambodschanisch – vor historischer Kulisse

Familie

Die Familie bildet das soziale Netz in der kambodschanischen Gesellschaft. Im Gegensatz zu anderen asiatischen Kulturen ist zwar die direkte Verwandtschaft, also Kinder, Eltern und Großeltern, enger miteinander verbunden als die übrigen Verwandten; für westliche Verhältnisse jedoch ist auch der Zusammenhalt in der Großfamilie sehr eng. Familienchroniken, wie wir sie kennen, sind für die Khmer allerdings nicht von Bedeutung.

Die Hierarchie einer Großfamilie basiert auf respektvollem Verhalten und Ehrerbietung gegenüber den älteren Mitgliedern, die für die Erziehung der Kinder und den Zusammenhalt der Familie zuständig sind. Wichtige Lebensereignisse (Geburt, Heirat, Tod) führen auch die entferntesten Verwandten aus dem ganzen Land zusammen, die anschließend in der betroffenen Familie häufig für längere Zeit aufgenommen werden.

Unter *Pol Pot* wurde die Familie praktisch aufgelöst. Kinder über sieben Jahren wurden von ihren Müttern getrennt und kamen in große Lager mit Gleichaltrigen, wo der Erziehungsschwerpunkt auf der Indoktrinierung lag. Hier lernten sie, Feinde des Systems und ihre eigenen Eltern zu denunzieren. Mit der Macht, die die Kinder damit plötzlich über die Erwachsenen hatten, wurde das ganze Wertesystem (Respekt vor Älteren), auf dem die Gesellschaft basierte, über den Haufen geworfen. Das Ziel von *Angkar,* der diffusen Leitung des Horrorstaates, war es, durch die Vernichtung der Familie und der kulturellen Normen die Menschen für ihren Ameisenstaat gefügig zu machen.

Alter

In der Verfassung ist verankert, dass Kinder verpflichtet sind, sich um ihre Eltern zu kümmern und sie im Alter angemessen zu versorgen. Angesichts eines fehlenden Rentensystems besteht darin die einzige Chance, in Würde den Lebensabend zu genießen. Doch die Realität sieht in Kambodscha oft anders aus.

Das alte Sprichwort „Eltern können 10 Kinder ernähren, aber 10 Kinder können nicht ihre Eltern ernähren" trifft in Kambodscha genau den Punkt. Denn in einem Land, wo ein Drittel der Bevölkerung mit einem Euro pro Tag auskommen muss, bleibt einer Familie mit Kindern nicht mehr viel Spielraum, um auch noch die Eltern zu versorgen. Das Problem sind nicht so sehr das Essen und die Kleidung, sondern die Ausgaben im Krankheitsfall. Denn oftmals sind die Großeltern gezwungen, bei Krankheit zu entscheiden, ob sie ins Krankenhaus gehen und dadurch die Zukunft ihrer Kinder gefährden, die vielleicht ihre Kuh oder sogar die Reisfelder verkaufen müssen, oder auf eine Behandlung verzichten.

Der Bürgerkrieg hat viele kinderlose Witwen zurückgelassen. Die einzige Institution, von der sie Hilfe erwarten können, sind die Pagoden. Dort kümmern die Frauen sich um das Essen der Mönche oder pflegen die Altäre und Heiligtümer, wofür sie von den Gläubigen Almosen bekommen. Sehr verwunderlich und schon fast bezeichnend ist, dass in einem Land mit über 1000 Non Governmental Organisations sich nur zwei um die Probleme alter Menschen kümmern; *Help Age International* und *Cambodian Assosiation for the Elderly (CAE).*

Unsere idealistische Vorstellung, dass die Jugend in Asien Respekt vor dem Alter hat, trifft nur noch für die Landbevölkerung zu. Wer dort alleinstehend ist, dem hilft die Dorfgemeinschaft, doch in den großen Städten sind alleinstehende alte Menschen noch gnadenloser sich selbst überlassen als bei uns in Europa. Auf der Straße zu betteln ist für viele die einzige Möglichkeit zu überleben.

Tod

Die Trauerfeierlichkeiten für den Verstorbenen richten sich nach dem Alter. Während der Tod eines Kindes oder Jugendlichen im Vergleich zu westlichem Verhalten nur geringe Trauer auslöst, verursacht das Ableben eines alten Menschen mit großer Familie geradezu erschütterndes Wehklagen.

Dem ältesten Sohn kommt bei den **Zeremonien** eine besondere Rolle zu. Er muss sich Haare und Bart abrasieren und darf sie dann erst nach 100 Tagen wieder schneiden. Wenn alle Trauergäste angereist sind, wird der Sarg im Haus geöffnet und das Gesicht des Toten freigemacht, damit ihn jeder sehen kann. Die Kinder des Verstorbenen sind in der Trauerfarbe Weiß gekleidet. Nun geht der älteste Sohn mit brennenden Räucherstäbchen, gefolgt von seinen Geschwistern, vor das Haus, in dem die Trauergemeinde versammelt ist. Nach etwa 10 bis 20 Metern bleiben sie stehen, verbeugen sich förmlich und bedanken sich bei den Menschen, die gekommen sind, um einem ihrer Elternteile das letzte Geleit zu geben. Anschließend wird der Tote in einer Pagode verbrannt, die Asche in eine Urne gefüllt und zu Hause auf einen kleinen Altar gestellt, an dem jeden Tag Räucherstäbchen zu Ehren des Verstorbenen angezündet werden. Reiche Khmer lassen eine *Stupa* auf dem Grund der Pagode errichten, in der die Asche aufbewahrt wird. Eine weiße Fahne mit drachenähnlichen Mustern *(tong khmauith)* wird als Zeichen eines Todesfalles vor das Haus gehängt.

Der Glaube besagt, dass, wenn eine Katze über den Toten steigt, sich ein Geist des Körpers bemächtigt und der Leichnam wiederaufersteht. Deshalb haben alle Angehörigen des Toten, während dieser im Haus aufgebahrt ist, panische Angst vor diesen Tieren.

In Zeitabständen von sieben Tagen, 100 Tagen und drei Jahren **nach dem Todestag** werden Verwandte und Freunde eingeladen. Eine Zeremonie mit einem Mönch wird abgehalten; Räucherstäbchen, die bei der Verbrennungszeremonie des Toten besonders gesegnet wurden, werden verbrannt. Die Khmer glauben an die Wiedergeburt und betreiben einen intensiven Ahnenkult, der auf die Naturreligionen ihrer Vorfahren zurückgeht.

Eigenarten der Khmer

Die wohl amüsanteste Eigenheit der Kambodschaner ist das *dalin*, das jung und alt gleicherweise betreiben. Übersetzt würde *dalin* sinngemäß **„herumfahren und sich amüsieren“** bedeuten. Niemand käme jedoch dabei auf die Idee, in eine Bar oder Disco zu gehen; nein, *dalin* spielt sich auf der Straße ab und zwar in vorgezeichneten Bahnen und zu bestimmten Zeiten.

Überall in den Städten, am deutlichsten in Phnom Penh, beginnt am späten Nachmittag und am Wochenende der große Aufbruch, der sich vielleicht mit dem sonntäglichen Spaziergang der Deutschen oder mit dem *Corso* in den Mittelmeerländern vergleichen lässt.

Jedoch würde ein Khmer im Gegensatz dazu niemals zu Fuß gehen. Die wichtigste Voraussetzung für das *dalin* ist ein Moped, ein Auto oder zumindest ein Fahrrad. Es entsteht ein großer Kreisverkehr in jeder Stadt, an dem Tausende teilnehmen und der sich in gemächlichem Tempo dahinschleppt. „Gedalint“ wird immer in Gruppen oder im Familienkreis. Jedes daran beteiligte Fahrzeug ist bis zur maximalen Auslastung belegt. Die Verstauung einer Großfamilie auf einem Moped bedarf sorgfältiger Planung und verlangt vom fahrenden Familienvater größtes artistisches Gleichgewichtsgefühl. Nicht selten sitzen auf dem Zweirad sieben Personen und mehr, von der Oma bis zum wenige Wochen alten Säugling. Zentren des *dalin* in Phnom Penh sind Independence Monument, Cambodiana Hotel und der Platz zwischen Königspalast und Vetika Omtouk.

Vor manchen Pagoden und an öffentlichen Plätzen stehen **Vogelverkäufer** mit Käfigen voll kleiner Spatzen. Sie werden von Passanten gekauft, die sie aus ihrer Hand fliegen lassen. Die Khmer glauben, dass, wenn sie einem Vogel die Freiheit schenken, dieser drohende Gefahren und die schlechte Zukunft seines Befreiers mit sich fortnimmt.

Viele Menschen gehen auch in die Pagoden, um sich von Mönchen mit Wasser überschütten und segnen zu lassen. Während der laut betende Mönch dieses **Segensritual** ausführt, an dem manchmal auch Familien teilnehmen, werden die Gläubigen von Krankheiten geheilt und drohende Schicksalsschläge abgewendet. Nicht jeder Mönch hat die Kraft, wirkungsvolle Rituale zu zelebrieren.

Die Kambodschaner sind aus unserer Sicht ein sehr abergläubisches Volk. Deshalb, aber auch aus finanziellen Gründen, wird bei Krankheiten, bevor viel Geld für den Arzt bezahlt werden muss, ein **Wunderheiler** besucht. Mit Amuletten, Pülverchen und Kräutern, die nur bei bestimmten Personen zu haben sind, wird, verbunden mit der notwendigen Zeremonie, jede Krankheit und jeder böse Geist bekämpft. Gelegentlich kann man Kinder auf dem Land sehen, die einen Haarschnitt haben, vor dem jeder Punk erblassen würde. Dies ist dann das Werk eines Wunderheilers, der den Kopf bis auf ein paar Haarbüschel rasiert und dem Kind einen Talisman um den Hals hängt, wodurch es gegen Krankheiten und den bösen Fluch geschützt wird.

Auf die **Astrologie** wird blindlings vertraut. Vor wichtigen Entscheidungen im Leben eines Khmer werden, vom Bettler genauso wie von der Königsfamilie, die Sterne befragt. Ihre Deutung wird rationalen Argumenten meist vorgezogen.

Keineswegs ungewöhnlich ist auch der regelmäßige Besuch der Kambodschaner bei einem **Wahrsager.** Überall sind sie in kleinen Gassen, Hinterhöfen oder in den Pagoden anzutreffen. Ihre Hochburg in der Hauptstadt ist die Parkanlage am Fuße der Wat Phnom. Durch Kartenlegen oder Aus-der-Hand-lesen gibt es auf nahezu jedes Problem eine Antwort, und mit einem Blick in die Zukunft kann sich jeder auf sein Schicksal vorbereiten. Gefürchtet sind die Menschen, die sich auf schwarze Magie *(chru cham)* verstehen. Ihre Klientel besteht hauptsächlich aus Menschen, die an unerklärlichen Krankheiten leiden und auf Erlösung von bösen Zaubern hoffen.

Das *kum,* eine verbreitete Art der **Rache,** hat schon viel Leid in Kambodscha verbreitet. Ein zutiefst gekränkter Khmer kann sich häufig wegen der Angst, sein Gesicht in der Öffentlichkeit zu verlieren, nicht sofort rächen. Er frisst die Wut und den Hass auf die Person, die ihm etwas angetan hat, tief in sich hinein, ohne jemals die Bloßstellung oder den Schmerz zu vergessen. Oft wartet er jahrelang auf einen günstigen Moment, sich grausam zu rächen.

Ein Khmer liebt sein **Auto** über alles. Da Garagen in der Stadt nicht existieren, wird das Fahrzeug aus Angst vor Diebstahl in der Nacht im Wohnzimmer der Familie geparkt – soweit es hineinpasst!

Eine wirklich ärgerliche Eigenschaft der Kambodschaner ist ihr praktisch **nicht vorhandenes Umweltbewusstsein.** Egal wo sie sich befinden, Abfall wird, mit Ausnahme ihrer eigenen Wohnung, sofort an Ort und Stelle entsorgt, d.h. alles wird dort fallen gelassen, wo man gerade steht – ob im Restaurant, im Auto oder vor der Haustür. Am schlimmsten ist es in der freien Natur an wunderschönen Orten, wo die Khmer mit Vorliebe Picknick machen. Dort ist alles, besonders nach einem Festtag, mit Plastiktüten, Styropor, Glasscherben und vermoderndem Kompost übersät.

Verhaltenstipps

Jeder Reisende sollte sich verpflichtet fühlen, sich mit dem angemessenen Verhalten im Land vertraut machen. Nur wenn wir die Sitten und Traditionen des Gastgeberlandes respektieren, kann Tourismus in einem Drittweltland weiterhin gerechtfertigt werden.

Verhalten in der Öffentlichkeit

- Freundliches und bescheidenes Auftreten wird von Einheimischen und Ausländern generell erwartet.
- Die kambodschanische Gesellschaftsordnung basiert auf Respekt gegenüber Älteren.
- Lautes Sprechen oder Schreien wie jegliche Art von emotionaler Überreaktion gilt als unpassendes und unhöfliches Verhalten.
- Frauen sollten keine extrem kurzen Hosen, Bodies oder schulterfreie Oberbekleidung außerhalb der touristischen Gegenden tragen.
- Khmer achten extrem auf ein gepflegtes Äußeres. Sie verachten heruntergekommene Ausländer, auch wenn sie es nie wagen würden, dies zu äußern.
- Nacktbaden verstößt gegen die guten Sitten. Das Baden in der Unterhose ist bei Männern üblich.
- Küssen und der Austausch von Zärtlichkeiten zwischen den Geschlechtern ist in der Öffentlichkeit nicht akzeptabel. Männer (auch Soldaten) oder Frauen, die Hand in Hand gehen, erregen kein Aufsehen. Es ist ein Beweis von Freundschaft, kein Zeichen von Homosexualität.
- Beim Betreten eines Hauses wie auch einer einfachen Hütte werden die Schuhe an der Türschwelle ausgezogen.
- Jeder Tourist, der aus Vietnam kommt, sollte wissen, dass die Khmer die Vietnamesen nicht leiden können (siehe Kapitel „Geschichte“). Deshalb ist es kein sonderlich einfühlsames Verhalten, wenn ein Ausländer stolz mit einem T-Shirt aus diesem Land in Kambodscha umherläuft.
- Zum Verhalten in Pagoden oder gegenüber Mönchen siehe Kapitel „Buddhismus in Kambodscha/Die Wat“.

Verantwortliches Handeln

- Wer Batterien und anderen leicht transportierbaren **Problemmüll** wieder mit nach Hause nimmt und dort entsorgt, beweist Mitverantwortung für die Probleme seines Reiselandes, wo diese Dinge oftmals nicht sachgemäß entsorgt werden und auf der nächsten Müllkippe landen.
- **Plastiktüten, Plastikbecher und Styroporteller** sind weltweit ein Riesenproblem – auch in Kambodscha, wo es für jeden Kaugummi eine Plastiktüte gibt, ein Becher aus Plastik praktischer scheint, da man ihn nicht abwaschen muss, sondern gleich wegwerfen kann,

und Take-Away-Food in Styropor und zusätzlich noch in einer Plastiktüte mit verschiedenen Saucen, auch wieder in kleinen Plastiksäckchen abgefüllt, transportiert wird. Das meiste landet auf wilden Müllhalden oder direkt in der Natur. Die Probleme sind hinlänglich bekannt. Als Tourist können wir sie zwar nicht lösen, aber vielleicht verstärkt darauf achten, Plastiktüten zu verweigern und uns Kaffee nicht im Plastikbecher servieren zu lassen.

- **Elektrizität** in Kambodscha ist knapp und teuer. Beim Verlassen des Raumes sollte stets darauf geachtet werden, dass Licht, Ventilator und besonders die stromfressende Klimaanlage ausgeschaltet sind.
- **Handeln** gehört auf den Märkten zum üblichen Verhalten. Gnadenloses Feilschen um den Preis ist jedoch eine Form von Ausbeutung.
- Es sollte für jeden selbstverständlich sein, dass **keine Originale** aus Tempeln oder lebende bzw. ausgestopfte Tiere gekauft werden.

Körpersprache

Begrüßung

Die höfliche Form der Begrüßung ist der *sompiah*. Hierbei werden die Handflächen etwa zwischen Brust und Kinn aneinander gelegt. Bei dezentem Blick nach unten wird der Oberkörper leicht nach vorne gebeugt. Je höher die Hände gehalten werden und je tiefer die Verbeugung, desto größer ist der Respekt, den man seinem Gegenüber zollt. Sozial niedriger gestellte und jüngere Personen machen den ersten Schritt bei einer Begrüßung. Niemals mit einem *sompiah* begrüßt werden Kinder, Hausangestellte, Bedienungen oder Taxifahrer. Mönche, gleich welchen Alters, werden mit einer tiefen Verbeugung beim *sompiah* geehrt, was einem tiefen Respekt gegenüber Buddha gleichkommt. Mönche grüßen niemals zurück.

Die meisten Kambodschaner begrüßen einen Ausländer mit Handschlag. Doch gilt es als höflich, den traditionellen Gruß zumindest anzudeuten und anschließend erst die Hände zu schütteln.

Khmer-Lächeln

Das Lächeln der Khmer hat zwei Bedeutungen. Das eine drückt Freude und Vergnügen aus, das andere Verlegenheit und Schuldgefühl. Selbst wenn Kambodschaner über den Tod ihrer Familie unter *Pol Pot* erzählen, kann es sein, dass sie dabei lachen. In vielen Fällen stellt das Lächeln ein Schutzschild dar, hinter dem man seine Emotionen verstecken kann, ohne dabei sein Gesicht zu verlieren.

In welche Situation ein Reisender auch immer geraten mag, ein strahlendes Lächeln macht ihn beliebt und hilft in jeder Lage weiter.

Gesten

- Es gilt als äußerst unhöflich, mit dem Finger auf Leute in der Nähe zu zeigen oder wenn die nackten Fußsohlen auf jemand anderen deuten. Ein extremer Verstoß gegen den Anstand ist dies im Fall eines Mönches oder einer Buddhafigur.

■ Das Berühren des Kopfes einer anderen Person wird als grobes Verhalten angesehen. Das Streicheln über das Haar eines Kindes erregt kein Missfallen, wenn die freundliche Absicht unverkennbar ist.

■ Wer jemanden zu sich herwinken möchte, der sollte dies nicht wie bei uns üblich mit den Fingern nach oben, sondern genau umgekehrt, mit den Fingern nach unten und der Handfläche nach innen tun.

■ Eine höfliche Geste, besonders beim Überreichen von Gegenständen an höher gestellte Personen, ist die Übergabe mit der rechten Hand. Dabei wird der Ellenbogen des rechten Armes von der linken Hand geführt.

■ Als große Ungezogenheit wird es angesehen, wenn man sich im Restaurant auf einen Tisch setzt oder gar die Füße darauf legt.

Leben auf dem Land

Über 70 Prozent der Kambodschaner leben von der Landwirtschaft. Nur wenige Bauern können sich Maschinen leisten, die ihnen ihre schwere körperliche Arbeit erleichtern und die Anbauweise produktiver machen könnten. Familienmitglieder sowie Kühe und Wasserbüffel sind deshalb die wichtigsten Arbeitskräfte auf den Feldern.

Das bedeutendste Produkt ist der **Reis.** Je nach Bewässerungsmöglichkeit wird ein- bis dreimal im Jahr geerntet, während der Regenzeit, der Trockenzeit und manchmal noch im Oktober. In kleinen Beeten werden die Setzlinge gezogen und anschließend auf die überfluteten Felder umgepflanzt. Die Khmer unterscheiden exakt nach Geschmack, Qualität und Herkunft des Reises. Am besten und beliebtesten, aber auch am teuersten ist er aus der Provinz Battambang. Die schmackhaftesten Reissorten sind *Phka kegney, Somaly* und *Chhma prum.* Die Arbeit auf dem Feld ist nach körperlicher Belastung zwischen den Geschlechtern aufgeteilt. Während die Frauen für das Pflanzen und Ernten zuständig sind, kommen die Männer beim Pflügen und Tragen schwerer Lasten zum Einsatz. Die Kinder stehen ihren Eltern je nach Alter und Kraft bei der Arbeit zur Seite. Neben dem wirtschaftlichen Nutzen ist der Reis auch Architekt und Farbkomponist der Landschaft. Die schachbrettartige Aufteilung des Bodens und die Farbtöne sind am besten vom Flugzeug aus zu sehen. Graubraun und unwirtlich liegen die brachen Felder am Ende der Trockenzeit (April, Mai) da, während sie nach Einsetzen des Monsuns von saftigem Grün überzogen werden und vor der Erntezeit goldgelb in der Sonne blinken.

Neben dem Reis werden je nach Jahreszeit andere **Feldfrüchte** wie beispielsweise Süßkartoffeln, Maniok, Bohnen, Zuckerrohr und Mais für den Eigenbedarf und zum Verkauf auf dem Markt angebaut.

Um jede Hütte werden **Obstbäume** wie Palmen, Mango, Jackfrüchte, Bananen und Papayas für den Eigenbedarf angepflanzt. In Battambang wird die sogenannte Pursatorange angebaut, die seltsamerweise den Namen der angrenzenden Provinz trägt. Auch in anderen

Regionen Kambodschas gibt es Orangen, doch die Khmer behaupten, dass sich im Geschmack keine mit denen aus Battambang messen kann.

Des Weiteren wird der **Lebensunterhalt** mit einigen Kühen, Wasserbüffeln, Schweinen, Enten und Hühnern bestritten, die um das Haus herum gehalten werden. Auch die prachtvollen Blumen, die viele Gärten schmücken, werden, wenn Geld benötigt wird, geschnitten und verkauft. Da während der Trockenzeit auf den Feldern nur wenig zu tun ist, gehen die Bauern, die an einem großen Fluss leben, in dieser Zeit zum Fischen. In der Provinz Svay Rieng schneiden die Bauern eine besonders kräftige und lange Grassorte, aus der sie Matten weben, die als Dachauflage Verwendung finden.

In den Provinzen Takeo, Kandal, Kompong Speu, Kompong Cham und Kompong Chhnang wachsen viele **Zuckerpalmen,** die als Nahrungsmittel und Rohstoffspender eine wichtige Rolle für die Menschen spielen. Die Früchte, ob reif oder unreif, werden für Desserts und Kuchen verwendet. Aus dem Stamm entstehen Boote und das Grundgerüst für die Hütten. Die robusten Blätter finden als Dach oder Hüttenwand Verwendung, während aus dem Blattstiel Seile gedreht werden. Ein berauschendes Getränk *(toek thnaot)* wird aus den Blüten der Zuckerpalme gewonnen (siehe Essen). Als „Wein der Armen" wird er in Bambusköchern verkauft und erfreut sich unter der Landbevölkerung großer Beliebtheit.

Einem Bericht der Weltbank zufolge, sind im letzten Jahrzehnt die Erträge in der Landwirtschaft in Kambodscha jährlich im Durchschnitt um stattliche 5 % gewachsen. Vor allem profitierten die Bauern von effektiveren Anbaumethoden und hohen Reispreisen.

110ka_19 an

Kleidung

Das traditionelle Kleidungsstück und fast schon eine Art Wahrzeichen des Volkes der Khmer ist der **Krama.** Es handelt sich dabei um ein meist rot- oder blau-kariertes Baumwolltuch, das jeder Kambodschaner besitzt und fast immer bei sich hat, da es vielfältig verwendbar ist. Es dient als Kopfbedeckung gegen Sonne und Staub oder als Zwischenschicht beim Tragen schwerer Lasten auf dem Kopf. Es findet als Schneuztuch genauso Verwendung wie zum Abwischen des Schweißes oder der verschmierten Münder der Kinder. Geschickt binden es Frauen und Männer beim Baden als Sichtschutz um den Körper. In den eigenen vier Wänden tragen ihn die Männer um die Hüfte gewickelt, über der Unterhose oder den Shorts. Auch als Tragetuch für Gegenstände aller Art und Kleinkinder kann er benutzt werden. Unter *Pol Pot* war der *Krama* ein fester Bestandteil der Uniform der Soldaten.

Zu Hause tragen die Frauen den **Sarong,** der ebenfalls um die Hüfte gewickelt wird. Hierbei handelt es sich um ein langes, buntes Baumwolltuch mit verschiedenen Mustern und Blumen, das den Frauen bis zu den Knöcheln reicht. Auch für die Männer gibt es einen *Sarong,* den *Sarong Sot,* der jedoch aus Seide gewebt ist. Er wird von den Männern im Vergleich zum *Krama* wesentlich seltener getragen.

Zu besonderen Festlichkeiten gehen die Frauen entweder mit einem **Houl** oder einem **Phamung.** Beide haben in etwa den Schnitt eines Sarong, sind aber aus Seide. Der *Houl* zeichnet sich durch seine Buntheit und die vielen eingewobenen Blumenmuster aus, während der *Phamung* einfarbig und manchmal am Saum mit einer Borte abgesetzt ist.

Die **Arbeitskleidung** der Frauen im Büro besteht aus einfarbigen blauen, grauen oder grünen Röcken, zu denen sie weiße Blusen tragen. Die Männer tragen graue Stoffhosen und helle Hemden.

◁ Auf der Heimfahrt von der Obsternte

Die Rolle der Frau in Kambodscha

Die Frau in der Gesellschaft

Die Frauen in Kambodscha sind durch über 20 Jahre Bürgerkrieg, der vielen Männern das Leben kostete, zur schweigenden Mehrheit in einer patriarchalisch strukturierten Gesellschaft geworden. Dennoch spielen sie in den meisten Bereichen des **öffentlichen Lebens** die Hauptrolle. Am ersten Tag der Wahlen im Mai 1993 bildeten sich, trotz Drohungen der Roten Khmer, lange Schlangen vor den Wahllokalen, in denen überwiegend furchtlose Frauen standen, die sich bei ihrem Engagement für eine friedliche Zukunft nicht einschüchtern ließen.

633ka an

Die wichtigste Aufbauarbeit für Kambodscha leisteten die Frauen, nachdem die Roten Khmer 1979 von den Vietnamesen vertrieben waren. Das Land der Khmer war zum Land der Witwen geworden, die vor einem Scherbenhaufen standen. Die meisten Familienmitglieder ermordet, die Hütten, landwirtschaftlichen Geräte und das Geschirr zerstört und die Nutztiere von der hungrigen Bevölkerung geschlachtet, begannen sie am Punkt Null mit einer neuen Existenzgründung.

Trotz der bedeutenden Rolle der Frau in der kambodschanischen Gesellschaft hat sich die **Einstellung gegenüber dem weiblichen Geschlecht** seit Jahrhunderten nicht geändert. Die Mädchen werden immer noch mit einem Wollknäuel und die Jungen mit einem Diamanten verglichen. Der entscheidende Unterschied aus der Sichtweise der Khmer liegt darin, dass ein Diamant, wenn er in den Dreck fällt, sich leicht wieder reinigen lässt ...

Zumindestens in der neuen **Verfassung** wird die Rolle der Frau gestärkt, und ihr werden die gleichen Rechte wie dem Mann eingeräumt:

Artikel 36:

- Khmer-Staatsbürger beiderlei Geschlechts haben vor dem Gesetz das Recht, gleichen Lohn für gleiche Arbeit zu erhalten.
- Die Hausfrauenarbeit hat den gleichen Wert wie Einkommen durch die Arbeit außerhalb des Hauses.

Artikel 45:

- Jede Art der Diskriminierung von Frauen ist verboten.
- Jede Ausbeutung der Arbeit von Frauen ist verboten.
- Mann und Frau haben in allen Lebensbereichen gleiche Rechte, insbesondere bei der Eheschließung und in der Familie.

630ka an

Artikel 46:

- Verboten ist die Kündigung des Arbeitsverhältnisses wegen Schwangerschaft.
- Staat und Gesellschaft richten ihr Augenmerk auf die Förderung der Frauen, insbesondere der auf dem Land lebenden sowie der alleinstehenden, und gewähren ihnen Unterstützung im Hinblick auf die Ausübung eines Berufes, für Möglichkeiten der medizinischen Betreuung und des Schulbesuches ihrer Kinder sowie für angemessene Lebensbedingungen.

Es gehört nicht viel Fantasie dazu, um zu begreifen, dass die Realität in Kambodscha dem hier formulierten Anspruch, der selbst in westlichen Demokratien noch nicht verwirklicht wurde, weit hinterherhinkt.

Als eine Folge des Frauenüberschusses ist die **Polygamie** weit verbreitet. Obwohl illegal, ist es für eine Frau aufgrund finanzieller Probleme und sozialem Druck einfacher, sich mit einer zweiten Frau einen Ehemann zu teilen, als alleine zu bleiben. Das beste Vorbild ist das Königshaus, wo die Polygamie traditionell auch von König Sihanouk gepflegt wurde.

Scheidungen sind zwar vom Gesetzgeber her möglich, doch gesellschaftlich nicht akzeptiert. Aus Angst, zusammen mit ihren Kindern ohne jegliche finanzielle Absicherung und in sozialer Ächtung zu leben, haben viele Frauen keine andere Wahl, als trotz Missbrauchs und Ausbeutung bei ihren Ehemännern zu bleiben.

Mehr als zehn nationale und internationale **Frauenverbände** haben sich in Phnom Penh niedergelassen, von wo aus sie Gemeindearbeit auf dem Land organisieren, Öffentlichkeitsarbeit betreiben und bei den Ministerien auf die Probleme aufmerksam machen, mit denen Frauen im täglichen Leben konfrontiert sind. Zu den ältesten kambodschanischen NGOs (Non Government Organisations) gehört *Khemara*. Neben dem Engagement für die Rechte der Frau unterstützen und organisieren die Mitglieder Ausbildungsprogramme in der Stadt und auf dem Land. Ihr Ziel ist es, die Frauen fortzubilden, damit sie Führungsrollen auf Gemeindeebene und in der Politik übernehmen können.

Die Frau in der Familie

Gemäß den Traditionen ist der Mann das Oberhaupt der Familie. Von der Frau wird Loyalität und Unterwürfigkeit verlangt.

Doch zeigt die Realität, dass die kambodschanische Frau, im Vergleich zu anderen asiatischen Ländern, über ein großes Maß an Autorität und Recht zur Mitbestimmung innerhalb der Familie verfügt. Sie hat einen bedeutenden Einfluss bei finanziellen, häuslichen und die Erziehung betreffenden Entscheidungen. Die Zukunftspläne der Kinder werden überwiegend von ihr gestaltet. Eine der wichtigsten Aufgaben der kambodschanischen Mutter liegt darin, ein harmonisches häusliches Umfeld zu schaffen, die Familie zusammenzuhalten und bei Konflikten die Initiative für eine Lösung zu ergreifen.

[<] Trotz Gleichstellung der Frauen durch die Verfassung bleibt die kambodschanische Gesellschaft streng patriarchalisch strukturiert

Architektur

Bauweise in der Stadt

Das Zentrum von Phnom Penh sowie die Stadtkerne der größeren Städte bestehen aus soliden Betonbauten. In Phnom Penh beginnt, wie in anderen asiatischen Städten, eine markante Skyline aus Wolkenkratzern zu entstehen. Am Stadtrand stehen prächtige Villen in schönen Gärten, die oft noch aus Holz gebaut sind. Die ärmeren Bevölkerungsschichten wohnen in einfachen Hütten aus Holz und Bambus vor den Toren der Städte.

Die drei- bis fünfstöckigen **Wohnblocks** wurden in den 1950er und 1960er Jahren von den seit mehreren Jahrhunderten im Land lebenden chinesischen Geschäftsleuten erbaut. Unter *Pol Pot* waren sie unbewohnt, und erst 1979, als die Menschen wieder in die Städte zurück kamen, wurden sie von der Bevölkerung (nicht den ursprünglichen Besitzern) wieder bezogen. Die Bausubstanz und die sanitären und elektrischen Einrichtungen befinden sich immer noch in einem desolaten Zustand. Die meisten dieser Wohnblocks verfügen nur im Erdgeschoss über Toiletten und fließend Wasser. Viel zu viele Menschen sind unter diesen schwierigen hygienischen Verhältnissen zusammengepfercht, und aus Platzmangel entstehen manchmal die ersten Slumsiedlungen auf den Dächern dieser Häuser.

Um den Stadtkern (besonders auffällig in Phnom Penh) ist der französische Einfluss unübersehbar. Hier stehen prachtvolle Villen, die zwischen 1920 und 1950 in der als **französischer Kolonialstil** bekannt gewordenen Art-déco-Architektur errichtet wurden. Viele wurden reno-

632ka an

viert und heben sich durch ihre luxuriösen Fassaden von den lieblosen Neubauten in der Nachbarschaft ab. Auch der Central Market in Phnom Penh wurde im Art-déco-Stil errichtet. Der herausragendste Architekt Kambodschas ist *Vann Molyvann*, der zahlreiche bekannte Gebäude in Phnom Penh gebaut hat (siehe auch Kapitel „Phnom Penh“).

Bauweise auf dem Land

Auch wenn die Menschen in der Stadt meist reicher sind als die Landbevölkerung, machen die **Bambushütten** in den Dörfern einen saubereren, ja geradezu idyllischen Eindruck im Vergleich zu den verwahrlosten und überbevölkerten Betonklötzen der Städte. Jedes Haus steht wegen des Ungeziefers und der Überschwemmungen in der Regenzeit auf Holz- oder Betonstelzen. Je höher diese sind, desto reicher ist der Besitzer. Durch diese Bauweise entsteht unter dem Gebäude ein Platz, wo sich die Haustiere nachts aufhalten und wo landwirtschaftliche Geräte wie Pflug, Mühle oder Fischreusen verstaut werden. Auch Fahrrad und Moped haben dort ihren Parkplatz. Tagsüber werden an diesem schattigen Platz die anfallenden Handarbeiten (Körbeflechten, Weben, Netze reparieren etc.) erledigt.

Von außen führt eine Treppe zum **Wohngebäude** hinauf. Am Fuß der Treppe müssen die Schuhe ausgezogen werden. Das Haus besteht aus einem großen Raum, einer Art Stube, in der auf dem Boden Platz genommen wird. Auf geflochtenen Matten, die auf dem Holzboden ausgebreitet werden, schlafen hier die Kinder, die Verwandtschaft und der Besuch. Davon abgetrennt ist das Elternschlafzimmer und die Küche. Die Außenwände der Wohnung sind aus geflochtenen Gras- oder Palmenmatten. Reichere Bauern haben ein zwei- bis dreigiebliges Ziegeldach, während das der ärmeren mit Schilf oder Gras gedeckt ist. Durch die leichten, luftdurchlässigen Materialien und den offenen Giebel herrschen auch tagsüber angenehme Temperaturen im Haus.

Jedes Gebäude ist von einem kleinen **Garten** mit schattenspendenden Obstbäumen umgeben. Nicht selten gibt es auch einen kleinen Teich vor dem Haus, auf dem Enten schwimmen und Lotos oder Seerosen wachsen. Ist dieser während der Trockenzeit ohne Wasser, wird Reis oder Gemüse auf dem Grund angebaut.

Literatur

Die **traditionelle Khmer-Literatur** ist eine Verknüpfung von Unterhaltungswert und erzieherischen Inhalten. In Form von seit Jahrhunderten überlieferten **Märchen** und **Fabeln** dienen alte Erzählungen der Weitergabe von gesellschaftlichen Werten und Normen an nachrückende Generationen. Die erzie-

„Stelzen“-Architektur auf dem Land

Der tapfere Kong

Kong war ein sehr durchschnittlicher Mann, der in einem Dorf lebte, das von einem riesigen Krokodil bedroht wurde. Die Bewohner hatten große Angst, gefressen zu werden und fragten Kong, ob er sie nicht vor dem sicheren Tod retten könnte. Die Angst, sein Gesicht zu verlieren, war größer als die Angst vor dem Ungeheuer, weshalb er sich als Retter zu Verfügung stellte. Da er sich jedoch davor fürchtete, mit dem Ungeheuer zu kämpfen, sah er keinen anderen Ausweg aus seiner prekären Situation, als Selbstmord zu begehen. Als er dabei in den Fluss sprang, landete er zufällig auf dem Krokodil, das vor Schreck aus dem Wasser sprang und sich in den Zweigen der Bäume, die über dem Wasser hingen, strangulierte. Als die Menschen vom Tod des Krokodils erfuhren, machten sie ein großes Fest und feierten den Heldenmut von *Kong*.

Als der König von dieser Tat erfuhr, ließ er *Kong* an seinen Hof bringen. Da ein großes Heer von Feinden sein Reich bedrohte, forderte er den tapferen Mann auf, ihm zu helfen. Wiederum wagte *Kong* es nicht, dem Wunsch des Königs zu widersprechen, obwohl er sich sicher war, diesmal sein Leben zu verlieren. Angsterfüllt bestieg er seinen Elefanten und ritt los. Als er das Schlachtfeld sah, machte er vor Angst in die Hose. Erschrocken von der warmen Brühe, die über seinen Rücken hinunterlief, begann der Elefant, geradewegs auf den Feind zuzurennen. Als die Feinde nun *Kong* auf dem Elefanten so tapfer auf sich zurasen sahen, bekamen sie Angst und flüchteten.

Zum Dank dafür machte der König *Kong* zum General seiner Armee, und von seinen Heldentaten wurde noch lange Zeit erzählt.

Der einfache Fischer

In einem Dorf lebte einst ein Ehepaar mit seinem Sohn. Eines Tages ging der Mann zum Fischen. Als er sein Netz auswarf, sank es tief auf den Grund des Sees, wo es sich an einem Baumstumpf verhakte. Da er dachte, es handle sich um einen riesigen Fisch, schickte er den Sohn ins Dorf zu seiner Frau mit der Anweisung, sie solle mit den Nachbarn einen Anlass zum Streiten suchen. Er hatte nämlich Angst, dass, wenn er mit seinem Fang nach Hause käme, das ganze Dorf von seinem Fisch etwas abhaben wolle.

Um den vermeintlich riesigen Fisch ins Boot zu bringen, stieg er selber ins Wasser und tauchte auf den Grund des Sees hinab, wo er feststellen musste, dass dort nur ein toter Baumstamm lag. Unglücklicherweise verletzte er seine Augen an einem abstehenden Ast, sodass er erblindete. Sein Sohn nahm ihn bei der Hand und führte ihn ins Dorf. Da alle Nachbarn über die streitsüchtige Frau verärgert waren, kam niemand zu Besuch oder bot Hilfe an.

herischen Botschaften dieser Märchen handeln von Hilfsbereitschaft, Gemeinschaftsgefühl und friedlicher Konfliktlösung. Auch die Geschichte des Landes wird in Märchen und Legenden weitergegeben, und manch unverständlicher Name von Bergen oder Plätzen wird auf diese Weise erklärt.

Eine bekannte Geschichte heißt **„Der einfache Fischer“** (siehe oben).

In vielen Geschichten sind die Helden große Krieger, die sich mit Kraft und Mut gegen den Feind in endlosen Schlachten mit vielen Toten durchsetzen. Auch die Vorbilder in den Epen und Erzählungen sind meist blutrünstige Herrscher, deren Macht und Ansehen auf den zahlreichen getöteten Feinden beruht. Die erzieherische Literatur ist voll mit Anspielungen auf die Hilflosigkeit des einzelnen und die Notwendigkeit, Machtstrukturen so zu akzeptieren, wie sie sind.

Die immer gern erzählte **Geschichte vom tapferen Kong** zeigt eine typische Schwäche im Verhalten der kambodschanischen Gesellschaft auf. Wie in der Realität häufig anzutreffen, glauben auch hier die Menschen in Ermangelung einer klaren Analyse der Umstände an ihren selbstgeschaffenen, aber falschen Helden. Da das Märchen diese Schwäche aufzeigt, gilt es als eines der wenigen Beispiele für kritische Erzählungen (siehe Kasten links).

Eine **moderne Literatur** entstand in der Zeit unter *Sihanouk* und *Lon Nol*. Die meisten der Schriftsteller sind bereits gestorben oder leben als Greise im Ausland. Ihre Bücher werden unterteilt in sozialistische und in kapitalistische Literatur. Die Vietnamesen machten die sozialistischen Schriftsteller zur Pflichtlektüre an den Schulen. Selbst heute gehören die Bücher von *Im Thoc, Doenk Om* oder *Sonn Sarim* noch zu den Standardwerken des Khmerunterrichtes.

Die Schriftsteller *Nou Haeh, Rim Kin* und *Nhok Thim,* später als kapitalistische Schmierfinken verschrien, verfassten unter *Sihanouk* Belletristik, Romane und politische Werke.

Eine neue Literaturszene hat sich bis heute noch nicht etablieren können.

Tanz, Theater und Musik

Die traditionelle Kunst, die sich in Tanz, Theater, Musik und Zirkus ausdrückt, wurzelt im Buddhismus, in der Angkor-Periode, in alten Legenden sowie in der täglichen Arbeit der Bauern. In diesen Ausdrucksformen spiegelt sich die nationale Identität der Khmer wider. Seit dem Untergang des Angkor-Reiches haben jedoch weder neue Stilmittel noch neue Inhalte oder gar kulturelle Veränderungen Einlass in diese Kunstformen gefunden.

Tanz

Es wird zwischen drei verschiedenen Tänzen unterschieden.

Klassischer Tanz, Königliches Ballett

Einst diente seine Vorführung nur der Unterhaltung der königlichen Familie. Heute avanciert er zum Markenzeichen Kambodschas und zur kulturellen Touristenattraktion.

Die **Ausbildung** zu einer klassischen Tänzerin dauert viele Jahre (s. Kapitel „Phnom Penh, *L'Ecole des Beaux Arts*"). Es sind über 3500 verschiedene, oftmals nur für das geschulte Auge zu unterscheidende Bewegungen zu erlernen, von denen jede eine eigene Bedeutung hat. Diese Körperausdrucksformen sind Anleihen aus der Natur oder dem täglichen Leben und haben eine tiefgründige Symbolik. Der gesamte Zyklus einer Wachstumsperiode vom Keimen der Pflanze zum Erscheinen der Blätter über das Aufgehen der Blüte bis hin zum Heranreifen der Frucht kann von einer Tänzerin detailgetreu, mit nur einer Hand dargestellt werden.

Im Gegensatz zum Unterricht der Kinder in der *L'Ecole des Beaux Arts* wirken die Vorführungen der ausgelernten Tänzerinnen, abgesehen von ihren wunderschönen Kostümen und Masken, eher langweilig und langatmig.

Die **Wurzeln** des klassischen Khmer-Tanzes reichen bis in die Funanzeit zurück. Die vielen Abbildungen von *Apsaras* im Tempel von Angkor Wat beweisen, dass seine kulturelle Blüte im 10. bis 12. Jahrhundert war.

Die **Inhalte** der klassischen Tanzdramen handeln oft von Prinzessinnen in qualvoller Not, Kriegshelden und Sklaven, Riesen und mysteriösen Kreaturen. Die Schwächen der Menschen werden dadurch erklärt, dass sie Spielbälle übernatürlicher Kräfte sind. Die wichtigsten Charaktere des königlichen Balletts sind Prinzen, Prinzessinnen, Ungeheuer und Affen.

Im bekanntesten klassischen Tanz, dem **Apsaratanz,** wird die Legende von der Entstehung des Landes Kambodscha erzählt.

Folkloristischer Tanz

Seine Entstehung liegt in der Mystik, im Naturglauben und im Alltagsleben der Bauern. Es sind häufig rituelle Tänze, die mit zeremoniellen Handlungen einhergehen, wobei meist um Regen oder eine gute Ernte gebeten wird. Diese Tänze sind wesentlich lebhafter als der klassische Tanz.

Sehr beliebt ist der **Reiserntetanz.** Er beschreibt die Freude des Bauern, der, nach Monaten harter Arbeit bei strömendem Regen und unter glühender Sonne, seine Ernte einbringt, um seine Familie zu ernähren.

Der **Kardamomtanz** kommt aus dem Westen Kambodschas, aus der Gegend um Pursat. Er symbolisiert das tägliche Leben der Bauern, die ihre Reisfelder bestellen, Obst ernten und Kardamom, eine Frucht, aus der Heiltee gekocht wird, auflesen.

Volkstanz

Diese Tänze werden von den Khmer nach getaner Arbeit zur Erholung und zum Spaß auf Veranstaltungen, Festen und in den Discos getanzt. Einer der beliebtesten Volkstänze ist der *Ram Vong,* der mit großer Begeisterung von jung und alt auf Hochzeiten und zwischen Walzer und Rock'n'Roll in den Discos getanzt wird und immer wieder Massen auf die Tanzfläche bringt. Dabei tanzt jeder einzeln, gegen den Uhrzeigersinn, im Kreis. Die Arme werden dabei seitlich hochgehalten und die Hände, in Anlehnung an den Tanz der *Apsaras,* im Takt der Musik hin und her gedreht.

Theater

Die Tradition des kambodschanischen Theaters reicht bis in die Vor-Angkor-Periode im 6. Jahrhundert zurück. Es

Schattentheater – Sbek Touch

Das Khmer-Schattentheater besteht aus Lederfiguren, die an langen Bambusstäben geführt und bewegt werden. Die Schauspieler sprechen und singen für ihre Charaktere, während ein Erzähler die Geschichte vorträgt. Begleitet wird die Vorstellung von einem Orchester mit Perkussioninstrumenten wie Xylofone, Trommeln und Flöten.

Wahrscheinlich wurde das Schattentheater im 7. Jahrhundert von den javanischen Eroberern zu Beginn des Angkor-Reiches in Kambodscha eingeführt. Dort wurde es dann allmählich weiterentwickelt und perfektioniert, weshalb es sich von allen anderen Schattentheatern in Südostasien deutlich unterscheidet. Wie beim Apsara-Tanz verwehren sich die Khmer gegen jeden Vergleich mit ihren Nachbarn.

Unterschieden wird zwischen dem Sbek Thom (großen Schattentheater) und dem Sbek Aian (kleinen Schattentheater).

Sbek Thom

Das klassische Schattentheater hat perfekt geschnittene, zwischen 1 und 2 Meter hohe Lederfiguren, mit denen hinter einer 12 Quadratmeter großen Leinwand nur zu öffentlichen Anlässen, z.B. Wasserfest, Geburtstag des Königs gespielt wird. Die Figuren und Inhalte sind aus dem Reamker, dem Khmer Ramayana (Hinduistischer Epos). Die Figuren, Texte, Lieder und der Verlauf der Geschichte sind fest vorgegeben und dürfen nicht verändert werden. Da diese Art des Schattentheaters am stärksten in der Tradition des Königshauses und der Regierung verwurzelt ist, wurde es nach Pol Pot auch am stärksten finanziell gefördert.

Sbek Aian

Demgegenüber geriet das volkstümlich orientierte Aian fast in Vergessenheit. Dolphine, die Leiterin des Sovanna-Phum-Theaters in Phnom Penh, erweckte es wieder zum Leben. Aian entstand während der Angkor-Periode in der Battambang-Provinz. Die Vorführungen finden auf einer 1,5 x 2 m großen Leinwand statt und die Puppen sind nicht größer als 50 cm. Der große Unterschied zum Sbek Thom besteht darin, dass die Inhalte sich um Alltagsthemen, vor allem aus dem ländlichen Leben, drehen. Die Figuren und die Geschichte können je nach Intention der Schauspieler frei erfunden werden. Auch während der Vorstellung wird häufig improvisiert. Parabeln, alltägliche Konflikte sowie pädagogisch wertvolle Geschichten werden besonders gerne vorgeführt.

verbindet Legenden der einzelnen Regionen mit indischen Epen und Geschichten aus dem Theravada-Buddhismus. Sehr beliebt ist auch das Schattenspiel *(nang sbek thom).*

Das **Königliche Theater** beruht auf dem indischen Epos des *Ramayana.* In Kambodscha wurde es mit der Khmer-Tradition und ihrer Symbolik angereichert und nennt sich *Reamker.* Das *Ramayana* wurde vor 2000 Jahren in Indien niedergeschrieben. Es erzählt die Geschichte des Prinzen *Rama,* der eine Inkarnation des hinduistischen Gottes *Vishnu* ist. Von den Göttern auf die Probe gestellt, wurde der Prinz mit seiner schönen Gemahlin *Sita* und seinem Bruder *Laksman* in die Wildnis verbannt. Dort entführt *Ravana,* der König des Bösen, *Sita.* Mit Hilfe des Affengottes *Hanuman* gelingt es *Rama,* seine geliebte Gattin wieder zu befreien.

Musik

Die **klassische Khmer-Musik** wurde selten in Noten niedergeschrieben, sondern hauptsächlich direkt überliefert. Die Texte und Verse erzählen von der Liebe und vom Leben auf dem Land und haben größtenteils erzieherischen Charakter. Dieser im Volk beliebten Kunstform bemächtigten sich auch die Roten Khmer, um sie als Propagandamittel einzusetzen. Während des Bürgerkriegs wurden die alten Weisen und Melodien nicht weitergegeben, weshalb die klassische Khmer-Musik auszusterben droht. Zu hören ist die Musik heute in Pagoden oder bei religiösen Zeremonien. In unseren Ohren klingt sie jedoch schräg und bedarf einiger Gewöhnung.

Phleng pinpeat nennt sich das traditionelle Khmer-Orchester. Das *phleng khmer* begleitet magische Rituale und Hochzeitszeremonien auf dem Land. *Phleng mohori* ist nostalgische Hofmusik, die für den König gespielt wird. Das *chrieng tar* ist eine Ballade, die von Männer- und Frauenchören gesungen wird, und *ayai* eine Komödie, bei der ein Junge und ein Mädchen bis zu zwei Stunden im Duett singen.

Traditionelle Khmer-Instrumente

- *sadev* oder *pey pork* aus Tierhörnern
- *ken,* eine Art Panflöte aus Bambus
- *drow,* eine Violine
- *takeh,* eine dreiseitige Gitarre, die dem Kiefer eines Krokodiles gleicht
- *chapei,* traditionelle Khmer-Gitarre
- *ban phiad,* ein Xylofon

Der Musikalltag der Khmer ist geprägt von **schnulzigen Karaoke-Liebesliedern,** mit denen Touristen vor allem auf Busfahrten konfrontiert werden. Die einen entdecken darin interessante Gefühlswelten der Khmer, andere, wie der Autor, finden sie einfach nur grauenhaft.

Kaum zu glauben, dass bei so viel Kitsch Ende der 1960er Jahre der **Garagen-Rock,** ein eigener kambodschanischer Musikstil, die Radios, Kinos und Tanzflächen eroberte und schließlich dominierte. Unvergessene Sänger wie *Sinn Sisomouth* aber auch Musikerinnen wie *Ros Sereysothea* und *Pan Ron,* inspi-

▷ Khmer-Xylofon (ban phiad)

riert von amerikanischen Rockgrößen wie The Doors, Jimi Hendrix oder Phil Spector, vermischten den Sound mit traditioneller Khmer-Musik und Khmer-Texten, wodurch ein eigener Stil entstand. Auch der junge König *Sihanouk* war ein begeisterter Fan des **neuen Lebensgefühls,** das diese Musik nach dem Abzug der französischen Kolonialmacht verkörperte. Die Soundtracks laufen heute noch im Radio und sind auf YouTube zu sehen und zu hören. Zwei der bekanntesten Lieder sind *„Chnam Oun Dop Prum Mouy"* (Ich bin 16) und *„Oh, sneaha euy"* (Oh, Liebe). Diese Musik hat die Schreckensherrschaft der Roten Khmer, anders als die Interpreten, die als imperialistisches Sprachrohr hingerichtet wurden, überlebt.

Heute sorgen **Rockbands** wie „The Cambodian Space Project" und „Dengue Fever", eine kambodschanische Rockcombo, die in Kalifornien lebt, für neuen Schwung in der Khmer Musikszene. Auch **Punkbands** wie „The Anti Fate" oder die Girl Punk Band „Count us In" geben in Phnom Penh und Sihanouk Ville Konzerte. Wie im Westen begeistert die jüngeren Kids in Kambodscha vor allem **Hip-Hop.** Bekannt sind „KlapYaHandz" mit ihrer Khmer Hip-Hop CD „Cream oft he Crop".

629ka an

Bildungswesen

Im Vergleich zu anderen Entwicklungsländern verfügt Kambodscha über ein erstaunlich gut funktionierendes **Schulsystem.** Früher war es Aufgabe der Mönche, die Kinder in den Pagoden zu unterrichten, weshalb viele Schulen auf dem Gelände einer Wat stehen. In abgelegenen Regionen versammeln sich die Kinder immer noch in den Pagoden, um von erfahrenen Mönchen auf das Leben vorbereitet zu werden, während in den Städten die Schulen unter staatlicher Kontrolle sind. Bemerkenswert ist, dass in Kambodscha der gleiche Prozentsatz von Kindern eine Schulausbildung bekommt wie im wesentlich reicheren und höher entwickelten Thailand. Nach nur wenigen Schuljahren beherrschen die

Schüler in den Städten neben der Khmer-Schrift auch die lateinischen Buchstaben.

Das kambodschanische Schulsystem orientiert sich in etwa am französischen. Die Grundschulzeit beträgt fünf Jahre. Nach der Grundschule schließt sich das *Collège* an, das drei Jahre dauert und mit einer Abschlussprüfung endet. Der letzte Schulabschnitt ist das *Lycée*, das mit der 11. Klasse und der Hochschulreife endet.

640ka an

Das in der Verfassung verankerte Recht, das jedem Staatsbürger eine kostenlose, neunjährige Schulbildung garantiert, ist noch reines Wunschdenken. Trotz großer Erfolge im Bildungswesen fehlt es an Schulen, Unterrichtsmaterial und an finanzieller Motivation für die Lehrer. Aus Platzmangel werden die Kinder in zwei Schichten, vormittags und nachmittags, in überfüllten Klassenzimmern unterrichtet. Da ein Lehrer maximal 100 $ Gehalt im Monat bekommt, muss er sich durch Privatstunden oder durch eine andere Beschäftigung, die häufig auf Kosten des regulären Unterrichtes geht, Geld dazu verdienen, um seine Familie ernähren zu können.

Zwischen 1980 und 1990 wurde Vietnamesisch als erste und Russisch als zweite **Fremdsprache** unterrichtet. Seit 1990 stehen Französisch und Englisch auf dem Lehrplan. Doch in den staatlichen Schulen werden keine Fremdsprachen unterrichtet. Wer Englisch lernen möchte, muss für den Unterricht bezahlen. Doch dies nehmen viele Kinder und Jugendliche in Kauf, um für die Zukunft gerüstet zu sein. Für Französisch gibt es, zum Entsetzten der Grand Nation, kaum mehr Nachfrage unter den Schülern.

Bei den niedrigen Lehrergehältern ist es kein Wunder, dass bei **Prüfungen** knallharte Korruption herrscht. Jeder

Bildung ist für Kambodschas Jugend ein hart umkämpftes Gut

Schüler, der auf eine weiterführende Schule möchte, muss eine Eingangsprüfung ablegen. Jedoch entscheidet nicht die Leistung über die Aufnahme, sondern die Dollarsumme, die das Kind der Prüfungskommision zukommen lassen muss. Da diese wegen mehrerer Zeitungsberichte über solche Machenschaften seit Kurzem strenger überwacht werden, ist das bei den Khmer auch nicht gerade beliebte Leistungsprinzip auf dem Vormarsch. Doch da in Kambodscha niemand den staatlichen Institutionen vertraut, versucht man weiterhin, auf illegale Weise das Familienschicksal selber in die Hand zu nehmen. Glichen Schulen, an denen Abschlussprüfungen geschrieben werden, früher noch schwer bewachten Militäranlagen, da ein Heer von Freunden, Eltern und Verwandten versuchten, die Prüflinge mit den nötigen Informationen zu versorgen, werden die Prüfungsfragen heute per SMS über Smartphones beantwortet. Wer den Lehrer vor der Prüfung mit einer ordentlichen Dollarsumme schmiert, bekommt die Ergebnisse ebenfalls auf das Handy geschickt.

In Phnom Penh gibt es acht **Universitäten,** in denen fast alle Studienrichtungen angeboten werden. Der Haken an der Sache ist jedoch, dass nur für etwa 10 % der Bewerber ein Studienplatz zur Verfügung steht. Es bedarf nicht viel Fantasie, um sich vorstellen zu können, dass auch diese Plätze nicht nach guten Noten, sondern nach der Höhe von Bestechungsgeldern vergeben werden.

Eine Schwäche des Schulsystems ist der **Mangel an praktischer Ausbildung.** Es werden zwar Fächer wie Philosophie in der 7. Klasse unterrichtet, aber eine an den Bedürfnissen des Landes orientierte, handwerkliche Ausbildung gibt es nicht.

Schon seit einigen Jahren läuft der durch die Öffnung des Landes entfesselte Bildungsenthusiasmus Gefahr zu versiegen, da viele Schüler merken, dass sie trotz einer langen Ausbildung am Ende arbeitslos sind oder weil sie im eigenen Land nur Hungerlöhne verdienen können. Wer Englisch und Französisch spricht und dazu fit am Computer ist, hat die besten Chancen, einen gut bezahlten Arbeitsplatz zu bekommen.

Gesundheitswesen

Als die Ärzte des deutschen UN-Kontingentes 1992 nach Kambodscha kamen, waren sie schockiert über den Zustand der Krankenhäuser. Es gab keine technischen Geräte, keine ausgebildeten Ärzte, und die wenigen oft in der DDR hergestellten Medikamente konnte sich das einfache Volk nicht leisten. Mittlerweile hat sich die allgemeine Situation durch die vielen im Land tätigen Hilfsorganisationen, wie *Medicien sans Frontiere* oder *Action Nord Sud,* verbessert.

Die Löhne für kambodschanische Ärzte sind sehr niedrig. Deshalb blüht in den staatlichen Krankenhäusern die **Korruption.** Statistiken über die Zahl der behandelten Kranken werden gefälscht, um mehr Geld und Medizin von

☒ Krankenhaus in Banlung (Rattanakiri)

der Regierung zu bekommen. Die Medizin wird dann zu Schwarzmarktpreisen weiterverkauft.

Da das Honorar für einen **Arztbesuch** sehr niedrig ist, versuchen die Ärzte, ihren Verdienst durch den Verkauf von Medikamenten zu steigern, die jedem Patienten, ob notwendig oder nicht, zu überhöhten Preisen verkauft werden. Am meisten verdienen die Ärzte, wenn sie Spritzen geben, was sie bei praktisch jeder Art von Krankheit tun. Da die Nadeln oft mehrfach verwendet und nur ungenügend desinfiziert werden, vermutet man, dass hierin einer der Gründe für die rasche Verbreitung von AIDS liegt.

Bei uns selbstverständliche Leistungen des **Krankenhauses** wie Pflege, Nachbehandlung und Versorgung sind in Kambodscha unbekannt. Ein Chirurg macht seine Operation und überlässt den Patienten anschließend seinen Angehörigen. Für spätere Komplikationen fühlt er sich nicht mehr zuständig. Um Medikamente, hygienische Pflege, Essen und Kleidung muss sich die Familie kümmern, die, wenn sie von weiter her kommt, mit im Zimmer des Kranken schläft.

Die meisten Patienten leiden an Unterernährung, Magenerkrankungen, Malaria und Hautinfektionen. Viele werden nach Verkehrs- und Minenunfällen oder mit Schussverletzungen in ein Krankenhaus gebracht.

Ein gelungenes Beispiel für **private Entwicklungshilfe** ist das Kinderkran-

652ka an

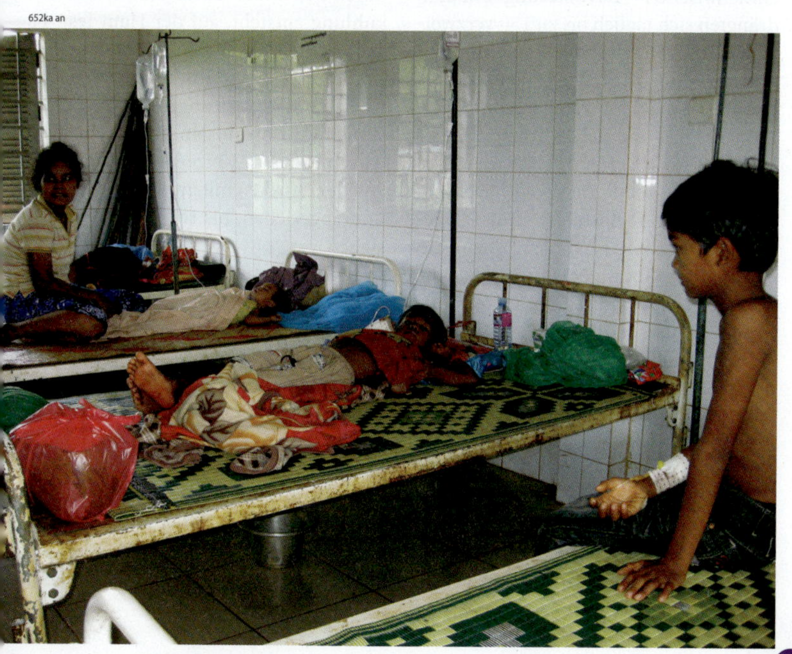

kenhaus *Kantha Bopha* in Phnom Penh und Siem Reap. Mit Spenden aus der Schweiz hat der Arzt *Dr. Richner* dieses Krankenhaus aufgebaut und behandelt alle Kinder bis 16 Jahre kostenlos. Alle einheimischen Ärzte und Krankenschwestern werden überdurchschnittlich bezahlt, um die Korruption einzudämmen. Zudem wird Pflegepersonal ausgebildet, das später in staatlichen Krankenhäusern auf dem Land eingesetzt werden soll (siehe auch die Kapitel „Gesundheit" und „Siem Reap/Sehenswertes").

Auch das deutsche *Field Hospital* hat, obwohl es nicht zu seinem Aufgabenfeld gehörte, hervorragende medizinische Entwicklungshilfe geleistet. Nachdem es sich herumgesprochen hatte, dass die deutschen Ärzte in Notfällen auch der einheimischen Bevölkerung helfen, drängten sich täglich bis zu 150 verzweifelte Menschen mit ihren kranken Angehörigen vor den Türen. Die deutsche Regierung spendete umgerechnet ca. 250.000 Euro und sieben Tonnen Medikamente für die Kambodschaner. Des weiteren wurden im *Field Hospital* Khmer-Ärzte fortgebildet und Pflegepersonal geschult. Nach dem Abzug des deutschen Kontingents wurden die hochwertigen technischen Geräte an die Krankenhäuser in Phnom Penh verteilt.

Durch fehlende medizinische Einrichtungen und den Mangel an Geld ist die **traditionelle Medizin** für den Großteil der Khmer immer noch die einzige Hoffnung im Krankheitsfall. Zufluchtsstätte sind seit Jahrhunderten die Pagoden, in denen mit Kräutern, Segnungen und religiösen Zeremonien geheilt wird. Hierzu gehören gesungene *Pali*-Verse und geheiligtes Wasser genauso wie geheime Inschriften in den Blättern des Betelbaums, die auf die erkrankten Stellen gelegt werden. Da viele Menschen an Geister, schwarze Magie und übernatürliche Kräfte glauben, spielen die Schamanen *(kruh khmer)* für die Einheimischen eine ebenso wichtige Rolle wie die Schulmedizin. Mit Tatoos und Amuletten, die sich der Kranke um die Hüfte und den Hals hängt, versuchen sie, die Krankheit zu vertreiben.

Wer jemandem mit roten, runden Flecken am Körper begegnet, muss nicht unbedingt befürchten, dass da ein Aussätziger vor ihm steht. Es handelt sich lediglich um die Nachwirkungen einer **Schröpfkur,** die früher auch in Deutschland/Europa häufig angewendet wurde. Glasgefäße mit erhitzter Luft werden auf dem Rücken angesetzt und saugen sich durch den Unterdruck, der bei der Abkühlung entsteht, auf der Haut fest. Es soll gegen Fieber und Schmerzen helfen. Bei Kopfschmerzen werden bis zu drei Gefäße an der Stirn angesetzt. Gegen allgemeines Unwohlsein und Schwäche wird mit einer Münze solange am Nakken oder Rücken mit großem Druck auf- und abgerieben, bis rote Striemen entstehen.

In den Zentren der größeren Städte praktizieren viele **chinesische Ärzte,** die chinesische Medizin anwenden. Ihre Naturheilverfahren und Medikamente sind billig und auch für Arme erschwinglich. Unter den Chinesen gibt es auch gute Zahnärzte.

[>] Nach der Schröpfkur

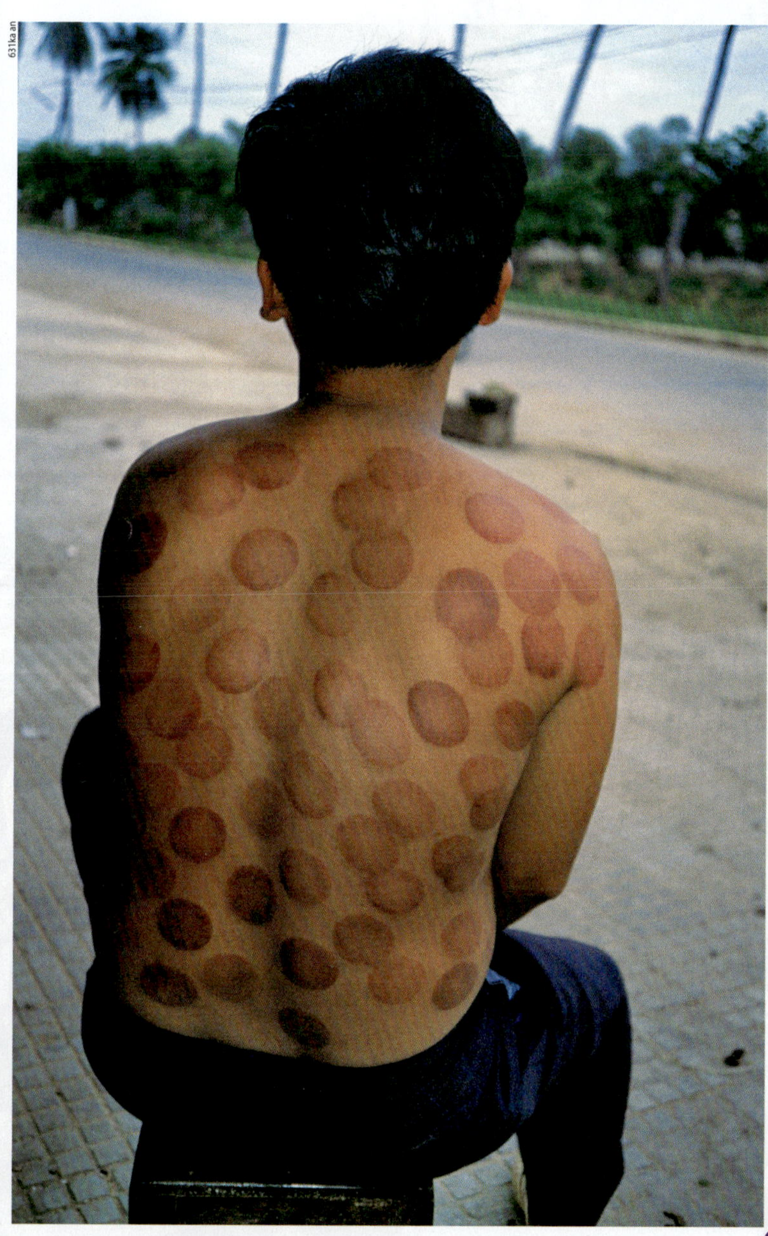

631ka an

9 Anhang

Mönche genießen Privilegien

Literaturhinweise

Deutsche Bücher

- *Willers, Peter:* **Kambodscha im Fadenkreuz.** Der ehemalige Bundeswehroffizier räumte 6 Jahre lang Minen in Kambodscha und gewann durch Gespräche mit einfachen Bauern und hohen Politikern einen tiefen Einblick in die Seele der Khmer. Edition Winterwork, 2015.
- *Kober, Reinhard:* **Kambodscha fürs Handgepäck.** Historische Geschichten und Berichte. Eine informative und unterhaltsame Ergänzung zum Reiseführer. Unionsverlag, 2013.
- *Born, Jason:* **Rezepte aus Kambodscha.** Rezepte aus einer der exotischsten und vielfältigsten Küchen in Asien. 2014.
- *Ung, Loung:* **Der weite Weg der Hoffnung.** Aufwühlende Erinnerungen der kambodschanischen Autorin über ihre Kindheit und den Überlebenskampf unter *Pol Pot.* Fischer Taschenbuch 2017.
- *Lotz, Astrid:* **Tempel, Geister und Soldaten.** Erlebnisse einer jungen Backpackerin im Kambodscha der 1990er Jahre. Frieling Verlag 1999.
- *Samnang, Sam:* **KulturSchock Kambodscha.** Das Buch stellt Werte, Normen und Verhalten der Kambodschaner im engen Zusammenhang mit der wechselhaften Geschichte des Landes und der Gestaltung ihrer Lebensweise dar. Reise Know-How Verlag 2015.
- *Follath, Erich:* **Die Kinder der Killing Fields,** Goldmann Verlag, 2010. Kambodschas Weg vom Terrorland zum Touristenparadies.
- *Scholl-Latour, Peter:* **Der Tod im Reisfeld,** Ullstein Verlag, 2013. Spannende und immer noch aktuelle Berichte des deutschen Korrespondenten für Indochina während der 30-jährigen Kriegszeit.
- *Scholl-Latour, Peter:* **Der Ritt auf dem Drachen,** Wilhelm Heyne Verlag, 1991. Indochina, von der franz. Kolonialzeit bis in die Gegenwart.
- *Voigt, Jochen:* **Zeit für den Mekong, Laos und Kambodscha,** 2009. Gelungener Bildband mit viel Information und Inspiration für eine Kambodschareise entlang des Mekong.
- *Golzio, Karl-Heinz:* **Geschichte Kambodschas: Von Fúnán bis Angkor und von Angkor bis zur Moderne.** Akribische Aufarbeitung der bewegten Geschichte Kambodschas vom Angkor-Reich bis heute. Eb-Verlag 2011.

Sprache

- *Götze, Claudia; Samnang, Sam:* **Khmer – Wort für Wort,** Kauderwelsch Bd. 62, Reise Know-How Verlag. Praktischer Sprachführer, der besonders Reisenden den schnellen Einstieg in die Konversation ermöglicht. Dazu erhältlich ist der AusspracheTrainer als Audio-CD oder mp3-Download.

Angkor

- Siehe Literaturhinweise im Kapitel „Angkor; Hinweise zum Besuch der Tempel“.
- *Vater, Tom:* **CityTrip Angkor und Siem Reap,** Reise-Know-How Verlag, 2019.

Englische Literatur, in Deutschland beziehbar

■ *Nolan, Keith:* **Into Cambodia; Spring Campaign; Summer Offensive 1970.** Presido Press, 1999. Militärgeschichte aus dem Jahr 1970, als *Sihanouk* von *Lon Nol* gestürzt wurde.

■ *Laban Hinton, Alexander:* **Why did they kill, Cambodia in the shadows of genocide,** California Press 2004. Der Autor beleuchtet den Massenmord der Roten Khmer von April 1975 bis Januar 1979.

■ *Jackson, Karl D.:* **Cambodia 1975–1978: Rendezvous with Death.** Princeton University Press 1992. Die Zeit unter *Pol Pot.*

■ *Gray, Spalding:* **Swimming to Cambodia,** 2005. Gedichte und Theaterspiele.

■ *Mouhot, Henri:* **Travels in Siam, Cambodia & Laos 1858–1860,** Elibron Classics 2001. Reiseberichte des frz. Entdeckers von Angkor.

■ *Brinkley, Joel:* **Cambodia's Curse: The Modern History of a Troubled Land** – aktuelle Geschichte und Politik, Public Affairs 2012.

■ *Bizot, François:* **The Gate** – Augenzeugenbericht eines Franzosen während des Falls von Phnom Penh an die Roten Khmer. Vintage Books 2004.

■ *Brouwer, Andy* (Hrsg.): **To Cambodia with love: A Travel Guide for the Connoisseur (To Asia with Love).** Kurzgeschichten. Beobachtungen und Erlebnisse verschiedener Autoren in Kambodscha, 2010.

■ *Gilboa, Amit:* **Off the Rails in Phnom Penh,** Verlag Asia Books. Das Buch ist zur Kult-Lektüre der Expats- und Traveller-Szene geworden. Der Autor hat über mehrere Jahre das Leben der in der Hauptstadt wohnenden Ausländer neutral dokumentiert. Entstanden ist ein makaberes und gleichsam faszinierendes Sittengemälde, das außerdem erklärt, warum Kambodscha auf viele Menschen wie eine Droge wirkt. Nur in englischer Sprache erhältlich.

■ *Thaitawat, Nusara:* **The Cuisine of Cambodia.** Hervorragendes Buch über die kambodschanische Küche mit vielen appetitanregenden Farbfotos, Rezepten und allgemeinen Informationen. Sehr interessant ist das Kapitel über die kulinarische Vorliebe der Khmer für Insekten. 2000.

■ *Neveu, Roland:* **Cambodia, The Years of Turmoil.** Asia Horizon, Bangkok 2000. Ergreifende Bilddokumentation (in s/w) über die Bürgerkriegsjahre in Kambodscha von 1973 bis 1999.

■ *Levy, Barry* und *Susott, Daniel:* **Years of Horror – Days of Hope,** Associated Faculty Press, New York, London, 1986. Die kambodschanische Flüchtlingskrise.

■ Bücher über Angkor siehe Kapitel „Angkor, Hinweise zum Besuch der Tempel.“

Landkarten

■ *world mapping project:* **Kambodscha,** Maßstab 1:500.000. GPS-tauglich, mit Stadtplan Phnom Penh. Reise Know-How Verlag, 2018.

Filme

■ **Bonne Nuit Papa** (2014). Dokumentarfilm von *Marina Kern,* die sich auf die

Reise nach Kambodscha begibt, um die Herkunft ihres Vaters zu erforschen.

■ **Same same but different** von *Detlef Buck* (2010). Beeindruckender Liebesfilm über den Traveller Ben, der sich in Kambodscha verliebt. *„Ein anrührender-intensiver Liebesfilm in tollen Bildern und ohne falsche Töne"* (Süddeutsche Zeitung).

■ **Zwei Brüder** (2004). Tierfilm von *Jean-Jacques Annaud* über zwei Tigerbrüder, die als Kinder getrennt wurden und erst im Erwachsenenalter wieder zueinander finden. Viele Aufnahmen wurden in abgelegenen Tempeln von Angkor gedreht.

■ **Tomb Raider** (2001). Bekannter Action Thriller mit *Angelina Jolie,* der zum Teil in den Tempeln von Angkor gedreht wurde. Das *Red Piano,* die Bar der Regisseure und Schauspieler in Siem Reap, gibt es immer noch.

■ **Killing Fields** (Schreiendes Land, 1984) von *Roland Joffé.* Authentischer Spielfilm über die Zeit Pol Pots. Auf dramatische und bewegende Weise erzählt er die Geschichte eines amerikanischen Journalisten und seines kambodschanischen Freundes während des Genozids unter den Roten Khmer von 1975 bis 1979.

■ **Mekong Teil 3:** Großes Wasser in Kambodscha (Wissen auf Video). 45-minütige Dokumentation über den Mekong, Landschaften, Kultur und Alltags leben an seinen Ufern.

■ **City of Ghosts** (Matt Dillon, 2002). Drama bzw. moderner film noir mit Gérard Depardieu. Ein amerikanischer Versicherungsbetrüger versteckt sich in Kambodscha. Viele Aufnahmen in Phnom Penh, Kampot und Bokor Mountain.

■ **A Cambodian Spring** (Chris Kelly, 2017). Sozialkritische Doku über Machtmissbrauch unter jahrzehntelanger Hun Sen-Regierung mit dramatischen Aufnahmen. www.acambodianspring.com.

Kleine Sprachhilfe

Diese Sprachhilfe bietet nur einen ersten Überblick und die wichtigsten Vokabeln, nach Themen geordnet. Wer sich ausführlicher mit dieser gar nicht so schweren Sprache befassen oder sich ein bisschen in ihren Klang einhören möchte, sei auf den Sprachführer von Claudia Götze und Sam Samnang **„Khmer – Wort für Wort"** und den dazugehörigen AusspracheTrainer verwiesen (siehe Literaturverzeichnis).

Kurzgrammatik

Die Schreibweise der Khmer-Wörter in dieser Sprachhilfe ist eine Annäherung an die deutsche Sprechweise.

Die Struktur der Khmer-Sprache ist relativ einfach. Eine Satzstruktur besteht aus Subjekt – Prädikat – Objekt. Bevor man etwas sagen möchte, sollte jeder Satz in deutsch auf seine einfachste Form reduziert und erst dann ins Khmer übersetzt werden.

■ Es gibt keine Artikel, weder männlich, weiblich noch sächlich.

■ Es gibt keinen Plural. Die Menge wird durch ein Zahlwort ausgedrückt, dass an das zu bestimmende Subjekt angefügt wird.

■ Bedingungssätze werden selten benutzt.

■ Verben werden nicht gebeugt.

■ Zeiten werden äußerst einfach ausgedrückt. Das Wort „Haeay" hinter dem Verb setzt den Satz in die Vergangenheit, „neuung" vor dem Verb zeigt die Zukunft an.

Anrede

In der Praxis gibt es zahlreiche Auswahlmöglichkeit an persönlichen Fürwörtern, um etwa Geschwister, Eltern, Verwandte, ältere und jüngere Menschen anzusprechen; nachfolgend die wichtigsten:

knyom	ich
neak	du (die gebräuchlichste Anrede für Männer)
neak-srey	du (die gebräuchlichste Anrede für Frauen)
lok	Sie (offizielle Anrede für Männer)
lok-srey	Sie (offizielle Anrede für Frauen)
goat	er, sie
jäng	wir
neak-teang	ihr
puoh-kee	sie

Rede und Antwort

suah sdei
Hallo (unter Freunden)
dschum riab suah
offiziellere Begrüßung
sok sabei dee?
Wie geht's?
knyom sok sabei!
Gut!
od banya ha
Kein Problem. Alles o.k.
dee knyom min sok sabei dee!
Danke, nicht gut.
dahö lok sok sabei dee?
Wie geht es Ihnen?
bat knyom sok sabei dee!
Danke, gut
(unter Höhergestellten)
lia sen hay
Auf Wiedersehen
rear trei suor sdei
Gute Nacht
bat
ja (für Männer)
dscha
ja (für Frauen)
tee
nein
ar khun
danke
suom
bitte
suom tooh
Entschuldigung
dina ...?
wo ...?
niss chea ey?
Was ist das?
neak dschmo ey?
Wie heißen Sie?
mian
Gibt es ...?
od mian
Es gibt nicht ...

Unterkunft

sontahkia	Hotel
bantub	Zimmer
kreä	Bett
bongkun	Toilette
neak pi	zwei Personen
danghal	Ventilator

masiin-trodjeak	Air-condition
mung	Moskitonetz
banh mous	Moskitospray
phuay	Decke
thlei bonmaan ...	Wieviel kostet ...
thlei nahs	zu teuer
kohkqua	schmutzig
looh	gut
sa ad	hübsch
tuid	klein

Zahlen

Während die Khmer-Ziffern wie bei uns nach dem 10er-System funktionieren, bauen die ausgeschriebenen Zahlen auf dem 5er-System auf; die Sechs wird also aus fünf+eins gebildet.

0	**son**
1	**muay**
2	**pi**
3	**bey**
4	**buan**
5	**bram**
6	**bram-muay**
7	**bram-pi**
8	**bram-bey**
9	**bram-buan**
10	**dab**
11	**dab-muay**
12	**dab-pi**
16	**dab bram-muay**
20	**mophei**
21	**mophei-muay**
30	**samseb**
40	**saäseb**
50	**haseb**
60	**hokseb**
70	**jetseb**
80	**paätseb**
90	**kauseb**
100	**muay-rooy**
200	**pi-rooy**
1.000	**muay-poan**
10.000	**muay-mön**
100.000	**muay-saän**
1.000.000	**muay-lian**

Bei den Zahlen von 11 bis 19 wird häufig auch der Einser vor dem Zehner genannt, z.B. **pi-dab,** 12.

Zeiten

maong bonmaan?	Wie spät ist es?
maong	Stunde
maong bram	5.00 Uhr
maong bram-pi mophei	7.20 Uhr
thngai	Tag
thngai nih	heute

១	២	៣	៤	៥	៦	៧	៨	៩	០
1	2	3	4	5	6	7	8	9	0

saäk	morgen
msel menh	gestern
thngai-dschan	Montag
thngai-angkear	Dienstag
thngai-but	Mittwoch
thngai-prohoas	Donnerstag
thngai-sok	Freitag
thngai-saw	Samstag
thngai-atit	Sonntag
atit	Woche
khaä	Monat
tschnam	Jahr
makara	Januar
kompheak	Februar
minia	März
meesa	April
usaphia	Mai
mithona	Juni
kakada	Juli
seyha	August
kagnha	September
tola	Oktober
witscheka	November
thnu	Dezember

Verkehrsmittel, Reise

lahn	Auto
lahn-tschnual	Bus
moto dub	Taxi
moto	Motorrad
kang	Fahrrad
cyclo	Cyclo (Fahrrad-taxi)
rut-phloeung	Zug
duuk	Boot
junhoh	Flugzeug
sathani rut phloeung	Bahnhof
ben lahn	Busbahnhof
wi-el junhoh	Flughafen
jenh	Abfahrt
mokhdol	Ankunft
sang	Benzin
kilo	Kilometer
khang-tschweeng	links
khang-sdam	rechts
trang	geradeaus
löan	schnell
yuet	langsam
dina?	wo?
tram	nach
tschngay	weit
djuet	nah

Gesundheit

suom dschue hao	rufen Sie bitte ...
lahn päd	Krankenwagen
krou päd	Doktor
police	Polizei
päd thminh	Zahnarzt
monti päd	Krankenhaus
famasi	Apotheke
grun	Fieber
riak	Durchfall
dschuay	Hilfe
thnam	Medikament
tschu	Schmerzen haben

Einkaufen

psah	Markt
hang	Geschäft/Laden
tob	Verkaufsstand
loy	Geld
päntii	Landkarte
dohm	Stück
aw-yut	T-Shirt
toek	Wasser

num-pang Brot
robey gka Postkarte
kah-saeth anglais engl. Zeitung
thlei bonmaan Wieviel kostet ...
rok suchen
tign kaufen
akroh schlecht
thlai teuer

Essen und Trinken

nyam bay essen
pok trinken
sath Fleisch
banlahae Gemüse

Auf dem Land und in der Stadt

phnom Berg, Hügel
koh Insel
tonle Fluss
boeng See
medk Himmel
tiikrong Stadt
kompong Stadt auf dem Wasser
phum Dorf
wat Pagode
dschätdei Stupa
phlöw Straße
phlöng-stop Ampel
phteah Haus
roong-kon Kino
khaät Provinz, Bezirk

Weitere nützliche Vokabeln

proh Mann
khmeng proh Junge
srey Frau
khmeng srey Mädchen
allemong deutsch, Deutschland
anglais englisch, England
barang Franzose, westlicher Ausländer
thom groß
pibak schwierig
od lo oh schlecht
tscheran viel
som bitten
daö gehen
töw fahren
mian haben
djuay helfen
dschae können
mok kommen
nyo nyim lächeln
thwö machen
dschang mögen, wollen
keeng schlafen
möl sehen
dschia sein
dak stellen, legen
niyiay sprechen
ban können, bekommen

Glossar

Amrta: Lebenselexier, das beim Aufwühlen des Milchmeeres entsteht
Angkor: Wörtlich übersetzt heißt Angkor Stadt; im engeren Sinne umfasst diese Bezeichnung die Tempelanlagen bei Siem Reap. Der Tempel Angkor Wat gehört zu Angkor
Apsara: himmlische Tänzerin, die der Unterhaltung der Götter dient
ASEAN: Zusammenschluss südostasiatischer Länder
Asura: Dämon
Banteay: Zitadelle
Barang: westlicher Ausländer
Baray: Künstlicher See oder Wasserreservoir
Baht: Thailändische Währung
Bodhisattva: Wichtige buddhistische Figur, die zwar die höchste Stufe der Erleuchtung erreicht hat, aber auf den Einzug ins Nirvana verzichtet, um der Menschheit mit ihrem Wissen hilfreich zu sein
Brahma: Bedeutender hinduistischer Gott; Erschaffer der Erde
Cham: Cham hat zwei Bedeutungen, die nur aus dem textlichen Zusammenhang deutlich werden. Geschichtlich betrachtet handelt es sich dabei um die Bewohner des Champa Reiches, das vom 2. bis 15. Jahrhundert im heutigen Zentral- und Südvietnam lag. Bei den Cham im religiösen Zusammenhang handelt es sich um eine kleine, dem Islam angehörige Minderheit.
Champa: Hinduistisches Reich im Osten von Angkor; größter Feind der Khmer zur Zeit Angkors
Devata: Gottheit
Dvarapala: Tempelwächter
Ganesh: Beliebter Hindugott mit einem Elefantenkopf; Sohn von Shiva
Garuda: Mythischer Vogelmensch; Reittier Shivas
Gopura: Eingangspavillon mit Turm, der zu einem Tempel führt.
Expat: In Kambodscha lebende westliche Ausländer.
Indra: Hinduistischer Gott des Himmels, der Wolken und des Monsuns
Isvara: Ein Name Shivas
Kailasch: Himalaya-Gipfel; Heimat von Shiva
Khmer: Einerseits bezeichnet Khmer die Landessprache Kambodschas, andererseits das Volk der Khmer, die Einwohner Kambodschas.
Khmer Krom: Kambodschanische Minderheit in Vietnam; lebt v.a. im Mekong-Delta.
Khmer Loeu: Sammelbezeichnung für die hauptsächlich im Nordosten des Landes lebenden Ureinwohner.
Khmer Rouge: International verwendete Bezeichnung für die Roten Khmer.
Ko: Ochse
Krishna: Inkarnation von Vishnu
Laterit: Roter, poröser, eisenhaltiger Stein
Linga: Phallussymol; Erscheinungsform Shivas
Lokesvara: Erscheinungsform eines Bodhisattvas
Mahabharata: Berühmtes hinduistisches Epos
Maitreya: Buddha der Zukunft
Makara: Furchterregendes Seemonster
Meru: Heiliger Berg; Sitz der Götter; Zentrum der Welt im hinduistischen Glauben
Motodup: Khmer-Wort für die Motorrad-Taxis in Kambodscha

Naga: Mehrköpfige Schlange, mit mehrfacher mythischer Bedeutung für die Khmer

Nandi: Reittier Shivas

Pagode: Internationale Bezeichnung für einen in buddhistischen Ländern Südostasiens üblichen mehrstöckigen Tempelbau

Pol Pot: Führer der Roten Khmer (s.u.). Von der Bevölkerung und auch in diesem Buch wird der Name Pol Pot gelegentlich als Synonym für die Roten Khmer verwendet

Prasat: Tempelturm

Pravati: Gemahlin Shivas

Preah: Heilig

Prohoc: gährende Fischpaste, wichtiger Bestandteil der Khmer-Küche. Starker Geruch.

Quincunx: Anordnung von fünf Dingen, wobei vier die Ecken markieren und eines das Zentrum bildet

Rama: Frühe Inkarnation von Vishnu; Held des Ramayana-Epos

Ramayana: Großes Hinduepos; abenteuerliche Geschichte, bei der der Held Rama seine Frau aus der Gefangenschaft des Dämons Ravana befreit

Ravana: Dämon im Ramayana-Epos, mit mehreren Armen und Köpfen

Riel: Kambodschanische Währung

Romok: s. Tuk Tuk

Rote Khmer: Kommunistisch-maoistische Guerilla, die 1975 bis 1979 in Phnom Penh an der Macht war, deutsche Bezeichnung

Shiva: Bedeutendster hinduistischer Gott; Gott der Zerstörung und des Neubeginns

Sita: Frau von Rama

Srah: Weiher, in dem rituelle Waschungen vollzogen werden

Srei: Frau

Stupa: Tempel, in dem die Asche eines Verstorbenen aufbewahrt wird. Die Größe der Stupa gibt Auskunft über die Bedeutung der Familie und der dort bestatteten Person

Tevoda: Weibliche Gottheit

Thom: Groß

Thorani: Auch heute noch weit verbreitete Statue. Es handelt sich um eine Frau, die aus ihren Haaren Wasser herauswringt, um die Feinde Buddhas, die meist als Krokodile dargestellt sind, zu vernichten

Traveller Food: Bezeichnung für das typische Essen der Guest Houses, das sich von Nepal über Thailand bis zu den Philippinen ähnelt, z.B. Fried Rice. Meistens gut und billig.

Tuk Tuk: Ein Khmer-Tuk Tuk (*romok* auf Khmer) handelt es sich um einen überdachten Anhänger für 4 erwachsene Personen, der von einem Moped gezogen wird.

Uma: Gemahlin Shivas

Varman: Der Beschützte

Vishnu: Wichtiger hinduistischer Gott; Erhalter und Beschützer der Welt

Wat: Khmer-Wort für Pagode. Der Begriff Wat bezieht, im Gegensatz zur Pagode, alle Gebäude, die auf dem Gelände eines buddhistischen Klosters stehen, mit ein (siehe Kapitel „Religion/Buddhismus in Kambodscha/Die Wat“)

Yama: Gott des Todes

Yuon: Abfällige kambodschanische Bezeichnung für die Vietnamesen.

Aktuelle Reise-Gesundheits-Informationen: Kambodscha

Stand: Mai 2019

Die nachstehenden Angaben dienen der Orientierung, was für eine geplante Reise in das Land an Gesundheitsvorsorgemaßnahmen zu berücksichtigen ist. Die Informationen wurden uns freundlicherweise vom *Centrum für Reisemedizin* zur Verfügung gestellt. Auf der Homepage: **www.crm.de** werden diese Informationen stetig aktualisiert. Es lohnt sich, dort noch einmal nachzuschauen.

Einreise-Impfvorschriften

Bei einem Direktflug aus Europa sind keine Impfungen vorgeschrieben. Bei einem vorherigen Zwischenaufenthalt (innerhalb der letzten 6 Tage vor Einreise) in einem der unten aufgeführten Länder (Gelbfieber-Endemiegebiete) wird bei Einreise eine **Gelbfieber-Impfbescheinigung** verlangt (ausgenommen Kinder unter 1 Jahr). Gelbfieber-Impfbescheinigung auch erforderlich bei Zwischenstopp oder Umstieg **(Transitverkehr),** der länger als 12 Stunden dauert, in einem der untenstehenden Länder. Abweichend von der offiziellen Bestimmung kann der Impfnachweis auch bei kürzerem Transit-Aufenthalt verlangt werden. Ärztliche Bescheinigungen zur Befreiung von der Gelbfieber-Impfung („exemption certificate", „waiver") werden bei der Einreise anerkannt.
Gemäß den geänderten **International Health Regulations** der **WHO** (am 11. Juli 2016 in Kraft getreten) ist die Gelbfieber-Impfbescheinigung nach einmaliger Impfung **lebenslang gültig.** Es ist möglich, dass abweichend von der offiziellen Regelung bei Einreise ein Impfnachweis verlangt wird, der nicht älter als 10 Jahre ist.

Angola · Äquatorialguinea · Argentinien · Äthiopien · Benin · Bolivien · Brasilien · Burkina Faso · Burundi · Ecuador · Elfenbeinküste · Franz. Guayana · Gabun · Gambia · Ghana · Guinea · Guinea-Bissau · Guyana · Kamerun · Kenia · Kolumbien · Kongo, Rep. · Kongo, Dem. Rep. · Liberia · Mali · Mauretanien · Niger · Nigeria · Panama · Paraguay · Peru · Senegal · Sierra Leone · Sudan · Südsudan · Suriname · Togo · Trinidad & Tobago · Tschad · Uganda · Venezuela · Zentralafr. Republik

Empfohlener Impfschutz

Generell: Standardimpfungen überprüfen, ggf. ergänzen bzw. auffrischen.

Je nach Reisestil und Aufenthaltsbedingungen im Lande sind außerdem zu erwägen:

Impfschutz	Reisebedingung 1*	Reisebedingung 2**	Reisebedingung 3***
Hepatitis A	x	x	x
Hepatitis B (1)	x	x	

Impfschutz	Reisebedingung 1*	Reisebedingung 2**	Reisebedingung 3***
Tollwut [(2)]	x	x	
Cholera	x	x	
Typhus	x		
Jap. Enzephalitis[(3)]	x		
Meningokokken			
Serotypen A, C, W135, Y	x		

[(1)]vor allem bei Langzeitaufenthalten und engerem Kontakt zur einheimischen Bevölkerung
[(2)]bei vorhersehbarem Umgang mit Tieren
[(3)]bei bes. Aufenthaltsbedingungen in bestimmten ländlichen Gebieten

***Reisebedingung 1:** Reise durch das Landesinnere unter einfachen Bedingungen (Rucksack-/Trekking/Individualreise) mit einfachen Quartieren/Hotels; Camping-Reisen, Langzeitaufenthalte, praktische Tätigkeit im Gesundheits- o. Sozialwesen, enger Kontakt zur einheimischen Bevölkerung wahrscheinlich
****Reisebedingung 2:** Aufenthalt in Städten oder touristischen Zentren mit (organisierten) Ausflügen ins Landesinnere (Pauschalreise, Unterkunft und Verpflegung in Hotels bzw. Restaurants mittleren bis gehobenen Standards)
*****Reisebedingung 3:** Aufenthalt ausschließlich in Großstädten oder Touristikzentren (Unterkunft und Verpflegung in Hotels bzw. Restaurants gehobenen bzw. europäischen Standards)

Wichtiger Hinweis: Welche Impfungen letztendlich vorzunehmen sind, ist abhängig vom aktuellen Infektionsrisiko vor Ort, von der Art und Dauer der geplanten Reise, vom Gesundheitszustand sowie dem eventuell noch vorhandenen Impfschutz des Reisenden.

Da im Einzelfall unterschiedlichste Aspekte zu berücksichtigen sind, empfiehlt es sich immer, rechtzeitig (etwa 4 bis 6 Wochen) vor der Reise eine persönliche **Reise-Gesundheits-Beratung** bei einem reisemedizinisch erfahrenen Arzt oder Apotheker in Anspruch zu nehmen.

Malaria-Risiko

Ganzjährig, verstärkt während der Regenzeiten.

- **Mittleres Risiko** im N und NO (Grenzgebiete zu Thailand und Laos) sowie südlich des Tonle Sap (Kardamomgebirge).
- **Geringes Risiko** in den übrigen Landesteilen.
- Phnom Penh und Angkor Wat gelten als **malariafrei.**

Ein konsequenter Mückenschutz in den Abend- und Nachtstunden verringert das Malariarisiko erheblich (Expositionsprophylaxe). Die **wichtigsten Vorbeuge-Maßnahmen** sind:

- In der Dämmerung und nachts Aufenthalt in **mückengeschützten Räumen** (Räume mit aircondition, Mücken fliegen nicht vom Warmen ins Kalte).
- Beim Aufenthalt im Freien in Malariagebieten abends und nachts weitgehend **körperbedeckende Kleidung** (lange Ärmel, lange Hosen).

- Anwendung von **insektenabwehrenden Mitteln** an unbedeckten Hautstellen (Wade, Handgelenke, Nacken). Wirkungsdauer ca. 2–4 Std.
- Im Wohnbereich Anwendung von **insektenabtötenden Mitteln** in Form von Aerosolen, Verdampfern, Kerzen, Räucherspiralen.
- Schlafen unter dem **Moskitonetz** (vor allem in Hochrisikogebieten).

Ergänzend ist die Mitnahme von **Anti-Malaria-Medikamenten** zur notfallmäßigen Selbstbehandlung (Stand-by-Behandlung) zu empfehlen. Zu Art und Dauer der Behandlung fragen Sie Ihren Arzt oder Apotheker bzw. informieren Sie sich in einer qualifizierten reisemedizinischen Beratungsstelle. Malariamittel sind verschreibungspflichtig.

Allgemeine Hinweise

- **Medizinische Versorgung:** Landesweit ist mit erheblichen Engpässen bei der ärztlichen und medikamentösen Versorgung zu rechnen. Adäquate Ausstattung der Reiseapotheke (Zollbestimmungen beachten, Begleitattest ratsam), **Auslandskrankenversicherung** mit Abdeckung des Rettungsrückflug-Risikos für Notfälle dringend empfohlen.

Aktuelle Meldungen

- **Darminfektionen:** Landesweit besteht eine erhöhte Infektionsgefahr für Durchfallerkrankungen durch verunreinigte Speisen und Getränke. Hygienemaßnahmen beachten, ggf. Impfung gegen Cholera.
- **Dengue:** Seit Anfang 2019 wurden bereits mehr als 3270 Verdachtsfälle registriert. Im vergangenen Jahr wurden ca. 15.240 Infektionen und 16 Todesfälle gemeldet. Die Krankheit ist im Land endemisch und tritt vermehrt in der Regenzeit zwischen Mai und Oktober auf. Schutz vor den überwiegend tagaktiven Überträgermücken beachten.

Kurzbeschreibung der erwähnten Erkrankungen

- **Dengue:** Dengue- und verwandte Viren sind in den Tropen und Subtropen weit verbreitet. In diesen Regionen kommt es immer wieder zu Ausbrüchen mit zahlreichen Krankheitsfällen. Die Übertragung erfolgt durch Stechmücken. Die Inkubationszeit beträgt 2–7 Tage. Das Krankheitsbild ist grippeähnlich: hohes Fieber, starke Kopf- und Gliederschmerzen, Druckschmerz hinter dem Auge sind die hauptsächlichen Symptome, oft kommt es zusätzlich zu einer flüchtigen Hautrötung. Die akuten Symptome klingen nach etwa einer Woche ab, die Rekonvaleszenz mit allgemeiner Abgeschlagenheit kann jedoch länger dauern. Insgesamt ist die Erst-Erkrankung gutartig und heilt in der Regel komplikationslos aus. Bei einer Zweitinfektion ist ein schwerer Verlauf mit Blutungsneigung oder Schocksymptomen möglich. Vor allem Einheimische sind hiervon betroffen; Kinder eher als Erwachsene. Die Diagnose wird durch den Nachweis von Antikörpern im Blut gestellt.

Diphterie: Bakterielle Infektion, die meist durch Tröpfcheninfektion übertragen wird. Symptome sind Fieber um 38 Grad, leichte Rachenentzündung mit grau-weißen Belägen und süßlichem Mundgeruch und Allgemeinerscheinungen. In schweren Fällen kann es zu einer Halsschwellung mit Luftnot, zu Herzmuskelentzündung und zu Nervenlähmungen kommen. In tropischen Ländern siedelt sich die Diphtherie öfter in Hautgeschwüren an. Diagnose durch Bakterien-Nachweis aus dem Rachen.

Hepatitis A: Diese Virusinfektion der Leber ist weltweit verbreitet, meist in Entwicklungsländern. Die Inkubationszeit liegt zwischen 2 und 6 Wochen. Die Erkrankung beginnt mit Grippegefühl, Fieber, Appetitlosigkeit, Übelkeit und Erbrechen. Nach einigen Tagen wird der Urin dunkel und der Stuhl hell, schließlich entwickelt sich eine Gelbsucht (zuerst im Weiß der Augen bemerkbar). Der weitere Verlauf ist unterschiedlich, meist leicht, besonders bei Kindern. Gelegentlich kommt es bei Erwachsenen zu schwereren und länger anhaltenden Krankheitsbildern (bis zu einigen Monaten). Dauerschäden treten nicht auf. Die Diagnose wird durch Blutuntersuchungen auf Leberzellfermente und spezifische Antikörper gesichert. Die Übertragung erfolgt faekal-oral. Das Virus wird vorwiegend über verunreinigte Nahrung und Trinkwasser aufgenommen, besonders häufig über Muscheln, Austern und Krebstiere, aber auch über Milch, kaltes Fleisch und andere Speisen.

Hepatitis B: Krankheitsbeginn wie Hepatitis A. Die Krankheitsdauer liegt nicht unter 4 Wochen. In ca. 10 % der Fälle rechnet man mit Komplikationen, schweren oder chronischen Verläufen, vereinzelt mit Dauerschäden. Infektiös sind Blut und andere Körperflüssigkeiten von Erkrankten und Virusträgern (in Mitteleuropa 0,1–0,5 %, in einzelnen tropischen Ländern über 20 % der Bevölkerung). Die Übertragung erfolgt über entsprechende Kontakte; Bluttransfusionen, unsterile Spritzen, Nadeln und Instrumente (z.B. bei unqualifizierten medizinischen Eingriffen, Drogenabhängigen, Tätowierungen) sowie beim Geschlechtsverkehr.

Jap. Enzephalitis: Diese Virusinfektion, die gebietsweise in Südostasien auftritt, kann zu einer schweren Hirn- und Hirnhautentzündung führen. Symptome: hohes Fieber, starke Kopfschmerzen, Nackensteifigkeit, Lähmungserscheinungen, Verwirrtheit, Bewusstlosigkeit. Todesfälle (ca. 30 %) und Dauerschäden sind möglich. Die Übertragung erfolgt durch nachtaktive Stechmücken auf dem Lande.

Malaria: Malaria wird durch einzellige Parasiten (Plasmodien) verursacht und durch bestimmte Stechmücken (Anophelen) übertragen. Leitsymptom ist Fieber, mit Kopf- und Gliederschmerzen mit starkem Krankheitsgefühl. Schüttelfröste und Schweißausbrüche können vorkommen. Die „bösartige" Malaria (tropica) hat eine Inkubationszeit von 7–12 Tagen. Sie kann rasch zu lebensbedrohlichen Zuständen mit Koma, Nierenversagen und Schock führen. Die „gutartige" Malaria *(tertiana)* kann nach 9–16 Tagen auftreten, bisweilen noch bis zu einem Jahr nach der Rückkehr. Spätere Rückfälle sowie eine dritte Art *(Malaria quartana)* sind extrem selten. Die Diagnose wird während der akuten Erkrankung durch den mikroskopischen Parasitennachweis im Blut gesichert, nachträglich kann sie noch durch Antikörperuntersuchungen geführt werden. Trotz wachsender Resistenzprobleme ist die Malaria bei rechtzeitiger Behandlung heilbar.

Tetanus (Wundstarrkrampf): Tetanusbakterien können bei Wunden jeder Art (auch bei Bagatellverletzungen) in die Haut gelangen. Besonders gefährdet sind mit Straßenstaub oder Erdreich verschmutzte Wunden und Tierbisse. Die Erreger sondern ein Gift ab, das nach 1–2 Wochen (die Wunde ist meist schon verheilt) zu schweren, schmerzhaften Muskelkrämpfen und Lähmungen mit Todesfolge führen kann. Die Diagnose wird aus den klinischen Symptomen gestellt.

Tollwut: Viruserkrankung von Tieren, die gelegentlich auf den Menschen übertragen wird und immer tödlich endet. Die Inkubationszeit liegt in der Regel zwischen 1–3 Monaten. Infektiös ist der

Speichel eines tollwütigen Tieres, und zwar 3–5 Tage vor Ausbruch der Symptome bis zu seinem Verenden nach 7–10 Tagen. Der Mensch infiziert sich durch Bissverletzungen, meist von Hunden und Katzen, oder durch Einbringen von deren Speichel in verletzte Hautstellen oder unverletzte Schleimhäute (Augen). Die Krankheit beginnt beim Menschen mit Schmerzen und Kribbeln im Bereich der oft bereits verheilten Bissstelle und führt über Krämpfe, Erregungszustände und Lähmungen innerhalb von 2 Wochen zum Tod.

- **Typhus:** Typhusbakterien werden mit verunreinigter Nahrung und Trinkwasser aufgenommen. Nach einer Inkubationszeit von ca. 2 Wochen entwickelt sich hohes Fieber mit schwerem Krankheitsgefühl und Lethargie, das unbehandelt mehrere Wochen anhalten kann. Komplikationen wie Darmblutung und Bauchfellentzündung können tödlich verlaufen. Beim „Paratyphus" handelt es sich um verwandte Erreger, die ein ähnliches, meist etwas milderes Krankheitsbild hervorrufen. Die Diagnose ist aus dem Blut, später aus dem Stuhl zu sichern.
- **Meningokokken-Meningitis:** Diese Bakterien können nach einer Inkubationszeit von 3–4 Tagen zu einer gefährlichen Hirnhautentzündung führen. Die Krankheit beginnt plötzlich mit hohem Fieber, starken Kopfschmerzen und Nackensteife. Bewusstseinstrübung, punktförmige Hautblutungen und Schock sind alarmierende Zeichen einer Allgemeininfektion und immer lebensbedrohlich. Die Krankheit tritt in gewissen Abständen endemisch auf. Die Übertragung erfolgt durch Tröpfcheninfektion. Es gibt verschiedene Bakterienstämme, die in unterschiedlicher Verbreitung auf der Welt vorkommen.

Wir bitten um Ihre Mithilfe

Dieser Reiseführer ist gespickt mit unzähligen Adressen, Preisen, Tipps und Infos. Nur vor Ort kann überprüft werden, was noch stimmt, was sich verändert hat, ob Preise gestiegen oder gefallen sind, ob ein Hotel, ein Restaurant immer noch empfehlenswert ist oder nicht, ob ein Ziel noch erreichbar ist oder nicht, ob es eine lohnende Alternative gibt usw.

Unsere Autoren sind zwar stetig unterwegs und erstellen ca. alle zwei Jahre eine komplette Aktualisierung, aber auf die Mithilfe von Reisenden können sie nicht verzichten.

Darum: Schreiben Sie uns, was sich geändert hat, was besser sein könnte, was gestrichen bzw. ergänzt werden soll. Nur so bleibt dieses Buch immer aktuell und zuverlässig. Wenn sich die Infos direkt auf das Buch beziehen, würde uns eine Seitenangabe die Arbeit sehr erleichtern. Gut verwertbare Informationen belohnt der Verlag mit einem Sprachführer Ihrer Wahl aus der über 240 Bände umfassenden Reihe „Kauderwelsch". Bitte schreiben Sie an:

Reise Know-How Verlag Peter Rump GmbH | Postfach 140666 | 33626 Bielefeld
oder per E-Mail an: info@reise-know-how.de

Danke!

REISETAGEBÜCHER – *Notizen von unterwegs*

Die **Reisetagebücher** haben 133 Seiten zur freien Gestaltung. Es gibt noch eine Packliste, eine Budgetliste und Adress-Seiten zum Ausfüllen. Und natürlich viel Nützliches für unterwegs. Sie sind liebevoll illustriert mit alten Stichen von Tieren, Pflanzen und Fortbewegungsmitteln aus aller Welt und Mustern aus aller Welt, aufgelockert mit Gedanken und Zitaten zum Thema Reisen.

Sie sind zuverlässige und verschwiegene **Gefährten auf Reisen**. Egal ob Wochenendausflug oder Langzeitreise, ob in den Bergen, am Strand oder in der Stadt. Zwei Journale für Fernweh und Wanderlust, Wichtiges und Unwichtiges, Schönes und Schwieriges ...

- Weltkarte
- Kontinente und Zeitzonen
- Immerwährender Kalender
- Reiseverzeichnis
- Sprachhilfe ohne Worte
- 160 Seiten

ISBN 978-3-8317-3020-9
€ 12 [D]

ISBN 978-3-8317-3120-6
€ 13,90 [D]

www.reise-know-how.de

Register

A

B

C

I, J

K

L

R

S

T

U

V

Danksagung

Ohne die Unterstützung guter Freunde und hilfsbereiter Zeitgenossen ist die Erstellung eines solch umfangreichen Reiseführers kaum denkbar. Mein besonderer Dank gilt deshalb:

Christina Grosse, Oliver Eß, Gisela Salewski, Dr. Kannewischer (Arzt des deutschen UNO-Kontingents), Marc Victor (Chefredakteur von „Le Mekong"), Peter Hüttenmoser (Mitarbeiter der Phnom Penh Post), Thlang Simeanith, Manavy Muth (Ministry of Tourism), Pann Sopeap (Capitol G.H.), Erika und Eduard Neuhauser, Reinhart Zieger, Nico Mesterham (Meta House).

Der Autor

Andreas Neuhauser studierte Sozialwissenschaften in München und lebt im Allgäu.

Seit 1990 arbeitet er u.a. als Reiseleiter und Reisejournalist in Asien. Im Mai 1992 war er einer der ersten Reisenden, die nach über 20 Jahren Bürgerkrieg Kambodscha besuchten. Seitdem bereist er das Land mindestens einmal im Jahr und ist immer auf der Suche nach noch unbekannten Attraktionen. Seine Beiträge über Kambodscha erschienen in den Magazinen „Merian" und „Motorrad Abenteuer". Für sportliche Mountainbiker organisiert der hervorragende Kenner des Landes ausgefallene Touren am Mekong, im Urwald von Rattanakiri und bei den Tempeln von Angkor.

Als „Zeuge der Geschichte" erlebte er die schwierigen Schritte dieses vom Terror der Roten Khmer geschundenen Volkes auf dem Weg zum Frieden. Den tiefsten Eindruck hinterließ die dramatische Endphase der ersten freien, von den Vereinten Nationen organisierten Wahlen im Mai 1993 auf ihn.

070ka an

Fotonachweis

Der Autor (an)
Cover: Adobe Stock © Rawpixel.com
Klaus Werner (kw) S. 534
www.fotolia.de © XtravaganT, S. 34
www.fotolia.de © Digitalpress, S. 238
Adobe Stock #211108426, S. 268
Adobe Stock © flu4022, S. 223
Adobe Stock © Alena Yakusheva, S. 28
Adobe Stock © Mitch, S. 28
Adobe Stock © Eaknarin, S. 28
Adobe Stock © YukselSelvi, S. 29
Adobe Stock © beibaoke, S. 29
Adobe Stock © Aleksandar Todorovic, S. 31
www.fotolia.de © I. weeber, S. 271
www.fotolia.de © OlegD, S. 335
www.fotolia.de © BasPhoto, S. 343
www.fotolia.de © OlegD, S. 360
www.fotolia.de © Artur_Bogacki, vordere Umschlagklappe

Wir bedanken uns für die freundliche Abdruckgenehmigung.